Ergänzende Unterlagen zum Buch bieten wir Ihnen unter **www.metzlerverlag.de/webcode** zum Download an.
Für den Zugriff auf die Daten verwenden Sie bitte Ihre E-Mail-Adresse und Ihren persönlichen Webcode. Bitte achten Sie bei der Eingabe des Webcodes auf eine korrekte Groß- und Kleinschreibung.

Ihr persönlicher Webcode: **02387-o7ThG**

Benedikt Jeßing und Ralph Köhnen

Einführung in die Neuere deutsche Literaturwissenschaft

3., aktualisierte und überarbeitete Auflage

Mit 39 Abbildungen

Verlag J. B. Metzler Stuttgart · Weimar

Die Autoren

Benedikt Jeßing, geb. 1961; Studium der Fächer Deutsch und Biologie in Essen; 1991 Promotion; 2003 Habilitation; 2009 Ernennung zum Professor; Studiendirektor im Hochschuldienst an der Ruhr-Universität Bochum; bei J.B. Metzler ist erschienen: *Johann Wolfgang Goethe*, Sammlung Metzler 288, 1995; *Metzler Goethe-Lexikon*, [2]2004 (Mitherausgeber); *Metzler Autorenlexikon*, [4]2010 (Mitherausgeber).
Benedikt Jeßing verfasste die Kapitel: Vorwort, 2.1, 2.2, 3.1, 3.2, 3.4, 3.5, 4, 6.1, 6.7, 6.11., 7. und 8.

Ralph Köhnen, geb. 1961; Studium der Germanistik, Anglistik und Kunstgeschichte in Bochum, Berlin und München; 1994 Promotion; 2006 Habilitation; 2012 Ernennung zum Professor; Oberstudienrat im Hochschuldienst an der Ruhr-Universität Bochum. Veröffentlichungen zu Literaturgeschichte und -theorie vom 18. bis 20. Jahrhundert, zur Fachdidaktik sowie zu Komparatistik, Mediengeschichte und Gegenwartskunst; bei J.B. Metzler ist erschienen: *Einführung in die Deutschdidaktik* (Herausgeber).
Ralph Köhnen verfasste die Kapitel: 1., 2.3, 2.4, 3.3, 5, 6.2 bis 6.6 und 6.8 bis 6.10.

Gedruckt auf säure- und chlorfreiem, alterungsbeständigem Papier

Bibliografische Information Der Deutschen Nationalbibliothek
Die Deutsche Nationalbibliothek verzeichnet diese Publikation in der Deutschen Nationalbibliografie; detaillierte bibliografische Daten sind im Internet über <http://dnb.d-nb.de> abrufbar.

ISBN 978-3-476-02387-2

© 2012 J.B. Metzler'sche Verlagsbuchhandlung
und Carl Ernst Poeschel Verlag GmbH in Stuttgart
www.metzlerverlag.de
info@metzlerverlag.de

Umschlaggestaltung und Layout: Ingrid Gnoth | www.gd90.de
Satz: DTP + TEXT Eva Burri, Stuttgart · www.dtp-text.de
Druck und Bindung: C.H. Beck, Nördlingen

Printed in Germany
August 2012

Verlag J.B. Metzler Stuttgart · Weimar

Inhaltsverzeichnis

Ergänzende Unterlagen zum Download

Für dieses Lehrbuch bieten wir ergänzende Unterlagen zum Download an. Den zum Abruf der Daten notwendigen Webcode finden Sie auf der ersten Seite des Buches. Mit diesem Webcode können Sie sich in Kombination mit Ihrer E-Mail-Adresse einloggen und die Daten abrufen.

Verfügbar sind:
Lösungen und Lösungshinweise zu den Arbeitsaufgaben

Vorwort

In einem Brief an den Freund, Musiker und Schriftsteller Johann Friedrich Rochlitz teilt Goethe das Lesepublikum seiner Zeit in drei Gruppen ein:

> **Es giebt dreierley Arten Leser: Eine, die ohne Urtheil genießt, eine dritte, die ohne zu genießen urtheilt, die mittlere, die genießend urtheilt und urtheilend genießt; diese reproducirt eigentlich ein Kunstwerk auf's neue. Die Mitglieder dieser Classe [...] sind nicht zahlreich, deshalb sie uns auch werther und würdiger erscheinen.**

Brief Goethes an Joh. Fr. Rochlitz vom 13.6.1819

Die Kriterien für diese Dreiteilung des Lesepublikums sind, in unterschiedlicher Zusammensetzung, »Urtheil«, also kritisches Unterscheidungsvermögen, und »Genuß«, also sinnliche Erfahrung. Lesen setze, so Goethe, beides voraus: Bloßer Genuss, sinnliches ›Verschlingen‹ der Bücher, sei ebenso wenig Lesen wie der rein kritisch-analytische Blick. Und gelungenes Lesen sei viel mehr als Genuss und Urteil, nämlich die nochmalige Herstellung des literarischen Kunstwerks selbst, sei es als einfühlendes Nacherleben, kongenialer Nachvollzug oder konstruktive Eigenschöpfung.

Gleichgültig, ob heute diese Vorstellung vom idealen Leser noch geteilt werden kann oder nicht – **die Befähigung zu einem Umgang mit Literatur**, der ihrer Komplexität ebenso angemessen ist wie ihrem Kunstcharakter, ist in unseren Tagen ebenso wünschenswert wie zur Zeit Goethes. Literatur ist, emphatisch gesprochen, eine spezifische Form kulturellen Gedächtnisses; die intensive Beschäftigung mit Literatur ist **gesellschaftliche Erinnerungsarbeit**. Und Literatur ist allen anderen Formen des kollektiven Erinnerns überlegen: Denn nirgends sonst werden geschichtliche Erfahrungen in so hohem Maße gleichzeitig vergesellschaftet und radikal individualisiert versprachlicht sowie in ästhetische Form gebracht wie in der Literatur. In literarischen Texten sprechen Individuen, Autorinnen und Autoren; wie sie sprechen, ist aber nicht nur individuell bedingt, sondern über die Sprache und die Vielzahl stilistischer und literarischer Traditionen, die sie benutzen, mit der Gesellschaft und der Geschichte verbunden.

Hier hat die Neuere deutsche Literaturwissenschaft ihren Sitz im Leben: Sie ist die Universitätsdisziplin, durch die die Techniken und Mittel weitergegeben werden, sich diese Wissensbestände anzueignen und so das kulturelle Gedächtnis zu verlängern. Texte aus dem 16., dem 18. oder dem 20. Jahrhundert zu lesen, sie zu verstehen oder sie verstehen zu lernen, sie zu ›deuten‹ im Kontext ihres eigenen Horizonts oder auch im Horizont heutiger Leser/innen – all dies erst setzt die kulturelle Überlieferung fort.

Die wissenschaftliche Beschäftigung mit Literatur setzt beide von Goethe thematisierten Wahrnehmungskategorien voraus: sinnliches Vermögen, Genuss und Anteilnahme ebenso wie ein wissenschaftliches Analyseinstrumentarium, kritisches Unterscheidungs- und Urteilsvermögen. Anteilnahme an literarischen Texten lässt sich nicht lernen, vor dem Beginn des Studiums der Literaturwissenschaft sollte jede(r) Studierende sich selbst vergewissern, ob sie bzw. er überhaupt gerne (viel und intensiv) liest! Das Studium geht natürlich weit über das Lesen hinaus: Es vermittelt die wissenschaftlichen Beschreibungs- und Analyseverfahren, die zu einer plausiblen Deutung eines literarischen Textes führen, zu einem begründeten Urteil.

Unser Band stellt dieses literaturwissenschaftliche Handwerkszeug systematisch vor, das heißt, er bildet in seiner Gliederung das Profil der Neueren deutschen Literaturwissenschaft nach ihren Gegenständen, Verfahren, Methoden und ihrer Terminologie ab und beabsichtigt, ohne im Spektrum der Methoden und Zugangsweisen selbst Position zu beziehen, die Bandbreite **literaturwissenschaftlicher Reflexionsgegenstände** annähernd neutral zu präsentieren:

Gegenstände der Literaturwissenschaft

- **Grundlegende Begriffe** wie ›Autor‹, ›Literatur‹, ›Text‹, ›Werk‹, ›Leser‹, ›Interpretation‹;
- **Textanalytisches Instrumentarium:** gattungspoetologische und -analytische Grundkategorien;
- **Literaturgeschichtliches Ordnungswissen:** literaturgeschichtliche Epochen und wissenschaftliche Periodisierungssysteme;
- **Rhetorik und Poetik** sowie rhetorische und stilistische Fachbegriffe;
- **Wissensbestände aus anderen Künsten,** die literaturwissenschaftlich relevant sein können: Kunstkomparatistik, Intermedialität;
- **Methodologisches Wissen:** eine Fachgeschichte der germanistischen Literaturwissenschaft und Erläuterungen zur Methodengeschichte des letzten Jahrhunderts;
- **Literaturwissenschaft in der Praxis:** Textedition, Studium, Wissenschaft, Berufsfelder für Literaturwissenschaftler/innen.

Grundwissen

Das Ziel dieser Einführung ist ein umfassender **Überblick über das Grundwissen** der Neueren deutschen Literaturwissenschaft, der die Einführungsveranstaltung im ersten Studiensemester begleiten und die eventuelle Abschlussklausur vorbereiten helfen soll. Darüber hinaus aber sollen bis zur Examensvorbereitung relevante grundlegende Orientierungen in den verschiedenen Abteilungen des Faches bereitgestellt werden. Das Ziel wäre jedenfalls erreicht, wenn die Leserin oder der Leser dieses Buches sich besser in den Stand gesetzt fühlte, über Literatur ›genießend urteilen zu können und sie gleichzeitig urteilend zu genießen‹ sowie Literaturerfahrung in verschiedenste Formen mündlicher und schriftlicher Mitteilung übersetzen zu können: in ein Statement oder ein Kurzreferat, in Moderation, Podiumsdiskussion oder Streitgespräch, schriftliche Hausarbeit, Lexikonartikel oder Literaturkritik – also, um noch einmal mit Goethe zu sprechen, »das literarische Kunstwerk auf's neue zu reproducieren«.

Jedes Kapitel dieser Einführung wird mit einem Literaturverzeichnis Zu diesem Band abgeschlossen, in der, neben der im Text zitierten, die grundlegende und weiterführende Fachliteratur zum Thema aufgeführt ist. Auf die in dieser Bibliographie genannten Titel wird im Text verwiesen in der Kurzform (Autorname, Jahreszahl, Seite).

Darüber hinaus versammelt die **Abschlussbibliographie** weitere Fachliteratur, die als Handwerkszeug des literaturwissenschaftlichen Studiums unverzichtbar ist: Wichtige Literaturlexika, die prominenten mehr- und einbändigen Literaturgeschichten, weitere Einführungen in die Neuere deutsche Literaturwissenschaft, in die Textanalyse und die Bücherkunde, die zentralen periodisch erscheinenden und abgeschlossenen Fachbibliographien, die Titel der wichtigsten Fachzeitschriften sowie hilfreiche Internetseiten. Schließlich ermöglichen ein Personen- sowie ein Sachregister die gezielte Arbeit mit dem Band.

Für die zweite Auflage unseres Einführungsbandes wurde das Layout und das Erscheinungsbild stärker strukturiert, aufgelockert und damit durchsichtiger gestaltet, um die Gegenstände der Neueren deutschen Literaturwissenschaft weiterhin breit darstellen, aber auch deutlicher innerhalb dieses Wissensraums orientieren zu können.

Für die dritte Auflage wurde der Band durchgesehen und überarbeitet. Ergänzungen und Aktualisierungen sowohl bei einschlägigen Kapiteln – etwa zu Tendenzen der Gegenwartsliteratur – als auch in den Bibliographien ermöglichen, dass diese Einführung weiterhin den aktuellen Stand der literarischen Entwicklung sowie der Forschung präsentiert.

Die Fragen bzw. Arbeitsaufgaben an den Kapitelenden sind teilweise relevant für Abschlussklausuren in vielen Grundkursmodellen, teilweise als weiterführende Fragen gestellt. – Antworten bzw. Ausführungen dazu sind auf der Homepage des Verlages zu finden, die den Leser/innen des Bandes über den Code (s. S. I) zugänglich ist.

Im April 2012
Benedikt Jeßing, Ralph Köhnen

1. Einleitende Fragestellungen und Grundbegriffe

Die Literaturwissenschaft beschäftigt sich mit einem Sonderfall gesellschaftlicher Kommunikation: Jemand schreibt etwas, das ein anderer druckt und verbreitet, was schließlich Dritte lesen. Wer aber ist der, der da schreibt? Was denkt er sich beim Schreiben? Denkt er sich überhaupt etwas? Was ist an dem, was er schreibt, so besonders, dass es ›Literatur‹ genannt werden kann? Wie sehen die Verfahren und Techniken der Vermittlung aus? Welche Medien werden benutzt? Und: Wem wird das Geschriebene vermittelt, wer liest? Oder hört? Und wie und in welchen Situationen? Was ist eigentlich lesen, verstehen, interpretieren?

Die scheinbar einfachen Antworten auf diese Fragen werden von der Literaturwissenschaft problematisiert. ›Autor‹, ›Text‹ und ›Leser‹ etwa haben keine absoluten Bedeutungen; die Begriffe sind vielmehr unter historischen Bedingungen gewachsen und auch veränderbar.

Autor

Zu den Selbstverständlichkeiten des Alltagswissens gehört die Vorstellung, dass es jemanden gibt, der einen Text schreibt und für den Inhalt mit seinem Namen einsteht: den Autor. Der Begriff selbst ist abgeleitet vom lateinischen Wort *auctor*, das soviel wie Urheber, Verfasser, glaubwürdiger Gewährsmann, Vorbild und schließlich auch Schriftsteller bedeutet. Den modernen Begriff des Autors gibt es erst seit Ende des 18. Jahrhunderts.

Geistiges Eigentum: Zwar gab es schon im Mittelalter Dichter und Sänger, die selbstbewusst auftraten und eine wichtige Rolle sowie Bezahlung an den Höfen beanspruchen konnten. Aber erst von dem Zeitpunkt an, wo das moderne Individuum ein Selbstbewusstsein entwickelt und sich, wenn es dichtet, als **Genie** begreift, gibt es auch den Gedanken eines exklusiven **geistigen Eigentums** an einer Idee oder an einem Text. Der Autor ist dann nicht mehr der Wissenschaftler oder Gelehrte, wie ihn Buchdruck und Humanismus hervorgebracht haben, sondern schöpft aus sich bzw. seiner Natur und seiner Empfindung; die Idee, an der er arbeitet, denkt er als sein Eigentum. Wenn der Dichter sich seiner selbst bewusst wird, wenn er sein Leben als literarischen Gegenstand behandelt (in den autobiographischen Texten), wenn er sich vor Raubdrucken, die im 18. Jahrhundert an der Tagesordnung waren, schützen möchte und er schließlich mit künstlerischer Arbeit Geld verdienen und seine Position als Dichterinstitution festigen will, liegt ihm auch an einer rechtlichen Absicherung.

Das Allgemeine Preußische Landrecht von 1794 formulierte dieses Rechtsverhältnis (wenn auch zunächst nur in Bezug auf den Verleger)

Historische Wandlung des Autor-Konzepts

und legte damit den Grundstein dafür, dass die geistige Arbeit geschützt wird – bis zum heutigen **Urheberrecht** Deutschlands (vgl. §2 oder 7) oder dem Welturheberrechtsabkommen von 1955, das alle wichtigeren Staaten mittlerweile unterzeichnet haben. Aus diesem Verständnis des Autors als Rechtssubjekt, der über sein Werk herrscht und seine Weltanschauungen gleichsam als Institution verkörpert (Bosse 1981), hat sich von Goethe über Fontane, Thomas Mann u. a. das noch heute gelegentlich zitierte Konzept des Großschriftstellers entwickelt, der obendrein den entsprechenden Lebensstil selbst zum Kunstwerk stilisieren (und auch finanzieren) kann.

Tod des Autors Dem steht ein anderes extremes Konzept entgegen, das in der Moderne seit 1900 angebahnt wird. Wenn Schriftsteller vom **Verschwinden des Autors** aus der Literatur reden, tun sie manchmal so, als ob der Text automatengleich sich selber schreibt oder nur eine Sache von Wörtern untereinander ist, die sich zum Text zusammenschließen – eine Wortkunst also, die sich wie eine selbst produzierende Maschine aus einem großen Intertext gleichsam selber baut. Der Autor kann damit in die Anonymität flüchten oder ganz unparteiisch die Wirklichkeit selbst zum Material von Kunst nehmen und diese Rohstoffe für seine Wort- oder Bildketten montieren. Die Wendung vom ›Tod des Autors‹ geht seit Roland Barthes durch die Debatten, und Michel Foucault (1974) hat die provokante Frage gestellt, wen es überhaupt kümmere, wer spricht – denn der Autor sei nur eine historische Erfindung, deren Rechtsansprüche hinter dem Spiel der Wörter und der Macht der Diskurse zurücktreten würden (s. Kap. 6.9).

Bereits in den romantischen Künstlerzirkeln wird ein anderes Verständnis geprägt, nämlich das der Künstlergemeinschaft: Künstlerfreunde verfassen zusammen Texte, die schließlich auch vom Publikum weitergeschrieben werden können. Diese **Vorstellung eines Künstlerkollektivs** lebt heute weiter in literarischen ›workshops‹ oder ›factories‹, vor allem aber im interaktiven Schreiben am Computer, das die Hierarchien von Autor und Leser auf den Kopf stellen kann und einem *simultaneous engineering* verschiedener Autoren weicht, vielleicht zum gänzlich anonymen Vorgang wird. Die problematischen Fragen des Urheberrechtes werden derzeit diskutiert; kopierte oder collagierte Literatur aus dem Netz als eigene auszugeben ist nach wie vor illegal, mittlerweile gibt es sogar Internet-Services, die die Autorschaft von Texten durch Netzrecherche feststellen können.

Text – Literatur

Der Begriff des Textes geht auf lat. *textus* zurück, was das zum Gewebe Verdichtete, spezieller das Geflecht aus Wörtern meint. Wird dieses schriftlich fixiert, könnte man, entsprechend lateinisch *littera*: Buchstabe, von Literatur sprechen: **Literatur im weitesten Sinne ist fixierter Text** – wenngleich es natürlich Möglichkeiten von mündlicher Textweitergabe oder Rezitation gibt. Geschriebener Text ist aber nicht einfach verschriftlichter mündlicher Text – es findet also nicht nur ein Wechsel des Ausdrucksmaterials statt. Denn die nachhaltige Wirkung des Textes beruht auf dem Effekt, dass der Text, einmal auf Papier geschrieben und veröffentlicht, sich von den direkten Absichten seines Autors abkoppelt und in neuen räumlichen und historischen Umgebungen auch neue Bedeutungen annehmen kann.

Anders als die situationsgebundene Rede existiert Schrift also unabhängig von ihrem Entstehungskontext weiter. Diese Dauerhaftigkeit des Textes mag auch der Grund dafür sein, dass Dichtung sich meist um sprachliche Komprimierung und Verfeinerung, also um Abgrenzung zur gesprochenen oder Alltagssprache bemüht (einmal davon abgesehen, dass das Hörverstehen eher Einfachheit, Wiederholungen o. Ä. erfordert und gerade keine verdichtete Rede). Mit der Metapher des Webens wird aber auch die Verbindung der Textschichten deutlich – man kann Teile nicht vertauschen (oder den ›Erzählfaden‹ heraustrennen), ohne dass sich der Text erheblich verändert: Eine ausgewählte, komponierte Form ist Kennzeichen des literarischen Textes.

> *Situations-*
> *unabhängigkeit*
> *der Schrift*

In diesem Sinne ist Literatur ein spezieller Fall in der Welt der Texte. Sie hat eine rekursive, selbstdefinierende Struktur (Mussil 2006), anders gesagt: Sie funktioniert nach eigenen Gesetzen und baut eigene Welten auf, wodurch gerade erst ermöglicht wird, dass sie sich auf die gesellschaftliche Welt bezieht. Als Schriftgebäude ist der Text dafür prädestiniert, fiktive Welten zu entwerfen, die über die konkrete Situation der Entstehung hinausgehen. **Folgende grundlegende Funktionen kann sie dabei entfalten:**

- Eine referenzielle Funktion: Texte beziehen sich auf eine Wirklichkeit; sie stellen allerdings fiktive Welten dar, die nicht mit der allgemein erfahrenen Realität zu verwechseln sind – das fiktive Venedig in Thomas Manns *Tod in Venedig* ist nicht identisch mit dem geographischen Venedig. Auch wenn man gewisse Äußerlichkeiten, Gebäude etc. wiedererkennen könnte, bleiben Handlung und Figuren erfunden; damit wird auch die Stadt Teil der fiktiven Welt. Darin liegt ein wichtiger Unterschied zum sogenannten expositorischen Text oder Gebrauchstext, der im politisch-journalistischen Essay (s. Kap. 3.5) auch literarische Qualitäten haben kann, sich aber direkt auf die Alltagswelt bezieht und diese im pragmatischen Bezug beschreiben oder Handlungsanweisungen geben will wie beispielsweise bei einer Gebrauchsanleitung.

> *Funktionen*
> *von Literatur*

- Eine expressive Funktion, wenn der Autor seine Stimmungen, Gefühle oder Einbildungskraft zum Ausdruck bringen will, wie etwa in der Stimmungslyrik der Empfindsamkeit, des Sturm und Drang über die Romantik bis zum Expressionismus oder in der subjektiven Lyrik der Gegenwart.

- Eine appellative Textfunktion, die darin liegen kann, dass ein Autor engagiert Stellung bezieht zu politischen oder moralischen Fragen und versucht, auf möglichst suggestive Weise dem Leser seine Argumentation nahezulegen, um damit die größtmögliche Wirkung zu entfalten.

- Eine ästhetische Funktion, die sich darin geltend macht, dass Literatur Sprache selbst als ein experimentelles Mittel behandeln kann, mit dem man nicht nur etwas bezeichnet und ausdrückt, sondern auch spielerisch umgehen kann. Sprache wird dann zum Selbstzweck: Literatur hat in einer langen Tradition ihre eigenen Ausdrucksformen hervorgebracht, die sie von der Alltagsrede unterscheiden. Gedichte machen etwa auf ihre Lautqualitäten aufmerksam, Erzählungen bauen ihre Bilder sowie ihre Strukturen auf, die auch im Text reflektiert werden können – ein Selbstbezug, der literarische Sprache auszeichnet im Gegensatz zur berichtenden Sprache, in der nicht über die eigenen Mittel nachgedacht wird.

Diese vier Grundfunktionen, denen man noch einige **Unterfunktionen** zuordnen könnte (kritische, belehrende oder unterhaltende Funktion usf.), werden von einem Text jedoch selten alle zur Geltung gebracht. Meistens finden sich zwei oder drei Funktionen kombiniert, etwa im Fall der Lyrik des Expressionismus, die zwar auch Phantasmen ausdrücken will, dabei aber ebenso an der ästhetischen Funktion interessiert ist, also z. B. auf die Konstruktion der Bilder setzt und obendrein Appelle an die Leserschaft richtet.

Intertextualität
  Erweiterung des Textbegriffs: Im Konzept der **Intertextualität** wird der Einzeltext nicht mehr als eigenständige Größe behandelt, sondern vielmehr die Tatsache berücksichtigt, dass Texte aufeinander Bezug nehmen, sich zitieren, variieren oder Reihen bilden und Motive oder auch Strukturen abwandeln können. Dies kann man im historischen Längsschnitt etwa daran zeigen, wie es nach Erfindung des Buchdrucks der expandierende Buchmarkt ermöglicht, dass eine wachsende Zahl von Autoren die Texte der anderen Schreibenden zur Kenntnis nimmt und sie etwa durch Stoff- oder Motivübernahme abwandeln oder plagiieren kann. Aber auch an einem Einzeltext lässt sich nachweisen, welche Vorläufertexte (Prätexte) ihn geprägt haben oder welche nachfolgenden Texte (Posttexte) er seinerseits angeregt hat.

  Intertextualität: Von Intertextualität im engeren Sinne wird dann gesprochen, wenn es sich um eine mehr oder weniger bewusste Bezugnahme, ein direktes Zitat, eine Motivvariation oder eine Anlehnung in der Form handelt (vgl. Pfister 1985). Darüber hinaus gibt es aber auch eine generalisierte Vorstellung von Intertextualität, die die **allgemeine Vernetzung aller Texte** behauptet. Die Welt wird dann als riesige Bibliothek aufgefasst, in der alle Bücher untereinander kommunizieren, und zwar ohne besonderes Zutun des Autors. Dieser schreibe vielmehr aus einem Textgedächtnis, in dem sich ein allgemeiner Bildungsvorrat sedimentiert hat, und verknüpft prinzipiell bereits Vorhandenes zu neuen Kombinationen (Kristeva 1987). Fasst man den Textbegriff sehr weit und bezieht ihn auch auf Bilder, Filme oder Musik, lässt sich übergreifend von einem intermedialen Intertext sprechen (Hoesterey 1988, S. 191), bei dem die Behandlung eines Themas in verschiedenen Kunstformen und Medien analysiert wird (s. Kap. 5).

Über den weiten Intertextbegriff hinaus entstehen mit dem neuen Typ des digitalen **Hypertextes** bisher kaum denkbare Möglichkeiten der Verkreuzung, Ineinanderblendung und auch der Modifikation von Texten. Was die Literatur seit der Romantik erträumte – das Zusammenwirken aller Bücher im fortlaufenden Kunstgespräch –, ist mit den Texten im Netz auf eine sichtbare Ebene gehoben worden. Der Text ist dann kein abgeschlossenes Produkt mehr, sondern wird als **wandelbar, beweglich und unabschließbar** gesehen. Für den Literaturwissenschaftler ergibt sich mit den digitalen Medien ein gewaltiger beweglicher Intertext, der aber mit Erreichen der Hypertext-Ebene auch ausdrücklich interaktiv wird: Die Textmassen im Netz müssen von einem arbeitenden Leser für jeweils ganz spezifische Intentionen in Beziehung gesetzt werden, sonst bleiben sie bedeutungslos.

Hypertext

Werk

Der Begriff des ›Textes‹, so selbstverständlich er heute ist, hat sich in der Literaturwissenschaft erst in den 1970er Jahren durchgesetzt gegen den bis dahin gebräuchlicheren des ›Werkes‹. Mit dem Literaturverständnis der Hermeneutik (s. Kap. 6.2) implizierte dieser eine innige, organische Verbindung von Autor und Einzeltext, den man im Kontext des Lebens und der Absichten des Autors interpretierte. Mit seinen Intentionen und Schreibweisen sollte der Werdegang eines Autors selbst markiert werden, man sprach von Früh-, Mittel- oder Spätwerk oder nahm sonstige Phaseneinteilungen vor: Das einzelne Werk kennzeichnete dann auch die jeweilige Entwicklungsstufe eines Autors.

Werkherrschaft: Als Problem erwies sich allerdings, dass man damit Autor und Text gleichsetzte, ja dass man die Selbstäußerungen des Autors direkt auf den Text übertrug. Dem Autor wurde die Herrschaft über sein Werk und seine Bedeutungen eingeräumt (vgl. Bosse 1981), die Eigengesetzmäßigkeiten des literarischen Textes wurden kaum beachtet. Weiterhin impliziert der Werkbegriff immer auch eine abgeschlossene Einheit, sowohl für das einzelne literarische Werk als auch für ein Lebenswerk. Darin macht sich ein **klassizistischer Begriff von Ganzheit** geltend, der aber bereits bei den vielfach fragmentarischen Texten der Romantik und denen der Moderne nach 1900 nicht mehr greift.

›Text‹ statt ›Werk‹: Die werkimmanente Literaturwissenschaft (s. Kap. 6.3.2) begann damit, das Werk vom Autorwillen zu lösen und Literatur als eigenständiges Form- und Motivgebäude zu analysieren. Spätestens aber seit den 1970er Jahren ist es gebräuchlich geworden, vom ›**Text**‹ zu sprechen, dem man eine eigenständige Qualität zuerkannte, um ihn von der Autorintention strikt zu trennen. Damit soll nicht geleugnet werden, dass es durchaus erkennbare Stilmerkmale, individuelle Spuren oder eine ›Handschrift‹ eines Autors gibt, die in den Texten durchscheinen (Frank 1979).

Eine Vermischung von Autor und Text aber, wie sie immer wieder im Feuilleton (und auch in Seminararbeiten!) zu beobachten ist, sollte auf

Konventionelle Kategorie des Werks

jeden Fall vermieden werden – der Einzeltext sagt immer mehr, als sein Autor mit ihm beabsichtigt haben könnte. Er bleibt eine fiktive Welt, aus der man nicht strikt auf den Autor schließen kann – wenn etwa die Figur des Hans Castorp im *Zauberberg*-Roman etwas sagt, darf die Äußerung keinesfalls dem Autor Thomas Mann zugeschrieben werden. Für die literaturwissenschaftliche Analyse bleibt es methodisch unumgänglich, **zwischen dem Text und dem Autorhorizont zu trennen:** Nur dann lassen sich die Eigenständigkeiten des Textes adäquat zu erforschen.

Kanon

Kanon-Begriff

In diesem Zusammenhang ist in den letzten Jahren intensiv über den Begriff des Kanons (gr. Richtschnur, Messlatte) debattiert worden, der einen verabredeten Fundus von ausgewählten Musterwerken bezeichnet, die als unverzichtbar für kulturelle Bildung eingeschätzt werden. Angesichts einer fortgeschrittenen Literarisierung sowie einer ersten Bücherflut suchte man schon um 1800 nach einer sicheren **Kommunikationsbasis** und einer Einteilung dessen, was gelesen werden soll und was weniger wichtig ist. Das Problem der Beliebigkeit spitzt sich zu, wenn jeder Leser selbst auch zum potenziellen Autor wird, der wiederum mit einer Buchveröffentlichung hervortreten kann (was derzeit an den Textmassen im Internet offenkundig wird).

Kanonbildung als Strategie

Bildung als Politik: Über die mehr oder weniger verbindlichen Listen zu lesender Bücher und Autoren, die Anweisungen über das Lesen selbst beinhalten können, wird zumal in Schule und Hochschule auch **Bildungspolitik** betrieben. Die Frage, welche Wissensvorräte auf welche Weise vermittelt werden sollen, interessiert über Schüler/innen und Studierende hinaus auch ein breites allgemeines Publikum, das seine Allgemeinbildung (oder auch nur das Quiz-Wissen) sichern will oder gezielt etwas lernen möchte, um sich auf dem aktuellen Diskussionsstand zu halten und allgemeine kulturelle Kompetenzen auszuprägen. Neutral gesprochen handelt es sich beim Kanon insgesamt um **Strategien der ökonomischen Handhabung** eines riesigen Angebots, dessen unbekanntere Bestandteile jedoch in der Gefahr stehen, an den Rand gedrängt zu werden.

Dabei sind die **Gefahren der Ausgrenzung** unbekannter Titel nicht von der Hand zu weisen – dann jedenfalls, wenn die Auswahl willkürlich bleibt und nicht einmal ihre Kriterien durchsichtig gemacht werden. Um dieser Gefahr zu entgehen, muss jeder Kanon begründet werden, zum Beispiel über die Frage, ob ein Text exemplarisch steht für bestimmte Epochen, für bestimmte Gattungen oder historische Probleme, ob er insofern auch historische Aussagekraft mit aktuellem Anspruch hat oder ob er interessant ist, d. h. ob er mit neuen Perspektiven aufwartet. Prinzipiell sollte es um einen **offenen Kanon** gehen, damit auch randständige oder neuere Texte berücksichtigt werden können. Ist dies gegeben, scheinen die Vorteile zu überwiegen: Dann ist es möglich, an einem klar konturierten Gegenstandsbereich zu arbeiten, eine Grundlage für die literarische

Kommunikation zu erwerben, einen Einstieg in gemeinsame kulturelle Sprachspiele zu schaffen (Fuhrmann 2002) und daran Analysestrategien zu erlernen.

Literarische Wertung

Mit solchen Literaturlisten, wie sie nicht nur in den Lehrplänen, sondern auch in den Feuilletons immer wieder veröffentlicht werden, ist die Frage der literarischen Wertung verknüpft, die zum Alltag des Journalisten, Lehrers oder Bildungspolitikers gehört. Dabei hat sich immer wieder gezeigt, dass die Wertung von Lessing bis zum heutigen Feuilleton perspektivgebunden ist – warum und in welcher Hinsicht ein Text als ›gut‹, ›akzeptabel‹ oder ›schlecht‹ bezeichnet wird, sollte also immer transparent gemacht werden.

- **Formale Werte:** Geschlossenheit oder Offenheit, Stimmigkeit oder Brüchigkeit, Einfachheit oder Komplexität eines Textes.
- **Inhaltliche Werte:** Wahrheit und Erkenntnis, Moral, Humanität, Gerechtigkeit, kritische Perspektiven.
- **Relationale Werte:** Traditionszugehörigkeit oder Normbruch und Innovation, Wirklichkeitsnähe oder -ferne.
- **Wirkungsbezogene Werte:** die individuelle, beim Leser erzeugte Wirkung, Spannung oder Langeweile, Leidenseffekte oder Interessantheit (vgl. Heydebrand/Winko 1996).

Kriterien für die literarische Wertung

Lesen/Leser

An den Begriffen des Kanons und der Wertung wird auch die **entscheidende Rolle des Lesers** deutlich, die sich ebenfalls historisch gewandelt hat. Im Wortursprung des lateinischen *legere* sind bereits zwei Grundbedeutungen angelegt, die heute noch gebräuchlich sind:

- das Aufsammeln von Dingen (Früchten, Trauben oder ›Wein lesen‹), also das Auswählen von speziellen Gegenständen aus einer allgemeinen Vielheit zu einer bestimmten Ordnung, als Trennen und Zurechtlegen;
- der heute geläufigere Sinn von ›Lesen‹, der das Zusammenlesen von Buchstaben zu Wörtern und Herauslesen von Bedeutungen aus einem Text bezeichnet.

Der Vorgang des Lesens selbst hat sich weithin gewandelt. Die wenigen Bücher aus Pergament oder Bütten, die bis zur frühen Neuzeit nur ein kleines Lesepublikum hatten (Mönche oder Gelehrte), wurden um 1500 einer intensiven und wiederholten Lektüre unterzogen. Die **Erfindung des Buchdrucks mit beweglichen Lettern** befreite den Leser von der Notwendigkeit des Überlieferns und Memorierens. Der expandierende Buchmarkt ermöglichte eine breite, extensive Lektüre, die dann auch

Unterhaltungsfunktionen haben konnte. Dies wurde um 1800 wiederum von den aufklärerischen Pädagogen als reine Zerstreuung oder auch Lesesuchtphänomen kritisiert (Schön 1987).

Der Versuch, das Lesen auch für Schulzwecke zu disziplinieren und schließlich ein Regelwerk zum methodischen Lesen zu entwickeln, konnte aber nicht verhindern, dass sich mit der Romantik das Konzept eines aktiven Lesens entwickelte: Der Leser wurde als Fortsetzer oder Weiterschreiber des Autors verstanden, also als Kommunikationspartner und selbst als Künstler. In diesem Sinne hat später die Rezeptionsästhetik (s. Kap. 6.4) die aktive Rolle des Lesers in der Textarbeit betont (Warning 1975).

Diese verschiedenen Lesebegriffe prägen bis heute die Diskussionen:

Lesebegriffe
- das **informative Lesen**, das aus Texten Informationen herausklaubt,
- das **interpretierende Lesen**, das zum Ziel gelangen will,
- das **kreative Lesen**, das einen ästhetischen und gestalterischen Anspruch hat.

Lesen als das Entziffern von Zeichen und Zuweisen von Bedeutungen lässt sich auch auf die Wahrnehmung eines Bildes, eines Films, musikalischen Werkes, Theaterstückes oder allgemein von Alltagserscheinungen (z. B. von Mode) übertragen, das der Textlektüre vergleichbar ist (Barthes 1988). Dieser erweiterte Lese- und Textbegriff mag problematisch sein, doch ermöglicht er, die Entzifferungsbemühungen in verschiedenen Kunstformen zu vergleichen (s. Kap. 5) und darüber hinaus Leseweisen zu beobachten, wie sie in den digitalen Medien entstanden sind. Damit hat sich die **intensive zu einer extensiven Lektüre** gewandelt: Der Leser tritt dann als Surfer im Internet auf, der genussvoll schmökert (*browsing*) oder Texte beliebig kombiniert – mit vielseitiger ›Lust am Text‹ (Barthes 1974).

Interpretation

Begriff der
Interpretation
Damit ist schließlich eine **zentrale Tätigkeit des Literaturwissenschaftlers**, die Interpretation, auf dem Prüfstand. Interpretation (lat. Deutung, Auslegung, Übersetzung) kann zunächst als Deutungsverfahren definiert werden, das in der langen Tradition der Hermeneutik (s. Kap. 6.2) entwickelt worden ist, die sich vor allem mit dem historischen Verstehen, dem Texterklären sowie der praktischen Anwendung biblischer und juristischer Texte beschäftigte. Insofern aber Textverstehen ein unabschließbarer Vorgang ist, der in historisch wechselnden Umgebungen und mit der Beteiligung jedes einzelnen subjektiven Lesers stets neue Bedeutungen hervorbringen kann, fordert Interpretieren vom Leser immer auch einen kreativen Beitrag.

Diesem Verstehensvorgang kann die objektivere ›Sachanalyse‹ eines Textes zur Seite gestellt werden. Das ändert aber grundsätzlich nichts an der Einsicht, dass die vermeintlich objektive Analyse (wie auch das naturwissenschaftliche Forschen) eine subjektive Forschungsperspektive voraussetzt; ein bestimmtes Erkenntnisinteresse bringt auch bestimmte Ergebnisse hervor (Gadamer 1960). Für die Literaturwissenschaft heißt das, dass Interpretieren **kein Decodieren von Botschaften** ist, die ein für alle mal in einem Text fixiert und regelkonform rückzuübersetzen wären.

Damit jedoch das Interpretationsgeschäft sich nicht in subjektiver Beliebigkeit erschöpft, muss das, was als Deutung verstanden werden will, durch Anhaltspunkte und Belege im Text **Plausibilität** bekommen bzw. sich in der Auseinandersetzung mit anderen Interpretationen behaupten. In dieser Zusammenarbeit können Interpretationen dann darauf angelegt sein, Fragen zu formulieren, Lücken aufzutun, neue Denkräume anlässlich desselben Gegenstandes zu eröffnen und einer Vielzahl von Perspektiven Raum zu geben.

Anz, Thomas (Hg.): Handbuch Literaturwissenschaft. Gegenstände – Konzepte – Institutionen. Stuttgart/Weimar 2007.

Barthes, Roland: »La mort de l'auteur«. In: Manteia, Heft 5 (1968), S. 12–17; dt. in: Texte zur Theorie der Autorschaft. Hg. von Fotis Jannidis/Gerhard Lauer/Matías Martínez/Simone Winko. Stuttgart 2000, S. 185–193.

– : Die Lust am Text. Frankfurt a. M. 1974 (frz. 1973).

– : Das semiologische Abenteuer. Frankfurt a. M. 1988 (frz. 1985).

Bosse, Heinrich: Autorschaft ist Werkherrschaft. Paderborn u. a. 1981.

Eco, Umberto: Lector in fabula. Die Mitarbeit der Interpretation in erzählenden Texten. München/Wien 1990 (engl. 1979).

Foucault, Michel: »Was ist ein Autor?«. In: Schriften zur Literatur. München 1974.

Frank, Manfred: »Was ist ein literarischer Text und was heißt es, ihn zu verstehen?« In: Texthermeneutik: Aktualität, Geschichte, Kritik. Hg. von Ulrich Nassen. Paderborn u. a. 1979, S. 58–77.

Fuhrmann, Manfred: Bildung. Europas kulturelle Identität. Stuttgart 2002.

Gadamer, Hans-Georg: Wahrheit und Methode. Grundzüge einer philosophischen Hermeneutik. Tübingen 1960.

Heydebrand, Renate von/Winko, Simone: Einführung in die Wertung von Literatur. Paderborn 1996.

Hoesterey, Ingeborg: Verschlungene Schriftzeichen. Intertextualität von Kunst und Literatur in der Moderne/Postmoderne. Frankfurt a. M. 1988.

Kristeva, Julia: »Bachtin, das Wort, der Dialog und der Roman« [1967]. In: Zur Struktur des Romans. Hg. von Bruno Hillebrand. Darmstadt 1987, S. 388–407.

Mussil, Stephan: »Der Begriff der Literatur«. In: DVjs Heft 2 (2006), S. 317–352.

Pfister, Manfred: »Konzepte der Intertextualität«. In: Intertextualität. Formen, Funktionen, anglistische Fallstudien. Hg. von Ulrich Broich/Manfred Pfister. Tübingen 1985, S. 1–30.

Schneider, Jost (Hg.): Methodengeschichte der Germanistik. Berlin/New York 2009.

Schön, Erich: Die Verdrängung der Sinnlichkeit oder die Verwandlungen des Lesers. Stuttgart 1987.

Warning, Rainer (Hg.): Rezeptionsästhetik. München 1975.

Literatur

2. Literaturgeschichte

2.1 | Terminologisches: Epochenbegriffe

Eines der wesentlichen Kategoriensysteme, mit deren Hilfe Literaturwissenschaftler/innen ihren Gegenstandsbereich – hier die Literatur seit ungefähr 1500 – ordnen, ist die Periodisierung der Literatur, ihre historische Gliederung durch Epochenbegriffe.

Das Wort → Epoche stammt vom griechischen *epoché*, das ›Einschnitt‹, ›Hemmung‹ heißt; in diesem Sinne wurde das Fremdwort auch bis ins 19. Jahrhundert hinein meist verwendet: Ein bestimmtes Ereignis wurde als ›Epoche‹ bezeichnet, als Abschluss eines Zeitraums bzw. als Beginn eines neuen. Erst im Verlauf des 19. Jahrhunderts setzte sich die heutige Bedeutung des Begriffes durch: Er bezeichnet den **Raum zwischen zwei Einschnitten oder Daten**. Um einen Zeitraum überhaupt als ›Epoche‹ bezeichnen zu können, ist man also auf zwei Daten angewiesen. Epochenbezeichnungen können deswegen nur im Rückblick erwogen oder vergeben werden, die eigene Gegenwart ist als Epoche unbestimmbar.

Zum Begriff

Über die beiden Eckdaten hinaus setzen literaturgeschichtliche Epochenbegriffe **Gemeinsamkeiten einer bestimmten Textgruppe** in einem bestimmten Zeitraum voraus, Merkmale, die es ermöglichen, die Texte eines Zeitraums von denen der angrenzenden Zeiträume unterscheiden zu können. Dabei ist natürlich nur ein Teil der Merkmale epochenspezifisch, andere wiederum bilden stilistische, gattungspoetologische oder andersartige Kontinuitäten.

Die Kriterien, nach denen in der Literaturgeschichtsschreibung Epochen voneinander abgegrenzt und bestimmten literarhistorischen Zeiträumen Epochenbegriffe zugeordnet werden, sind ganz unterschiedlicher Natur bzw. Herkunft:

Epochenbegriffe: Unterscheidungskriterien

- **Politik- oder sozialgeschichtliche Unterscheidungskriterien** können auf die Literaturgeschichte übertragen werden: Die Literatur zwischen 1830 und 1848 etwa wird als ›Vormärz‹ bezeichnet, d.h. sie ist vor der

Märzrevolution 1848 entstanden; die Literatur zwischen 1871 und 1918 heißt grob zusammengefasst ›Literatur des Kaiserreichs‹, nach 1945 spricht man von der ›Literatur der BRD‹ bzw. der DDR.

- **Philosophie-, ideen- oder auch religionsgeschichtliche Epochenbezeichnungen** werden auf literarhistorische abgebildet: Literatur des Humanismus, der Reformation oder der Aufklärung.
- **Literaturinterne Kriterien** werden neben den genannten literaturexternen Periodisierungskatalogen zur Epochengliederung genutzt: Poetikgeschichtliche, ästhetisch-programmatische oder stilistische Konzepte bzw. Unterscheidungsmerkmale: ›Barock‹ ist ein Stilbegriff, der aus der Kunstgeschichte auf die Literatur des 17. Jahrhunderts übertragen wird; eine kleine Gruppe von Texten junger Autoren zwischen 1770 und 1785 mit einem ganz bestimmten ästhetischen Programm lässt sich unter dem Begriff ›Sturm und Drang‹ zusammenfassen; ›Ästhetizismus‹ bzw. ›Hermetik‹ sind stilistische Konzeptionen um 1900 bzw. nach dem Zweiten Weltkrieg.
- **Einschätzungen viel späterer Zeiten** können ebenfalls zur Bildung von Epochenbegriffen führen, Literaturgeschichtsschreibung dokumentiert immer auch die Rezeptions- und Kanonisierungsgeschichte der Literatur: So ist etwa der Begriff der ›Weimarer Klassik‹ eine Erfindung der zweiten Hälfte des 19. Jahrhunderts, der nicht so sehr aus den Texten Goethes und Schillers zwischen 1788 und 1805 selbst abgeleitet wird, sondern aus der Stilisierung und Verklärung dieser beiden Autoren resultiert.

Konstrukt-charakter Epochenbegriffe sind also immer **wissenschaftliche Konstruktionen**: In Bezug auf bestimmte literaturinterne oder -externe Kriterien wird die Literaturgeschichte in Abschnitte eingeteilt. Weil es mehrere Orientierungssysteme der Literaturgeschichtsschreibung gibt, deren eigene Epochengliederungen voneinander abweichen, überschneiden sich häufig sogenannte »Epochen« der Literaturgeschichte oder sie laufen mitunter sogar parallel zueinander. Epochenbegriffe erlauben schon für das 18. Jahrhundert keine genaue Trennung zwischen tatsächlichen Zeiträumen. Das gilt um so stärker für die letzten beiden Jahrhunderte, in denen die literarische Produktion ungeheuer anstieg. Hier lassen sich insofern nur noch literarische Gruppierungen oder Strömungen beobachten, die dann natürlich auf einer historischen Zeitachse eingeordnet werden können.

Trotz ihres Konstruktcharakters benötigt die Literaturwissenschaft die Epochenbegriffe. Sie erleichtern die wissenschaftliche Verständigung über die Literatur im historischen Prozess und ermöglichen auf unterschiedliche Weise das Verständnis der Literatur aus ihrer Zeit, ihrer Sozial-, Ideen- und Stilgeschichte heraus. In diesem Sinne arbeiten die folgenden Kapitel mit den traditionellen Epochenbegriffen. Im Einzelfall wird allerdings ein fragwürdig gewordener Begriffsgebrauch problematisiert, um die Schwierigkeiten der historischen Ordnung der Literatur deutlich zu machen.

2.2 | Von der Reformation bis zur Französischen Revolution

Die Geschichte der deutschen Literatur des 16., 17. und 18. Jahrhunderts lässt sich nach drei unterschiedlichen, aber gleichwertigen Periodisierungskriterien gliedern:

- **Realpolitische bzw. gesellschaftsgeschichtliche Ereignisse** legen es nahe, den Zeitraum zwischen etwa 1500 und 1800 nach folgenden Daten zu strukturieren: Reformation (seit 1517), Dreißigjähriger Krieg (1618–1648), Einsatz eines aufgeklärten Absolutismus (in Deutschland zwischen 1670 und 1690), Französische Revolution (1789).
- **Philosophie- oder ideengeschichtlich** ließe sich der gleiche Zeitraum in folgende Abschnitte gliedern: Humanismus/Reformation, Gegenreformation/Konfessionalismus, Aufklärung.
- **Literatur- oder genauer: poetikgeschichtlich** sind die zentralen Einschnitte markiert durch die Literaturreformen von Martin Opitz (*Buch von der Deutschen Poeterey*, 1624) und von Johann Christoph Gottsched (*Versuch einer Critischen Dichtkunst*, 1730), ferner durch die Kritik und Auflösung von dessen starrer Regelpoetik in Empfindsamkeit und Sturm und Drang und die Formulierung einer dezidiert klassizistischen Literaturprogrammatik durch Schiller und Goethe in den 1790er Jahren.

Periodisierungs-
kriterien

Auch wenn es im Idealfall geboten scheint, Literaturgeschichte nach literaturinternen Kriterien zu periodisieren, kann die Literatur des 16. bis 18. Jahrhunderts grundsätzlich nicht losgelöst von den ideen- und sozialgeschichtlichen Entwicklungen, Strömungen und Ereignissen verstanden werden – eine Literaturgeschichte der Frühen Neuzeit muss alle drei oben angeführten Periodisierungskonzepte zusammenschließen (ausführliche literatur- und epochengeschichtliche Darstellungen finden sich in de Boor/Newald 1949 ff., Bd. 4.2, 1973 u. Bd. 5, 1967; Glaser 1980 ff., Bd. 2–4; Beutin 2008, S. 51–153; Könneker 1975; Niefanger 2006; Alt 2007).

2.2.1 | Literatur der Renaissance und des Humanismus: Zwischen Reformation und dem Beginn des Dreißigjährigen Krieges

Zum Epochenbegriff – Epochencharakteristika

Das 16. Jahrhundert ist, für den Raum des Heiligen Römischen Reiches Deutscher Nation, von unterschiedlichen geistes- und bildungs-, religions-, technik- sowie sozialgeschichtlichen Strömungen und Tendenzen gekennzeichnet, die alle Auswirkungen auf den Bereich der literarischen Kultur haben: Renaissance, Humanismus, Reformation, Buchdruck und gesellschaftliche Umwälzung der spätmittelalterlichen Gesellschaftsordnung.

Von der Reformation
bis zur Französischen
Revolution

Strömungen
und Tendenzen

Sozialgeschichtlich betrachtet war die Voraussetzung der großen ideengeschichtlichen Strömungen des 16. Jahrhunderts die **grundlegende Umwälzung der gesellschaftlichen Verhältnisse am Ausgang des Mittelalters**. Erster zentraler Faktor dieser Umwälzung ist die Dynamisierung der Ständeordnung und damit die Ermöglichung von Fortschrittserfahrung: Neuerungen auf dem Gebiet der landwirtschaftlichen und technischen Produktionsmittel und die Entwicklung von Märkten sowie eine verstärkte Geldwirtschaft leiten diesen Wandel ein. Die starre horizontale Gliederung mittelalterlicher Gesellschaft wird im Spätmittelalter zunehmend durchlässig für vertikale Bewegungen, für den Auf- oder Abstieg einzelner Individuen. Gerade im Bereich der frühneuzeitlichen Städte kann ein einzelner Mensch oder eine Familie den Aufstieg aus bäuerlicher Herkunft ins Handwerks- oder gar Handelsbürgertum schaffen. Damit wird im Rückblick auf das eigene Leben oder auf die zwei oder drei mitlebenden Generationen der Familie Veränderung, Fortschritt, Aufstieg sichtbar – der Ewigkeitsanspruch der mittelalterlichen Ständehierarchie verliert seine Legitimität.

Individualisierung: Aus dieser Dynamisierung der Ständeordnung resultiert ein neuer Begriff des Individuums: Definierte sich das Individuum mittelalterlicher Prägung immer über die Zugehörigkeit zu einer Gruppe, zu einem Stand (innerhalb dessen alle mehr oder weniger gleich erschienen), erscheint es jetzt als Einzelner, der in der Absonderung vom früheren Stand hervortritt, gar in der Absonderung von allen anderen, da ja die eigene Individualität durch die je anders- und einzigartige Lebensgeschichte erzählbar wurde. In diesem Kontext wird an die Stelle des feudalistischen Geburtsadels, etwa durch Sebastian Brant (*Das Narrenschiff*, 1494) oder Ulrich von Hutten (*Gesprechbüchlein*, 1521), der ›Leistungsadel‹ gesetzt, eigene Arbeit und individuelle Tugend treten an die Stelle der Geburtsrechte.

Geistes- und Ideengeschichte: Die von Italien seit der Mitte des 14. Jahrhunderts auf viele Länder Europas ausstrahlende Bewegung einer ›Wiedergeburt‹ (ital. *rinascimento*) der Antike, die **Renaissance**, wurde hauptsächlich durch gelehrte bürgerliche Schichten der oberitalienischen Städte getragen. Ein wesentlicher Bestandteil der Renaissance-Gelehrsamkeit war die präzise philologische Bemühung. Der italienische Gelehrte und Dichter Francesco Petrarca (1304–1374) identifizierte die sprachlichen Differenzen zwischen dem spätmittelalterlichen Gebrauchslatein der Kirche und der Gelehrten und dem der Antike als Verfall und leitete eine Wiederentdeckung des klassischen Lateins und seiner literarischen Dokumente ein, der die Wiederaneignung der älteren, griechischen Literatur und Philosophie folgte. Ein zentraler literatur- und kulturgeschichtlicher Impuls der italienischen Renaissance war die **Nachahmung antiker Architektur, Skulptur und Literatur**, die zum ästhetischen Ideal erhoben wurde.

Beginnende Säkularisierung: Die Renaissance ist nur verstehbar vor dem Hintergrund der allmählichen Herauslösung

Sebastian Brant:
Das Narrenschiff,
1494

des spätmittelalterlichen Individuums aus dem starren Korsett mittelalterlicher Welt- und Gesellschaftsordnung; die Orientierung an eben nicht biblischen, kirchlich kanonisierten Autoritäten dokumentiert diese Widerständigkeit gegen die traditionellen Ordnungsmuster ebenso wie die Aufwertung des Individuums und die Hinwendung zum Diesseits, auch: zum alltäglichen Leben des Einzelnen, wie Autobiographien und Reisetagebücher der Zeit zeigen.

Bildungsbewegung: Die gelehrten und die ästhetischen Ambitionen der Renaissance werden auch unter den Begriff des **Humanismus** gefasst, worunter eine viele Länder Europas erfassende Bildungsbewegung verstanden wird, die die **Pflege antiker Sprachen und Kulturen** zu ihrem Programm erhob. Italienische Humanisten waren es, die die ersten philologisch genauen Ausgaben lateinischer und griechischer Schriftsteller herausbrachten, die antike Dichtungen und philosophische Texte übersetzten und kommentierten. Sie waren es, die eine neue Literatur vor allem in lateinischer Sprache schufen (Neulatein); moderne Poesie sollte aus einer produktiven Nachahmung von Werken der Antike hervorgehen.

Allerdings eröffnen gerade humanistische Gelehrte wie Petrarca und Boccaccio (1313–1375) später auch einer neuartigen volkssprachlichen Dichtung den Weg. Der an der Antike orientierte Klassizismus der Renaissance entsprang einem spezifischen Geschichtsbewusstsein: Die Antike überragte alles, die Gegenwart erschien als ein Zwerg, der auf den Schultern eines Riesen stand. Kennzeichen des europäischen Humanismus ist eine weitgreifende **Gelehrten- und Kommunikationskultur**: Das Lateinische stand allen als Umgangssprache zur Verfügung, in Briefwechseln und Diskussionszirkeln tauschte man sich aus.

Gelehrtes Dichterideal: Vor allem im Kontext der neulateinischen Gelehrtendichtung des Humanismus entstand ein Dichterideal, das von der heutigen Vorstellung scharf zu unterscheiden ist: Das Konzept des *poeta doctus*. Der **Typus des gelehrten Dichters** setzt grundsätzlich nicht auf eigenschöpferische Tätigkeit und Kreativität. Vielmehr soll der Autor sein umfangreiches Wissen in die literarische Arbeit einbringen. Dieses Wissen umfasst zunächst die Gegenstände seines Schreibens: Mythologie, biblische Geschichte, Religion, Geographie, Naturkunde und vieles andere mehr stellten den Wissensschatz dar, aus dem der Autor sich schreibend bedienen musste. Die *Inventio*, die erste Stufe der Produktion literarischer Rede (gemäß der antiken Rhetorik; s. Kap. 4.2), war nicht die Erfindung einer fiktiven Welt, sondern die Auffindung des literarischen Gegenstandes im kollektiven Wissen der gelehrten Welt. Damit wurde Literatur immer auch zum Magazin eines breiten Wissens. Das Wissen des gelehrten Dichters umfasste darüber hinaus auch das Wie des Schreibens: Die Regeln der Poetik, streng orientiert an antiken Mustern, mussten befolgt werden. Das Konzept des *poeta doctus* im strengen Sinne gilt für das 16. Jahrhundert eigentlich nur für die meist neulateinische Gelehrtenliteratur; die volkssprachliche und -tümliche Dichtung kennt noch gar keinen Begriff von Autorschaft – die oft anonyme Erscheinungsweise der Texte weist darauf hin.

Von der Reformation
bis zur Französischen
Revolution

Reformation: Die humanistische Loslösung von den meist kirchlich verbürgten Autoritäten der Gesellschaftsordnung sowie der Weltdeutung bildet eine wichtige Voraussetzung der Reformation. Ausgangspunkt war die nicht nur durch Luther geäußerte harsche Kritik an einer Kommerzialisierung und bloßen Formalisierung der Kirche. Luthers ›Thesen‹-Anschlag von 1517 richtete sich zunächst gegen den päpstlichen Ablasshandel; darüber hinaus aber machten sie grundsätzliche Differenzen in theologischen Auffassungen gegenüber der Papstkirche deutlich. Luther griff den philologischen Impuls des Renaissance-Humanismus auf und erarbeitete aus den griechischen und lateinischen Quellen der biblischen Überlieferung eine Übertragung der Heiligen Schrift in die deutsche Volkssprache. Bibelkenntnisse der vorreformatorischen Zeit waren Herrschaftswissen einer kleinen Elite, die luthersche Übersetzung demokratisierte dieses Wissen.

Luthers Bibelübersetzung war (für damalige Verhältnisse) philologisch beispielhaft exakt – und unterschied sich an entscheidenden Stellen von der überlieferten Auslegung der Bibel durch die Papstkirche. Gegen die Auffassung der Papstkirche, die das Seelenheil durch äußere Werke als erreichbar ansah (in eigenem materiellen Interesse), setzt Luther dezidiert eine individualisierte, das Gewissen und den persönlichen Glauben betonende Position: *sola fide,* »allein durch den Glauben« könne der Mensch selig werden. Damit wird die hierarchisch gegliederte Institution der Amtskirche, die sich als Mittler zwischen dem Gläubigen und seinem Gott sah, außer Funktion gesetzt. Der einzelne Mensch steht unmittelbar zu Gott, mit seinem Gewissen selbst verantwortlich für seine Taten – und er wird selbst in die Lage versetzt, den biblischen Text zu deuten.

Buchdruck: Luthers Bibelübersetzung hätte keine Wirkung entfalten können, wenn nicht der Mainzer Drucker Johannes Gutenberg in der Mitte des 15. Jahrhunderts den Druck mit beweglichen Lettern erfunden und damit die massenweise Herstellung von Büchern und Flugschriften ermöglicht hätte. Der Buchdruck erst verhalf der Reformation zum Erfolg. Er machte die deutsche Bibelübersetzung einem größeren Publikum zugänglich, Bücher wurden in einem gewissen Rahmen erschwinglicher. Allerdings darf man das 16. Jahrhundert nicht als ein neues Lesezeitalter verklären: Auf den Kauf eines Bibelexemplars musste ein städtischer Handwerker lange hinsparen, auch war zu Beginn der Reformation der **Anteil der Analphabeten** ungeheuer groß (unter 10 % der Bevölkerung konnten fließend lesen). Dass die Reformation allerdings vor allem in den Städten Erfolg hatte, hat auch mit der dort weitaus höheren Lesefähigkeit zu tun: Das städtische Handels- und Handwerksbürgertum war eine weitgehend alphabetisierte Schicht, da es für den Beruf zumindest über grundlegende Lese- und Schreibfähigkeiten verfügen musste.

Deutsche Schriftsprache: Die Bibelübersetzung Luthers stellt einen sprach- und damit auch indirekt literaturgeschichtlich entscheidenden Wendepunkt dar: Die Sprache, in die Luther den biblischen Text übersetzte, war die sogenannte ›sächsische Kanzleisprache‹, sprachgeschichtlich das ›Ostmitteldeutsche‹, die Luther allerdings mit Begriffen, Ausdrücken und Wendungen der alltäglichen Umgangssprache so verschmolz, dass der biblische Text in dieser Gestalt selbst volkstümlich wurde. Damit erlangt die Bibelübersetzung eine sprachnormierende Kraft: Sie wird zum Modell der (frühneu-)hochdeutschen Schriftsprache.

1494	**Sebastian Brant** | *Das Narrenschiff*
1509	anon. | *Fortunatus*
1515	anon. | *Ein kurtzweylig lesen von Dyl Ulenspiegel*
1517	Thesenanschlag Martin Luthers an der Schlosskirche zu Wittenberg
1517	anon. (vermutl. Ulrich von Hutten) | *Dunkelmännerbriefe*
1520	anon. (vermutl. Willibald Pirckheimer) | *Eckius dedolatus*
1520	**Martin Luther** | *Von der Freiheit eines Christenmenschen*
	Martin Luther | *An den Christlichen Adel deutscher Nation*
1521	Wormser Edikt
1521	**Ulrich von Hutten** | *Ich habs gewagt mit Sinnen, Gesprechbüchlein*
1521 ff.	Bibelübersetzung durch Martin Luther
1522	**Thomas Murner** | *Von dem großen Lutherischen Narren*
1522	**Johannes Pauli** | *Schimpf und Ernst*
1523	**Hans Sachs** | *Die Wittenbergisch Nachtigall*
1524	**Hans Sachs** | *Vier Reformationsdialoge*
1524–26	Bauernkriege
1525	**M. Luther** | *Wider die räuberischen und mörderischen Rotten der Bauern*
1527	**Burkhard Waldis** | *De Parabell vam vorlorn Szohn*
1535	**Paul Rebhun** | *Ein geistlich Spiel von der Gotfürchtigen und keuschen Frawen Susannen*
1538	**Thomas Naogeorg** | *Tragoedia Nova Pammachius*
1539	**Georg Wickram** | *Galmy*
1540	**Thomas Naogeorg** | *Mercator*
1549	**Hans Sachs** | *Hecastus*
1551	**Georg Wickram** | *Gabriotto und Reinhart*
1555	**Georg Wickram** | *Rollwagenbüchlein*
1555	Augsburger Religionsfrieden
1556	**Georg Wickram** | *Von guoten und boesen Nachbaurn*
1557	**Georg Wickram** | *Der Goldtfaden*
1558 ff.	**Hans Sachs** | Folioausgabe seiner Sämtlichen Werke
1566	**Thomas Brunner** | *Joseph und seine zwölf Söhne*
1575	**Johann Fischart** | *Affentheurlich Naupengeheurlich Geschichtklitterung*
1587	anon. | *Historia von D. Johann Fausten*
1595	**Jakob Ayrer** | *Comedia von der schönen Sidea*
1597	anon. | *Das Lalebuch* (= *Die Schildbürger*, 1598)
1602	**Jacob Bidermann** | *Cenodoxus*

Von der Reformation
bis zur Französischen
Revolution

Literarische Gattungen

Den verschiedenen Strömungen, Bewegungen und Tendenzen des 15.
und vor allem 16. Jahrhunderts lassen sich **unterschiedliche literarische
Textsorten** zuordnen:

Textsorten
Gelehrtendichtung: Dem Renaissance-Humanismus in Deutschland
entspringt eine reichhaltige **neulateinische Dichtung**, die den größten
wie auch am höchsten angesehenen Teil der literarischen Produktion des
Zeitalters ausmachte. Orientiert an den italienischen Vorbildern Petrarca
und Boccaccio richtete die neulateinische Literatur des Humanismus sich
zunächst an antiken Formen aus, sie ist damit eine klassizistische Strömung. Die Einrichtung von Universitätslehrstühlen für Poesie und Rhetorik macht das neue Gewicht literarischer Produktion deutlich. Gleichzeitig
wurden im Rahmen einer literarischen Gelehrtenkultur Institutionalisie-
rungs- und Inszenierungsformen der Antike wiederbelebt, wie z. B. die
(Lorbeer-)Krönung eines ausgezeichneten Dichters zum *poeta laureatus*
durch den Kaiser. Als erster Deutscher wurde der Nürnberger Übersetzer,
Dichter und Editor Conrad Celtis 1487 mit dem Lorbeer gekrönt.

Aus der **Orientierung an der Antike** speiste sich das Gattungsreper-
toire der Gelehrtenpoesie, es wies in hohem Maße die in der Antike kanonischen Formen literarischer Rede auf: Ode, Elegie und Epos sind wichtige
Beispiele. Zwar entwickelte die neulateinische Dichtung in Ansätzen auch
neuartige literarische Formen (v. a. im Kontext der Reformation), blieb
aber insgesamt der antiken Rhetorik und Poetik, Cicero, Quintilian und
Horaz treu.

Meistersang: Regelgerecht in einem ganz anderen Sinne war die aus
dem Spätmittelalter bis in 19. Jahrhundert hineinragende literarische Tradition des Meistersangs. Die Meistersinger waren im Hauptberuf meist
städtische Handwerker. In Singschulen frühneuzeitlicher Städte wurde
ein formal streng reglementiertes Vers-Handwerk betrieben, dessen litera-
Ulrich von Hutten:
rische Produktionen der Zunft- oder Stadtöffentlichkeit zur Unterhaltung
Gesprechbüchlein,
und Belehrung dargeboten wurden. Einer der bevorzugten Gegenstände
Titelblatt von 1521
des Meistersangs ist die Kritik am geistlichen Stand und seiner moralischen Verfallenheit, ein Motiv, das im 16. Jahrhundert von der
Reformation wieder aufgegriffen wurde.

Flugschriftenliteratur: Vornehmlich volkssprachlich war
die Literatur, die sich im Kontext der Reformation entwickelte.
Die Flugschriftenliteratur der konfessionellen Auseinandersetzungen war gewiss die einflussreichste Gebrauchsprosa: Kritik
und Polemik, Parteinahme und Glaubensbekenntnis fanden hier,
in knappster Form, Platz. Das neue Medium des Buchdrucks ermöglichte die Herstellung und Verbreitung von Flugschriften.
Oft in dialogischer Form, z. B. in Religionsgesprächen wurden
neue Gedanken entwickelt und verbreitet, doch auch Predigttext,
theoretischer Traktat, ja selbst im engeren Sinne literarische Gattungen wie Drama und Lied existierten als Flugschriftenliteratur
(z. B. Ulrich von Hutten: *Ich habs gewagt mit Sinnen*, 1521).

Dramatische Formen adaptiert die Flugschriftenliteratur im Kontext der polemischen Auseinandersetzung um den wahren Glauben (etwa im *Eckius dedolatus* (1520), vermutlich aus Willibald Pirckheimers Feder, bzw. im *Großen Lutherischen Narren* Thomas Murners, 1522). Gerade dem Lied kommt im Kontext der Reformation eine übergeordnete Bedeutung zu: Luther übersetzte viele lateinischsprachige liturgische Gesänge und bearbeitete auch die gregorianischen Ursprungsmelodien derart, dass gut sing- und lernbare volkstümliche Gesänge entstanden, die vor allem bei der illiteraten Bevölkerung für eine Popularisierung reformierten Gedankenguts sorgten (z. B.: *veni redemptor gentium* wurde zu *Nun komm der Heiden Heiland*).

Bibeldrama: Unmittelbar in den Kontext der konfessionellen und auch sozialen Auseinandersetzungen gehört auch ein großer Teil der dramatischen Literatur des 16. Jahrhunderts. Der Humanismus brachte das an der antiken Poetik ausgerichtete neulateinische Drama hervor (das zum Vorläufer der Barockdramatik wurde; s. Kap. 2.2.2), aus dem Mittelalter erbte das Jahrhundert das geistliche Spiel sowie das (weltliche) Fastnachtspiel, wobei jenes sich im reformierten Bibeldrama fortsetzte (Paul Rebhun, Burkhard Waldis): Verkündigung und Deutung der Bibel war seine Absicht. Das Fastnachtspiel der Reformationszeit hat seinen Meister in Hans Sachs (1494–1576), der unzählige weltliche (und auch geistliche) Spiele verfasste: Etwa in seinem *Hecastus* (1549) dramatisierte er die Unmöglichkeit für einen Reichen, ins Himmelreich zu kommen; allein mit Hilfe von Tugend und Glauben, die als allegorische Figuren auftreten, kann die Höllenfahrt noch einmal abgewendet werden, der Held ist gerettet. Luthers Formel *sola fide* findet hier eine exakte literarische Übersetzung.

Prosaromane: Selbst das Genre erzählender Prosa steht, in einigen Beispielen, im Dienst der Reformation: Die berühmte *Historia von D. Johann Fausten*, anonym erstmals 1587 erschienen, ist eine scharfe reformatorische Kampfschrift und gleichzeitig einer der frühen deutschen Prosaromane, der die verschiedenen Versatzstücke erzählender Literatur im 16. Jahrhundert repräsentiert. Einerseits zeigt die Geschichte vom Dr. Faust Züge biographischen Erzählens, der Text scheint auf den ersten Blick ein einheitliches Figuren- und Erzählkonzept zu haben. Der dritte Teil des *Faust* allerdings übernimmt andererseits eine Fülle von Schwankerzählungen aus der literarischen Überlieferung, deren Held jeweils in *Faust* umgetauft wird. Das scheinbar einheitliche Konzept wird disparat, bricht auf.

Der **Schwank** ist die Kleinform frühneuzeitlichen Erzählens in der Volkssprache; in knapper, oft witziger oder sozial entlarvender Weise werden vornehmlich Gegenstände der bürgerlichen Alltagswelt vorgeführt (*Ein kurtzweylig lesen von Dyl Ulenspiegel*, 1515).

Auch von **Georg Wickram**, dem wichtigsten Romanautor des 16. Jahrhunderts, ist eine Schwanksammlung überliefert: das

Georg Wickram:
Rollwagenbüchlein,
Titelblatt von 1555

Rollwagenbüchlein (1555). Unter seinen Romanen, zwischen dem *Galmy* (1539) und dem *Goldtfaden* (1557), finden sich ritterliche Erzählungen, die an die spätmittelalterliche Prosaübertragung von Versepen anschließen, sowie echt bürgerliche Romane, die etwa Nachbarschaftskonflikte, soziale Tugenden und bürgerliche Ethik zum Gegenstand haben. Hier ist, im Unterschied zur *Faust-Historia*, tatsächlich ein übergreifendes Erzählkonzept erkennbar. Wickram bildet in entscheidender Weise die wesentlichen Bestandteile literarischen Erzählens heraus, die für die gesamte Neuzeit bestimmend blieben (Zeitgestaltung, Erzählerverhalten usf.).

Im letzten Viertel des Jahrhunderts schafft **Johann Fischart** mit seiner *Geschichtklitterung* (1575), einer Übersetzung, Bearbeitung und Ergänzung von François Rabelais' *Gargantua und Pantagruel* (1532 ff.), den Höhepunkt der Prosaliteratur des Reformationszeitalters, sprachgewaltig einerseits, andererseits in seiner Exzentrizität folgenlos in der deutschen Literaturgeschichte.

2.2.2 | Die Literatur des 17. Jahrhunderts: Barock

Zum Epochenbegriff

Die deutsche Literatur des 17. Jahrhunderts wird, seit der Literarhistoriker Fritz Strich (1916) diese Epochenbezeichnung erstmals verwendete, als literarischer Barock bezeichnet.

Zum Begriff

> Der Begriff → Barock stammt aus dem Portugiesischen (*barocco*) und bezeichnet zunächst Schmuckperlen als ›unregelmäßig‹, ›bizarr‹; er wird später als Stilbegriff metaphorisch auf andere Kunstgegenstände übertragen. In der Kunstgeschichte bezeichnet er den schwülstigen, in seinen Schmuckelementen übertriebenen ›Tumor‹-Stil v. a. des 17. Jahrhunderts; seine Übertragung in die Literaturgeschichte allerdings ist problematisch. Als Epochenbezeichnung ist der Begriff ungenau: Einerseits subsumiert er die humanistisch geprägten Formen weltlicher Literatur zwischen Naturpoesie und Liebeslyrik und die unterschiedlichen Gattungen geistlicher Literatur, andererseits scheint er, in seinem engen stiltypologischen Sinne, einen größeren Teil der literarischen Produktion des Jahrhunderts auszuschließen – nämlich alle jene Texte, die nicht dem barocken ›Tumor‹-Stil entsprechen.

Um die Literatur der ganzen Epoche wenigstens unter einen Begriff zu bringen, behilft sich die Literaturgeschichtsschreibung gelegentlich mit einem in der Geschichtswissenschaft geläufigen Terminus – der allerdings die gesamte Literatur von der Reformation bis zur Hochaufklärung mit einschließt: Man spricht von der **Frühen Neuzeit** (ausführlicher dazu vgl. Niefanger 2006, S. 10 ff.).

Barockpoetik und europäische Renaissance: Als zentrales Kennzeichen der Epoche kann der vor allem von Martin Opitz vorangetriebene Versuch gelten, mit der Orientierung der Poetik an antiken Vorbildern sowie an der europäischen Renaissance »Anschluss zu suchen an die literarische Kultur Europas« (Schöne 1963, S. V). Die deutsche Barockliteratur steht insofern ganz im Zeichen der humanistischen Gelehrtenkultur, bekommt aber ihr Spezifikum durch die **Katastrophenerfahrung des Dreißigjährigen Krieges**, der das gesamte Jahrhundert überschattete.

Martin Opitz

Epochencharakteristika

Der Dreißigjährige Krieg führt die konfessionellen Auseinandersetzungen des Reformationszeitalters auf ihren Höhepunkt. Gleichzeitig ist er viel mehr als ein Konfessionskrieg: Die territorialpolitische Lage im Heiligen Römischen Reich Deutscher Nation war konfus und unsicher, der Kaiser längst geschwächt durch die Territorialherren und im Kampf mit den Reichsständen, ein Zusammenhalt war durch die konfessionelle Differenzierung fragwürdiger denn je. In Europa stand die Auseinandersetzung zwischen den Häusern Habsburg und Bourbon an – der Dreißigjährige Krieg war eine gesamteuropäische Auseinandersetzung um territoriale Machtansprüche, die Konfessionsstreitigkeiten waren entweder zweitrangig oder wurden von verschiedenen Kriegsgegnern instrumentalisiert. Für Zentraleuropa, also für den sprachlich definierbaren Raum einer deutschen Literatur, war der Krieg vor allem eine Katastrophe unvorstellbaren Ausmaßes: Kämpfe, Pest und Hungersnöte dezimierten die Bevölkerung (gegenüber ca. 17 Mio 1618) auf ca. 10 Millionen; Landwirtschaft, Städte und Infrastruktur waren zerstört, die Auswirkungen reichten bis in die erste Hälfte des 18. Jahrhunderts hinein.

Territorialisierung/Absolutismus: Nach dem Dreißigjährigen Krieg blieb das Reich erst recht ein bloß formaler Zusammenhalt, die aus- und gegeneinander strebenden größeren Territorialfürstentümer setzten sich gegen jede reichsabsolutistische Bewegung durch. Der Hof bildete das repräsentative Zentrum eines jeden der deutschen Kleinstaaten. Nach französischem Vorbild prägte sich eine höfische Kultur aus, das höfische Zeremoniell regulierte genauestens Verhalten und Beziehungen der höfischen Gesellschaft. Die Kosten der aufwändigen Repräsentationskultur überstiegen allerdings meist die ökonomischen Möglichkeiten des Landes – Leidtragende waren die unteren Stände. In den jeweils absolutistisch regierten Territorien des Reiches wurde, zum Teil schon seit dem 16. Jahrhundert, eine ›moderne‹ Verwaltungsstruktur und Gerichtsbarkeit aufgebaut, Erziehungs- und Militärwesen, Kirchenfragen und vieles andere wurde nun per Dekret geregelt. Akteure in dieser Staatsverwaltung waren meist gebildete Bürgerliche; für humanistische Gelehrte boten sich Berufs- und Aufstiegschancen, selbst die Nobilitierung ehemals Bürgerli-

cher wurde ermöglicht: Ein **gelehrter Leistungsadel** tritt in Konkurrenz
zum alten Adel und den Höflingen.

Die **Schriftsteller des 17. Jahrhunderts** entstammten fast ausnahmslos
diesem Gelehrtenstand, der Gruppe der gebildeten, meist bürgerlichen
Hof- und Verwaltungsbeamten, der Universitätsprofessoren und Ärzte.
Sie konnten alle auf eine gediegene Universitätsausbildung zurückgreifen, innerhalb deren unterer Stufe, dem Trivium, auch antike Rhetorik
und Grammatik gelehrt wurde; Kenntnis und alltäglicher Gebrauch der
klassischen Sprachen waren ebenso selbstverständlich wie philologischer
Umgang mit literarischen Dokumenten der Antike. Daraus resultierte die
umfassende Orientierung ihrer literarischen Produktion an den Mustern
antiker Literatur. Allerdings waren sie Dichter nur im Nebenberuf, ihre
literarischen Texte entstanden entweder nebenbei, in den Mußestunden,
oder aber im Kontext ihrer Dienstgeschäfte, etwa zur Ausgestaltung einer höfischen oder universitären Festlichkeit. Nur wenige der aus dem
17. Jahrhundert überlieferten Schriftsteller gehörten nicht dem humanis-
tisch gebildeten Aufstiegsbürgertum an: z. B. Jacob Christoph von Grimmelshausen (1622–1676), dessen Prosawerk deutlich die Spuren dieser anderen Herkunft zeigt – aus kleinstädtischem Handwerkertum stammend,
geriet er etwa im zehnten Lebensjahr ins Getriebe des Dreißigjährigen
Krieges.

Sprach- und Dichtergesellschaften waren die spezifische Organisationsform der literarischen Öffentlichkeit des 17. (und auch noch des frühen
18.) Jahrhunderts. Diese waren, nach dem Vorbild ähnlicher ›Akademien‹
der italienischen Renaissance und auf fürstliche Initiative hin entstanden,
fest institutionalisierte Verbände von Schriftstellern, Gelehrten und Mäzenen sowohl bürgerlichen als auch adligen Standes. Sie versammelten
sich in bestimmten regionalen Zentren (Hamburg, Breslau, Nürnberg,
Straßburg), um dichterische Projekte zu diskutieren, aus unveröffent-
lichten Manuskripten vorzulesen und eine gebildete Gesprächskultur zu

Titelblatt einer
Programmschrift
der Fruchtbrin-
genden Gesell-
schaft, 1646;
Sinnbild der
Gesellschaft ist
der Palmbaum

pflegen. Eines ihrer wichtigsten Anliegen war die Förderung des
Deutschen als Literatursprache, das sich gegen das Neulatein,
vor allem aber gegen das am Hof als modisch geltende Franzö-
sisch durchsetzen sollte. Die bedeutendste dieser Sprachgesell-
schaften war die auf Initiative des Fürsten Ludwig von Anhalt-
Köthen 1617 gegründete »Fruchtbringende Gesellschaft« (auch:
»Palmenorden«, daneben auch die »Deutschgesinnte Genossen-
schaft« und der »Pegnesische Blumenorden«), in die bis zum
Tod des Gründers 1650 527 Mitglieder aufgenommen wurden.
Die Mitglieder der Gesellschaft bekamen wohlklingende und
sprechende Ehrennamen: So hieß Martin Opitz »Der Gekrönte«,
Andreas Gryphius »Der Unsterbliche«.

Poetik

Das Ideal des *poeta doctus* wurde vor allem im Kontext der **Literaturreform** von Martin Opitz (1597–1639) auf die Literatur in deutscher Sprache übertragen. Nur wenige Jahre nach dem Beginn des Dreißigjährigen Krieges veröffentlichte Opitz sein in wenigen Wochen niedergeschriebenes *Buch von der Deutschen Poeterey* (1624), mit dem die deutsche Sprache – die bis dahin, an (spät-)mittelalterlichen Mustern orientiert oder volkstümlich-unprofessionell gehandhabt, als nicht literaturfähig galt – in den Rang einer Literatursprache erhoben wurde. Opitz war es, der für eine deutschsprachige Verskunst das an Längen und Kürzen ausgerichtete metrische System der Griechen und Römer in ein Betonungsgesetz umformulierte. Er lieferte sowohl im *Buch von der Deutschen Poeterey* als auch in seiner literarischen Produktion eine Fülle von Mustern der unterschiedlichen Gattungen – meist eigene Übersetzungen von antiken Oden, Elegien oder Epigrammen, von Renaissance-Sonetten, humanistischen Romanen (die *Argenis* des John Barclay) und verschiedenen dramatischen Formen. Opitz lehnte die volkssprachliche Literatur des 16. Jahrhunderts rigoros ab; mit seiner **Regelpoetik** wurde der Klassizismus der neulateinischen Literatur auf die deutschsprachige Literatur übertragen.

Die Poetik Opitz' war aber nicht die einzige, die das 17. Jahrhundert hervorbrachte: Georg Philipp Harsdoerffers *Poetischer Trichter* (1647–53) und Albrecht Christian Rotths *Vollständige Deutsche Poesie* (1688) sind nur zwei Beispiele der über 100 Poetiken des Jahrhunderts. Bei Unterschieden im Detail und im Umfang orientierten sich alle diese Poetiken in klassizistischer Weise an Aristoteles und Horaz und an Mustern antiker und Renaissance-Literatur. Sie zielten alle auf die Programmatik einer Regelpoetik und die Erhaltung des Dichter-Ideals ab (zum Barock insgesamt vgl. Hoffmeister 1987; Szyrocki 1997; Niefanger 2006).

Über 100 Poetiken des Jahrhunderts

1617	Begründung der »Fruchtbringenden Gesellschaft«	
1618–48	Dreißigjähriger Krieg	
1624	**Martin Opitz** | *Buch von der Deutschen Poeterey*	
1643	Begründung der »Deutschgesinnten Genossenschaft«	
1644	Begründung des »Pegnesischen Blumenordens«	
1647/53	**Georg Philipp Harsdörffer** | *Poetischer Trichter*	
1648	Westfälischer Frieden	
1649	Ermordung Karls I. Stuart, König von England	
1688	**Albrecht Christian Rotth** | *Vollständige Deutsche Poesie*	

Historische Daten und Poetiken

Literatur richtete sich, zumal nach der Opitz'schen Reform, vornehmlich an ein gebildetes Publikum – der elitäre Kreis der Dichtergesellschaften vermittelt einen guten Eindruck davon. Die Ziele der Literatur waren Belehrung und Wissensvermittlung, Erbauung und Unterweisung in tugendhaftem Leben – ganz im Gefolge der Poetik des Horaz. Über das Be-

lehrende hinaus allerdings sollte Dichtung auch immer ›erfreuen‹ können
(Horaz: *aut prodesse volunt, aut delectare poetae*).

Gelegenheitsdichtung

Die Casualpoesie (lat. *casus*: Gelegenheit) war die typischste Erscheinungsform der Literatur des 17. Jahrhunderts. Die antiken Formen dieser
Literatur waren in der Renaissance wieder entdeckt worden, Opitz hat in
seiner Poetik Beispiele für verschiedene lyrische Genres der Casualpoesie ins Deutsche übertragen. Die Gelegenheitsdichtung ist eine meist **im
Auftrag des Mäzens** oder Fürsten erstellte schriftstellerische Arbeit, die
zu konkreten Anlässen, zu Hochzeiten, Taufen, Geburtstagen, Beerdi-
gungen usf. entstand, um das jeweilige Fest zu schmücken, den Fürsten
besonders zu loben, die königliche Leiche zu besingen oder Ähnliches.
Gerade die Gelegenheitsdichtung des 16. und 17. Jahrhunderts bildete
eine besonders reichhaltige Formen- und Verssprache aus, von lyrischen
Kleinformen wie Sonett oder Ode bis hin zu dramatischem Festspiel, Kantate, Oper oder Heldenepos (zu den Formen der Lyrik s. Kap. 3.2.2). Erst
in den literarischen Programmen des 18. Jahrhunderts wird die Gelegenheitsdichtung als bloße Stilroutine oder als fremdbestimmte Literatur ab-
gewertet werden. – Insgesamt bewegte sich die literarische Produktion der
Jahrzehnte nach dem *Buch von der Deutschen Poeterey* im Formenkanon
der Opitz'schen Muster, natürlich nicht ohne Experiment, Abweichung
und Erweiterung der Formensprache.

Lyrik

Das Sonett, eine literarische Entwicklung der frühen italienischen Renaissance, ist die typische lyrische Form des gesamten 17. Jahrhunderts.
Während Opitz dem Sonett einen jambischen Alexandriner (6 Hebungen
mit Mittelzäsur, weibliche oder männliche Versendung) verordnete, experimentiert Andreas Gryphius (1616–1664) darüber hinaus etwa mit
der Form eines daktylischen Sonetts mit einem langen, schwerfällig ge-
henden Vers. Das Sonett kommt in seiner inneren Struktur dem spezifischen bildhaften Denken des 17. Jahrhunderts entgegen: Häufig bieten
die beiden Quartette einen bildhaft präsentierten Gegenstand, der in den
zwei Terzetten kommentiert oder reflektiert wird, womit die lyrische
Form sich an *pictura* und *subscriptio* der Bildform des **Emblems** anlehnt
(zu den Formen der Lyrik s. Kap. 3.2.2; zum Emblem s. Kap. 5.2). Sonette
sind von fast allen Dichtern des 17. Jahrhunderts überliefert: Opitz und
Gryphius, Hofmannswaldau und Klaj, Catharina von Greiffenberg, Paul
Fleming und viele andere mehr. Doch auch andere lyrische Formen der
Antike finden Eingang in die deutsche Literatur.

Verschiedene Odenformen und -strophen, **Elegien** und **Epigramme**
entstehen in deutscher Sprache, formal strengere Liedformen finden sich

vor allem im protestantischen Kirchenlied, dessen herausragender Vertreter Paul Gerhardt ist. Ebenfalls auf antike Vorbilder greift das **Figurengedicht** zurück, bei dem die äußere Form des Textes bildhaft mit seinem Gegenstand oder Thema korrespondiert – eine frühe Form der Konkreten Poesie.

Manierismus: Mit den letzten Jahrzehnten des 17. Jahrhunderts wird die literarische Sprache der Lyrik immer stärker aufgeladen mit überbordenden Metaphern und anderen stilistischen Übertreibungen, die dieser Literatur den **Vorwurf des Schwulstes** eingebracht haben.

Die Gegenstände der lyrischen Texte sind breit gestreut: Der Dreißigjährige Krieg und seine äußeren und inneren Zerstörungen sind vor allem bei Andreas Gryphius ein bestimmender Gegenstand; die Vergänglichkeit des körperlichen, weltlichen Lebens und die Eitelkeit menschlichen Strebens sind Leitthemen barocker Lyrik. Selbstreflexion über Krankheit und Leid, existentielle Sorge um das Seelenheil, (Selbst-)Ermahnung zu Tugend- und Standhaftigkeit, Todessehnsucht, aber auch Liebesgenuss und sinnliche, diesseitige Freude (Hofmannswaldau) sowie satirische Brechung einer verkehrten gesellschaftlichen Welt (Logau) zeigen die **thematische Vielfalt** der lyrischen Texte des Jahrhunderts.

Gryphius' Sonett *An die Welt* (1643)

Interpretationsskizze:
Weltverneinung
und Todessehnsucht

> Mein offt bestuermbtes Schiff der grimmen Winde Spil
> Der frechen Wellen Baal/das schir die Flutt getrennet /
> das ueber Klipp auff Klip'/und Schaum/und Sandt gerennet.
> Komt vor der Zeit an Port/den meine Seele will.
>
> Offt/wenn uns schwartze Nacht im mittag ueberfil
> Hat der geschwinde Plitz die Segel schir verbrennet!
> Wie offt hab ich den Wind/und Nord und Sud verkennet!
> Wie schadhafft ist Spriet/Mast/Steur/Ruder Schwerdt und Kill.
>
> Steig aus du mueder Geist/steig aus! wir sind am Lande!
> Was graut dir fuer dem Port/itzt wirst du aller Bande
> Vnd Angst/und herber Pein/und schwerer Schmertzen loß.
>
> Ade/verfluchte Welt: du See voll rauer Stuerme!
> Glueck zu mein Vaterland/das stette Ruh' im Schirme
> Vnd Schutz vnd Friden haelt/du ewig-lichtes Schloß!

Die Stropheneinteilung im Sonett ist mehr als eine bloß formale Gliederung des lyrischen Sprechens in drucktechnisch oder durch die Reimendungen voneinander unterscheidbare Abschnitte. In seiner traditionellen Form hat das Sonett eine antithetische Struktur; zwischen den Quartetten und den Terzetten verläuft eine mehr oder weniger scharfe Grenze. Die gedankliche Strukturierung wird durch die unterschiedliche Strophengestaltung, die Zusammengehörigkeit jeweils der Quartette und der Terzette durch die Reimstellung deutlich betont.

Gryphius' *An die Welt* weist eine solche gedankliche Struktur auf. Gegenstand des Gedichtes ist die Reflexion über die Gefährdung und Endlichkeit des menschlichen Lebens, das – im Falle des hier sprechenden Rollen-Ichs – (zu) frühzeitig an sein Ziel kommt, den Tod: »Komt vor der Zeit an Port/den meine Seele will«. Die beiden Quartette verwenden ein für das 17. Jahrhundert sehr typisches Bild für Leib und Leben des Menschen: Das Schiff, das durch Stürme und Wellen, an Klippen und Sandbänken zu scheitern droht. Zwischen den beiden Quartetten verläuft eine weniger gewichtige Grenze: Während das erste die frühzeitige Ankunft des Leib-Schiffes im Todes-Hafen präsentisch thematisiert, ist das zweite Quartett weitgehend Rückblick auf vergangene Unwetter und eigenes Unvermögen, die Zeichen der Natur zu deuten. Erst der letzte Vers der zweiten Strophe mündet wieder im Präsens. Die Zerstörung des Lebens-Schiffes ist ganz gegenwärtig: »Wie schadhafft ist Spriet/Mast/Steur/Ruder Schwerdt und Kill.«

Im Gegensatz zu den Quartetten thematisieren die beiden Terzette die Ankunft im Todes-Hafen – schließen also eng an den letzten Vers des ersten Quartetts an. In einer fingierten Selbstanrede versucht das Rollen-Ich, sich die Angst vor dem »Port« zu nehmen: »itzt wirst du aller Bande/Vnd Angst/und herber Pein/und schwerer Schmertzen loß.« Das zweite Terzett nimmt den Abschied von der Welt vorweg. In der für das 17. Jahrhundert ebenfalls typischen Wendung »Ade/verfluchte Welt« wird die bildliche Bedeutung der Schifffahrts-Metaphern offen gelegt: Die »verfluchte Welt« wird direkt adressiert: »du See voll rauher Stürme«. In den beiden Abschlussversen begrüßt der lyrische Sprecher das »Land«, dessen Seehafen er nun betritt, ein Land, in dem Ruhe, Schutz und Frieden herrschen, sein eigentliches Vaterland – oder, mit dem letzten Bild des Textes, ein prachtvolles Schloss voll Licht in alle Ewigkeit. Der gefährlichen Lebens-Seefahrt in den Quartetten steht die friedvolle Einkehr in den Tod in den Terzetten gegenüber.

Die konsequente Bildersprache von Gryphius' Sonett ist neben der metrisch exakten Verteilung einer festgelegten Anzahl von Hebungen und Senkungen, neben Reim und Strophen eines der wesentlichen Kennzeichen eines lyrischen Textes. Sprache wird in oft viel höherem Maße als in Drama und erzählender Prosa bildhaft verdichtet, Bildlichkeit, hier Metapher und Vergleich, zeichnet das Gedicht aus.

Gryphius' Sonett *An die Welt*, das hier als Beispiel für einen traditionell gebauten lyrischen Text gelten soll, zeigt deutlich die Besonderheiten eines solchen Textes. Einerseits entspricht seine Form einer Tradition des lyrischen Sprechens: Die Verse sind regelmäßig gebaut, sie stimmen in Silbenmaß und Metrum exakt überein, die Reimstellung und die Stropheneinteilung weisen den Text als ein Sonett aus. Andererseits zeigen sprachliche Formen und Bilder eine bestimmte

Qualität des lyrischen Sprechens an: Aus rhythmischen Gründen wird die grammatikalische Satzgliedfolge zuweilen geändert, Alliterationen verdichten Verse, der Text verwendet in dichter Folge sprachliche Bilder.

1637	*Andreae Gryphii Sonnete*	
1646	**Paul Fleming** | *Teutsche Poemata*	
1647/53	**Georg Philipp Harsdörffer** | *Poetischer Trichter*	
1649	**Friedrich Spee** | *Trutz Nachtigal*	
1654	**Friedrich von Logau** | *Deutscher Sinn-Gedichte Drey Tausend*	
1662	**Catharina R. von Greiffenberg** | *Geistliche Sonnette/Lieder und Gedichte*	
1673	**Chr. Hofmann von Hofmannswaldau** | *Heldenbriefe*	
1675	**Angelus Silesius** | *Der Cherubinische Wandersmann*	
1684/86	**Quirinus Kuhlmann** | *Der Kühlpsalter*	
1695 ff.	**Benjamin Neukirch** (Hg.) | *Herrn von Hofmanswaldau und anderer Deutschen außerlesene und bißher ungedruckte Gedichte*	

(Marginalie: Lyrik des Barock)

Drama

Noch deutlicher als die Lyrik greift die **dramatische Produktion** des Barock auf verschiedene Traditionen der europäischen Renaissance-Dramatik zurück. Keine der spätmittelalterlichen volkstümlichen Spielformen erschien anschlussfähig, nur das humanistische, meist neulateinische **Schuldrama** konnte weiterentwickelt werden. Zur Orientierung an der klassischen Dramatik trat allerdings der Einfluss unterschiedlicher europäischer **Wanderbühnen** hinzu: etwa die italienische Commedia dell'arte im süddeutschen Raum, wichtiger waren englische Wandertruppen mit ihrem realistischen Darstellungsstil; Jakob Ayrer ist einer der ersten ›Importeure‹ dieser englischen Dramentechnik (*Comedia von der schoenen Sidea*).

Das Trauerspiel: Die Fortentwicklung des protestantischen Schuldramas bestimmte das Drama des Barock. Auf katholischer Seite entwickelte sich die Konkurrenzform des Jesuitendramas – allerdings in lateinischer Sprache. Für die deutschsprachige Dramatik lieferte wiederum Opitz mit seinen Übersetzungen griechischer Tragödien die klassischen Vorbilder. Andreas Gryphius, neben Lohenstein der bedeutendste Dramatiker des Jahrhunderts, formte das antike Vorbild zum Trauerspiel um: Nicht mehr mythologische, sondern historische Figuren und Begebenheiten wurden verhandelt. Helden (*Carolus Stuardus*, 1649/57) oder Heldinnen (*Cathari-*

na von Georgien Oder Bewehrete Beständigkeit, 1651) müssen gegen alle
Mordkomplotte und noch im Tod ihre stoische Duldung und die Annahme
körperlichen Leidens märtyrerhaft beweisen. Gryphius und Lohenstein
behalten die Formstrenge antiker Tragödien bei, sie verändern allerdings
das Element des Chores, an dessen Stelle sie, jeweils am Ende der Akte
(oder, in zeitgenössischer Rede: ›Abhandlungen‹) einen ›Reyen‹ setzen,
einen reflektierend-ausdeutenden strophischen (Sprech-)Gesang allegorischer Figuren. Die dramatische Handlung des einzelnen Aktes wird als
bildhafte Darstellung eines Sachverhalts verstehbar *(pictura)*, der durch
den Reyen kommentiert wird *(subscriptio)*: Wie das barocke Sonett lehnt
sich auch das Trauerspiel an die Bild-Text-Figur des **Emblems** (s. Kap. 5.2)
an (vgl. dazu v.a. Schöne 1964).

Die Komödie oder das »Schimpf-« oder Scherz-Spiel des 17. Jahrhunderts orientiert sich an antiken wie an zeitgenössischen Vorbildern. Beispielsweise geht Gryphius' *Absurda Comica* (1647–50) auf eine verballhor-
nende Überlieferung des Shakespeare'schen *Midsummer Night's Dream*
zurück, *Horribilicribrifax* (1663) ist der deutsche Bruder des *miles glorio-
sus* von Plautus sowie des *capitano* der italienischen Wanderbühne. An
die Stelle der hier noch höfischen Stoffe tritt 1696 in Christian Reuters
bitter-böser Verlachkomödie *Schlampampe* (eigentlich *L'Honnête Femme
Oder die Ehrliche Frau zu Plißine*) bürgerlich-städtisches Milieu.

Dramatik des Barock	
1647–50	**Andreas Gryphius** | *Absurda Comica. Oder Herr Peter Squentz*
1649	**A. Gryphius** | *Ermordete Majestät Oder Carolus Stuardus* (1. Fsg.)
1650	**A. Gryphius** | *Leo Armenius/Oder Fürsten-Mord*
1651/57	**A. Gryphius** | *Catharina von Georgien. Oder Bewehrete Beständigkei*t
1661	**Daniel Casper von Lohenstein** | *Cleopatra*
1663	**A. Gryphius** | *Horribilicribrifax. Teutsch*
1669	**Daniel Casper von Lohenstein** | *Sophonisbe*
1672	**Christian Weise** | *Die drey ärgsten Ertz-Narren in der gantzen Welt*
1685	**Christian Weise** | *Schauspiel vom niederländischen Bauer*
1696	**Christian Reuter** | *L'Honnête Femme Oder die Ehrliche Frau zu Plißine (Schlampampe)*

Prosa

Opitz forderte die Orientierung der deutschen Dichtung an der europäischen Renaissanceliteratur – und damit auch die Übersetzung von deren
Hauptwerken. Dies setzt er auch für den **Roman** selber in die Tat um: Die
1621 in Paris erschienene *Argenis* von John Barclay überträgt er schon
1626 ins Deutsche. Mit seinen Bemühungen um eine angemessene Übersetzung lieferte er ein Muster, in dem das Deutsche sich als Literaturspra-

che auch für die Prosagattung etablieren kann, die im Verlauf der Epoche für eigenständige deutschsprachige Romane maßgeblich wurde.

Für den **höfisch-historischen Roman** liefert Opitz mit der *Argenis* das Vorbild. Dieser angesehenste Typus des Barockromans spielt durchweg in adeligem oder bürgerlich-gelehrtem Milieu, seine Leserschaft war eine erlesene und hochgebildete Gesellschaft. Die Gegenstände sind Verwicklungen um königliche Liebespaare, Abenteuer, Irrfahrten, eingebunden in Kriegszüge und Staatsgeschäfte, wobei schließlich immer die sittliche Weltordnung siegt – und natürlich die Liebenden zusammengeführt werden. Der höfisch-historische Roman steht repräsentativ für die sich entwickelnde neue Form politischer Herrschaft im Absolutismus.

Drei Ausprägungen des Barockromans

Schäferromane, die im 17. Jahrhundert sehr beliebt waren, idyllisieren den Hof, indem sie höfisches Leben in einer Schäferszenerie ansiedeln. Sie lagen in Deutschland allerdings nur in Übersetzungen vor – z. B. Montemayors *Diana* oder Sidneys *Arcadia*. Opitz' *Schäfferey von der Nimfen Hercynie* adaptiert das Genre in einer nicht romanhaften, sondern episch-lyrischen Form.

Der Schelmen- oder Picaroroman steht, als Form des ›niederen‹ Romans, im Gegensatz zu beiden oben genannten Formen des ›hohen‹ Romans. Einer der französischen Autoren solcher Romane, Charles Sorel, verteidigte diese Form des Romans vehement gegen die unwahrhaftigen Ritter- und Schäferromane der hohen Literatur als eine Möglichkeit, alle »Bereiche des menschlichen Lebens ohne idealisierende Stilisierung oder auswählende Reduktion auf nur bestimmte soziale und ethische Perspektiven« erzählerisch darzustellen (Voßkamp 1973, S. 36). Gegenstand und Erzähler des Schelmenromans ist ein zumeist aus gesellschaftlichen Unterschichten stammender Held, den sein Lebenslauf mit allen möglichen Standespersonen und Situationen der frühneuzeitlichen Lebens- und Arbeitswelt in Berührung bringt. So präsentiert der Held das gesamte Spektrum der gesellschaftlichen Möglichkeiten seiner Zeit in episodischer Reihung. Der Picaro ist immer ein Ich-Erzähler. Als modellhaft gelten der 1554 in Spanien erschienene *Lazarillo de Tormes*, 1617 erstmals übersetzt publiziert, und Charles Sorels *Histoire comique de Francion* (1623). Letzterer stellt das Vorbild dar, an dem sich Jacob Christoph von Grimmelshausen mit seinem *Abentheuerlichen Simplicissimus Teutsch* (1668/69) orientiert, dem bedeutendsten Vertreter des niederen Romans im Deutschland des 17. Jahrhunderts – dessen Autor eben kein gelehrter Dichter war.

Grimmelshausen:
Simplicissimus, Titel-
kupfer von 1668

Erzählende Prosa
des Barock

1626	**Martin Opitz** | *Argenis*
1640–50	**Johann Michael von Moscherosch** | *Die Gesichte Philanders von Sittewalt*
1645	**Philipp von Zesen** | *Adriatische Rosemund*
1649/50	**G. Ph. Harsdörffer** | *Der Grosse Schau-Platz jämmerlicher Mordgeschichte*
1659/60	**Andreas Heinrich Bucholtz** | *Herkules und Valiska*
1668/69	**Jacob Chr. von Grimmelshausen** | *Der Abentheuerliche Simplicissimus Teutsch*
1669/73	**Anton Ulrich von Braunschweig-Wolfenbüttel** | *Durchleuchtige Syrerin Aramena*
1670	**Philipp von Zesen** | *Assenat*
1677 ff.	**A. U. v. Braunschweig-Wolfenbüttel** | *Octavia Römische Geschichte*
1682	**Johann Beer** | *Die Teutschen Winter-Nächte*
1684	**August Bohse** | *Der Liebe Irrgarten*
1689	**Heinrich Anshelm von Zigler und Kliphausen** | *Die Asiatische Banise*
1689/90	**Casper Daniel von Lohenstein** | *Arminius*
1696	**Christian Reuter** | *Schelmuffsky*
1702	**Chr. Fr. Hunold** | *Die Liebens-Würdige Adalie*

2.2.3 | Literatur des 18. Jahrhunderts: Aufklärung

Epochenbegriff

Die deutsche Literatur des 18. Jahrhunderts insgesamt als **Literatur der Aufklärung** zu bezeichnen, ist einerseits durchaus korrekt. Andererseits aber werden damit die vielfältigen Strömungen, die unterschiedlichen ästhetischen Programme und eine sehr reichhaltige literarische Produktion unter einem Überbegriff zusammengefasst, der der Vielgestaltigkeit der Literatur des 18. Jahrhunderts nicht gerecht werden kann. Innerhalb der Makroepoche Aufklärung werden in diesem Kapitel die gebräuchlichen Namen einzelner Perioden oder Strömungen der Aufklärung in ihrem Anteil an der Literatur des 18. Jahrhunderts verstanden und vorgestellt – etwa Empfindsamkeit, Sturm und Drang oder der Weimarer Klassizismus.

Spätestens im Blick auf die Literaturgeschichte des 18. Jahrhunderts wird es schwieriger oder unmöglich, die verschiedenen Strömungen, Bewegungen und Schriftstellergruppierungen programmatisch zu erfassen oder gar als ›Epochen‹ hintereinander anzuordnen; seit dem Aufklärungsjahrhundert ist die Literaturgeschichte zunehmend geprägt von Gleichzeitigkeiten mehrerer Strömungen, was in der Überblickstabelle auf der folgenden Seite – natürlich wiederum nur in gröbster Auswahl und sehr schematisch – dargestellt werden soll.

Literatur des
18. Jahrhunderts:
Aufklärung

Epochen
im Nach- und
Nebeneinander

Aufklärung (1690–1805)
  um 1700: galante Literatur/Spätbarock: Hunold, Günther
  1730: Normästhetik bei Gottsched: Versuch einer Critischen
  Dichtkunst
  um 1730: Lyrik der Physikotheologie: Brockes
  ab 1730: Gottschedschule: Quistorp, Gottschedin,
  J. E. Schlegel
Schäferdichtung/Anakreontik/Rokokoliteratur (1740–1780)
  Gelegenheitsdichtung
  Landlebendichtung: Gleim, Uz, Hagedorn
  Idyllen: Geßner
Empfindsamkeit (1740–1780)
  Roman/Versepos: Gellert, La Roche, Wieland
  Bürgerliches Trauerspiel: Lessing
  Rührendes Lustspiel: Gellert
  empfindsame Aufklärungskomödie: Lessing
›Sturm und Drang‹ (1770–1785)
  Schauspiel: Goethe, Lenz, Klinger, Schiller
  Lyrik: Goethe, Herder
  Volkslieder, Balladen: Goethe, Herder, Bürger
  Roman: Goethe, Miller, Lenz
Gleichzeitig weiterhin Aufklärungsromane (Campe u. a.), auch
  bürgerliche Trauerspiele, daneben Werke, die sich nicht
  einordnen lassen, z. B. von Chr. Martin Wieland, Johann
  Carl Wezel
›(Weimarer) Klassizismus‹ (1788–1805)
  Schauspiel: Goethe, Schiller, Fr. u. A.W. Schlegel,
  Hölderlin
  Lyrik: Goethe, Schiller
  Epik: Voß, Goethe
  Programmzeitschriften: Schiller, Goethe
  daneben Unklassisches in Roman und Erzählung
  bei Goethe, Schiller u. a.
Gleichzeitig mit ›Klassizismus‹ und ›Frühromantik‹ viele nicht
  ohne Weiteres einzuordnende Autoren: Wezel, Wieland,
  Herder, Jean Paul, Friedrich Hölderlin; und erst recht
  jene Autoren, die im Publikum wirklich gelesen wurden:
  Iffland, Kotzebue, Vulpius u. v. a. m.
Frühromantik (1795 ff.)
  Programmzeitschrift: Schlegel
  Roman: Wackenroder/Tieck, Schlegel, Novalis

Ideengeschichte

Ideengeschichtlich lässt sich die Aufklärung – die sich als gesamteuropäische Bewegung von etwa 1680 bis 1805 erstreckt – wenigstens in **drei große Abschnitte** gliedern.

Epochen-
gliederung

- **Die frühe Aufklärung** (1680–1740) ist wesentlich vom **Rationalismus** bestimmt. Die Gedankengebäude der rationalistischen Vordenker René Descartes (1596–1650) und Gottfried Wilhelm Leibniz (1646–1716) werden in Deutschland durch Christian Wolff (1679–1754) popularisiert. Rationalistisches Denken verfolgt primär das Ziel, sämtliche Prozesse der Natur auf verbindliche, logisch begründbare und stimmig darstellbare Gesetzmäßigkeiten zurückzuführen. Die rationale Ordnung der Schöpfung soll in einer streng logischen und zugleich allgemein verständlichen Argumentation dargestellt werden; grundlegend ist das unbedingte Vertrauen in die (von Gott veranstaltete) vollkommene Einrichtung der existierenden Welt.

- **In der mittleren Aufklärung** (1740–1780) setzen sich die Grundannahmen des **Empirismus** (und seiner radikalisierten Spielart, des **Sensualismus**) scharf vom rationalistischen Denken ab. Die Sinneserfahrung tritt als Ausgangspunkt menschlichen Wissens an die Stelle einer erfahrungsunabhängig gegebenen logischen Ordnung der Welt (Locke 1632–1704; Hume 1711–1776). Diese erkenntnistheoretische Wendung bedeutete gleichzeitig einen **Säkularisierungsschub**, eine Überwindung der theologischen Ausrichtung des bisherigen philosophischen Denkens.

- **In der Spätaufklärung** (1780–1795) bildet der **Kritizismus** Immanuel Kants (1724–1804), der eine Beurteilung (›Kritik‹) der Dimensionen menschlicher Erkenntnis vor alles weitere Philosophieren setzt, den Übergang zur ersten großen Geschichtsphilosophie des 19. Jahrhundert, den Idealismus.

Sozialgeschichte

Die Gesellschaftsgeschichte Deutschlands im 18. Jahrhundert ist einerseits dominiert vom Fortbestand des Heiligen Römischen Reiches Deutscher Nation, dessen Territorialfürsten die politische Macht ausübten. Innerhalb der feudalen Ordnung der deutschen Länder entwickelte sich, vor allem in den größeren Reichsstädten, ein **erstarkendes Bürgertum**, ökonomisch meist durch Fernhandel, Bankwesen oder den Industriekapitalismus der Manufakturperiode abgesichert und nicht mehr, wie das gelehrte Bürgertum des 17. Jahrhunderts, auf die staatlichen oder höfischen Verwaltungspositionen angewiesen. Die politische Aufsplitterung des Reiches erwies sich aus der Perspektive dieses neuen Bürgertums zunehmend als Behinderung: Zollschranken, Währungsdifferenzen und andere Handelshemmnisse blockierten einen reibungslosen Waren-, Geld- und Personenverkehr.

Als begleitende Faktoren haben **Medien und technische Erfindungen**
die Entwicklung des Bürgertums ermöglicht und dann auch befördert –
Buchdruck, Postwesen, verschiedene Medien oder industriell-technische
Erfindungen sind nicht nur wissenschaftliche Begleiterscheinungen, sondern auch sozioökonomische Größen, die wiederum Denksysteme geändert haben.

1400 ff.	Ausbildung eines umfangreichen Buchgewerbes (Abschreiber, Binder, Verkäufer)
1450 (ca.)	Buchdruck mit beweglichen Lettern durch Johannes Gutenberg
1490	Erste Postroute im Stafettensystem von Innsbruck nach Mechelen (NL)
1513	Radierung (Urs Graf)
1518 ff.	Flugschriften werden zum ersten Massenmedium
1558	Giambattista della Porta konstruiert eine Camera obscura mit Konvexlinse
1589	Hörrohr durch Giambattista della Porta
1590 (ca.)	Frühe Form des Mikroskops durch Hans und Zacharias Janssen (NL)
1600	Kupferstich löst zunehmend den Holzschnitt als Druckverfahren ab
1609	Teleskop (durch Galileo Galilei entscheidend weiterentwickelt)
1609	(wahrscheinlich) erste Wochenzeitung Deutschlands (*Straßburger Relation*)
1646	Erste Beschreibung der Laterna magica/Durchscheinbild (Athanasius Kircher)
1653	Akustische Codes für Hörrohre durch Georg Philipp Harsdörffer
1664	Tonübertragung durch das Bindfadentelefon (Robert Hooke)
1688 ff.	*Die Monatsgespräche* (erste Zs. in dt. Sprache; Hg. Christian Thomasius)
1710	Drei- bzw. Vierfarbendruck (Le Blon)
1725	Stereotypie (Vervielfältigung von Druckplatten durch Metallguss, William Ged)
1774	Automatische Flötenspielerin erbaut von Pierre Jacquet-Droz u. a.
1791	**Wolfgang von Kempelen** | *Mechanismus der menschlichen Sprache, nebst Beschreibung einer menschlichen Maschine* (physik.-physiol. Studie)

Ökonomische Macht und soziales Prestige allerdings ließen das neue Bürgertum schnell zu einer auch politische Ansprüche einfordernden Klasse
werden – deren Einlösung ihm allerdings noch bis weit über die Französische Revolution hinaus verwehrt bleiben sollte. Komplementär zu dieser öffentlichen, politischen Ohnmacht wandte man sich nach innen, ins

Private, Innerliche. Die bürgerliche Familie machte vor allem ab der Mitte des 18. Jahrhunderts eine entscheidende Wandlung durch: Aus der Großfamilie, dem »Ganzen Haus«, dem mehrere Generationen, unverheiratete Verwandte und auch das Gesinde angehörten, wurde die sogenannte ›konjugale‹ Kleinfamilie, die nur noch aus Eltern und ihren Kindern bestand. Die Rollenbilder waren eindeutig: Während die Mutter auf das Haus und die Erziehung der Kinder beschränkt blieb – ihre Erwerbstätigkeit war wirtschaftlich überflüssig geworden –, betrieb der Vater die ökonomische Absicherung der Familie, stellte den Kontakt zur Gesellschaft her, deren Gesetz und Ordnung er innerhalb des Familienraums vertritt. Vor allem die Beziehung der Mutter zu ihren Kindern war durch eine neuartige Intensität und Affektivität gekennzeichnet: Innerliche Zustände, Gefühle, erfuhren eine starke Aufwertung. Überhaupt ist das 18. Jahrhundert das Jahrhundert der **Entdeckung von Kind und Kindheit** und der Pädagogik. Erziehung und Erziehbarkeit wurden zu zentralen Themen der öffentlichen Diskussion im Bürgertum.

Aufwertung des Individuums: Alle diese sozialgeschichtlichen Tendenzen – der Aufstieg eines aus eigener Leistung erstarkten Bürgertums wie auch die neuartige Affektivität und Zuwendungskultur innerhalb der modernen Familie – setzen die schon in der Renaissance begonnene Aufwertung des Individuums fort, das sich im Verlauf des Jahrhunderts von den unterschiedlichsten normativen Vorgaben emanzipierte und zunehmend soziale, intellektuelle und ästhetische Autonomie einforderte.

Poetik und Ästhetik

Gottsched:
Versuch einer
Critischen Dicht-
kunst, Titelblatt
von 1730

Rationalismus, Sensualismus und Kritizismus als innere Periodisierungsschritte des Aufklärungszeitalters lassen sich grundsätzlich auch auf die zeitliche Gliederung der Literaturgeschichte übertragen:

1. Rationalismus: Der Rationalismus der Frühaufklärung schlägt sich unmittelbar in der Poetik nieder: Johann Christoph Gottscheds *Versuch einer Critischen Dichtkunst* (1730) ist das Schulbeispiel für eine **Regelpoetik.** Aus der vernünftig, d. h. historisch rekonstruierten Vorbildlichkeit der antiken Literatur leitet Gottsched ein poetologisches Ordnungssystem ab, das davon ausgeht, dass Literatur nach festen Normen herstellbar sei. Grundlage dieser Poetik ist zunächst, alle Elemente des poetologischen Lehrsystems (allgemeine dichterische Darstellungsprinzipien, Stilmittel, Gattungen) in einen vernunftmäßigen *und* hierarchischen Systemzusammenhang zu rücken (vgl. Alt 2007, S. 69). Literarische Produktion gehorcht also wissenschaftlich exakten Gesetzen, die man erlernen kann: Die rationalistische Auffassung vom Künstler setzt das Dichterideal der vergangenen Jahrhunderte fort, wobei Gottsched den Schwerpunkt auf das Regelwissen des Dichters legt. Rationalität schlägt bei Gottsched auch in der Kritik der Literatur des vorangegangenen Jahrhunderts durch:

Versuch
einer
Critischen Dichtkunst
vor die Deutschen;

Darinnen erstlich die allgemeinen Regeln der Poesie,
hernach alle besondere Gattungen der Gedichte,
abgehandelt und mit Exempeln erläutert werden:

Überall aber gezeigt wird

Daß das innere Wesen der Poesie
in einer Nachahmung der Natur
bestehe.

Anstatt einer Einleitung ist Horatii Dichtkunst
in deutsche Verse übersetzt, und mit
Anmerckungen erläutert
von

M. Joh. Christoph Gottsched.

Leipzig 1730
Verlegts Bernhard Christoph Breitkopf.

Unter dem Stichwort der **Schwulstkritik** propagiert er das (aus der Antike entlehnte) Stilideal der Reinheit und Transparenz; die übertriebenen Schmuck- und Schwulstformen ›barocker‹ Literatur lehnt er ab.

2. **Empfindsamkeit** und **Sturm und Drang:** Unter dem Einfluss des englischen Empirismus und Sensualismus wurden allerdings schon seit den 1740er Jahren der Rationalismus und die Normativität Gottscheds einer Kritik unterzogen. Die im Kontext der modernen Kleinfamilie aufgewerteten, nicht-rationalen inneren Zustände, Gefühle und Gemütsbewegungen wurden, wenn auch unter dem Primat von Vernunft und Tugend, immer wichtiger. Vernunft und Sinnlichkeit sollten gleichermaßen den Menschen ausmachen, die Literatur der **Empfindsamkeit** präsentiert einem mitfühlenden Publikum Handlungsmodelle des tugendhaft-vernünftigen *und* sinnlich-emotionalen Lebens. Aufklärung wird gleichsam ausgeweitet auch auf die mittleren Seelenvermögen.

Der »**Sturm und Drang**«, benannt nach dem Titel eines 1777 veröffentlichten Dramas von Friedrich Maximilian Klinger, ist verstehbar als **Radikalisierung der Empfindsamkeit** und darf nicht als radikal antiaufklärerisch missverstanden werden. Die kurzlebige und dennoch einflussreiche Bewegung wurde getragen durch eine Gruppe junger bürgerlicher Autoren, zu denen Herder und Goethe, Lenz, Bürger und Hölty gehören. Diese versuchte, die rational begründeten Regelzwänge von Gesellschaft und Kunst zu sprengen und gleichzeitig neue Bereiche des Menschlichen für die künstlerische Darstellung zu entdecken:

- **Das Genie** trat an die Stelle des regelkonformen *poeta doctus* (s. S. 15), das ›aus sich selbst eine neue Welt schafft‹; gottgleiche Kreativität und künstlerische Originalität bestimmten dieses Dichterkonzept.
- **Das autonome Künstlersubjekt** setzte sich an die Stelle der Regelpoetik, das alle Regeln aus sich selber schöpft.
- Das Verhältnis dieser literarischen Strömung zur Aufklärung war damit kontrovers – aber sie betrieb mit dieser Opposition gegen die Verabsolutierung des rationalen Umgangs mit der Welt die Fortsetzung der Aufklärung mit anderen Mitteln: Etwa mit Goethes *Werther* (1774) beginnt die Aufklärung über die irrationalen Kräfte des Seelischen; die Psyche, das Unbewusste wird als Feld der Erkenntnis entdeckt (zur Epochencharakteristik des Sturm und Drang vgl. Hinck 1989; Kaiser 1996; Luserke 1997).

Neue Stoffe und Vorbilder: Gegen die eindeutige Vorbildfunktion, die Gottsched der antiken Literatur zugewiesen hatte – und der gegenüber alle moderne Literatur nachgeordnet erschien –, setzte die Literatur von Empfindsamkeit und Sturm und Drang eine ›nationelle‹ (Goethe) Themenwahl und neue Vorbilder: **Gegenstände der deutschen Geschichte** oder der eigenen Gegenwart wurden Thema in Roman und Drama, für Letzteres waren nicht mehr die Griechen, sondern vielmehr Shakespeare das unübertroffene Muster. Allerdings entdeckte schon in der Hochphase der Sturm-und-Drang-Bewegung einer ihrer Protagonisten, Johann Wolfgang Goethe (1749–1832), die Antike wieder: Schon in der zweiten Hälfte der 1770er Jahre wandte er sich Stoffen und literarischen Formen der griechischen und lateinischen Klassik zu. Seine Italien-Reise 1786–88 bestätigte ihn in dieser ästhetischen Orientierung derart, dass sie für die nächsten anderthalb Jahrzehnte bestimmend bleiben sollte.

3. Klassizismus: Sehr stark von den philosophischen Schriften Immanuel Kants beeinflusst war Friedrich Schiller (1759–1805), der gemeinsam mit Goethe eine der wichtigsten literarischen Strömungen unmittelbar nach der Französischen Revolution prägte. Sie erscheint auf den ersten Blick als unpolitisch. Die Literatur (und auch bildende Kunst und Architektur) der Antike gilt als vorbildlich und mustergültig, soll jedoch produktiv, gemäß den aktuellen Bedingungen, aufgegriffen, nicht aber sklavisch nachgeahmt werden. Goethes und Schillers Literaturprogramm ist also ein **modernisierter Klassizismus**. Die moderne, Stoffe und Formen der griechisch-römischen Klassik adaptierende Literatur begriff sich einerseits dezidiert losgelöst vom tagespolitischen Geschäft – Goethe und Schiller insistierten auf dem grundsätzlich zweckfreien Charakter jedes künstlerischen Werkes (**Autonomieästhetik**). Gleichzeitig aber wird im Kunstwerk in seiner zweckfreien Schönheit die utopische Vorwegnahme einer sinnhaften, unentfremdeten Identität sichtbar, es wird zur spielerischen Erprobung von Autonomie und Selbstbestimmung. Kunst und **ästhetische Erziehung** sollen gewährleisten, was gesellschaftlich immer schwieriger zu realisieren scheint.

Hier reagiert die Programmatik Goethes und Schillers doch auf die politische Umwälzung im Nachbarland Frankreich. Kunst ist für sie allerdings das Medium einer Erziehung, die eine Revolution überflüssig machen würde. Die Kunst ist damit das letzte, dann allerdings uneigentlich und rätselhaft sprechende Refugium der optimistischen Hoffnungen der Aufklärung – und damit auch ihr Gegenteil: Da nämlich Kunst in Rätseln spricht und die begriffliche Auflösung verweigert, widersetzt sie sich dem rationalistischen Logozentrismus des 18. Jahrhunderts. Insofern ist klassizistische Kunst und Ästhetik das letzte Stadium des Aufklärungszeitalters und gleichzeitig das erste nach der Aufklärung.

›Weimarer Klassik‹? Die anderthalb Jahrzehnte klassizistischer Ästhetik bei Goethe und Schiller werden in der Literaturgeschichtsschreibung häufig als ›Weimarer Klassik‹ bezeichnet – ein Name, der diesem Zeitraum erst spät zugeordnet wurde. Die Proklamierung der Weimarer Klassik als *der* vorbildlichen deutschen Kulturtradition begleitete die Reichsgründung 1871; neben den politischen Heroen Kaiser und Kanzler sollten die literarischen Olympier die Selbstgewissheit deutscher nationaler Identität demonstrieren – ›Weimarer Klassik‹ ist also ein ideologisches Konstrukt, keine literaturgeschichtliche Epoche und schon gar kein Stilbegriff (zur Problematik des Klassik-Begriffs vgl. v. a. Borchmeyer 1994, S. 13 ff.).

Periodika, Dichterbünde

Ein wichtiges (auch) literarisches Medium der frühen und mittleren Aufklärung waren die **Moralischen Wochenschriften**. Gottsched war auch hier eine maßgebliche Gestalt: Nach englischem Vorbild begründete er mit seinen beliebten Journalen *Der Biedermann* und *Die vernünftigen Tadlerinnen* seit den 1720er Jahren wesentliche Organe bürgerlicher Selbstverständigung über die Identität der eigenen Klasse: Erbauliche Lehrdichtungen und religiöse Abhandlungen, Literaturkritik und belehrende Dialoge, aber auch Rätsel, Alltagswissen und Fortsetzungsromane sollten das Lesepublikum unterhalten und gleichzeitig über Tugend-, Erziehungs-, Rechts- und Gesellschaftsfragen unterrichten. Seit den 1740er Jahren sind die Wochenschriften ebenfalls Verbreitungsmedium empfindsamer Tendenzen und Strömungen – sie sind gleichsam die literarischen Zentren der Zeit.

Parallel dazu bildeten sich in einigen Städten Zusammenschlüsse junger Schriftsteller, sogenannte **Dichterbünde:** Die ›Bremer Beiträger‹ propagierten die Gottsched'sche Regelpoetik; der Göttinger Hainbund stellte zu Beginn der 1770er Jahre, in seiner religiösen Verehrung Klopstocks, den Höhepunkt der Empfindsamkeit dar. Gleichzeitig gingen von Göttingen wichtige Anstöße zur Sturm- und Drang-Bewegung aus. Spätestens mit Goethes Ankunft in Weimar 1775 wurde die kleine thüringische Residenzstadt zu *dem* Zentrum literarischer Kultur für die nächsten drei Jahrzehnte: Wieland lebte schon dort, später kamen Herder und Schiller. Die engste, bis zu Schillers Tod 1805 reichende Zusammenarbeit mit Goethe bildet den Ausnahmefall eines Dichterbundes, der bis in die (brieflichen) Arbeitsbesprechungen einzelner Werke und Projekte hinein dokumentiert ist.

Schiller: Die Horen

Die Horen

eine Monatsschrift

herausgegeben von Schiller

Erster Band.

Tübingen
in der J. G. Cotta'schen Buchhandlung
1795.

*Historische Daten,
Zeitschriften-
gründungen,
Poetiken*

1724–26	*Der Patriot*
1725–27	*Die vernünftigen Tadlerinnen* (Zs., Hg. Johann Chr. Gottsched)
1727–29	*Der Biedermann* (Zs., Hg. Johann Chr. Gottsched)
1730	**Johann Chr. Gottsched** | *Versuch einer Critischen Dichtkunst*
1740	**Johann Jacob Breitinger** | *Critische Dichtkunst*
1756–63	Siebenjähriger Krieg
1767–69	**G. E. Lessing** | *Hamburgische Dramaturgie*
1770–1807	*Göttinger Musenalmanach*
1773	**J. G. Herder** | *Shakespeare*
1773–89	*Der teutsche Merkur* (Zs., Hg. Chr. M. Wieland)
1774	**Fr. von Blanckenburg** | *Theorie des Romans*
1784	*Die Schaubühne als eine moralische Anstalt betrachtet*
1784–91	**J. G. Herder** | *Ideen zur Geschichte der Philosophie der Menschheit*

1785 ff.	*Allgemeine Literatur-Zeitung* (Zs., Begr. Fr. J. Bertuch)
1786–1788	Goethes Italienreise
1789	Beginn der Französischen Revolution
1792/93	Monarchistische Koalitionskriege gegen die frz. Revolutionstruppen
1795–97	*Die Horen* (Zs., Hg. Fr. Schiller)
1797–99	*Musenalmanach* (Zs., Hg. Fr. Schiller)
1798–1800	*Athenäum* (Zs., A.W. u. Fr. Schlegel)
1800	**Fr. Schlegel**	*Gespräch über die Poesie*
1805	Schillers Tod
1806	Napoleons Durchmarsch/Untergang des Heiligen Röm. Reiches

Lyrik

Die Frühaufklärung findet in der Lyrik der ersten Hälfte des 18. Jahrhunderts einen interessanten Niederschlag: Die aus England importierte Verbindung von moderner aufgeklärter Naturwissenschaft und christlichem Glauben, die **Physikotheologie**, wird im lyrischen Werk des Hamburgers Barthold Hinrich Brockes derart umgesetzt, dass im Gedicht ein jedes ›Naturding‹, sei es ein Wurm, eine Eisblume oder ein Gewitter, in allen seinen Details und seinem Aufbau geschildert wird, und die Ordnung der Natur selbst wird dann zum Lob der Schöpfung und des Schöpfers gedeutet (*Irdisches Vergnügen in Gott*, 9 Bände 1721–48). Lehr- und Gedankengedichte ergänzen das Spektrum der lyrischen Produktion der Zeit, Gelegenheitsdichtung wird weiter betrieben, in geselligen Spielformen und unter (vermeintlichem) Rückbezug auf antike Traditionen in der Anakreontik. In einer missverständlichen Orientierung am antiken Dichter Anakreon schreiben Dichter wie Friedrich v. Hagedorn, Johann Wilhelm Ludwig Gleim, der junge Goethe u.a. leichte, um Liebe, Freundschaft und Geselligkeit kreisende, formal freie Gedichte. Die Sprache der Anakreontik bedient sich aus einem Repertoire typischer Bilder und Motive, die kunstvoll gehandhabt werden sollten.

Gerade in der Naturlyrik bilden sich die verschiedenen Strömungen des 18. Jahrhunderts erkennbar ab: Die **Landlebendichtung** (Gleim, Hagedorn) meidet Hof, Stadt und Gesellschaft zugunsten einer empfindsamen Naturzuwendung und gesuchten Einsamkeit. In Klopstocks großen Hymnen tritt ein neuer Dichtertypus auf: Er ist selber Prophet göttlicher Wahrheit im enthusiastischen Gesang; der Dichter ist mehr als nur einer, der Regeln anwendet. Klopstock ist es auch, der im Anschluss an die klassischen Odenstrophen lyrische Experimente mit antiken Formen veranstaltet. Die Lyrik Herders und des jungen Goethe nach 1770 findet einerseits neue, ganz unklassische Vorbilder im **Volkslied** oder, bei Bürger, in der **Ballade**, andererseits werden im formal oft selbstbestimmten oder freirhythmischen Gedicht Natur- und Liebeserfahrungen auf eine ganz neuartige, individuelle Weise ausdrückbar – oder auch Ansprüche auf die Autonomie des genialischen Dichtersubjekts: Etwa in Goethes **Hymne** *Prometheus* (1773/74) besingt sich das Genie als gottgleich. Die Hinwendung zur antiken Form führt, zumal bei Goethe und Schiller, zur Adaption klassischer lyrischer Gattungen: **Elegie**, **Epigramm**, **Xenie** – selbst die Ballade wird in die klassizistische Praxis integriert (zu den Formen der Lyrik s. Kap. 3.2.2).

Klopstock: *Das Landleben* (1759)

> **Nicht in den Ozean**
> **Der Welten alle**
> **Will ich mich stürzen!**
> **Nicht schweben, wo die ersten Erschaffnen,**
> **Wo die Jubelchöre der Söhne des Lichts**
> **Anbeten, tief anbeten,**
> **Und in Entzückung vergehn!**
> **[...]**

Interpretationsskizze:
Religiöse Natur-
betrachtung und
neuer Dichter-
begriff

Klopstocks Ode *Das Landleben* (1759; 1772 unter dem Titel *Die Frühlingsfeyer* in vierzeilige Strophen gesetzt) nutzt zu Beginn die zweifache Bedeutung von ›Schöpfung‹: Der Schöpfungsvorgang durch Gott wird als Schöpfen aus einem Wasser vorgestellt, aus der Hand Gottes »rinnen die Welten«, die Erde ist im Gegensatz zum »Ocean der [möglichen] Welten« ein bloßer »Tropfen am Eimer«. Damit reflektiert der Text die Kopernikanische Wende: Er thematisiert die Geringfügigkeit des Planeten Erde gegenüber der Unermesslichkeit des geschaffenen Alls. Diese Größenrelation wird ins Innerirdische gespiegelt: Im Gegensatz zu den unzählbaren Wesen, die die Erde bewohnen und bewohnten, wird sich das sprechende Ich seiner eigenen Geringfügigkeit bewusst: »Wer bin ich?«

Der Text thematisiert selbst den vorrangigen Gestus des dichterischen Sprechens: »Nur um den Tropfen am Eimer/Um die Erde nur, will ich schweben,/Und anbeten« – »Halleluja dem Schaffenden«. Insgesamt wird hier überhöhte und überhöhende Naturerfahrung und -reflexion in einem anbetenden Sprechgestus zum Nachvollzug biblisch-prophetischen Sprechens stilisiert: »Ergeuß von neuem, du mein Auge,/Freudentränen!/Du, meine Harfe,/Preise den Herrn!«. Die Harfe ist das Instrument Davids, des göttlichen Sängers, ist das Zeichen des Psalmisten, der die göttliche Wahrheit kundtut, der also gleichermaßen prophetischen, anbetenden und lobsingenden Text produziert. Klopstock rückt das Subjekt, in Betrachtung der unendlichen Schöpfung lobend, betend, preisend, in die Reihe prophetischer Sprecher über göttliche Wahrheit.

Aus der zeitlich unbestimmten Anbetung der Schöpfung aber wird eine konkrete Situation. Dramatisch zieht ein Gewitter herauf: »Die

Morgensonne wird schwül!/Wolken strömen herauf!/Das ist sichtbar
der Ewige,/Der kömmt!/Nun fliegen, und wirbeln, und rauschen die
Winde!« Unterbrochen immer wieder durch Gebetsstrophen – »Herr!
Herr! Gott! barmherzig! und gnädig!« wird das Gewitter – scheinbar
– als unmittelbarer Ausdruck göttlicher Gegenwart interpretiert. Die
Erfahrung der gewaltsamen, bedrohlichen Präsenz Gottes im Gewitter
ist durchsetzt von biblischen Bildern, noch genauer: von der Auser-
wähltheitsgewissheit des sprechenden Ich: »Aber nicht unsre Hütte!/
Unser Vater gebot/Seinem Verderber/Vor unsrer Hütte vorüberzu-
gehn!« Klopstock greift hier zurück auf ein Bild des Buches »Exodus«:
Der strafende Gott geht milde vorüber an den Hütten, die bezeichnet
sind durch das Blut der Osterlämmer; die Rettung im Gewitter markiert
den Sprecher und diejenigen, die zu ihm gehören, durch das Exodus-
Bild als Auserwählte Gottes.

Die einkehrende Ruhe in der Natur nach dem Gewitter, die Befrie-
dung nach der Gewalt von Blitzen und Donner, sind es schließlich, in
denen der Gott sich tatsächlich zeigt. Die Ode greift zurück auf das
Bildfeld des Wassers vom Beginn: »Ach schon rauschet, schon rau-
schet/Himmel und Erde vom gnädigen Regen!/Nun ist, wie dürstete
sie! die Erd erquickt,/Und der Himmel der Fülle des Segens entladen!/
Siehe, nun kömmt Jehovah nicht mehr im Wetter!/Im stillen, sanften
Säuseln/Kömmt Jehovah!« Wieder zitiert die Ode das Alte Testament
(vgl. 1 Kön. 19, 12), die Erscheinung des Herrn vor Elia im »stillen,
sanften Säuseln« des Regens. Die Sanftheit des Herrn wird im Schluss-
bild des Gedichts bestätigt: »Und unter ihm neigt sich der Bogen des
Friedens«. Der Bogen des Friedens ist im Alten Testament das Befesti-
gungszeichen Gottes nach erfolgter Sintflut für die Überlebenden, dass
Noah und seine gerettete Familie nun mit Gott in einem Bunde seien.

Insgesamt wird hier die Naturerfahrung eines Gewitters gleichermaßen als unmittelbare Präsenz und naturhafte »Rede« Gottes interpretiert – die jedoch für das sprechende Ich sowie diejenigen, die er
zur selben Gemeinde zählt, auch Bestätigung der eigenen Auserwählt-
heit wird. Natur selbst ist Ausdruck dieses Gottes, oder noch radikaler: Natur ist dieser Gott – einer neuer Naturbegriff bildet sich heraus.
Die Frühlingsfeyer ist exemplarisch für ein neues dichterisches Sprechen: Emphatische, herzrührende Schreibart wird hier praktiziert, der
Dichter wird letztlich zum Propheten, dichterische Rede ist seherische
Rede, die von einer Offenbarung Gottes im Naturding kündet.

1721–48	**Barthold Hinrich Brockes** | *Irdisches Vergnügen in Gott*
1724	**J. Chr. Günther** | *Sammlung von Deutschen und Lateinischen Gedichten*
1729	**Albrecht von Haller** | *Die Alpen*
1742/47	**Fr. v. Hagedorn** | *Sammlung Neuer Oden und Lieder*
1744	**Johann Ludwig von Gleim** | *Versuch in scherzhaften Liedern*
1750	**Friedrich Gottlieb Klopstock** | *Oden*
1759	**Fr. G. Klopstock** | *Das Landleben*
1771	**J. W. Goethe** | *Mayfest, Es schlug mein Herz*
1773	**J. W. Goethe** | *Prometheus*
1773	**J. G. Herder** | *Von deutscher Art und Kunst*
1774	**J. W. Goethe** | *Ganymed*
1776	**Fr. G. Klopstock** | *Oden und Lieder*
1778/79	**J. G. Herder** | *Volkslieder nebst untermischten anderen Stücken*
1789	**J. W. Goethe** | *Römische Elegien*

Lyrik im
18. Jahrhundert

Drama

Die Mustergattung des Aufklärungsjahrhunderts ist das Drama. Gottsched proklamierte und vollzog ab 1727 und gemeinsam mit der Theaterprinzipalin Karoline Neuber eine **Theaterreform**: Deren wichtigste Ziele waren die Abkehr von der Bühnenästhetik der traditionellen Wandertruppen und der Verzicht auf Improvisation, stattdessen forderte sie Texttreue, klassizistische Kostümierung und gravitätischen Deklamationsstil; der **Hanswurst**, der Narr der frühneuzeitlichen Komödie, wurde zur Unfigur erklärt. Vorbild einer neuen deutschen Dramatik war der französische Klassizismus Corneilles, Racines und Voltaires, also die in der höfischen Kultur des französischen 17. Jahrhunderts überformte griechische Klassik. Gottsched selber verfasste mit dem *Sterbenden Cato* (1732) ein Musterstück seiner Dramenästhetik, dem aber kein Bühnenerfolg beschieden sein sollte.

Gegen die implizit höfische Orientierung Gottscheds entwickelte Lessing sein **Bürgerliches Trauerspiel**, in dem sowohl das neue städtische Bürgertum und die neuartige Familienstruktur mit ihren Rollen und in ihrer Intimität als auch die erstarkende Tendenz der Empfindsamkeit ihren Ausdruck finden (*Miß Sara Sampson*, 1755; *Emilia Galotti*, 1772). Trauerspiel und auch **rührendes Lustspiel** sollten auf Rührung und Mitleid abzielen und im erlebten Affekt Gemeinschaft stiften. Das an Shakespeare orientierte Drama von Lenz, Klinger, dem jungen Goethe und anderen sprengte nicht nur die Fesseln der antiken Formen bzw. ihrer klassizistischen Festschreibung in der aufgeklärten Regelpoetik, sondern eroberte neue Gegenstände für die Bühne: Personen der eigenen Geschichte oder

Friedrich Schiller:
Die Räuber,
Titelblatt der Erstausgabe von 1781

sogar der Gegenwart wurden mit einem provozierenden (Sprach-)Realismus dramatisch präsentiert (Lenz: *Der Hofmeister*, 1774; Goethe: *Götz von Berlichingen*, 1773).

In Opposition zu dieser letztlich gescheiterten jugendbewegten bürgerlichen Kulturrevolution schloss das **klassizistische Drama** Goethes und Schillers in produktiver Aneignung an die Formensprache der Antike an. Die Stoffe der Dramen entstammten zwar teilweise noch dem Mythos, häufig aber der europäischen Geschichte (*Die Jungfrau von Orleans*, *Wallenstein*). Die Themenstellung war höchst modern: die Möglichkeiten und Grenzen individuell verantwortbarer Wahrhaftigkeit (*Iphigenie*) oder die Position und Ohnmacht des Einzelnen gegenüber der Geschichte (*Egmont*, *Maria Stuart*).

Dramatik im
18. Jahrhundert

1732	**J. Chr. Gottsched** | *Der sterbende Cato*
1736	**Luise Adelgunde Victorie Gottsched** | *Die Pietisterey im Fischbeinrocke*
1740–45	**J. Chr. Gottsched** (Hg.) | *Die deutsche Schaubühne*
1746	**Johann Elias Schlegel** | *Canut*
1748	**J. E. Schlegel** | *Die stumme Schönheit*
1755	**Gotthold Ephraim Lessing** | *Miß Sara Sampson*
1767	**G. E. Lessing** | *Minna von Barnhelm*
1772	**G. E. Lessing** | *Emilia Galotti*
1773	**J. W. Goethe** | *Götz von Berlichingen*
1774	**Jakob Michael Reinhold Lenz** | *Der Hofmeister*
1776	**J. M. R. Lenz** | *Die Soldaten*
1776	**Fr. Maximilian Klinger** | *Sturm und Drang, Die Zwillinge*
1776	**Johann Anton Leisewitz** | *Julius von Tarent*
1776	**Heinrich Leopold Wagner** | *Die Kindermörderin*
1779	**G. E. Lessing** | *Nathan der Weise*
1781/82	**Fr. Schiller** | *Die Räuber*
1784	**Fr. Schiller** | *Kabale und Liebe*
1786	**J. W. Goethe** | *Iphigenie auf Tauris* (Blankversfassung)
1787	**J. W. Goethe** | *Egmont*
1787	**Fr. Schiller** | *Don Carlos*
1790	**J. W. Goethe** | *Torquato Tasso*
1797	**Ludwig Tieck** | *Der gestiefelte Kater*
1798–1800	**Fr. Schiller** | *Wallenstein*
1800	**Fr. Schiller** | *Maria Stuart*
1801	**Fr. Schiller** | *Die Jungfrau von Orleans*
1804	**Fr. Schiller** | *Wilhelm Tell*
1806/08	**J. W. Goethe** | *Faust. Der Tragödie erster Teil*

Prosa

Die Erzählliteratur des Aufklärungsjahrhunderts kennt zunächst eine idealtypische Kleinform, die **Fabel**. Die Lehrhaftigkeit und Prägnanz der Gattung kam der Belehrungsabsicht des poetologischen Programms entgegen. Wie die Fabel ist auch die **Idylle** an einem antiken Vorbild orientiert: Salomon Geßner greift auf Theokrit und Vergil zurück und inszeniert im Kontext der Landlebendichtung ein oft seichtes Wunschbild unentfremdeten Lebens in einer schäferlichen Kulisse.

Der Roman der Aufklärung hat insgesamt einen ähnlich prominenten Stellenwert wie das Drama. Schon die große Kollektiv-**Robinsonade** Johann Gottfried Schnabels, die *Insel Felsenburg (1731–43)*, weist prototypische Bestandteile des Aufklärungsromans auf: bürgerliche Helden, scharfe Kritik an der maroden feudalistischen Gesellschaft in den europäischen Ländern und die Propagierung eines theologisch geprägten Tugend- und Gesellschaftsideals, das hier in eine funktionierende Insel-Utopie mündet. – Der, neben dem Trauerspiel, vorrangige ›Motor‹ der Empfindsamkeit wurde dann der Romantyp, der ein einzelnes Individuum ins Zentrum stellte: Heldin oder Held präsentieren sich als Tugend- und Vernunftideal und gleichermaßen in ihrer vorbildhaften, da kontrollierten Sinnlichkeit (Gellert: *Leben der Schwedischen Gräfin von G****, 1747/48; La Roche: *Geschichte des Fräuleins von Sternheim*, 1771).

Briefroman: Zum Medium von Innerlichkeit, Tugend und Vernunft schlechthin wurde schon in diesen Romanen der Brief – der auch in der bürgerlichen Geselligkeitskultur eben diese Position einnahm. Der Briefroman, hier noch sinnlich und belehrend konzipiert, ließ in Goethes *Die Leiden des jungen Werthers* (1774) diese aufgeklärte Intention hinter sich: Der Roman war nur noch monologischer Ausdruck eines leidenschaftlichen und leidenden Individuums; Leserin oder Leser blieben unberaten zurück.

Der Entwicklungs- oder Bildungsroman der Spätaufklärung (Moritz: *Anton Reiser*, 1785–94; Goethe: *Wilhelm Meisters Lehrjahre*, 1796) steht durchaus kontrovers zu der radikalisierten (und damit kritisierten) Übertreibungsform der Empfindsamkeit: In biographischer Erzählung wird der Bildungsgang eines Individuums innerhalb der bürgerlichen Gesellschaft modellhaft vorgeführt. Im Idealfall führt dieser Lebensweg den Helden zur gelungenen Integration in die Gesellschaft.

Versepos: Eine Sonderform epischen Erzählens wurde in der zweiten Hälfte des 18. Jahrhunderts das Versepos. Nachdem Klopstock in seinem *Messias* (1748–73) christliche Mythologie und antike Epik miteinander verband und Wieland mit seinem *Oberon* (1780) inhaltlich und formal an die englische (Chaucer) und italienische (Ariost, Tasso) Renaissance anschloss, gelangen Johann Heinrich Voß und Goethe im Klassizismus der Spätaufklärung die homerisierenden Muster der Gattung. Voß hatte mit der *Luise* (1795) ein episches Idyll geliefert, und Goethe verbindet im *Reineke Fuchs* (1794) und in *Hermann und Dorothea* (1797) das Fabel-hafte bzw. Idyllische der Erzählgegenstände auffällig mit politischem Gehalt:

Die klassizistische Literatur thematisiert explizit den Verfall politischer Tugenden bzw. die Französische Revolution, reagiert aber hier im Epos sowohl inhaltlich als auch ästhetisch mit bloßer Harmonisierung.

Erzählende
Literatur des
18. Jahrhunderts

1731–43	**Johann Gottfried Schnabel** | *Die Insel Felsenburg*
1747/48	**Christian Fürchtegott Gellert** | *Das Leben der schwedischen Gräfin von G****
1748–73	**Fr. G. Klopstock** | *Der Messias* (Gesang 1–3) (Epos)
1756	**Salomon Geßner** | *Idyllen von dem Verfasser des Daphnis*
1759	**G. E. Lessing** | *Fabeln*
1766/67	**Chr. Martin Wieland** | *Geschichte des Agathon*
1771	**Sophie von La Roche** | *Geschichte des Fräulein von Sternheim*
1773	**Friedrich Nicolai** | *Leben und Meinungen des Magisters Sebaldus Nothancker*
1774	**J. W. Goethe** | *Die Leiden des jungen Werthers*
1776	**Joh. Martin Miller** | *Siegwart. Eine Klostergeschichte*
1777	**Heinrich Jung-Stilling** | *Heinrich Jung-Stillings Jugend*
1779/80	**Joachim Heinrich Campe** | *Robinson der Jüngere*
1795	**Johann Heinrich Voß** | *Luise*
1782–87	**Johann Karl August Musäus** | *Volksmärchen der Deutschen*
1785–94	**Karl Philipp Moritz** | *Anton Reiser*
1787	**Wilhelm Heinse** | *Ardinghello*
1794	**J. W. Goethe** | *Reineke Fuchs*
1795	**Jean Paul** | *Hesperus*
1795	**Johann Heinrich Voß** | *Luise*
1796	**J. W. Goethe** | *Wilhelm Meisters Lehrjahre*
1797	**W. H. Wackenroder/L. Tieck** | *Herzensergießungen eines kunstliebenden Klosterbruders*
1797	**J. W. Goethe** | *Hermann und Dorothea*
1797–99	**Friedrich Hölderlin** | *Hyperion*
1798	**L. Tieck** | *Franz Sternbalds Wanderungen*
1799	**Friedrich Schlegel** | *Lucinde*
1799/1802	**Novalis** | *Heinrich von Ofterdingen*
1800–03	**Jean Paul** | *Titan*

Grundlegende
Literatur

Alt, Peter-André: Aufklärung. Lehrbuch Germanistik. Stuttgart/Weimar [3]2007.

Beutin, Wolfgang u. a.: Deutsche Literaturgeschichte. Von den Anfängen bis zur Gegenwart. Stuttgart [7]2008.

Borchmeyer, Dieter: Weimarer Klassik. Portrait einer Epoche. Weinheim 1994.

Conrady, Karl Otto (Hg.): Deutsche Literatur zur Zeit der Klassik. Stuttgart 1977.

de Boor, Helmut/Newald, Richard: Geschichte der deutschen Literatur von den Anfängen bis zur Gegenwart. 7 Bände in 11 Teilbänden. München 1949 ff.

Glaser, Horst Albert (Hg.): Deutsche Literatur. Eine Sozialgeschichte, 10 Bände. Reinbek bei Hamburg 1980 ff.

Hinck, Walter (Hg.): Sturm und Drang. Ein literaturwissenschaftliches Studienbuch. Kronberg [2]1989.

Hoffmeister, Gerhart: Deutsche und europäische Barockliteratur. Stuttgart 1987.

Hofmann, Michael: Aufklärung. Stuttgart 1999.

Jørgensen, Sven Aage/Bohnen, Klaus/Øhrgaard, Per: Aufklärung, Sturm und Drang, Frühe Klassik 1740–1789. München 1990 (de Boor, Helmut/Newald, Richard: Geschichte der deutschen Literatur von den Anfängen bis zur Gegenwart, Bd. 6).

Kaiser, Gerhard: Aufklärung, Empfindsamkeit, Sturm und Drang. Tübingen ⁵1996.

Könneker, Barbara: Die deutsche Literatur der Reformationszeit. Kommentar zu einer Epoche. München 1975.

Luserke, Matthias: Sturm und Drang. Autoren – Texte – Themen. Stuttgart 1997.

Newald, Richard: Die deutsche Literatur vom Späthumanismus zur Empfindsamkeit 1570–1750. München ⁶1967 (de Boor, Helmut/Newald, Richard: Geschichte der deutschen Literatur von den Anfängen bis zur Gegenwart, Bd. 5).

Niefanger, Dirk: Barock. Lehrbuch Germanistik. Stuttgart/Weimar ²2006.

Rupprich, Hans: Vom späten Mittelalter bis zum Barock, 2 Bde. München 1970/72 (de Boor, Helmut/Newald, Richard: Geschichte der deutschen Literatur von den Anfängen bis zur Gegenwart, Bd. 4.1/2).

Schöne, Albrecht (Hg.): Das Zeitalter des Barock. Texte und Zeugnisse. München 1963.

– : Emblematik und Drama im Zeitalter des Barock. München 1964.

Szyrocki, Marian: Die deutsche Literatur des Barock. Eine Einführung [1968]. Stuttgart 1997.

Voßkamp, Wilhelm: Romantheorie in Deutschland. Von Martin Opitz bis Friedrich von Blanckenburg. Stuttgart 1973.

Arbeitsaufgaben

---

1. Erörtern Sie die epochale Differenz zwischen den beiden Dichter-Konzepten *poeta doctus* und Genie!

---

2. Was versteht man unter Schwulstkritik? Von wem ging sie aus, gegen wen richtete sie sich?

---

3. Erörtern Sie die epochale Leistung von Martin Opitz' *Buch von der Deutschen Poeterey!*

---

4. Was ist unter Autonomieästhetik zu verstehen?

---

5. Grenzen Sie die Begriffe ›Klassik‹ und ›Klassizismus‹ voneinander ab!

---

6. Erörtern Sie grundsätzliche Probleme und Aspekte literarhistorischer Periodisierungsversuche!

---

7. Erörtern Sie die Problematik der Epochenbegriffe ›Barock‹ und ›Klassik‹!

---

8. Erarbeiten Sie, in welchem Maße die Literatur zwischen 1500 und 1770 heteronom war!

Lösungshinweise zu den Arbeitsaufgaben finden Sie auf www.metzlerverlag.de/webcode. Ihren persönlichen Webcode finden Sie am Anfang des Bandes.

2.3 | Von der Französischen Revolution bis zum Ersten Weltkrieg

Das ›lange 19. Jahrhundert‹, das die Historiker nicht von 1800 bis 1900, sondern zwischen den zwei Großereignissen der europäischen Geschichte 1789 bis 1918 verorten, ist nicht nur durch eine Reihe sozialer und politischer Veränderungen, sondern auch sehr heterogene ästhetische Orientierungen gekennzeichnet. Wenn Novalis bereits 1800 behauptete: »Wir sind aus der Zeit der allgemein geltenden Formen heraus« (Fragment Nr. 2167), so ist damit eine Entwicklung vorweggenommen, die von der Romantik über das Biedermeier, den Vormärz, Realismus, Naturalismus, Symbolismus und Expressionismus sehr unterschiedliche Stile, Formen und ›Ismen‹ hervorbringen wird. Dabei lassen sich zwei Tendenzen ausmachen, die sich gegenseitig verabfolgen und schließlich auch die beiden Optionen bilden, die die Moderne einlösen kann:

- **Autonomiegewinn**, Besinnung auf eigene Zwecke und Selbstbezüglichkeit kennzeichnen die Literatur des Klassizismus und der Romantik in der sogenannten **Kunstepoche**.
- **Orientierung auf die gesellschaftliche Umgebung des Literatursystems** gewinnt Literatur mit dem Jungen Deutschland, von wo aus sich eine Entwicklungslinie über den Naturalismus bis zu den Avantgarden verfolgen lässt (vgl. Plumpe 1995).

Diese Perspektiven werden im Laufe des 19. Jahrhunderts immer öfter abwechseln, sie können dann auch simultan als Gegensatz auftreten. So zeigt sich einerseits im Naturalismus ein konkreter Umweltbezug von Literatur, andererseits besinnt sich der gleichzeitig entstehende Ästhetizismus auf den ästhetischen Pol und versucht, reine Kunst zu machen.

2.3.1 | Reaktionen auf die Französische Revolution: Romantik

<table>
<tr><td rowspan="13">Literatur und
Politik um 1800</td><td>1781</td><td>**Immanuel Kant** | *Kritik der reinen Vernunft* (philos. Studie)</td></tr>
<tr><td>1788</td><td>**I. Kant** | *Kritik der praktischen Vernunft* (philos. Studie)</td></tr>
<tr><td>1789</td><td>Beginn der Französischen Revolution</td></tr>
<tr><td>1790</td><td>**I. Kant** | *Kritik der Urteilskraft* (philos. Studie)</td></tr>
<tr><td>1791</td><td>**W. A. Mozart/E. Schikaneder** | *Die Zauberflöte* (Oper/Libretto)</td></tr>
<tr><td>1793</td><td>**Georg Forster** | *Parisische Umrisse* (Reisebericht)</td></tr>
<tr><td>1793</td><td>**Jean Paul** | *Die unsichtbare Loge* (R.)</td></tr>
<tr><td>1794</td><td>Allgemeines Preußisches Landrecht</td></tr>
<tr><td>1795</td><td>Revolutionsverlauf beruhigt, Direktorium als frz. Regierung eingesetzt</td></tr>
<tr><td>1795</td><td>**Johann Gottlieb Fichte** | *Wissenschaftslehre* (philos. Studie)</td></tr>
</table>

1795	**J. W. Goethe** | *Unterhaltungen deutscher Ausgewanderten* (Nov./Märchen)
1795	**Jean Paul** | *Hesperus* (R.)
1795	**Fr. Schiller** | *Über die ästhetische Erziehung des Menschen [...]* (kunstphilos. Studie)
1797	**Ludwig Tieck** | *Der gestiefelte Kater* (Komödie)
1797	**W. H. Wackenroder** | *Herzensergießungen eines kunstliebenden Klosterbruders* (R.)
1797/99	**Friedrich Hölderlin** | *Hyperion* (R.)
1797–99	**Novalis** | *Hymnen an die Nacht* (L.)
1797/1800	**Fr. Hölderlin** | *Empedokles* (Dr.)
1798	**I. Kant** | *Anthropologie in pragmatischer Hinsicht* (philos. Studie)
1798–99	**Novalis** | *Das allgemeine Brouillon* (Fragmentensammlung)
1798–1800	*Athenäum* (Zs., Fr. u. A. W. Schlegel)
1799	**Fr. Schlegel** | *Lucinde* (R.)
1799	Napoleon stürzt das Direktorium und nimmt die oberste Gewalt
um 1800	**Rahel Levin-Varnhagen** | *Tagebücher und Briefe*
1800/1	**August Wilhelm Schlegel** | *Vorlesungen über schöne Literatur und Kunst*
1800/3	**Jean Paul** | *Titan* (R.)
1801	**Clemens Brentano** | *Godwi* (R.)
1802	**Novalis** | *Heinrich von Ofterdingen* (R.)
1802	**Sophie Tieck** | *Wunderbilder und Träume in elf Märchen*
1803	**Sophie Mereau** | *Amanda und Eduard* (Briefr.)
1805	**Karoline von Günderrode** | *Hildgund* (Dr.)
1806	Ende des Hl. Röm. Reiches Deutscher Nation
1806	Beginn der Stein-Hardenberg'schen Reformen
1806/18	**Achim von Arnim** | *Des Knaben Wunderhorn* (Volkslieder)
1808	**J. W. Goethe** | *Faust I* (Dr.)
1809	**Caspar David Friedrich** | *Mönch am Meer* (Ölgemälde)
1809	**J. W. Goethe** | *Wahlverwandtschaften* (R.)
1809	Wilhelm von Humboldt gründet die erste moderne Universität in Berlin
1812	**Gebrüder Grimm** | *Kinder- und Hausmärchen*
1812–16	**Ludwig Tieck** | *Phantasus* (Märchen/Erz./Dr.)
1814	**J. W. Goethe** | *Dichtung und Wahrheit* (Autobiogr. R.)
1816	**Gebrüder Grimm** | *Deutsche Sagen*

Reaktionen auf die Französische Revolution: Auch wenn es Leitgedanken der Aufklärung waren, die 1789 realisiert werden sollten – Freiheit, Gleichheit und Brüderlichkeit, also demokratische und humanitäre Werte –, wurden sie doch mit totalitären Praktiken installiert. Dazu positionierten sich Autoren zwischen den Polen der Autonomieästhetik und dem direkten Bezug von Literatur auf die soziale Welt in **mehreren Varianten.**

Von der Französischen
Revolution bis zum
Ersten Weltkrieg

Evolution statt Revolution: Goethe und Schiller etwa reagierten auf die Schreckensherrschaft der Jakobiner in Paris mit der Absicht, den Absolutismus auf dem sanften Weg der Kunst in eine moderne Gesellschaftsform zu verwandeln – Evolution wollte man vorantreiben, nicht Revolution, individuelle Bildung und erst daraus folgend gesellschaftliche Entwicklung. An Goethes Novellenzyklus *Unterhaltungen deutscher Ausgewanderten* (1795) wird die Absicht zur erzählerisch-künstlerischen Bewältigung der politischen Ereignisse ebenso deutlich wie in den Briefreflexionen Schillers *Über die ästhetische Erziehung des Menschen* (1795), die auf Gesellschaftsveränderungen durch den Modellraum der Kunst hoffen, deren Vorschein einer besseren Gesellschaft zumal auf dem Theater leuchte.

Jakobinisch orientierte Dichter standen diesem Ansatz zunächst radikal revolutionär gegenüber. Georg Forster oder C. F. D. Schubart forderten zur engagiert-demokratischen Haltung heraus und beteiligten sich bei der ersten, allerdings kurzlebigen Republik in Deutschland (in Mainz 1792/93).

Grenzgänger: Friedrich Hölderlin etwa wechselte von seinen aktiven Sympathien mit der Revolution zunehmend auf die Seite der Kunst, die selbst zum utopischen Ort wurde. In seinem Bildungsroman *Hyperion* (1797/99) wird von einem Staat geträumt, der freiheitlich philosophisch und künstlerisch verfasst ist und dem Individuum Entfaltungsmöglichkeiten für alle Anlagen und Sinne garantiert. Auch in der Lyrik wollte Hölderlin eine **Versöhnung von individuellem Anspruch** und **überindividuellem Geschehen** (Natur, Geist, Gott, Gesellschaft) verwirklichen.

Eine weitere Figur zwischen Poesie und Politik ist **Jean Paul:** Einerseits Demokrat, sah er im napoleonischen Gesetzeswerk des *Code Civil* eine Chance, elementare bürgerliche Rechte zu sichern wie auch die Bildungsideen einer ganzheitlichen Persönlichkeit politisch umzusetzen – eines ganzen Menschen, der mit seinen widersprüchlichen Teilen und der gesellschaftlichen Welt versöhnt ist. Andererseits beklagte er die Maschinenhaftigkeit der modernen Welt und setzte ihr ein Erzählwerk gegenüber, das ganz von Phantasieausschweifungen, Abweichungen und formalen Brüchen gekennzeichnet ist. Wenngleich Jean Paul sich gegen den selbstüberheblichen Typus wandte, der die Ansprüche der Einbildungskraft über die Außenwelt stellt und damit an seiner Umgebung scheitern muss – wie sein Bildungsroman *Titan* (1800/3) zeigt –, wird sein Œuvre doch oft als Beitrag zur Romantik gerechnet, die mit der **Betonung des Individuellen** und der **subjektiven Einbildungskraft** auf die politischen Umwälzungen reagierte (zur Romantik allgemein Kremer 2007).

Zur Vertiefung

Die Rolle des Subjekts

Die starke Aufwertung des Ich in den 1770er Jahren wurde philosophisch durch Kant verstärkt, nach dessen Auffassung der Mensch nur für seinen eigenen, nicht für einen fremden Zweck lebt, wie er auch als einziges Lebewesen in der Lage sei, über sich selbst zu reflektie-

Reaktionen auf die
Französische Revo-
lution: Romantik

ren (vgl. *Vorrede zur Anthropologie*, 1798). Kant, dessen **Transzendentalphilosophie** sich mit den Bedingungen der Möglichkeit von Erkenntnis befasst, weist in seiner *Kritik der reinen Vernunft* (1781) aber auch auf ein grundlegendes Erkenntnisproblem hin: Das Ding, wie es an sich ist, ist unerkennbar, weil es abhängig ist von den Anschauungsformen Raum und Zeit, die der menschlichen Wahrnehmung als Apriori zugrunde liegen und die Dinge nur zeigen, wie sie den Sinnen erscheinen. Kant setzt insgesamt noch darauf, dass sich die Erkennenden über ihre Wahrnehmungen der Welt verständigen. Johann Gottlieb Fichte radikalisiert dann das Problem, wenn er in seiner *Wissenschaftslehre* (1795) das absolute Ich zum Bezugspunkt allen Seins erklärt – alles Nicht-Ich, also die Außenwelt, ist demnach nur eine Setzung durch das Ich. Mit dieser Auffassung hat Fichte als Lehrer in Jena die dortigen jungen Romantiker darin bestärkt, das Ich mit wachsendem Selbstbewusstsein auszustatten.

Poetologie der Frühromantik

Philosophisch entwickelte sich die → Frühromantik zum einen aus der subjektiven Überspitzung des Klassizismus-Programms nach 1795 und stärkt den Autonomieanspruch des Individuums, genauer: des Dichters sowie des Kunstbetrachters in Richtung auf ihre Einbildungskraft. Sie betont aber auch, dass Dichtung sich mit allen möglichen Formen der programmatischen Selbstreflexion begründen und gegen Umweltansprüche abgrenzen soll. Daraus entwickeln sich neue Formen des literarisch-geselligen Lebens, wobei das Leben selbst zum Kunstwerk erklärt werden kann. Autor und Leser können die Rollen tauschen, und im unendlichen Gespräch über die Deutung der Welt wie auch des rätselhaften Kunstwerks treibt man progressive Universalpoesie, d. h. man schöpft neue Weltperspektiven aus dem Geist der Kunst. Literatur produziert dabei neue Mischgattungen und stellt das Fragment über das Ganze – so lange, bis sich die Einbildungskraft im Spiel der Kunst verselbständigt und in der ›schwarzen Romantik‹ sich aussichtslos gegen die Wirklichkeit stellt.

Zum Begriff

Die ästhetischen Programme der Frühromantik sind nicht nur historisch bedeutsam, sondern haben auch Wirkung bis in die Gegenwartskunst gezeitigt mit einigen **zentralen Konzepten**.

Entwicklung des Autonomieprogramms: Um die spezielle Wahrnehmung von Kunstwerken geht es Kant in seiner *Kritik der Urteilskraft* (1790). Darin setzt er das Kunstwerk frei von moralischen, politischen und ande-

ren Zwecken wie auch vom sinnesmäßigen Geschmack oder bloßem Ge-
fallen. Das ästhetische Urteil sei dagegen spezifisch für Kunst: Es entsteht
im interesselosen Anschauen oder Wohlgefallen, das durch das Zusammenspiel von Einbildungskraft und Verstand beim Betrachter die eigentliche Wahrnehmung des Schönen ausmache. Dieses Urteil ist zunächst
subjektiv gewonnen, erhebt aber Anspruch auf Allgemeingültigkeit – was
wiederum die Kunstbetrachtenden dazu bringt, ihre Geschmacksurteile
zu reflektieren.

Während Schiller diese Schrift noch hoffnungsvoll als Einstimmung
von individuellen Freiheitsansprüchen und Gesellschaftsänderung rezi-
pierte, reklamierten die Frühromantiker vor allem die Rechte des Subjekts, seiner Einbildungskraft und seiner Kunstwillkür. »Poesie ist Poesie«
(und nichts sonst) – so dekretierte Novalis (1798/1962, S. 502). Allein aus
der Phantasie und nur für sich erhält sie ihre Regeln, die der Leser gefühls-
mäßig nachvollziehen soll (vgl. Plumpe 1995). Intensiv wird in der Kunst
über ihre Bestimmung nachgedacht, aber auch über Sprache als ihre
Bedingung. So entsteht eine »Poesie der Poesie«, wie Friedrich Schlegel
meinte (1798, I, S. 244) – eine Metapoesie also, wenn Literatur das Wort
ebenso einer kritischen Prüfung unterzieht wie die künstlerischen Formen. In diesem Selbstbezug bzw. der **Autoreferenzialität** kann der Roman zum Selbstgespräch werden, der gegen Drama und Lyrik als die vorherrschenden Formen des Klassizismus gesetzt wird, dabei oft Fragment
bleibt oder die Gattungsgrenzen öffnet mit gedichtartigen, essayistischen
Einsprengseln und Briefpassagen (Clemens Brentano: *Godwi*, 1801).

Progressive Universalpoesie: Kunst soll aber auch im dauernden Ar-
beitsprozess in gesellschaftliche Praxis umgesetzt werden. Dies hat
Friedrich Schlegel in der von ihm und seinem Bruder August herausge-
gebenen *Athenäums*-Zeitschrift (1798–1800) mit wenigen Leitsätzen zum
Programm gemacht:

Fr. Schlegel:
Athenäum,
116. Fragment
1798/1992, I, S. 204

**Die romantische Poesie ist eine progressive Universalpoesie. Ihre Bestim-
mung ist nicht bloß, alle getrennte[n] Gattungen der Poesie wieder zu
vereinigen, und die Poesie mit der Philosophie und Rhetorik in Berührung
zu setzen. Sie will, und soll auch Poesie und Prosa, Genialität und Kritik,
Kunstpoesie, und Naturpoesie bald mischen, bald verschmelzen, die Poesie
lebendig und gesellig, und das Leben und die Gesellschaft poetisch machen,
den Witz poetisiren, und die Formen der Kunst mit gedieg[e]nem Bildungs-
stoff jeder Art anfüllen und sättigen, und durch die Schwingungen des
Humors beseelen.**

Der Poesiebegriff wird entgrenzt auf andere Künste, die man in Bezug
setzen will, und schließlich soll das Leben selbst poetisch werden. Damit
war an die ganze Gesellschaft gedacht, die aus dem Geist der Kunst geformt werden soll, um ihre auseinanderstrebenden Teile zu versöhnen. In
der Geselligkeit des Kunstgenusses sollte dann jeder Einzelne sein **eigenes Leben zum Kunstgegenstand** machen und sich zu alternativen Formen der Partnerschaft – z. B. der Ehe zu viert – inspirieren lassen. Nicht

nur Texte, sondern auch eine interessante Individualität zu kultivieren, das bedeutete für Friedrich Schlegel die romantische »Lebenskunstlehre« (1798/1992, I, S. 237) – eine Lehre auch der **Lebensformen**, wie sie in seinem Roman *Lucinde* (1799) als Liebesstile vorgeführt werden.

Alle Dichtung ist ein poetischer Weltentwurf, an dem man in progressiver Universalpoesie arbeitet. Jeder sollte prinzipiell zum Teilnehmer eines großen Kunstwerkes werden, zwischen **Autor und Leser** wird die Trennung aufgehoben. Eine solche Zusammenarbeit bzw. **Sympraxis** schwebte insbesondere Novalis vor, der in jedem Leser einen Ko-Autor sah und in dem Kritiker einen Fortschreiber, der sich seinem Gegenstand annähert und ihn weiterentwickelt. Konkreter wurde das Projekt in der Jenaer Künstlergemeinschaft verwirklicht, wo einer des anderen Entwürfe vorantreiben und im unendlichen Gespräch am Kunstprojekt arbeiten sollte.

Fragment als Prinzip: Bei allen hochfliegenden Projekten ist nicht das abgeschlossene Werk, sondern das ständige Fortschreiben entscheidend. Dem entspricht, dass die Romantiker nicht wie Goethe auf das Symbol vertrauen, bei dem ein Einzelnes im Bezug auf einen Gesamtzusammenhang steht. Sie bevorzugen die Allegorie, bei der die Verbindung von Teil und Ganzem unterbrochen ist, die immer wieder neue Lesarten und Bilder über die Welt bietet, aber keinen größeren Zusammenhang mehr darstellt (s. Kap. 4.3). Offene Formen (Aphorismen, Essays oder im Roman) oder gemischte Gattungen setzten die Romantiker der organischen Ganzheit des Klassizismus entgegen; bei aller Ausbreitung der Künste bleibt immer das Projekthafte sichtbar.

Ein neuer Frauentypus wird in der Romantik zum Inbegriff des interessanten Charakters. Hatte bereits 1771 Sophie von La Roche mit der *Geschichte des Fräuleins von Sternheim* die Tradition des ›Frauenromans‹ in Gang gesetzt, ist es außerdem Mary Wollstonecrafts *Verteidigung der Rechte der Frauen* (dt. 1794), die verschiedene Autorinnen inspiriert. Dazu zählen etwa Rahel Levin-Varnhagen mit ihren umfangreichen Briefwechseln und Tagebüchern, Sophie Tieck (*Wunderbilder und Träume in elf Märchen*, 1802), Sophie Mereau (*Amanda und Eduard*, 1803) oder Karoline von Günderrode (*Hildgund*, 1805) und Bettina von Arnim (*Goethes Briefwechsel mit einem Kinde*, 1835) – abgesehen von den Zuarbeiten für ihre literarisch bekannteren Männer, die sich nicht selten das von den Frauen Verfasste auf die eigenen Fahnen schrieben.

Künstlerfiguren werden aber auch bei den männlichen Autoren zum zentralen Thema. Das Frauenbild der Muse arbeitet ihnen dabei zu – eine Figur, die für die männlichen Künstler Kunsterfahrungen ermöglicht, um dann in romantischen Künstlerromanen thematisiert zu werden. Novalis zeigt in einem Romanfragment den Weg *Heinrich von Ofterdingens* (posthum 1802), den die Romantiker für den Verfasser des Nibelungenliedes hielten, über seine Liebeserfahrungen mit Mathilde zum Dichtersänger – eine Berufung, für die die **blaue Blume** als Denkbild romantischer Kunst den Vorschein gibt. In die Gruppe des Künstlerromans gehören Wilhelm H. Wackenroders *Herzensergießungen eines kunstliebenden Klosterbruders*

(1797), der Lebensbeschreibungen italienischer Künstler gibt und Kunstgenuss als Gefühlserbauung predigt – ein Zeugnis auch der fortgeführten Debatte über den Stellenwert des Künstlers allgemein, der sich Autonomie erstreiten will.

Achim von Arnim/
Clemens Brentano:
*Des Knaben Wun-
derhorn*, Titelseite

Die Märchengattung wird in mehrfacher Hinsicht wichtig, wie der *Ofterdingen*-Roman mit seinen eingeschobenen phantastischen Szenerien andeutet. Die schriftlichen Sammlungen der bislang mündlich überlieferten **Volksmärchen** der Brüder Grimm (*Kinder- und Hausmärchen*, 1812/1822) und der *Deutschen Sagen* (1816) wollen möglichst getreu den historischen Text rekonstruieren. Die Hinwendung der Romantiker zum Volk reicht bis ins Mittelalter, das die Romantiker zum epochalen Vorbild wählten. Auch Clemens Brentano befasste sich mit Volksmärchen und gab mit Achim von Arnim deutsche Volkslieder heraus (*Des Knaben Wunderhorn*, 1806 und 1818). Aber man versuchte auch, die Gattung durch das **Kunstmärchen** zu bereichern (vgl. Mayer/Tismar 2003). Diese Entwicklung beginnt mit Goethe bzw. dessen Schlussmärchen in den *Unterhaltungen deutscher Ausgewanderten* (1795) und wird über die märchenhaften Züge in den Erzähltexten Novalis' oder E. T. A. Hoffmanns bis hin zu Ludwig Tiecks Textsammlung *Phantasus* (1812–16) fortgesetzt.

Germanistik als eine Wissenschaft, die sammelt, ordnet und Gedächtnis sein will, wird spätestens seit den Gebrüdern Grimm praktiziert. Eine Auswahl zu treffen und Sinnzusammenhänge zu konstruieren, ist aber schon die Absicht August Wilhelm Schlegels um 1800, wenn er einen **literarischen Kanon** im Sinne des Schönen, Wahren und Guten aus der immer unüberschaubarer werdenden Literatur herausarbeitet. Für ihn ist eine Geschichtsschreibung der Kunst nicht bloßes Reihen von Fakten und Daten, sondern eine ordnende Tätigkeit in Erzähl- bzw. Sinnzusammenhängen, die letztlich der Bildung des Einzelnen ebenso dient wie dem Gewinn gesellschaftlicher Zukunftsperspektiven (*Vorlesungen über schöne Literatur und Kunst*, 1800/1). Das Klassische soll so mit der eigenen Nationalität in weltbürgerlicher Absicht versöhnt werden.

Die Denkfigur der Synthese ist eine Domäne der Romantik. Dies zeigt sich in der Verschmelzung der historischen Ebenen oder der Künste und Wissenschaften ebenso wie allgemein in der Überwindung von Gegensätzen, von These und Antithese. In den **Naturwissenschaften** (besonders der Chemie) dilettierten einige Autoren, um deren Verflechtung mit der Poesie anzustreben. In dem Projekt, die Welt zu poetisieren, sollten Geist, Natur und Gesellschaft ebenso in Übereinstimmung gebracht werden wie die Ansprüche von Individuellem und Allgemeinem, von Innenwelt und Außenwelt. Die Einsicht indessen, dass das Unendliche schlechthin unerreichbar bleiben muss (weil sonst auch die künstlerische Arbeit abgeschlossen wäre), erzeugt die Haltung der Ironie – das Unendliche kann weder konkret dargestellt noch tatsächlich erreicht werden.

Auf der Ebene der Künste äußert sich der Hang zur Synthese im **Gesamtkunstwerk**, wo zumindest in Programmen die Vereinigung mehrerer Künste angestrebt wurde (s. Kap. 5.4). E. T. A. Hoffmann etwa betätigte sich in verschiedenen Kunstdisziplinen, wenn er sowohl als Musikkomponist und Zeichner wie auch als Erzähler arbeitete, Pläne für einen Maschinenmenschen entwarf und seinen Lebensunterhalt als Jurist verdiente. Im Kleinen zeigt sich das Zusammenfügen getrennter oder gar widersprüchlicher Bereiche an der beliebten Stilfigur der Synästhesie, in der mehrere Sinnesappelle verschmolzen werden.

2.3.2 | Krise der Romantik und das Biedermeier

1804	*Nachtwachen von Bonaventura* (Erz., wahrsch. August Klingemann)
1805/6	**Heinrich von Kleist**	*Der zerbrochene Krug* (Kom.)
1805/6	**H. v. Kleist**	*Über die allmähliche Verfertigung der Gedanken beim Reden* (Brief)
1806	Auflösung des Hl. Röm. Reiches Deutscher Nation nach Einmarsch Napoleons
1807	**G. W. F. Hegel**	*Phänomenologie des Geistes* (philos. Studie)
1808	**Gotthilf Hinrich**	*Ansichten von der Nachtseite der Naturwissenschaft* (Essay)
1808	**H. v. Kleist**	*Hermannsschlacht* (Dr.); *Michael Kohlhaas* (R.)
1810/11	*Berliner Abendblätter* (Zs., Hg. Heinrich von Kleist)
1813	Befreiungskriege; Niederwerfung Napoleons
1814	**Adelbert von Chamisso**	*Peter Schlehmihls wunderbare Geschichte* (R.)
1814	**E. T. A. Hoffmann**	*Der goldene Topf* (Erz.)
1814	**Ludwig Uhland**	*Des Sängers Fluch* (Ballade)
1815	**Joseph von Eichendorff**	*Ahnung und Gegenwart* (R.)
1815	Wiener Kongress unter Leitung Metternichs, Beginn der Restauration
1816	**E. T. A. Hoffmann**	*Der Sandmann* (Erz.)
1817–29	**G. W. F. Hegel**	*Vorlesungen über die Ästhetik* (philos. Studie)
1817	Wartburgfest; nationalistische Studentenvereinigung ›Deutsche Burschenschaft‹
1819/44	**Arthur Schopenhauer**	*Die Welt als Wille und Vorstellung* (philos. Studie)
1819	Karlsbader Beschlüsse, politische Reaktion
1819	Wiedereinführung der Zensur in Preußen und Österreich
1824	**Eduard Mörike**	*Der Feuerreiter* (Ballade)
1825	**August von Platen**	*Sonette aus Venedig* (L.)
1826	**J. v. Eichendorff**	*Aus dem Leben eines Taugenichts* (R.)
1828	**Ferdinand Raimund**	*Der Alpenkönig und der Menschenfeind* (Dr.)
1829	**J. W. Goethe**	*Wilhelm Meisters Wanderjahre* (R.)
1829	**Justinus Kerner**	*Seherin von Prevorst* (R.)

Romantik/
Biedermeier/
später Klassizismus:
Literatur und Politik

1830	Julirevolution in Frankreich, Auswirkung in Teilen von Deutschland
1831	**J. W. Goethe** | *Faust II* (Dr.)
1832	Hambacher Fest (liberaldemokratische Protestaktion)
1832	**Eduard Mörike** | *Maler Nolten* (R.)
1835	**Bettina von Arnim** | *Goethes Briefwechsel mit einem Kinde* (Briefr.)
1835	**Johann Nestroy** | *Zu ebener Erde und erster Stock* (Dr.)
1837	**J. v. Eichendorff** | *Schloß Dürande* (histor. Erz.)
1837	**G. W. F. Hegel** | *Vorlesungen über die Philosophie der Geschichte*
1842	**Annette von Droste-Hülshoff** | *Die Judenbuche* (Nov.)
1842	**A. v. Droste-Hülshoff** | *Der Knabe im Moor* (Ballade)
1847	**Franz Grillparzer** | *Der arme Spielmann* (Erz.)

Kunstanspruch und politische Wirklichkeit befinden sich seit 1789 immer wieder in Spannung. Der romantische Identitätsgedanke und das Unendlichkeitsmotiv werden in der Hoch- und Spätromantik, die ihr Zentrum in Süddeutschland (besonders Heidelberg) hatten, mit anderen Mitteln fortgesetzt – ihre Vertreter flüchten meist in ein christliches Weltbild (so auch Schlegel) oder retten sich in Idyllen, die an der Wirklichkeit längst gescheitert waren: Alle hochfliegenden Pläne konnten auch nicht darüber hinwegtäuschen, dass auf **politischer Ebene** nichts erreicht war. Hatten Vertreter des aufgeklärten Absolutismus zunächst versucht, im Allgemeinen Preußischen Landrecht von 1794 sowie in den Stein-Hardenbergschen Reformen seit 1806 eine Veränderung mit Augenmaß anzubahnen, wurden diese Bemühungen durch die Napoleonischen Eroberungsfeldzüge mit Gründung der Rheinbundstaaten gekreuzt.

Als Napoleon in den Befreiungskriegen 1813 bis 1815 besiegt worden war, verordnete der Wiener Kongress restaurative Politik im großen Maßstab und installierte alte Monarchien aufs Neue. In Deutschland wurden die vorrevolutionären Machtverhältnisse wieder hergestellt: Mit den Karlsbader Beschlüssen (1819) findet sich das Autoritätsdenken kulturpolitisch wieder eingeführt durch den Entzug der Lehr- und Pressefreiheit, der mit polizistischen Methoden überwacht wurde.

Die Krise der Romantik ist bereits in den optimistischen Programmen der Frühromantik angelegt, hauptsächlich aber politisch erzeugt: Revolutionsunruhen, Wirren nach den Napoleonischen Eroberungskriegen und politische Reformen bilden einen schwankenden Hintergrund für jene Autoren, die nun vor allem das Unberechenbare und das Traumhaft-Dunkle mit Formenzweifel paaren.

Die unterschiedlichen Autoren von → Spätromantik und → Biedermeier zeigen verwandte Reaktionen auf die zunehmenden Konflikte der Moderne: Die erste große Welle der Industrialisierung, die
Aufspaltung des Individuums in die verschiedenen Ansprüche des
beruflichen und gesellschaftlichen Lebens motiviert eine Flucht ins
Idyllische und Beschauliche – da man sich den Gang der Geschichte
als grundsätzlich sinnvolle Höherentwicklung denkt, richtet sich die
Kunst solange behaglich in sich selbst ein.

Zum Begriff

Die Krise als Schreibmotiv kennzeichnet die dunkle Seite der Romantik.
Dass bereits die Frühromantik nicht nur ästhetischen Optimismus hegte,
sondern durchaus gespalten war, lässt sich schon an den *Nachtwachen
von Bonaventura* (1804) ablesen. Anders als Novalis' *Hymnen an die Nacht*
(1797–99) schwelgen sie nicht in Entgrenzungsphantasien, sondern zeigen
Bilder des Ausgeliefertseins und eines krisengeschüttelten Daseins, mit denen auch gegen Zeitgenossen und politische Verhältnisse gespottet wird.

Besonders greifbar werden die Zeitprobleme bei **Heinrich von Kleist**,
der das Motiv des Scheins, der Sinnestäuschung und des permanenten
Missverstehens zwischen seinen Erzähl- oder Dramenfiguren mit der
These von der Unerkennbarkeit der Welt als schockähnliche Erfahrung
formuliert. Seine syntaktisch oft zerrissene Sprache und die Sprünge im
Erzählduktus reflektieren die Krise der beginnenden Moderne: Das ganze
Dasein ist willkürlich, unberechenbar und dem **Zufall** unterworfen – was
aber auch an der politischen Dominanz Napoleons liegt, gegen die Kleist
patriotisch protestiert.

Auch E.T.A. Hoffmanns Schauerromantik zeigt die frühmoderne Krise,
wenn dort immer wieder Figuren Opfer ihrer Imagination werden oder
gar Maschinenmenschen auftauchen wie im *Sandmann* (1816). Geradezu ein **Kult des Irrationalen** wird mit der verbreiteten Elektrizitätslehre
gefeiert sowie mit der Schädelkunde; Justinus Kerner verarbeitete mit der
Seherin von Prevorst (1829) auch Aspekte der Parapsychologie.

Das Biedermeier zeigt in den 1820er Jahren die Tendenz, die modernen Konflikte in der Idylle einzudämmen oder Melancholie in der Darstellung des beschaulichen, harmlosen Lebens aufzufangen (vgl. Titzmann 2002). Interessante Zeitzeugnisse sind hier die Kalenderblätter und
Jahrbücher, die kleine Texte zur Erbauung sowie reichhaltige Kupfer-
stichillustrationen enthalten und weite Verbreitung fanden (Almanache).
Traditionsbewusstsein in Verbundenheit zur Heimat und zur patriarcha-
lischen Ordnung, ein bisschen religiöse Zuversicht, resignative Flucht in
die Innerlichkeit – das ruhige, beschauliche Dasein im trauten Heim, das
der Einzelne durch Entsagung, Triebverzicht und Genügsamkeit erlangen
kann –, wird in vielen Texten am Übergang zu Hoch- und Spätromantik
von den Hauptfiguren als ein Lebensmodell vorgestellt.

Joseph von Eichendorffs *Aus dem Leben eines Taugenichts* (1826) ist dafür ein Paradebeispiel, das den wandernden und müßiggehenden Mül-

lerssohn in purem Gottvertrauen mit harmonisierendem, verschönern-
dem Blick auf das gute Ende zeigt:

Eichendorff:
*Aus dem Leben
eines Taugenichts,*
1826/1998, S. 197

> **Sie lächelte still und sah mich recht vergnügt und freundlich an, und von
> fern schallte immerfort die Musik herüber, und Leuchtkugeln flogen vom
> Schloß durch die stille Nacht über die Gärten, und die Donau rauschte da-
> zwischen herauf – und es war alles, alles gut!**

Die Liebe findet sich am Romanschluss, mit perfekter Täuschungskunst
wird ein festliches Idyll aufgebaut, wie es vorbildlich noch für die narrativen Muster der Hollywood-Kinematographie werden wird. Auch wenn
die Schlussszene nicht völlig ironiefrei ist, lassen sich hier Wunschprojek-
tionen von heilen Welten erkennen.

Zur Vertiefung

Das Geschichtsbild der Spätromantik
Als Geschichtskonzept steht dahinter die Auffassung, die G. W. F. Hegel in den 1820er Jahren entwickelte: dass die Weltgeschichte einen
sinnvollen Gang nimmt, bei dem ein vernünftiger Weltgeist sich von
Teil und Gegenteil stufenweise zu einer höheren Synthese fortbewegt
bis zum modernen Staat als Vernunft gewordener, freiheitlicher
Form eines göttlichen Geistes (*Vorlesungen über die Philosophie der
Geschichte,* 1837 posthum). Dazu gesellte sich unter dem Eindruck
der napoleonischen Eroberungskriege ein patriotischer Gedanke,
der Kritik an den eigenen provinziellen und spätabsolutistischen
Verhältnissen verhinderte. Insofern war man geneigt, die Geschichte
ihren Lauf nehmen zu lassen und für die Kunst einen angenehmen
Freiraum zu schaffen.

Brüchige Idyllen: In dieser Tendenz gibt es viele hundert Romane der
1820er und 30er Jahre, die wegen ihrer Trivialität bis heute weitgehend
unbekannt geblieben sind. Bekannter geworden sind hingegen jene Autoren bzw. Texte, bei denen die vorgezeigten Idyllen selbst ins Wanken geraten: Eichendorffs *Schloß Dürande* (1837), das die Geschichte des Scheiterns
einer Liebe in den Umwälzungen der Französischen Revolution zeigt, Mörikes *Maler Nolten* (1832) oder die *Studien* (1839–44) des jungen Adalbert
Stifter bis hin zu Annette von Droste-Hülshoffs *Die Judenbuche* (1842),
einer Kriminalnovelle, die den Täter zugleich als Opfer seiner Umgebung
psychologisch studiert. Diese Texte zeigen ein Krisenbewusstsein, in dem
die individuellen schönen Welten z. B. durch politische Schwierigkeiten
bedroht sind.
Die späten Texte Goethes nehmen ebenfalls gesellschaftliche Wandlungsprozesse auf: Insbesondere mit *Wilhelm Meisters Wanderjahren*
(1829) hat Goethe eine Fortsetzung seiner *Lehrjahre* (1795) desselben Helden erarbeitet, die Themen der Montanindustrie, des Maschinenwesens,
der Politik und Pädagogik sowie Wilhelms Bestreben zeigt, seinen Platz

in der ökonomischen Welt zu finden und in der Spezialbildung zu behaupten. Auch die aufgelöste, fragmentarische Romanform im Wechsel der Erzählung mit lyrischen Passagen, Aphorismen oder Novelleneinsprengseln weist auf einen Zeitenwechsel hin.

Für *Faust II* (1831) gilt mit seinen vielfältigen Formen zwischen attischer Tragödie, Volksdrama, Mysterienspiel oder romantischem Gesamtkunstwerk Ähnliches. Der nach Höherentwicklung strebende Held wird einer kritischen Einschätzung unterworfen, wenn er etwa auf Kosten von Menschenleben und Zerstörung ein Siedlungsprojekt vorantreibt. Beide Texte sind auch als Stellungnahmen zu einer problematisch gewordenen modernen Gegenwart zu lesen. Insofern ist auch die Einschätzung, die gelegentlich sogenannte ›Goethezeit‹ der Literatur bis 1830 sei zeitenthoben und gesellschaftsfern, durchaus nicht zutreffend, zumindest nicht, was Goethe selbst angeht.

2.3.3 | Frühe Formen des Realismus und Vormärz

1818–21	*Die Wage. Eine Zeitschrift für Bürgerleben, Wissenschaft und Kunst* (Zs., Hg. Ludwig Börne)
1822	**E. T. A. Hoffmann** | *Des Vetters Eckfenster* (Nov.)
1825	Gründung des ›Börsenvereins des Deutschen Buchhandels‹
1826–31	**Heinrich Heine** | *Reisebilder* (Berichte)
1827	**Heinrich Heine** | *Buch der Lieder* (L.)
1830–33	**Ludwig Börne** | *Briefe aus Paris*
1831	**Christian Dietrich Grabbe** | *Napoleon oder Die hundert Tage* (Dr.)
1833–37	**Heinrich Laube** | *Das junge Europa* (R.)
1834	**Theodor Mundt** | *Moderne Lebenswirren* (Dr.)
1834	**Ludolf Wienbarg** | *Ästhetische Feldzüge* (Vorlesung)
1834	*Der Hessische Landbote* (polit. Manifest von Georg Büchner u. a.)
1835	**Georg Büchner** | *Dantons Tod* (Dr.), *Lenz* (Erz.)
1835	**Karl Gutzkow** | *Wally die Zweiflerin* (R.)
1836	**Georg Büchner** | *Woyzeck* (Dr.)
1836	**Heinrich Heine** | *Romantische Schule* (lit.gesch.-kritische Studie)
1836	**Karl Immermann** | *Die Epigonen* (R.)
1836	Buchproduktion steigt rapide an (seit 1821 um 150%, über 10.000 Titel)
1838–43	*Telegraph für Deutschland* (Zs., Hg. Karl Gutzkow)
1839–44	**Adalbert Stifter** | *Studien* (Erz., z. B. *Der Kondor*, 1840)
1840	**Heinrich Heine** | *Der Rabbi von Bacherach* (R.)
1841	**Georg Herwegh** | *Gedichte eines Lebendigen* (L.)
1842	**Theodor Mundt** | *Geschichte der Literatur der Gegenwart* (lit.gesch. Studie)

1842	**Wilhelm Weitling** | *Garantien der Harmonie und Freiheit* (polit. Essay)
1843	**Friedrich Hebbel** | *Maria Magdalene* (Dr.)
1844	Aufstand der Weber in Schlesien
1844	**Ferdinand Freiligrath** | *Ein Glaubensbekenntniß. Zeitgedichte* (L.)
1844	**Heinrich Heine** | *Deutschland. Ein Wintermärchen* (L.)
1845	**Heinrich Hoffmann** | *Der Struwwelpeter* (Bildergesch.)
1848	**Karl Marx/Friedrich Engels** | *Manifest der Kommunistischen Partei*
1848/49	Revolution in Deutschland und Frankreich

Das Bewusstsein der gesellschaftlichen Widersprüche wird in der Zeit des Vormärz schärfer. Die hochgestimmten Entwürfe der Kunstepoche nach 1800, in der man aus der freien Kunst und der dichterischen Subjektivität heraus die Probleme der Moderne in den Griff bekommen wollte, konnten all denen nicht genügen, deren Blick auf die politischen Wirklichkeiten gerichtet war. Die beschleunigte Industrialisierung relativierte die Rolle des alten Handwerks: Es entsteht im Lauf des 19. Jahrhunderts ein neues Unternehmertum sowie ein Proletariat, das immer mehr in Massen hervortritt. Das **Auseinanderdriften der gesellschaftlichen Bereiche**, den Bindungsverlust des Einzelnen und die Verzwecklichung des Individuums fasst Hegel in seiner *Ästhetik* mit der Formel der »**Prosa der Verhältnisse**« als Grunderfahrung der Moderne zusammen: »das Ganze erscheint nur als eine Menge von Einzelheiten, die Beschäftigungen und Tätigkeiten werden in unendlich viele Teile gesondert und zersplittert« (*Ästhetik*, Bd. 1, 198). Dieser Gesellschaftszustand steht dem Subjekt und seinen unerfüllten Ansprüchen, der sogenannten ›**Poesie des Herzens**‹ gegenüber. Dem entspricht aber Hegels Leitthese vom Ende der schönen Kunst, die »echte Wahrheit und Lebendigkeit verloren« habe (ebd., S. 25), weil sie Form und Inhalt, Idee und Gestalt nicht mehr bruchlos zusammenbringe.

Technische bzw. Kunstmedien prägen die Alltagswelt und zeigen ebenso zunehmend Wirkung in der Literatur – die Romantik geht in den Realismus über (vgl. Oellers 2001). Dafür ist bereits E.T.A. Hoffmanns letzte Novelle *Des Vetters Eckfenster* (1822) ein Beispiel, bei dem der Fernglasblick aus dem Panoramafenster die Einzeldinge auf einem Marktplatz erfasst und so die Imagination bei den Bildbeschreibungen stimuliert. Angespielt wird damit auf das **Panorama** als wichtigstes Kunstmedium im 19. Jahrhundert. Bereits 1787 wurde es patentiert und fand schnell ein massenhaftes Publikum, weil es die bürgerliche Bildungsreise des 18. Jahrhunderts ins Haus holte. In runden Holzhäusern konnte man gegen Bezahlung Schlachtenszenen oder idyllische sowie erhabene Fernlandschaften bestaunen, und zwar in der Blicktotale von 360 Grad. Dies ermöglichte eine neue Wahrnehmungsweise: die Überschau aus souveräner Position, ein genussvolles Beherrschen des Gegenstandes, der dem Auge unterworfen wird.

Fern- und Rundblicke: Dem Wunsch, die Erde aus der übergeordneten Perspektive und im Ganzen überschauen zu wollen, entsprechen die ersten erfolgreichen Flugversuche: Der 1783 von den Gebrüdern Montgolfier erstmals gestartete **Heißluftballon** wurde im 19. Jahrhundert zur Betrachtung von Naturphänomenen und zur Kartierung der Erde von oben eingesetzt. Bereits Jean Paul hatte im *Titan* (1800) den Flug mit der Montgolfière literarisch erprobt und den Blick panoramisch schweifen lassen, Adalbert Stifter macht im *Kondor* (1840) dasselbe Experiment. Generell taucht das Motiv des Fern- oder Rundblicks in der Prosa vielfach auf. Formal zeigt sich sein Niederschlag in der auktorial-allwissenden Erzählhaltung, die allerdings mit der Nah- und Detailsicht korrespondiert und nicht selten dem Blick aus den Figuren oder aus den Dingen heraus weicht. Dieses Wechseln der Erzählperspektive kennzeichnet viele Texte des Realismus, wodurch die Vielseitigkeit des Lebens Einzug in die Literatur hält. **Georg Büchner** (1813–37) hat in seiner *Lenz*-Novelle (1839) diese Schreibweise mitgeprägt (s. Interpretationsskizze).

Georg Büchner: *Lenz* (1839/1992, S. 234 f.)

> Ich verlange in allem Leben, Möglichkeit des Daseins, und dann ist's gut; wir haben dann nicht zu fragen, ob es schön, ob es häßlich ist, das Gefühl, daß Was geschaffen sei, Leben habe, stehe über diesen Beiden, und sei das einzige Kriterium in Kunstsachen. [...] Man muß die Menschheit lieben, um in das eigentümliche Wesen jedes einzudringen, es darf einem keiner zu gering, keiner zu häßlich sein, erst dann kann man sie verstehen; das unbedeutendste Gesicht macht einen tiefern Eindruck als die bloße Empfindung des Schönen.

Die Passage aus dem sogenannten »**Kunstgespräch**« enthält eine Tendenz, die sich später der Naturalismus zu eigen machen wird: Nicht idealistisch mit verschönernder Optik, auch nicht mit moralisierendem Blick soll Kunst gemacht werden. Ganz generell wird hier die Frage suspendiert, ob ein Gegenstand ›an sich‹ kunstfähig, schön oder hässlich sei – womit auch weitreichende Konsequenzen aus der Kant'schen *Kritik der Urteilskraft* (1790) gezogen werden. Denn der Blick des Kunstschaffenden soll nicht zweckgebunden sein (weder im moralischen, politischen, ökonomischen oder geschmäcklerischen Sinn), sondern prinzipiell alles ins Auge fassen. Diese ästhetische Grundposition entspricht auch der Entscheidung Büchners, mit dem psychologisch geschulten Blick das Abgründige, Abseitige und nicht Gesellschaftsfähige seiner Figur offenzulegen, wobei er sich auf den Bericht des Pastors Oberlin über den Sturm-und-Drang-Dichter Jakob Michael Reinhold Lenz bezieht.

Beachtet man die Sprechsituation – es handelt sich um eine eingeschobene Debatte zwischen dem Nützlichkeitsdenker Kaufmann (mit sprechendem Namen) und Lenz –, ist zu berücksichtigen, dass hier eine Erzählfigur ihre Ansichten äußert und sie nicht notwendig das Sprachrohr Büchners ist. Doch lassen sich vergleichbare Auffassungen im Œuvre Büchners wiederfinden. Sie beinhalten eine wegweisende Entscheidung: Das ›Leben‹ wird zum wichtigen Konzept des 19. Jahrhunderts. Mit dieser Perspektive, die vor allem die Naturwissenschaften prägen wird, geht Büchner freilich einen anderen Weg als Kant. Er macht sich zwar dessen Befreiung von allen vorgefassten ästhetischen Einstellungen zunutze, zielt dann aber auf die **ungeschminkte und unparteiische Wiedergabe von Innenwelten sowie sozialen Umwelten**.

Beides wird zum Gegenstand in Büchners Novelle: Lenz wird von seiner Umgebung auf Anzeichen des Wahnsinns hin beobachtet. Die ausführliche erzählerische Innenschau deutet schon an, dass der meist introvertierte Lenz eine schwierige Position in der Gesellschaft hat. Dies wirkt sich in einer doppelten Perspektivik aus: Die Beobachtung von außen in **auktorialer Erzählform wechselt mit der erlebten Rede ab**, die das Innenleben der Figur möglichst authentisch vermitteln soll. Manchmal geschieht dies sogar innerhalb eines Satzes: »Am Himmel zogen graue Wolken, aber Alles so dicht, und dann dampfte der Nebel herauf und strich schwer und feucht durch das Gesträuch, so schwer, so plump« (1839/1992, S. 225). Die Einschübe in Form der elliptischen Nebensätze sind der Perspektive des Lenz zuzuordnen, dessen Vokabular mit dem des Erzählers gekreuzt wird – eine zweifache Orientierung, die im Text immer wieder zu erkennen ist.

Auch im *Woyzeck* (1836) wird der Zusammenhang von Innenleben und Außenwelt wichtig (s. Kap. 3.3), wenn Büchner sich auf gerichtspsychologische Gutachten bezieht und daraus eine Figur komponiert, die psychosomatisch auf die Zurücksetzungen durch die Gesellschaft sowie auf ärztliche Versuche reagiert. Das Schreibinteresse wird umgestellt vom **Literatursystem** auf die **Umweltsysteme**, aus denen Literatur ihre Anregungen bezieht. Mit *Dantons Tod* (1835) gibt Büchner eine kritische Aufarbeitung der Französischen Revolution anhand von historischen Quellen, die zu einem guten Teil ins Drama übersetzt werden.

Neben dem historischen hat Büchner aber vor allem ein tagespolitisches Interesse, das allgemein für die Autoren des **Jungen Deutschland** leitend wird (vgl. Vogt 2001). Mit Blick auf die Französische Julirevolution von 1830, die auch Deutschland erreicht, weist Büchner auf die Gewaltproblematik eines entfesselten Staates hin. Wieder sind die unteren Volksschichten als eigentliche Initiatoren der Aufstände deren Opfer geworden. Es herrschen nach wie vor Provinzialismus und Zensur bis hin zur Androhung von Berufsverbot und Gefängnisstrafen, überdies tritt schärfer noch als um 1800 das Problem der massenhaften Verelendung hervor. Dem wollte etwa Büchner begegnen durch Gründung einer »Gesellschaft der Menschenrechte« oder des *Hessischen Landboten*, einem politischen Pamphlet, das die sozialen Verhältnisse aufs Schärfste anklagt und dies auch mit Zahlen belegt.

Gesellschaftskritische Ansätze im Jungen Deutschland

Die sogenannten → Jungdeutschen setzten weniger radikal-kritisch, vielmehr noch halbwegs optimistisch ihre Veränderungshoffnungen auf eine politische Literatur. Den Autonomiegedanken von Dichtung lehnten sie ab, um vielmehr ihren direkten Bezug auf die Gesellschaft sowie engagierte Stellungnahmen zu fordern: Pressefreiheit und Demokratie, sinnliches Leben gegen akademische Zöpfe, Emanzipation allgemein und Befreiung der Frau insbesondere waren ihre Forderungen. Sie strebten direkte Wirkung auf ein Lesepublikum an, das im 19. Jahrhundert zahlreich Leihbibliotheken oder Lesezirkel besuchte und von den Machthabern zunehmend als Bedrohung empfunden wurde.

Zum Begriff

Der rapide Modernisierungsdruck beginnt, sich zu verselbständigen, er beschleunigt auch die Lebensgeschwindigkeiten. 1835 fährt zwischen Nürnberg und Fürth die erste Eisenbahn in Deutschland, schnell entsteht ein umfassendes Schienennetz. Mit der Industriellen Revolution und den sozialen Fragen entstehen auch neue Raum- und Zeitbegriffe, und es werden Wahrnehmungsmuster in Gang gesetzt, die sich vielfach in den Texten der jüngeren Autoren niederschlagen.

Heinrich Heine:
Buch der Lieder,
Titelblatt von 1827

   Heinrich Heine (1797–1856) ist ein bis heute weit diskutierter Exponent, bei dem der Sprung zwischen den Weltbildern deutlich wird. Konsequent spielt er die Epochenbilder gegeneinander aus, wenn er hochromantische Verklärung in Klischeebildern und volksliedhaften Strophen vorführt, um sie dann mit einer desillusionierenden Pointe zu versehen. Frühe Beispiele finden sich in seinen *Reisebildern* (1826–31), die zwischen Hymne und Satire, zwischen Andichtung der Natur, Schwärmerei und bissigem Spott schwanken, ebenso im *Buch der Lieder* (1827). Dazu kommt eine Assoziationsfreudigkeit, die Heine als Zeitungskorrespondent (und Feuilletonist) auszeichnet.

   Noch radikaler setzt **Christian Dietrich Grabbe** in seinen historischen Dramen die Ironie ein, bei denen auch die Form nicht mehr versöhnlich stimmt und alles Pathos ins Absurde und in eingestandene Sinnlosigkeit wegrutscht (*Napoleon oder Die hundert Tage*, 1831). Andere tragen ihren Protest in Romanen vor (Karl Gutzkow: *Wally die Zweiflerin*, 1835; Theodor Mundt:

Buch der Lieder

H. Heine.

Hamburg
bei Hoffmann und Campe.
1827.

Moderne Lebenswirren, 1834; Heinrich Laube: *Das junge Europa*, 1833–37). Mundt verfasst sogar eine selbstbewusste *Geschichte der Literatur der Gegenwart* (1842), die sich von der Übermacht des Klassizismus und des Idealismus befreit.

Formen des Journalismus: Während Heine stets auf Vieldeutigkeit und den Eigenwert der literarischen Form setzte, gaben andere wie Ludolf Wienbarg oder Ludwig Börne alle Dichtung auf, um in verschiedenen journalistischen Textformen politisch und mit eindeutiger Botschaft zu intervenieren. Sie gehören im engeren Sinne zur Gruppe des Vormärz (vgl. Eke 2005), jener **operativen, kritischen Literatur**, die um 1840 bis zur Märzrevolution 1848 erheblich in Umlauf kam, weil sie in journalistischer Prosa, Feuilletons, Reiseberichten oder Briefen die stark anwachsende Erzählliteratur mit neuen Formen bereicherte. Die Revolutionslyrik Ferdinand Freiligraths oder Georg Herweghs war so klar ideologisch, dass Heine sie wiederum als **Tendenzdichtung** abqualifizierte, weil ihr die Kunstperspektive und die selbstkritische Ironie abginge.

Perspektiven des Materialismus: Breitenwirkung entfaltete die kritisch-realistische Literatur zwar noch kaum. Einflussreich war aber der Hinweis von Journalisten, Lyrikern oder Erzählern des Vormärz, dass der Einzelne von gesellschaftlichen Bedingungen determiniert ist und dass diese geändert werden müssen, wenn sich die Lebensperspektiven des Subjekts verbessern sollen. Diese materialistische Perspektive wurde von **Karl Marx** aufgegriffen und in den Lehrsatz gewendet, dass es das gesellschaftliche Sein ist, welches das Bewusstsein bestimmt. Umgekehrt war zuvor der Gedanke leitend, dass der freie Wille des selbstbestimmten Individuums oder seine Ideen das Vermögen hätten, die Tatsachen zu verändern – davon war noch, vorbildlich für die idealistischen Geschichtsauffassungen des 19. Jahrhunderts, Hegel ausgegangen. Von ihm übernahm Marx lediglich die Denkfigur eines dialektischen Wechsels der Geschichtskräfte, um sie dann vom Kopf auf die Füße zu stellen, also von den Gesellschaftsstrukturen aus zu denken. Intensiv nahm er die englischen Verhältnisse in den Blick, vor allem das Manchestertum, die Praxis des grenzenlosen Wirtschaftsliberalismus, die jede politische Einmischung der Arbeiter etwa in Form von Sozialgesetzgebungen ausschalten wollte.

Ein neues Großbürgertum hatte sich mit der Industriellen Revolution und dem prosperierenden Handel auch in Deutschland herausgebildet. Es geriet in immer schärferen Gegensatz zum wachsenden Proletariat, das unter härtesten Bedingungen für kargen Lohn arbeiten musste. Das Gespenst der Arbeiterrevolution, das Karl Marx und Friedrich Engels 1848 im *Manifest der Kommunistischen Partei* heraufbeschworen, wo sie auf krasse soziale Missstände hinwiesen und zum Klassenkampf mobilisierten, organisierte sich dann weniger radikal, aber auf breiter Ebene – etwa in Gewerkschaften, 1862 im Allgemeinen Deutschen Arbeiterverein oder 1875 in der daraus hervorgehenden SPD.

2.3.4 | Nach 1848: Der poetische Realismus

1841	**Hoffmann von Fallersleben** | *Lied der Deutschen* (Hymne)	
1842	**Jeremias Gotthelf** | *Die schwarze Spinne* (R.)	
1843–54	**Berthold Auerbach** | *Schwarzwälder Dorfgeschichten* (Erz.)	
1845–58	**Alexander von Humboldt** | *Kosmos. Entwurf einer physischen Weltbeschreibung* (wiss. Studie)	

1850/51 **Karl Gutzkow** | *Die Ritter vom Geiste* (R.)
1850 **Richard Wagner** | *Das Kunstwerk der Zukunft* (Essay)
1851 **Friedrich Hebbel** | *Agnes Bernauer* (Dr.)
1851 **Theodor Storm** | *Immensee* (Nov.)
1853 **Adalbert Stifter** | *Bunte Steine* (Novellen)
1853–1903 *Die Gartenlaube* (Zs.)
1853 **Theodor Fontane** | *Unsere lyrische und epische Poesie seit 1848* (Essay)
1853 *Die Grenzboten; Blätter für die literarische Unterhaltung* (Zs.)
1854 ff. **Jacob und Wilhelm Grimm** | *Deutsches Wörterbuch*
1854–55 **Gottfried Keller** | *Der grüne Heinrich* (R., 2. Fassung 1879/80)
1855 **Gustav Freytag** | *Soll und Haben* (R.)
1856/73–74 **Gottfried Keller** | *Die Leute von Seldwyla* (Novellen)
1857 Errichtung des Goethe- und Schillerdenkmals in Weimar
1857 **Adalbert Stifter** | *Nachsommer* (R.)
1858 **Ferdinand Lassalle** | *Franz von Sickingen* (histor. Dr.)
1862 **Friedrich Hebbel** | *Nibelungen* (Dr.)
1863 Gründung des ›Allgemeinen deutschen Arbeitervereins‹
1864 **Wilhelm Raabe** | *Der Hungerpastor* (R.)
1865 **Wilhelm Busch** | *Max und Moritz* (Bildergesch.)
1867 ›Klassikerjahr‹; *Faust I* erscheint als Band 1 der Reclam-Universalbibliothek
1867 **Eugenie Marlitt** | *Goldelse* (R.)

Der Rückzug der anspruchsvollen Literatur aus der Politik nach dem Scheitern der revolutionären Ideale 1848/49 (vgl. Eke 2005) geschieht nicht freiwillig. Er wird auch von einem Macht- und Mediengeflecht betrieben: Nach wie vor ist die Zensur tätig, und hinzu kommt, dass die Verlage mit Blick auf die Verkaufszahlen im härter werdenden Wettbewerb die Harmonie- und Unterhaltungsbedürfnisse eines Lesepublikums bedienen wollen, das meist nicht mehr nach Verschärfung der Konflikte strebt. Im liberalen, demokratischen und konservativen Bürgertum macht sich vielmehr eine **wirtschaftsfreudige**, aber auch **nationalistische Stimmung** in der Bevölkerung breit, die sich lieber von völkischen Kollektivsymbolen aus der Trivialliteratur nähren als von kritischer oder anspruchsvoller Literatur irritieren lassen will (vgl. Parr/Wülfing/Bruns 1991).

Das **Familienunterhaltungsjournal** *Die Gartenlaube* (ab 1853) ist von patriarchalischem und heldischem Denken ebenso geprägt wie von Idyllen des bürgerlichen Heims und nationalistischen Ansichten. Beglaubigen

Titelblatt
der *Gartenlaube*

und zugleich schmücken wollten die Herausgeber das Unternehmen mit Literaturbeilagen. Diese waren sorgsam ausgewählt: Anspruchsvollere Texte (z. B. Fontane) wurden stark umgearbeitet, Trivialautoren wie Eugenie Marlitt konnten hingegen dort unzensiert ein Massenpublikum erreichen; ihr Roman *Goldelse* (1867) predigt mit einfachen Charakteren und immer positivem Ausgang die Fleiß- und Moralbotschaften des Bürgertums. Mit unpolitischen Berichten über kulturelle Ereignisse, Unterhaltsames, gesellschaftliches Leben und Moden wird der Zeitgeist getroffen – die Auflage erreicht bis 1900 eine halbe Million.

Neue Ideale des Bürgertums in konzentrierter Form finden sich in Gustav Freytags berühmtem Roman *Soll und Haben* (1855) behandelt, einer Erfolgsgeschichte des Kaufmanns Anton Wohlfahrt, der sich auch gegen Rückschläge zu behaupten weiß. Die leitende **Ideologie** hinter der nicht immer schönen Wirklichkeit ist das **Lob der Arbeit und des Strebens**, mit dem die bürgerliche Hauptfigur die Gesetze des Lebens zu seinen Gunsten nutzt. Freytag will mit diesem Entwicklungsroman seine Leser künstlerisch gegen den Zufall und das Unberechenbare rüsten: Anstand, Gesundheit und Fleiß sind die Tugenden, in denen sich das Bürgertum üben soll. Diese Selbstbilder des Bürgertums kommen allerdings nicht ohne Diskriminierung aus. Auch das jüdische Bürgertum wird beargwöhnt – eine Tendenz, die sich später politisch verschärfen wird, wenn der Nationalismus nach der Reichsgründung 1871 den Kosmopolitismus verdrängt, Minderheiten unterdrückt werden und Integrationsprobleme offen zu Tage treten. In die patriotische Pflicht genommen werden im Übrigen auch die Klassizisten, die man nun als ›Klassiker‹ entdeckt – allerdings vor allem, indem man aus ihnen handfeste Denkmäler macht (das berühmteste in Weimar 1857). Man verklärt sie in eine hohe, ferne Kunstwelt hinein, wobei das Ewige, Gute, Wahre und Schöne auf lauter Kitsch zusammenschnurrt und aus hohler Nachahmung literarisches Epigonentum gepflegt wird.

Die Interessen des breiten Lesepublikums lassen sich knapp zusammenfassen: Entspannung, Harmonie, Erholung von anstrengenden Arbeitswelten; Konflikte mit der Obrigkeit oder offen kritische Darstellungen von sozialen Zuständen scheute man. Als Karl Gutzkow mit *Die Ritter vom Geiste* (1850–51) ein Zeitporträt aus einer Vielzahl nebeneinander geführter Stimmen vorlegte, die den ganzen Aufbau der Gesellschaftsarchitektur darstellen sollten, konnte er mit diesem Experimentalroman kein Publikum erreichen. Literatur gab für längere Zeit ihre direkten politischen Ziele auf, die nun von Sozialphilosophen oder Politikern vertreten wurden. Das lässt sich auch am Beispiel Richard Wagners zeigen, der nach den geplatzten politischen Hoffnungen 1848 alle Anstrengungen auf das ästhetische Raffinement im **Gesamtkunstwerk** richtete (s. Kap. 5.4).

Darstellungsstrategien und Themen des poetischen Realismus

Der → poetische Realismus entsteht inmitten einer konservativen und von Nationalmythen aufgeladenen politischen Landschaft, die zunehmend auch von sozialen Verwerfungen geprägt ist. Literarisch zeigt sich eine Bandbreite von Reaktionen, die von der Idyllenbildung (freilich auch schon ihrer Brechung und Ironisierung) sowie einem perfektem Illusionismus besonders in der Prosagattung bis zur angedeuteten sozialen Stellungnahme in den 1880er Jahren reicht. Auch mit den neuen Medien steht der poetische Realismus in Konkurrenz – der Nachahmungsbegriff (*mimesis*) wird insofern auch nicht im Sinne einer fotografischen Abbildung der Wirklichkeit verstanden, sondern als deren wesenhafte Ausgestaltung und Überformung (vgl. Aust 2006).

Allgemein wird Kunst nun nach dem politischen Scheitern den Weg in die technische Sublimierung von Musik, Text und Bühnenbild suchen und an einem Illusionismus arbeiten, der auf die Nerven und die Sensibilität zielt oder mit medialen Effekten zwischen den Sinnen spielt. In der anspruchsvollen Literatur zeigt sich dies im sinnlich präzisen Aufbau der Erzählräume und in der Beschreibung der Einzeldinge, die mit zunehmend psychologischer Nuancierung vielfältige symbolische Strahlkraft entfalten.

1. Natur- und Kunstdarstellung: Insbesondere in der Erzählgattung lässt sich die Darstellungsnuancierung für den poetischen Realismus aufweisen (vgl. Oellers 2001; Aust 2006, S. 89–262), denn bei den beschriebenen Landschaften handelt es sich oft um lokal identifizierbare, provinzielle Gegenden, die von einem individuellen Temperament aus gesehen werden. Die Naturempfindung hat sich in der **Volksliteratur** bis zum irrationalen Heimatkult der Dorfgeschichten ausgeprägt. Entworfen wird hier ein Ideal-Realismus, der von einem **konservativen Gestaltungs- und Ordnungswillen** beseelt ist und mit städtischen Realitäten unvereinbar ist (Berthold Auerbach: *Schwarzwälder Dorfgeschichten*, 1843–54).

Hochliteratur: Das Naturverständnis hat sich jedoch im Vergleich zur Romantik gewandelt, was sich an der Hochliteratur dieser Epoche zeigen lässt. Eine Bindung an natürliche und religiöse Ordnungen zeigen zunächst noch die moralisierenden Erzählungen von Jeremias Gotthelf (*Die schwarze Spinne*, 1842). Die ganzheitlich-christliche Synthese von Natur, Gesellschaft und Subjekt im romantischen Sinne wird jedoch zunehmend bezweifelt. So zeigt sich in Adalbert Stifters Novellensammlung *Bunte Steine* (1853), wie die politische Revolution Angst erzeugt, die sich in einer bedrohlichen Natur widerspiegelt und die Idylle gefährdet. Der Rückzug in die Innerlichkeit wird schwieriger: Stifters Sichverlieren ans Detail zeigt den Verlust des Zusammenhangs an. Dies wird auch im *Nachsommer* (1857) deutlich, wenn in der Figur Heinrich Drendorfs Kunst, Sitte und Religion zur Übereinstimmung kommen sollen, diese Idylle und alle Versuche, die Dinge zu ordnen, aber trügerisch sind und ihn selbst nicht voranbringen, sondern an seiner Entfaltung hindern.

Bei **Gottfried Keller** (1819–1890) etwa ist dieser Hang zum ländlichen Leben und die Abneigung gegen das großstädtische Milieu und seine Probleme zu erkennen, wobei wiederum in den Erzählmitteln ein Bruch der universellen Harmonie von Subjekt, Natur und Gesellschaft deutlich wird. Die erste Fassung des Bildungsromans *Der Grüne Heinrich* (1854–55) zeigt den enthusiastisch scheiternden Künstler, der in der Liebe von seinen Einbildungen lebt und schließlich reuevoll über den Tod seiner vernachlässigten Mutter stirbt. Die zweite Fassung von 1880 bietet in der Ich-Form eine andere Lösung, wenn der heimgekehrte Heinrich Lee schließlich ein öffentliches Amt bekleidet und mit der Geliebten Judith freundschaftlich zusammenlebt – die Diesseitsfreude wird an stille Bescheidenheit geknüpft. Kellers Novellensammlung *Die Leute von Seldwyla* (1856 und 1873/74), einem fiktiven Schweizer Ort, befasst sich nicht mit hochgespannten, modernen Figuren, sondern mit dem soliden Leben der Kleingewerbler oder Bauern. Auch hier lassen sich Brüche entdecken, mit denen auf Probleme des Spießertums, der Philisterei und auf die Scheinhaftigkeit der Idyllen hingewiesen wird.

Die Lyrik, die im Realismus allerdings nur eine Nebenrolle spielt, speist sich ebenfalls vor allem aus der Naturanschauung. Die Landschaftsbilder Theodor Storms etwa zeigen Impressionen, die das Staunen vor der fremden Natur andeuten. Gebräuchlicher aber ist die Strategie, der Natur stimmungsgeladene Kleinbilder zu entnehmen, um damit einen größeren Horizont anzudeuten.

Die **Ballade**, die bereits im Biedermeier eine wichtige Rolle spielte (Droste-Hülshoff: *Der Knabe im Moor*, 1842; Mörike: *Der Feuerreiter*, 1824), wurde später von Fontane aufgegriffen (*Die Brücke am Tay*, 1880; *John Maynard*, 1886). Insgesamt wurde sie aber von den vielfältigen Erzählformen des Realismus zurückgedrängt, wie überhaupt das Einzelbild zunehmend erzählerisch als Dingsymbol integriert ist.

Interpretationsskizze:
Künstlerische
Wissenschaft

C. F. Meyer: *Der römische Brunnen* (1860/1963, S. 170)

> **Aufsteigt der Strahl und fallend gießt**
> **Er voll der Marmorschale Rund,**
> **Die, sich verschleiernd, überfließt**
> **in einer zweiten Schale Grund;**
> **Die zweite gibt, sie wird zu reich,**
> **der dritten wallend ihre Flut,**
> **Und jede nimmt und gibt zugleich**
> **Und strömt und ruht.**

Kein Naturgegenstand, sondern ein Kunstobjekt ist Gegenstand des Textes: In einem Brunnen Roms – ein reales Artefakt ist das Vorbild – zirkuliert der Wasserstrom im steten Gleichgewicht. Gerne wird der Text als Prototyp der Untergattung des Dinggedichts bezeichnet, wobei es jedoch hier um kein ›Ding an sich‹ geht, sondern das wahrgenommene Ding ist nur Ausgangspunkt für weitergehende Betrachtungen. Das Bild eines Kunstobjekts wird zum **Kunstbild** erhoben, mehr noch: zum Symbol für ein übergreifendes Prinzip oder einen Ideenzusammenhang. Leitkonzept ist das strömende Leben (hier mit einem durchgehenden Satz vergegenwärtigt), das als solches aber auch den Ruhezustand enthält. Beides kann nicht gleichzeitig stattfinden, und doch wird beides simultan zur Anschauung gebracht bzw. als Kulisse aufgebaut. Metrisch wird das Problem von Bewegung und Ruhe zweifach unterstrichen: Der regelmäßige Takt von vier Jamben mit männlicher Kadenz gibt die Konstanz der Bewegung an, die aber in der Schlusszeile zur Ruhe kommt, ja fast abgebremst wird – nach nur zwei Jamben bricht die Zeile ab. Möglicherweise liegt darin eine Anspielung auf die Fotografie, die das Lebendige im Augenblick stillstellt (was von einigen Vertretern des Realismus beklagt wurde).

Unzweifelhaft wird hier aber der allgemeine Anspruch des Realismus deutlich, dem es eben nicht um eine Fotografie des Dinges geht, sondern um eine höhere Ordnung dahinter. Der Brunnen bleibt insofern nicht auf der Objektebene, sondern bekommt in Meyers Gedicht zusätzlich einen wissenschaftlichen Hintergrund. Denn ›Strömen‹ und ›Ruhen‹, die Motive, die pointiert in der letzten Zeile benannt werden, lassen sich auf ein Problem übertragen, das unter Naturwissenschaftlern und insbesondere in der Thermodynamik seit 1850 diskutiert wurde. Zum einen wird die Hypothese der **Energieerhaltung** in geschlossenen Systemen sichtbar gemacht, wonach Energiebeträge bei Umwandlungsprozessen nicht zusätzlich erzeugt oder vernichtet, sondern gleichwertig transformiert werden (Enthalpie, Erster Hauptsatz der Thermodynamik). Zum anderen wird mit dem Ruhezustand der **Energieverlust** bzw. Wärmetod thematisiert, wenn sich Systeme in Richtung höherer Komplexität entwickeln, wobei die Prozesse nicht oder nur unter Zufuhr anderweitiger Energie umkehrbar sind (Entropie, Zweiter Hauptsatz der Thermodynamik). Der Ausgleichszustand, den das Strömen am Ende des Gedichts erreicht, weist zumindest auf diese Fragen hin oder macht die ambivalente Verfassung des Lebensprinzips deutlich, das in sich selbst zur Ruhe strebt oder nach seiner Beendigung zur Ruhe kommt (was ganz praktisch durch Wasserverdunstung oder Ausfall der Pumpmechanik bewirkt werden kann). Zwar löst der Text auch ein **ästhetisches Prinzip des Klassizismus** ein: thematisch im Gleichgewicht der Gegensätze oder ihrer Synthese, formal in der ausgewogenen Metrik. Doch ist Meyers Gegenstandsfrage ebenso plausibel im Kontext der zeitgenössischen naturwissenschaftlichen Fragen lesbar.

2. Gesellschaftliche Probleme können in der bedrohten Ordnung der Natur gespiegelt werden. Hatte der junge Theodor Storm mit *Immensee* (1851) noch eine rührselige Liebes- und Künstlergeschichte aus lauter Naturbildern vorgelegt, werden mit *Ein Doppelgänger* (1887) in der bedrohlichen Nordlandschaft und Kleinstadtenge schließlich soziale Fragen angesprochen, nämlich Probleme der Determination des Einzelnen durch seine Umwelt. In Wilhelm Raabes *Hungerpastor* (1864) sind es noch Heimatbewusstsein und Traditionsbindung, welche die Klassenunterschiede zwischen den Figuren erträglich machen. In den gesellschaftlichen Kommunikationen mitsamt ihren Verleumdungen wird später aber das soziale Thema aufgenommen (*Stopfkuchen*, 1891).

3. Poetische Überformung wird zum Darstellungsprinzip, das nebenbei auch die immer lauter werdenden Konflikte dämpfen soll. Zweifellos sind Zufälle, Fragen des eingreifenden Schicksals und Ordnungskrisen allgemein ein unterschwelliges Thema der realistischen Literatur (vgl. Aust 2006). Im komplementären Gegensatz wird aber nicht selten eine **schöne Verklärung des Wirklichen** gesucht, die **Theodor Fontane** (1819–98) zum Prinzip erhoben hat. Sein besonderer Beitrag zum Realismus liegt in der nuancierten Andeutung von gesellschaftlichen Wirklichkeiten, die aber nicht als direkte Fotografie gegeben werden – nicht zu zeigen, wie es ist, sondern wie es idealerweise sein könnte, ist dichterische Absicht (vgl. Kohl 1977, S. 99–113; Aust 2006). Humoristische Distanz soll sich über das Hässliche erheben, auch über jenes Leben in dauernd befolgten Ordnungen, die das Dasein weder interessanter noch besser machen (*Irrungen, Wirrungen*, 1887; *Effi Briest*, 1895).

Wenn der späte Fontane viele Stimmen gegeneinandersetzt und den Figuren nachlauscht, ohne durch einen auktorialen Erzähler noch die Richtung zu weisen, führt er die Dinge vor und überlässt seinem Leser weitgehend das Urteil. Das zeigt sich an *Effi Briest*, der Geschichte einer scheiternden Ehe und fehlgeschlagenen Emanzipation einer Frau, die über die Konvention hinaus lieben will. Besonders der *Stechlin* (1897) führt schließlich in dauernder Schwebelage die Gesprächsperspektiven gegeneinander; die Handlung wird unwichtig und weicht ganz den Dialogen: Die feste auktoriale Erzählerinstanz wird in mehrere Stimmen aufgelöst, die ihren eigenen Sprechstil bekommen (Rollenprosa). In dieser Perspektivverteilung sollen auch die konkurrierenden Ansprüche zwischen dem Adel und der andrängenden Sozialdemokratie milde versöhnt werden.

1867–94	**Marx/Engels**	*Das Kapital. Kritik der politischen Ökonomie* (ökon.-pol. Studie)
1870	**Richard Wagner**	*Der Ring des Nibelungen* (Oper/Text)
1870/71	Krieg Deutschlands gegen Frankreich
1871	Gründung des Wilheminischen Kaiserreichs (in Versailles)
1871	**Fr. Nietzsche**	*Die Geburt der Tragödie aus dem Geist der Musik* (philos. Studie)

1873	**Conrad Ferdinand Meyer** | *Das Amulett* (R.)
1876	**C. F. Meyer** | *Jürg Jenatsch* (R.)
1878	**Ludwig Anzengruber** | *Das vierte Gebot* (Dr.)
1879–81	Berliner Antisemitismusstreit (öff. Debatte)
1880	**Theodor Fontane** | *Die Brücke am Tay* (Ballade)
1880	**Th. Fontane** | *L'adultera* (Erz.)
1881–89	Sozialpolitisches Reformwerk Bismarcks
1883–85	**Fr. Nietzsche** | *Also sprach Zarathustra* (philos. Erz.)
1886	**Th. Fontane** | *John Maynard* (Ballade)
1887	**Th. Fontane** | *Irrungen Wirrungen* (R.)
1887	**Wilhelm Raabe** | *Der Lar* (R.)
1887	**Theodor Storm** | *Ein Doppelgänger* (R.)
1888	**Th. Storm** | *Der Schimmelreiter* (R.)
1891	**W. Raabe** | *Stopfkuchen* (R.)
1895	**Paul Heyse** | *Über allen Gipfeln* (R.)
1895	**Th. Fontane** | *Effi Briest* (R.)
1897	**Th. Fontane** | *Der Stechlin* (R.)

Der Historismus und die Gegenwart der technischen Medien

Im **Vergangenheitsblick mit verklärenden Tendenzen** macht sich ein Zug des Historismus geltend. In diese Zeitentrücktheit strebte etwa C. F. Meyer (*Das Amulett*, 1873; *Jürg Jenatsch*, 1876), um aus der Ferne vorsichtige Andeutungen über menschliche Eigenschaften zu machen und die Aktualität zeitgenössischer Stoffe auf erträglicher Distanz zu halten. Dies zeigt sich auch in der für den Realismus randständigen Gattung des Dramas. Hatte Friedrich Hebbel mit *Maria Magdalene* (1843) eine Tragödie der unteren Schichten veröffentlicht, folgt er nach 1848 dem allgemeinen Streben in eine ferne Vergangenheit bis in die Zeit der *Nibelungen* (1862).

Diese rückwärtsgewandte Tendenz passt in das Zeitalter der Museumsgründungen, der Etablierung der Geschichtswissenschaften oder der Lexika der historischen Sprachwissenschaft: Das Wörterbuch der Brüder Grimm (ab 1854) verfolgte das ehrgeizige Unternehmen, nicht nur Wortbedeutungen etymologisch herzuleiten und zu definieren, sondern vor allem auch literarische Belegstellen aus kanonischen Texten zu geben – ein emsiges Sammelbemühen, das das Traditionsbewusstsein des 19. Jahrhunderts zeigt.

Zum Begriff

> Der → Historismus markiert nicht nur eine rückwärtsgewandte Grundtendenz des 19. Jahrhunderts, die sich in Lebensformen und Mythologiebildungen bemerkbar macht, sondern in wissenschaftlicher Hinsicht das Bestreben zeigt, Geschichte in Daten zu systematisieren oder in Museen zu präsentieren. Literarisch macht sich dies bemerkbar an der Vergangenheitssuche nach einem überzeitlichen, aus der konkreten Gegenwart herausgehobenen Erzählgeschehen.

Rolle der technischen Medien: Die Tendenz zum Überzeitlichen wird auch in der fast völligen Abwesenheit der technischen Medien in den Texten des Realismus deutlich.

Der **Telegraph**, um 1800 noch mit beweglichen Flügeln funktionierend, arbeitete nun, von Samuel Morse in Amerika 1844 erprobt, mit elektrischen Fernleitungen, die sich immer mehr wie ein Spinnennetz über das Land zogen, weit entfernte Ereignisse heranholten und damit begannen, Räume zusammenzuziehen. Wie Marshall McLuhan ausgeführt hat (vgl. Kap. 6.10), wird spätestens hier das menschliche Nervensystem medial entscheidend ausgeweitet. Der poetische Realismus tut so, als ob er von all dem nichts wüsste, und dieselbe wissentliche Ignoranz gilt für viele weitere technische Neuerungen – der mechanische Webstuhl etwa, 1822 erfunden, wird erst 1892 bei Gerhart Hauptmann zum Thema.

Besonders auffällig verschwiegen wird von der Hochliteratur die in den 1830er Jahren von Daguerre in Paris erfundene **Fotografie**, die dagegen in der unterhaltenden Literatur als selbstverständlich-komischer Gegenstand präsentiert wird. Das Ressentiment der Autoren ist zum einen aus der Konkurrenzsituation der Kunstmedien zu erklären. In der Sache geht es um das Schauen, das beim Realismus hinter die sichtbaren Oberflächen gehen soll, was in einer Erzählung Wilhelm Raabes offen ausgesprochen wird (*Der Lar*, 1887): Die Fotografie wird als modische Pseudokunst vorgestellt, die nur ein totes Blickobjekt benötige, nicht aber handwerkliches Geschick oder originale Anschauung. Daraus wird eine klare Arbeitsteilung erkennbar: Das Literatursystem entwirft die poetische Schau in eine essenzielle Tiefe, wogegen der Blick des Fotografen an der zufälligen, flüchtigen Oberfläche der Dinge stehen bleibe (vgl. Plumpe 1990, S. 165 ff.).

Wichtige technische Erfindungen und Medien

1760	Dampfmaschine modernen Typs, ab 1787 in Textilbetrieben (James Watt)
1783	Aufstieg des ersten Heißluftballons (Montgolfière, Paris)
1787	Patentierung des Panoramas durch Robert Barker
1796	Lithographie (Flachdruck auf Stein) durch Aloys Senefelder
1811	Schnellpresse (Friedrich König/Andreas Bauer)
1822	Erster mechanischer Webstuhl in Deutschland

1826	Farblithographie durch Aloys Senefelder
1835	Erste Eisenbahn zwischen Nürnberg und Fürth
1839	Erste Fotografie modernen Typs (Louis Daguerre, Paris)
1844	Aufbau eines Telegraphennetzes in Nordamerika (Samuel Morse)
1861	Vorform des elektr. Telefons (Philipp Reis; Patent von Graham Bell, 1876)
1865	Hochdruckrotationsmaschine mit Endlospapier (Bullock)
1874	Erste serienreife Schreibmaschine von Remington
1876	Serienfotografie (Eadweard Muybridge)
1877	Phonograph (Thomas A. Edison)
1884	Rollfilm für Fotoapparate (George Eastman)
1884	Lochscheibe zur Abtastung und Zergliederung von Bildern (Paul Nipkow)
1887	Grammophon (Emil Berliner)
1889	Lochkarte als elektronisches Verfahren der Datensammlung (H. Hollerith)
1890	Erste elektrische Untergrundbahn (London)
1895	Erste öffentliche Filmvorführung in Paris (Gebr. Lumière)
1896	Erster Gleitflugzeugversuch (Otto von Lilienthal)
1897	Schellack-Schallplatte
1899	Rotationsmaschine für den Mehrfarbdruck (Hippolyte Marinoni)
1901	Drahtlose Transatlantiktelegraphie (Guglielmo Marconi)
1903	Verbindung Kinematograph und Sprechmaschine (Oskar Messter)
1904	Optisches Telekopiergerät/Vorform des Telefax (Arthur Korn)
1904	Offset-Druckverfahren (Ira Rubel/Caspar Hermann)

Idealrealismus: An der Haltung zur Fotografie lässt sich eine grundlegende ästhetische Überzeugung ablesen. Wenn die meisten Realisten sich nicht für die äußere Erscheinungsform der Dinge, sondern für ihren wesenhaften Kern interessierten, geht dies auf Hegels Auffassung zurück, dass hinter allem Sichtbaren eine wesentliche Idee waltet. Insofern lässt sich hier von Idealrealismus sprechen, der auch die viel zitierte Auffassung Fontanes der poetischen Wirklichkeitsverklärung kennzeichnet. Mittels dieser Gestaltung möchte man dem nicht immer schönen Wirklichen eine schöne Idee unterlegen oder aus dem Chaos der Einzelerscheinungen wenigstens Zusammenhänge herstellen – so Otto Ludwig, der den Begriff des ›poetischen Realismus‹ geprägt hat (vgl. Kohl 1977, S. 105 f.). Das unterscheidet auch die deutschsprachige Variante vom europäischen, insbesondere französischen Verständnis des Realismus bei Balzac, Stendhal, Flaubert oder Zola, der zunehmend die direkte Wiedergabe sozialer Wirklichkeiten im Auge hatte (vgl. insgesamt Aust 2006; Balzer 2006).

Von der Französischen
Revolution bis zum
Ersten Weltkrieg

2.3.5 | Naturalismus und Jahrhundertwende

Literatur
im Umfeld
des Naturalismus

1822	**Auguste Comte**	*Plan de travaux scientifiques nécessaire pour réorganiser la société* (wiss. Essay)
1859	**Charles Darwin**	*On the Origin of Species by Means of Natural Selection* (biol. Studie)
1870	**Hippolyte Taine**	*De l'intelligence* (philos. Studie)
1871–93	**Émile Zola**	*Die Rougon-Macquart* (R.)
1879	**Henrik Ibsen**	*Nora* (Dr.)
1879	**Émile Zola**	*Le roman expérimental* (lit.theor. Essays)
1882–84	*Kritische Waffengänge* (Zs., Hg. Heinrich u. Julius Hart)
1883	**August Bebel**	*Die Frau und der Sozialismus* (soziol. Studie)
1883	**Max Kretzer**	*Berliner Skizzen* (Prosa)
1885–1902	*Die Gesellschaft* (Zs.)
1886/7	Berliner Autorengruppe Durch (10 Thesen zur ›Moderne‹)
1887	**Wilhelm Bölsche**	*Naturwissenschaftliche Grundlagen der Poesie* (Essay)
1888	**Gerhart Hauptmann**	*Bahnwärter Thiel* (Nov.)
1888–95	**Conrad Alberti**	*Der Kampf ums Dasein* (soz. R.)
1889	**Gerhart Hauptmann**	*Vor Sonnenaufgang* (Dr.)
1889	**Arno Holz/Johannes Schlaf**	*Papa Hamlet* (Prosaskizze)
1889	**August Strindberg**	*Fräulein Julie* (Dr.)
1890	**Hermann Bahr**	*Die gute Schule, Seelenstände* (R.)
1890	**A. Holz/J. Schlaf**	*Die Familie Selicke* (Dr.)
1891	**A. Holz**	*Die Kunst. Ihr Wesen und ihre Gesetze* (poetolog. Essay)
1892	**G. Hauptmann**	*Die Weber* (Dr.)
1893	**G. Hauptmann**	*Der Biberpelz* (Kom.)
1894	**Minna Kautsky**	*Helene* (R.)
1898 ff.	**Arno Holz**	*Phantasus* (L.)
1899	**Ernst Haeckel**	*Welträtsel* (biol.-philos. Studie)

Zum Begriff

Der → **Naturalismus**, der in Deutschland in den 1880er Jahren begann und etwa zehn Jahre dauerte, im 20. Jahrhundert aber immer wieder als Darstellungsform auftauchte, stellt eine Gegenposition zum Realismus dar, der seinen milden poetischen Glanz auch über die hässlichen, rohen, unbequemen Wirklichkeiten breiten wollte. Dagegen wenden sich die Naturalisten ausdrücklich den sozialen Themen der Großstadt zu und nehmen sich vor, soziale Verhältnisse ungeschminkt zu zeigen, Großstadtrealitäten darzustellen und möglichst detailgetreu auf Probleme und Verwerfungen hinzuweisen (vgl. Mahal 1996; Fähnders 2010). Das eigene Kunstwollen verstand man wissenschaftlich, und zwar im Sinne des Positivismus als getreue Aufzeichnung von Fakten, deren kausale Verknüpfung man sprachlich pointieren wollte (vgl. Stöckmann 2011).

Das Programm des Naturalismus

Studien im sozialen Umfeld: Maßgeblich für diese Themenstellung war neben bestimmten literarischen Vorbildern die Soziologie des Franzosen Hippolyte Taine, wonach der Einzelne immer in Abhängigkeit von seinem sozialen Umfeld *(milieu)* und seiner historischen Zeit gesehen werden muss. Auch wollten die Naturalisten jene Lebenskräfte eines dauernden Anpassungsprozesses zeigen, die Charles Darwin mit seiner Evolutionstheorie in die Diskussion gebracht hatte – das Gesetz des Stärkeren wird zur Anschauung gebracht.

Äußere Einflüsse der Gesellschaft auf den Menschen werden als Determinanten gesehen, aber auch **innere Faktoren**, wie es die Naturalisten von der biologischen Vererbungslehre lernten. Die Naturwissenschaften, die bereits auf eine große Zahl praktischer Erfindungen verweisen konnten, sollten die naturalistische Literatur beglaubigen, die sich auf das mechanistische Weltbild stützt: Eines folgt konsequent und berechenbar aus dem anderen, und diese **Kausalität** der Wirkungen zwischen Gesellschaft und Einzelnem soll literarisch aufgezeigt werden. Man sucht nach reinen Erklärungsmustern. Nach diesem Verfahren arbeitet der Literaturgeschichtler Wilhelm Scherer, der im Leben der Autoren nach Erklärungsfaktoren für ihre Werke sucht, und ähnlich argumentiert der Theoretiker Wilhelm Bölsche (*Naturwissenschaftliche Grundlagen der Poesie*, 1887). Unter diesem Grundsatz schreiben auch die Autoren der Berliner Gruppe *Durch* (1886–87), die Mitarbeiter der Münchner Zeitschrift *Die Gesellschaft* (1885–1902) oder die Brüder Heinrich und Julius Hart in den *Kritischen Waffengängen* (1882–84).

Die **Determination des Einzelnen** zu zeigen war auch leitendes Interesse des Franzosen Émile Zola, der in seinem Romanzyklus *Die Rougon-Macquart* (1871–93) detailgetreu und politisch engagiert gearbeitet hatte und seine genauen Porträts als Experimente verstand. Um solche Versuchsanordnungen ging es auch in den weniger ausgeprägten Gattungen des Naturalismus, etwa in der Großstadtlyrik bei Arno Holz oder in der Erzählgattung, zu der Holz, Schlaf und insbesondere Max Kretzer beitrugen. Oft als ›deutscher Zola‹ bezeichnet, teilte er mit diesem allerdings nur die sozialen Themen, während er selbst in seinen Großstadtromanen das Spektakuläre und die Tabuverletzungen pflegte (vgl. Stöckmann 2011, S. 12 ff.).

Der Blick war jedoch nicht auf die allgemeine Anatomie der Gesellschaft beschränkt. Handfeste Interessen lagen vielmehr darin, auf Probleme der Großstadt hinzuweisen, die deutschnationale Stimmung ebenso wie Klerikale und Antisemiten zu kritisieren und soziale Fragen aufzuwerfen. Auch die traditionellen **Geschlechterrollen** werden problematisiert, vorbildlich von den Skandinaviern Henrik Ibsen (*Nora. Ein Puppenheim*, 1879) und August Strindberg (*Fräulein Julie*, 1889). Man stand der **Sozialdemokratie** nahe, ohne eigene politisch umsetzbare Konzepte zu entwerfen. Gerhart Hauptmanns Novelle *Bahnwärter Thiel* (1888) wurde zur Initialzündung des mikroskopischen Blicks und der präzisen Innenschau, und wichtig werden dann v. a. seine ›sozialen Dramen‹: *Vor Sonnenaufgang* (1889) erzeugte mit seiner Alltagsproblematik Empörung, mit *Die Weber* (1892) wurde in der Darstellung des geschichtlichen Aufstandes an das Mitleid der Zuschauer appelliert, die Diebeskomödie *Der Biberpelz* (1893) zeigt die List der Unterprivilegierten.

Ein wissenschaftliches Selbstverständnis kennzeichnet die Arbeitsweise der Naturalisten: Kunst und Literatur werden zu Aufzeichnungsträgern von ›Fakten‹ in einem positivistischen Verfahren. Diesen Grundsatz hatte der Franzose Auguste Comte für die Wissenschaften verpflichtend gemacht: Nicht das Spekulative der philosophischen Metaphysik, sondern das positiv Vorhandene, die sinnlich wahrnehmbaren Daten sollten empirisch erfasst werden. So lautete zumindest das Programm, wie es Arno Holz in seiner berühmten Formel »**Kunst = Natur – x**« angab, wobei Kunst und Natur möglichst identisch sein sollten, die Störgröße ›x‹ also klein zu halten sei (*Die Kunst. Ihr Wesen und ihre Gesetze*, 1891). Das ›x‹ steht dabei für das subjektive Temperament des Künstlers, aber auch für den jeweiligen Eigenwert des Kunstmediums, das die Dinge niemals vollkommen identisch wiedergeben kann. In möglichst geringen Abweichungen soll sich die Kunst der Natur annähern, also im Kunstsystem die fassliche Umwelt wiedergeben.

Die Sprachregister der Literatur werden erweitert: Zum wichtigen Darstellungsmittel wird der Gebrauch von **Dialekt und Soziolekt**, mit deren Hilfe die Wirklichkeit seziert und wiedergegeben werden sollte in unverstellter Alltagssprache, zeitdeckender Darstellung, mit Satzbrüchen, Ausrufen oder Stimmungswiedergaben. Georg Büchner wird lange nach seinem ersten Konzept eines kritischen Realismus zum Vorbild. In diesem Sinne bemühen sich die Naturalisten darum, geradezu fotografisch genau vorzugehen. Dies ist auch an den stark erzählerischen, minutiös beschreibenden Anteilen im Nebentext der Dramen und an den exakten Regieanweisungen erkennbar – so etwa in *Die Familie Selicke* (1890) oder den Erzählskizzen *Papa Hamlet* (1889) von Arno Holz und Johannes Schlaf, wo auch der zeitlupenhafte Sekundenstil geprägt wird (zu literar. Techniken vgl. Mahal 1996, S. 92–115, zu Gattungen vgl. Stöckmann 2011, S. 62 ff.).

Moderne Lebensbedingungen in der Großstadt

Mit diesen Schreibweisen und Intentionen verstanden sich die Naturalisten selbst als modern – sie entwickelten Kunstformen, die sich das beschleunigte Tempo der Großstadt zu eigen machten, die technische Neuerungen berücksichtigten und Reize versprachen.

1. Landflucht: Arbeitskräfte wanderten massenhaft vom Land in die Stadt ab, um dort in der Industrie, in Verwaltungen oder in sonstigen Dienstleistungen neue Arbeitsplätze zu finden, deren Reiz nicht nur in der (höheren) Bezahlung, sondern auch in der relativen Personenunabhängigkeit der Beschäftigungsverhältnisse lag. In den Großstädten nahm die Bevölkerungszahl rapide zu – so wächst Berlin von 500.000 Einwohnern 1850 auf 2 Millionen um 1910. Ähnliches gilt für London, Paris und Wien, wo der Prozess allerdings viel früher und insgesamt gemächlicher eingesetzt hatte.

2. Technische Erfindungen: Die fortgeschrittene Industrialisierung brachte eine Reihe von technischen Medien hervor, die das Zusammenleben revolutionierten:

- **Die Lochkarte,** 1889 von Herman Hollerith entwickelt, stellte eine Möglichkeit der schnellen Datenspeicherung und –verarbeitung dar, die mit Nutzung elektrischer Stromkreise auch die spätere digitale Datenverarbeitung vorbereitet.

- **Schallaufzeichnung: Der Parlograph** kann Stimmen aufnehmen, der **Phonograph**, von Edison 1877 erfunden, speichert Geräusche und Musik, die dann abgespielt werden können (**Grammophon**). Das heißt auch, dass die Stimme von einem abwesenden, unsichtbaren Urheber ausgeht – eine Kommunikationssituation, die sich in der Schriftübertragung durch Post und Telegraphie angebahnt hatte und sich nun auch im **Telefon** bemerkbar macht, das als Übertragungsmedium seinen triumphalen Einzug in die Bürgerhaushalte feiert.

- **Rotationsdruck:** Auch die literarische Kommunikation wird beschleunigt: Die fortgeschrittene Drucktechnik der Rotationspresse bringt das Zeitungswesen zur Blüte, begünstigt das Entstehen eines Taschenbuchmarktes (Rowohlts Rotations Romane) und wirkt von außen auf die Pluralisierung der Literaturströmungen um 1900. Sie treffen auf eine höhere Alphabetisierung und verbesserte bildungspolitische Bedingungen, die neue Leserschichten schaffen.

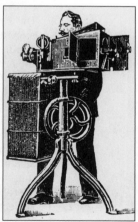

Kinetograph,
»System Apollo«,
um 1898

- **Kinematographie/Film:** Ferner wird aus der Serienfotografie der Film entwickelt. 1895 veranstalten die Gebrüder Lumière in Paris die **erste öffentliche Kinovorstellung**, womit sie eine Kulturbranche ins Leben rufen, die weit mehr Aufmerksamkeit als die anderen Künste auf sich zieht; das Kino ist es auch, das neue Literaturformen inspirieren wird.

- **Die neuen Transportmittel** der Straßenbahn, U-Bahn oder des Automobils, das um 1900 langsam die Kutschen aus dem Straßenbild verdrängt, werden auch für die Autoren zum Vehikel, neue Erfahrungen zu machen. In die Lüfte erhebt man sich nun mit dem Zeppelin oder, nach Otto Lilienthals erstem Gleitflugzeugversuch 1896, bald mit dem beweglicheren **Propellerflugzeug**.

3. Sozialpsychologische Wirkungen: Die neuen Lebensumstände insgesamt bringen eine starke Beschleunigung, also ein auf breiter Ebene **akzeleriertes Lebenstempo** hervor. Diese gehäuften Reize bringen wiederum eine »**Steigerung des Nervenlebens**« mit sich, was für die Autoren durchaus wünschenswert ist. Sie bergen aber auch die Gefahr der Entfremdung – zwei gegenläufige Effekte, die der Berliner Soziologe Georg Simmel in einer zentralen Beobachtung verknüpft hat (1903/1998, S. 119).

Geldwirtschaft und Verstandesherrschaft, so seine Beobachtung, sind eng verbunden und finden in der Großstadt ihre besten Bedingungen. Bei aller hinzugewonnenen Freiheit aber werden menschliche Beziehungen versachlicht, der Einzelne erscheint nur noch als Kapitalbesitzer oder Funktionsträger, nicht als Person (ebd.). Dieses Abstraktwerden menschlicher Verhältnisse berge neben dem Gewinn von Arbeits- und Verdienstmöglichkeiten auch sozialpsychologische Risiken, die sich in der Verunsicherung der Identität bis zur **Ich-Dissoziation** auswachsen können: Die Dinge scheinen dann zu reden und über den Menschen herzufallen, der sich nicht mehr als Handelnder erlebt, sondern als passiv Treibender in den Elementen.

Zustände des Bewusstseins und philosophische Fragen um 1900

Während die Autoren des Naturalismus sich meist freudig auf diese Bedingungen der Moderne einlassen, reagieren andere Literaturströmungen (Dekadenz, Impressionismus, Symbolismus) in Berlin, Paris und vor allem in Wien darauf zurückhaltender. Die **Nervosität als moderner Bewusstseinszustand** ist allerdings ein gemeinsames Thema.

Die ›**Unrettbarkeit des Ich**‹ ist zu einer Leitformel der Zeit geworden. Der Psychologe Ernst Mach hat in diesem Sinne das Ich als eine nur illusionäre Größe, eine höchst unzuverlässige, flüchtige Verbindung von Reizen und Sinnesempfindungen analysiert. Die Freud'sche Psychoanalyse, die mit der *Traumdeutung* (1900) bald bekannt wurde, ging ebenfalls davon aus, dass das Bewusstsein dem Unbewussten unterlegen sei – das Ich, nach dieser Diagnose nicht mehr Herr im eigenen Hause, wird von seinem Es, dem Unbewussten, beherrscht.

Philosophische Umbrüche prägen die Abbrüche der Denkhorizonte mit, die Friedrich Nietzsche (1844–1900) mit Folgen für das ganze 20. Jahrhundert unternommen hat. Nicht von ungefähr bezeichnete er sich als ›Philosoph mit dem Hammer‹, der sich zum Ziel setzte, alle religiösen, moralischen oder überkommenen philosophisch-metaphysischen Werte zu zerschlagen. Diesem **Nihilismus der umgewerteten Werte** entspricht, dass auch die Erkenntnisgewissheiten irritiert werden. Denn alle Wissenschaft beruht auf Begriffsgebäuden, die ihrerseits aus Traditionen oder schlicht Denkgewohnheiten entstanden sind. Auch philosophische Wahrheit gibt es demzufolge nicht als objektive, sondern nur in einem unübersehbaren Plural oder in **Relativitäten**: Alle Dinge existieren nur in ihrer Beziehung untereinander und sind auch nur in diesen wechselnden Verhältnissen (und nicht als absolute) zu erkennen. Nietzsche leitet daraus die Unschärfe jeder Erkenntnis ab und zeigt, wie diese vielmehr strikt abhängig ist von der jeweils eingenommenen Perspektive.

Sprachskepsis: Die Wahrnehmung ist ebenso bezweifelbar wie die Ausdrucks- oder Bezeichnungsqualität der Sprache. Vor allem die philosophischen Begriffe sieht Nietzsche insgesamt als Täuschungsgeschäft:

Sie mögen zwar die Dinge bequem sortieren, sagen aber über die Welt an sich nichts aus (*Wahrheit und Lüge im außermoralischen Sinne*, 1873). Wenn Sprache für Nietzsche nur eine Sammlung leerer Metaphern ist und Begriffe wie Seele, Gott, Ich, Welt usw. keinen außersprachlichen Sinn haben, sind ihm in dieser Sprachskepsis fast alle namhaften Autoren nach 1900 gefolgt. Sprache, so die leitende Auffassung, habe die Möglichkeit, Gefühle, Gedanken oder Innenleben zu bezeichnen, verloren. Ein besonders beredtes Dokument dafür ist der viel zitierte »**Chandos-Brief**« **von Hugo von Hofmannsthal** (*Ein Brief*, 1902), dessen (fiktivem) Autor die Denkzusammenhänge abhanden gekommen und die Worte »im Munde wie modrige Pilze« zerfallen sind. Folgende Passage mag ein Beispiel dafür geben, dass die Sprachskepsis geradezu Voraussetzung für eine neue Sprache ist:

> **Es gelang mir nicht mehr, sie mit dem vereinfachenden Blick der Gewohnheit zu erfassen. Es zerfiel mir alles in Teile, die Teile wieder in Teile, und nichts mehr ließ sich mit einem Begriff umspannen. Die einzelnen Worte schwammen um mich; sie gerannen zu Augen, die mich anstarrten und in die ich wieder hineinstarren muß: Wirbel sind sie, in die hinabzusehen mich schwindelt, die sich unaufhaltsam drehen und durch die hindurch man ins Leere kommt.**

Hofmannsthal:
Ein Brief,
1902/1991, S. 49

Suche nach einer neuen Sprache: Wie das Zitat zeigt, wird am Rande des Verstummens eine farbschillernde und durchaus prunkende Rhetorik entwickelt. Worte bekommen Attribute des Lebendigen, werden zu Augenkörpern und lösen Schwindelattacken aus. Es wird damit vorbildlich und zeittypisch ein metaphernreicher Schwanengesang vorgetragen, der sich an Präzision und Künstlichkeit der Bilder kaum überbieten lässt – die Verzweiflung an der Sprache wird paradoxerweise zur Grundlage einer neuen, ausdrucksfähigen, künstlerischen Sprache. Diese muss nun nicht mehr lexikalisch funktionieren, vielmehr werden damit eigene Sprachwelten entworfen – ganz entsprechend Nietzsches Satz in der *Geburt der Tragödie*, dass »nur als ästhetisches Phänomen das Dasein der Welt gerechtfertigt« sei (I, S. 14). Kunst hat nun endgültig die Lizenz, sich aus Religion, Moral, Ethik oder gesellschaftlichen Fragen zurückzuziehen, um an einer eigenen ästhetischen Welt zu arbeiten – die dann meist als eine der empirischen Welt überlegene gesehen wird.

Kräfte des Lebens: Nietzsche ist aber auch der Übermittler eines emphatischen Lebensbegriffes, wie er im Lauf des 19. Jahrhunderts geprägt worden ist. Hatte Schopenhauer bereits die Welt von einem blinden, energiegeladenen Willen durchzogen gesehen, formuliert Henri Bergson die Vorstellung, dass alle Dinge und Wesen von einem pulsierenden Lebensstrom (*élan vital*) durchdrungen sind. Das Konzept verträgt sich gut mit einer biologischen Forschung, die ganz im Sinne des Materialismus alle seelischen Funktionen, Gefühle, aber auch Gedanken und Kulturäußerungen auf die biologischen Grundlagen zurückführte. Prominent ist hier die These Ernst Haeckels, der keinen Unterschied zwischen Geist und Materie machte, sondern bei intellektuellen, seelischen wie auch künstlerischen Phänomenen einen einzigen biologischen Motor annahm – nämlich die Zellseelen, einen alles durchwirkenden, energiegeladenen Stoff (*Welträtsel*, 1899). Es sind wieder die Darwin'schen Evolutionskräfte des Lebens, die der Stärkere zu seinem Recht nutzt: Leben ist eine blinde Energie. Philosophisch entspricht das dem **Lebenskult** Nietzsches, der Dionysos als Gott des Rausches und der Ekstasen mobilisierte, um darin die Daseinskraft zu feiern und schließlich den Kult des Übermenschen zu begründen.

Weitere literarische Strömungen um 1900

1869	**Leopold Sacher-Masoch** | *Venus im Pelz* (R.)
1873	**Fr. Nietzsche** | *Wahrheit und Lüge im außermoralischen Sinn* (phil. Studie)
1886	**Ernst Mach** | *Die Analyse der Empfindungen und das Verhältnis des Physischen zum Psychischen* (psychol. Studie)
1890	**Stefan George** | *Hymnen* (L.)
1891	**Frank Wedekind** | *Frühlings Erwachen* (Dr.)
1892–1919	*Blätter für die Kunst* (Zs., Mithg. Stefan George)
1894	**Hermann Bahr** | *Symbolisten* (Literaturtheor. Essay)
1895	**Rainer Maria Rilke** | *Larenopfer* (L.)
1896	**Karl Kraus** | *Die demolirte Litteratur* (lit.theor. Essay)
1899–1936	*Die Fackel* (Zs., Hg. Karl Kraus)
1900	**Sigmund Freud** | *Traumdeutung* (psychoanalyt. Studie)
1900	**Christian Morgenstern** | *Galgenlieder* (L.)
1900	**Arthur Schnitzler** | *Leutnant Gustl* (Erz.)
1900	**Georg Simmel** | *Philosophie des Geldes* (ökonom.-philos. Studie)
1901	**Gustav Frenssen** | *Jörn Uhl* (R.)
1901	**Thomas Mann** | *Buddenbrooks* (R.)
1902	**Hugo von Hofmannsthal** | *Ein Brief* (›Chandos‹-Brief)
1903	**Thomas Mann** | *Wälsungenblut* (Erz.)
1904	**Heinrich Mann** | *Professor Unrat* (R.)
1904/10	**Alfred Döblin** | *Ermordung einer Butterblume* (Erz.)
1906	**Robert Musil** | *Verwirrungen des Zöglings Törleß* (R.)
1907/8	**R. M. Rilke** | *Neue Gedichte/Neue Gedichte anderer Teil* (L.)
1907	**Henri Bergson** | *L'evolution créatice* (biol.-philos. Studie)
1908	**Robert Walser** | *Jakob von Gunten* (R.)
1909	**Alfred Kubin** | *Die andere Seite. Ein phantastischer Roman*
1910	**Hermann Löns** | *Der Wehrwolf* (R)
1910	**R. M. Rilke** | *Aufzeichnungen des Malte Laurids Brigge* (R)
1911	**H. v. Hofmannsthal** | *Rosenkavalier* (Opernlibretto)
1913	**Thomas Mann** | *Tod in Venedig* (Nov.)
1913–22	**Marcel Proust** | *À la recherche du temps perdu* (R.)
1916	**Heinrich Mann** | *Der Untertan* (R.)

Mit dem Begriff des Lebens setzten sich nicht nur die Naturalisten auseinander, er durchzieht auch die **anderen Strömungen und Tendenzen
um 1900:**

In der Heimatliteratur zeigt er sich von seiner gefährlichen Seite, insofern diese mit dem Appell an ›Blut und Boden‹ gefährliche Tendenzen eines
Deutschtums heraufbeschwört, das sich gegen alles Schwache wendet,
einem Kult der Stärke frönt und dies in Heimatgeschichten und Bauernro-
manen ausbreitet, die sich später der Nationalsozialismus aneignen sollte
(Gustav Frenssen: *Jörn Uhl*, 1901; Hermann Löns: *Der Wehrwolf*, 1910).

Dekadenz: Dem Lebensthema gesellt sich als Komplement das Todes-
motiv zu, das in den seriösen Formen von Literatur und Kunst 1900 eine
wichtige Rolle spielt. Dieses Zusammenwirken zeigt sich in der Dekadenz (vgl. Klein 2001), dem Kult der Schwäche, der Krankheit oder Zer-
brechlichkeit, wenn am erlöschenden, letzten Lebensfunken noch einmal äußerste Gefühlsintensität aufblitzen soll und am drohenden Tod
die Kunst sich selbst profiliert (Thomas Mann: *Buddenbrooks*, 1901; *Wäl-
sungenblut*, 1903; *Tod in Venedig*, 1913). Diese Sensibilität für subtilste,
mitunter fast halluzinatorische Eindrücke hat aber auch eine allgemeine
Erosion etablierter Erzähl-, Dramen- oder Lyrikformen bewirkt. Der Begriff der Dekadenz selbst ist eher allgemein geblieben, er lässt sich aber
in verschiedenen Strömungen weiterverfolgen.

Bewusstseinsliteratur: Der Verbund der Komplexe ›Leben‹ und ›Groß-
stadt-Nervosität‹ lenkt den Blick der Autoren zwangsläufig auf die zahlreichen Ansichten des Innenlebens, die vor allem in der Prosa das Ich und
seine Wahrnehmungen selbst zum Thema haben. Solche Texte lassen sich
im weiteren Sinne dem **Impressionismus** zurechnen: Arthur Schnitzler
entwirft mit *Leutnant Gustl* (1900) eine ganze Novelle als inneren Monolog; Robert Musil unternimmt mit den *Verwirrungen des Zöglings Törleß*
(1906) eine Pubertätsstudie und zeigt ganz psychoanalytisch den Bruch
zwischen der Welt des Verstandes und der des Irrationalen. Aber auch die
Themen der Sprachskepsis und der Erkenntnistheorie werden erörtert:
Alle Dinge können mal von dieser, mal von jener Perspektive aus sehr
unterschiedlich angesehen werden, so lautet das Schlussurteil des Törleß,
der damit die Relativität von Erkenntnis als Grundproblem formuliert.

Neuromantik: Die Unschärfen des Rationalen, wie sie nicht nur der *Törleß* aufdeckt, lassen wiederum andere Wahrnehmungsintensitäten hervortreten – Gefühle und Momenteindrücke sind es, die auch die Form auflösen, sei es in der weit verbreiteten sog. Kurzstreckenprosa, sei es in der
Lyrik z. B. Detlev von Liliencrons. Fließend sind hier die Übergänge zwischen Impressionismus und Neuromantik, die sich gegen die Sachlichkeit
des Naturalismus stellt und die Sinne mit möglichst vielen Reizen, Metaphern oder frühlingshaften, synästhetischen Bildern oder Farbakkorden
kitzeln will. Anders jedoch als im Impressionismus wird der romantische
Identitätsgedanke von Ich, Natur und Kunst aufgegriffen – bekannt sind
die Stilübungen des jungen Rilke, der mit preziöser Sprache am Gefühlskult mitarbeitet (*Larenopfer*, 1895), wobei die Gedichtform ebenfalls zum
Stimmungsträger wird. Dies ist vergleichbar den Linienschwüngen und

Arabesken in der Kunst des **Jugendstils**, die in harmonisch drapierter Ordnung ebenfalls das Emotionale ansprechen.

Der Symbolismus, von Frankreich ausgehend (Jean Moréas, Stéphane Mallarmé), lenkt die Impressionen des Ich ganz in die dichterische Form und versucht, sie darin zu objektivieren oder zu versachlichen (vgl. Hoffmann 1987, S. 13–37). Hatte zunächst der Wiener Theoretiker Hermann Bahr den Symbolismus als Nervenkunst gegen den Naturalismus aufgeboten, betont Hugo von Hofmannsthal die Stärke des einzelnen poetischen Bildes oder der Gedichtform. Die grundlegende Einsicht ist, dass man weder ein Ding direkt benennen noch eine innere Stimmung geradewegs aussprechen kann: Man sagt nicht »Angst« oder »Enthusiasmus«, sondern »schwarze Blume« oder »blauer Kranz«, man gibt Metaphern oder Hinweiszeichen für Dinge oder für subjektive Befindlichkeiten.

Ästhetizismus: Zum Oberstilisten erklärt sich **Stefan George** (1868–1933) in München, der in dem von ihm gegründeten Kreis die strenge Gedichtform kultivierte. Kunst habe nicht zu moralisieren, Stellung zu nehmen oder die Welt zu beglücken, sondern die Worte als Selbstzweck zu nehmen (*Blätter für die Kunst*, 1892–1919). Entsprechend werden sie bei Lesungen regelrecht als Klangkörper inszeniert oder in Buchform zur kunstvollen typographischen Gestalt ausgearbeitet. Abgewandt von jeder Alltäglichkeit wird hier Kunst als **l'art pour l'art** zelebriert, als reine Poesie *(poésie pure)*, die nicht die Welt ausspricht oder andichtet, sondern mit Worten experimentiert. Anders als der zur Umwelt gewandte Naturalismus wird nun das **Kunstsystem selbstbezüglich**: Lautmalereien und Alliterationen leiten den Blick auf das Sprachmaterial, das betont künstlich arrangiert wird.

Stefan George:
Das Jahr der Seele,
Bucheinband

Dieser Ästhetizismus (vgl. Simonis 2000) zeigt sich in Georges Wortwelten, die keine begehbaren Räume mehr entwerfen, sondern Gedichtstillleben sind, ähnlich auch in Rainer Maria Rilkes *Neuen Gedichten* (1907/8), die keine empirischen Welten zeigen, sondern die dargestellten Dinge für lyrische Experimente nutzen. Anders als die eher statischen Motive des poetischen Realismus sind die hier entworfenen Bilder äußerst wandlungsfähig, geradezu schwebend – sie lösen allerdings die verfeinerte Sensibilität in die Sprachform auf. Dahin tendieren auch die lustvoll-ironischen *Galgenlieder* Christian Morgensterns (1900), für den Gegenstände einzig als Kunstprodukte gelten und der gelegentlich so weit geht, nur noch Satzzeichen oder sinnlose Silben zu Gedichten anzuordnen.

Großstädte als literarische Zentren: Vielfach sind die kleineren Strömungen der Dekadenz, des Impressionismus oder Symbolismus als **Wiener Moderne** (vgl. Lorenz 2007) zusammengefasst worden – viele Anstöße und Diskussionen gingen von dort aus, das Kaffeehaus wurde Arbeitsplatz, Projektschmiede und Ort der Debatte zwischen den Autoren und ihren Herausgebern, Verlegern, Mäzenen oder auch Lesern. Allerdings waren die genannten Richtungen, ohnehin von Paris inspiriert, auch in Berlin und besonders in München zu finden.

Rilkes Roman *Die Aufzeichnungen des Malte Laurids Brigge* (1910) ist ein Übergangstext zwischen Symbolismus und Expressionismus, der von Großstadterfahrungen in Paris ausgeht, um dann auch biographische und historische Erzählformen auszuprobieren. Als erster deutschsprachiger Roman wagt er das Experiment, die noch angedeutete Erzählfigur völlig zu demontieren und in viele Stimmen aufzulösen: ein irritierender Plural von Erzählperspektiven und Erzähl›bildern‹, die in weitgehend austauschbarer Kapitelfolge montiert werden.

2.3.6 | Expressionismus

1908–22	**Carl Sternheim** | *Aus dem bürgerlichen Heldenleben* (Kom.zyklus)	Literatur, Kultur, Geschichte im Umfeld des Expressionismus
1909	**Carl Einstein** | *Bebuquin* (R.)	
1909	Gründung des Neuen Clubs in Berlin	
1909	**Filippo Tommaso Marinetti** | *Erstes Futuristisches Manifest*	
1910	**Jakob van Hoddis** | *Weltende* (L.)	
1910–32	*Der Sturm* (Zs., Hg. Herwarth Walden)	
1911	Neopathetisches Cabarett geht in Berlin aus dem Neuen Club hervor	
1911	**Marcel Duchamp** | *Flaschentrockner* (Skulptur/Readymade)	
1911–32	*Die Aktion* (Zs., Hg. Franz Pfemfert)	
1912	**Gottfried Benn** | *Morgue* (Gedichtzyklus)	
1912	*Der Kondor* (erste Lyrikanthologie des Expressionismus, Hg. Kurt Hiller)	
1912	**Georg Heym** | *Umbra vitae* (L.)	
1912	**Franz Kafka** | *Die Verwandlung* (Erz.); *Der Prozeß* (R.)	
1912	**Georg Kaiser** | *Von morgens bis mitternachts* (Dr.)	
1913	**Else Lasker-Schüler** | *Hebräische Balladen* (L.)	
1913	**Franz Kafka** | *Das Urteil* (Erz.)	
1913	**Georg Trakl** | *Gedichte* (L.)	
1914–18	Erster Weltkrieg; Kapitulation Deutschlands	
1914	**Else Lasker-Schüler** | *Der Prinz von Theben* (L.)	
1914	**August Stramm** | *Die Menschheit* (L.)	
1915	**Georg Trakl** | *Sebastian im Traum* (L.)	
1916	**Gottfried Benn** | *Gehirne* (Nov.)	
1916	**Franziska zu Reventlow** | *Der Geldkomplex* (R.)	
1916/17	**Georg Kaiser** | *Gas* (Dr.)	
1917	**Georg Kaiser** | *Bürger von Calais* (Dr.)	
1917	**Robert Walser** | *Der Spaziergang* (Prosastücke)	
1918	**Bertolt Brecht** | *Baal* (Dr.)	
1918	**Claire Goll** | *Mitwelt* (L.)	
1918	**Ludwig Wittgenstein** | *Tractatus logico-philosophicus* (philos. Essay)	

1919	*Menschheitsdämmerung* (Lyrikanthologie, Hg. von Kurt Pinthus)
1919	**Else Lasker-Schüler** | *Der Malik. Eine Kaisergeschichte* (Briefr.)
1919	**Georg Kaiser** | *Hölle Weg Erde* (Dr.)
1919	**Ernst Toller** | *Die Wandlung* (Dr.)
1919	**Regina Ullmann** | *Gedichte* (L.)
1920	**Bertolt Brecht** | *Trommeln in der Nacht* (Dr.)
1920	**Ernst Toller** | *Masse Mensch* (Dr.)
1922	**Franz Kafka** | *Das Schloß* (R.)
1926	**Ernst Barlach** | *Der blaue Boll* (Dr.)
1907	**Else Lasker-Schüler** | *Die Nächte Tino von Bagdads* (Prosa)

Zum Begriff

Der → **Expressionismus**, als Epoche mit Schwerpunkt in den 1910er Jahren anzusiedeln, hat stiltypologisch bis in die Gegenwartsliteratur prägend gewirkt. Historisch reagiert er auf eine bestimmte Problemkonstellation: Sozialpsychologische Faktoren des Großstadtlebens, Medienbedingungen und philosophische Dispositionen finden sich hier verknüpft (s. Kap. 2.3.5). Die literarischen Reflexe zeigen sich in Formzertrümmerungen und neuen Zusammenfügungen, in alternativen Syntaxbildungen, in assoziativen Schreibtechniken sowie Schnitt und Montage – sie begleiten darstellungstechnisch die umfassende Suche nach dem ›neuen Menschen‹ als utopischer Vision.

Für den Expressionismus (vgl. Anz 2010; Vietta/Kemper 1997) hätte Rilkes *Malte*-Roman Vorbild werden können. Doch war es insbesondere Carl Einstein, der mit seinem *Bebuquin* (1909) für die Prosa und auch Lyrik des Expressionismus einflussreich wurde. In hohem Maße selbstreflexiv und ironisch gegen die eigene Form, lösen diese grotesken Erzähltexte insbesondere die Kausalzusammenhänge auf. Gottfried Benn ist dem in seinen *Gehirne*-Novellen (1916) gefolgt, in denen der Arzt Rönne aus der Alltags- und Berufsrationalität fliehen will und Traum- und Rauschwelten sucht. Dabei tritt die **assoziative Schreibtechnik** in den Vordergrund, die sich an einem einzelnen Wort entzündet und über den Wortklang einen Bewusstseinsstrom entfalten kann – mit ähnlich gleitenden Bildfluchten wie im Film, der für Benn das Leitmedium war. Alfred Döblins Novelle *Ermordung einer Butterblume* (1910), die einen wilhelminischen, autoritären Spießbürger beim lustvollen Köpfen einer Butterblume zeigt, hatte diese Technik vorgegeben, mit der äußere Bewegungen wie filmische Abläufe dargestellt werden. Dies ist vor dem Hintergrund der folgenden **Kontexte** zu sehen:

Umfassende Krisendiagnose: Die ambivalenten Einflüsse der Großstadt, die Ich-Dissoziationen und gesteigerte Nervenreize, aber auch ästhetische Anregungen brachten, werden im expressionistischen Jahrzehnt bedrohlich (s. Kap. 2.3.5) und kommen mehr oder weniger drastisch zur Darstellung. Auch die Erzähltexte **Franz Kafkas**, die zwar ohne vergleichbares Pathos sind, aber in ihrem grotesk-sachlichen Stil solche Probleme berühren, sind hier zu nennen. Kafka, der als Angehöriger der deutschsprachigen Minderheit in Prag schrieb, erreichte ein zunächst kleines Publikum, das aber dort die zeittypischen Entfremdungsmerkmale pointiert finden konnte: die Entmündigung des Einzelnen durch eine labyrinthisch wuchernde Bürokratie (*Das Schloß*, 1922), anonyme und undurchschaubare Machtstrukturen (*Der Prozeß*, 1912) sowie Kommunikationsprobleme zwischen handlungsunfähigen Individuen und Familienzerfall (*Die Verwandlung*, 1913).

Suche nach dem ›neuen Menschen‹: Herwarth Waldens Zeitschrift *Der Sturm* (1910–32), ebenso Franz Pfemferts Zeitschrift *Die Aktion* (seit 1911) bahnen den Expressionismus organisatorisch an. Mit großem Pathos rief man nach dem neuen Menschen, den man der modernen Zivilisation entgegenstellte. Traum, Rausch und Ekstase, die auf das Visionäre oder das sinnliche Treiben zielten, wurden gegen die Alltagsrationalität mobilisiert sowie gegen die Wertvorstellungen des Bürgertums, die man für spießige, versteinerte und verlogene Konventionen hielt – was auf einen Generationenkonflikt hinauslief, bei dem man gegen die Väter aufbegehrte, um damit einen politischen Konflikt mit dem fast schon toten Kaiserreich anzuzetteln.

Die Aktion, V. Jahrgang

Solche Provokationen sind bereits bei dem Expressionismus-Vorläufer Frank Wedekind zu erkennen (*Frühlings Erwachen*, 1891), dann in Carl Sternheims Komödienzyklus *Aus dem bürgerlichen Heldenleben* (1908–22) oder in Georg Kaisers *Die Bürger von Calais* (1917), wo ein Figurentypus auf den Plan tritt, der sein Leben für die Mitmenschen und eine größere Idee opfert. In diesem Sinne feiert auch Ernst Toller in *Die Wandlung* (1919) die revolutionären Umwälzungen während der Münchner Räterepublik. Expressionist sein hieß aber auch, eine bestimmte Lebensweise zu kultivieren. Bekannt waren etwa Else Lasker-Schülers Exotismen, mit denen sie als Bohémienne viele erstaunte. Mit orientalischen Motiven, Figuren und Bildtransformationen (*Die Nächte Tino von Bagdads; Hebräische Balladen*, 1913) nimmt sie eine klar konturierte Stellung ein und wirkte folgenreich zum Beispiel auf die Lyrik Gottfried Benns.

Schreibstrategien der Lyrik: Gerade an Else Lasker-Schüler wird aber auch deutlich, wie die unkonventionelle Kombination von Motiven auch neue Techniken mit sich bringt. Allgemein werden **Schnitt und Montage** zur umfassenden ästhetischen Strategie, indem gegebene Zusammenhänge aufgelöst, Einzelteile herauspräpariert und auf neue Art zusammengesetzt werden. So behandelt der skandalöse *Morgue*-Gedichtzyklus Benns (1912) nicht nur das medizinische Thema der Anatomie, sondern seziert mit den Verszeilen auch verschiedene Sprechebenen und setzt sie neu zusammen. Ein ähnliches Verfahren wird bei Georg Trakl oder Georg Heym erkennbar, deren **Rauschvorstellungen und Apokalypsevisi**

onen von Bildzerstörung und Neuaufbau geprägt sind. Damit einher geht der Bildertausch zwischen Großem und Kleinem sowie Lebendigem und Dinglichem oder Totem – semantische Schnitte werden gesetzt, die die Lyrik prägen und darin vorbildlich für viele lyrische Produktionen des 20. Jahrhunderts geworden sind.

Interpretationsskizze:
Eine moderne
Groteske

Jakob van Hoddis: *Weltende*

Weltende

Dem Bürger fliegt vom spitzen Kopf der Hut,
In allen Lüften hallt es wie Geschrei.
Dachdecker stürzen ab und gehn entzwei
Und an den Küsten – liest man – steigt die Flut.

Der Sturm ist da, die wilden Meere hupfen
An Land, um dicke Dämme zu zerdrücken.
Die meisten Menschen haben einen Schnupfen.
Die Eisenbahnen fallen von den Brücken.

Kaum verwunderlich ist wohl, dass van Hoddis' Gedicht unter den jungen Lyrikern schlagende Wirkung hatte und im Wortsinne ›epochal‹ gewesen ist: Es thematisiert nicht weniger als den Weltuntergang, allerdings mit Mitteln des grotesken Humors, der das Chaos einerseits zuspitzt, andererseits auch spielerisch behandelt. Trotz seines auf den ersten Blick spektakulären Inhaltes ist das Gedicht in einem merkwürdig unbeteiligten Ton gehalten: Mit lakonischem Ausdruck werden Katastrophen aneinandergereiht, die allerdings einen irrealen Standort haben. Das liegt an einer **Vertauschung in der Ordnung** von Dingen und Lebewesen wie auch an der Verwechslung der Größenverhältnisse: Der kleinste menschliche »Schnupfen« steht mit einer kosmischen Katastrophe in fast simultaner Reihe. Menschliche Figuren werden verdinglicht, umgekehrt werden aber auch die Welten der Meere personifiziert: Diese »hupfen« wie ein Kind und erscheinen auch aufgrund des Reims mit dem einfachen Schnupfen gleichrangig. Die **Lautqualitäten** der Reime oder der Alliteration (»dicke Dämme zu zerdrücken« stehen zumindest auf gleichberechtigter Höhe mit der Semantik.

All dies passiert im Zusammenstoß von Nähe und Ferne bzw. im wechselnden Blick zwischen der konkreten Perspektive auf einzelne Dinge und dem weiten Fokus auf die geologische Ordnung. Mit dieser **Irrealisierung des Raumes** wird das Städtewachstum ebenso wie die weite, internationale Ausdehnung des wirtschaftlichen Handelsnetzes reflektiert – ein Thema, das bereits Georg Simmel in *Die Großstädte und das Geistesleben* (1903) ausgeführt hatte: »Für die Großstadt ist dies entscheidend, daß ihr Innenleben sich in Wellenzügen über einen weiten nationalen oder internationalen Bezirk erstreckt« (1903, S. 128).

Die Flüssigkeitsmetapher (»Wellenzüge«) illustriert hier den sich ausbreitenden Horizont der Geld- und Kreditwirtschaft, der zugleich das Ferne in die Nähe rückt.

Die Auflistung des Heterogenen (**Simultantechnik, Reihungsstil**) erzeugt einen komisch-grotesken Effekt – auch das lyrische Ich hat in diesem eigentümlichen Aufschreibsystem seinen Platz eingebüßt. Diese Dingwerdung des Menschen ist die Leitdiagnose des Gedichts, die zum Befund Simmels einer Versachlichung der persönlichen Verhältnisse passt. Eine Maschine ist das Gedicht selbst auch in formaler Hinsicht – seine Tektonik fängt die zwiespältigen, ja untergangsfreudigen Tendenzen um 1910 ein. Das regelmäßige Metrum der fünfhebigen Jamben, die in zwei Quartetten angeordnet sind, hat einen beruhigenden, ordnenden Gestus, wodurch ein Kontrast zum chaotischen Inhalt hergestellt wird. Und doch scheint das Gedicht unabschließbar: Das Ende wirkt willkürlich abgeschnitten, der Wechsel vom umgreifenden Reim zum Kreuzreim lässt den Schluss noch unmittelbarer erscheinen, der Text wirkt wie ein coupiertes Sonett, das der Leser mit entsprechend hinzugefügten Bildern noch jambisch weiterdichten könnte.

Zugrunde liegen dem Text zwei reale Anlässe – 1910 erwartete man eine Kollision der Erde mit dem Halley'schen Kometen, und zwei Jahre vorher fand in Berlin ein schweres Hochbahnunglück statt. Das Katastrophische war auch ein mediales Ereignis in einer expandierenden Zeitungslandschaft, was die Gedichtparenthese »– liest man –« reflektiert. **Chaos und Versachlichung** sind der Motor des Textes: Das Gedicht scheint auf die Chocks, die es pariert, schon gewartet zu haben. Es macht daraus nebenher auch einen Spaß, es inszeniert den Untergang, und so wie die Zeitgenossen die Vorhersagen des Weltuntergangs nicht selten zelebriert haben, spielt es selbst mit Sprache. Dies erklärt wohl auch, warum *Weltende* zum Epochenzeugnis geworden ist, dessen lyrische Umgangsformen mit den Katastrophen und Umkehrungen der Dingordnung nicht nur für Expressionisten, sondern auch für spätere Autoren vorbildlich geworden sind.

Drama und Prosa: Im Drama entspricht dem die **Stationentechnik**, den lose aneinandergereihten Einzelbildern und disparaten Handlungsteilen etwa in Georg Kaisers *Von morgens bis mitternachts* (1912). Aber auch die Prosa zerschneidet Handlungsstränge, lässt sie nebeneinander herlaufen und isoliert dabei die Teile, die keinen Zusammenhang mehr finden müssen – so empfahl Alfred Döblin einen Romantyp, bei dem ähnlich wie bei einem zerschnittenen Regenwurm die einzelnen Teile lebensfähig sein sollen.

Wege der Avantgarde: Der Expressionismus zielte bei allem Hang zu Neologismen, Metaphern, Metonymien und aller Kunstfertigkeit im Zerschlagen der Satzzusammenhänge nicht auf reine Wortkunst wie der

Ästhetizismus, sondern auch auf die **Lebenspraxis**, weshalb er zumindest teilweise der Avantgarde zuzurechnen ist. Es ist der Hunger nach der Sensation, der Versuch, der Langeweile und Passivität zu entkommen, der die expressionistischen Dichter in den Krieg treibt, den sie zunächst gar nicht ablehnten, sondern Nietzsche gemäß umwerteten als Knallereignis, das von den gesellschaftlichen Lähmungserscheinungen des 19. Jahrhunderts befreien soll.

Einflussreich war hier auch Filippo T. Marinetti, der sein erstes »**Futuristisches Manifest**« (1909) im *Sturm* abdrucken konnte (1912). Technikeuphorie, Lärm und Liebe zur Geschwindigkeit bilden den Mittelpunkt; im freien Energiefluss werden die Maschinen belebt, die ihrerseits zum Motor für Dichtung werden sollen. Vom Rotor eines Hubschraubers inspiriert, forderte Marinetti, eine neue Sprache mit lebendigem Rhythmus zu schaffen, nur Substantive und Verben zu benutzen sowie die geläufige Syntax zu zerschlagen. Unmittelbar wirkte dies auf die Wortkunst August Stramms. In seinen Simultangedichten, die aus unterschiedlichen Richtungen zusammendrängende Kolonnen von Wörtern nebeneinander schalten, gibt es kaum noch Satzzeichen, die für Ordnung sorgen würden, vielmehr dominiert der Telegrammstil.

Nachhall des Vitalismus: In diesem beschleunigten Sprechen schlägt sich wiederum der Lebensbegriff nieder – eine durchaus gewaltbereite Ästhetik, wie sich später zeigen sollte. Als Kurt Pinthus in der Anthologie *Menschheitsdämmerung* (1919) wichtige Gedichte des Expressionismus – und so unterschiedliche Autoren wie Benn und Johannes R. Becher – zusammenfasste, wurde das Widersprüchliche dieser Strömung deutlich: Es handelte sich um eine Auflehnung, die im Namen des Humanismus begann, teilweise einer blinden Energetik ergeben war und im Chaos strandete.

Der Expressionismus im widersprüchlichen Kontext um 1900

Kunst und Literatur in der Phase ihrer Pluralisierung um 1900 geben ein höchst widersprüchliches Bild, das die unterschiedlichen Reaktionen des Literatursystems auf die neuen Lebensbedingungen zeigt. Damit sind aber auch jene Potenziale eingelöst, die Literatur nach 1789 zwischen **Avantgardismus** (als Politikrichtung) und **Ästhetizismus** (als reiner Kunstorientierung) entfaltet hatte (vgl. Plumpe 1995). Das Gefühl des Fin de Siècle und der Lebenserschöpfung geht mit Aufbruchsstimmung einher, Stärke und Krankheit, Femme fatale und Femme fragile stehen sich gegenüber, pralle Dinglichkeit und äußerste Sublimierung in der Kunst, politisches Engagement und reine Ästhetik – all dies sind Gegensätze, die die Epoche um 1900 als ›klassische Moderne‹ bestimmen. Es finden sich dort die irrationalistischen Unterströmungen und Lebenskulte der Moderne vereint mit dem technischen Motiv, neue Welten aus der Kunst zu konstruieren (vgl. Wyss 1996).

Die Verunsicherung ist Allgemeinzustand, so der Philosoph Ludwig Wittgenstein: »Alles, was wir sehen, könnte auch anders sein. Alles, was wir überhaupt beschreiben können, könnte auch anders sein. Es gibt keine Ordnung der Dinge a priori« (*Tractatus logico-philosophicus*, 1918/1984, Satz 5.634). Eine solche Vielheit der Perspektiven und Möglichkeiten birgt aber auch Chancen. Ob mit politischem Hintergrund oder im reinen Kunstbezug: Es geht nach 1900 um das große Projekt eines **neuen Sehens**, das das Bekannte in verfremdete Zusammenhänge stellt und ungewohnte Sichtweisen eröffnen will.

Anz, Thomas: Literatur des Expressionismus. Stuttgart/Weimar ²2010.
Aust, Hugo: Realismus. Lehrbuch Germanistik. Stuttgart/Weimar 2006.
Balzer, Bernd: Einführung in die Literaturgeschichte des bürgerlichen Realismus. Darmstadt 2006.
Beutin, Wolfgang u.a.: Deutsche Literaturgeschichte: von den Anfängen bis zur Gegenwart. Stuttgart/Weimar ⁷2008, S. 182–386.
Bogner, Ralf Georg: Einführung in die Literatur des Expressionismus. Darmstadt ²2009.
Bunzel, Wolfgang: Einführung in die Literatur des Naturalismus. Darmstadt 2011.
Eke, Norbert Otto: Einführung in die Literatur des Vormärz. Darmstadt 2005.
Fähnders, Walter: Avantgarde und Moderne 1890–1930. Lehrbuch Germanistik. Stuttgart/Weimar ²2010.
Hoffmann, Paul: Symbolismus. München 1987.
Kremer, Detlef: Romantik. Lehrbuch Germanistik. Stuttgart/Weimar ³2007.
Kunisch, Hermann: Vom jungen Deutschland bis zum Naturalismus. München 2004.
Lorenz, Dagmar: Wiener Moderne. Stuttgart/Weimar ²2007.
Mahal, Günther: Naturalismus. München ³1996.
Oellers, Norbert (Hg.): Realismus? Zur deutschen Prosa-Literatur des 19. Jahrhunderts. Berlin 2001.
Plumpe, Gerhard: Epochen moderner Literatur. Ein systemtheoretischer Entwurf. Opladen 1995.
Schenk, Klaus: Erzählen – Schreiben – Inszenieren. Zum Imaginären des Schreibens von der Romantik zur Moderne. Tübingen 2012.
Schmitz-Emans, Monika: Einführung in die Literatur der Romantik. Darmstadt 2004.
Stöckmann, Ingo: Naturalismus. Lehrbuch Germanistik. Stuttgart/Weimar 2011.
van den Berg, Hubert/Fähnders, Walter (Hg.): Metzler Lexikon Avantgarde. Stuttgart/Weimar 2010.
Vietta, Silvio/Kemper, Hans Georg: Expressionismus. München ⁶1997.

Gesamtdarstellungen/grundlegende Literatur

Büchner, Georg: Lenz [1839]. In: Sämtliche Werke in 2 Bd. Hg. von Henri Poschmann. Frankfurt a.M. 1992, Bd. 1, S. 223–250.
Eichendorff, Joseph von: Aus dem Leben eines Taugenichts. In: Sämtliche Werke. Hg. von Karl Konrad Polheim. Tübingen 1998, Bd. V/1, S. 83–197.
Hegel, Georg Wilhelm Friedrich: Vorlesungen über die Ästhetik. Hg. von Eva Moldenhauer u. Karl M. Michel. Werke, Bd. 13–15 (1832–45). Frankfurt a.M. 1970.
Hofmannsthal, Hugo von: Sämtliche Werke. Hg. von Ellen Ritter. Frankfurt a.M. 1991, Bd. XXXI, S. 45–55.
Jung, Werner: Kleine Geschichte der Poetik. Hamburg 1997.
Klein, Wolfgang: »Dekadenz«. In: Ästhetische Grundbegriffe. Historisches Wörterbuch in sieben Bänden. Hg. von Karlheinz Barck u.a. Stuttgart/Weimar 2001, Bd. 2, S. 1–40.
Mayer, Mathias/Tismar, Jens: Kunstmärchen. Stuttgart ⁴2003.
Meyer, Conrad Ferdinand: Der römische Brunnen. In: Historisch-kritische Ausgabe. Hg. von Hans Zeller u. Alfred Zäch. Bern 1963, Bd. 1.
Nietzsche, Friedrich: Werke in 3 Bänden. Hg. von Karl Schlechta. München 1956.
Novalis (Friedrich von Hardenberg): Werke und Briefe. Hg. von A. Kelletat. München 1962.

Zitierte Literatur

Parr, Rolf/Wülfing, Wulf/Bruns, Karin: Historische Mythologie der Deutschen. München
1991.

Plumpe, Gerhard: Der tote Blick. Zum Diskurs der Photographie in der Zeit des Realismus. München 1990.

Rothmann, Kurt: Kleine Geschichte der deutschen Literatur. Stuttgart [17]2001, S. 126–244.

Schlegel, August Wilhelm/Schlegel, Friedrich (Hg.): Athenäum. Berlin 1798–1900, 3 Bde.
Nachdruck. Darmstadt 1992.

Simmel, Georg: Soziologische Ästhetik. Hg. von K. Lichtblau. Darmstadt 1998 (Die Bedeutung des Geldes für das Tempo des Lebens [1897], S. 93–110; Die Großstädte und
das Geistesleben [1903], S. 119–133).

Simonis, Annette: Literarischer Ästhetizismus: Theorie der arabesken und hermetischen
Kommunikation der Moderne. Tübingen 2000.

Titzmann, Michael (Hg.): Zwischen Goethezeit und Realismus. Wandel und Spezifik in
der Phase des Biedermeier. Tübingen 2002.

van Hoddis, Jakob (Hans Davidsohn): Weltende [1911]. In: Dichtungen und Briefe. Hg.
von Regina Nörtemann. Zürich 1987.

Wittgenstein, Ludwig: Tractatus logico-philosophicus (1918). In: Werkausgabe Bd. 1,
Frankfurt a. M. 1984, S. 7–85.

Wyss, Beat: Der Wille zur Kunst. Zur ästhetischen Mentalität der Moderne. Köln 1996.

Arbeitsaufgaben

1. Welche Antworten hatte die deutschsprachige Literatur auf die Ereignisse der Französischen Revolution?

2. Benennen und erläutern Sie die Leitbegriffe, die die Romantik für die moderne Ästhetik gegeben hat!

3. Die ›Kunstreligion‹ der Romantik gerät zunehmend in Gegensatz zu den gesellschaftlichen Wirklichkeiten (vgl. etwa: ›Poesie des Herzens‹ vs. ›Prosa der Verhältnisse‹). Skizzieren Sie diese!

4. In welchen Punkten unterscheidet sich der poetische Realismus von der Fotografie?

5. In welcher Strömung wird ausdrücklich die soziale Umwelt zum Thema – und welches sind die Grundsätze, unter denen man sie darstellen will?

6. Gibt es einen Zusammenhang der Lebensbedingungen um 1900 und der teilweise radikalen Wendung der Literatur auf sich selbst (Ästhetizismus, Symbolismus)?

7. Arbeiten Sie an wichtigen Gedichten des Expressionismus (Gottfried Benn: *Kleine Aster*, Georg Heym: *Gott der Stadt*, Ernst Stadler: *Fahrt über die Kölner Rheinbrücke bei Nacht*) Stilmittel heraus, mit denen Autoren das moderne Leben darstellen!

Lösungshinweise zu den Arbeitsaufgaben finden Sie auf
www.metzlerverlag.de/webcode. Ihren persönlichen Webcode
finden Sie am Anfang des Bandes.

2.4 | Vom Ersten Weltkrieg bis zur Gegenwart

Der Erste Weltkrieg hat in mancher Weise die widersprüchlichen kulturellen und ästhetischen Tendenzen, die kurz nach 1900 entwickelt wurden, radikalisiert. Spätestens hier folgen die Epochen nicht mehr in einfachen Abgrenzungen aufeinander, vielmehr ist ihre Ausprägung im Vergleich zum 19. Jahrhundert beschleunigt. Position und Gegenposition folgen unmittelbar und fast simultan aufeinander, bis sich schließlich ab 1970 Stilrichtungen ohne zwingende Bezugnahme nebeneinander entwickeln, die auch vergangene Perspektiven zitieren und neu formulieren können. Die einzelnen Strömungen haben prinzipiell zwei Orientierungen, die sich bereits ab 1770 **zwischen Selbstbezug und Umweltbezug** von Literatur erkennen lassen:

- **Autonomie**, d. h. Bezug auf das System der Dichtung, also die literarischen Qualitäten;
- **engagierte Kunst**, die sich auf die Umwelt bezieht, Stellung nimmt und überzeugen will.

Zwischen diesen systematischen Polen gibt es viele mögliche Spielarten. Die jeweiligen Entscheidungen sind wiederum im Kontext ideologischer Auseinandersetzungen zwischen politischen Extremen zu sehen, wie sie seit dem Ersten Weltkrieg mit Auswirkungen bis zur Wiedervereinigung Deutschlands zu erkennen sind.

2.4.1 | Die Avantgarden nach dem Ersten Weltkrieg

1906	**Pablo Picasso** | _Les Desmoiselles d'Avignon_ (Ölgemälde)
1909	**Filippo Tommaso Marinetti** | _Erstes Futuristisches Manifest_ (auch im Sturm 1912)
1913	Armory Show (Kunstausstellung der Moderne in New York)
1914	**August Stramm** | _Kräfte_ (Dr.)
1914–18	Erster Weltkrieg; Kapitulation Deutschlands
1916	Gründung des dadaistischen Cabaret Voltaire in Zürich
1916	Zahlreiche Manifeste von Tzara, Ball, Huidobro etc.
1916	**Hugo Ball** | _Aus meiner Zeit_ (Tagebuch)
1917	**Marcel Duchamp** | _Fountain_ (Ready-made)
1917	**Lothar Schreyer** | _Die neue Kunst_ (Essay)
1918	**Richard Huelsenbeck** | _Verwandlungen_ (Nov.)
1919	Gründung des Bauhauses (Weimar, später Dessau, Berlin)
1919	**Kurt Schwitters** | _An Anna Blume_ (L.)
1919	**Robert Wiene** | _Das Kabinett des Dr. Caligari_ (Film)
1920	**Hans Arp** | _Die Wolkenpumpe_ (L.)
1920	**Hugo Ball** | _Tenderenda der Phantast_ (R./L.)

Avantgarde/
Dadaismus:
Literatur, Kunst,
Politik

1920	**Walter Serner** | *Letzte Lockerung* (dadaistisches Manifest)
1921	**George Grosz** | *Das Gesicht der herrschenden Klasse* (Grafik)
1921	**Richard Huelsenbeck** | *Doctor Billig am Ende* (R.)
1922	**André Breton** | *Surrealistisches Manifest*
1925	**Walter Serner** | *Die Tigerin* (Kriminalr.)

Zum Begriff

Im Unterschied zum Expressionismus, dessen Dichter mehr eine Atelierrevolution als eine tatsächliche Veränderung der Verhältnisse anstrebten, fanden sich die → Dadaisten 1916 als Avantgarde-Bewegung zusammen: Um humanere politische Verhältnisse zu ermöglichen, sollte die ganze Gesellschaft durch Kunst umgestaltet werden. Die ästhetischen Prinzipien wurden zu Strategien im militanten Sinn: Schnitt und Montage, Verselbständigung der (Wort-, Bild oder Ton-) Signifikanten, Zufall statt Berechnung, das Erklären von Alltagsfundstücken (*objets trouvés, ready-mades*) und Lebensstilen zu Kunst prägen das äußerst heterogene Erscheinungsbild, das gerade auf Ebene der Formen und der Popularisierung von Kunst Nachwirkungen bis heute hat.

Die Provokationen der Dadaisten sind gleichermaßen als Reaktion auf das Schreckensbild des Ersten Weltkrieges wie auch als Abneigung gegen ein Bürgertum zu verstehen, das man in Spießertum und Kapitalismus erstarrt sah. Hatten die Expressionisten noch den Ausbruch des Krieges gefeiert, erkannten die Dadaisten die Massenvernichtungen in anonymisierten Materialschlachten als menschenfeindlich. Die von einseitiger ökonomischer Rationalität und Entfremdung geprägten Wirtschafts- und Denkgrundlagen wollten sie grundlegend außer Kraft setzen – der Impuls ging also dahin, von der Kunst aus die politischen Verhältnisse umzugestalten (zur Avantgarde vgl. Plumpe 2001; als Signatur eines Jahrhunderts vgl. Klinger/Müller-Funk 2003).

Sprachkonstruktionen: Was um 1900 noch als Sprachskepsis beklagt wurde, bekommt nun eine konstruktive Wendung: Wenn es so ist, dass Worte nicht die Welt abbilden können, sind sie nun als Assoziationsräume oder als Lautqualitäten interessant, die im **Sprachmaterial** eigene Welten bilden. Das gilt bereits für den vieldeutigen Titel ›Dada‹: Auf Französisch heißt es ›Steckenpferd‹, ›ja ja‹ im Russischen, ferner imitiert es das Stottern und ist der erste Laut frühkindlichen Sprechens.

Die **Wortkunst** August Stramms unternimmt solche Experimente, wenn in seinen Gedichten Substantive und Verben als roh belassene Infinitive im Telegrammstil nebeneinander gestellt werden – sie bilden Wortkaskaden, die jede Grammatik unterlaufen. Wörter sollen ausgewürfelt werden (Aleatorik) und in neuen Konstellationen neue Bedeutungen bilden, wobei hier die Semantik jedoch noch eine Rolle spielt. In einen sinnfreien Bereich hat hingegen Hugo Ball diesen Ansatz überführt, als er im 1916 neu gegründeten **Cabaret Voltaire**, der Hauptarena Dadas in Zürich, seine Gedichte intonierte. In blau glänzende, geometrische Kartonteile gehüllt, führte er seine Performance mit sinnlosen Silben und Klängen auf wie ein Priester, der seine Inspirationen als Sprachrohr Gottes empfängt. Das Publikum zelebrierte dies mit, oder es tobte und raste und wurde nicht selten auch handgreiflich, um damit einen diffusen Gesamtprotest zum Ausdruck zu bringen.

Zufall als Gestaltungsprinzip: Bei allen individuellen Unterschieden und Konkurrenzen etwa zwischen Richard Huelsenbeck, Tristan Tzara, Marcel Janco oder Max Ernst und ohnehin im internationalen Dadaismus, der besonders in den Pariser Surrealismus überging, bleibt das Zufallsprinzip gemeinsam. Unter diesem Vorzeichen kann alles zu Kunst werden, auch der banalste Alltagsgegenstand – eine Maxime, die sich noch in der Gegenwartsästhetik der Pop-Art, der Video-Clips oder der Netzliteratur spiegelt. Allein die Deklaration als Kunstwerk macht dann den Gegenstand zum Kunstobjekt: Damit hat Marcel Duchamp operiert, indem er einen Fahrradständer oder ein Urinoir als vorgefundene Dinge (**objets trouvés**) zum Kunstwerk erklärte (**ready-mades**), und maßgeblich hat Kurt Schwitters das Prinzip aufgegriffen, der in seinen Collagen Notizzettel, Zeitungsausrisse und Buchstabenschnipsel zu Farbformen zusammenstellte oder sie mit realen Gegenständen zum dreidimensionalen Bild (Assemblage) komponierte. Der Titel dieser Werkgruppe ist selbst aus einem solchen Ausschnittverfahren entstanden: Schwitters hat ›**Merz**‹ als eine Zeitungssilbe aus dem Wort ›Commerzbank‹ herausgetrennt und dann mit anderen Silben neu zusammengesetzt. Dieses **analytische Isolieren** von Einzelelementen sowie ihre Synthese in neuen, künstlichen Einheiten, die aus Wortbestandteilen, Alltagsgegenständen oder -klängen hergestellt werden, ist zum durchgehenden **Montageprinzip** moderner Ästhetiken geworden, das auch in literarischen Texten zu beobachten ist (zu Grundlagen des Dadaismus vgl. Philipp 1987, S. 33–96).

Individualunternehmen gegen den Dogmatismus: Schwitters verfolgte mit ›Dada-Hannover‹ den subjektiven Ausdruckswillen der Dadaisten, die sich gegen alles Dauerhafte wehrten. Auch Walter Serner, Kriminalautor, Ober-Dandy und paradoxer Aphorismendichter, gründet Genf-Dada im Alleingang, und Zürich-Dada besteht wie die Kölner Fraktion nur kurze Zeit – das Anarchisch-Subjektive, der Zufall und der Aufstand gegen die systematisch begründete Form hatten ein knappes Verfallsdatum. Die größte Langzeitwirkung hatte der politische Flügel der Berliner Dadaisten mit Johannes Baader, Raoul Hausmann, Johannes und Wieland Herzfelde, später George Grosz und Hannah Höch, die versuchten, die dadaistischen Mittel mit einer kritischen Botschaft zu verbinden.

2.4.2 | Literarische Extreme:
Weimarer Republik, Österreich, Schweiz

Literatur, Kultur,
Politik: Weimarer
Republik, Österreich, Schweiz

1918	Ausrufung der Republik (teilweise Räterepublik, München)
1918	**Bertolt Brecht** | *Baal* (Dr.)
1920	**B. Brecht** | *Trommeln in der Nacht* (Dr.)
1920	**Ernst Jünger** | *In Stahlgewittern* (Tageb.)
1922	**Hermann Hesse** | *Siddharta* (R.)
1922	**James Joyce** | *Ulysses* (R)
1923	**Fritz Lang** | *Nibelungen* (Film)
1923	**Rainer Maria Rilke** | *Duineser Elegien*; *Sonette an Orpheus* (L.)
1924	**Egon Erwin Kisch** | *Der rasende Reporter* (Zeitungsreportagen)
1924	**Thomas Mann** | *Der Zauberberg* (R.)
1924–33	**Robert Walser** | *Aus dem Bleistiftgebiet* (Prosa)
1925	**Sergej Eisenstein** | *Panzerkreuzer Potemkin* (Film)
1926	**Marie-Luise Fleißer** | *Fegefeuer in Ingolstadt* (Dr.)
1926	**Hans Grimm** | *Volk ohne Raum* (R.)
1926	**Arthur Schnitzler** | *Traumnovelle* (P)
1927	**Martin Heidegger** | *Sein und Zeit* (philos. Studie)
1927	**Hermann Hesse** | *Der Steppenwolf* (R.)
1927	**Fritz Lang** | *Metropolis* (Film)
1927	**Walter Ruttmann** | *Berlin – Sinfonie einer Großstadt* (Film)
1927	**Kurt Tucholsky** | *Mit 5 PS* (Kritiken, Rezensionen)
1928	**B. Brecht** | *Dreigroschenoper* (Dr.)
1929	**B. Brecht** | *Badener Lehrstück vom Einverständnis* (Dr.)
1929	**Alfred Döblin** | *Berlin Alexanderplatz* (R.)
1929	**Erich Kästner** | *Emil und die Detektive* (Kinderr.)
1929	**Erich M. Remarque** | *Im Westen nichts Neues* (R.)
1930	**B. Brecht** | *Die Maßnahme* (Dr.)
1930	**Robert Musil** | *Mann ohne Eigenschaften* (R.)
1931–32	**Hermann Broch** | *Die Schlafwandler* (R.)
1931	**Kurt Tucholsky** | *Schloß Gripsholm* (R.)
1931	**Carl Zuckmayer** | *Der Hauptmann von Köpenick* (Dr.)
1932	**Hans Fallada** | *Kleiner Mann, was nun?* (R.)
1932	**B. Brecht** | *Rede über die Funktion des Hörfunks* (Essay)
1899–1936	*Die Fackel* (Zs., Hg. Karl Kraus)
1936	**Walter Benjamin** | *Das Kunstwerk im Zeitalter seiner technischen Reproduzierbarkeit* (kunstphil. Essay)
1939	**W. Benjamin** | *Passagenwerk* (sozialgesch. Studie)

Politisierung: Die individuelle Nuance des expressiven Autors, für die noch die Expressionisten ausdrücklich eintraten, wurde nun zu weiten Teilen verdrängt: Seit den 1920er Jahren ist es ein kollektives Denken, das Kunst und Alltag dominiert. Die krisengeschüttelte Weimarer Republik, die sich auf keinerlei demokratische Erfahrungen im Volk stützen konnte und von innen durch politischen Extremismus ebenso bedroht war wie von außen durch hohe Reparationszahlungen, wurde stärker von den Kunstrichtungen geprägt, die auf die ganze Bevölkerung einwirken wollten (allgemein vgl. Stephan 2001, S. 387–432). Die ›Goldenen zwanziger Jahre‹ gab es allenfalls in manchen Teilen Berlins; **zunehmende Arbeitslosigkeit und soziale Probleme**, die ihren Höhepunkt nach der Weltwirtschaftskrise 1929 erreichten, waren Leitthemen, an denen die Schreibenden arbeiteten. Insgesamt veranlasste die politische Lage auch eher unparteiische Autoren dazu, Position zu beziehen.

Engagement für eine Linkspolitik: Gegen die Restsympathien für die Monarchie oder für ein soldatisches Heldentum tendierte die Mehrzahl der anspruchsvollen Autoren zu sozialkritischen Auffassungen. Das zeigt etwa der Werdegang **Heinrich Manns**, der sich in Weimar sozialistischen Gruppen zuwandte, nachdem er im *Untertan* (1916) die Hauptfigur Diederich Heßling als autoritären Charakter im Kaiserreich gezeigt hatte, der zur Demokratie noch nicht fähig ist. Neben dem ›Proletarischen Theater‹ Erwin Piscators, das mit Hauptmann- oder Büchner-Inszenierungen bürgerliche und proletarische Kultur zusammenbrachte, gab es viele Agitprop-Schauspieltruppen, und aus autobiographischen Kurztexten entwickelte sich eine populäre Erzählliteratur, die durch den ›Bund Proletarisch-Revolutionärer Schriftsteller‹ (BPRS) gefördert wurde.

Die ›neue Frau‹: Aus dem Gedanken des linken Engagements entstand auch das Rollenverständnis der engagierten, selbständigen ›neuen Frau‹ – abgesehen von der selbstbewusst und freizügig zur Schau getragenen Mode vor allem in der künstlerischen Teilnahme sowie im politischen Bewusstsein (erst in der Weimarer Republik gab es ein Frauenwahlrecht!). Claire Goll, Emmy Hennings, Asja Lacis, Mascha Kaléko und Marie-Luise Fleißer mit ihrem Antiprovinzdrama *Fegefeuer in Ingolstadt* (1926), aber auch die kommunistische Erzählerin Anna Seghers bildeten ein Rollenverständnis aus, das in schärfstem Kontrast zu dem rückwärts gewandten Mutterkult stand, der sich später unter den Nationalsozialisten durchsetzte.

Individuelle Schreibintentionen: Die Tendenz zu einem Denken in Massenproportionen hat nicht verhindert, dass es in den 1920er Jahren auch zahlreiche bedeutende Autor/innen gibt, die sich unter keine Partei rubrizieren lassen, ja die geradezu aus einer gegenzeitlichen Perspektive heraus schreiben. Zu diesen Individualisten zählen etwa:

- **Hermann Hesse**, der sich mit *Siddartha* (1922) dem Heilsbild des Buddhismus zuwendet, um damit eine rein ökonomisch-technische Moderne zu kritisieren, oder mit seinem *Steppenwolf* (1927) eine zwischen Triebleben und Intellektualität zerrissene faustische Figur zeigt.
- **Thomas Mann**, der sich vom Geistesaristokraten zum Humanisten wandelt und mit dem *Zauberberg* (1924) eine Epochendiagnose vorlegt, die den jungen Hans Castorp zwischen dem demokratisch-aufgeklärten Denker Settembrini und dem totalitären Extremisten Naphta zeigt, den Schrecken des Ersten Weltkrieges entgegentaumelnd.
- **Rainer Maria Rilke**, der längst in die Schweiz übergesiedelt ist und dort seine *Duineser Elegien* (1923) und die *Sonette an Orpheus* (1923) beendet – Außenseitertexte von Rang, die bewusst unzeitgemäß die

lyrische Sprache mit hermetischen Bildern und Kunstbezügen in eine
äußerst verdichtete, autonome Sprachform treiben.

- **Robert Musil**, dessen *Mann ohne Eigenschaften* (1930) ein ›work in pro-
  gress‹ bleibt. In seiner Figur des Mathematikers Ulrich zeichnet er einen
  Charakter, der alle umliegenden Perspektiven aufsaugt und diese iro-
  nisiert. Ohne festen eigenen Standpunkt gibt er dem Möglichkeitssinn
  den Vorzug vor dem Wirklichkeitssinn – eine Haltung, die auf Sprach-
  und Erkenntnisskepsis um 1900 basiert, zugleich aber auch als Vorgriff
  auf postmoderne Mentalitäten des Pluralismus gelesen worden ist.
- **Hermann Broch**, dessen Diagnose pointiert kritisch ausfällt, wenn er
  mit seiner *Schlafwandler*-Trilogie (1930–32) den Zerfall bürgerlicher
  Kultur in Egoismus und Inhumanität darstellt und mit zahlreichen essayistischen Einschüben auch den politischen Werteverfall erörtert.

Deutlicher politisch war **Alfred Döblin** orientiert, dessen List darin bestand, das Unbewusste einzubeziehen, das in den 20er Jahren die französischen Surrealisten um André Breton zelebrierten, um in automatischer
Schrift (*écriture automatique*) Einblick in unbewusste Prozesse zu geben.

Interpretationsskizze:
Großstadt als
Seelenlandschaft

Alfred Döblin: *Berlin Alexanderplatz* (1929)

Die Strafe beginnt.
**Er schüttelte sich, schluckte. Er trat sich auf den Fuß. Dann nahm er
einen Anlauf und saß in der Elektrischen. Mitten unter den Leuten.
Los. Das war zuerst, als wenn man beim Zahnarzt sitzt, der eine Wurzel
mit der Zange gepackt hat und zieht, der Schmerz wächst, der Kopf
will platzen. Er drehte den Kopf zurück nach der roten Mauer, aber die
Elektrische sauste mit ihm auf den Schienen weg, dann stand nur noch
sein Kopf in der Richtung des Gefängnisses. Der Wagen machte eine
Biegung, Bäume, Häuser traten dazwischen. Lebhafte Straßen tauchten
auf, die Seestraße, Leute stiegen ein und aus. In ihm schrie es entsetzt:
Achtung, Achtung, es geht los. Seine Nasenspitze vereiste, über seine
Backe schwirrte es. »Zwölf Uhr Mittagszeitung«, »B.Z.«, »Die neuste
Illustrirte«, »Die Funkstunde neu«, »Noch jemand zugestiegen?« Die
Schupos haben jetzt blaue Uniformen. Er stieg unbeachtet wieder aus
dem Wagen, war unter Menschen. Was war denn? Nichts. Haltung,
ausgehungertes Schwein, reiß dich zusammen, kriegst meine Faust zu
riechen. Gewimmel, welch Gewimmel. Wie sich das bewegte. Mein Brägen hat wohl kein Schmalz mehr, der ist wohl ganz ausgetrocknet. Was
war das alles. Schuhgeschäfte, Hutgeschäfte, Glühlampen, Destillen.**

In Anlehnung an James Joyce' *Ulysses* (1922), der mit seinen inneren
Monologen zugleich erzähltaktische Experimente, Umarbeitungen
von griechischen Mythen in Alltagserzählungen und bewusst durch-
geführte Sprachkonstruktionen verbindet, lenkt Döblin seine Innen-

perspektive auf die Hauptfigur Franz Biberkopf, um mit dieser gestrandeten Großstadtexistenz **sozialpolitische Probleme** der Ausgrenzung darzustellen. Als Biberkopf aus dem Gefängnis entlassen wird, beginnt paradoxerweise seine Strafe erst, nämlich mit den Mühen der Resozialisation in einer Welt, deren Lebenstempo sich in seinen Gefängnisjahren noch einmal beschleunigt hat. Das zeigt der Romanbeginn mit seinen Wechseln von Assoziationen, Ahnungen und Körpersensationen Biberkopfs, die mit dem Außenbericht wechseln.

Der jeweilige **Perspektivwechsel** erfolgt unmittelbar, er wird auch am Tempuswechsel zwischen Erzählerbericht (Präteritum) und innerem Monolog (Präsens: »Mein Brägen hat wohl kein Schmalz mehr«) deutlich oder an den Satzlängen: Während der Erzähler knappe, aber meist vollständige Sätze produziert, lassen sich die Ellipsen und Einwortsätze der Perspektive Biberkopfs zuschreiben. Diese Perspektivmischung durchzieht auch einzelne Sätze: An den Wendungen »Was war denn?« bzw. »Was war das alles.« zeigt sich sowohl das Präteritum des Erzählers wie auch der unmittelbare Blick Biberkopfs. Versatzstücke aus der Alltagssprache werden montiert; Zeitungstitel, die die expandierende Medienlandschaft anzeigen, sowie der Zuruf des Schaffners sind ohne Moderation wiedergegeben. Döblin hat dies in Essays als ›Kino-Stil‹ bezeichnet: Die Fülle der Wahrnehmungen soll gedrängt und präzise aufgezeichnet werden, und zwar mit der Intention, engagierte Aufklärung über die Bedingungen des Individuums in der modernen Welt zu geben.

Die formalen Möglichkeiten der avancierten **Montagetechnik** werden im Roman erweitert: Liedtexte, Parolen, Zeitungsausschnitte, Buchexzerpte, Gesetzestexte und viele andere Textsorten werden eingefügt, um das literarische Problem mit der gesellschaftlichen Ebene zu verbinden. Bemerkenswert ist insgesamt die doppelt ausgerichtete Dokumentation: Bewusstseinsprotokoll und Außenweltberichte nebst dokumentarischen Versatzstücken sind fast immer verzahnt – auf diese beiden Ebenen ist hier der Begriff der Neuen Sachlichkeit zu beziehen.

Dokumentarismus als Schreibweise ist kennzeichnend für die große Tendenz zur Reportage – eine Wendung zu den konkreten Tatsachen, auf die man in Grenzformen von Journalismus und Dokumentation Bezug nahm, und zwar mit dem Habitus des kühlen Stils (vgl. Lethen 1995). Egon Erwin Kischs *Der rasende Reporter* (1924) wurde hierfür zum Manifest. Die Romane von Erich Kästner, dessen *Emil und die Detektive* (1929) die Großstadtkindheit oder wie der *Fabian* (1931) eigenschaftslose Intellektualität thematisieren, fanden ebenso weite Verbreitung wie die von Hans Fallada, der mit *Kleiner Mann, was nun?* (1932) den Niedergang eines kleinen Angestellten erzählt und sich dabei ausdrücklich an die Filmtechnik anlehnt. Kurt Tucholsky spielte im Grenzgebiet der **Satire**, Lyrik, Erzählung und des Journalismus eine wichtige Rolle, und Karl Kraus' langjährige Zeitschrift *Die Fackel* (1899–1936) zielte ebenfalls darauf, den alltäglichen Phrasengebrauch zu kritisieren – im kommentierten Zitat ließen sich reaktionäre Denkweisen zur Schau stellen. Weiterhin führt Carl Zuckmayers *Hauptmann von Köpenick* (1931) das schablonenhafte Kleinbürgerdenken, das sich auf Äußerlichkeiten wie die Autorität einer Uniform stützt, satirisch vor.

<table>
<tr><td>Zum Begriff</td><td>→ **Neue Sachlichkeit** ist der Begriff für eine bildkünstlerische Tendenz der 1920er Jahre, die als Gegenentwurf zu den Formauflösungen des Expressionismus eine geordnete, kühle und geometrisierende Form anstrebt, welche der zweckgebundenen Funktion folgt. Analog dazu bezeichnet der Begriff in der Literatur die dem Journalismus nahestehenden Tendenzen, die gegen die subjektiven Ausdrucksqualitäten in der expressionistischen Literatur eine an den gesellschaftlichen Zuständen direkt orientierte, dokumentaristische Schreibweise praktizierten.</td></tr>
</table>

Diese Schreibintentionen der **Neuen Sachlichkeit** haben ihre Parallele in den angewandten Künsten des **Bauhauses** in Dessau und Weimar. Auch dort bestimmt die Funktion eines Dinges seine gestalterische Form, die in Gebrauchsgegenständen, Möbeln oder Architektur eine konstruktive Utopie der Moderne tragen sollte: In der Geometrisierung sah man den demokratischen Vorteil der Berechenbarkeit und Planbarkeit für die ganze Gesellschaft. Probleme des Einheitsdesigns wurden noch nicht erkannt.

Die linke Avantgarde erreichte das große Publikum nicht entscheidend – dies gilt auch für **Bertolt Brecht**, der sich vom expressionistischen Bürgerschreck (*Baal*, 1918; *Trommeln in der Nacht*, 1920) zum linksdogmatischen Lehrstückautor (*Badener Lehrstück vom Einverständnis*, 1929; *Die Maßnahme*, 1930) und Verfechter eines epischen Theaters mit revolutionären Absichten wandelte (s. Kap. 3.3.4). Auch die Aktionsformen der Literatur, der satirische Vortrag oder der Bänkelsang mit Vertonungen etwa durch Hanns Eisler im politischen Kabarett mobilisierten nur die eigene Partei.

Der Literaturmarkt, der nach Erfindung der Rotationspresse wie auch von Radio und Film enorm expandierte, hatte nicht nur demokratische Seiten. Verleger griffen in Form von Popularisierungen, also Werkverfälschungen ein, was etwa Brecht erfahren musste, dessen *Dreigroschenoper* (1930) durch die Nero-Film AG derart verändert wurde, dass er im Dreigroschenprozess von der Demontage seines Werkes unter »wirtschaftlichen und polizeilichen Gesichtspunkten« sprach. Bei weniger erfolgreichen Autoren ersetzte der Markt die fortgefallene Zensurinstanz. Wirksam war aber auch das fatale »Schund- und Schmutzgesetz« von 1926, das gerade gegen linke Autoren eingesetzt wurde. Die schriftstellerischen Interessenvertretungen hatten einen bescheidenen Wirkungsgrad, so etwa der 1921 international gegründete PEN-Club, der sich für den Weltfrieden engagieren wollte. Aufführungs- oder Veröffentlichungsverbote trafen z. B. den Revolutionsfilm *Panzerkreuzer Potemkin* von Sergej Eisenstein (1925) oder Bertolt Brechts *Die heilige Johanna der Schlachthöfe* (1932), aber auch das Antikriegsbuch *Im Westen nichts Neues* (1929) von Erich Maria Remarque.

Irrationale Tendenzen: Die internationale Moderne (besonders in Deutschland, Italien oder Spanien) ist nicht nur durch den konstruktiven, berechenbaren Weltplan gekennzeichnet, sondern findet ihre komplementäre Entsprechung in einer ›zweiten Moderne‹, die sich auf die irrationale Tradition Schopenhauers und seines anonymen, energiegeladenen Weltwillens zurückführen lässt (vgl. Wyss 1996). Daran partizipierten auch diejenigen, die einen kämpferischen Heroismus ästhetisierten – so konnte etwa **Ernst Jünger** seine heldischen Kriegsschwelgereien *In Stahlgewittern* (1920) mit hohen Auflagen veröffentlichen. Der Begriff der Rasse wurde salonfähig und immer stärker mit Wertungen besetzt wie etwa bei Gottfried Benn. Entsprechend wurden die Mythen aufgewertet, die im Gegensatz zur rationalen, dekadenten Zivilisation einen Fluchtpunkt des Irrationalen markierten – so die Vorstellung des Psychoanalytikers C.G. Jung, der die Beschäftigung mit Mythen und Archetypen geradezu als Heilmittel empfahl. Die Phalanx von Blut- und Bodenliteraten gewann an Einfluss: Hans Grimm lieferte 1926 mit seinem Roman *Volk ohne Raum* den Nazis ein wichtiges Stichwort, Erwin Kolbenheyer, Will Vesper oder Hans Blunck waren andere, die Tendenzen der reaktionären Heimatkunst um 1900 aufgriffen und radikalisierten.

1916	Optomechanischer Fotosatz	
1923	Der ›Deutsche Rundfunk‹ eröffnet mit Dichterlesungen und Musikbeiträgen	**Optische**
1923	Elektronisches Fernsehen (Vladimir Zworykin)	**und akustische**
1925	Erster Tonfilm der Ufa hat Premiere	**Medien**
1928	Erstmals sequenzielles Farbfernsehen (John Baird)	
1929	**Walter Ruttmann** | *Melodie der Welt*: erster Lichtton-Langfilm in dt. Kinos	
1935	Farbfilm und moderne Farbfotografie	

Die **Haltung zur Technik** war zwiespältig, Skepsis (Georg Kaiser: *Gas*, 1917/18) und Technikfeier (Max Brand: *Maschinist Hopkins*, 1929) standen sich gegenüber. Die entstehenden **Arbeitswissenschaften** untersuchten den Zusammenhang von Arbeitsrhythmen und ihrer Verinnerlichung zu jenen Automatismen bei den Arbeitenden, wie sie der Unternehmer Charles Taylor zur Ökonomisierung der Arbeitsabläufe ins Werk gesetzt hatte. Walter Benjamin versuchte, feinnervige Sensibilität mit einer aufgeschlossenen Sicht auf Technik zu verknüpfen, von der er sich ästhetische, aber auch gesellschaftlich verändernde Impulse erhoffte.

Vom Ersten Weltkrieg
bis zur Gegenwart

Fritz Lang:
Dr. Mabuse, Film-
plakat von 1922

Konträre politische Absichten bestimmten auch die neuen **Kunstmedien**:

Der spätexpressionistische Film (*Das Kabinett des Dr. Caligari*, 1919; Fritz Langs *Dr. Mabuse, der Spieler*, 1922; *Nibelungenfilm*, 1923; *Metropolis*, 1927), der sich weiterhin mit Problemen des großstädtischen und industriellen Lebens auseinander setzte, versuchte sich zunächst an den längeren Erzählbögen der Literatur. Dann wird die Technik der schnellen *cuts* entdeckt, die auch den Montageroman beeinflusst. Walter Ruttmanns Film *Berlin – Sinfonie einer Großstadt* (1927) z.B. überfordert absichtlich die Leistungen des Auges, und Oskar Fischinger arbeitete diese Technik aus mit geometrischen Farbformen, denen er Musik unterlegte. Der Film sollte auch die beschleunigten Lebensprozesse zur Diskussion stellen, woran Walter Benjamin noch 1936 in seinem Aufsatz über *Das Kunstwerk im Zeitalter seiner technischen Reproduzierbarkeit* große demokratische Hoffnungen knüpfte (s. Kap. 5.5).

Das Radio eröffnete 1923 als Deutscher Rundfunk sein Programm mit Dichterlesungen und Musikbeiträgen. Doch bald schon war das akustische Medium umkämpft: Es gab eine Arbeiter-Radio-Bewegung, an der sich auch Döblin beteiligte, und die Hoffnungen Brechts gingen dahin, aus dem Radio als bloßem Nachrichtenverteiler (»Distributionsapparat«) nun einen basisdemokratischen, interaktiven »Kommunikationsapparat« zu machen (*Rede über die Funktion des Hörfunks*, 1932). An solchen Emanzipationsgedanken war das konservative Lager wenig interessiert: Zunehmend spannte die politische Rechte den Film für ihre Zwecke ein und nutzte bei den Machtverschiebungen dieses neue Medium entscheidend. Benn etwa verbreitete seine Rassentheorien zur Überlegenheit des rationalen Nordeuropäers über den Äther und betrieb 1933 offensiv Propaganda für die Nazis (s. Kap. 5.6).

2.4.3 | Das ›Dritte Reich‹ und die unmittelbare Nachkriegszeit

Literatur und Politik nach 1933	

1933	Machtergreifung Hitlers; Gründung der Reichsschrifttumskammer
1934	Nürnberger Parteitag der NSDAP
1933–43	**Thomas Mann** | *Joseph und seine Brüder* (R.)
1930	**Carl Zuckmayer** | *Hauptmann von Köpenick* (Dr., als Tonfilm 1931)
1935	**Arnold Zweig** | *Erziehung vor Verdun* (R.)
1936	**Lion Feuchtwanger** | *Der falsche Nero* (R.)
1936	**Jan Petersen** | *Unsere Straße* (R.)

1939–45	Zweiter Weltkrieg
1939	**Bertolt Brecht** | *Leben des Galilei* (Dr., 1. Fassg.)
1940/41	**Ilja Ehrenburg** | *Der Fall von Paris* (R.)
1941	**Walter Benjamin** | *Geschichtsphilosophische Thesen* (Essay)
1941	**Bertolt Brecht** | *Mutter Courage und ihre Kinder* (Dr.)
1942	Wannsee-Konferenz (Beschluss über die Vernichtung der Juden, »Endlösung«)
1942	**Anna Seghers** | *Das siebte Kreuz* (R.)
1945	**Paul Celan** | *Todesfuge* (L.)
1945	**Günter Eich** | *Inventur* (L.)
1945	**Rudolf Hagelstange** | *Venezianisches Credo* (L.)
1946	**Dietrich Bonhoeffer** | *Gedichte aus Tegel* (L.)
1946	*Der Ruf* (Zs., Hg. Hans Werner Richter/Alfred Andersch)
1946	**Wilhelm Lehmann** | *Entzückter Staub* (L.)
1946	**Carl Zuckmayer** | *Des Teufels General* (Dr.; 1954 Film von H. Käutner)
1947	Gründung der Gruppe 47
1947	**Werner Bergengruen** | *Dies irae* (L.)
1947	**Wolfgang Borchert** | *Draußen vor der Tür* (Dr.)
1947	**Hans Egon Holthusen** | *Klage um den Bruder* (L.)
1947	**Max Horkheimer/Th. W. Adorno** | *Dialektik der Aufklärung* (sozialphil. Studie)
1947	**Hermann Lenz** | *Das stille Haus* (Erz.)
1947	**Thomas Mann** | *Doktor Faustus* (R.)
1947	**Nelly Sachs** | *In den Wohnungen des Todes* (L.)
1948	**Ilse Aichinger** | *Die größere Hoffnung* (R.)
1948	**Gottfried Benn** | *Statische Gedichte* (L.)
1948	**Karl Krolow** | *Gedichte* (L.)
1948	**Hans Sedlmayr** | *Der Verlust der Mitte* (philos. Essay)
1949	**Wolfgang Weyrauch** | *Tausend Gramm* (Prosa)

Machtergreifung und literarische Prozesse: Überraschend kam nach den verschärften Wirtschaftskrisen die Machtübernahme durch Hitler am 30. Januar 1933 nicht, frappierend war allerdings das Tempo ihrer Umsetzung, auch was die Gleichschaltung der Presse und der literarischen Vereinigungen anging. Im Schutzverband deutscher Schriftsteller gewannen Nazis schnell die Oberhand; die Preußische Akademie der Künste in Berlin zwang linke Mitglieder zum Austritt, der PEN wurde rasch mit willfährigen Mitgliedern besetzt. Die **Reichsschrifttumskammer** übte strengste Zensur aus und erteilte nicht nur Veröffentlichungs-, sondern auch Schreibverbot für missliebige Autor/innen (vgl. insgesamt Kroll 2003). Alle Kunst hatte nun der Feier der Masse unter dem Führer zu dienen: So wurden die Thingspiele mit ihren kultischen, weihevoll wabernden Texten von Tausenden von Schauspielern vor Zehntausenden von Zuschauern gespielt; die fanatischen Autoren arbeiteten dem Regime mit ihrer volkhaften, heldischen Dichtung zu, aber auch die Maler, die an Mutter-Kind-Idyllen, Erntebildern oder heroischen Porträts werkelten – die als ›entartet‹ diskriminierten Künstler z. B. des Expressionismus waren dabei natürlich ausgeschlossen. Politik wurde inszeniert in Aufmärschen, Ritualen wie Bücherverbrennungen oder Massenveranstaltungen, deren Gestaltungen minutiös geplant waren und von der Filmregisseurin Leni Riefenstahl in technischer Perfektion gefilmt wurden – so etwa der Nürnberger Parteitag 1934 und die Olympiade 1936 in Berlin (zur Epoche allgemein vgl. Stephan 2001, S. 433–450).

Zum Begriff

> Das im Nachhinein von einigen Autoren reklamierte Etikett der → **inneren Emigration** bezeichnet den Rückzug in das eigene Schreibzimmer ohne Anspruch auf Veröffentlichungstätigkeit. Die Schreibhaltungen können geprägt sein vom gänzlichen Einstellen der literarischen Arbeit oder der Behandlung unpolitischer Themen (z. B. Naturlyrik) bis hin zum heimlichen Schreiben von verborgen gehaltenen, womöglich widerständigen Texten (vgl. Schnell 1976).

Gottfried Benn war der wohl prominenteste Autor, der sich nach seiner Entfremdung von den Nazis enttäuscht den autonomen Wortwelten zuwandte, die ohne direkten Zeitbezug auskommen sollten und nur um die Lyrik selbst kreisten. Frank Thieß, der die Emigranten beschimpfte und danach Anerkennung für sein scheinbar heroisches Verhalten des Dableibens forderte, hatte sich eher listig arrangiert. Auf ihn wie auf viele andere passte die Diagnose Thomas Manns, dass es sich hier um schlichtes Anpassertum handelt. Dass aber im Privaten auch widerständige Werke von Rang geschaffen wurden, lässt sich dagegen von Ernst Barlach, Ricarda Huch oder Gertrud Kolmar behaupten, ebenso wie von Jochen Klepper, Werner Bergengruen oder Ernst Wiechert.

Die jüngere Schriftstellergeneration arbeitete ohne weitere Verbreitung; sie wurde aufgrund ihrer meist subjektiven Dichtung von den Nazis teilweise geduldet und entfaltete ihre Wirkung ohnehin erst nach 1945. Hierzu gehörten etwa Günter Eich, Peter Huchel, Wolfgang Koeppen, Karl Krolow, Oskar Loerke oder Luise Rinser.

Politisch engagierte Schriften mussten illegal im Untergrund entstehen und versteckt aufbewahrt oder ins Ausland geschmuggelt werden (Jan Petersen: *Unsere Straße*, 1936); weitere Zeugnisse sind die nach dem Krieg veröffentlichten *Gedichte aus Tegel* (1946) des hingerichteten Dietrich Bonhoeffer, Werner Bergengruens Gedichtband *Dies irae* (1947) oder der Lyrikband *In den Wohnungen des Todes* (1947) von Nelly Sachs.

Zum Begriff

> → **Exilliteratur** ist eine Sammelbezeichnung für die literarischen Arbeiten jener, die den Weg aus Nazideutschland ins Exil antraten: Heinrich und Klaus Mann, Thomas Mann und Bertolt Brecht emi-

> grierten; ebenso Franz Werfel, Alfred Döblin, Robert Musil, Carl
> Zuckmayer, Lion Feuchtwanger, Arnold Zweig, Ilja Ehrenburg, Jo-
> hannes R. Becher, die wegen ihrer politischen Auffassungen oder jü-
> dischen Herkunft bekämpft wurden (vgl. Stephan 2008, S. 451–478).
> In den allgemeinen Haltungen war man sich zwar einig, die Texte
> zeigen aber ein breites Spektrum von Themen und Formen.

Dass es in der Exilliteratur ein breites Meinungsspektrum gab, zeigte
sich an der international geführten **Expressionismus-Debatte**, in der
Georg Lukács Klage erhob gegen das subjektive Pathos, mehr noch gegen die kriegslüsterne Erneuerungssucht des Expressionismus, wogegen
etwa Ernst Bloch die formalen Errungenschaften als avantgardistische
Ausdrucksmittel lobte. Die berüchtigten Moskauer Schauprozesse, die
1936/37 zu Massenhinrichtungen von Stalin-Oppositionellen führten,
entzogen vielen linken Emigranten die Basis.

Bei allen Unterschieden eint die Exilliteraten aber das **antifaschis-
tische Motiv** – deutlich zu erkennen in Anna Seghers' Roman *Das siebte
Kreuz* (1942), dem abenteuerlichen Roman einer Flucht aus dem Konzentrationslager. Indirekt zeigt es sich im historischen Roman, der,
wie Lion Feuchtwangers *Der falsche Nero* (1936), Probleme der
Herrschaft erörtert. Eine andere Variante bevorzugt Thomas
Mann, der in seiner vielschichtigen Tetralogie *Joseph und seine
Brüder* (1933–42) auf alttestamentarische Quellen zurückgeht
und daran eine humanistische Hoffnung knüpft: Wenn es gelingt, einen zentralen Mythos neu zu gestalten, könnte auch die
Menschheit ihr Schicksal durch Selbsterzählungen wieder in
die Hand bekommen. Die Absicht Manns ist es, den Faschisten
den Mythos zu entreißen und ihn ins Humane umzugestalten.
Insgesamt – so ließe sich das kaum überschaubare Feld resümieren – lässt sich eher von Exilliteraturen im Plural sprechen; zu
unterschiedlich sind die Perspektiven und auch die Folgen der
Emigration.

Anna Seghers:
Das siebte Kreuz,
Umschlag

1945 – Stunde Null?

Konservative Reaktion: Nach der bedingungslosen politischen Kapitula-
tion und Befreiung vom Nationalsozialismus im Mai 1945 beschwor die
ältere Generation eine Rückbesinnung – so Stefan Andres, Hans Carossa,
Georg Britting, Elisabeth Langgässer oder Hans Sedlmayr mit seiner viel
beachteten Kulturstudie über den *Verlust der Mitte* (1948), der christlich-
abendländische Werte reklamierte. In der Lyrik zog man sich auf die Form
zurück, um damit Dichtung aus der Zeitbedrohung zu retten (Rudolf Ha-
gelstange: *Venezianisches Credo*, 1945; Hans Egon Holthusen: *Klage um
den Bruder*, 1947), und die meisten Naturlyriker arbeiteten im Sinne einer

bewahrenden Naturanschauung (Wilhelm Lehmann: *Entzückter Staub*, 1946; Karl Krolow: *Gedichte*, 1948).

Zum Begriff

> Der Begriff des → ›Kahlschlags‹, von Wolfgang Weyrauch in seiner Prosaanthologie *Tausend Gramm* (1949) geprägt, wurde zum epochalen Motto der jungen Generation, die einen Neubeginn markieren wollte. Ähnlich bezeichnete Heinrich Böll mit ›Trümmerliteratur‹ jene Dichtungsformen, mit denen man den Bombast der Nazi-Sprache abzuschütteln und neue Schreibweisen ins Auge zu fassen versuchte (vgl. insgesamt Hoffmann 2006).

In Einzelfällen gelang das gegen die belasteten Traditionen versuchte neue Schreiben eindrücklich, wie etwa in Günter Eichs Gedicht *Inventur* (1945), das in rudimentären Sätzen lakonisch einzelne, elementare Dinge auflistet und dabei auch Schreibwerkzeuge benennt. Vergleichbar ist Wolfgang Borcherts Stil, der mit seinen Kurzgeschichten und vor allem seinem Drama *Draußen vor der Tür* (1947) die Nullpunktsituation, das Fremdsein des Heimkehrers Beckmann und den allgemeinen Orientierungsverlust mit betont kargen Mitteln darstellt. Bei anderen griffen diese Strategien weniger – das gilt auch für die erste Kulturzeitschrift *Der Ruf*, die von Hans Werner Richter und Alfred Andersch 1946 gegründet wurde: Man wollte Aufklärungsarbeit leisten, konnte aber dem verabscheuten Sprachpathos selbst nicht entrinnen. Daraus entstand unter Leitung Richters die **Gruppe 47**, die in den folgenden zwei Jahrzehnten die Literatur der Bundesrepublik maßgeblich bestimmen sollte (zur Literatur der Nachkriegszeit vgl. Schnell 2007; 2003).

2.4.4 | Literatur der DDR

Literatur und
Politik von 1948
bis in die
1960er Jahre

1948	**Günther Weisenborn** | *Memorial* (autobiogr. R.)
1948	**Peter Huchel** | *Gedichte* (L.)
1948/49	Blockade Berlins durch die UdSSR
1949	Staatsgründung der DDR (7. Sept.)
1949	**Anna Seghers** | *Die Toten bleiben jung* (R.)
1949	**Willy Bredel** | *Die Söhne* (R.)
1950er Jahre	Aufbauroman
1951	**Stephan Hermlin** | *Die erste Reihe* (P.)
1952	**Hanns Eisler** | *Johann Faustus* (Opernlibretto)
1953	Demonstrationen gegen Arbeitsnormen, am 17. Juni zurückgeschlagen
1953	**Georg Lukács** | *Die Zerstörung der Vernunft* (polit. Studie)

1954	**Arnold Zweig** | *Die Feuerpause* (R.)
1954–59	**Ernst Bloch** | *Das Prinzip Hoffnung* (polit.-philos. Studie, geschr. 1938–48)
1955	Gründung des ›Johannes R. Becher-Instituts‹ in Leipzig zur Schriftstellerschulung
1955	**Bertolt Brecht** | *Buckower Elegien* (L.)
1956	**Heiner Müller** | *Der Lohndrücker* (Dr.)
1957	**Bertolt Brecht** | *Der gute Mensch von Sezuan* (Dr.)
1957/73/80	**Erwin Strittmatter** | *Der Wundertäter* (R.)
1958	**Bruno Apitz** | *Nackt unter Wölfen* (R.)
1959	Literaturtagung in Bitterfeld (›Bitterfelder Weg‹)
1959	**Anna Seghers** | *Die Entscheidung* (R.)

Anfangsgründe in der Exilliteratur: Vergleichbare Bemühungen um eine neue Sprache gab es in der sowjetischen Zone nicht, die sich wenige Wochen nach der Gründung der Bundesrepublik am 7.9.1949 als **DDR** konstituierte. Der Gedanke einer Literatur, die aus der autonomen Sprache heraus die Dinge ins Bessere wenden könnte, war für die aus dem Exil zurückkehrenden marxistisch orientierten Autoren (Arnold Zweig, Anna Seghers, Johannes R. Becher, Bertolt Brecht, Ernst Bloch, Stephan Hermlin u. a.) wenig plausibel. Was im Westen die *re-education* im Sinne der amerikanischen Demokratie war, wurde im Osten als Erziehung zum Sozialismus durchgesetzt, wofür auch der Kulturbereich genutzt wurde (für einen Überblick vgl. Opitz/Hofmann 2009; Emmerich 2005).

Nach dem 1946 erzwungenen Zusammenschluss von KPD und SPD zur SED wurde vom Kulturbüro die Doktrin des in der Sowjetunion seit 1934 offiziell gültigen → Sozialistischen Realismus durchgesetzt: Selbstgenügsames, künstlerisches Spiel ohne sozialistische Parteinahme lehnte man ab. Literatur musste sich direkt auf die Wirklichkeit beziehen und sie im Blick auf kommunistische Ziele korrigieren, und zwar durch eine positive Identifikationsfigur, die eine klare Handlungsanleitung verkörperte.

Zum Begriff

Eine besondere Rolle spielte bei der Programmbildung des ›sozialistischen Realismus‹ Georg Lukács mit seiner Auffassung, dass Literatur die gesellschaftlichen Bestimmungen widerzuspiegeln und das einzelne Leben in diesem Zusammenhang zu zeigen habe. Daran knüpfte er die Forderung, dass das Kunstwerk ein Ensemble von gesellschaftlichem Kontext und Einzelschicksal in formal organischer Geschlossenheit repräsentieren solle. Polyperspektivismus, Montage oder andere moderne Experimente wurden als ›**Formalismus**‹ abqualifiziert.

›**Klassisches Erbe‹:** Die Diskussion über Nachteile und Nutzen der etablierten bzw. kanonischen Literatur wurde schnell entschieden. Auch wenn das Kulturministerium wichtige Autoren auf Seiten des verpönten bürgerlichen Humanismus ausfindig machte, reklamierte man deren ganzheitliches Menschenbild für sich und versuchte, ihr Œuvre im sozialistischen Sinne zugänglich zu machen: Lessing, Goethe, Schiller, Heine bis zu Heinrich und Thomas Mann standen neben zeitgenössischen linken Autoren auf Lektürelisten und Theaterspielplänen.

Literarisches Leben: Entgegen den landläufigen Vermutungen zeigte sich in der öffentlichen Behandlung von Literatur alles andere als ein uniformes Bild. Bertolt Brecht, dessen episches Theater den Kulturfunktionären zu riskant war, bat man um Alltagsstücke aus der Produktion, die er freilich seinen Schülern überließ, um sich selbst auf das Land zurückzuziehen und dort Lyrik zu schreiben (*Buckower Elegien*, 1953). Sein *Arturo Ui* etwa, 1941 als Aufklärungsstück über die nationalsozialistische Machtergreifung geschrieben und auf das Gangstermilieu übertragen, wurde 1958 bezeichnenderweise in Stuttgart uraufgeführt.

Politische Linienbildung durch Literatur: Gebrauchstexte zu alltagspraktischen Zwecken waren in der DDR gefragt, darunter auch Kulthymnen auf Stalin, eine Pflichtübung vor allem für junge Autoren. Schriftstellern maß man im staatlichen Volkserziehungsprogramm große Bedeutung zu. Dem Vorteil einer einigermaßen gesicherten Versorgungslage stand jedoch gegenüber, dass das ›Ministerium für Kultur‹ mit der Reglementierung bereits bei der Ausbildung begann. Das ›Johannes R. Becher-Institut‹ in Leipzig etwa gab seit 1955 politische Schulungen in Verbindung mit dem literarischen Handwerk, der Grundüberzeugung folgend, dass literarisches Schreiben eine lehrbare Angelegenheit sei. Dies entsprach der straffen Leitlinienprägung des gesamten politischen Lebens, wie sie sich an den Enteignungen der Bodenreform nach 1945, den Verstaatlichungen der Betriebe, den Arbeitsnormen oder den Fünfjahresplänen dokumentierten (vgl. Emmerich 2008, S. 511–534). Auch die blutig niedergeschlagenen Demonstrationen gegen die verschärften Arbeitsnormen und für mehr Meinungsfreiheit am 17.6.1953 konnten nur wenig kulturelle Lockerungen erzielen. Diese Umstände veranlassten schließlich auch einen politischen, aber eben undogmatischen Philosophen wie Ernst Bloch, 1961 nach Tübingen überzusiedeln, nachdem er vorher schon in Leipzig zwangsemeritiert worden war. Mit seinem *Prinzip Hoffnung*, das noch im amerikanischen Exil 1938 bis 1948 geschrieben worden war, hatte er aus politischer Theorie, Philosophie-, Literatur- und Malereigeschichte seinen Tagtraum von einer humanen klassenlosen Gesellschaft formuliert, womit er einigen Einfluss vor allem auf das politische Bewusstsein jüngerer West-Autor/innen ausübte.

Der Aufbauroman war die offiziell gepflegte Vorbildgattung, die in den 50er Jahren mit schlichter, geschlossener Form ein optimistisches Weltbild verbreiten sollte. Diese Betriebs- oder **Produktionserzählungen** sowie die **Agrodramen** aus dem sozialistischen Alltag gehörten ebenfalls zu den Pflichtaufgaben junger Schriftsteller, die nur dann gefördert wurden, wenn sie auf die Produktionswelt Bezug nahmen. »Greif zur Feder, Kumpel – die sozialistische Nationalkultur braucht dich!« – mit dieser

Forderung wollte Alfred Kurella die Literatur auf den ›**Bitterfelder Weg**‹ schicken, der als offizielle Leitdoktrin allerdings von vielen Autor/innen kaum ernst genommen wurde. Die neu gewonnene Gattung des Brigade-Tagebuchs war mit dem Anspruch des literarisch hohen Standards überlastet; später wurde die Doktrin revidiert und 1973 ganz verworfen.

Als ›Ankunftsliteratur‹ wird seit Beginn der 60er Jahre eine Variante des bürgerlichen Bildungsromans bezeichnet, bei dem die Held/innen nach konflikthaften Entwicklungen im sozialistischen und parteipolitischen Alltag den Weg zur Integration finden: Brigitte Reimanns Roman *Ankunft im Alltag* (1963) wurde zum Leitmotiv für viele Erstlingswerke von später namhaften Autoren (z. B. Christa Wolf oder Günter de Bruyn). Etwas weiter gefasst sind die ›**Entwicklungsromane**‹, die sich vom Betriebsalltag lösen und stärker gedankliche Prozesse gestalten, die zum sozialistischen Standpunkt führen sollen (Anna Seghers: *Die Entscheidung*, 1959; Erwin Strittmatters Trilogie *Der Wundertäter*, 1957/73/80).

Subjektivität, Sprache und Politik in der späteren DDR

1960er Jahre:	Ankunftsliteratur und Entwicklungsromane	**DDR-Literatur**
1961	Bau der innerdeutschen Mauer am 13. August	**und Politik**
1962	**Johannes Bobrowski** | *Schattenland Ströme* (L.)	**1960 bis 1976**
1962	**Peter Hacks** | *Die Sorgen und die Macht* (Dr.)	
1963	**Brigitte Reimann** | *Ankunft im Alltag* (R.)	
1963	**Christa Wolf** | *Der geteilte Himmel* (R.)	
1963/64	**Heiner Müller** | *Der Bau* (Dr.)	
1964	**Johannes Bobrowski** | *Levins Mühle* (R.)	
1965	**Wolf Biermann** | *Die Drahtharfe* (L.)	
1965	**Hermann Kant** | *Die Aula* (R.)	
1966	**Fritz Rudolf Fries** | *Der Weg nach Oobliadooh* (R.)	
1968	**Jurek Becker** | *Jakob der Lügner* (R.)	
1968	**Wolf Biermann** | *Mit Marx- und Engelszungen* (L./in BRD erschienen)	
1968	**Günter de Bruyn** | *Buridans Esel* (R.)	
1969	**Peter Hacks** | *Amphitryon* (Dr.)	
1969	**Reiner Kunze** | *Sensible Wege* (L./in BRD erschienen)	
1969	**Christa Wolf** | *Nachdenken über Christa T.* (R.)	
1970	Anbruch der politischen ›Tauwetterphase‹ zwischen Ost und West	
1970	**Volker Braun** | *Landwüst* (L.)	
1971	**Heiner Müller** | *Germania Tod in Berlin* (Dr.)	
1972	**Peter Hacks** | *Adam und Eva* (Kom.)	
1972	**Peter Huchel** | *Gezählte Tage* (L.)	
1972	**Ulrich Plenzdorf** | *Die neuen Leiden des jungen W.* (R./Dr.)	
1974	**Irmtraud Morgner** | *Leben und Abenteuer der Trobadora Beatriz* (R.)	

1974	**Brigitte Reimann** | *Franziska Linkerhand* (R.)
1976	**Reiner Kunze** | *Die wunderbaren Jahre* (L./in BRD erschienen)
1976	**Inge Müller** | *Poesiealbum* (L.)

Schreibweisen jenseits des Dogmas: Dass die Diskussion um das Ich oder Wir in der Literatur immer wieder aufflammte und tendenziell seit den 60er Jahren das Subjekt stärker ins Spiel kam, ermöglichte eine Palette unterschiedlicher Schreibintentionen (vgl. Emmerich 2001, S. 534–551). So etwa hat Jurek Beckers *Jakob der Lügner* (1968) gezeigt, wie man mit dem Thema Konzentrationslager auch ironisch oder humorvoll umgehen kann, ohne zu verharmlosen – also mit einem **subjektiven Faktor**, der sich in Selbstaussprachen mit einer persönlichen, weniger einer historischen Vergangenheit zeigt. Besonders bei Christa Wolf wird dies deutlich, die die autoritären Prägungen auch der DDR-Gesellschaft aufdeckte (*Kindheitsmuster*, 1976). Mit dieser Archäologie der Ost-Gegenwart soll zugleich eine Geschichte des schreibenden Ich entworfen werden, um ein Plädoyer für den Individualismus und ein Programm der Authentizität zu geben (*Nachdenken über Christa T.*, 1969).

Prosaexperimente: Günter de Bruyn z.B. hat diese Tendenz über die Wende hinaus beibehalten: Von *Buridans Esel* (1968) bis zu den autobiographischen Romanen *Zwischenbilanz. Eine Jugend in Berlin* (1992) und *Vierzig Jahre* (1996) steht das Persönliche im Vordergrund, und zwar mit dem an Jean Paul geschulten Gedanken, dass jede Autobiographie auch Erfindung und Konstruktion des schreibenden Selbst ist. Diesen Weg von der Politik zum Subjekt ist Fritz Rudolf Fries über das Sprachexperiment gegangen, nämlich als Spiel mit Assoziationen und Bewusstseinsströmen in *Der Weg nach Oobliadooh* (1966) oder *Alexanders neue Welten* (1983).

Lyrik: Dass diese Gattung seit den 60er Jahren den Schritt zur Sprache mit einer subjektiven Haltung verbindet, scheint wenig überraschend.

- **Johannes Bobrowski** ist dafür ein markanter Vorläufer – sein Eingedenken der historischen Katastrophen, die sich zwischen Deutschland und Osteuropa abspielten, hüllte er in teilweise hermetische Diktion.
- **Inge Müller** betreibt in ihrer zumeist posthum veröffentlichten Lyrik ebenfalls persönliche Vergangenheitsbewältigung, die sie aber unerschrocken in Zusammenhang mit den Nazi- und DDR-Katastrophen stellte.
- **Günter Kunert** forderte entsprechend gegen das sozialistische Mustergedicht das ›schwarze Lehrgedicht‹, das mit Mitteln der Chiffrierung und der Mehrdeutigkeit die Rechte des Subjekts reklamierte.
- **Wolf Biermann**, schon früh im Ruf eines Individualisten und Dekadenzlers, musste für seine *Drahtharfe* (1965) und *Mit Marx- und Engelszungen* (1968) den Publikationsumweg über die Bundesrepublik nehmen.

- **Reiner Kunze** prägte die Tendenz zum Individualismus maßgeblich mit; sein Gedichtband *Sensible Wege* (1969) gibt dafür einen geradezu epochenfähigen Titel.
- **Peter Huchel** als wichtiger Repräsentant der Naturlyrik stellt Landschaften nicht mehr wie Becher, Fürnberg und andere in den 50er Jahren als hoffnungsvollen Ort eines utopischen Vorscheins dar, sondern als verrätselte, pessimistische Stillleben (*Gezählte Tage*, 1972).
- **Volker Braun** hat mit seinem Gedicht *Landwüst*, wie er es 1970 in Anlehnung an T.S. Eliots *Waste Land* nannte, das klassisch moderne Motiv auf die Industrielandschaft der Gegenwart übertragen und die Natur als zerstörtes Objekt oder als Kampfplatz der Zivilisationen thematisiert.

Drama: Auch diese Gattung löst sich von den programmatischen Vorgaben – der Optimismus der Produktionsstücke weicht der oft untergründigen Auseinandersetzung mit dem realsozialistischen Alltag.

Heiner Müller, der vielleicht einzige Autor, der in Ost und West gleichermaßen intensiv wahrgenommen wurde, zeigt mit seinem Œuvre beispielhaft die Entwicklung des Dramas. Mit Stücken aus dem sozialistischen Produktionsalltag (z. B. *Der Lohndrücker*, 1956) schafft er allerdings ironische Brechungen und führt die unbewältigte Nazi-Vergangenheit von DDR-Bürgern vor. In der Folge wandte er sich mythologischen Stoffen zu, die das gesellschaftlich Verdrängte aufdecken sollten: Philoktet, Herakles, Prometheus waren solche Figuren, deren klassische Handlungsmuster auch von anderen Autoren genutzt wurden, um die Zensur zu unterlaufen und herrschaftskritische Äußerungen gegen Sozialismus wie auch Kapitalismus zu richten – eine Eingeweihtensprache, die aber vom Publikum in der DDR weithin verstanden wurde. Müller konzipierte seine Texte zunehmend als **autonome Literatur**, von der er sich keinerlei Wirkung mehr auf die gesellschaftliche Praxis erhoffte. Gerade in seinem Œuvre lässt sich stellvertretend für viele eine Wendung zum experimentellen Theater zeigen und zu einer Literatur, die vor allem Sprachkunstwerk sein will: Wirklichkeit wird als Materialfundus begriffen, aus dem man Kunst machen kann (s. Kap. 3.3).

Peter Hacks, seltenes Beispiel einer Übersiedlung von West nach Ost, zeigt eine ähnliche Wendung. Nach seinen anfänglichen Produktionsstücken (*Die Sorgen und die Macht*, 1962) definierte er sich als ›postrevolutionärer Dramatiker‹, dessen politische Ziele verwirklicht seien – um sich dann klassischen Stoffen zuzuwenden, über *Amphitryon* (1968) schließlich bis zu *Adam und Eva* (1972).

Politische Entwicklungen in der Literaturszene: Die Konvergenz der feindlichen Systeme von Ost und West seit dem Besuch Willy Brandts brachte nach der Eiszeit des Kalten Krieges 1970 eine ›**Tauwetterphase**‹, die sich in manchen Gesetzeslockerungen auswirkte. Selbstbewusst sprach Erich Honecker nun vom ›real existierenden Sozialismus‹ nicht mehr als Übergangsstadium, sondern als einer in sich selbst berechtigten Gesellschaftsform. Damit ging eine gewisse Liberalisierung einher, die der Literatur auch formale Entwicklungen zugestand. Ulrich Plenzdorfs

Roman *Die neuen Leiden des jungen W.* (1972), der aus der Sicht eines Jugendlichen Gesellschaftskritik äußert, wurde jedoch zur Geduldsprobe für die Partei, und auch andere Autor/innen mussten bald erkennen, dass die Toleranz Grenzen hatte.

Die **Ausbürgerung Wolf Biermanns** 1976 wuchs sich zum innerdeutschen Skandal aus und brachte wiederum Repressionen für sympathisierende Autor/innen: Günter Kunert oder Sarah Kirsch gehörten zu denen, deren Ausreise von den Behörden emsig beschleunigt wurde, andere wie Christa Wolf oder Volker Braun sahen sich persönlichen Überwachungs- und Bestrafungspraktiken ausgesetzt, die von massiven Eingriffen in die Texte begleitet wurden. Ein erneuter Exodus war die Folge: Erich Loest, Sarah Kirsch, Jurek Becker, Hans-Joachim Schädlich, Monika Maron, Wolfgang Hilbig, Thomas Brasch und andere verließen zwischen 1977 und 1988 die DDR.

Literatur
und Politik
1976 bis 1996

1976	Ausweisung Wolf Biermanns, Ausreise weiterer Autor/innen in den nächsten Jahren
1977	**Thomas Brasch** | *Rotter* (Dr.)
1977	**Heiner Müller** | *Hamletmaschine* (Dr.)
1978	**Stefan Schütz** | *Michael Kohlhaas* (Dr.)
1979	**Heiner Müller** | *Der Auftrag* (Dr.)
1981	**Erich Loest** | *Durch die Erde ein Riß. Lebenslauf* (R.)
1981	**Monika Maron** | *Flugasche* (R.)
1982	**Sascha Anderson** | *Jeder Satellit hat einen Killersatelliten* (L.)
1983	**Fritz R. Fries** | *Alexanders neue Welten* (R.)
1984	**Heiner Müller** | *Bildbeschreibung* (P./Dr.)
1984	**Christa Wolf** | *Kassandra* (Erz.)
1985	**Volker Braun** | *Hinze-Kunze-Roman*
1985	**Günter de Bruyn** | *Neue Herrlichkeit* (R.)
1985	**Christoph Hein** | *Horns Ende* (R.)
1987	**Christa Wolf** | *Störfall. Nachrichten eines Tages* (Erz.)
1989	Fall der innerdeutschen Mauer am 9. November
1989	**Stefan Döring** | *Heutmorgestern* (L.)
1989	**Christoph Hein** | *Die Ritter der Tafelrunde* (Dr.)
1989	**Reiner Schedlinski** | *Die Rationen* (L. und Essays)
1990	18.3.: Letzte Volkskammerwahlen der DDR
1990	3.10.: Beitritt der DDR zum Geltungsbereich des BRD-Grundgesetzes
1990	**Christa Wolf** | *Was bleibt* (autobiogr. Erz.)
1991	**Jan Faktor** | *Körpertexte* (L., Essays)
1991	**Durs Grünbein** | *Schädelbasislektion* (L.)
1992	**Günter de Bruyn** | *Eine Jugend in Berlin* (R.)
1993	**Wolfgang Hilbig** | *Ich* (R.)
1995	**Bert Papenfuß-Gorek** | *routine in die romantik des alltags* (L.)
1996	**Günter de Bruyn** | *Vierzig Jahre* (R.)
1996	**Adolf Endler** | *Tarzan am Prenzlauer Berg* (Tageb.)
1996	**Heiner Müller** | *Germania 3* (Dr.)

Alternativkultur der 8oer Jahre: Gerade unter dem Anspruch der Subjektivität entwickelten sich nun aus verschiedenen Positionen Gegenentwürfe zur offiziellen Politik, woraus eine wachsende Zahl von Bürgerrechtsvereinigungen, Ökobewegungen, Frauengruppen oder Gelegenheitsprotestierenden hervorging. Dem entspricht das Erscheinen einiger Romane mit Frauenthemen, die schon früh anklingen – etwa in *Leben und Abenteuer der Trobadora Beatriz* (1974), wo Irmtraud Morgner Phantasieperspektiven einer weiblichen, historisch fernen Figur auf die gegenwärtigen Verhältnisse projiziert. Christa Wolfs *Kassandra* (1983) bekundet in der mythologischen Figur die Ohnmacht der Seherin, die schließlich Opfer männlich-herrschaftlicher Zweckrationalität wird – ein Thema, dessen politische Brisanz in der DDR offenkundig war (hierzu und zu den folgenden Entwicklungen vgl. Emmerich 2001, S. 551–579; insgesamt vgl. Huberth 2005 und Emmerich 2005).

Utopisches gegen zyklisches Weltbild: Der Abschied fast aller Schreibenden von der Verherrlichung einer Utopie, die man als gewaltsam empfand, von den Schablonen der sozialistischen Heldenviten und allgemein der formalen Langeweile des sozialistischen Realismus mündete bei den meisten Autor/innen in ein zyklisches Weltbild. Dies zeigt sich an der resignativen Denkfigur, alle Geschichte wäre nur Wiederholung, Fortschritt ohnehin illusionär und auch gar nicht erstrebenswert – man wendet sich gegen eine Gesellschaft, die (im Osten wie im Westen) Katastrophen provoziert, auch gegen die zunehmende Umweltverschmutzung (Monika Maron: *Flugasche*, 1981; Christa Wolf: *Störfall*, 1987).

Heiner Müller: *Herzstück* (1981/2005, S. 69)

Interpretationsskizze: Abschied von der Utopie und Lust am Spiel

Herzstück

EINS Darf ich Ihnen mein Herz zu Füßen legen.
ZWEI Wenn Sie mir meinen Fußboden nicht schmutzig machen.
EINS Mein Herz ist rein.
ZWEI Das werden wir ja sehn.
EINS Ich kriege es nicht heraus.
ZWEI Wollen Sie daß ich Ihnen helfe.
EINS Wenn es Ihnen nichts ausmacht.
ZWEI Es ist mir ein Vergnügen. Ich kriege es auch nicht heraus.
EINS *heult.*
ZWEI Ich werde es Ihnen herausoperieren. Wozu habe ich ein Taschenmesser. Das werden wir gleich haben. Arbeiten und nicht verzweifeln. So, das hätten wir. Aber das ist ja ein Ziegelstein. Ihr Herz ist ein Ziegelstein.
EINS Aber es schlägt nur für sie.

Dass Müllers knapper Dramentext auch als eigenständiges Stück vielfach in Schauspielhäusern aufgeführt worden ist, zeigt nicht nur die
prinzipielle Differenz von Textvorlage und Bühnenrealisation des Re-
gietheaters. Der Text selbst offenbart, bei all seinen dramaturgischen
Vorzügen der Einfachheit und sinnlich-unmittelbaren Fasslichkeit,
beim genauen Hinsehen Brüche. Es gibt einen Subtext, der unter der
Handlungsebene mitläuft: Zweifellos geht es um einen **Utopieverlust**,
der sich am zynischen Umgang der Figuren miteinander erweist, deutlicher noch geht es um den Verlust von Liebe, der sich in der Kontra-
faktur der Herzensschrift zeigt. Entstanden ist der Text im Umfeld des
Stückes *Quartett* (1980/81), was eine erste Interpretationsperspektive
von *Herzstück* als Liebesunterhandlung nahelegt.

Darin ist der Text jedoch nicht erschöpft. Denn es handelt sich
weniger um humane, sondern eher um **Maschinenmenschen** oder
geschlechtsneutrale Androiden, und es findet keine Vivisektion oder
blutige Operation statt, sondern eine mechanische Prozedur, worauf
bereits der Titel hinweist. Zwei Figuren, die nach Entwürfen Müllers
plausiblerweise auch Clownsfiguren sein könnten, stehen einander in
einer Art Endspiel gegenüber: Ohne individuellen Namen mit reiner
Ziffernbezeichnung tauschen sie ihre **Sprechfertigteile** aus, die emo-
tionslos auf Frage- oder Ausrufezeichen verzichten. Nahezu jeder Satz
ist der Alltagssprache entlehnt (›das Herz zu Füßen legen‹, ›Es ist mir
ein Vergnügen‹, ›Das werden wir gleich haben‹) bis hin zur Abwand-
lung von ›Mein Herz schlägt nur für Dich‹ in das Motiv des industriell
gefertigten, pochenden Ziegelsteins. Idiomatische Wendungen bestimmen das Sprechregister und zeigen ihrerseits die Mechanisierung des
Sprechens selbst an, dessen hohle Semantik entlarvt wird. Die Wört-
lichnahme der Phrasen bestimmt den Ausgangskonflikt (›Fußboden
nicht schmutzig machen‹) wie auch die Schlusspointe. Diese klingt
noch an die verbale Schlagfertigkeit von Müllers frühen Produktionsstücken an, doch zeigt sich hier eine deutlich skeptische Tendenz allen
positiven Weltbildern gegenüber.

In der Rollenverteilung wird die schon bei Hegel entworfene und
in der DDR-Literatur des Öfteren skizzierte Dialektik von Herr und
Knecht aufgegriffen – die eine Seite kann ohne die andere nicht sein,
und die Spielsituation gäbe es ohne wechselseitige Abhängigkeiten
nicht. Es geht um ein Unterwerfungsangebot, bei dem sich die Macht
des Ohnmächtigen in der List zeigt, dass er/sie mit der Verlockung den
Machthabenden täuscht.

Die eine Themenofferte wäre also: Liebe unter Bedingungen einer
Diktatur (wobei Müller zweifellos auch westliche Gesellschaften und
ihre das Subjekt verdinglichende Tendenz anspricht). Weitergehend
wird aber auch die **Situation des Schreibenden** selbst thematisiert, der
sich einer doppelten Strategie bedienen muss: Angebote an die Macht
auszusprechen und sie zugleich nicht einzulösen. Deutlich wird auf

der Ebene der Selbstverständigung, dass Müller – hier stellvertretend für eine Phalanx von Autoren – sich vom sozialistischen Alltagsstück wie auch vom Brecht'schen Lehrstück entfernt hat. Motivisch finden sich eher Anklänge an Artauds Theater der Grausamkeit; in der grotesken Perspektive, dem humoresken Grundton und der Vermischung von Ding- und Menscheigenschaften werden aber auch Anleihen beim absurden Theater gemacht (s. Kap. 3.3).

Das dem **Sozialismus abgeneigte Geschichtsdenken** wirkt seit Ende der 70er Jahre auch auf das Theater junger Autoren: Stücke von Thomas Brasch (*Rotter*, 1977), Stefan Schütz (*Michael Kohlhaas*, 1978) bis zu Christoph Hein (*Die Ritter der Tafelrunde*, 1989) sind bereits ein Abgesang auf die historisch werdenden Verhältnisse in der DDR. 1985 erscheint eine Reihe erzählerischer Dokumente eines ›neuen Denkens‹: de Bruyns *Neue Herrlichkeit*, Volker Brauns *Hinze-Kunze-Roman* und Christoph Heins *Horns Ende* sind ebenso wie bereits Erich Loests *Durch die Erde ein Riß. Ein Lebenslauf* (1981) Aufarbeitungsromane aus der Perspektive des Subjekts.

Aus dieser Sicht, die dem Kulturbüro missfallen musste, ist der Hang zu **Subjektivismus und Hedonismus** erklärbar, eine Tendenz gegen die staatlich gelenkten Jugendkarrieren und für eine vielfarbige Alternativkultur. Literarisch zeigt sie sich in den 80er Jahren am deutlichsten in der Szene am **Prenzlauer Berg**. Für junge Autoren wie Sascha Anderson, Reiner Schedlinski, Bert Papenfuß-Gorek, Stefan Döring oder Jan Faktor ist das Sprachexperiment zugleich Ausdruck des Subjektiven – von der politischen Hoffnung jedoch wenden sich die gewagten bis provokanten Wortcollagen immer mehr ab. Den nachhaltigsten Erfolg unter den Junglyrikern wird in der Bundesrepublik der stark von Heiner Müller inspirierte Durs Grünbein haben (*Schädelbasislektion*, 1991).

2.4.5 | Literatur im Westen: Bundesrepublik, Österreich, Schweiz

1948	Einführung der D-Mark als Währung in Westdeutschland	Literatur, Kultur, Politik 1948 bis 1966
1949	Grundgesetz der Bundesrepublik tritt in Kraft (8. Mai), Wahl des ersten deutschen Bundestages (23. Mai)	
1949	**Arno Schmidt** | *Leviathan* (Erz.)	
1950	**Heinrich Böll** | *Wanderer, kommst du nach Spa* (P.)	
1950/51	**Hans Henny Jahnn** | *Fluß ohne Ufer* (R.)	
1951	**Siegfried Lenz** | *Es waren Habichte in der Luft* (R.)	
1951	**Wolfgang Koeppen** | *Tauben im Gras*	
1951	**Günter Eich** | *Träume* (Hörsp.)	

1951	**Gottfried Benn**	*Probleme der Lyrik* (Vortrag/Essay)
1952	**Paul Celan**	*Mohn und Gedächtnis* (L.)
1953	**Ilse Aichinger**	*Der Gefesselte* (P.)
1953	**Ludwig Wittgenstein**	*Philosophische Untersuchungen* (philos. Studie)
1953	*Spirale* (Zs. gegr. von Eugen Gomringer, Dieter Roth und Marcel Wyss)
1954	**Max Frisch**	*Stiller* (R.)
1955	Erste documenta-Ausstellung in Kassel
1956	**Max Bense**	*Aesthetica II*	*Ästhetische Information* (Essay)
1957	**Ingeborg Bachmann**	*Anrufung des großen Bären* (L.)
1957	**Max Frisch**	*Homo faber* (R.)
1959	**Martin Heidegger**	*Unterwegs zur Sprache* (philos. Studie)
1959	**Paul Celan**	*Sprachgitter* (L.)
1959	**Heinrich Böll**	*Billard um halbzehn* (R.)
1959	**Günter Grass**	*Die Blechtrommel* (R.)
1961	Gründung der Dortmunder Gruppe 61
1962	**Friedrich Dürrenmatt**	*Die Physiker* (Dr.)
1962	**Alexander Kluge**	*Lebensläufe* (P.)
1963	**Heinrich Böll**	*Ansichten eines Clowns* (R.)
1963	**Rolf Hochhuth**	*Der Stellvertreter* (Dr.)
1964	**Heinar Kipphardt**	*In der Sache J. Robert Oppenheimer* (Dr.)
1964	**Max Frisch**	*Mein Name sei Gantenbein* (R.)
1965	**Peter Weiss**	*Die Ermittlung* (Dr.)
1966	**Ernst Jandl**	*Laut und Luise* (L.)

Die 1950er Jahre

Die (kultur-)politische Situation: Der Marshall-Plan zur wirtschaftlichen Unterstützung Westeuropas und besonders Westdeutschlands, die Währungsreform mit der Einführung der D-Mark 1948 und endgültig die formale Gründung der Bundesrepublik 1949 besiegelten die Teilung Deutschlands. Der Antikommunismus in den USA und die Maxime der Adenauer-Ära, ›keine Experimente‹ zu wagen, konnten die Entwicklungen der Literatur jedoch nicht lähmen. So wie die erste Kasseler ›documenta‹ 1955 eine Orientierung auf die klassische internationale Moderne gab, versuchten auch junge Autor/innen um 1950, an den Höhenkamm internationaler Literatur anzuknüpfen (vgl. Schnell 2001, S. 580–608). Erste Beispiele dafür liefert das Aufgreifen der amerikanischen *short story*, die in Deutschland als ›unschuldige‹, unbelastete Form genutzt wird, mit der sich qua Aussparungstechnik an einem kleinen Alltagsgegenstand größere Zusammenhänge andeuten lassen.

Gruppe 47: In karger Sachlichkeit nach dem Gründungsjahr benannt, ist der knappe, puristische Stil auch zunächst Programm eines literarischen Neubeginns, das sich freilich bald diversifiziert. Im Lauf der 1950er Jahre gesellten sich etwa Ingeborg Bachmann, Ilse Aichinger, Heinrich Böll, Wolfgang Hildesheimer, Walter Jens, später Günter Grass, Walter Höllerer oder Martin Walser hinzu, und schon durch die stets zunehmende Mitgliederschar bildete man eine fast unumgängliche Kulturinstanz, die kritisch orientiert war oder eine literarische Gegenwelt aufbauen wollte. Realismus im Kleinen kennzeichnete die Prosa, Kühle im Detail war zunächst das Stilprinzip. Das Medium des Radios begünstigte die Gattung des **Hörspiels**, das in den 50er Jahren starke Konjunktur entfaltete: Günter Eichs *Träume* (1951), das Wortwelten aus fünf Kontinenten montiert, wirkte vorbildlich; andere wie Ingeborg Bachmann, Ilse Aichinger, Walter Jens oder Heinrich Böll folgten dem Beispiel. In den 60er Jahren besannen sich Hörspielautor/innen zunehmend auf die technischen Möglichkeiten jenseits der Sprache und experimentierten mit Klangwelten, Montagetechniken und akustischen Versatzstücken (s. Kap 5.6).

Nähe zum Existenzialismus: Der Stil der Gruppe 47 entsprach einem Lebensgefühl, das auch in der Philosophie artikuliert wurde: Einflüsse des französischen Existenzialismus von Camus und Sartre sind es, die weithin rezipiert wurden, weil sie auf den Transzendenzverlust des Menschen, Kommunikationsprobleme oder Sprachzerstörung hinweisen und die Einsamkeit des Ich im Wirtschaftswunder bewusst machen. Ingeborg Bachmanns Gedicht *Reklame* (1956), das die Stimmen der existenziellen Sorge und des falschen Trostes durch Reklametexte eng führt, hinterlässt in der einsamen Schlusszeile nur Totenstille – Motive, in denen auch Heideggers Modernekritik Spuren hinterlassen hat. Gerade das Gedicht macht aber deutlich, dass Impulse der Montage-Technik die strengen Schreibweisen auflösen, die zunehmend einem Pluralismus der Stile weichen.

Experimentelle Haltungen

Sprache als Lebensform: Der zunehmende Einfluss der **analytischen Sprachphilosophie** begünstigte mit ihrer Leitfrage, wie sich Kulturen durch Sprache oder Symbole selbst prägen, eine stärker experimentelle Orientierung von Literatur.

Sprachspiele konstruieren Weltbilder

Der österreichische (und nach England emigrierte) Philosoph **Ludwig Wittgenstein** hat in seinen späten *Philosophischen Untersuchungen* (1953) diese Idee maßgeblich formuliert: Sprache bildet nicht die Welt mehr oder weniger richtig ab, sondern konstruiert überhaupt erst unsere Wahrnehmung der Welt, und zwar durch kulturelle Ausdrucksformen. Diese bezeichnet er allgemein als Sprachspiele, deren Regeln nicht vorab definiert sind, sondern erst im Verfertigen etabliert werden. Wörter, Bilder, aber auch Spiele (Schach z. B.) können als kulturelle Praxis Lebensformen bilden.

Zur Vertiefung

Wittgenstein, der mit dem Sprachspielkonzept eine moderne literarische Hoffnung in ein philosophisches System gebracht hat, konnte wiederum viele jüngere Autor/innen zu der Frage anregen, wie man aus der Sprache heraus neue Wahrnehmungsbereiche schaffen kann, die auch Kulturen und ihr Weltverständnis verändern können. Dabei kann es sich um Alleingänger handeln wie **Arno Schmidt**, der im *Leviathan* (1949) damit beginnt, Sprachwelten zu zerlegen und sie aus den Bestandteilen neu zusammenzusetzen – am radikalsten in *Zettels Traum* (1970), das im großformatigen, auf mehreren Spalten verteilten Typoskriptabdruck Assoziationen mit bewussten Sprachkombinationen verbindet und mehrere Weltsprachen sowie Vorlagetexte, z. B. Joyce' *Ulysses* oder Shakespeares *Sommernachtstraum*, verknüpft.

Lyrik: Dazu sind auch jene Gruppen von Sprachspielern zu zählen, die in der experimentellen Lyrik für Veränderungen sorgten. Die **Stuttgarter Schule** um Max Bense, der in den 50er Jahren etwa Eugen Gomringer, Helmut Heißenbüttel oder der spätere Erzähler Ludwig Harig angehörten, hat die **Konkrete Poesie** vorangetrieben, Gedichte also, die auch im Druckbild den Inhalt reflektieren bzw. die Optik der Buchstaben in den Vordergrund stellen.

herum
gezogen flanken lauf zum
gassen ball und stoßen durch mit ab
satz trick im freien raum und kombiniert der
stelle paß zum rechten halb und außen links mit reih
und spann im mittel kreis herumgezogen flanken ball zum gas
sen durch und stoßen trick mit absatz raum im freien paß und kom
biniert der steile halb zum rechten links und außen spann mit reih
und kreis im mittel lauf herumgezogen flanken durch zum gassen trick
und stoßen raum mit absatz im freien halb und kombiniert der steile
links zum rechten spann und außen kreis mit reih und lauf mit mittel ball
herumgezogen flanken trick zum gassen raum und stoßen paß mit absatz halb
im freien links und kombiniert der steile spann zum rechten kreis und au
ßen lauf mit reih und ball im mittel durch herumgezogen flanken raum
zum gassen paß und stoßen halb mit absatz links im freien spann und
kombiniert der steile kreis zum rechten lauf und außen ball mit
reih und durch im mittel trick herumgezogen flanken paß zum
gassen halb und stoßen links mit absatz spann im freien
kreis und kombiniert der steile lauf zum rechten
ball und außen durch mit reih und trick im
mittel raum herumgezogen flanken halb
zum gassen links und stoßen spann
mit absatz kreis im freien
lauf

Ludwig Harig:
*herum gezogen
flanken lauf zum*
(1968)

Auch hier soll die Sprache aus ihrer katastrophischen Vergangenheit gerissen werden, wenn Strategien der Zerlegung (Dekomposition) und des neuen Zusammenfügens (Rekomposition) angewandt werden. Das Laborhafte, das diese Sprachwelten auszeichnet, hat auch mit der beginnenden Computerentwicklung zu tun – ästhetische Welten sind mit technisch-künstlichen verwandt.

Großen Einfluss hatte auch die **Wiener Gruppe**, die sich ebenfalls zu Beginn der 50er Jahre zusammenfand und der Ernst Jandl, Friederike Mayröcker, Friedrich Achleitner, H. C. Artmann und Oswald Wiener angehörten. Ein Grund für die öffentliche Beachtung mag – neben den sprachlichen Innovationen – auch die Deutlichkeit der politischen Stellungnahmen sein.

Andere Gattungen: Dieser experimentelle Ansatz (vgl. Schmidt-Dengler 2001) zieht sich auch in anderen Gattungen bis heute durch. Dafür ließen sich zahlreiche Beispiele anführen, seien es Peter Handkes Drama *Kaspar* (1968) oder sein Roman *Die Angst des Tormanns beim Elfmeter* (1970), Rolf Dieter Brinkmanns Wort-Bild-Collagen, die Montagen von Fotos und Nachrichtenzeilen bei Rainald Goetz oder die Sprachlabore des Romanciers Reinhard Jirgl bis hin zur gegenwärtigen digitalen Literatur.

Politische Orientierungen

Möglichkeiten, sich mit politischen Problemen auseinanderzusetzen, wurden in konträren Perspektiven gesucht, nämlich in engagierter wie auch hermetischer Kunst.

> Auch wenn experimentelle Literatur durchaus fähig ist zur politischen Kritik, wurden Ende der 50er Jahre noch direktere Wege zur → engagierten politischen Stellungnahme gesucht, zum Beispiel in knapper Benennung des Themas, möglichst einfacher Aussage und ggf. Aufforderung zum Handeln. Gegenüber jener Literatur, die auf spielerische Formen setzte, auch gegenüber hermetischer Literatur wurde der Vorwurf der Wirkungslosigkeit oder gar des Eskapismus geäußert. → Hermetische Lyrik ist dagegen bewusst rätselhaft und entzieht sich dem schnellen Deutungszugriff, um politischen Einflüssen gegenüber resistent zu sein. Mit hermetischer Kunst soll eine widerständige Welt geschaffen werden, um z. B. die historischen Katastrophen zu verarbeiten und ihnen einen Gedächtnisort zuzuweisen.

Engagierte vs. hermetische Kunst

Insbesondere **Paul Celan** gilt als Vertreter der hermetischen Schreibhaltung. Seine *Todesfuge* (1945) ist ein Eingedenken der Judenvernichtung, die einerseits allgemein verstehbar, andererseits in privater Chiffrierung dargestellt wird. Dies mündet in die Entwicklung stärker verschlüsselter Bilder; später entstehen aus den Chiffren wiederum spielerische Nuancen (*Sprachgitter*, 1959; *Lichtzwang*, 1968). Dabei ist die Hoffnung leitend, den Gefahren der Politik zumindest die Bildkraft der Gedichte entgegensetzen zu können. In diesem Sinne hat Adorno sein strenges Diktum abgewandelt, dass nach Auschwitz keine Lyrik mehr möglich sei. Eine Perspektive sieht er in der radikalen bzw. ins Rätsel getriebenen Kunst. Sie sei die einzige Möglichkeit, autonom zu bleiben und die Texte vor der Vereinnahmung zu bewahren – und in diesem Sinne besser als engagierte Texte dazu geeignet, ein Gedächtnis der Katastrophen zu schaffen (vgl. Schnell 2008, S. 608–635).

Günter Grass:
Die Blechtrommel,
Umschlag

Romane als Geschichtsaufarbeitung: Die sporadischen frühen Bewältigungsromane zur nationalsozialistischen Geschichte (Siegfried Lenz: *Es waren Habichte in der Luft*, 1951) werden um 1960 durch den direkten Gegenwartsbezug erweitert, wenn etwa Heinrich Böll mit *Billard um halbzehn* (1959) oder den *Ansichten eines Clowns* (1963) nationalsozialistische Schuld und die heuchlerische Doppelmoral der Nachkriegszeit sowie gesellschaftliche Institutionen (etwa die Ehe) kritisiert. Stilistisch opulent ist dagegen Günter Grass' *Blechtrommel* (1959), das aus der Sicht des zwergwüchsigen Oskar die Beteiligung des Kleinbürgertums an den Katastrophen des 20. Jahr-

hunderts zeigt, aber auch Lebenseinstellungen der Adenauer-Ära kritisiert.

Dokumentarismus im Drama: Das Dokumentartheater formuliert konkret seine politischen Stellungnahmen, indem es sich direkt auf juristische oder historische Dokumente bezieht – als Kirchenkritik in Rolf Hochhuths *Der Stellvertreter* (1963), als Kritik der entfesselten Naturwissenschaften in Heinar Kipphardts *In der Sache J. Robert Oppenheimer* (1964) und Dürrenmatts *Die Physiker* (1962) sowie historisch in der Darstellung des Frankfurter Auschwitz-Prozesses von 1963–65 in Peter Weiss' *Die Ermittlung* (1965).

Neuer Realismus als Darstellungsprinzip: Wurden in der *Blechtrommel* noch groteske Elemente verwandt, um übertreibend auf die Wirklichkeit zu zeigen, ist es in den 60er Jahren der Neue Realismus von Dieter Wellershoffs Kölner Schule, deren Autoren ähnlich wie Heinrich Böll die Wirklichkeit ohne viel künstlerisches Beiwerk abbilden wollen.

In Dortmund hatte sich bereits die **Gruppe 61** zusammengefunden, die, angestoßen vom ›Bitterfelder Weg‹ der DDR, eine Art Basisliteratur begründete: Nicht Literatur für Arbeiter, sondern von Arbeitern geschriebene Texte sollen die Produktionswirklichkeit darstellen und zu einem gestärkten Selbstbewusstsein führen (Max von der Grün, Josef Reding). Erika Runges *Bottroper Protokolle* (1968), die mit Tonband aufgezeichnete Erzählungen von Arbeitenden wiedergeben, und der 1970 von der Gruppe 61 abgespaltene **Werkkreis Literatur der Arbeitswelt** zeigen das Bemühen, Literatur für alle zu öffnen – eine Politisierungstendenz der Kunst, die sich auch im Konzept einer ›sozialen Plastik‹ von Joseph Beuys spiegelt, wonach jeder Mensch ein Künstler ist, der seine Dinge durch sich selbst bestimmt und sich emanzipieren kann. Was an politischen Umwälzungen kam – die große Koalition ab 1966, die Notstandsgesetze, die die Befugnisse des Staates stärkten, erste ökonomische Schwierigkeiten, der Vietnam-Krieg und die Studentenrevolten 1968 – hat die weitere Entwicklung der Literatur begleitet.

Konflikte: Neue Subjektivität gegen Politisierung

1966	Notstandsgesetze der Bonner Großen Koalition
1966	**Peter Handke** | *Publikumsbeschimpfung* (Dr.); Skandal bei der Tagung der Gruppe 47 in Princeton
1967	Letzte Tagung der Gruppe 47 (formelle Auflösung 1977)
1968	**Paul Celan** | *Lichtzwang* (L.)
1969	**Dieter Wellershoff** | *Wahrnehmung und Praxis* (Essay)
1968 ff.	Studentenunruhen in Europa (bes. in Paris, Berlin, Frankfurt, Prag)
1968	**Peter Handke** | *Kaspar* (Dr.)
1968	**Erika Runge** | *Bottroper Protokolle* (Erz.)

1969	**Leslie Fiedler** | *Cross the Border, Close the Gap* (Essay)
1969–82	Sozialliberale Koalition
1969–71	**Bernward Vesper** | *Die Reise* (R.)
1970	Werkkreis Literatur der Arbeitswelt spaltet sich von der Gruppe 61 ab
1970	**Peter Handke** | *Die Angst des Tormanns beim Elfmeter* (R.)
1970–80	**Uwe Johnson** | *Jahrestage* (R.)
1970	**Theodor W. Adorno** | *Ästhetische Theorie* (kunstphil.-politische Fragmente)
1970	**Arno Schmidt** | *Zettels Traum* (R.)
1971	**Ingeborg Bachmann** | *Malina* (R.)
1971	**Hans Magnus Enzensberger** | *Gedichte 1955–1970*
1972	**Max Frisch** | *Tagebücher 1966–71*
1973	**Günter Wallraff** | *Ihr da oben, wir da unten* (Dokumentarr.)
1973	**Peter Schneider** | *Lenz* (R.)
1972	Berufsverbot für politische Extremisten (Radikalenerlass)
1975	**Verena Stefan** | *Häutungen* (Erz.)
1975	**Rolf Dieter Brinkmann** | *Westwärts 1&2* (L.)
1976	**Walter Jens** | *Republikanische Reden* (Vorträge, Essays)
1975–81	**Peter Weiss** | *Ästhetik des Widerstands* (R.)
1977 ff.	Jährlicher Ingeborg-Bachmann-Lesewettbewerb in Klagenfurt
1977	**Wolfgang Hildesheimer** | *Mozart* (Prosaessay)
1977	**Günter Wallraff** | *Der Mann, der bei Bild Hans Esser war* (Dokumentarr.)
1977	**Peter Handke** | *Das Gewicht der Welt* (Tb.)
1978	**Hermann Lenz** | *Tagebuch vom Überleben und Leben* (R.)
1979	**R. D. Brinkmann** | *Rom Blicke* (Text-Bild-Collagen)
1979	**Ernst Jandl** | *Aus der Fremde. Sprechoper in 7 Szenen*
1980	**Günter Kunert** | *Abtötungsverfahren* (L.)
1981	**Jürgen Theobaldy** | *Spanische Wände* (autobiogr. R.)

Kritik des Realismusprinzips wurde von mehreren Seiten geübt (vgl. Schnell 2001, S. 635–645). Peter Handke lancierte seinen fulminanten Protest gegen die ›impotente Beschreibungsliteratur‹, die nur das oberflächlich Sichtbare nachbuchstabiere, bei der vorletzten Tagung der Gruppe 47 in Princeton 1966 auf publikumswirksame Weise und leitete damit zunächst die Wende zur Neuen Subjektivität ein.

> Aus Unbehagen an der engagierten, dokumentarischen und allgemein realistischen Literatur wurde ab Mitte der 60er Jahre der Blick auf die Innenwelten gelenkt, um die privaten Stimmungslagen, das Unbewusste und die eigene Vergangenheit auszuloten. Mit dieser Haltung verbindet die sogenannte → ›Neue Subjektivität‹ meist

Zum Begriff

auch eine Reflexion der Sprache bis hin zu radikalen Spielen mit
Sprach- oder auch Bildzeichen (Handkes *Kaspar*, 1968; *Die Angst
des Tormanns beim Elfmeter*, 1970). Von diesen ausgehend und
vom gestärkten Subjekt her sollten schließlich neue Kunstwelten
entworfen werden, um damit subjektive Kontrapunkte gegen die
Gesellschaft zu setzen.

In der Betonung des Subjektiven liegt wiederum eine Verwandtschaft zur
Pop-Art: Alles soll nun erlaubt sein, der künstlerische Höhenkamm soll
mit der Alltagkultur verschmolzen werden, die Zeichen der schönen neuen
Warenwelt kann man feiern oder kritisch vorführen. Die stärksten Experimente hat hier Rolf Dieter Brinkmann gewagt: Seine Lyrik (*Westwärts 1&2*,
1975) wie auch seine späten Collagen von Alltagsbildern und Tagebuch-
schriften verbinden das, was die Diskussion meist heillos gegeneinander
stellte, nämlich Subjektivität und Dokumentarismus (*Rom Blicke*, 1979).

Interpretationsskizze:
Die Schrift
und das Ich

Rolf Dieter Brinkmann: *Einen jener klassischen* (1975, S. 25)

Einen jener klassischen

schwarzen Tangos in Köln, Ende des
Monats August, da der Sommer schon

ganz verstaubt ist, kurz nach Laden
Schluß aus der offenen Tür einer

dunklen Wirtschaft, die einem
Griechen gehört, hören, ist beinahe

ein Wunder: für einen Moment eine
Überraschung, für einen Moment

Aufatmen, für einen Moment
eine Pause in dieser Straße,

die niemand liebt und atemlos
macht, beim Hindurchgehen. Ich

schrieb das schnell auf, bevor
der Moment in der verfluchten

dunstigen Abgestorbenheit Kölns
wieder erlosch.

Die Stadtlandschaft Kölns ist in diesem Text weder schön noch prominent – sie wird zu Literatur, insofern sie von einem Subjekt wahrgenommen wird. Zweifellos geht es um einen gelebten Augenblick, der
– in den Grenzen der Schrift – authentisch aufgezeichnet werden soll;
ein momenthaftes Erlebnis scheint auf, das keine herausragende Quali-

tät an sich besitzt, sondern einem feindselig wahrgenommenen (›verfluchten‹) Alltag abgewonnen ist. Das Aufblitzen dieses sinnlichen, optischen und akustischen Eindrucks, der ebenso rasch im grauen Kontinuum des Tages wieder verschwindet, entspringt der **Wahrnehmungsleistung des schreibenden Subjekts**. Obendrein entspricht dem das Muster einer religiösen Tradition, nämlich der göttlichen Erleuchtung, die den Saulus zum Paulus bekehrt. Die literarische Moderne mit Rilke, Joyce und Proust hat dieses Prinzip reanimiert, um es in die plötzliche, intensive Erfahrung eines an sich trivialen Momentes oder Dinges zu wenden. Letztlich wird diese **Epiphanie** zur aktiven Sehweise des Ich, und das Mittel ihrer Überlieferung bleibt die Sprache. Und so bedient sich Brinkmann nicht nur einer religiös-literarischen Tradition, sondern er lässt die Sprache selbst zum epiphanischen Gegenstand werden.

Das Erstaunen an der Sprachform selbst rührt von den kühnen **Schnitten**, die hier als Enjambements gesetzt sind. Sie durchtrennen die Syntax und an einer Stelle auch ein Wort ohne Bindestrich (»Laden/Schluß«). Bereits der Gedichttitel geht syntaktisch in den Fließtext über, dessen Leserichtung jedoch stets zum Standbild abgebremst wird, das in der nächsten Zeile weiterrutscht. Die beschriebene Pause, der Riss im Alltagskontinuum, spiegelt sich in der Sprachform. Brinkmann greift damit eine Strategie seines Vorbildes William Burroughs auf, dessen *cut-up*-Verfahren, Texte zu zerschneiden, ihre Flächen neu zusammenzusetzen oder auch mit Bildern zu kombinieren, die Pop-Art beeinflusst und auch Brinkmanns Wort- und Bildcollagen in seinen Tagebüchern inspiriert hat. Das Subjekt wendet seine Alltagserfahrung in die Form, es zerlegt den Alltagsablauf durch Filmschnitte und stellt die Einzelbilder aus. Dieser Eindruck wird auch durch die montiert wirkenden Wiederholungen erzeugt (»gehört, hören«, »Moment«). Die Leerzeilen des nur in Zwei- oder Vierzeilern lose angeordneten Gedichts ziehen den Blick an – auch das ist eine Strategie, die gelegentlich in der klassischen Moderne eingesetzt worden ist; der französische Symbolist Stéphane Mallarmé ging so weit, das Weiß der Buchseite selbst zum lyrischen Gegenstand zu machen.

Auch das einmal genannte lyrische Ich am Zeilenende ist derart typographisch ausgestellt – dies vor allem, um die Schlusspointe zu betonen. Denn den Moment aufzuschreiben – das ist nicht nur eine metapoetische Selbstbeschreibung, sondern auch ein indirektes Rezept für den Leser. Diese Auffassung, dass auch der **Kunstrezipient als Künstler** auftreten kann, hat nicht nur zeitgenössisch Joseph Beuys vertreten. Sie geht bereits auf das romantische Kunstkonzept Friedrich Schlegels zurück. Diskutieren mag man auch die Nähe zum Werkkreis Literatur der Arbeitswelt, doch zielt die Pointe Brinkmanns nicht auf Versöhnung von Kunst und Arbeit, sondern hier auf die Differenz von erhabenem Moment und Alltag unter den Bedingungen der Gedichtschrift.

Identitätsbildung durch Schreiben: Für die Mehrzahl der Schreibenden wird nun das Verfassen von Literatur vor allem zum Selbstfindungsprozess. Dieses Motiv, die eigene Identität herauszufinden oder überhaupt erst zu erschreiben, steht in der langen abendländischen Tradition der Autobiographie. Als neueres Vorbild sind die Identitätsromane Max Frischs zu nennen: *Stiller* (1954) und *Mein Name sei Gantenbein* (1964) kreisen um die Rollenhaftigkeit des subjektiven Standorts und stellen widerrufbare **Entwürfe eines Ich auf Zeit** dar, ähnlich die *Tagebücher 1966–71* (1972). Dasselbe Genre nutzt Handke dann mit schonungsloser Intimität (*Das Gewicht der Welt*, 1977) und macht damit, vorbildlich für viele Selbstschreiber nach ihm, die Sinnlichkeit literaturfähig. Verena Stefan hat dieses Motiv in *Häutungen* (1975) verfolgt und damit auch den Emanzipationsgedanken sowie die Suche nach einer weiblichen Sprache artikuliert. Ähnliches unternehmen Brigitte Kronauer, Anne Duden und andere, die aus reflektierten Sprachmustern neue Wirklichkeiten gewinnen wollen. Leitbild für sie sind wiederum die Selbstreflexionen Ingeborg Bachmanns in *Malina* (1971).

Die politisch radikalisierte Linke sah in all dem vergebliche Protestbemühungen, die sich im privaten Raum erschöpften. Sie betonten dagegen den Gedanken, dass es kein richtiges Leben im falschen gibt, und um keine falsche Zufriedenheit und Saturiertheit aufkommen zu lassen, wurden ganz unterschiedliche kritische Ansätze mobilisiert. Den **Dokumentarismus** der 60er Jahre setzte Günter Wallraff fort, der etwa bei Großunternehmen Enthüllungsarbeit leistete (*Ihr da oben, wir da unten*, 1973) oder unter Pseudonym bei der Bild-Zeitung arbeitete und skandalöse journalistische Praktiken in einer Reportage aufdeckte (*Der Mann, der bei Bild Hans Esser war*, 1977). Ansonsten geht nun zunehmend der politische Anspruch mit dem subjektiven Erleben einher, bezieht aber das Unbehagen an der Welt deutlicher auf Gesellschaftsphänomene, z.B. im Agitprop- und Aktionstheater auf der Straße. Die **politische Lyrik** verbündet sich mit der Alltagssprache wie bei Erich Fried, Nicolas Born oder Brinkmann; im **Erzählgenre** nimmt sie wohl die radikalsten Positionen ein: Peter Schneider (*Lenz*, 1973), Bernward Vesper (*Die Reise*, 1969–71) oder etwa Jürgen Theobaldy (*Spanische Wände*, 1981) wollen in der Kollision der subjektiven Ansprüche mit gesellschaftlichen Normen ein dauerndes Konfliktpotenzial schaffen. Der junge Botho Strauß hat mit seinen erzählerischen und dramatischen Miniaturen aus dem Alltag das Thema der Entfremdung in zwischenmenschlichen Beziehungen ausgearbeitet (*Paare, Passanten*, 1982). Diese Tendenz versiegt im Lauf der 80er Jahre, wird aber maßgeblich durch Rainald Goetz noch einmal forciert, der mit *Irre* (1983) und *Kontrolliert* (1988) Radikalaufklärung betreibt: Literatur soll zur subversiven Störgröße werden, um Gesellschaft als einen Überwachungsapparat mit Zwangsmechanismen zu zeigen. Am ehesten hat sich dieser Gedanke in der **Dramengattung** erhalten, wo das Postdramatische Theater Heiner Müllers, Theresia Walsers, Elfriede Jelineks und anderer in den 80er und 90er Jahren gängige Wahrnehmungsmuster zerstören will (s. Kap. 3.3).

Dass die Gruppe 47 sich 1977 auflöste, nachdem bereits zehn Jahre keine Versammlung mehr stattgefunden hatte, ist ein wichtiges Indiz dafür, dass die unterschiedlichen Autoren sich nicht mehr unter ein Programm oder gar unter einen Begriff subsumieren lassen wollten. Eine prägende Institution der deutschsprachigen Literatur wurde damit verabschiedet, allerdings durch eine neue mit lebendigeren Formen ersetzt: Der seit 1977 bis heute jährlich stattfindende **Ingeborg-Bachmann-Lesewettbewerb in Klagenfurt** (heute: »Tage der deutschsprachigen Literatur«) ist die maßgebliche Bühne für den literarischen Nachwuchs geworden.

2.4.6 | ›Postmoderne‹

1978	**Hans Magnus Enzensberger** | *Der Untergang der Titanic* (Kom.)	
1978	**Martin Walser** | *Ein fliehendes Pferd* (R.)	
1979	**Peter Handke** | *Die Lehre der Sainte-Victoire* (Erz.)	
1979	**Max Frisch** | *Der Mensch erscheint im Holozän* (R.)	
1981	**Botho Strauß** | *Paare Passanten* (P.)	
1982	Ende der sozialliberalen Ära; konservative ›Wende‹	
1983	**Rainald Goetz** | *Skandalvortrag in Klagenfurt mit Subito* (Erz.); *Irre* (R.)	
1983	**Elfriede Jelinek** | *Die Klavierspielerin* (R.)	
1985	**Jürgen Habermas** | *Das unabgeschlossene Projekt der Moderne* (soz.phil. Studie)	
1987	**Erich Fried** | *Am Rand unserer Lebenszeit* (L.)	
1987	**Rainald Goetz** | *Kontrolliert* (R.)	
1987	**Klaus Modick** | *Weg war weg* (R.)	
1988	**Christoph Ransmayr** | *Die letzte Welt* (R.)	
1988	**Thomas Bernhard** | *Heldenplatz* (Dr.)	
1989	**Herta Müller** | *Reisende auf einem Bein* (R.)	
1989	**Peter Waterhouse** | *Sprache Tod Nacht Außen* (Gedichtroman)	
1989	Fall der Mauer am 8. November	

Literatur, Kultur, Politik
1978 bis 1989

Nicht nur im Namen der Subjektivität, sondern allgemein mehren sich um 1970 die Rufe nach vielseitigem, offenen Denken jenseits aller Dogmen – das zentrale Motto des ›**anything goes**‹ (Leslie Fiedler 1969) erfreut sich nachhaltiger Beliebtheit. Dabei will man auch eingefahrene Hierarchien in der Kunst beseitigen: Höhenkamm- und Populärkultur sollen bis zur Ununterscheidbarkeit verschmelzen, schließlich sollen auch die unterschiedlichen Lebensbereiche synthetisiert werden. Die weitreichenden Konsequenzen des neuen ›postmodernen Denkens‹ werden allerdings erst etwas später greifbar.

Allgemein ist für die → postmoderne Denkhaltung die Vermutung
kennzeichnend, dass der Traum einer internationalen Moderne,
die Welt nach einer maßgeschneiderten Utopie für alle im Takt
einzurichten, gescheitert sei. Manche Kulturwissenschaftler (wie
etwa der Architekt Charles Jencks) haben sogar das Ende der Moderne auf die Minute genau datiert: Am 15. Juli 1972 um 15.32 wurde
in St. Louis (USA) der Hochhauskomplex Pruitt Igoe gesprengt. Er
war zum Pulverfass sozialer Konflikte geworden, weil dort viele
Menschen auf engem – und geometrisch regelmäßigem – Raum
eingepfercht waren. Der Glaube an eine zielgerichtete moderne
Weltverfassung mit festem Fahrplan für die gesamte Menschheit,
den etwa die Bauhaus-Architekten oder politische Visionäre jeder
Couleur vertreten hatten, gerät nun zunehmend ins Wanken und
weicht pluralistischen Vorstellungen.

Der kritische Umweltbericht des Club of Rome 1972 über das nahende
Ende der Energieressourcen hatte bereits die Skepsis am optimistischen
Fortschrittsdenken der Moderne genährt. Auch die Annäherung der politischen Systeme in den 1970er Jahren zeigt, dass die antagonistischen
Weltbilder mit kapitalistischem oder kommunistischem Heilsfahrplan
erschöpft sind (wenngleich der ›Eiserne Vorhang‹ erst viel später fallen
wird). Dagegen zielten nun die verschiedenen Denkrichtungen der Postmoderne (zum Begriff vgl. Lyotard 1982) auf **Pluralisierung** ab – zielgerichtete Weltbilder empfindet man als Totalitäten, die Gewalt produzieren. Fest geglaubte Konzepte wie Religion, Ich-Identität, Kunstwerk, Autor
werden bezweifelt, auf große Entwürfe will man verzichten.

Literatur der 8oer Jahre: Auch der Literatur schwinden die großen
Ziele, Endzeitstimmung verbreitet sich. Insbesondere bei Günter Kunert
(*Abtötungsverfahren*, 1980) oder anderen aus der DDR Übergesiedelten
lässt sich eine resignative Haltung erkennen: Zwar werden bei Wolf Biermann, Thomas Brasch, Sarah Kirsch, Günter Kunert noch subjektive Er-
lebnisszenen und Naturmotive verarbeitet, doch wird deutlich, dass der
Fortschritt an ein Ende gekommen ist und die Gegenwart nur wenig Hoffnung zulässt. Für diesen Gedanken steht auch H. M. Enzensbergers Versepos *Der Untergang der Titanic* (1978) ein, ebenso wie Romane von Max
Frisch (*Der Mensch erscheint im Holozän*, 1979) oder Christoph Ransmayr
(*Die letzte Welt*, 1988; *Morbus Kitahara*, 1995).

Ähnliches gilt für **Thomas Bernhard**, der in seinen tastenden Prosa-
Sprachspielen und in den autobiographischen Erzählungen Experimente
zwischen Witz und Verzweiflung vorführt. In seinen Dramentexten
finden sich vielfach selbstreferenzielle Äußerungen (ein Merkmal der
Postmoderne), doch leisten sie im gnadenlosen Durchbuchstabieren von
Alltagsfloskeln wiederum politische Kritik (*Heldenplatz*, 1988). Die meisten Postmodernisten kennzeichnet allerdings heitere Gelassenheit: Man

beschreibt das Scheitern von Ich und Welt, richtet sich aber im Fragmentarischen ein, spielt kunstvoll mit Motiven und Zitaten oder kommentiert sich selber mit Literaturtheorie (Hanns-Josef Ortheil: *Köder, Beute und Schatten: Suchbewegungen*, 1985; Klaus Modick: *Weg war weg*, 1987). Der Zusammenhang zur konservativen Wende der Politik 1982 drängt sich auf – große sozialreformerische Visionen sind zu teuer geworden, man übt sich in Pragmatismus, und dies bleibt nicht ohne Wirkung auf die Literatur. Dem schleichenden Abschied von großen Gesellschaftsprojekten steht positiv aber auch ein Plädoyer für Toleranz gegenüber, für Vielheiten und Abweichung, Differenz statt Uniformität, für den Pluralismus der Werte wie auch der Kunststile.

Gegen die ›neue Unübersichtlichkeit‹: Mit dieser Wendung hat der Soziologe Jürgen Habermas (1985) angemahnt, das **unabgeschlossene Projekt der Moderne** weiter zu verfolgen. Mit Mitteln des besseren rationalen Arguments solle man im herrschaftsfreien Diskurs nach einem gesellschaftlichen **Konsens** suchen, um Entfremdungserscheinungen rückgängig zu machen und Emanzipation zu betreiben. Kunst solle für diese Auseinandersetzungen einen Modellraum bieten, aus dem der Vorschein einer besseren Gesellschaft leuchten kann; zumindest soll sie Aufklärung ermöglichen. Jene Autor/innen, die man nicht über den postmodernen Leisten schlagen kann, sondern für die Kritik das maßgebliche Ziel bleibt, fühlen sich diesem nachhaltig modernen Anspruch verpflichtet.

Bereits 1970 bis 1980 hatte Uwe Johnson in seiner *Jahrestage*-Tetralogie die Zeitstufen des ›Dritten Reiches‹, der Nachkriegsgeschichte in Ost und West sowie der New Yorker Gegenwart verknüpft, um aus fiktiven Biographiestücken eine kritische Sicht auf die Gegenwart zu geben. Peter Weiss beschreibt in seiner *Ästhetik des Widerstands* (1975–81) an Bildkunstwerken die Gewalt der Geschichte, die alle Hoffnung untergräbt. Und auch die Versuche Alexander Kluges, die von *Lebensläufe* (1962) über *Chronik der Gefühle* (2000) bis *Die Lücke, die der Teufel läßt* (2003) reichen, zeigen aus der Sicht von Einzelnen die Geschichte als fatalen Machtfaktor. Diese Linie der subjektiven Darstellung von Geschichte verfolgen mit mehr oder weniger politischem Anspruch auch Autoren wie Walter Kempowski (*Das Echolot: Abgesang '45*, 2005), Ludwig Harig oder Hermann Lenz: Große Geschichte aus der kleinen Perspektive zu erzählen ermöglicht dann, Ereignisse besser zu erkennen und gleichzeitig für das eigene Ich eine Identität zu konstruieren.

Nach 1989: Vielheiten

1990	Wiedervereinigung beider deutscher Staaten	
1991	**Monika Maron**	*Stille Zeile sechs* (R.)	
1991	**Peter Handke**	*Versuch über den geglückten Tag* (Erz.)	
1991	**Ralf Rothmann**	*Stier* (R.)	

Literatur, Kultur, Politik ab 1989

Vom Ersten Weltkrieg
bis zur Gegenwart

1992	**Peter Handke** | *Die Stunde da wir nichts voneinander wuss-ten* (Dr.)
1992	**Oskar Pastior** | *Eine kleine Kunstmaschine* (L.)
1992	**Heiner Müller** | *Krieg ohne Schlacht* (autobiogr. R.)
1992	**Ruth Klüger** | *weiter leben* (autobiogr. R.)
1993	**Ulrich Woelk** | *Rückspiel* (R.)
1993–2005	**Walter Kempowski** | *Echolot* (Dokumentarr.)
1996	**Ludwig Harig** | *Wer mit den Wölfen heult, wird Wolf* (R.)
1995	**Feridun Zaimoglu** | *Kanak Sprak* (Erz.)
1995	**Thomas Brussig** | *Helden wie wir* (R.)
1995	**Marcel Beyer** | *Flughunde* (R.)
1995	**Viktor Klemperer** | *Ich will Zeugnis ablegen bis zum letzten* (Tagebücher 1933–1945)
1995	**Bernhard Schlink** | *Der Vorleser* (R.)
1995	**Christian Kracht** | *Faserland* (R.)
1997	**Reinhard Jirgl** | *Hundsnächte* (R.)
1997	**Günter Kunert** | *Erwachsenenspiele* (autobiogr. R.)
1998	**Martin Walser** | *Ein springender Brunnen* (autobiogr. R.)
1998	**Ingo Schulze** | *Simple Storys* (R.)
1998/99	**Rainald Goetz** | *Abfall für alle* (Internet-Tb. 1999)
1999	**Benjamin Lebert** | *Crazy* (R.)
1999/2000	*Null* (Schreibprojekt Internet)
2000	**Alexander Kluge** | *Chronik der Gefühle* (P.)
2000	**Thomas Brussig** | *Am kürzeren Ende der Sonnenallee* (R.)
2000/01	*the buch/Leben am Pool* (Schreibprojekt Internet)
2001	Terroranschlag gegen das World Trade Center am 11. September
2002	**Roberto Simanowski** (Hg.) | *Literatur.digital* (multimed. Internetlit.)
2003	**Herta Müller** | *Der König verneigt sich und tötet* (R./Essay)
2004	**Rafik Schami** | *Die dunkle Seite der Liebe* (R.)
2005	**Daniel Kehlmann** | *Die Vermessung der Welt* (R.)
2005	**Ingo Schulze** | *Neue Leben* (R.)
2005	**Thomas Kling** | *Auswertung der Flugdaten* (L.)
2006	**Günter Grass** | *Beim Häuten der Zwiebel* (autobiogr. R.)
2007	**Ralph Giordano** | *Erinnerungen eines Davongekommenen* (Autobiogr.)
2009	**Herta Müller** | *Atemschaukel* (R.)
2009	**Robert Menasse** | *Ich kann jeder sagen. Erzählungen vom Ende der Nachkriegsordnung* (R.)
2009	**Durs Grünbein** | *Aroma* (L.)
2010	**Günter Grass** | *Grimms Wörter* (R.)
2010	**Helene Hegemann** | *Axolotl Roadkill* (R.)
2011	**Alexander Aciman/Emmett Rensin** | *Twitteratur* (Erz.)
2011	**Florian Meimberg** | *Auf die Länge kommt es an. Tiny Tales. Sehr kurze Geschichten* (Erz.)
2012	**Vladimir Vertlib** | *Schimons Schweigen* (R.)

Das **Nebeneinander** der poetischen Absichten und Mittel findet sich im Jahrzehnt nach der politischen Wende und Wiedervereinigung noch einmal vervielfältigt (vgl. die Beiträge in Harder 2001; Opitz/Opitz-Wiemers 2001). Zunächst stehen Fragen von Moral, Macht und Ästhetik an. Ein Text Christa Wolfs ist es, der 1990 zum Auslöser des **innerdeutschen Literaturstreits** wird: *Was bleibt* stellt die Frage nach der Rolle von Literatur und Autorschaft in der Diktatur, wobei sich Wolf selbst als Opfer der staatlichen Repressalien darstellt. Der Vorwurf, den Text nicht in der DDR-Zeit veröffentlicht, sondern 1989 überarbeitet zu haben, unterstellte der Autorin einen späten Reinwaschungsversuch. Die Durchsicht der Stasi-Akten zeigte im Übrigen bei etlichen anderen bekannten Autor/innen Probleme, denn es wurde deutlich, dass sie ihre experimentellen Freiheiten teilweise mit Spitzeldiensten bezahlen mussten.

Eine Einteilung der unterschiedlichen Schreibintentionen bis zur Gegenwart lässt sich nach **folgenden Problemorientierungen** vornehmen:

Der ›Wende-Roman‹: Der Forderung der Feuilletons nach einer eigenen, auch ästhetisch anspruchsvollen Gattung des ›Wende-Romans‹ wurde sehr unterschiedlich Rechnung getragen:

- Herrschaftsverhältnisse werden aufgearbeitet und mit Generationenkonflikten verknüpft (Monika Maron: *Stille Zeile sechs*, 1991).
- In Autobiographien werden wahrhaftige oder fingierte Enthüllungen vorgelegt (Markus Wolf: *Spionagechef im geheimen Krieg*, 1996).
- Mit dem Muster des authentischen Bekenntnisses der Autobiographie wird ironisch gespielt (Heiner Müller: *Krieg ohne Schlacht*, 1992).
- In seinen Sprachexperimenten entwirft **Reinhard Jirgl** in *Hundsnächte* (1997) eine Schreckensvision der Berliner Gegenwart und seiner gescheiterten Existenzen.
- Skeptisch beurteilt **Günter Grass** in *Ein weites Feld* (1995) die Wiedervereinigung, die er aus Sicht seiner Hauptfigur Theo Wuttke als neue Demokratiegefährdung darstellt, insofern damit linke Politik abgeschafft wird.
- **Ulrich Woelk** zeichnet aus der Sicht einer privaten Beziehungsgeschichte einige Linien zwischen 1968, der Zeit des Nationalsozialismus und der Gegenwart der Maueröffnung (*Rückspiel*, 1993).
- **Thomas Brussig** hat die humoristische Variante betont mit *Helden wie wir* (1995), *Am kürzeren Ende der Sonnenallee* (2000) und dem Langroman *Wie es leuchtet* (2004), der als Netzwerk von ineinander geschachtelten Erzählungen auch technisch Maßstäbe setzte.
- **Ingo Schulzes** *Simple Storys* (1998) stellen in Kurzprosaform Alltagsprobleme in den neuen Verhältnissen dar, die mit humoristischen oder galligen Pointen das kleine Ereignis an die hohe Politik knüpfen. Mit *Neue Leben* (2005) hat er (durchaus in Konkurrenz zu Brussig) einen noch umfangreicheren Roman vorgelegt, der anhand von fiktiven Briefen

Thomas Brussig:
Helden wie wir,
Umschlag 1995

den Karriereweg eines jungen DDR-Bürgers von der Theaterwelt in die neue Wirtschaftswelt nach der Wende zeigt (weswegen Schulze auch lieber vom ›Weltenwechselroman‹ spricht).

Das autobiographische Jahrzehnt: Die einzige Gattung, die in Ost- und Westdeutschland gleichermaßen Hochkonjunktur hat, ist die Autobiographie, wie man überhaupt von einem autobiographischen Jahrzehnt sprechen könnte. Man schreibt sein Leben auf, um Bekenntnisse zu geben oder den eigenen Standort zwischen den Systemen neu zu bestimmen (Herta Müller, Christa Wolf, Günter Kunert). Im Westen ist es vor allem der Kampf um die Ressource Aufmerksamkeit, der Showstars, Fußballspieler oder Politiker wie auch signifikant viele Autoren zur Selbstschrift veranlasst. Damit geht das sozialpsychologische Thema der Identitätsfindung einher, das aus den 70er Jahren fortgeführt wird, zumal in der fiktionalisierten Form der Autobiographie wie in Ralf Rothmanns *Stier* (1991) und *Wäldernacht* (1994). Dass es sich dabei nicht um wahrheitliche Lebensrückblicke, sondern um Konstruktionen handelt, wird zumindest von denjenigen Autoren frei bekannt, die ihren Texten stärker literarische Eigenschaften zusprechen. Erinnern wird damit als kreative Tätigkeit deutlich ausgewiesen.

Literatur im digitalen Netz: Auch in den **neuen Medien** haben tagebuchartige oder autobiographische Notizen Hochkonjunktur, wobei sowohl Hochliteraten wie Rainald Goetz (*Abfall für alle*; 1998/99) als auch Schreibkollektive oder völlig unbekannte Homepage-Autoren ihre Arbeiten im Netz veröffentlichen. Das elektronische Medium wird aber nur teilweise als Experimentierfeld genutzt: Wenn auch oft von der Implosion der Räume und Zeiten und ihrer Virtualisierung in den elektronischen Medien geschrieben wurde, bleibt Literatur im Netz doch tendenziell konservativ. Einige Projekte nutzen lediglich die neue Veröffentlichungsplattform (*the Buch – Leben am Pool*, 2000/1, oder *Null*, 1999/2000) für konventionelle Inhalte. Andere lassen tatsächlich ihre Erzählperspektivik vom neuen Medium beeinflussen und legen sie bisweilen multimedial an (vgl. Simanowski 2002) – in diesem Fall lässt sich im engeren Sinne von **digitaler Literatur** sprechen. Diese Texte können dann mit Musik oder Bildern verbunden sein, auf Mausklick neue Ebenen öffnen, den Blick auf das Wortmaterial intensivieren und den Zufall einbeziehen (s. Kap. 6.10). Während sich die ›Neue Subjektivität‹ der 1970er Jahre mit konventionellen Medien als zumindest indirekt politisch gedachte Schreibform entwickelte, ist nun unter Bedingungen der digitalen Medien eine verstärkte Nuancierung des Subjektiven zu beobachten. In den Weblogs oder Blogs finden sich vor allem private Texte, die von der Gelegenheitsaphoristik über kurze Minuten, Stunden- oder Tagesnotizen bis zu ausgearbeiteter Diaristik reichen und im literarischen Anspruch eine breite Palette abdecken. Die medialen Bedingungen des neuen Schreibens – Interaktivität, Nonlinearität, Hypertextualität oder die visuelle Qualität des Bildschirms – werden als ästhetische Faktoren mehr oder weniger einkalkuliert. Dies kann Versuche der Twitteratur betreffen (Aciman/Rensin 2011), wo Beispiele aus der Weltliteratur in kurzen Reihen von 140-Zeichen-Tweets erzählt werden, oder eigenständige Tweet-Formate, die in sich abgeschlossene, pointierte Ultrakurzprosa darstellen (vgl. etwa Meimberg 2011). Dabei geht es auch um die knappe Ressource Aufmerksamkeit, die man in der weltweiten Öffentlichkeit beansprucht, um die Quantität der Homepage-Zugriffe, der Auflistungen in Google und Yahoo oder bei Büchern um die Verkaufszahlen in den Amazon-Charts.

Lyrische Experimente: Thomas Kling, Peter Waterhouse, Oskar Pastior, Durs Grünbein und andere setzen auf Laut- und optische Qualitäten, spielen mit der Etymologie und wollen damit eine Archäologie von Sprache und Geschichte betreiben, aber auch gewohnte Wahrnehmungsmuster außer Kraft setzen. Mit Wanderwegen entlang an Gedichtinstallationen oder mit Klanginszenierungen überschreitet Lyrik dann nicht selten die Grenzen des Papiers. Insgesamt kann die Medienabhängigkeit des Schreibens auf allen Ebenen beobachtet werden: vom manuellen Schreibprozess zum maschinellen über Bezüge auf av-Medien bis hin zu digitalen Nutzungsmöglichkeiten (s. Kap. 6.10).

1936	Erster programmgesteuerter Rechenautomat durch Konrad Zuse	Fortgeschrittene audiovisuelle und digitale Medien
1937	Xerographie (Kopierverfahren, Chester Carlson)	
1950	Elektronisches Farbfernsehsystem von CBS	
1952	A. Oboler präsentiert in Hollywood den ersten Spielfilm in 3-D-Technik	
1952	Weihnachten: Beginn des Öffentlichen Fernsehens in der BRD	
1954	Transistorradio (USA)	
1956	Telefax	
1956	Erster Videorecorder-Prototyp durch Ampex in Chicago	
1958	Stereoschallplatte	
1958	Erfindung des Lasers durch Charles Townes/Arthur Schawlow	
1960	Erster transistorisierter Fersehempfänger; drahtlose Fernbedienung	
1962	Erste Satellitenübertragung von TV-Bildern zwischen USA und Frankreich	
1962 ff.	Arpanet als Vorläufer des Internet durch USA-Luftwaffe entwickelt	
1965	Musiccassette (Philips)	
1967	Videorekorder mit Cassettenbandladung von CBS	
1970	Bildtelefon für öffentlichen Gebrauch in USA	
1971	Erste Flüssigkristallanzeige (Hoffmann La Roche)	
1974	Erste Kabelfernsehversuchsanlagen in Nürnberg und Hamburg	
1974	Entwicklung des laserstrahlgesteuerten Photosatzes	
1979	Erste CD-ROM (Sony)	
1980	Camcorder-Prototyp für Heimgebrauch	
1980	Elektronische Schreibmaschine mit Textspeicher und Display von Olivetti	

1982	Commodore bringt den C 64 auf den Markt (Durchbruch des PC)
1982	Eurocheck-Karten kommen in Verkehr
1988	Erstes käufliches E-Book für PC-Bildschirm
1990 ff.	Multimedia durch umfassende Digitalisierung
1993 ff.	Internet als weltweit genutztes multimediales Übertragungsmedium
1995	DVD (Digital Video/Versatile Disc)
1996	Erster vollständig computeranimierter Film (*Toy Story*)
2007	Multimediales Mobiltelefon/iPhone (Fa. Apple)
2007	E-Book Reader Kindle 1 (Fa. Amazon)
2010	Tablet-Computer (iPad, Fa. Apple)

Das Leben ein Kunstwerk: Im Projekt, Lebenserfahrungen als Rohstoff für Literatur zu nehmen, verschränken sich **ästhetische und Selbsterfahrungsexperimente**. Was junge Autoren wie Benjamin von Stuckrad-Barre, Benjamin Lebert, Christian Kracht u. a. versuchen, ist eine Mischung von Pop-Art und Dekadenz: Zwar gibt es noch eine narratives ›Werk‹, doch entgrenzt sich dies zu einer Lebenskunst – ein Trend der Alltagskultur mit der Absicht, das eigene Leben in Kunstformen zu hüllen, um es einer Öffentlichkeit zu präsentieren. Zu den Themen der Lifestyle-Literatur gehören auch Diskotheken und angrenzende Lebensbereiche bis hin zu Modetrends. Mit Blick auf die Literatur ließe sich feststellen, dass der Alltag vollständig kunstfähig geworden ist, insofern die Schreibenden alles archivieren, was ihnen unterkommt, um aus diesem Material einen je eigenen, ironisch geprägten Stil zu gewinnen (vgl. Baßler 2005).

Zur Vertiefung

Lebensästhetik
Damit ließe sich auch die These Wolfgang Welschs (1993) belegen, dass das öffentliche Leben zum Gegenstand der **Ästhetisierung** geworden sei; einen ähnlichen Aspekt berührt Gerhard Schulze, der die neuen Hedonismen unter der Signatur der ***Erlebnisgesellschaft*** (1992) diagnostiziert hat. Skeptischer noch argumentieren Autoren wie Jean Baudrillard oder Botho Strauß, die den Verlust der sinnlich-direkten Erfahrung beklagen und gegen die ›sekundäre Welt‹ der Medien die subjektive Wahrnehmung und ein Nachdenken über die soziale Beziehungsfähigkeit fordern. Dem hat wiederum Norbert Bolz in *Das konsumistische Manifest* (2002) ein Plädoyer für die fröhliche Diesseitigkeit von Politik und Genuss gegen jeden Fundamentalismus entgegengestellt.

Nachhaltige politische Fragestellungen: Themen der Politik haben trotz aller postmoderner Ironie in den letzten Jahren in der Literatur wieder zu ernsthaften Debatten geführt. Marcel Beyer hat mit *Flughunde* (1995) die Gegenwart mit der nationalsozialistischen **Geschichte** konfrontiert, und Ruth Klügers Autobiographie *weiter leben. Eine Jugend* (1992) steht als Erinnerungsdokument des Schreckens in Gegensatz zu Martin Walsers *Der springende Brunnen* (1998), das verharmlosend vom Heranwachsen in der Provinz erzählt. Die 1995 veröffentlichten Tagebücher von Viktor Klemperer (*Ich will Zeugnis ablegen bis zum letzten*) oder Bernhard Schlinks *Der Vorleser* (1995) sind ebenfalls Geschichtskommentare, die zum Eingedenken mahnen.

Franco Biondi:
Passavantis
Rückkehr
Erzählungen

dtv

Franco Biondi:
Passavantis Rückkehr, Umschlag

In ihren Roman *Atemschaukel*, 2009 veröffentlicht und ausschlaggebend für die Nobelpreisverleihung im selben Jahr, hat Herta Müller Gespräche mit Oskar Pastior und anderen Überlebenden der Stalin-Verfolgung in einem russischen Lager verarbeitet. In ihrer Prosa schafft sie mit lyrisch-experimentellen Elementen ein Gedächtnis für politische Gewalt und zugleich ein Gegengewicht dazu.

Interkulturelle Literatur wird von Autor/innen nichtdeutscher Herkunft verfasst, die die Kluft zwischen Ausgangs- und Zielkultur, deren Relativierung oder mögliche neue Verbindungen zwischen ihnen thematisieren (vgl. Chiellino 2000). Dazu zählen etwa Angehörige der ausgewanderten deutschsprachigen Minderheit in Rumänien wie etwa Herta Müller (*Reisende auf einem Bein*, 1989). Seit Mitte der 1950er Jahre gibt es aber bereits eine zunehmende Literatur von in der BRD aufgewachsenen fremdsprachigen Autor/innen, die gegen den Eurozentrismus andere Perspektiven setzen und neuerdings auch eine kreative, eigenständige Vermischung der Sprachkulturen anbieten wie etwa Feridun Zaimoglu (*Kanak Sprak. 24 Misstöne am Rande der Gesellschaft*, 1995).

Resümee. Prozess der Pluralisierung: Dogmatische Standorte lösen sich auf in einem Verstreuungsprozess, der sich um 1900 bereits anbahnt und der mit der Konvergenz der politischen Systeme seit den 70er Jahren, schließlich dem Zusammenbruch des Sozialismus greifbar wird. Entsprechend ist ›Wahrheit‹ nicht mehr durch das einfache Ableiten von Kausalitäten und Gesetzen zu gewinnen, vielmehr muss jede Erkenntnis oder Perspektive ihre eigene Relativität bedenken. In diesem Sinne ersetzt der Begriff der **Kommunikation** im 20. Jahrhundert den der Kausalität. Er bezeichnet ein Denken und Leben in Beziehungen, die begrenzt wählbar sind (Baecker 2001, S. 425) – mit allen Schwierigkeiten, die diese Wahlfreiheiten ethisch und ästhetisch nach sich ziehen.

Weitere Wege der Pluralisierung ergeben sich durch die zunehmende literarische Nutzung der neuen Medien (incl. Smartphones). Dies betrifft die Textdistribution bzw. den Literatur- und Buchmarkt, auf dem E-Books eine immer größere Rolle spielen. Inhaltlich entfernen sich die Internet-Texte weitgehend von der kanonischen Literatur und von traditionellen Motiven und Intertextbezügen; sie behandeln sowohl subjektive Themen als auch politische Probleme.

Vom Ersten Weltkrieg
bis zur Gegenwart

Grundlegende
Literatur

Aspekte österreichischer Gegenwartsliteratur. Hg. von der Konrad-Adenauer-Stiftung. St. Augustin 2003.

Beutin, Wolfgang u. a.: Deutsche Literaturgeschichte: von den Anfängen bis zur Gegenwart. Stuttgart/Weimar [7]2008.

Chiellino, Carmine: Interkulturelle Literatur in Deutschland. Ein Handbuch. Stuttgart/Weimar 2000.

Emmerich, Wolfgang: »Die Literatur der DDR«. In: Beutin [7]2008, S. 511–579.

– : Kleine Literaturgeschichte der DDR. Berlin 2005.

Hecken, Thomas: POP. Geschichte eines Konzepts 1955-2009. Bielefeld 2009.

Huberth, Franz: Die DDR im Spiegel ihrer Literatur: Beiträge zu einer historischen Betrachtung der DDR-Literatur. Berlin 2005.

Hoffmann, Dieter: Von der Trümmerliteratur zur Dokumentarliteratur. München 2006.

Opitz, Michael/Hofmann, Michael (Hg.): Metzler Lexikon DDR-Literatur. Stuttgart/Weimar 2009.

Opitz, Michael/Opitz-Wiemers, Carola: »Tendenzen der deutschsprachigen Gegenwartsliteratur seit 1989«. In: Beutin [7]2008, S. 600–702.

Philipp, Rainer: Dadaismus. München 1987.

Rusterholz, Peter/Solbach, Andreas (Hg.): Schweizer Literaturgeschichte. Stuttgart/Weimar 2007.

Schnell, Ralf: »Deutsche Literatur nach 1945/Die Literatur der Bundesrepublik«. In: Beutin [7]2008, S. 479–510 bzw. S. 580–659.

– : Geschichte der deutschsprachigen Literatur seit 1945. Stuttgart/Weimar [2]2003.

Schweizer Gegenwartsliteratur. Hg. von der Konrad-Adenauer-Stiftung. St. Augustin 2006.

Stephan, Inge: »Literatur in der Weimarer Republik«, »Literatur im ›Dritten Reich‹«, »Die deutsche Literatur des Exils«. In: Beutin [7]2008, S. 387–478.

Wittstock, Uwe: Nach der Moderne. Essay zur deutschen Gegenwartsliteratur in zwölf Kapiteln über elf Autoren. Göttingen 2009.

Zitierte/weiterführende Literatur

Baecker, Dirk: »Kommunikation«. In: Ästhetische Grundbegriffe. Historisches Wörterbuch in sieben Bänden. Hg. von Karlheinz Barck u. a. Stuttgart/Weimar 2001, Bd. 1, S. 384–426.

Barck, Karlheinz: »Avantgarde«. In: Ästhetische Grundbegriffe. Historisches Wörterbuch in sieben Bänden. Hg. von Karlheinz Barck u. a. Stuttgart/Weimar 2000, Bd. 1, S. 544–577.

Baßler, Moritz: Der deutsche Pop-Roman: die neuen Archivisten. München [2]2005.

Brinkmann, Rolf Dieter: Einen jener klassischen. In: Westwärts 1 & 2. Reinbek bei Hamburg 1975.

Döblin, Alfred: Berlin Alexanderplatz. Die Geschichte vom Franz Biberkopf [1929]. Hg. von Walter Muschg. Olten/Freiburg i. Br. 1977.

Habermas, Jürgen: Der philosophische Diskurs der Moderne. Frankfurt a. M. 1985.

Harder, Matthias (Hg.): Bestandsaufnahmen. Deutschsprachige Literatur der neunziger Jahre aus interkultureller Sicht. Würzburg 2001.

Klinger, Cornelia/Müller-Funk, Wolfgang (Hg.): Das Jahrhundert der Avantgarden. München 2003.

Kroll, Frank-Lothar (Hg.): Die totalitäre Erfahrung: deutsche Literatur und drittes Reich. Berlin 2003.

Lethen, Helmut: »Der Habitus der Sachlichkeit«. In: Bernhard Weyergraf (Hg.): Literatur der Weimarer Republik 1918–1933. München/Wien 1995, S. 371–445 (Hansers Sozialgeschichte der deutschen Literatur; Bd. 8).

Lyotard, Jean-François: »Beantwortung der Frage: Was ist postmodern?« In: Tumult 1982, S. 131–142.

Müller, Heiner: Herzstück [1981]. In: Werke Bd. 5/ Die Stücke 3. Hg. von Frank Hörnigk. Frankfurt a. M. 2002.

Plumpe, Gerhard: »Avantgarde. Notizen zum historischen Ort ihrer Programme«. In: Aufbruch ins 20. Jahrhundert. Über Avantgarden. Hg. von Heinz L. Arnold. München 2001, S. 7–14.

Schnell, Ralf: Literarische innere Emigration 1933–45. Stuttgart 1976.

Schmidt-Dengler, Wendelin: Probleme und Methoden der Literaturgeschichtsschreibung in Österreich und in der Schweiz. Wien 1997.

– : verLOCKERUNGEN. Österreichische Avantgarde im 20. Jahrhundert. Wien 2001.

Schulze, Gerhard: Erlebnisgesellschaft. Eine Kultursoziologie der Gegenwart. Frankfurt a. M. 1992.

Simanowski, Roberto (Hg.): Literatur.digital. Formen und Wege einer neuen Literatur. München 2002.

Sorg, Reto (Hg.): Zukunft der Literatur – Literatur der Zukunft: Gegenwartsliteratur und Literaturwissenschaft. München 2003.

Welsch, Wolfgang (Hg.): Die Aktualität des Ästhetischen. München 1993.

Wyss, Beat: Der Wille zur Kunst. Zur ästhetischen Mentalität der Moderne. Köln 1996.

Arbeitsaufgaben

1. Was bedeutet Robert Musils Begriff des ›Möglichkeitssinns‹, auch mit Blick auf die Postmoderne? Anhaltspunkte finden Sie in Kap. 4 und 5 von Musils *Mann ohne Eigenschaften*.

2. Können Sie Textbelege für den etwas anzweifelbaren Befund einer ›Stunde Null‹ bzw. eines ›Kahlschlags‹ in der Literatur finden?

3. Inwiefern ist die ›innere Emigration‹ eine problematische Haltung?

4. Gibt es ästhetische Techniken, die sich von Dadaismus bis zu Gegenwartskunst und digitalem *sampling* durchziehen?

5. Wie beurteilen Sie Adornos strenges Diktum, dass nach Auschwitz keine (schöne) Lyrik mehr möglich sei? Diskutieren Sie dies am Beispiel von Paul Celans *Todesfuge*!

6. Vergleichen Sie Ernst Jandls *Übe!-Variante* mit Goethes Vorlagegedicht *Ein Gleiches* – welchen Gewinn bringen die Sprachexperimente?

7. Die meisten ›Wende-Romane‹ sind zwar dickleibig. Dennoch: Versuchen Sie, eine Zeitungsrezension zu Thomas Brussigs *Wie es leuchtet* oder Ingo Schulzes *Neue Leben* zu verfassen!

8. Arbeiten Sie an wenigen aus dem Internet gewählten Beispielen Stilmerkmale der *weblogs* bzw. des Tagebuchschreibens heraus!

Lösungshinweise zu den Arbeitsaufgaben finden Sie auf www.metzlerverlag.de/webcode. Ihren persönlichen Webcode finden Sie am Anfang des Bandes.

3. Literarische Gattungen

3.1 | Terminologisches: Gattungsbegriffe

So wie die Epochenbegriffe dazu dienen, die Literatur seit dem 16. Jahrhundert in einer annähernd chronologischen Folge zu ordnen, nutzt die Neuere deutsche Literaturwissenschaft die Gattungsbegriffe, um innerhalb dieser ungeheuren Textmasse nach formalen Kriterien Textgruppen bilden zu können.

- In einem **weiten Sinne** bezeichnet man mit ›Gattung‹ die drei von Goethe irreführenderweise als »Naturformen« bezeichneten Textgruppen Lyrik, Drama und Epik (welche letztere hier ›erzählende Prosa‹ heißen wird). In diesem Sinne fungiert der Gattungsbegriff als Sammelbegriff für alle Texte mit beispielsweise erzählendem Gestus.
- Ein **engerer Gattungsbegriff** bezeichnet einzelne nach formalen Kriterien zu unterscheidende Gruppen von Texten innerhalb von Lyrik, Drama und erzählender Prosa: Roman, Novelle, Kurzgeschichte, Tragödie und Komödie, Ode, Hymne u. v. a. m. In diesem Sinne lässt sich ›Gattung‹ auch durch ›Genre‹ ersetzen.
- Mit einem **engen Gattungsbegriff** werden innerhalb dieser Genres Untergruppen noch einmal nach formalen oder historischen Merkmalen voneinander unterschieden: so z. B. pindarische oder anakreontische Ode, Brief- oder Bildungsroman, barockes oder bürgerliches Trauerspiel.
- In einem **normativen Sinne** bezeichnet der Gattungsbegriff die Summe der formalen und inhaltlichen Bestimmungen, an die sich ein Autor etwa bei der Verfertigung eines Sonetts oder eines Trauerspiels zu halten habe. Dabei ist zu unterschieden zwischen ›weichen‹ und ›harten‹ Normen: Genres wie Roman oder Hymne sind formal und inhaltlich relativ offen, Ode, Sonett oder Fabel sowohl inhaltlich als auch formal streng geregelt.

Implikationen des Gattungsbegriffs

In einem noch stärkeren Maße als bei den Epochenbegriffen sind Gattungen als **wissenschaftliche Konstruktionen** zu begreifen: Jeder Gattungsbegriff ist immer eine Abstraktion, eine idealtypische Konstruktion formaler und inhaltlicher Kriterien, die innerhalb einer Gruppe von Texten eine Schnittmenge bilden. Insofern sind Gattungsbegriffe, vom einzelnen literarischen Text her betrachtet, immer nur Näherungen, die allerdings eine systematische Ordnung der Literatur erlauben. Wenn man aber von einzelnen Texten ausgeht und gemeinsame Merkmale tatsächlich beschreibend erarbeitet, lässt sich ein deskriptiver Gattungsbegriff gewinnen, der diesseits einer idealtypischen Konstruktion liegt.

Gattungen aber haben tatsächlich auch eine Realität: Sie existieren als **normative Vorgaben** in Poetiken oder aber in Schreibkonzepten im Kopf der Schriftsteller, die sich ja allein schon mit der Entscheidung, ein Sonett, ein Trauerspiel oder eine Novelle zu schreiben, in eine literarische Tradition stellen und damit die (vielleicht auch nur unbewusst wirksamen) Regeln des Schreibens befolgen oder variieren. Darüber hinaus haben Gattungen eine ebenso wirkmächtige Realität in den Köpfen der Leser, insofern Gattungsbezeichnungen unter Buchtiteln oder auf Theaterplakaten natürlich einen spezifischen Erwartungshorizont bedingen und damit die Rezeption des Textes, der Inszenierung ganz entscheidend mit beeinflussen.

Trotz des problematischen, da teils konstruktiven Charakters der Gattungsbegriffe soll im Folgenden sowohl in der Kapitelaufteilung als auch in der Terminologie im Einzelnen an der traditionellen Gattungsbegrifflichkeit festgehalten werden. Im Einzelfall wird ein besonders problematisch erscheinender Begriff erläutert und eine terminologische Alternative genannt (vgl. auch Zymner 2010).

Literatur   **Hamburger, Käte:** Die Logik der Dichtung. Stuttgart ³1987.
Hempfer, Klaus: Gattungstheorie. Information und Synthese. München 1972.
Horn, András: Theorie der literarischen Gattungen. Ein Handbuch für Studierende der Literaturwissenschaft. Würzburg 1998.
Staiger, Emil: Grundbegriffe der Poetik. Zürich 1946.
Szondi, Peter: Poetik und Geschichtsphilosophie II: Von der normativen zur spekulativen Gattungspoetik. Frankfurt a. M. 1974.
Voßkamp, Wilhelm: »Gattungen«. In: Helmut Brackert/Jörn Stückrath (Hg.): Literaturwissenschaft. Ein Grundkurs. Reinbek bei Hamburg 1992, S. 253–268.
Zymner, Rüdiger (Hg.): Handbuch Gattungstheorie. Stuttgart/Weimar 2010.

3.2 | Lyrik

3.2.1 | Zum Begriff der Lyrik

Auf die Frage, welche literarischen Texte zur Gattung der Lyrik zu rechnen seien, lautet eine scheinbar einfache und selbstverständliche Antwort: Gedichte. Diese Antwort ist allerdings gar nicht unproblematisch: Mit dem Wort ›Gedicht‹ nämlich werden zunächst, in althochdeutscher Zeit, alle schriftlichen Äußerungen, später, bei verengter Bedeutung in der literarischen Tradition, alle Äußerungen in ›gedichteter‹ Sprache bezeichnet, Texte also, in denen Schriftsteller, Autoren, Dichter einen Gegenstand in sprachlich kunstvoller Weise gestalten. Derartige ›Gedichte‹ folgen einem Kanon festgelegter Regeln, die in antiken (z. B. Horaz) oder neuzeitlichen (Opitz, Gottsched u. a.) Poetiken versammelt sind oder den Vorbildern der literarischen Tradition entnommen werden.

›Gedicht‹ >Gedicht< war also, zumindest bis weit in das 18. Jahrhundert hinein, eine sehr unspezifische Bezeichnung für **alle literarischen Texte:** Schiller etwa nannte seinen *Wallenstein* im Untertitel ein »dramatisches Gedicht«, Wieland seinen *Oberon* ein »romantisches Heldengedicht in zwölf Gesängen«. Dramatische und epische Texte also werden gleichermaßen mit dem Begriff bezeichnet, der heute mit dem der Lyrik identifiziert wird. Das wichtigste sprachliche Kennzeichen des Gedichts war der rhythmisch und metrisch strukturierte Vers – und den weisen Drama und Versepos gleichfalls auf. Erst als sich in der Dramatik und, schneller und erfolgreicher, in der Epik die lang geschmähte – da angeblich nicht kunstvoll geformte – Rede in Prosa durchsetzen konnte, verengte sich der Begriff des Gedichts: Er blieb den zumeist kürzeren, weiterhin in Versen abgefassten Texten vorbehalten – eine Bedeutungsveränderung oder -verengung, die erst gegen Mitte des 19. Jahrhunderts abgeschlossen war.

Zur Begriffsgeschichte: Als literarische Gattung hat ›Lyrik‹, im Unterschied zu Drama und erzählender Prosa, eine vergleichsweise kurze Geschichte – zumindest wenn man genau auf die Begriffsgeschichte der ›Lyrik‹ schaut. Als ›Lyrik‹ galt in strenger antiker Tradition bis zur Ästhetik der Aufklärung nur das, was mit Begleitung eines Saiteninstruments des Altertums, der Lyra oder Leier, vorgetragen werden konnte, also singbare Gedichtformen. Weder Sonett noch Elegie etwa galten der Antike wie der Aufklärung als ›Lyrik‹. Erst die deutsche Übersetzung von Charles Batteux' *Les beaux arts reduits à un même principe* (1746), wo erstmals die ›klassisch‹ erscheinende Dreiteilung literarischer Formen gegeben war, führte diese in der Mitte des 18. Jahrhunderts auch in die deutsche Poetik und Ästhetik ein: Die ›Lyrik‹ wurde zur dritten Hauptgattung neben Dramatik und Epik. Die ästhetische Philosophie des späten 18. und frühen 19. Jahrhunderts verlieh dieser Dreiteilung schließlich die metaphysischen Weihen: Bei Schelling, Solger und Hegel erscheint das Denken in den drei Hauptgattungen als philosophische Notwendigkeit, wie bei Goethe wurden Lyrik, Dramatik und Epik als »echte Naturformen der Poesie« aufgefasst (HA 2, S. 187).

Definitionen in der Diskussion: Auf die Frage nach einer genaueren Bestimmung der Lyrik, ihrer Abgrenzung von den anderen literarischen Gattungen, sind in der literaturwissenschaftlichen Diskussion verschiedene Antworten gegeben worden. Asmuth schlägt vor: »Der Kern der Lyrik ist das Lied« (1984, S. 133), setzt also implizit den von der Antike bis zu Opitz gültigen, engen Lyrikbegriff fort. Dieses Kriterium aber wird spätestens bei modernen Gedichten problematisch, die allenfalls als »stilisierte Form des Liedes« betrachtet werden dürften (ebd., S. 135). Was die Lyrik ausmache, sei ihre »Kürze«, so Walther Killy (1972, S. 154 ff.), ein Kriterium, das er weniger quantitativ als vielmehr im Sinne von ›konzentriert, prägnant‹ verstanden wissen will. Allein schafft auch dieses Merkmal keine zureichende Differenz gegenüber den anderen literarischen Gattungen. Aus dem russischen Formalismus wird das Kriterium der starken Abweichung lyrischer Rede von der Alltagsrede entliehen (Schmidt 1968), das zwar für die Lyrik in hohem Maße zutrifft – allerdings auch für sehr viele dramatische und epische Texte.

Das einzige Kriterium, das tatsächlich für (zumindest die meisten) lyrischen Texte zutrifft, ist das des **Verses** (vgl. Lamping 1989, S. 23 f.; Burdorf 1997, S. 11 ff.; Lamping 2011), also der Tatbestand, dass in den Text durch stetigen Zeilenwechsel Pausen eingefügt sind, oder, mit den einfachen Worten Wolfgang Kaysers: »Wenn auf einer Seite um das Gedruckte herum viel weißer Raum ist, dann haben wir es gewiss mit Versen zu tun« (1971, S. 9). Die Zeilen sind im lyrischen Text drucktechnisch nicht gefüllt, dadurch werden sie zu Versen.

Zum Begriff

> → **Lyrik** ist literarische Rede in Versen. Sie »ist kein Rollenspiel, also nicht auf szenische Aufführung hin angelegt« (Burdorf 1997, S. 21). Weitere mögliche, aber nicht notwendig gegebene Bestimmungen der Lyrik sind die hochgradige und verdichtete Strukturierung der Sprache, ihre Abweichung von der Alltagssprache, eine starke Bildlichkeit und zuletzt auch Liedhaftigkeit und Kürze (vgl. ebd.). Unverzichtbar ist allein der Vers.

3.2.2 | Formelemente und Formen der Lyrik

Lyrische Texte sind, wie oben schon angedeutet, hoch strukturierte, verdichtete Sprache. In der literarischen Tradition der Antike und der Renaissance wie auch der neueren deutschen Literatur sind sehr genau bestimmbare Formelemente und Formen lyrischer Rede ausgebildet worden, die im Folgenden eingehender behandelt werden sollen: Versformen, Strophenformen und Gedichtformen.

Der Vers

> → **Vers** (lat. *vertere*: wenden) bezeichnet die »Wiederkehr des gleichen regelmäßigen Metrumablaufs« (Lausberg 1973, S. 789) innerhalb eines Textes als wesentliches textstrukturierende Moment. Damit unterscheiden sich Verse durch ein einfaches Grundprinzip von der Prosa: Der Sprachfluss hört am Ende des Verses auf, um am Beginn des nächsten wieder einzusetzen. Vers heißt ›Umkehr der Rede‹, im Unterschied zur ›geradeaus gerichteten Rede‹ der Prosa *(provorsa oratio)*. Für den Begriff des Verses ist ein Metrum, also die regelmäßige Wiederkehr betonter Silben im Vers, grundsätzlich nicht entscheidend, Lyrik als Versrede existiert auch in freier Rhythmik, kann sich also der Prosa in einem starken Maße annähern (ebenso wie umgekehrt die ›rhythmische Prosa‹ sich der Lyrik annähert).

Zum Begriff

Die bestimmenden Merkmale eines Verstextes lassen sich am besten am konkreten Beispiel illustrieren; hier der Beginn von Eduard Mörikes *Um Mitternacht* (1827):

> Gelassen stieg die Nacht ans Land,
> Hängt träumend an der Berge Wand;
> Ihr Auge sieht die goldne Wage nun
> Der Zeit in gleichen Schaalen stille ruhn.

Eduard Mörike:
Um Mitternacht

- **Alternation:** In jedem Vers wechseln sich betonte Silben oder Hebungen (‾) und unbetonte Silben oder Senkungen (˘) regelmäßig miteinander ab, sie alternieren (˘ ‾ ˘ ‾ ˘ ‾ ˘ ‾).
- **Versmaß:** Die Verse des ersten Verspaars und die des zweiten verfügen jeweils über die gleiche Anzahl an Hebungen, sie sind jeweils gleich lang.
- **Reim:** Die Versenden strukturieren den Text: Der erste und zweite Vers sind, wie der dritte und vierte, gereimt, d. h. die letzte betonte Silbe hat einen gleichen oder ähnlichen Klang.
- **Graphie:** Jeder Vers ist als eigene Druckzeile und durch den Großbuchstaben zu Beginn drucktechnisch hervorgehoben.

Merkmale
des lyrischen
Sprechens

Metrum: Die Folge von Hebungen und Senkungen in einem Vers wird in kleinere Abschnitte aufgeteilt. Die kleinste Einheit des Verses ist der **Versfuß.**

- **Jambus** ist die Folge jeweils einer Senkung und einer Hebung (˘ ‾).
- **Trochäus** ist die umgekehrte Folge (‾ ˘).
- **Spondeus** heißt die Folge zweier Hebungen (‾ ‾).
- **Daktylus** (‾ ˘ ˘) und der **Anapäst** (˘ ˘ ‾) sind die beiden wichtigsten dreisilbigen Versfüße.

Verschiedene
Versfüße

Am Ende eines Verses steht die sogenannte **Kadenz:** Schließt ein beispielsweise fünfhebiger Jambus nicht, wie zu erwarten wäre, mit der Hebung des letzten Jambus, sondern mit einer angehängten unbetonten Silbe, spricht man vom **weiblichen Versende** (»Sich in erneutem Kunstgebrauch zu üben«, Goethe: *Das Sonett*). Ist die letzte Silbe im Vers eine Hebung, wird das Versende **männlich** genannt (»Ihr Auge sieht die goldne Wage nun«). Die Bezeichnung der Kadenzen geht auf die französische Tradition zurück, wo feminine Wörter stets mit einer (allerdings meist stumm bleibenden) unbetonten Silbe schließen (zu den Versfüßen vgl. Wagenknecht 1993, S. 33 ff.).

Versformen

Die Anzahl der Versfüße innerhalb eines Verses bestimmt das Versmaß oder Metrum. Im Falle des angeführten Gedichts liegen ein vierhebiger bzw. fünfhebiger Jambus vor: Die Anzahl der Hebungen in einem Vers bestimmt die Kennzeichnung des Metrums, die Anzahl und Anordnung bestimmter Versfüße in einem Vers (oder in einem Verspaar, einem sogenannten Distichon) macht die Versform erkennbar (zu den verschiedenen Versformen vgl. Burdorf 1997, S. 81 ff.).

Verschiedene
Versformen

- **Der Knittelvers** ist das wichtigste Versmaß frühneuzeitlicher Literatur – weniger in der Lyrik als in Dramatik und Epik. Sein wesentliches Kriterium ist der Paarreim (s.u.); der strenge Knittel besteht aus achtsilbigen (bei männlicher Kadenz) bzw. neunsilbigen (bei weiblicher Versendung) Versen, der freie Knittel aus meist zwischen sieben- bis elfsilbigen Versen (gelegentlich noch kürzer bzw. länger). Die Anzahl der Hebungen sowie die Alternation ist selbst im strengen Knittel nicht geregelt. Einer der berühmtesten Knittelverstexte der neueren Literatur ist der Eingangsmonolog von Goethes *Faust* (1808): »Zwar bin ich gescheiter als alle die Laffen,/Doktoren, Magister, Schreiber und Pfaffen« (v. 366 f.).
- **Der Madrigalvers** (benannt nach dem bestimmenden Genre weltlicher Vokalmusik der italienischen Renaissance) ist ein relativ ungeregelter Vers: meist jambisch, mit wechselnder Silbenzahl, gereimt, aber ohne festes Reimschema. Er kommt häufig in singbaren Texten des Barock vor (Motetten-, Madrigal- oder Opern-Libretti), Goethe verwendet ihn unter vielen anderen Versformen im *Faust* (etwa v. 2012 ff.).
- **Der Blankvers** ist ein reimloser fünfhebiger Jambus mit männlicher oder weiblicher Kadenz, der aus der englischen Literatur in die deutschsprachige übernommen wurde und seit Christoph Martin Wielands *Lady Johanna Gray* (1758) zum bestimmenden deutschen Dramenvers geworden ist (Goethe, Schiller, Hebbel).
- **Der Alexandriner** (nach dem altfranzösischen *Alexanderroman*, um 1180) ist ein 12- oder 13-silbiger Vers, der gekennzeichnet ist durch eine oft mit einer Virgel (/) sichtbar gemachte Zäsur nach der sechsten Silbe und festgelegte Akzente auf der sechsten und der zwölften Silbe.

Martin Opitz machte ihn in seiner Poetik zum bestimmenden Vers der gesamten Vers-Dichtung des Barock (z. B. Gryphius: »Wie offt hab ich den Wind/und Nord und Sud verkennet!«, *An die Welt*). Die Unterscheidung zwischen heroischem und elegischem Alexandriner richtet sich nach der Reimstellung zweier Alexandriner-Paare: aabb bzw. abab.

- **Der Hexameter** ist ein sechsfüßiger Vers (gr. *hexa*: sechs), der meist aus Daktylen besteht. Der letzte Daktylus ist katalektisch, d. h., um eine Silbe verkürzt. In der antiken Literatur können die ersten vier Daktylen des Hexameters durch Spondeen ersetzt werden, in der deutschsprachigen Adaption des Versmaßes meist durch Trochäen. Der Hexameter ist der Vers in der Epik des 18. Jahrhunderts, in Klopstocks *Messias* ebenso wie in Idyllen von Joh. Heinrich Voß oder Goethes *Hermann und Dorothea* (1797).

- **Der Pentameter** (gr. *penta*: fünf) ist trotz seines Namens ein sechshebiger Vers; im Unterschied zum Hexameter sind der dritte und der sechste Daktylus katalektisch. Nach dem dritten Daktylus muss eine Zäsur erfolgen, die ersten beiden Daktylen können durch Spondeen bzw. Trochäen ersetzt werden.
Der Pentameter ist kein eigenständiger Vers, sondern bildet mit dem Hexameter zusammen das sogenannte **elegische Distichon**, das in der Antike ebenso wie etwa in der Literatur des Weimarer Klassizismus in Elegien und Epigrammen verwendet wurde: »Im Hexameter steigt des Springquells flüssige Säule,/Im Pentameter drauf fällt sie melodisch herab« (Schiller: *Das Distichon*).

Eine besondere Verteilung eines Satzes oder einer sprachlichen Sinneinheit auf zwei oder mehr Verse liegt beim **Enjambement**, dem **Zeilensprung** vor: Der Satz wird über das Versende hinausgeführt in den nächsten Vers hinein: »Ach! was ist alles dis was wir für köstlich achten/ Als schlechte nichtikeitt« (Gryphius: *Es ist alles eitel*). Der Effekt des Enjambements ist eine hohe Geschlossenheit der Versdichtung. Wenn ein Zeilensprung sogar über eine Strophengrenze hinweggeht, spricht man vom Strophensprung.

Reim

Verse beziehen sich häufig insbesondere in klanglicher Weise aufeinander: Sie sind gereimt. In der deutschsprachigen Literaturtradition war zunächst lange Zeit nicht der Endreim das bestimmende Prinzip der Textstrukturierung: In der althochdeutschen Literatur findet sich vornehmlich der sogenannte **Stabreim**, die **Alliteration**. Mehrere Wörter eines Verses beginnen mit demselben Anlaut, ihre Zusammengehörigkeit wird so stilistisch angezeigt. Der Stabreim ist aus der dichterischen Sprache nicht verschwunden, ist rhetorisch-stilistisches Mittel geblieben. Doch mit der Anlehnung der mittelhochdeutschen höfischen Literatur an die provenzalische und altfranzösische wird auch deren bestimmendes Textstrukturierungsprinzip übernommen: In der romanischen Literatur war der **Endreim** vorherrschend. Unter Endreim wird der Gleichklang (keinesfalls die Buchstabengleichheit) mehrerer Wörter vom letzten betonten Vokal an verstanden (z. B. ›Stürme – Schirme‹).

Der Endreim schließt meist zwei Verse eines Gedichtes zu einem korrespondierenden Verspaar zusammen. Nicht notwendig allerdings reimen sich zwei aufeinander folgende Verse. Die Verteilung der Reimendungen, die **Reimstellung** in einer größeren Anzahl von Versen, strukturiert den lyrischen Text deutlich:

Reimstellungen
- Der **Paarreim** ist die geläufigste Reimstellung: Die Versenden zweier aufeinander folgender Verse sind gereimt (aabb).
- Der sogenannte **Kreuzreim** kennzeichnet viele volksliedartige Texte: Die Reimendungen wechseln einander ab (abab).
- Der **umarmende Reim** ist eine dritte wichtige Reimstellung: Ein Reimpaar wird von einem anderen umrahmt (abba). Durch den umarmenden Reim werden sehr häufig vierzeilige Strophen gebildet, die durch die Reimstellung eine hohe Geschlossenheit aufweisen (etwa die Quartette in einem Sonett; s.u.).

Reime verbinden Verse miteinander, sie sind viel mehr als ein bloß klangliches Moment: Reimpaare, auch wenn sie im Kreuz- oder umarmenden Reim voneinander getrennt werden, sind auch inhaltlich aufeinander zu beziehen. Das heißt, dass insbesondere in der Lyrik Form und Inhalt sehr eng miteinander verschränkt sind (zum Reim vgl. Wagenknecht 1993, S. 35 ff.; Burdorf 1997, S. 30 ff.).

Strophe und Strophenformen

Über Vers und gereimte Verspaare hinaus ist der lyrische Text strukturiert durch die Gruppierung der Verse zu Strophen – die drucktechnisch gegeneinander abgesetzt sind. Als Textbeispiel zunächst ein lyrischer Text von Andreas Gryphius:

Andreas Gryphius:
Menschliches Elende

Menschliches Elende

> WAs sind wir Menschen doch? ein Wohnhauß grimmer Schmertzen
> Ein Ball des falschen Glücks/ein Irrlicht diser Zeit.
> Ein Schauplatz herber Angst/besetzt mit scharffem Leid /
> Ein bald verschmeltzter Schnee und abgebrante Kertzen.
>
> Diß Leben fleucht davon wie ein Geschwätz und Schertzen.
> Die vor uns abgelegt des schwachen Leibes Kleid
> Vnd in das Todten-Buch der grossen Sterblikeit
> Längst eingeschriben sind/sind uns aus Sinn und Hertzen.
>
> Gleich wie ein eitel Traum leicht aus der Acht hinfällt /
> Vnd wie ein Strom verscheust/den keine Macht auffhält:
> So muß auch unser Nahm/Lob/Ehr und Ruhm verschwinden /

> Was itzund Athem holt /muß mit der Lufft entflihn /
> Was nach uns kommen wird/wird uns ins Grab nachzihn
> Was sag ich? wir vergehn wie Rauch von starcken Winden.

Der Text ist, auf den ersten Blick erkennbar, in vier Strophen gegliedert; er beginnt mit zwei vierzeiligen Strophen, so genannten **Quartetten**, es folgen zwei dreizeilige, **Terzette** genannt. Über diese Einteilung hinaus fällt an diesem Text der enge Zusammenschluss jeweils der Quartette und der Terzette auf: Die Endreime der zweiten Strophe sind identisch mit denen der ersten, auch die Reimstellung (abba) wird wiederholt. Die Reimendungen der Terzette sind auf komplexere Weise aufeinander bezogen. Innerhalb der ersten dieser Strophen bleibt der letzte Vers ungereimt, erst das zweite Terzett vervollständigt das Reimpaar (ccd – eed). Die Stropheneinteilung von Gryphius' Text sowie die Reimstellung kennzeichnen das Gedicht als **Sonett**, eine Gedichtform, auf die weiter unten noch genauer eingegangen wird.

Die Vagantenstrophe stammt aus der mittelalterlichen Dichtung reisender Geistlicher oder auch Studenten (Vaganten) und besteht ursprünglich aus vier Langzeilen, siebenhebige Trochäen mit einer Zäsur nach der vierten Hebung (etwa in den *Carmina Burana*). In der neueren Literatur wird die Vagantenstrophe geteilt: An der Stelle der Zäsur wird in den nächsten Vers gewechselt, so dass eine Strophe aus abwechselnd einem vierhebigen und einem dreihebigen Vers entsteht. Dem ersten Trochäus jeder Zeile kann mit einer unbetonten Silbe ein Auftakt vorangehen. Ein Beispiel für eine auftaktlose Vagantenstrophe ist die erste Strophe von Goethes *Die Spinnerin*:

Strophenformen
deutscher Lyrik

> Als ich still und ruhig spann,
> Ohne nur zu stocken,
> Trat ein schöner junger Mann
> Nahe mir zum Rocken.

Goethe:
Die Spinnerin

Die Kirchenliedstrophe, eine vierzeilige Strophe mit Paarreimen, stammt ebenfalls aus der deutschsprachigen literarischen Tradition. Die Verse sind vierhebige Jamben mit Auftakt, die Kadenz ist immer männlich. Die Strophe ist die gängigste Form der geistlichen Choraldichtung seit Martin Luther und die häufigste deutsche Strophenform überhaupt. Seit dem 18. Jahrhundert wird sie zunehmend auch für weltliche Dichtung verwendet, wenngleich unter weniger strenger Handhabung der Alternationsregel – etwa in Goethes Ballade *Der Erlkönig*:

> Wer reitet so spät durch Nacht und Wind?
> Es ist der Vater mit seinem Kind;
> Er hat den Knaben wohl in dem Arm,
> Er faßt ihn sicher, er hält ihn warm. –

Goethe:
Der Erlkönig

In der Volksliedstrophe, die ebenfalls vierzeilig ist und oft anonym überliefert und volkstümlicheren Charakters, wechseln männliche und weibliche Reime einander ab (Reimschema abab), die Verse sind drei- oder vierhebig. Das Volkslied erlebte eine große Konjunktur in den beiden Jugendbewegungen der deutschen Literaturgeschichte, im Sturm und Drang und der Romantik: Herder und Goethe wie auch Brentano und von Arnim sammelten ›echte‹ Volkslieder; in beiden Perioden werden Volkslieder zum Vorbild für eigene, oft kunstvolle Dichtungen (etwa Goethes *Heidenröslein*).

Die Odenstrophe ist eine aus der griechischen Antike stammende reimlose Strophe. Die vier Verse der Odenstrophe sind metrisch streng geregelt und weisen eine unterschiedliche (jeweils vorgegebene) Silbenanzahl auf. Die unterschiedlichen Odenstrophen, die für die deutsche Literatur v. a. ab der zweiten Hälfte des 18. Jahrhunderts maßgeblich wurden, sind benannt nach ihren vermutlichen griechischen Urhebern.

Man unterscheidet bei der Ode folgende Strophenformen:

- die **sapphische Odenstrophe**, benannt nach der griechischen Lyrikerin Sappho aus Mytilene (Lesbos; ca. 600 v. Chr.);
- die **alkäische Odenstrophe**, benannt nach dem griechischen Dichter Alkaios aus Mytilene (Lesbos; ca. 600 v. Chr.);
- fünf verschiedene **asklepiadeische Odenstrophen**, nach dem griechischen Dichter Asklepiades von Samos (3. Jahrhundert v. Chr.).

Zur Vertiefung

Beispiel Odenstrophe

Ein Beispiel für die Adaption der dritten asklepiadeischen Odenstrophe in der deutschen Literatur des 18. Jahrhunderts ist Klopstocks Ode *Der Zürchersee* (1750). Die erste Strophe lautet:

Klopstock: *Der Zürchersee*

Schön ist, Mutter Natur, deiner Erfindung Pracht	– ⏑ | – ⏑ ⏑ – | – ⏑ ⏑ – | ⏑ –
Auf die Fluren verstreut, schöner ein froh Gesicht,	– ⏑ | – ⏑ ⏑ – | – ⏑ ⏑ – | ⏑ –
Das den großen Gedanken	– ⏑ | – ⏑ ⏑ – | ⏑
Deiner Schöpfung noch Einmal denkt.	– ⏑ | – ⏑ ⏑ – | ⏑ –

Die Terzine (ital.: Dreizeiler) ist eine Strophenform der italienischen Renaissance: Aus Terzinen werden längere Gedichte gebildet, deren Strophen sich durch Reime in der Form aba bcb cdc aufeinander beziehen, ein Einzelvers schließt das Gedicht ab. Die Terzine ist die Strophenform von Dantes Epos *Divina Comedia*, berühmt sind Goethes *Terzinen über die Reliquien Schillers*:

Goethe: *Terzinen über die Reliquien Schillers*

Im ernsten Beinhaus war's, wo ich beschaute,
Wie Schädel Schädeln angeordnet paßten;
Die alte Zeit gedacht ich, die ergraute.

> Sie stehn in Reih' geklemmt, die sonst sich haßten,
> Und derbe Knochen, die sich tödlich schlugen,
> Sie liegen kreuzweis zahm allhier zu rasten.
> [...]

Die Stanze (ital. *stanza* in metaphorischer Bedeutung ›Reimgebäude‹) ist die Strophenform des italienischen Renaissance-Epos (Ariost: *Orlando furioso*; Tasso: *La Gerusalemme liberata*). Sie besteht aus acht Elfsilbern mit dem Reimschema abababcc. Die Reimordnung ermöglicht eine inhaltliche Zäsur, das letzte Verspaar kann die Darstellung der vorhergehenden Verse reflektierend oder pointiert abschließen. In der deutschen Literatur ist die Stanze selten: Wieland benutzt sie für sein Versepos *Oberon*, Goethe etwa für die »Zueignung« zum *Faust* und für die *Urworte. Orphisch* (zu den Strophenformen insgesamt vgl. ausführlicher Burdorf 1997, S. 96 ff., Erläuterungen und Beispiele zu allen deutschen Strophenformen liefert Frank 1980).

Gedichtformen

Das oben vollständig zitierte Gedicht von Andreas Gryphius war schon ein Beispiel dafür, wie im lyrischen Text über die Einteilung des Textes in Strophen und die Kombination bestimmter Strophenformen eine Gedichtform konstituiert wird.

Die Ode (gr. *odé*: Gesang) ist eine sehr streng gebaute antike Gedichtform, die sich aus den vierzeiligen Odenstrophen zusammensetzt. Neben den sapphischen, alkäischen und asklepiadeischen Oden sind aus der Antike zudem die pindarischen Oden überliefert, benannt nach dem griechischen Dichter Pindar (5. Jahrhundert v. Chr.). Diese Oden variieren die Strophenform frei in Verszahl und rhythmischer Ordnung, die pindarische Ode ist allerdings immer dreigeteilt (triadische Ode): 1. Ode (›Strophe‹); 2. Antode (›Antistrophe‹) (Verszahl und rhythmische Ordnung wie in der ›Strophe‹); 3. Epode (›Nachstrophe‹) (formal von ›Ode‹ und ›Antode‹ abweichend). Dies ist die Form des altgriechischen Chorliedes, von Pindar als Loblied auf den Sieger in Wettkämpfen, Wagenrennen o. Ä. geschrieben. Die Texte werden je nach den olympischen, pythischen, nemeischen bzw. isthmischen Spielen als olympische usf. Oden bezeichnet.

Wesentliche Formen lyrischer Gedichte

Nachdem im 17. Jahrhundert die Gattungsbezeichnung ›Ode‹ für eine Vielzahl formal sehr unterschiedlicher Gedichte gewählt wurde – umfassend im Sinne von ›Lied‹ –, wurde die strenge antike Form seit der Mitte des 18. Jahrhunderts wieder entdeckt. Friedrich Gottlieb Klopstock dichtete in den alten strengen Formen und entwickelte daneben neue Strophenformen, die er dann genauso streng verfolgte. Diese Innovationen aber tendieren gerade bei Klopstock zu frei rhythmischer hymnischer Lyrik.

Die Hymne (gr. *hymnos*: Lobgesang) war zunächst in der antiken Literatur ein formal etwas freierer, aber dennoch metrisch geregelter feierlicher Gesang, dessen Gegenstände Götter und Helden waren. In der deutschen Literatur des späteren 18. Jahrhunderts entwickelt sich im Kontext v. a. der Odenexperimente Klopstocks eine freirhythmische Hymne ohne geregelte Strophe oder Reim, in der Gott und Schöpfung, Natur und Künstler besungen werden (Klopstock: *Das Landleben*; Goethe: *Wandrers Sturmlied*, *Prometheus*)

Goethe:
Wandrers Sturmlied

Wandrers Sturmlied

Wen du nicht verlässest, Genius,	Den du nicht verlässest, Genius,
Nicht der Regen, nicht der Sturm	Wirst ihn heben übern Schlammpfad
Haucht ihm Schauer übers Herz.	Mit den Feuerflügeln.
Wen du nicht verlässest, Genius,	Wandeln wird er
Wird der Regenwolke,	Wie mit Blumenfüßen
Wird dem Schloßensturm	Über Deukalions Flutschlamm,
Entgegen singen,	Python tötend, leicht, groß,
Wie die Lerche,	Pythius Apollo.
Du dadroben.	[...]

Die Elegie ist neben der Ode eine weitere aus der Antike stammende und streng geregelte Form lyrischen Sprechens. Sie lässt sich zunächst formal definieren als Gedicht aus ›elegischen Distichen‹, also Verspaaren, die jeweils aus einem Hexameter und einem Pentameter aufgebaut sind. Abweichend davon existieren in der deutschen Literatur des 17. Jahrhundert Elegien im Versmaß des Alexandriners. Erst seit dem späteren 18. Jahrhundert werden Elegien wieder in Distichen geschrieben. Schon die antike Elegie kannte neben dem Gestus erhabener Klage und Resignation auch den Gegenstand des Erotischen, Goethes *Römische Elegien* (im ersten Titel *Erotica Romana*!) greifen diese Tradition wieder auf – hier die fünfte:

Goethe:
Römische Elegien

Froh empfind' ich mich nun auf klassischem Boden begeistert,
   Vor- und Mitwelt spricht lauter und reizender mir.
Hier befolg' ich den Rat, durchblättre die Werke der Alten
   Mit geschäftiger Hand, täglich mit neuem Genuß.
Aber die Nächte hindurch hält Amor mich anders beschäftigt;
   Werd' ich auch halb nur gelehrt, bin ich doch doppelt beglückt.
Und belehr' ich mich nicht, indem ich des lieblichen Busens
   Formen spähe, die Hand leite die Hüften hinab?
Dann versteh' ich den Marmor erst recht: ich denk' und vergleiche,
   Sehe mit fühlendem Aug', fühle mit sehender Hand.
Raubt die Liebste denn gleich mir einige Stunden des Tages,
   Gibt sie Stunden der Nacht mir zur Entschädigung hin.
Wird doch nicht immer geküßt, es wird vernünftig gesprochen;
   Überfällt sie der Schlaf, lieg' ich und denke mir viel.
Oftmals hab ich auch schon in ihren Armen gedichtet
   Und des Hexameters Maß leise mit fingernder Hand

> Ihr auf den Rücken gezählt. Sie atmet in lieblichem Schlummer,
>   Und es durchglühet ihr Hauch mir bis ins Tiefste die Brust.
> Amor schüret die Lamp' indes und denket der Zeiten,
>   Da er den nämlichen Dienst seinen Triumvirn getan.

An die strenge Form des elegischen Distichons erinnern Rilkes *Duineser
Elegien* (1923) noch ganz entfernt in ihrer rhythmischen Gestalt. Brechts
Buckower Elegien (1954) sind formal ganz frei von dieser Tradition:

Der Rauch

Das kleine Haus unter Bäumen am See.
Vom Dach steigt Rauch.
Fehlte er
Wie trostlos dann wären
Haus, Bäume und See.

Brecht: *Der Rauch*

Das Epigramm (gr. Aufschrift) ist eine prägnante lyrische Kurzform mit
scharfsinniger, oft satirischer Zuspitzung. An den Epigrammen des römischen Dichters Martial schlossen sich Dichter des Humanismus und
des Barock an (Friedrich von Logau). Seine kritisch-belehrende Schärfe
ließ es für Lessing als Aufklärungsgenre geeignet erscheinen, Goethes *Ve-
netianische Epigramme* (1795) setzen die martialische Tradition fort. Die
Xenien Goethes und Schillers sind ebenfalls Epigramme in Form meist
jeweils nur eines einzigen elegischen Distichons.

Das Haiku ist eine lyrische Kurzform japanischer Herkunft. Die drei
Zeilen bestehen genau aus 5, 7 und 5, also zusammen 17 Silben. Es ge-
staltet meist prägnant Sinneseindruck oder Gedanken und wird seit dem
Ende des 19. Jahrhunderts von einigen westlichen Lyrikern nachgeahmt
(Rilke, M. Hausmann, I. v. Bodmersdorf).

Die Ballade (ital. *ballata*; provenzal. *balada*: Tanzlied) war ursprünglich im Frankreich des 14. und 15. Jahrhunderts ein kurzes Tanzlied mit
drei längeren und einer kürzeren Strophe (romanische Ballade). Die germanische Ballade dagegen ist ein umfangreicheres Gedicht, das, häufig
sogar dramatische Rollenrede benutzend, tragische, schauerliche oder
unheimliche Begebenheiten erzählt. Die Ballade als lyrische Gattung
schließt also dramatische und epische Anteile mit ein – der Grund dafür, dass Goethe in ihr die Urform der drei literarischen Gattungen sehen
wollte. Die Ballade als künstlerische Form (Kunstballade) greift zurück
auf Form und Gegenstände der anonym überlieferten Volksballade seit
dem Mittelalter. Formal ist die Ballade uneinheitlich; gemeinsam sind
sowohl Volks- als auch Kunstballaden die schlichte Versform und Reimstellung. Literaturgeschichtlicher Höhepunkt der Gattungsentwicklung
waren Sturm und Drang (Bürger, Goethe), Weimarer Klassizismus (Schiller, Goethe) und der Realismus (Fontane), aber auch Schriftsteller des
20. Jahrhunderts bedienen sich gerne dieser Form (Brecht, Biermann).

Die Romanze ist die spanische Variante des Erzählgedichts, meist aus
vierzeiligen Strophen bestehend mit achthebigem Trochäus, der eine

Mittelzäsur und statt des Reimes eine Assonanz aufweist, also nur den Gleichklang der Vokale. Die Romanze, deren Stoffe der spanischen Überlieferung entstammen und heiterer sind als das Umheimliche der Ballade, wurde seit ca. 1750 in die deutsche Literatur eingeführt und erlebte ihren Höhepunkt in der Romantik.

Im Bänkelsang werden häufig die dramatischen, oft unheimlichen oder tragisch verlaufenden Erzählgedichte vertont; seit dem 17. Jahrhundert werden lyrische Texte öffentlich zu Musik (Drehorgel, Harfe) und unter Einsatz von illustrativen Bildtafeln präsentiert, auf die der Sänger zeigt. Der Bänkelsang thematisiert in unterhaltsamer und moralisch belehrender Weise meist sensationelle Ereignisse (Katastrophen, Liebesdramen u. Ä.) und ist Bestandteil der Volkskultur (Jahrmarkt) bis ins 19. Jahrhundert hinein.

Im Figurengedicht tritt neben die lautliche Seite des Textes sein Schriftbild: Der geschriebene Text ergibt eine Figur, die in komplexer Verweisungsrelation zu Worten und Bedeutung des Textes steht. Schon die barocke Lyrik spielt vielfach mit der äußeren Form lyrischer Rede, die Konkrete Poesie des 20. Jahrhunderts greift das Prinzip wieder auf (Gomringer, Jandl). In Sigmund von Birkens *NiderSächsischem Lorbeerhayn* (1669) finden sich etwa folgende Herz-Gedichte:

Sigmund Birken:
Herz-Gedichte, 1669

Der Chanson ist ein formal nicht stark geregeltes singbares Sololied, dessen Strophen durch einen Refrain abgeschlossen werden. Satirische, politisch kritische oder polemische Lieder werden seit dem 15. Jahrhundert als Chanson bezeichnet. Er ist die bestimmende Gattung des Kabaretts (etwa für die deutsche Literatur der 1920er Jahre Liedtexte von Erich Kästner oder Kurt Tucholsky).

Das Sonett, für das Andreas Gryphius' *Menschliches Elende* beispielhaft steht, ist eine ursprünglich aus dem italienischen Mittelalter stammende Gedichtform, die von dem Renaissance-Dichter Francesco Petrarca an hohe Wertschätzung bis in den deutschen Barock hinein genoss und eine erneute Blüte in der Romantik erlebte. Formal bestimmend ist der

Aufbau aus den oben beschriebenen Quartetten und Terzetten, deren sechshebige Verse jambisch (wie im vorliegenden Fall) oder auch daktylisch gefüllt sein können. Am Beispiel des Sonetts kann die enge Verklammerung der formalen Seite des lyrischen Textes mit seiner inhaltlichen deutlich gemacht werden.

3.2.3 | Zur Geschichte der Gattung: Verschiedene Konzeptionen von Lyrik

Von der Frühen Neuzeit bis zur Hochaufklärung

Die ›Lyrik‹ der Frühen Neuzeit sollte, streng genommen, als **›uneigentliche‹ Lyrik** bezeichnet werden, insofern die Trias der drei großen Gattungen Lyrik, Dramatik und Epik noch nicht formuliert war. Die literarischen Texte des 16., 17. und 18. Jahrhunderts, die heute zur Lyrik gerechnet werden, wurden zu ihrer Zeit unter ihren besonderen Gattungsnamen, etwa Epigramm, Hymne o. Ä., als gleichwertig mit Tragödie, Komödie und Epos betrachtet (etwa in Opitz' *Buch von der deutschen Poeterey*). Diese Texte, ihre Entstehung und Rezeption sind Teil eines oft auf Repräsentation angelegten gesellschaftlichen Spiels, Dichtung ist häufig Gelegenheits-, sog. Casualdichtung (s. Kap. 2.2.1) im Auftrag eines höfischen oder patrizisch-bürgerlichen Auftraggebers. Im bürgerlichen Raum hat Dichtung vorrangig die Funktion der Belehrung, Erziehung und Erbauung.

Höfische Lyrik – und das gilt für die Frühe Neuzeit noch ebenso wie für das Mittelalter – realisierte vor allem die Ansprüche der höfischen Gesellschaft an die Literatur: Sie war Ausdruck der höfischen Ideologie, des Selbstbildes einer herrschenden Klasse, eingebunden in die Mechanismen von adeliger Repräsentation und höfischem Zeremoniell. Einer dichterischen Subjektivität, die im heutigen, modernen Sinne noch gar nicht gedacht werden konnte, blieb im Rahmen dieser Auftragslyrik kein Raum (zur Lyrik des 16. Jahrhunderts vgl. Kühlmann 2001; Kemper 1987, Bd. 1).

Erscheinungs-
formen der ›unei-
gentlichen‹ Lyrik

Die Barocklyrik bietet ein uneinheitliches Bild. Einerseits scheinen etwa die Sonette eines Gryphius oder Fleming durchaus individuelle Äußerungsformen darzustellen: etwa als Reaktionen auf den Dreißigjährigen Krieg oder als Liebesgedichte. Andererseits aber bewegen sich die Texte immer im Rahmen des kanonisierten und konventionellen Formenrepertoires. Die Bildersprache greift sowohl auf die Traditionen der antiken Literatur als auch auf die Darstellungsmittel der Rhetorik zurück. Dabei ist derjenige, der in diesen Gedichten ›Ich‹ sagt, nicht (oder fast nicht) identifizierbar mit dem individuellen Ich des Schriftstellers, das über ein persönliches Erlebnis, über eine Empfindung spräche. Vielmehr spricht das Ich in Rollenrede, seine Sprache entstammt einem weitgehend konventionalisierten Code über allgemeinere, weltanschauliche Themen und Gegenstände, die dem Lesepublikum zur Belehrung, Reflexion und Erbauung mitgeteilt werden (ein Beispiel für diese Form ›lyrischen‹ Sprechens ist das oben zitierte Sonett von Andreas Gryphius; zur Barocklyrik vgl. Kemper 1987 und 1988; Niefanger 2006, S. 87–138; Meid 2001).

Die Lyrik der ersten Hälfte des 18. Jahrhunderts war, gemäß den Prinzipien der philosophischen und pädagogischen Bewegung der Aufklärung, lehrhafte Literatur. Literarische Texte mussten eine philosophische, naturwissenschaftliche oder moralische Erkenntnis vermitteln und grundsätzlich im Dienst der Erziehung stehen. Lehrgedichte wie etwa Albrecht von Hallers *Die Alpen* (1729) repräsentieren diesen Typus: Naturdarstellung und das Lob des einfachen Lebens werden zivilisationskritisch dem modernen höfischen bzw. städtischen Leben mit all seinen moralischen Mängeln gegenübergestellt.

Die gesellige Unterhaltungs- und Erbauungslyrik des frühen 18. Jahrhunderts umfasst Liebesgedichte, Natur- und Landlebengedichte und bewegt sich im Rahmen eines konventionalisierten Formen- und Bilderarsenals: Das ›Ich‹ bleibt Rolle, und Natur wird in meist auf die Antike zurückgehender Bildlichkeit kulissenhaft im Hintergrund arrangiert. Die Funktion dieser zumeist als Gelegenheitsdichtung erscheinenden Texte ist gesellige Unterhaltung und Erbauung – selbst das Liebesgedicht unterliegt dieser überindividuellen Konvention (zur Lyrik der Aufklärung vgl. Kemper 1991; Alt 2007, S. 126–166; Große 2001).

›Erlebnislyrik‹

Erst Mitte des 18. Jahrhunderts entsteht die folgen- und erfolgreichste Konzeption von Lyrik – die jetzt auch unter dem Gattungsnamen ›Lyrik‹ neben Dramatik und Epik tritt: Das Gedicht wird als unmittelbarster **Gefühlsausdruck** aufgefasst, in seinem Zentrum steht das empfindende oder leidende Subjekt, individueller Ausdruck ist das (scheinbare) Grundprinzip.

Diese Entwicklung mag zunächst **sozialgeschichtliche Ursachen** haben. In der zweiten Hälfte des 18. Jahrhunderts setzte in kleinen Gruppen meist sehr junger Autoren innerhalb des gebildeten Bürgertums eine Gegenbewegung zur einseitigen Dominanz von Vernunft und Lehrhaftigkeit in der Aufklärung und zur konventionellen, an höfischer Geselligkeit orientierten Konzeption des Gedichts ein. Zunächst waren es die emphatisch-empfindsamen Hymnen und Oden Friedrich Gottlieb Klopstocks, die oft jenseits der traditionellen Formen der Versstrukturierung und der Strophengliederung, jenseits von einheitlichem Silbenmaß, Metrum und regelmäßiger Strophengliederung dem dichterischen Ich neue Aussagemöglichkeiten im Gedicht eröffneten.

In den frühen 1770er Jahren wandten sich Herder und Goethe, Bürger, Voß, Stolberg, Hölty u. a. den Traditionen volkssprachlicher, vermeintlich naturwüchsiger Texte zu und vom Gekünstelten der alten Poesie ab. Sowohl die **Volkslieddichtung** als auch die kunstvollen Hymnen der Empfindsamkeit und des Sturm und Drang betonten den **Eigenwert von Innerlichkeit, Empfindsamkeit und ›Seele‹**. Hier artikulierte bürgerliche Subjektivität erstmalig ihr volles Selbstbewusstsein; sie suchte vor allem auch in lyrischen Texten den ihr angemessenen Ausdruck (zur Bedeutung dieser neuartigen Lyrikkonzeption vgl. insgesamt Huyssen 2001).

Diese Konzeption von Lyrik wird gemeinhin mit dem Begriff der Erlebnislyrik bezeichnet – ein Begriff, der zwei nicht unproblematische Implikationen hat: Erstens wird das ›Ich‹ des Gedichtes als weitgehend oder völlig identisch mit dem historisch-biographischen Ich des Dichters oder der Dichterin betrachtet; zweitens wird vorausgesetzt, hier drücke sich tatsächlich (bürgerliche) Subjektivität aus, die ›echten‹ Empfindungen und Erlebnisse des Dichters kämen in der Lyrik unmittelbar zum Ausdruck.

Problematik
des Begriffs
›Erlebnislyrik‹

Das Ideal der Erlebnislyrik

Zur Vertiefung

Der Philosoph Georg Wilhelm Friedrich Hegel formuliert in seinen *Vorlesungen über die Ästhetik*, die er im ersten Drittel des 19. Jahrhunderts mehrfach an der Berliner Universität hielt, die Idealvorstellung des Konzeptes der Erlebnislyrik:

Die flüchtigste Stimmung des Augenblicks, das Aufjauchzen des Herzens, die schnell vorüberfahrenden Blitze sorgloser Heiterkeiten und Scherze, Trübsinn und Schwermut, Klage, genug, die ganze Stufenleiter der Empfindung wird hier in ihren momentanen Bewegungen oder einzelnen Einfällen über die verschiedenartigsten Gegenstände festgehalten und durch das Aussprechen dauernd gemacht.

Hegel:
Ästhetik III, 1971,
S. 205

Der Lyrik als literarischem Ausdrucksmedium wird damit ein hohes Maß an subjektiver Authentizität beigemessen. Der Begriff der Erlebnislyrik, wie er spätestens zu Beginn des 20. Jahrhunderts von Wilhelm Dilthey geprägt wird, begreift jedes Gedicht als sprachlichen Niederschlag persönlicher Erlebnisse des Dichters – die dann in der ›Interpretation‹ wieder freigelegt werden sollen. Das Interpretations-Konzept ›Erlebnislyrik‹ mündet oft in akribische, biographistisch-voyeuristische Untersuchungen oder gar Spekulationen – die sprachliche Gestaltung des Textes bleibt in dieser Perspektive weitgehend uninteressant (s. Kap. 6.1).

Seit dem letzten Drittel des 18. Jahrhunderts gilt die Lyrik als das literarische Medium subjektiven Ausdrucks; Lyrik insgesamt wird landläufig mit Erlebnislyrik gleichgesetzt. Die naive Gleichsetzung des ›Ich‹ im Gedicht mit dem historisch-biographischen Autor-Ich wird allerdings schnell problematisch – und in der Differenz, Abweichung oder Kritik dieser Identifikation lassen sich verschiedene Strömungen, Tendenzen oder gar ›Epochen‹ der Gattungsgeschichte im 19. und 20. Jahrhundert begreifen.

Man findet diese Schattierungen noch in der digitalen Lyrik der Gegenwart, wenn dort der beschleunigte Verbreitungsweg genutzt wird, um mit dem Anspruch der authentischen Erlebniswiedergabe oder Selbsteinsicht eigene Weblogs zu betreiben. In der Pop-Lyrik, vor allem aber im Sprechgesang des Rap bis hin zur Slam Poetry machen sich die performativen Elemente von Lyrik geltend: Im Klang und in der Körperdarstellung tritt das Expressive in den Vordergrund, was allerdings politische Inhalte nicht ausschließt (s. Kap. 2.4.6).

Begriff des ›lyrischen Ich‹ – Symbolismus

Die entscheidende Differenz zwischen dem ›Ich‹ im Gedicht und dem historisch-biographischen Autor-Ich wird, allerdings schon rückblickend auf die Entwicklung der Lyrik in den vorangegangenen fünfzig Jahren, 1910 von der Schriftstellerin Margarete Susman auf den Begriff gebracht: Sie ›erfindet‹ die Bezeichnung des **›lyrischen Ich‹**. Das ›Ich‹ im Gedicht wird als **Rollenspiel des Autors bzw. der Autorin** entlarvt, es ist nicht mehr naiv identifizierbar mit dem historisch-biographischen Ich. Damit wird natürlich auch die Auffassung des Gedichts als ›Erlebnis-Gedicht‹ höchst fragwürdig. Wenn das ›Ich‹ im Gedicht problematisch wird, gilt das natürlich gleichermaßen für die diesem Ich zugeschriebenen Erlebnisse, Wahrnehmungen und Gefühle – jedenfalls ist das scheinbar subjektive Erleben, das im Gedicht Ausdruck findet, eine Inszenierung, eine Zuschreibung, im Extremfall sogar: eine Erfindung, eine Fiktion. Mit diesem Wandel der Lyrik-Konzeption rückt natürlich das ›Erlebnis‹, das die Interpretation herauszuarbeiten hätte, in den Hintergrund; vorrangig werden jetzt die **Mittel der Inszenierung** von Ich und Welt in der Sprache selbst.

Ästhetizismus: Die Lyrik hatte sich schon in der zweiten Hälfte des 19. Jahrhunderts von der Konzeption des Erlebnisgedichts distanziert. In Gedichten etwa von Stefan George inszeniert sich ein nur noch symbolisch bzw. sprachlich konstruiertes Ich in einer ebenso kunsthaften Welt, bei Hugo von Hofmannsthal wird Sprache zu einer eigengesetzlichen Sphäre. Das Ich im Gedicht ist bloß eine **Rolle auf der imaginären Bühne des Textes**. Damit lässt sich diese Konzeption von Lyrik identifizieren mit der von Frankreich ausgehenden literarischen Strömung des Symbolismus. Lyrik verzichtet hier auf Wirklichkeits- und Erlebniswiedergabe, Sprache soll nicht Aussage über etwas sein, sondern ein **kunstvolles Arrangement von Bildern, Lautformen und Tönen**.

Vom Begriff der bloßen Rollen-Rede des lyrischen Ichs in einer solchen Konzeption von ›Lyrik‹ ausgehend müssen natürlich auch ›echte‹ Erlebnisgedichte etwa Goethes in einem völlig neuen Licht erscheinen: Auch hier werden Ich und Welt, subjektives Erleben und objektive Wahrnehmung sprachlich konstruiert, das Ich wie das ›Erlebnis‹ werden geradezu zum »Erschreibnis« (Kaiser 1987, S. 138).

Lyrik als autonomes Spiel der Wörter

Die Eigengesetzlichkeit der Sprache, die sich in der Lyrik-Konzeption des Symbolismus gegen ihre Abbildfunktion durchgesetzt hatte, wird in der *poésie pure* radikalisiert, in der reinen, absoluten Dichtung. Das ›Ich‹ ist nicht einmal mehr eine Rolle im Gedicht, vielmehr wird es ganz aus dem Gedicht herausdefiniert, subjektfreie Dichtung steht auf dem Programm. Schon innerhalb des Symbolismus am Ende des 19. Jahrhunderts gibt es Tendenzen zur Verabsolutierung des Mediums (z. B. Stéphane Mallarmé). Die Idealvorstellung eines solchen lyrischen Textes nach dem Verschwinden des Dichters ist folgende: Die Wörter selbst arbeiten im und am Text, das Gedicht ist nicht Ausdruck von irgendetwas, sondern ein selbstbezügliches Gebilde aus Sprache. Lyrik ist das autonome Spiel des sprachlichen Materials, ist absolute Poesie – um 1900 etwa in Texten Georges, Rilkes und Benns, später allerdings auch bei Ingeborg Bachmann, Paul Celan oder in der sogenannten **Konkreten Poesie**. Hier stellt sich die Frage nach der Funktion des Dichters – wenn der Text nicht mehr Ausdruck von etwas ist, schon gar nicht von etwas Individuellem: Der Lyriker wird zum ›Wortingenieur‹, der eine sinnreiche Maschine zur Hervorbringung poetischer Effekte sprachlich konstruiert. Darin kann auch eine kritische Funktion liegen, wie das Beispiel der hermetischen Gegenwartslyrik etwa bei Thomas Kling zeigt, der bei allem Spaß an der Konstruktion in seinen Gedichten auch Alltagsphrasen transparent machen will.

Timm Ulrichs:
*ordnung –
unordnung*

```
ordnung    ordnung
ordnung    ordnung
ordnung    ordnung
ordnung    ordnung
ordnung    ordnung
ordnung  unordn  g
ordnung    ordnung
ordnung    ordnung
ordnung    ordnung
ordnung    ordnung
ordnung    ordnung
```

Hermetische Lyrik: Als beispielhaft für das Verschwinden von Erlebnis-, Welt- und Ich-Ausdruck in der absoluten Lyrik kann ein Gedicht Paul Celans (1920–1970) gelten. Celan versuchte, die Erfahrung des nationalsozialistischen Völkermords und der Unbehaustheit des modernen Individuums in seiner Welt in eine hermetische Sprache umzusetzen:

> In den Flüssen nördlich der Zukunft
> werf ich das Netz aus, das du
> zögernd beschwerst
> mit von Steinen geschriebenen Schatten.

Celan: *In den
Flüssen nördlich
der Zukunft*

Dem ›Sinn‹ eines solchen Textes, seiner ›Bedeutung‹, kann man sich nicht mehr, wie etwa bei Gryphius' Sonett, dadurch annähern, dass man poetische Rede identifiziert als Aussage über etwas. Hier lässt sich nur noch vermuten, man kann nur die literarischen Bilder beschreiben sowie ihre kombinatorische Verbindung im Text – ihre ›Bedeutung‹ bleibt im Dunkeln. Eine solche Vermutung kann allerdings weder als verbindliche Interpretation gelten noch am Text eindeutig plausibel gemacht werden. Die Metaphern oder Bilder, die auch dieser Text verwendet, »Flüsse nördlich der Zukunft«, »Netz«, »Steine«, »Schatten«, sind im eigentlichen Sinne keine Metaphern mehr, sie liefern keinen Anhaltspunkt für das, worauf sie bildhaft verweisen, sie werden zu sogenannten absoluten Metaphern (zur Metapher s. Kap. 4.3).

Engagierte Lyrik

Die absolute Lyrik des 20. Jahrhunderts stellt nicht die einzige moderne Form lyrischen Sprechens dar. Die Verabsolutierung des sprachlichen Mediums in der *poésie pure* rief schnell Widerspruch auf den Plan, das Konzept einer *littérature engagée*, der engagierten Lyrik beharrt auf der notwendigen **Anbindung des Gedichts an die Welt**. Dies bedeutet aber keineswegs die Rückkehr zur Erlebnisdichtung: Nicht der Ausdruck (bzw. die sprachliche Konstruktion) von Innerlichkeit ist der Gegenstand der Lyrik – Gedichte sollen über Sachen sprechen, die gesellschaftlicher Natur sind, und sie sprechen mit einer bestimmten politischen Absicht.

Politisch-kritische Lyrik: Engagierte Lyrik ist keine Erfindung des 20. Jahrhunderts: Literatur, die in knappen Versformen **gesellschaftliche Zu- oder Missstände thematisiert oder anprangert** (oder auch bestätigt), existierte in allen Perioden der deutschen Literaturgeschichte seit der Frühen Neuzeit. In Abgrenzung von der erlebnishaften Konzeption von Lyrik seit ca. 1770 stehen sowohl die politisch engagierte Lyrik der antinapoleonischen Befreiungskriege als auch Gedichte zwischen französischer Julirevolution (1830) und der gescheiterten bürgerlichen Revolution in Deutschland (1848): die Literatur des sogenannten Vormärz, etwa von Börne, Gutzkow und Heine. Gerade aber in den 1920er Jahren entstand, sowohl gegen die ästhetizistische Programmatik einer *poésie pure* als auch im Kontext politischer Diskussionen und Auseinandersetzungen, eine starke Tradition engagierter Lyrik (Brecht, Becher), die in der Literaturgeschichte der BRD und DDR ihre Fortsetzung fand. In Brechts *Buckower Elegien* (1953) bezieht ein Text in polemischer Weise Stellung zur Niederschlagung des Aufstandes vom 17. Juni 1953:

Bertolt Brecht:
Die Lösung

Die Lösung

Nach dem Aufstand des 17. Juni
Ließ der Sekretär des Schriftstellerverbands
In der Stalinallee Flugblätter verteilen
Auf denen zu lesen war, daß das Volk
Das Vertrauen der Regierung verscherzt habe
Und es nur durch verdoppelte Arbeit
Zurückerobern könne. Wäre es da
Nicht doch einfacher, die Regierung
Löste das Volk auf und
Wählte ein anderes?

Engagierte Lyrik, Gedichte mit politischer Intention, wie sie die Texte etwa Brechts, Biermanns oder Enzensbergers darstellen, ist angewiesen darauf, dass ihre Sprache, ihre Metaphern und Bilder verstanden werden. Nicht das kunstvolle Spiel mit sprachlichen Formen und literarischen Traditionen steht im Zentrum, vielmehr werden die traditionellen Strukturen der Lyrik wie Reim und Metrum, Strophenformen und lyrische Genres, wenngleich häufig parodistisch, in der politischen Lyrik angewandt.

Spätestens seit dem späteren 19. Jahrhundert bestehen die vier modernen Konzepte lyrischer Rede nebeneinander: Erlebnislyrik im naiven Sinne, symbolistische Lyrik, *poésie pure* und engagierte Lyrik. Auch Goethe war sich schon der Tatsache bewusst, dass das Ich in seinen Texten etwas anderes war als das historisch-biographische Goethe-Ich, er nimmt also das ›lyrische Ich‹ vorweg und spielt mit der scheinbaren Identifizierbarkeit des lyrischen Ich mit dem des Autors. Die vorgestellten Konzepte lyrischer Rede bieten auch jeweils eine unterschiedliche Vorstellung davon, wie mit Gedichten interpretierend umzugehen sei. Sie lassen sich nicht künstlich synthetisieren zu einer allgemein gültigen Konzeption von Lyrik, ihre Vielfalt und ihre Widersprüchlichkeit müssen schlicht anerkannt werden. Diese erlauben aber, Gedichte ›gegen den Strich zu lesen‹, d. h. sie gegen ihr eigenes Verständnis zu interpretieren und damit oft ganz neue, ungeahnte Deutungsmöglichkeiten zu gewinnen.

Burdorf, Dieter: Einführung in die Gedichtanalyse. Stuttgart/Weimar [2]1997.

Frank, Horst J.: Wie interpretiere ich ein Gedicht. Eine methodische Anleitung. Tübingen [5]2000.

Friedrich, Hugo: Die Struktur der modernen Lyrik. Erweiterte Neuausgabe. Reinbek bei Hamburg 1985.

Hinderer, Walter (Hg.): Geschichte der deutschen Lyrik vom Mittelalter bis zur Gegenwart. Würzburg [2]2001.

Höllerer, Walter (Hg.): Theorie der modernen Lyrik. Dokumente zur Poetik. Reinbek bei Hamburg 1965.

Kaiser, Gerhard: Geschichte der deutschen Lyrik von Goethe bis zur Gegenwart. Ein Grundriß in Interpretationen, 3 Bde. Frankfurt a. M. 1991.

Kayser, Wolfgang: Geschichte des deutschen Verses. Tübingen [4]1991.

Knörrich, Otto: Lexikon lyrischer Formen. Stuttgart 1992.

Korte, Hermann: Deutschsprachige Lyrik seit 1945. Stuttgart/Weimar [2]2004.

Lamping, Dieter: Moderne Lyrik. Eine Einführung. Göttingen 1991.

– (Hg.): Handbuch Lyrik. Theorie, Analyse, Geschichte. Stuttgart/Weimar 2011.

Ludwig, Hans-Werner: Arbeitsbuch Lyrikanalyse. Tübingen 1979.

Völker, Ludwig (Hg.): Lyriktheorie. Texte vom Barock bis zur Gegenwart. Stuttgart 1990.

Grundlegende
Literatur

Alt, Peter-André: Aufklärung. Lehrbuch Germanistik. Stuttgart/Weimar [3]2007.

Asmuth, Bernhard: Aspekte der Lyrik. Mit einer Einführung in die Verslehre. Opladen [7]1984.

Dencker, Klaus Peter: Optische Poesie. Von den prähistorischen Schriftzeichen bis zu den digitalen Experimenten der Gegenwart. Berlin/New York 2011.

Frank, Horst J.: Handbuch der deutschen Strophenformen. Tübingen [2]1993.

Goethe, Johann Wolfgang: »Noten und Abhandlung zum besseren Verständnis des West-östlichen Divans«. In: Goethe: Werke. Hamburger Ausgabe. München 1980, Bd. 2, S. 126–267 [= HA].

Große, Wilhelm: »Aufklärung und Empfindsamkeit«. In: Hinderer [2]2001, S. 139–176.

Hegel, Georg Wilhelm Friedrich: Vorlesungen über die Ästhetik. Dritter Teil: Die Poesie. Hg. von Rüdiger Bubner. Stuttgart 1971.

Huyssen, Andreas: »Sturm und Drang«. In: Hinderer [2]2001, S. 177–201.

Kaiser, Gerhard: »Was ist ein Erlebnisgedicht? Johann Wolfgang Goethe: ›Es schlug mein Herz‹«. In: Ders.: Augenblicke deutscher Lyrik. Gedichte von Martin Luther bis Paul Celan. Frankfurt a. M. 1987, S. 117–144.

Zitierte Literatur

Kayser, Wolfgang: Kleine Deutsche Versschule. Bern/Tübingen/Basel/München [25]1995.
Kemper, Hans-Georg: Deutsche Lyrik der frühen Neuzeit, Bd. 1: Epochen- und Gattungsprobleme. Reformationszeit; Bd. 2: Konfessionalismus; Bd. 3: Barock – Mystik; Bd. 5.1: Aufklärung und Pietismus; Bd. 5.2: Frühaufklärung; Bd. 6.1: Empfindsamkeit; Bd. Bd. 6.2: Sturm und Drang. Teil 1: Genie – Religion; Bd. 6.3: Sturm und Drang. Teil 2: Göttinger Hain und Grenzgänger. Tübingen 1987; 1987; 1988; 1991; 1991; 1986; 2002; 2002.
Killy, Walther: Elemente der Lyrik. München [2]1972.
Kühlmann, Wilhelm: »Das Zeitalter des Humanismus und der Reformation«. In: Hinderer [2]2001, S. 49–73.
Lamping, Dieter: Das lyrische Gedicht. Definitionen zu Theorie und Geschichte einer Gattung. Göttingen 1989.
Lausberg, Heinrich: Handbuch der literarischen Rhetorik. Eine Grundlegung der Literaturwissenschaft. München [2]1973.
Meid, Volker: »Das 17. Jahrhundert«. In: Hinderer [2]2001, S. 74–138.
Niefanger, Dirk: Barock. Lehrbuch Germanistik. Stuttgart/Weimar [2]2006.
Schmidt, Siegfried J.: »Alltagssprache und Gedichtssprache. Versuch einer Bestimmung von Differenzqualitäten«. In: Poetica 2 (1968), S. 285–303.
Sorg, Bernhard: Lyrik interpretieren. Eine Einführung. Berlin 1999.
Susman, Margarete: Das Wesen der modernen deutschen Lyrik [1910]. Darmstadt/Zürich 1965.
Wagenknecht, Christian: Deutsche Metrik. Eine historische Einführung [1981]. München [3]1993.

Arbeitsaufgaben

1. Erörtern Sie knapp die Problematik und die Funktionen literarischer Gattungsbegriffe!

2. Suchen Sie in einer historisch-kritischen oder Studienausgabe der Werke Goethes die erste und die zweite Fassung des Gedichts *Willkomm und Abschied* heraus und erarbeiten die dort beobachtbaren Gestaltungsmerkmale lyrischer Rede!

3. Suchen Sie in einer historisch-kritischen oder Studienausgabe der Werke Mörikes das Gedicht *Auf eine Lampe* heraus und erarbeiten die dort beobachtbaren Gestaltungsmerkmale lyrischer Rede!

4. Grenzen Sie das Konzept einer »Erlebnislyrik« von den Konzepten des Symbolismus und der *poésie pure* ab!

5. Identifizieren Sie bei folgenden Versen Metrum und ggf. Versform!

Schrecken/und Stille/und dunckeles Grausen/finstere Kälte bedecket das
Land
Itzt schläfft was Arbeit und Schmertzen ermüdet/diß sind der traurigen
Einsamkeit Stunden.

Gryphius

WAs sind wir Menschen doch? ein Wohnhauß grimmer Schmertzen
    Ein Ball des falschen Glücks/ein Irrlicht diser Zeit.

Gryphius

Ahn' ich die Wege noch nicht, durch die ich immer und immer,
    Zu ihr und von ihr zu gehn, opfre die köstliche Zeit?

Goethe

Gelassen stieg die Nacht ans Land,
Hängt träumend an der Berge Wand;
Ihr Auge sieht die goldne Wage nun
Der Zeit in gleichen Schaalen stille ruhn.
    Und kecker rauschen die Quellen hervor
    Sie singen der Nacht, der Mutter, ins Ohr
        Vom Tage!
        Vom heute gewesenen Tage!

Mörike

Lösungshinweise zu den Arbeitsaufgaben finden Sie auf
www.metzlerverlag.de/webcode. Ihren persönlichen Webcode
finden Sie am Anfang des Bandes.

3.3 | Drama

3.3.1 | Probleme des Dramas

Dramatische Texte unterscheiden sich in einem wichtigen Punkt von den übrigen Gattungen: Sie liefern nur die Basis, sie sind das virtuelle Kunstwerk, das sich erst in der Aufführung realisiert. Die Dramentextvorlage ist also zu trennen von ihrer jeweiligen Inszenierung im theatralen Raum. Dies wird etwa für den Theaterkritiker wichtig, der über die Qualität des Textes befindet und davon die Merkmale der Aufführung bzw. ihr Gelingen trennen muss. Zwar gibt es Dramentexte, die eher als Lesetexte bzw. Buchdramen konzipiert sind und die sich gegenüber jeder Inszenierung sperrig verhalten. In den meisten Fällen jedoch geht es um die **Darstellung einer Textvorlage im Bühnenraum:** Die Textkommunikation ist erweitert durch Regisseur, Schauspieler und Zuschauer, es gibt direkte Rückkopplungseffekte. **Drama ist live:** Es kann etwas schief gehen, und bei jeder einzelnen Aufführung treten andere Nuancen des Stückes zu Tage, sei es durch variierende Betonungen der Schauspieler, durch unterschiedliche Publikumsreaktionen oder zufällige Ereignisse im Bühnenbereich (vgl. als Überblick Schößler 2012).

Beim Drama handelt es sich um ein Spiel, das nach klaren Regeln funktioniert und in einem abgegrenzten Raum stattfindet. Als allgemeinstes, elementares Motiv der Dichtkunst wie auch des Theaterspielens gilt immer noch, was Aristoteles in seiner *Poetik* (ca. 340 v.Chr.) als Nachahmung bezeichnet hat:

Zum Begriff

→ **Nachahmung** (*mimesis*) ermöglicht nach Aristoteles dem Menschen das Lernen, aber auch Spielfreude: »Denn von Dingen, die wir in der Wirklichkeit nur ungern erblicken, sehen wir mit Freude möglichst getreue Abbildungen, z.B. Darstellungen von äußerst unansehnlichen Tieren und von Leichen« (*Poetik*, Kap. 4). Das Nachahmungskonzept zielt dabei nicht auf ein Kopieren der Natur – so wurde es oft missdeutet –, sondern bezeichnet einen Übersetzungsvorgang: Das Grausame, das auf die Bühne gebracht wird, wird dadurch verhandelbar, dass es in einer zeichenhaften Darstellung erscheint, also einen eigenen Wirklichkeitscharakter hat, der über die direkt erfahrene Umwelt hinausgeht.

Dichtung ist eine mögliche Welt, die freilich auch auf Alltagswahrscheinlichkeit zu achten habe (ebd., Kap. 9). Theater, bei dem das gedichtete Drama zu neuen Zeichen verwandelt wird, ist ein »Vorstellungs- und Urteilsraum« (Turk 1992, S. XIf.), der auch gesellschaftlich wirksam sein kann. Insofern kann noch der Dramatiker Heiner Müller das Theater als »Laboratorium sozialer Phantasie« (1982, S. 111) bezeichnen. Dieser *polis*-Gedanke lässt sich wiederum bis ins antike Theater zurückverfolgen: Die mythologischen Stoffe dienen dazu, öffentliche Fragen zur Verhandlung zu stellen.

3.3.2 | Bauelemente des Dramas und dramaturgische Begriffe

Für Literaturwissenschaftler/innen sind am Theater zunächst die Dramentexte, ihre Handlungsverläufe, Motive und Strukturen interessant, kurz-
um Fragen nach der sprachlichen Umsetzung der Stoffe. Wiederum von
Aristoteles' *Poetik*, so oft sie auch seit dem 18. Jahrhundert kritisiert wurde, sind die folgenreichsten Überlegungen zum Aufbau des Dramas ausgegangen. Sie sind mit den Effekten verbunden, die sich durch die Aufführung erzielen lassen.

Aristoteles unterscheidet zwei Grundformen:

Zum Begriff

> Die → Tragödie wird definiert als »Nachahmung einer guten und in
> sich geschlossenen Handlung von bestimmter Größe, in anziehend
> geformter Sprache, wobei diese formenden Mittel in den einzelnen
> Abschnitten je verschieden angewandt werden – Nachahmung von
> Handelnden und nicht durch Bericht, die Jammer und Schaudern
> hervorruft und hierdurch eine Reinigung von derartigen Erregungs-
> zuständen bewirkt« (*Poetik*, Kap. 6).
> Die → Komödie bildet den anderen Typus, den Aristoteles nicht so
> hoch geschätzt hat. Zwar hatte er ihr ein eigenes Buch zugedacht,
> das jedoch verschollen ist – in der *Poetik* wird die Komödie nur
> kurz behandelt als die »Nachahmung von schlechteren Menschen,
> aber nicht im Hinblick auf jede Art von Schlechtigkeit, sondern nur
> insoweit, als das Lächerliche am Häßlichen teilhat. Das Lächerliche
> ist nämlich ein mit Häßlichkeit verbundener Fehler, der indes keinen
> Schmerz und kein Verderben verursacht, wie ja auch die lächerliche
> Maske häßlich und verzerrt ist, jedoch ohne den Ausdruck von
> Schmerz« (*Poetik*, Kap. 5).

Die Komödienmittel des Humors oder der Satire als politische Kritik, wie
sie etwa Aristophanes und Menander gebrauchten, auch die Fähigkeit,
grundlegende menschliche Eigenschaften durch hintergründigen Witz
zu zeigen, lässt Aristoteles außer Acht – für ihn zeigt die Komödie eher
zufällige Schwächen oder Hässlichkeiten des Menschen, die zu Amüsier-
zwecken überspitzt würden. Die nach Aristoteles kunstfähige, würdige
Gattung ist die Tragödie, auf die sich denn auch seine Darlegungen zur
Form beziehen.

Die Lehre von den drei Einheiten

Aristoteles' Formüberlegungen hängen mit den räumlichen Vorgaben des
Theaters zusammen und sind so grundlegend, dass sie bis heute diskutiert werden.

1. Einheit der Handlung: Durch kontinuierliche Handlungselemente, die sachlogisch aufeinander folgen, wird sie als ein kohärentes Ganzes gebildet aus Anfang, Mittelteil (mit Wendepunkt) und Ende (*Poetik*, Kap. 7 ff.). In der Entwicklung des Dramas wurde der dreiteilige Aufbau oft zum Fünfakter ergänzt: Von Horaz gefordert, kam dem zunächst Seneca in seinen Tragödien nach, und im 19. Jahrhundert entwarf Gustav Freytag (1863) daraus einen Idealtyp in Pyramidenform.

Idealtypischer tektonischer Aufbau des Dramas

■ **Exposition:** Im ersten Akt erhält das Publikum Hintergrundwissen, das zum Einstieg in die Dramenhandlungen nötig ist. Die Ausgangssituation wird erläutert, Vorgeschichte, Zustände, Zeit, Ort und Personen eines Stückes werden vorgestellt, und auch die Problemlage kann schon angedeutet werden (dazu gehören im engeren Sinne nicht mehr die Rückwendungen, die im Stückverlauf je nach Bedarf weitere Informationen liefern). Der zweite Akt enthält **konfliktsteigernde Elemente** und kann zugleich den Aufstieg des Helden gestalten.

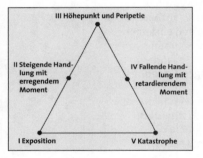

■ **Die Peripetie** als Wendepunkt oder Glückswechsel leitet den Fall des Helden ein, zugleich wird ein für ihn verhängnisvolles Problem entwickelt. Der vierte Akt motiviert den Fall des Helden, führt aber meist an der Oberfläche noch ein **retardierendes Moment** ein, das die Entwicklung aufzuhalten scheint.

■ **Die Katastrophe** folgt im fünften Akt, sie deckt meistens Hintergründe auf oder beantwortet offene Fragen. Begleitet wird der Aufstieg und Fall des Helden

Modell des Dramenverlaufs nach G. Freytag: Die Technik des Dramas (1863)

meist durch **Intrigen**, politische Unterhandlungen, Liebesbeziehungen oder beides zusammen. Im Fall einer guten Intrige kann etwa durch geschicktes Fädenziehen eine Liebesgeschichte zum Erfolg gebracht werden (ein beliebter Komödienstoff, vgl. Lessings Lustspiel *Minna von Barnhelm* und die Ring-Intrige, 1767).

2. Einheit der Zeit: Aus der tektonischen Form ergibt sich konsequent die Einheit der Zeit, auch wenn Aristoteles sie nicht explizit gefordert hat. Im antiken Drama geht es meist um eine durchgängige Handlung, die einen Sonnenumlauf nicht überschreitet. Eingebaut werden können auch gelegentliche Rückwendungen – etwa durch den Chor oder in der Figurenrede – sowie Hinweise auf zukünftige Ereignisse (Klotz 1975, S. 38–44). Ob diese Vorausdeutungen eintreten, ist zwar prinzipiell ungewiss, doch verfehlen sie ihre suggestive Wirkung auf den Zuschauer nicht, dessen Erwartungen davon geprägt werden.

Unterschiedliche Dramentypen

■ **Zieldrama:** Der Verlauf ist auf einen zukünftigen Höhepunkt hin konzipiert, ist also zielhaft bzw. teleologisch orientiert, wobei man dann von Konflikt- oder Entscheidungsdramen sprechen kann.

■ **Analytisches Drama:** Dort ist zu Beginn schon das entscheidende Ereignis oder die Katastrophe eingetreten, und im Verlauf der Bühnenhandlung werden die in der Vergangenheit liegenden Gründe enthüllt bzw. finden die Figuren zusammen, die darin verstrickt sind. Das klas-

sische Beispiel für ein solches Entdeckungs- oder Enthüllungsdrama
(vgl. Sträßner 1980) ist Sophokles' *König Ödipus* (ca. 426 v. Chr.): Dort
nimmt die Voraussage des Orakels, dass Ödipus seinen Vater erschla-
gen und seine Mutter heiraten würde, das Ereignis vorweg, und die
Spannung bezieht sich dann weniger auf den Ausgang, vielmehr auf
den Hergang. In diesem Fall ergibt sich die beliebte Konstellation, dass
der Held plötzlich sein Schicksal durchschaut (*anagnorisis*), mit der
besonderen Pointe, dass er seine Mutter als Verwandte wiedererkennt.
Eine humoristische Enthüllungsvariante bietet etwa Heinrich von
Kleists *Der zerbrochne Krug* (1806).
- **Kombinierte Formen:** Sie entstehen als Kompromissbildungen dann,
  wenn die dramatischen Konflikte in der Vergangenheit schon angelegt
  oder gar eingetroffen sind, die Folgen daraus sich aber an den weiteren
  Ereignissen erst noch zeigen. Diese doppelte Spannungsrichtung auf
  den Gang der Aufklärung und zugleich auf den Ausgang der Handlung
  (vgl. auch Schillers *Maria Stuart*, 1800, oder Kleists *Käthchen von Heil-
  bronn*, 1807/8) hat sich bis in den Kriminalroman bzw. -film erhalten:
  Es gilt, einen Fall aufzuklären und zugleich zu sehen, was im weiteren
  Verlauf passiert.

3. Einheit des Raumes: Von vielen Interpreten des Aristoteles wurde gefordert, dass der Schauplatz ohne Szenenwechsel gleich bleiben sollte – was
sich ebenfalls mit der Kohärenz des Handlungsgerüstes erklären lässt
(Klotz 1975, S. 45–92). Dies geht auf einen schlichten architektonischen
Umstand zurück: Die frühen Bühnen besaßen nicht die heutigen technischen Umbaumöglichkeiten, so dass man zur Mitteilung von Ereignissen außerhalb des Bühnengeschehens auf andere Mittel angewiesen war.
- **Mauerschau** (Teichoskopie): Sie kann von erhöhtem Blickpunkt aus gerade stattfindende Schlachten, Massenszenen oder auch intime Handlungen präsentieren.
- **Botenbericht:** Vergegenwärtigt räumlich entfernte und zeitlich vergangene Ereignisse (etwa zur Aufklärung oder Motivierung des Geschehens) zum Zweck der Zeitraffung bzw. kompakten Informationsvergabe.
- **Chor:** Als Gruppenerzähler oder Moderator kann auch der Chor fungieren, der die fehlenden, verdeckt passierten Handlungsstücke ergänzt
  (Pütz 1980, S. 20 f.).

Weitere
Möglichkeiten
der Informations-
vermittlung

Aufbau des Dramas

1. **Geschlossene bzw. tektonische Dramenformen** haben sich in der aristotelischen Tradition entwickelt. Eine genauere Einteilung ist bei Aristoteles noch nicht vorgesehen, sie hat sich aber aus den Bedürfnissen
   der Theaterpraxis ergeben:
- **Akt** (lat. *actus*: Vorgang, Handlung; dt. Bezeichnung: Aufzug) bezeichnet dabei den größeren, in sich geschlossenen Handlungsabschnitt
  eines Dramas. Er ist wiederum zusammengesetzt aus

- **Szenen** (gr. *skene*: Bühnenrückwand; dt.: einzelnes Bühnenbild, Auftritt): Diese kleinsten Aufbaueinheiten hängen meist mit dem Auftreten oder Abtreten einer Figur zusammen, im neueren Drama sind sie oft als innerlich geschlossener Handlungsabschnitt konzipiert.

  Das klassische griechische Drama kannte keine Akteinteilung im heutigen Sinne, wenngleich gelegentlich in der Antike schon die Gliederung in drei oder fünf Teile gefordert wurde. Mit der späteren Lockerung der traditionellen Tektonik verliert auch die Forderung nach der Fünfteilung ihre ausschließliche Gültigkeit. Die Tradition der geschlossenen Dramenform wird bereits im Lauf des 18. Jahrhunderts, mit letzter Konsequenz aber um 1900 abgelöst zugunsten der modernen offenen Form (vgl. Klotz 1975, S. 7–92 bzw. 93–184).

  Für das geschlossene Drama ist die **gehobene und typisierende Sprache** kennzeichnend, ebenso das Einhalten von Reim und Rhythmus, wobei zwei Formen häufig auftreten:

- **Alexandriner:** Der herrschende Vers im Drama des Barock und der Frühaufklärung, ein sechshebiger jambischer Reimvers mit deutlicher Zäsur nach der dritten Hebung (zu den Versformen s. Kap. 3.2.2).

- **Blankvers:** Die hohe Sprache des Alexandriners ersetzt Lessing durch den Blankvers, der in Anlehnung an Shakespeare fünf Hebungen mit Füllungsfreiheit hatte und sich nur an seltenen, besonders hervorgehobenen Stellen reimen musste.

2. Offene bzw. atektonische Dramenformen bieten die Einzelteile nicht mehr als ein kausallogisch begründetes, homogenes Ganzes dar, ihre Abfolge ist oft vertauschbar. Die Spielzeit entspricht nicht mehr der gespielten Zeit wie im antiken Drama, auch die Räume können diskontinuierlich eingesetzt werden. Diese Wendung leiten schon die Dramatiker des Sturm und Drang ein, die sich vehement von der als Zwangsjacke empfundenen Einheitenlehre abwenden (J. W. Goethe: *Götz von Berlichingen*, 1773; J. M. R. Lenz: *Der Hofmeister*, 1774; *Die Soldaten*, 1776). In der Atektonik spiegelt sich zugleich ein modernes Krisenbewusstsein, das die traditionellen, fest gefügten, hierarchischen Formen auflöst in die Vielheit von Handlungen und Nebenhandlungen, wie sie etwa im expressionistischen Drama oder bei Bertolt Brecht in Einzelszenen, Bildern oder Stationen dargestellt werden.

Sprachstile: In der gelockerten oder ganz offenen Form ging es tendenziell nicht mehr um Stilhöhe, sondern um die direkte Wirkung auf ein Publikum – und damit realisiert das Drama überhaupt seine Nähe zur mündlichen, gesprochenen Sprache. Ganz gegen die gelehrte, künstlich übersteigerte Sprechweise des barocken Schultheaters, bei der die Figuren stets druckreif sprechen mussten, zielt etwa das Drama des Sturm und Drang durch kürzere Sätze, die nicht mehr versgebunden sein müssen, auf das Hörverstehen, und spätestens mit Kleist kommt Spontaneität in die Rede, finden sich Satzbrüche (Anakoluth), unfertige Sätze (Aposiopese), Wiederholungen oder auch sprachliche Aussetzer.

Allgemein bringt die Öffnung der festen Dramenform einen Sprachstil mit sich, der auf die individuelle Rolle zugeschnitten ist und dadurch eine **Vielzahl von Sprachperspektiven** bietet. Dialektformen und Soziolekte als Formen der Alltagssprache finden mit Georg Büchner Eingang in das Drama, dessen Woyzeck-Figur beides bietet:

> **Woyzeck: (schüttelt Andres) Andres! Andres! Ich kann nit schlafen! Wenn ich die Aug zumach, dreht sich's immer, und ich hör die Geigen, immer zu, immer zu. Und dann spricht's aus der Wand. Hörst du nix?**
> **Andres: Ja, – laß sie tanzen! Gott behüt uns, Amen. (Schläft wieder ein)**
> **Woyzeck: Es zieht mir zwischen den Augen wie ein Messer.**
> **Andres: Du musst Schnaps trinken und Pulver drein, das schneidt das Fieber.**

Georg Büchner:
Woyzeck,
Szene 17

Geschlossene und offene Formtypen des neuzeitlichen Dramas verweisen wiederum auf gegensätzliche historische Typen: Das aristotelische, insbesondere französisch-klassizistische Regeldrama (z. B. Jean Racine) steht dem breit ausgreifenden, lockeren, nicht streng regelmäßigen Drama William Shakespeares gegenüber. Insgesamt wird der Gegensatz von geschlossener und offener Form meist in zugespitzter Typisierung gebraucht, muss also am Einzeltext überprüft und konkretisiert werden.

Formen der dramatischen Rede

Hat man den Dramenaufbau zumeist nach der Handlung beurteilt, so umfasst diese nicht nur die Kette von äußeren Ereignissen, die von den Figuren aktiv betrieben werden. Lessing bereits hat hinzugefügt, dass auch »jeder innere Kampf von Leidenschaften« zur Dramenhandlung zählt (Bd. V, 373), ebenfalls Gedanken, Emotionen oder Charakterwandlungen. Auch die dramatische Rede treibt nicht nur die Vorgänge weiter, sondern ist selbst ein Handeln mit Worten. Man unterscheidet dabei hauptsächlich den nicht gesprochenen und den gesprochenen Text (vgl. Schößler 2012, S. 113 ff.).

Nebentext umfasst alles nicht Gesprochene, charakterisiert die Sprecher mit Adjektiven oder Attributen, Beschreibungen und Charakterisierungen, die oft im Kursivdruck erscheinen. Auch umfasst er Bühnen- und Regieanweisungen sowie Titel, Motto, Widmung, Vorwort, Personenverzeichnis, Akt- und Szeneneinteilung (Pfister 2001, S. 35 ff.). Nebentexte können sich, wie bei Gerhart Hauptmann, Brecht, Heiner Müller oder Peter Handke, zu eigenen epischen Einheiten entwickeln.

Haupttext ist die gesprochene Rede entweder als Wechsel zwischen den Figuren oder als Rede einer Figur für sich, also Dialoge oder Monologe.

1. Monolog: Der Sprecher im Monolog hat keinen direkten Adressaten auf der Bühne und hält seine Einzelrede, bei der er exponiert oder sogar al-

Drama

leine auf der Bühne steht, ungehindert und unwidersprochen – das Publikum wird hier zum Dialogpartner. Zu unterscheiden sind dabei (vgl. Kayser 1948, S. 200):

Typen
des Monologs

- der **technische Monolog** (zur Verbindung verschiedener Auftritte),
- der **epische Monolog** (zur Mitteilung nicht darstellbarer oder dargestellter Vorgänge),
- der **lyrische Monolog** (zur Darstellung des Innen- und Gefühlslebens),
- der **Reflexionsmonolog** (Betrachtung/Kommentierung einer Situation durch eine Figur) und
- der **dramatische Monolog**, der auf dem Höhepunkt der Verwicklungen zur Entscheidung führt.

Eine Sonderform bildet das sogenannte ›**Beiseitesprechen**‹ (gebräuchlicher engl. *aside*), bei dem ein Protagonist seine Empfindungen, geheimen Gedanken oder Pläne für das Publikum hörbar äußert, es aber auf der Handlungsebene durch Sprechen in eine andere Richtung den anwesenden Mitspielern scheinbar verbirgt (zu Formen des Monologs vgl. Pfister 2001, S. 180–195).

2. Dialog bezeichnet die zwischen zwei (Duolog) oder mehr Personen (Polylog) abwechselnd geführte Rede und Gegenrede (Pfister 2001, S. 196–219). Der Dialog bestimmt den Fortgang der Handlung, in ihm werden die Personen und ihre gegensätzlichen Denk- und Redeprogramme charakterisiert, aus denen sich die Konflikte entwickeln. Die Redelängen können erheblich variieren, die Sprecher können auch zeilenweise oder sogar innerhalb der Zeile wechseln (Stichomythie), sich ins Wort fallen, das Redetempo steigern – zumal an Stellen, wo Überraschungen eintreten oder hektisches Geschehen einsetzt. In der Rhetorik des Dialogs lassen sich **folgende Wirkziele** unterscheiden (Pfister 2001, S. 212 ff.; s. Kap. 4.2):

- **Logos-Strategie:** sachorientiert-deskriptive, argumentierende Rede, auch narrative Übermittlung von vorherigen Ereignissen;
- **Ethos-Strategie:** sprecherorientierte Rede, Versicherung der moralischen Integrität einer Figur, die mit der persönlichen Würde die Richtigkeit ihrer Standpunkte beglaubigen will;
- **Pathos-Strategie:** Erregung der Leidenschaften des Publikums, um durch Suggestivwirkung auf die Affekte ein persönliches oder politisches Ziel zu erreichen, wobei rhetorische Figuren gehäuft auftreten.

Figuren

Seit Aristoteles' *Poetik* galt es als ausgemacht, dass in der Tragödie die Hauptfiguren nur von hoher Herkunft, in der Komödie dagegen nur von niederem Stand sein durften.

Ständeklausel: Von dort aus über die Renaissance- und Barockpoetiken hinaus noch bis zu Gottsched blieb die Forderung verbindlich, dass hohe Figuren eine möglichst intensive Wirkung beim Zuschauer erzielen sollten. Bei Aristoteles müssen die Helden »zu denjenigen zählen, die großen Ruhm und Glück gehabt haben« (*Poetik*, Kap. 13), denn ihre **Fallhöhe** steigert die Drastik des tragischen Verlaufs.

Gemischte Charaktere: In der Entwicklung des bürgerlichen Trauerspiels suspendiert Lessing hohe Helden und will ausdrücklich bürgerliche Figuren auf die Bühne bringen, die sich auf gleicher Höhe mit dem Publikum befinden – denn allein diese könnten Rührung und Empathie erzeugen. Auch sollen sie nicht eindeutig gut oder böse, sondern als gemischte Charaktere konzipiert sein, was sie überdies glaubwürdiger oder wahrscheinlicher macht. In dieser Mittellage erscheint die Verfehlung (*hamartia*) nur halb verschuldet, das Unglück somit als unverdient, und dies hat Teil an der **tragischen Ironie**, wenn der Held sein Schicksal auch noch voraussieht. Aber auch der ›unschuldige‹ Held befördert den tragischen Ausgang, etwa dadurch, dass er die Lage verkennt oder unter falschen Voraussetzungen handelt, was vom Publikum durchschaut wird, vom Akteur jedoch nicht (zu Personal und Figurenkonzeptionen vgl. Schößler 2012, S. 81–111; Pfister 2001, S. 220–264).

Fünf Varianten von Konflikttypen: Mit den unterschiedlichen Figurenkonzeptionen ist ein großes Themenfeld des Dramas abgesteckt, das sich mit Asmuth in **Charakter- und Handlungsdramen** unterscheiden lässt (2004, S. 137 ff.):

- Im antiken Drama dominiert die Auseinandersetzung zwischen göttlicher und menschlicher Ordnung.
- Das mittelalterliches Theater stellt den Kampf der Seele zur Schau.
- In der Frühen Neuzeit wird die Auseinandersetzung einer hohen Figur mit dem Schicksal thematisiert.
- Im bürgerlichen Trauerspiel verschieben sich die Konflikte in Richtung des sozialen Dramas,
- Im modernen bewusstseinsanalytischen Drama werden die Spannungsprozesse in die Innenwelt verlagert (ebd., S. 146 f.).

Konflikttypen

3.3.3 | Theorie: Wirkungsabsichten des Dramas

Von der Antike bis zum Klassizismus

Die dramaturgischen Grundbegriffe sind seit Aristoteles' *Poetik* auch in der Theorie strittig gewesen. Besonders wurde das **Problem der Tragödienwirkung** diskutiert, die sich auf verschiedenen Ebenen zeigen kann.

Die Tragödie soll »Jammer und Schauder« *(eleos* und *phobos)* hervorrufen und diese Erregungszustände reinigen (*Poetik*, Kap. 6). Das ist durchaus medizinisch gemeint und bezieht sich auf den Säftehaushalt des Menschen, der im Gleichgewicht sein sollte.

Zum Begriff

Drama

> Über diesen Effekt der → Katharsis wird bis heute gestritten: Wie
> wörtlich ist er zu nehmen, welche Folgen hat ein Theaterbesuch für
> die Zuschauer/innen, was spielt sich dabei ab? Bei Aristoteles bleibt
> der Vorgang zwiespältig, je nach Übersetzung: Setzt man den Geni-
> tivus subjectivus ein, wirken die Leidenschaften selbst reinigend, im
> Genitivus objectivus würden die Leidenschaften gereinigt, und als
> Genitivus partitivus würde man ›Reinigung von den Leidenschaf-
> ten‹ übersetzen, mit dem Ergebnis, dass diese mit dem Schweiß
> ausgetrieben werden.

Auf eine Verbindung von medizinischer Wirkung und ethisch-mora-
lischer Besserung ist der Katharsis-Begriff gleichermaßen angelegt: Die
Triebe werden gesellschaftsfähig gemacht, was auch mit dem politischen
Anspruch der klassischen Tragödie in Verbindung steht.

Katharsis als Furcht und Mitleid: Lessing nimmt eine neue Pointierung
des Katharsis-Konzepts vor, indem er die Begriffe *eleos* und *phobos* nicht
mehr als ›Jammer und Schauder‹, sondern ›Mitleid und Furcht‹ übersetzt
und überhaupt die Empathie in den Vordergrund rückt: Das Publikum
soll sich die Unglücksfälle auf der Bühne als eigene vorstellen (Bd. IV,
578 f.).

Zur Vertiefung

Anthropologie des Mitleids
Im Begriff des Mitleids macht sich auch ein neues Menschenbild
geltend. Wenn nach Lessing derjenige Theaterbesucher als der beste
gilt, der die meisten Taschentücher verschneuzt, geht es dabei zwar
auch noch um die Säfte des Menschen. Besonders aber wird nun der
nervengesteuerte Organismus angesprochen, wie ihn die Mediziner
Mitte des 18. Jahrhunderts entdeckt haben. Es geht um Sinnesein-
drücke und Nervenreize, die die Bühne vermittelt, die aber jeder
einzelne Besucher in sich aufnehmen, für sich verarbeiten und auf
sich beziehen muss.

Theater als moralische Anstalt und Bildungsinstitution: Lessing betont
den ›sanften‹ Affekt des Mitleids als notwendiges Gefühl, das die ver-
standesmäßige Erkenntnis begleiten soll. Aus diesen beiden Seiten speist
sich die moralische Wirkung, die Lessing schließlich anstrebt, wenn er
behauptet, dass »diese Reinigung in nichts anders beruhet, als in der *Verwandlung der Leidenschaften in tugendhafte Fertigkeiten*« (Bd. IV, 595).
Das Lessing'sche Tugendtheater, das Mitleid und die Identifikation mit
dem bürgerlichen Personal hatten die Funktion, Theater zum Verständigungsmedium und **Kommunikationsmittel einer bürgerlichen Öffentlichkeit** zu machen.

Ästhetische Bildung im Drama des Klassizismus: Hier wird der Katharsis-Begriff noch weiter in den Hintergrund gedrängt, zumindest, was seine tragische Komponente angeht. Schiller sublimiert die Erfahrung des Tragischen ins Erhabene – das Pathetische muss durchlitten werden, um darüber hinaus die moralische Freiheit zu erweisen (vgl. *Vom Erhabenen* und *Über das Pathetische*). Und besonders Goethe meidet seine zerstörerischen, gefährlichen Aspekte. Noch 1827 lässt er in seiner *Nachlese zu Aristoteles' Poetik* die Katharsis allenfalls im Sinne einer »Ausgleichung« bzw. »Versöhnung solcher Leidenschaften« gelten und entwirft als Gegenperspektive die »aussöhnende Abrundung, welche eigentlich von allem Drama, ja sogar von allen poetischen Werken gefordert wird« (Bd. 14, S. 710). Damit fasst er die **Absichten des klassizistischen Theaters** noch einmal zusammen: das Individuum als einen in sich gerundeten, ganzen Menschen zu denken, der in Einklang mit dem Gesellschaftlich-Allgemeinen steht. Theater soll Herzens- und schließlich auch Freizeitbedürfnisse stillen (Schiller Bd. V, S. 821), es soll weiterhin »Vergnügen mit Unterricht« paaren und auf der Bühne eine künstliche Welt schaffen, in der wir über die wirkliche hinwegträumen können (ebd., S. 831). Dieses Theater wird schließlich eine **Vorbildfunktion für die Gesellschaft** beanspruchen – es soll einen ästhetischen Staat als Ideal darstellen, der sich aus dem schönen Schein der Kunst und der Freiheit des Spiels speist (Bd. V, S. 661 ff.).

Ästhetische Bildung nach Schiller umfasst all diese Bereiche, die der einzelne Zuschauer in sich zur Entfaltung bringen soll. Der Mensch selbst wird zum Gegenstand von Erkenntnis, auch das Zusammenleben mit anderen in religiöser und philosophischer **Toleranz** – Lessing demonstriert dies bereits mit der Ring-Parabel in *Nathan der Weise* (1779). In der Beschäftigung Goethes mit dem verbreiteten Faust-Stoff ließen sich weitere Themen des Klassikprogramms zeigen: Der **tätige, strebende Mensch**, der wie ein Titan seine Grenzen in der Forschung, aber auch im privaten und schließlich politischen Leben überschreiten will (am Ende ist Faust ein gewalttätiger Herrscher), steht im Mittelpunkt. Aufgeworfen werden aber auch Wissenschaftsprobleme, Moralthemen, theologische Aspekte, Rechtsfragen (Kindsmord) und Dichtungsprobleme. Dafür wäre der vielfach strapazierte Begriff des **Welttheaters** angebracht, wie ihn der Theaterdirektor im *Vorspiel auf dem Theater* (Z. 239 ff.) in regelmäßigem vierhebigem Jambus entwickelt:

> Ihr wisst, auf unsern deutschen Bühnen
> Probiert ein jeder was er mag;
> Drum schonet mir an diesem Tag
> Prospekte nicht und nicht Maschinen.
> Gebraucht das groß' und kleine Himmelslicht,
> Die Sterne dürfet Ihr verschwenden;
>
> An Wasser, Feuer, Felsenwänden,
> An Tier und Vögeln fehlt es nicht

So schreitet in dem engen Bretterhaus
Den ganzen Kreis der Schöpfung aus
Und wandelt mit bedächt'ger Schnelle
Vom Himmel durch die Welt zur Hölle.

Nicht weniger als der ›ganze Kreis‹, die Weltenschöpfung in all ihren Aspekten und auch Widersprüchen, die hier zur Versöhnung gebracht werden sollen, wird zur Sache des Theaters erklärt. Es verwundert kaum, dass ein solch hoher Anspruch auch durch Selbstreflexionen gestützt wird: Auf der Bühne werden Aufgaben und technische Verfahren der Bühne erörtert – ein Selbstbezug, der nicht prinzipiell neu ist, aber besonders im modernen Drama immer wieder auftaucht.

Kritisches Theater von Büchner bis zum epischen Theater Brechts

So wenig der Utopiegedanke des Weimarer Klassizismus auch eingelöst wurde, machte er doch die Brüche in der Gesellschaft bewusst. Was J. M. R. Lenz in seinen Tragikomödien des Sturm und Drang bereits anregte, nämlich den Einzelnen in sozialen Verhältnissen zu zeigen, arbeitet Georg Büchner aus und begründet damit ein **Theater in politisch-kritischer Absicht**. Er will nicht mehr den Menschen zeigen, wie er sein soll, sondern wie er ist: Woyzeck wird weniger als Mörder, sondern in seinen sozialen Abhängigkeiten gesehen, wobei politische, medizinische und juristische Perspektiven ins Spiel gebracht werden. Ausdrücklich bezieht sich dann Gerhart Hauptmann auf Büchner, wenn er zeigt, wie seine Figuren vom **Milieu** bestimmt sind und wie sich soziale Benachteiligungen auf ihre Denk-, Sprech- und Handlungsweisen auswirken. Dabei spielt das Mitleid als Wirkungsaspekt durchaus noch eine Rolle – doch lässt sich hier bereits eine Linie zum späteren politisch-kritischen Theater ziehen, das ganz auf das Beobachten und Analysieren setzen wird.

Episches Theater: Aus einigen Anregungen Erwin Piscators hat Bertolt Brecht sein Leitmodell eines Theaters entworfen, das hauptsächlich kritisch-politisch orientiert ist und noch einmal gegen die klassische Tradition – insbesondere Aristoteles – mobil macht. Vor allem zeigt sich dies an Brechts Plädoyer für den analytischen Verstand, der im Theater trainiert werden und die Einfühlung überflüssig machen soll. Seine Skizze von 1931 (1931/1967, S. 1009) fasst die Positionen zusammen:

Dramatische Form des Theaters	Epische Form des Theaters
Die Bühne ›verkörpert‹ einen Vorgang	sie erzählt ihn
verwickelt den Zuschauer in eine Aktion	macht ihn zum Betrachter aber
und verbraucht seine Aktivität	weckt seine Aktivität
ermöglicht ihm Gefühle	erzwingt von ihm Entscheidungen
vermittelt ihm Erlebnisse	vermittelt ihm Kenntnisse
der Zuschauer wird in eine Handlung	er wird ihr gegenübergesetzt
hineinversetzt	

es wird mit Suggestion gearbeitet	es wird mit Argumenten gearbeitet
die Empfindungen werden konserviert	bis zu Erkenntnissen getrieben
der Mensch wird als bekannt vorausgesetzt	der Mensch ist Gegenstand der Untersuchung
der unveränderliche Mensch	der veränderliche und verändernde Mensch
Spannung auf den Ausgang	Spannung auf den Gang
eine Szene für die andere	jede Szene für sich
die Geschehnisse verlaufen linear	in Kurven
natura non facit saltus	facit saltus
die Welt, wie sie ist	die Welt, wie sie wird
was der Mensch soll	was der Mensch muss
seine Triebe	seine Beweggründe
das Denken bestimmt das Sein	das gesellschaftliche Sein bestimmt das Denken

Brecht geht dabei von den Grundsätzen des Marxismus aus: Zeigen will er die Entfremdungserscheinungen, wie sie die kapitalistische Gesellschaftsordnung mit sich bringt, ihre unversöhnbaren Gegensätze und insgesamt die dialektischen Geschichtsabläufe, die über Revolutionen in die klassenlose Gesellschaft münden sollen. Nicht mehr Einfühlung oder gar kathartische Abläufe, auch nicht Moral, sondern die Aufdeckung der falschen Verhältnisse ist nun Zweck des Theaters.

Verfremdungseffekt (V-Effekt): Dieser dramaturgische Kunstgriff spielt dabei eine zentrale Rolle. Ein bekannter Stoff wird auf neue, ungewohnte Weise dargeboten, sei es durch erzählerische Variation, inhaltliche Änderung oder Präsentation in einem neuen Medium und nicht zuletzt durch die Distanz, die der Schauspieler zu seiner Rolle aufbaut. Das Publikum soll sich nicht mit dem Geschehen identifizieren, sondern seine gesellschaftliche Entfremdung rational erkennen, ebenso die Änderbarkeit der Missstände: Im Theater wird es denkbar, in Gesellschaftsprozesse einzugreifen. Entsprechend ist kein passiver Zuschauer gewünscht, der sich blenden lässt, sondern ein aktiver, der jede Illusion durchschauen soll. In diesem **Theater als analytischer Anstalt** wird das Publikum selbst zum Helden. Dass diese Ansprüche an das Theater formale Konsequenzen mit sich brachten und eine offene Dramenform verlangten, versteht sich. Dabei gibt es eine reiche **Palette von illusionsstörenden Mitteln:**

- Medieneinsätze wie etwa Dia- oder Filmprojektionen, Lautsprecher, Rundfunk;
- berichtende bzw. erzählende Figuren; Zeitungsverkäufer, die durch das Publikum laufen;
- Diskussionen zwischen Schauspielern und Publikum, die die Grenze von Bühne und Zuschauerraum aufheben sollen.

Damit sollen nicht zuletzt bekannte Vorgänge in ihren Einzelteilen sichtbar gemacht werden, um sie besser analysieren zu können. Es geht dabei aber nicht nur um kühle Rationalität, sondern auch um **Vergnügen**, dem Brecht in seinem berühmten Aufsatz *Kleines Organon für das Theater* von

1948 eine wichtige Rolle zugestanden hat – und in diesem Sinne deutet er auch die antike Katharsis völlig um, nämlich als Spaß an Denkvorgängen (1948/1967, S. 67).

Ziele des experimentellen Theaters bis zur Postdramatik

Was die optimistische politische Vision angeht, sind jedoch auch etliche Brecht-Schüler abtrünnig geworden. Der DDR-Dramatiker Heiner Müller etwa löst sich vom Lehrstück und vom epischen Theater, um das Drama wieder der körperlichen Erfahrung, also der antiken Katharsis anzunähern. Dafür setzt er mythologische Stoffe ein, macht Anleihen bei Shakespeare, vor allem entdeckt er das **Theater der Grausamkeit** des Franzosen Antonin Artaud. Dieser hielt bereits in den 1920er Jahren ein Plädoyer für Traum und Rausch, für erotische oder gar kannibalistische Anwandlungen, aber auch für das Schwelgen in den Klang- und Lichterfahrungen der Bühne (vgl. Artaud 1932/1986). Artauds Spur zieht sich bis ins Gegenwartstheater, wenn etwa die katalanische Theatertruppe ›La fura dels baus‹ das Publikum mit Kettensägen bedroht, mit rohen Fleischstücken um sich wirft und dazu wüste Klangcollagen und Video-Installationen liefert.

Seit den 1970er Jahren hat Müller Elemente des Grausamen in seine Dramentexte gebracht, die an die sinnliche Erfahrung der Zuschauer/innen appellieren und auch die reale Gewalt der Gesellschaften vorführen sollen. Dazu gehört auch die kritische Auseinandersetzung mit großen Theatertexten der Vergangenheit und ihre Konfrontation mit der Gegenwart, wie etwa in der *Hamletmaschine* (1977), wo der ›Hamletdarsteller‹ räsoniert:

Heiner Müller:
Hamletmaschine,
1977, Szene 4

Ich bin nicht Hamlet. Ich spiele keine Rolle mehr. Meine Worte haben mir nichts mehr zu sagen. Meine Gedanken saugen den Bildern das Blut aus. Mein Drama findet nicht mehr statt. Hinter mir wird die Dekoration aufgebaut. Von Leuten, die mein Drama nicht interessiert, für Leute, die es nichts angeht. Mich interessiert es auch nicht mehr. Ich spiele nicht mehr mit. *Bühnenarbeiter stellen, vom Hamletdarsteller unbemerkt, einen Kühlschrank und drei Fernsehgeräte auf. Geräusch der Kühlanlage. Drei Programme ohne Ton.*

Der Darsteller fällt im Wortsinn aus seiner Rolle und erklärt seine neue Position, die sich von aller bisherigen Theatergeschichte absetzt. Vom Vorbilddrama Shakespeares verabschiedet er sich und entzieht damit der Bühne jede Illusionskraft. Dabei untergräbt Müller die Form vollends: Die dramatische Erzählung wird aufgelöst, die Inszenierung repräsentiert weder Handlung noch Figurenprofile. Wenn nun aber nicht mehr die Botschaft im Vordergrund steht, dann werden dagegen umso mehr die **sinnlichen Potenziale der Bühne** ausgereizt: Spielfreude, sinnlicher Reiz, das Staunen über aufgesprengte Bilder, über Klänge und Wortleiber, die aufgehäuft werden – sie übertreffen jede festgelegte Absicht des Autors. Dieses **Theater als (Ver-)Störung**, als Krise und Verwandlung soll aber auch das Gedächtnis an historische Katastrophen aktivieren – wozu dann der Verstand wieder eingesetzt werden muss.

Postdramatisches Theater: Damit wird eine Unterströmung des Theaters aufgegriffen, die schon seit dem 18. Jahrhundert zu beobachten ist: Mit der Aufwertung der Sinnlichkeit entfaltet auch die Bühne ihren ästhetischen Eigenwert. Es geht dabei um ein Theater in Zeiten nach dem Theater, das nun nicht mehr an dramatischer Handlung interessiert ist und auch die verbindliche ›Botschaft‹ und die sinntragenden Figuren nicht mehr braucht. Solche radikalen Formen des 20. Jahrhunderts hat der Theaterwissenschaftler Hans-Thies Lehmann (1999) zusammengefasst im Begriff des postdramatischen Theaters:

- Der Schauspieler hat seine Identität mit der Rolle längst aufgegeben, das Publikum wird mit einbezogen und kann die Aufführungssituation diskutieren.
- Das Theater bezieht sich in radikaler Weise auf sich selbst, es thematisiert die Aufführungssituation, Schauspieler, Intendanten oder das Publikum.
- Die Bühnenmittel werden nun zum eigentlichen Helden: Stimmeffekte werden zelebriert, Sprache wird in Buchstaben- und Lautreihen zerlegt und zu neuen Wortkaskaden zusammengefügt. Bühnenbilder und Bühnenklänge dienen nicht mehr zur Untermalung oder Ausstaffierung eines Inhaltes, sie sollen vielmehr eine eigenständige, sinnlich intensive Erfahrung ermöglichen.

Merkmale des postdramatischen Theaters

Mit dieser »Ästhetik des Risikos« (Lehmann 1999, S. 473) soll das Theater die ihm eigenen Mittel steigern, um damit auf Nervenreize noch unmittelbarer abzuzielen als dies etwa Kino oder Musical können (vgl. Schößler 2012, S. 198–202).

3.3.4 | Historische Untergattungen

Von der Antike bis zum Spätmittelalter

Tragödie: Das griechische Wort *tragodia* zeigt bereits die kultischen Ursprünge des Theaters an: Übersetzt heißt es ›Bocksgesang‹ und kann folgende Formen bezeichnen:

- **Satyrspiele** der Antike, bei denen die Darsteller in Masken und Tierfelle gehüllt dem Wein- und Rauschgott Dionysos huldigten und ihn in Preis- und Weihegedichten anriefen.
- **Dithyrambos:** In dieser chorischen Kultliedform waren Wort, Tanz, Gebärde und Spiel eng verknüpft.
- **Antikes Sprechtheater:** Ab dem 6. Jahrhundert v. Chr. vollzieht sich die Entwicklung zu einer festen, organisierten Form dessen, was

Drama

heute im engeren Sinne als Tragödie bekannt ist: Man beginnt, die zunächst frei improvisierten mündlichen Texte aufzuschreiben und ihnen ein festes Metrum zu unterlegen. Dem Chor wird ein Schauspieler als Protagonist gegenübergestellt, der antwortet, kommentiert und handelt. Aristoteles berichtet, dass Aischylos diese Möglichkeiten durch zwei Schauspieler erweitert hat, Sophokles durch drei (*Poetik*, Kap. 4), womit im 5. Jahrhundert v. Chr. schon alle Möglichkeiten des Sprechtheaters angelegt sind. Zugleich werden die Verbindungen zu den kultischen Praktiken immer schwächer. Mit Sophokles, spätestens zu Zeiten von Euripides wird das Theater zum festen Bestandteil der politischen Öffentlichkeit bzw. deren **Debattenkultur**. Göttliche Prinzipien und Forderungen, mit denen sich der Mensch auseinander zu setzen hatte, waren das Dauerthema, in das aber mehr oder weniger deutlich Auseinandersetzungen, Macht- und Liebesbestrebungen zwischen Menschen eingeflochten waren. Der Katharsis widerspricht dies nur auf den ersten Blick – sie ist die Wirkweise, Ziel ist dabei aber auch die Verständigung über Verhaltensmuster und Lebensmodelle.

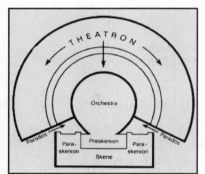

Grundriss des antiken Theaters

Offiziell blieben die Festspiele dem Dionysos verpflichtet: Das ihm geweihte Theater an der Akropolis in Athen war der Rahmen der jährlich im März stattfindenden Spiele, die zugleich Kampf *(agon)* um die Trophäe des besten Dichters und Schauspielers waren. Eine Aufführungsfolge war festgelegt in tetralogischer, also vierteiliger Einheit: Drei Tragödien und ein Satyrspiel sollten im mehrtägigen Zyklus den Gewinner ermitteln (vgl. Brauneck 1993, S. 24–35). Gespielt wurde in **Freilichttheatern** vor großem Publikum – gut 15.000 Zuschauer/innen fanden im Epidauros-Theater Platz, das 300 v. Chr. erbaut wurde. In der Nähe der meisten Spielstätten befanden sich Heilbäder – Epidauros etwa war solch ein kombiniertes Kurtheater, was zugleich auf die medizinische Bedeutung des Katharsis-Effekts hinweist (Brauneck 1993, S. 35–50).

Mysterienspiele: Mit dem Zerfall des Römischen Reiches, das die griechischen Dramenstrukturen und Aufführungspraktiken fortgeführt hatte, stockt die Theaterentwicklung – zumindest gibt es aus dem frühen Mittelalter keine Zeugnisse eines öffentlichen Theaterlebens. Überliefert sind die späteren Mysterienspiele, die im 14. und 15. Jahrhundert in Frankreich und England entstanden und als Prozessions- und Osterspiele mit ihren biblischen Themen zunächst stark an den Gottesdienst gekoppelt sind (vgl. Ziegeler 2004). Die Aufführungen, der Kirche als Spielort angelagert, wandern nun zunehmend in umliegende öffentliche Plätze ab, womit auch ein Sprachwandel auf der Bühne einher geht: Die kürzeren, lateinisch verfassten **Kirchenspiele** weichen der Volkssprache in den längeren **Schauspielen**.

Fastnachtspiele und Farcen: Marktplätze werden zu Freilufttheatern umfunktioniert, und so können größere Simultanbühnen entstehen, auf denen mehrere Stationen in Szenenreihung dargeboten wurden. Der religiöse Inhalt tritt gelegentlich zurück zugunsten von derb-komischen Passagen, wie überhaupt bei den Komödienelementen der Fastnachtspiele und Farcen (vgl. Sowinski 1991) der Possenreißer (Mimus-Darsteller) im Mittelpunkt steht. Mit Winteraustreibungen und Fruchtbarkeitskulten wird die Hinwendung zur karnevalesken Volkskultur deutlich.

Die Posse nahm darauf basierend eine eigene Entwicklung und pflegte die derbere Komik (ab 1750 auch als **Burleske**), bekam im 19. Jahrhundert eine mehraktige Form mit komischer Mittelpunktfigur und beeinflusst mit ihren Alltagsthemen und kritischen Perspektiven bis heute das Volksstück (vgl. Brauneck 1993, S. 271–403).

Renaissance und Barock

Die Überlieferung der antiken Dramenliteratur war im Mittelalter nahezu abgerissen. Die Rückbesinnung der Renaissance auf die Antike sowie der Buchdruck ermöglichten es, dass um 1500 die antiken Texte ähnlich wichtig werden wie die volkstümlichen Stücke in geistlicher Tradition. Es gab zwei Formen von Komödien:

- **Die Commedia erudita**, entwickelt von den Humanisten um 1500, war eine Intrigen- und Verwechslungskomödie, die sich durch Gelehrsamkeit und Formstrenge auszeichnete (vgl. ebd., S. 426–429).
- **Die Commedia dell'arte** war die populäre Variante dessen. Auch als Stegreifkomödie bekannt, entstand sie Mitte des 16. Jahrhunderts und bot auf Marktplätzen oder in Schaubuden eine Art Spontan- und Improvisationstheater mit grotesken Masken und Typen zur allgemeinen Erheiterung (ebd., S. 429–440).

*Zwei Komödien-
formen um 1500*

In der Tragödiengattung wurden folgende Formen weiterentwickelt:

Historiendramen bearbeiten geschichtliche Stoffe und Ereignisse in episodischer Reihung von Szenen (vgl. Brauneck 1993, S. 564–667). Shakespeares Historiendramen und die Tragödien handeln auch nicht mehr von abstrakten Schicksalsfragen, sondern zeigen politische Machtfragen, Korruption, Usurpation und Sexualität. Hier zeigt sich besonders, wie das aufgewertete Theater nach einer verbindlichen Architektur rief: Die Aufführungsorte wurden wieder eigenständig, eben z. B. in England, wo Ende des 16. Jahrhunderts runde Holzbauten unter freiem Himmel als Forum der öffentlichen Debattenkultur entstanden.

Die Rachetragödie Senecas sowie die volkstümlichen *morality plays* wirkten daran mit, einige Forderungen des Aristoteles aufzuheben: Handlungskohärenz ist unwichtig, stattdessen wird eine Vielzahl von Handlungen herausgearbeitet, die an verschiedenen Orten stattfindet; Formen werden gelockert, den Figuren wird eine individualisierende Redeweise oder Alltagssprache zugestanden.

Klassizistisches Regeldrama: In Frankreich nahm das Theater eine formentreuere Richtung. Abgesehen von den pompösen Selbstfeiern Ludwig

XIV., der in Versailles gerne im Kostüm des Sonnenkönigs auftrat und sich von seinen Untergebenen als Planeten und Trabanten umkreisen ließ, sind es die Typenkomödie Molières und das Sprechtheater Jean Racines und Pierre Corneilles, die im späten 17. Jahrhundert mit der *haute tragé-die* Maßstäbe setzten. Das klassizistische Regeldrama (Brauneck 1996, S. 163–274) setzte auf strenge Nutzung der antiken Vorbilder, um zu zeigen, wie der Kampf der Leidenschaften zu bändigen und zu kultivieren ist.

Das deutsche Barockdrama arbeitete das in der Renaissance entwickelte Schuldrama aus: Die Texte wurden meist von Lehrern für Schüler zu Aufführungszwecken geschrieben, es handelte sich also um Laientheater (vgl. Brauneck 1996, S. 329–459). Historische Stoffe dominierten entsprechend, so bei Andreas Gryphius (*Leo Armenius*, 1650; *Carolus Stuardus*, 1657) oder Daniel Casper von Lohenstein (*Cleopatra*, 1661; *Sophonisbe*, 1669). Nur zwei Lustspiele sind bekannt geworden (*Horribilicribrifax* und *Herr Peter Squentz*, 1663), ebenfalls von Gryphius geschrieben. Die blutrünstigen Themen des barocken Trauerspiels werden vor dem Hintergrund des Dreißigjährigen Krieges verständlich. Dies alles erträglich zu machen, war auch die Intention von Martin Opitz (*Poetik*, 1624): Das Publikum soll den ›Trübsalen‹ durch Ausprägung einer stoischen Kraft der Duldung (*ataraxia*) widerstehen und ein Gleichgewicht der inneren Kräfte (*constantia*) erreichen. Die Ständeklausel gilt hier (wie auch in Frankreich) für das gesamte Dramenpersonal, das in stilistischer Strenge zu sprechen hatte. Neben der thematischen Ausrichtung auf Todesbedrohung bzw. Vergänglichkeit (*vanitas*) und Machtfragen diente das barocke Trauerspiel der Einübung von Rederegeln, der Kunstfertigkeit in der Motivfügung und der Bilderwahl, also dem Training der Beredsamkeit wie auch des Gedächtnisses. Die Formenstrenge brachte allerdings auch Erstarrung mit sich – was ein Grund war für die Rückständigkeit des deutschen Theaters im europäischen Vergleich.

Entwicklung zum bürgerlichen Trauerspiel und Drama des Klassizismus

Das Barockdrama blieb allerdings ohne nachhaltige Breitenwirkung. Im 18. Jahrhundert zielten die Überlegungen zunehmend darauf ab, wie man eine Öffentlichkeit erreicht und mit welchen **Theaterformen** Wirkung erzielt und auch Erziehung betrieben werden kann:

Wandertheater, die insbesondere seit 1700 in Deutschland sehr verbreitet waren, genossen einen zweifelhaften Ruf. So wurde von den Puristen der Vorwurf erhoben, dass die Stückvorlagen dort stark geändert und auf den Tagesgeschmack des Publikums zugeschnitten wurden (vgl. Brauneck 1996, S. 701–751). Populären Possen mit Stegreifeinlagen, die **Hanswurstiaden**, auch die spektakulären Gräuelszenen und die Verkürzung der Textvorlagen auf ein nacktes Handlungsgerippe waren insbesondere den Aufklärern ein Ärgernis.

Theaterreform: Johann Christoph Gottsched (1700–66) leitete gegen diese von ihm monierte Verwahrlosung 1730 seine Theaterreform ein. So erhob er den fünfteiligen Aufbau des Dramas zur Norm, womit die freien Darbietungsformen der zeitgenössischen Wandertruppen reguliert werden sollten. Aber auch die düstere Schicksalsergebenheit des barocken Trauerspiels war Gottsched suspekt. Er wollte das Theater in die pädagogische Pflicht nehmen, denn es versprach die Möglichkeit, einem breiteren Publikum aufklärerische Ideen nahezubringen. Auf Verstand und Sitte zielend, schwächte Gottsched die Bedeutung der Tragödie ab. Formal bleibt er Aristoteles verpflichtet mit der Beibehaltung der drei Einheiten und mit dem Gebot, dass die Handlung nach Gesetzen der Wahrscheinlichkeit ablaufen muss.

Das rührende oder **weinerliche Lustspiel** hingegen wurde von Gottsched favorisiert: Gerade diese Gattung sollte moralisches Korrektiv sein und insofern, »belustigen, aber auch zugleich erbauen« (Gottsched 1730, S. 643). Im Übrigen sei sie gesellschaftsfähig, da »ordentliche Bürger« zu ihrem Personal gehören (ebd., S. 647). Insbesondere Christian F. Gellert berücksichtigte diese Forderung (*Die Betschwester*, 1745; *Die zärtlichen Schwestern*, 1747). In Frankreich setzte die **comédie larmoyante** stärker emotionale Akzente bis zum hingerissenen, blinden Mitleiden. **Lessing** arbeitete weiter am Begriff des Lustspiels, der seit dem 16. Jahrhundert als Übersetzung des lateinischen Begriffs *comoedia* in Umlauf gekommen war und Begriffe wie Schimpfspiel, Scherzspiel oder Freudenspiel verdrängt hatte. Er stellt sich darunter einen Kompromiss vor zwischen dem satirischen Lachen der Posse oder der aufklärerischen Typenkomödie sowie andererseits der Gefühlslast der *comédie larmoyante*. Die Elemente der ernsteren Lustspiele sollen eher aufbauend-rührender Art sein (*Minna von Barnhelm*, 1763).

Bürgerliches Trauerspiel: Die Einfühlung, aber auch die Aufklärungshaltung in der Komik prägen das **Mitleidskonzept**, das vor allem im bürgerlichen Trauerspiel bedeutend wird (Lessings *Miß Sara Sampson*, 1755; *Emilia Galotti*, 1772; Schillers *Kabale und Liebe*, 1784). Bereits 1657 hatte Gryphius mit seinem Trauerspiel *Cardenio und Celinde* hierfür einen Vorläufer verfasst: Gegen Opitz' Warnung gestaltete er ein tragisches Liebesthema mit bürgerlichen Helden, ohne allerdings Standesprobleme herauszuarbeiten. Der Konflikt zwischen Adel und Bürgertum wurde dagegen im Theater Lessings offenkundig. Dies zeigte sich auch im Bühnenbild: Verschwunden waren der Prunk und die riesigen Raumillusionen des höfischen Theaters, nun gab es eine geschlossene Zimmerdekoration mit teilweise aufgemalten Möbeln – die private Welt des mittelständischen Publikums sollte auf der Bühne gespiegelt werden (Brauneck 1996, S. 772–801).

Trotz der sich abzeichnenden Standeskonflikte war der aufgeklärte Teil der politisch Verantwortlichen durchaus interessiert an festen Bühnen: Man wollte mit dem Theater eine Sittenkultivierung erzielen und traf bei der Bevölkerung auf eine regelrechte Theatromanie, die sich in Deutschland im Lauf des 18. Jahrhunderts entwickelt hatte. Zahlungskräftige

Bürger waren es, die in Hamburg 1767 das erste offizielle Nationaltheater gründeten und das Unternehmen privatwirtschaftlich finanzierten, das von Lessings Seite aus theaterpraktisch und theoretisch (*Hamburgische Dramaturgie*, entstanden 1767/68) flankiert wurde. Der Weg zum heutigen, durch öffentliche Gelder finanzierten Stadttheater war noch weit, doch wurden zumindest, unterstützt durch die aufgeklärten absolutistischen Fürstenhöfe, weitere Schauspielhäuser gegründet: Gotha, München, Wien, und natürlich Weimar und Mannheim.

Dem Drama des Klassizismus liegen vielerlei Wissensgebiete zugrunde, die im 18. Jahrhundert in neuer Konstellation erscheinen: Anthropologie, Medizin, Recht und Philosophie treten besonders in Goethes *Faust* in engen Zusammenhang. Dabei kann auch der Dichter selbst in den Mittelpunkt rücken: In Goethes *Torquato Tasso* (1790) nimmt er die Titelrolle ein und reklamiert seine Freiheiten, wird aber auch in der Selbstzelebration als leidender Poet dargestellt (**Dichterdrama**). In den **Geschichtsdramen** der Klassik wie Goethes *Egmont* (1788), besonders dann in Schillers *Wallenstein* (1798/99) und *Maria Stuart* (1800) werden historische Prozesse in den Einzelcharakteren gespiegelt, die an einer fatalen Ordnung scheitern. Dabei wird auch der Geschichtsverlauf neu erzählt und auf neue Ziele hin projiziert, wenn etwa Schiller im *Wilhelm Tell* (1804) am historischen Stoff die politische Freiheitsidee entwickelt. Denn bei aller Elaboriertheit ist der politische Bezug des Theaters offenkundig, und so wird auch im Prolog des *Wallenstein* die Anspielung auf Napoleon bzw. die Französische Revolution deutlich. Noch ist die geschlossene Form verbindlich, die als in sich gerundeter Kunstbau ein optimistisches Weltbild verkörpern soll: Auch wenn die Handlung ein katastrophisches Ende findet, stimmen doch die Teile mit dem Ganzen formal harmonisch zusammen.

Zuschauerraum
der Wiener
Hofoper bei der
Eröffnung 1869

›Hohe‹ und ›niedere‹ Formen im 19. Jahrhundert

Vielleicht aber hatte sich das klassizistische Theater mit seinen ambitionierten Zielsetzungen übernommen: Die Tragödie wird im 19. Jahrhundert ihre Rolle als Leitmedium der Aufklärung und der klassizistischen Kunstutopie einbüßen.

Das Rührstück hingegen verbuchte größte Publikumserfolge. Wenn tragische Gegenstände hierin aufgegriffen wurden, dann in trivialisierter Form. Maßgeblich wurde es durch August von Kotzebue geprägt, der zum Lieblingsschauspieldichter des deutschsprachigen Publikums avancierte. Die bekanntesten Stücke, *Menschenhaß und Reue* (1788) sowie *Die deutschen Kleinstädter* (1803), machen Anleihen beim bürgerlichen Trauerspiel, zeigen aber auch komödiantische und parodistische Elemente und behandeln Themen der freien Liebe, der Moral sowie Konflikte zwischen Stadt und Land oder Adel und Bürgertum. Eine vergleichbare Publizität hatte August Wilhelm Iffland – zunächst selbst Schauspieler von Rang –, der bürgerliche Alltagsnöte und die Korruption des Adels in tränenreiche Rührung und melodramatische Versöhnung auflöste (*Die Jäger*, 1785; *Der Spieler*, 1795).

Das Volksstück bzw. das ›niedere Lustspiel‹ (Posse, Burleske oder Schwank, Zauberspiel, Intrigen- und Familienstück) entfaltete Ende des 18. Jahrhunderts eine ähnliche Breitenwirkung. Im 19. Jahrhundert wird es durch die Vorstadtbühnen zum Massenmedium und erscheint seitdem als Lokal- oder Heimatstück, Bauerndrama, Genrebild oder Besserungsstück (vgl. Hein 1973; Brauneck 1999, S. 165–231). Besonders in Wien ist diese Verbindung zwischen dem literarisch-›hohen‹ Drama und den komischen Formen, betrieben durch niedergelassene Wandertruppen, ausgeprägt. Ferdinand Raimunds Stücke prägen die eher literarisch-traumhafte Seite des Volkstheaters (*Der Alpenkönig und der Menschenfeind*, 1828), das dann von Johann Nestroy stärker mit Blick auf die soziale Wirklichkeit gestaltet wurde (*Zu ebener Erde und erster Stock*, 1835; *Der Unbedeutende*, 1846). Nach 1848 bewegt sich das Volksstück – auch wegen der Zensur – in idyllischen Bahnen und pflegt Klamauk oder Heimatidylle, verliert aber nicht sein satirisch-kritisches Potenzial. Ludwig Anzengruber neigt dabei eher zu Moralismen und Idyllisierungen (*Die Kreuzelschreiber*, 1872; *Das vierte Gebot*, 1878).

Das gesellschaftskritische Volksstück hingegen entwickelt an mundartlichen Eigenheiten oder Schichtensprache eine Aggressivkomik, die mit den Sprach- und Denkklischees auch gesellschaftliche Fehlentwicklungen bewusst macht. Diese Linie lässt sich bis in das Gegenwartstheater verfolgen: Else Lasker-Schüler (*Die Wupper*, 1909), Carl Zuckmayer (*Der Hauptmann von Köpenick*, 1931), Ödon von Horváth (*Kasimir und Karoline*, 1932), in dieser Linie sogar Brecht, der in *Herr Puntila und sein Knecht Matti* (1940) den Klassenstandpunkt herauskehrt, das DDR-Volksstück, aber auch Franz Xaver Kroetz (*Das Nest*, 1975) oder Peter Turrini (*Die Eröffnung*, 2000) und andere – sie alle wollen nicht nur einem breiten Unterhaltungsbedürfnis entsprechen. Vielmehr zeigen sie auch die Verhältnisse, in denen die Protagonisten stecken, entlarven den engen heimatlichen Horizont oder rücken die unterprivilegierten Randfiguren in den Mittelpunkt, von wo aus sie ihrerseits Sozialkritik üben können.

Das ›höhere‹ Lustspiel zeigt Überschneidungen mit dem kritischen Volkssstück. Über die Satiren des Sturm und Drang (J.M.R. Lenz: *Der Hofmeister*, 1774; J.W. Goethe: *Götter, Helden und Wieland*, 1774; *Satyros*, 1773; F.M. Klinger: *Sturm und Drang bzw. Wirrwarr*, 1776) reicht es ins 19. Jahrhundert (vgl. Hein 1991, S. 212). Die Komödie wird spätestens bei Kleist in der Hochkultur etabliert (*Der zerbrochne Krug*, 1811; *Amphitryon*, 1808), bei Georg Büchner (*Leonce und Lena*, 1834) dann als Zeitkritik ausgearbeitet, wie sie auch später bei Gerhart Hauptmann erscheint (*Der Biberpelz*, 1893). Dass in die Komödie tragische Untertöne einfließen können, zeigen etwa Carl Sternheims Zyklus *Aus dem bürgerlichen Heldenleben* (1908–23), Hugo von Hofmannsthals *Der Schwierige* (1921) oder Friedrich Dürrenmatts *Der Besuch der alten Dame* (1955). Auch sie wollen, wie die meisten Komödienautoren, nicht nur amüsieren, sondern durch die Handlung oder durch sprachliche Mittel auch Kritik äußern.

Soziales Drama: Wenn Hebbel 1843 mit *Maria Magdalene* noch einmal ausdrücklich versucht, das bürgerliche Trauerspiel wieder zu beleben, indem er bürgerliche Probleme und zerbrechende Ordnungen darstellt, gelingt ihm dies für die Gattung selbst zwar nicht mehr. Doch unterstützt er die Wirkung des ausdrücklich politischen Georg Büchner (*Dantons Tod*, 1835; *Woyzeck*, 1836) in Richtung auf das spätere gesellschaftskritische Drama; auch Henrik Ibsens sozialkritische Werke *Peer Gynt* (1867) und *Gespenster* (1881) arbeiten in diese Richtung. Gerhart Hauptmann fasst die Anregungen zur Untergattung des sozialen Dramas zusammen – so sein Untertitel zu *Vor Sonnenaufgang* (1889) – und macht auch formal Anleihen bei Büchner. Mit dessen offener Form bzw. Stationentechnik geht eine konsequente, schichtorientierte Sprache der Figuren einher, die keine Hochsprache mehr im Munde führen, sondern ihrem Stand oder Beruf gemäß sprechen. Die soziale Frage wird mit dem Soziolekt oder, wie in *Die Weber* (1892), im Dialekt drastisch vorgeführt. Hauptmann benutzt die Illusionsbühne, die auf das Theater des bürgerlichen Trauerspiels zurückgeht: ein klar definierter, realistisch ausgestatteter Innenraum mit künstlicher Beleuchtung und Kulisse, in den man wie durch eine fehlende Wand hineinsehen kann. Sie entspricht aber auch der Intention des Naturalismus, das soziale Feld mit minutiöser, wissenschaftlicher Genauigkeit zu studieren.

Avantgardistische und experimentelle Formen im 20. Jahrhundert

Mit diesen neuen Fragestellungen und Formen sind die großen Experimente des 20. Jahrhunderts vorbereitet. Von ihnen lässt sich nur im Plural sprechen, insofern sie oft gleichzeitig äußerst **unterschiedliche Ansätze und Absichten** entwickeln.

Das expressionistische Drama etwa Georg Kaisers (*Die Koralle*, 1917; *Von morgens bis mitternachts*, 1916), Ernst Tollers (*Die Wandlung*, 1919; *Masse Mensch*, 1920) oder Ernst Barlachs (*Der blaue Boll*, 1926) zeigt den krisengeschüttelten, dissoziierten Großstadtmenschen, der nicht nur am Fremdsein und an der Zivilisation verzweifelt, sondern grundlegend seiner Sprache und Erkenntnisfähigkeit misstraut. Die Stationentechnik ist dafür wiederum die passende Form, und im Bereich der Bühne gibt es zahlreiche Experimente, die die Formensprache der Abstraktion nutzen: Oft bezeichnen die Bühnengegenstände nichts mehr, sondern sie sind Farbraumkörper, die Stimmungen andeuten oder Traumszenen untermalen. Die Sprachdynamik der Expressionisten, ihre auch auf dem Theater benutzte lyrisch verdichtete Redeweise machten sich die **Dadaisten** zu Eigen. In ihren eigenen Spielstätten, z. B. dem Cabaret Voltaire in Zürich, singen sie sinnfreie Lautgedichte, provozieren das Publikum und arbeiten an einem Gesamtkunstwerk, bei dem alle Sinne aktiviert werden (s. Kap. 5.4). Dies geht so weit, dass das Alltagsleben selbst zur Bühne werden kann.

Lehrstück: Den humanistischen Gedanken Dadas oder der Expressionisten haben Vertreter der linken Avantgarde in den 1920er Jahren politisch formuliert, und zwar in dogmatisch-marxistischer Weise, was z. B. an Brechts frühen Dramen erkennbar wird (*Die Maßnahme*, 1930).

Episches Theater: In Weiterführung des Lehrstücks ist dieses nicht nur kritisch-politisch konzipiert, sondern aktiviert stärker das Publikum, setzt auf Diskussion und löst in dieser Absicht auch den traditionellen geschlossenen Bühnenraum auf (*Der gute Mensch von Sezuan*, 1930–42; *Mutter Courage und ihre Kinder*, 1939; *Leben des Galilei*, 1939 bzw. 1947; *Der kaukasische Kreidekreis*, 1945). Seine Fortwirkung hat das epische Theater vor allem in den Anregungen Brechts für die dramaturgische Praxis gehabt – ohne Ansehen der politischen Richtung gehören sie heute zum Abc des Regisseurhandwerks.

Absurdes Theater: Konkurrenz gab es für das epische Theater in den 1950er Jahren durch das absurde Theater Samuel Becketts (*Warten auf Godot*, 1953) oder Eugène Ionescos (*Die Stühle*, 1952). Wenn aber dort in ebenfalls offener Dramenform die Geworfenheit des Menschen in eine sinnentleerte, nicht zu verstehende Welt problematisiert wird und seine Kommunikations- und Kontaktprobleme gezeigt werden, handelt es sich eher um allgemeine, nicht ausdrücklich politische Diagnosen. Existenzproblematik im speziellen politischen Bezug bearbeitet in Deutschland das nach 1945 entstehende Bewältigungsdrama, das Schrecken und Folgen des ›Dritten Reichs‹ aufzeigt, ohne die Impulse des epischen Theaters aufzunehmen (Carl Zuckmayer: *Des Teufels General*, 1946; Wolfgang Borchert: *Draußen vor der Tür*, 1947).

Dokumentartheater: In diesem ausdrücklich politisch-aufklärenden Theater der 1960er Jahre zeigen sich wohl die direktesten Einflüsse Brechts, so etwa bei Heinar Kipphardt (*In der Sache Robert J. Oppenheimer*, 1964) oder Peter Weiss, dessen Stück *Die Ermittlung* (1965) Berichte des Frankfurter Prozesses gegen Auschwitzer Wachpersonal verarbeitet. Friedrich Dürrenmatt (*Der Besuch der alten Dame*, 1956) und Max Frisch (*Biedermann und die Brandstifter*, 1958) sind von Brecht ebenso beeinflusst wie noch die weitreichende Politisierung des Dramas in den 1970er Jahren allgemein (Rainer W. Fassbinder: *Bremer Freiheit*, 1971).

Experimentaltheater: Der Blick auf die letzten dreißig Jahre des 20. Jahrhunderts – und auch wohl in die Zukunft – zeigt einen Stilpluralismus, der sich nicht auf bestimmte Themen eingrenzen lässt (vgl. Weiler 2001; Arnold 2004; Primavesi/Schmitt 2004). Das postmoderne ›anything goes‹ hat auch das Theater erreicht. Heiner Müller arbeitet mit seinen Collagetexten und **Medienversuchen,** die er vor allem mit dem Bühnenbildner und Regisseur Robert Wilson veranstaltet hat, seit den 1970er Jahren an einem Experimentaltheater (*Germania Tod in Berlin*, 1971; besonders die epochemachende *Hamletmaschine* von 1977 oder *Medeamaterial*, 1982), um das puristische Worttheater der 60er Jahre durch eine stärkere Bildersprache zu überwinden. Wenn Peter Handke in der *Publikumsbeschimpfung* (1966) seine Attacken auf das Auditorium reitet, Joseph Beuys, Wolf Vostell und viele andere Aktionskünstler auf körperliche Vorgänge, auf **politische Fragen** oder einfach auf sich selber aufmerksam machen und damit Straßenpflaster oder Kunsträume besetzen, wird diese Linie von Müller verstärkt und für das Theater erobert. Dabei gewinnen die Regisseure die Oberhand über die Stücke (**Regietheater**), setzen eigenwillig Bühnenmittel ein, reflektieren im Schauspiel über das Theater selbst und beziehen die Zuschauer/innen mit ein. Ähnliche Tendenzen lässt Rainald Goetz erkennen, der Alltagsmitschriften zu Wortkaskaden aufhäuft und seine Figuren mit politischen Parolen und anderen Sprachhülsen in aggressive Auseinandersetzungen treibt, die ebenfalls zusammen mit Medienexperimenten aufgeführt werden sollen (*Krieg*, 1986; *Festung*, 1993). Peter Handke hat zwar den lärmenden Aufbruch seiner frühen Proteststücke zugunsten eines meditativen Theaters zurückgenommen. Mit *Die Stunde da wir nichts voneinander wußten* (1992) ist er allerdings experimentell geblieben, insofern das Stück ganz ohne Figurenrede auskommt und die Körperbewegungen vorgibt; dasselbe gilt für seine *Spuren der Verirrten* (2006), das allgemeine Reflexionen, verstärkte Erzählanteile und Figurenrede vermischt.

Botho Strauß, der mit seinen frühen Texten (*Groß und klein*, 1978) eine kritische Besichtigung des bundesrepublikanischen Alltags unternommen hat, lässt nur noch Kunstwelten gelten und thematisiert in seinem Stück *Der Narr und seine Frau heute abend in Pancomedia* (2001) die Einsamkeit des Dichters, der in den Amüsiersphären und Finanzwelten unterzugehen droht. Thomas Bernhard, der seine Figuren in Sprachspiele eingekleidet und damit auch Floskel- und Ideologiekritik betrieben hat, hat mit *Heldenplatz* (1988) ein eminent politisches Stück geschrieben, ebenso aber **selbstreferenzielles Schauspiel** gemacht (*Der Theaterma-cher*, 1984). Rechnet man noch das politische **Aktionstheater** des 2010 verstorbenen Christoph Schlingensief hinzu, aber auch konventionellere Formen des engagierten Theaters (Roland Schimmelpfennig: *Der goldene Drache*, 2010), ergibt sich erst recht ein vielfältiges Bild, das immerhin eines zeigt: So oft von einer Krise des Dramas die Rede war, haben Drama-tiker doch jedesmal daraus neue Energie bezogen.

Grundlegende
Literatur

Aristoteles: Poetik (ca. 340 v. Chr.). Dt. von Manfred Fuhrmann. Stuttgart 2005.
Arnold, Heinz Ludwig (Hg.): Theater fürs 21. Jahrhundert. München 2004.
Asmuth, Bernhard: Einführung in die Dramenanalyse. Stuttgart/Weimar ⁶2004.
Baldo, Dieter: »Das Schauspiel«. In: Knörrich ²1991, S. 326–346.
– : «Die Tragödie«. In: Knörrich ²1991, S. 398–430.
Brauneck, Manfred: Die Welt als Bühne. Geschichte des europäischen Theaters in 6 Bän-den. Stuttgart 1993 (Bd. 1), 1996 (Bd. 2), 1999 (Bd. 3), 2003 (Bd. 4), 2007 (Bd. 5 u. 6).
– : Theater im 20. Jahrhundert. Programmschriften, Stilperioden, Reformmodelle. Rein-bek bei Hamburg 1986.
– /**Gérard Schneilin** (Hg.): Theaterlexikon. Begriffe und Epochen, Bühnen und Ensem-bles. Reinbek bei Hamburg ³1992.
Fischer-Lichte, Erika: Geschichte des Dramas. Epochen der Identität auf dem Theater von der Antike bis zur Gegenwart. Bd. 1: Von der Antike bis zur deutschen Klassik. Bd. 2: Von der Romantik bis zur Gegenwart. Tübingen/Basel ²1999.
– et al. (Hg.): Metzler Lexikon Theatertheorie. Stuttgart 2005.
Hein, Jürgen: Theater und Gesellschaft. Das Volksstück im 19. und 20. Jahrhundert. Düs-seldorf 1973.
– : »Die Komödie«. In: Knörrich ²1991, S. 202–216.
Klotz, Volker: Geschlossene und offene Form im Drama [1960]. München ⁷1975.
Knörrich, Otto (Hg.): Formen der Literatur. Stuttgart 1991.
Lehmann, Hans-Thies: Postdramatisches Theater. Frankfurt a. M. 1999.
Marx, Peter W. (Hg.): Handbuch Drama. Theorie, Analyse, Geschichte. Stuttgart/Wei-mar 2012.
Pfister, Manfred: Das Drama. Theorie und Analyse. München ¹¹2001.
Platz-Waury, Elke: Drama und Theater. Eine Einführung. Tübingen ²1980.
Schößler, Franziska: Einführung in die Dramenanalyse. Stuttgart/Weimar 2012.
Sträßner, Matthias: Das analytische Drama. München 1980.
Sucher, C. Bernd (Hg.): Theaterlexikon. München 1995.
Trilse-Finkelstein, Jochanan/Hammer, Klaus (Hg.): Lexikon Theater International. Berlin 1995.
Turk, Horst: Theater und Drama. Theoretische Konzepte von Corneille bis Dürrenmatt. Tübingen 1992.

Zitierte Literatur

Artaud, Antonin: Das Theater der Grausamkeit. Erstes Manifest [1932]. In: Manfred Brauneck: Theater im 20. Jahrhundert. Reinbek bei Hamburg 1986, S. 395–404.
Brecht, Bertolt: Anmerkungen zur Oper ›Aufstieg und Fall der Stadt Mahagonny‹ [1931]. In: Gesammelte Werke in 20 Bänden. Frankfurt a. M. 1967, Bd. 17, S. 1009.
– : Kleines Organon für das Theater (1948). In: Berliner und Frankfurter Ausgabe, Schriften 3, Bd. 23, S. 65–97.
Freytag, Gustav: Die Technik des Dramas [1863]. Darmstadt ¹³1965.
Goethe, Johann Wolfgang: Sämtliche Werke, Bd. 14. Hg. von Ernst Beutler. Zürich 1950 (Theater und Schauspielkunst, S. 7–150; Nachlese zu Aristoteles' Poetik, S. 709–712).
Gottsched, Johann Christoph: Versuch einer Critischen Dichtkunst. 1730 bzw. Leipzig ⁴¹1751 (Von Tragödien, oder Trauerspielen; Von Komödien oder Lustspielen).
Hebbel, Friedrich: Vorwort zu »Maria Magdalene«. Hamburg 1844.

Kayser, Wolfgang: Das sprachliche Kunstwerk. Bern 1948.
Lessing, Gotthold Ephraim: Werke. Hg. von Herbert G. Göpfert. Darmstadt 1996 (bes.: Hamburgische Dramaturgie. Hamburg 1769, Bd. 4, S. 229–707).
Müller, Heiner: »Hamletmaschine« [1977]. In: Werke Bd. 4. Hg. von Frank Hörnigk. Frankfurt a. M. 2001, S. 543–554.
– : »Gespräch mit B. Umbrecht«. In: H.M.: Rotwelsch. Berlin 1982, S. 111.
– : Heiner Müller Material. Hg. von F. Hörnigk. Leipzig 1990.
Mueller-Goldingen, Christian: Studien zum antiken Drama. Hildesheim 2005.
Primavesi, Patrick / Schmitt, Olaf A. (Hg.): AufBrüche. Theaterarbeit zwischen Text und Situation. Berlin 2004.
Pütz, Peter: »Grundbegriffe der Interpretation von Dramen«. In: Handbuch des deutschen Dramas. Hg. von Walter Hinck. Düsseldorf 1980, S. 11–25.
Schiller, Friedrich: Sämtliche Werke, 5 Bde. Hg. von Gerhard Fricke und Gerhard G. Göpfert. Darmstadt 1993.
Sowinski, Bernhard: »Das Fastnachtspiel«. In: Knörrich ²1991, S. 107–113.
Weiler, Christel: Neue deutschsprachige Dramatik. 40 deutschsprachige Autoren unter 40 Jahren. Berlin 2001.
Zahn, Peter: »Das Geschichtsdrama«. In: Knörrich ²1991, S. 123–135.
– : »Die Tragikomödie«. In: Knörrich ²1991, S. 385–394.
Ziegeler, Hans-Joachim (Hg.): Ritual und Inszenierung: geistliches und weltliches Drama des Mittelalters und der frühen Neuzeit. Tübingen 2004

Arbeitsaufgaben

1. Welche Bedeutungswandlungen hat der Katharsis-Begriff von Aristoteles über Lessing bis Brecht durchlaufen?

2. Stellen Sie ein Kurzreferat über das (spät-)mittelalterliche Fastnachtspiel zusammen. Welchen Quellen aus den Literaturangaben können Sie Sach- und Bildanregungen entnehmen?

3. Inwiefern führt Lessing die Theaterreform Gottscheds mit neuen Mitteln bzw. Akzenten weiter?

4. Entwerfen Sie ein Bühnenbild und Regieanweisungen zur Schlussszene von Schillers *Kabale und Liebe*!

5. Fassen Sie in einigen Sätzen Grundgedanken und Wirkmittel von Brechts V-Effekt zusammen!

6. Von der Dramentheorie zur Schreibpraxis: Was kann alles zu einer guten journalistischen Aufführungskritik gehören?

7. Inwiefern kann Heiner Müllers *Hamletmaschine* als Vorläufertext für das postdramatische Theater gelten? Lesen Sie dazu S. 11–39 von Lehmanns (1999) einschlägiger Studie.

Lösungshinweise zu den Arbeitsaufgaben finden Sie auf www.metzlerverlag.de/webcode. Ihren persönlichen Webcode finden Sie am Anfang des Bandes.

3.4 | Erzählende Prosa

3.4.1 | Epik – Erzählen – Erzählende Prosa

Die Erzählliteratur als Gattung wird traditionell unter dem Begriff der **Epik** behandelt. Dieser ist abgeleitet vom antiken Vorgänger der erzählenden Prosa, dem Epos. Das Epos ist eine breit darstellende **Versdichtung über Helden und Götter**, wie z. B. Homers *Odyssee* oder *Ilias*; auch die höfischen Großdichtungen des deutschen Mittelalters dürfen als Epen bezeichnet werden.

Antike Tradition: Epik

Das klassische Epos ist durch einige Merkmale deutlich von der erzählenden Prosa der Neuzeit abzugrenzen. Der sowjetische Literaturwissenschaftler Michail Bachtin führt für das Epos folgende drei konstitutive Merkmale an:

> Gegenstand des Epos ist die nationale epische Vergangenheit, das ›vollkommen Vergangene‹ [...] Als Quelle des Epos dient die nationale Überlieferung (und nicht die persönliche Erfahrung und die aus ihr erwachsende freie Erfindung); die epische Welt ist von der Gegenwart, d. h. von der Zeit des Sängers (des Autors und seiner Zuhörer), durch eine absolute epische Distanz getrennt.

Bachtin 1989, S. 220

Erzählende Prosa der Neuzeit greift zurück auf die individuelle und historische Erfahrung des Einzelnen, statt aus der nationalen Überlieferung schöpft modernes Erzählen aus individueller Erfindung (Fiktionalität), die erzählerisch verarbeitete Erfahrung ist eingebunden in den historischen Kontext des Autors und seiner Zuhörer: »Erfahrung, Erkenntnis und Praxis (Zukunft) sind für den Roman bestimmend« (ebd., S. 223).

Den Umbruch von epischer zu ›prosaischer‹ Welthaltung markiert wohl das Erstarken der bürgerlichen Klasse, die Entwicklung bürgerlichen, subjektiven Selbstverständnisses, in dem der Einzelne sich über die unverwechselbare Identität und Kontinuität seiner eigenen Biographie definiert. Erzählende Prosa, und vor allem ihre prominenteste Gattung, der Roman, wird somit, wie schon Hegel das sah, zu einer der bürgerlichen Gesellschaft angemessenen Kunstform, die sich, gerade zu Hegels Zeit, gegen die herrschende, an der klassischen Antike orientierte Ästhetik durchsetzen konnte.

›Epische‹ Literatur der Neuzeit ist also (mit wenigen Ausnahmen wie z. B. den Versepen des späten 18. Jahrhunderts) immer erzählende Prosa. Dieser Gattungsbegriff wird hier an der Stelle der ›Epik‹ verwendet, er ist zwar historisch enger, bezeichnet aber genauer sowohl den sprachlich-rhetorischen Zustand der literarischen Texte – an Stelle der epischen Verse steht die Prosa – als auch ihren gesellschaftsgeschichtlichen Hintergrund, das bürgerliche Zeitalter.

Erzählende Prosa

Erzählen als Erfahrungsvermittlung, Traditionsbildung und Sinnkonstitution

Erzählen ist zunächst ein ganz normales, alltägliches, praktisch von allen Menschen immer wieder angewandtes, ja grundsätzlich unumgehbares sprachliches Handeln. Jeder Mensch erzählt jeden Tag: das Kind seine Kindergartenerlebnisse, Freunde oder Kollegen Anekdoten aus dem Alltag oder dem letzten Urlaub, die Großmutter Rückblicke in die eigene Kindheit oder Jugend. Erzählen ist gleichsam die ›naturwüchsigste‹ Form menschlichen Verhaltens zur eigenen Vergangenheit, ist die schlichteste Form der Vermittlung individueller oder gesellschaftlicher Erfahrung:

Funktionen
des Erzählens

- **Erzählen stiftet Sinn:** Erst dadurch, dass Ereignisse oder Erlebnisse in einer bestimmten Folge, in einer Chronologie, oder sogar in einer Abhängigkeit, einer Ursache-Wirkungs-Beziehung erzählt werden, bekommen sie Sinn.

- **Erzählen stiftet Identität:** Erst dadurch, dass ein Mensch sein Leben als eine sinnvolle Folge nur auf ihn zutreffender Erlebnisse und Ereignisse erzählt, kommt er zu seiner Biographie, kann er sich als Individuum verstehen. Erst dadurch, dass Geschichtsschreiber gesellschaftliche Ereignisse in einer bestimmten Folge erzählen, entsteht nationale oder kulturelle Identität.

- **Erzählen** ist also unumgehbares **Medium** individueller und kollektiver, biographischer und historischer **Sinn- und Identitätsstiftung**.

Die scheinbare Naturwüchsigkeit und Unmittelbarkeit des Erzählens liegt in seiner Sprache begründet: Sie ist nicht, wie traditionell in Lyrik und Dramatik, durch Rhythmus und Metrum und Reimendungen ästhetisch überformt. Sie ist vielmehr wie die alltägliche, die ›geradeaus gerichtete Rede‹: Lateinisch hieß das *provorsa oratio* – ein rhetorischer Begriff, der wortgeschichtlich dann zu ›Prosa‹ zusammengezogen wurde. Die Prosa ist grundsätzlich die Sprache der Erzählung – die damit dem alltäglichen Sprechen am nächsten zu stehen scheint.

Dennoch aber darf man nicht den Fehler machen, Erzählen als überhistorisches, immer gleiches, unveränderliches Phänomen zu betrachten. Natürlich werden auch die Menschen der Antike erzählt haben, ebenso wie Naturvölker oder die Bewohner eines mittelalterlichen Dorfes. Neuzeitliches Erzählens aber entsteht, so formulierte der Literaturtheoretiker Walter Benjamin in den 1930er Jahren, wo sich die menschliche Welt auf eine entscheidende Weise verändert (vgl. Benjamin 1937/1980 II, S. 438 ff.). Im Handwerk der frühen Neuzeit präge sich das neuzeitliche Erzählens aus: Grundlage und Grundstoff des Erzählens ist also die Erfahrung, die der wandernde Geselle macht, buchstäblich die Er-Fahrung der Welt. Die Vermittlung dieser Erfahrung beabsichtigt einen Nutzen – mit Benjamins Worten: »In jedem Falle ist der Erzähler ein Mann, der dem Hörer Rat weiß« (ebd., S. 442; vgl. Lahn/Meister 2008, S. 1 ff.).

Erzählen als Fiktion

Die Vermittlung von Erfahrung, wie sie die Erzählung im Rahmen handwerklicher Traditionsbildung übte, bleibt jedoch lange Zeit das Muster, auf das die literarische Erzählkunst zurückgreift. Die Prosaliteratur der Neuzeit ahmt die bestimmenden Strukturen des vorliterarischen Erzählens nach. Im Unterschied zur erzählenden Wirklichkeitsaussage (**faktuales Erzählen**) ist literarisches Erzählen immer **fiktional**, literarisch erzählte Welt ist **fiktiv**, also grundsätzlich erfunden.

Fiktionales Erzählen fingiert allerdings die wesentlichen Strukturelemente des faktualen Erzählens:

- Die wichtigste Erfindung ist der **Erzähler**: Im literarischen Erzählen existiert (zumindest für lange Zeit) ein Erzähler, der über das zu Erzählende Bescheid weiß und Erfahrung zu vermitteln vorgibt, und dieser Erzähler ist immer eine Fiktion.
- Ebenso fingiert ist der **Erzählgegenstand**, die erzählte Welt, die Orte, Figuren, Handlungszusammenhänge. Wie aber über diese Welt gesprochen wird, beschreibt die Erzählanalyse unter dem Begriff der Redeformen in der Erzählung.
- Literarisches Erzählen bezieht sich grundsätzlich auf etwas angeblich Vergangenes, es täuscht vor, dass Erfahrung noch unverbrüchlich weiterzugeben oder ein Rat noch zu erteilen wäre. Die Tatsache, dass die literarische Erzählung sich aber auf etwas angeblich Vergangenes bezieht, bestimmt die **Zeitstruktur** des erzählenden Textes.

Strukturelemente
funktionalen
Erzählerns

3.4.2 | Strukturelemente des Erzählens

Erzählerfiktionen – Erzählsituationen

Nicht nur das, was im Prosatext erzählt wird, ist Fiktion, auch das Erzählen selbst muss erfunden werden. Wie das Erzählte bloß ›fingierte‹, erfundene ›Erfahrung‹ ist, so ist auch derjenige, der vorgibt, diese Erfahrung gemacht zu haben, eine Fiktion: der Erzähler. Und schon der ist umstritten: Während die Erzählforscherin Käte Hamburger den un-persönlichen Begriff der Erzählfunktion vorzieht (außer evtl. beim Ich-Erzählen) (vgl. Hamburger 1957/1987, S. 126), geht Franz K. Stanzel in seinen ›Klassikern‹ der Erzähltheorie *Die typischen Erzählsituationen im Roman* (1955) und *Typische Formen des Romans* (1964) eher von Erzählern im Sinne erschaffener Figuren aus – wenngleich seine Kategorie des personalen bzw. neutralen Erzählens dann wiederum ohne eine Erzählerfigur auskommen muss.

Grundsätzlich erzählt niemals der Autor eines erzählenden Textes – vielmehr erfindet er eine Figur bzw. Funktion, die sich zwischen ihn und den Erzählgegenstand schiebt – und damit auch zwischen den Leser und das Gelesene. Die erzählende Prosa benötigt traditionell die Vermittlung der Erzählerfunktion.

Stanzels Typologie
des Erzählens

- **Person:** Leben Erzähler und erzählte Figuren in einer gemeinsamen Welt oder aber in gänzlich voneinander zu unterscheidenden Seinsbereichen?
- **Perspektive:** Blickt der Erzähler von außer- oder oberhalb des Geschehens gottartig auf dieses Geschehen oder ist sein Blick, da er am Geschehen beteiligt ist, auf seine (Innen-)Perspektive beschränkt?
- **Modus:** Ist die Erzählerrolle vermittelnd oder reflektierend, d. h. bleibt der Erzähler neutral, ein Reflektor eines Geschehens, oder vermittelt er dieses mitsamt seiner subjektiven Sicht darauf?

Diese drei binär besetzten Kategorien trägt Stanzel in einen Typenkreis ein, aus dem sich **drei Idealtypen der Erzählsituation** ergeben. Im Unterschied zu einer bloßen Tabelle sollen dabei die Übergangs- und Mischtypen zumindest denkbar bleiben.

Diese drei Typen werden nach Stanzel folgendermaßen beschrieben:

1. Die auktoriale Erzählsituation gilt als die wohl bestimmende Ausprägung des fiktiven Erzählers in der bürgerlichen Erzählliteratur bis zur Moderne hin. Der auktoriale Erzähler zeichnet sich zuallererst dadurch aus, dass er »eine eigenständige Gestalt [ist], die ebenso vom Autor geschaffen worden

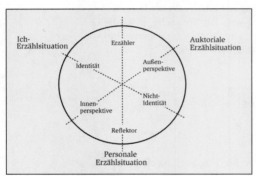

Stanzels
Typenkreis

ist, wie die Charaktere des Romans« (Stanzel 1993, S. 16). Diese fiktive Erzählerfigur hat ein übergeordnetes Verhältnis zu der Geschichte, die sie erzählen soll: Der Erzähler weiß über die Geschichte bis zu ihrem Ausgang Bescheid, er kann Späteres vorwegnehmen, andeuten, kann rückblickend die Vorgeschichte referieren. Die Kenntnis des auktorialen Erzählers erstreckt sich aber nicht nur auf die äußeren Fakten der Geschichte, vielmehr ist er befähigt, ins Innere seiner Figuren zu sehen, er erzählt ihre Gedanken, Träume, Ängste, ihr Wahrnehmen, Denken, Empfinden. Diese Fähigkeit zur Innenweltdarstellung hat ausschließlich der fiktionale Text: Nur die literarische Erzählung darf sich anmaßen, innere Vorgänge Dritter, von denen niemand wissen kann, zu berichten (zum auktorialen Erzähler insgesamt vgl. Vogt 1998, S. 58 ff.).

Der auktoriale Erzähler verhält sich nicht neutral zum erzählten Geschehen, zu den Handlungen seiner Figuren. Er mischt sich immer wieder kommentierend und bewertend in die Geschichte ein; »in diesen Einschaltungen zeichnet sich [...] die geistige Physiognomie des auktorialen Erzählers ab, seine Interessen, seine Weltkenntnis, seine Einstellung zu politischen, sozialen und moralischen Fragen, seine Voreingenommenheit gegenüber bestimmten Personen oder Dingen« (Stanzel 1993, S. 18 f.). Der auktoriale Erzähler erscheint häufig – insofern ist die von Stanzel gewählte Bezeichnung genau – als viel mehr als der bloße Erzähler eines ihm äußeren Geschehens. Er ist der Urheber der Geschichte (lat. *auctor*: Urheber), er erzeugt das Erzählte durch das Erzählen, im Medium der Sprache.

2. Die Ich-Erzählsituation präsentiert Stanzel als Gegenstück zum auktorialen Erzählen. Der Autor erfindet hier nicht einen Erzähler, der außerhalb eines zeitlich und räumlich von ihm getrennten Erzählgegenstandes steht, sondern vielmehr eine Figur, die einerseits im Handlungskontext des zu Erzählenden steht, andererseits in der Ich-Form die Geschichte als eine selbst erlebte erzählt. Vom auktorial-allwissenden Erzähler unterscheiden den Ich-Erzähler einige wichtige Merkmale. Er steht nicht in sicherer und ironischer Distanz zum erzählten Geschehen, vielmehr ist er Betroffener und berichtet vorgeblich Selbsterlebtes. Durch die Ich-Perspektive ist der Text auf die Sicht dieser einen erzählenden Figur angewiesen; nichts kann erzählt werden, was nicht der Ich-Erzähler erlebt, gesehen und gehört hat. Der Blick in das Innere anderer Figuren ist ausgeschlossen, nur Empfindungen, Wahrnehmungen, Gedanken des Ich können erzählt werden. Die Ich-Form erweckt allerdings einen weit höheren Anschein von Authentizität, von ›Echtheit‹ des Erzählten und erzielt so für die Leser/innen den Eindruck größerer Unmittelbarkeit.

3. Die personale Erzählsituation, die vor allem für die Prosaliteratur des 20. Jahrhunderts wesentlich wurde, zeichnet sich durch scheinbare Abwesenheit des Erzählers aus (nicht Vermittler, sondern Reflektor). Natürlich ist da noch der reale Autor, der schreibt; er erfindet jedoch nicht mehr einen Vermittler zwischen sich und dem Erzählgegenstand, vielmehr scheinen die erzählten Dinge selbst zu sprechen.

Die Bezeichnung des personalen Erzählens resultiert aus der vorrangigen Darstellung jeweils aus der personalen Perspektive einer der handelnden Figuren als »Er-« oder »Sie«-Erzählung. Die Innensicht dieser Figur ist sozusagen vollständig: Nicht nur wird erzählt, *was* diese sieht, auch, *wie* sie es sieht, was sie sich denkt. Die personale Erzählsituation ermöglicht, wie die auktoriale, die inneren Vorgänge einer Figur zu schildern. Der personal erzählte Text muss sich allerdings nicht auf die Perspektive einer Figur beschränken. Die personalen Perspektiven können häufig wechseln, d. h. einmal steht die eine, dann die andere Figur sozusagen in der Zentralperspektive auf das erzählte Geschehen. ›Personale Erzählsituation‹ ist eher eine Kategorie, die zur analytischen Beschreibung jeweils kleinerer Erzähleinheiten im größeren Text dienlich ist, die immer wieder durch neutrales Erzählen oder gar durch auktoriale Einmischungen voneinander getrennt werden. Die Extremform personalen Erzählens verzichtet sogar auf die Figurenperspektive: Situationen werden oft so geschildert wie vom Blickpunkt eines unsichtbar bleibenden Beobachters, wie durch eine Kamera. Dieses Erzählen heißt deshalb auch **neutrales Erzählen**.

Der Begriff der Erzählsituation ist als analytische Kategorie auch zur Erfassung der **Perspektivität des Erzählten** geeignet. Auktoriales und Ich-

Erzählen können als monoperspektivisches Erzählen aufgefasst werden. Personales Erzählen stellt meist genau den gegenteiligen Typus, das multiperspektivische Erzählen, dar: Der Erzählgegenstand wird aus der Sicht verschiedener Figuren berichtet, ohne dass zwischen den unterschiedlichen Ansichten auktorial vermittelt würde (zu den Erzählsituationen insgesamt vgl. Vogt 1998, S. 41–80; einen Überblick über die Diskussion zur Erzählperspektivik liefert Bauer 2001, S. 71 ff.).

Kritik an Stanzel: Genette, Petersen

Neben einer schon unmittelbar nach der Erstveröffentlichung von Stanzels Standardwerken einsetzenden Diskussion über die Angemessenheit seiner als zentral angesetzten bipolaren Kategorien, über die Problematik der Veranschaulichung auf einem Typen›kreis‹ und die grundsätzliche abstrakte Logik seines Systems lassen sich in der Erzählforschung mehrere Ansätze beobachten, Stanzel einerseits zu modifizieren, gleichsam aus- oder umzubauen, andererseits aber den Ansatz durch einen neueren, differenzierteren zu ersetzen (zur Kritik an Stanzel s. insbes. Vogt 1998, S. 81 ff., Petersen 1993, S. 155 ff.; Bauer 1997, S. 90 ff. und Martinez/Scheffel 2009, v. a. S. 89 ff.).

Gérard Genette unternimmt ebenfalls einen systematischen Versuch zur Beschreibung unterschiedlicher Erzählweisen (*Discours du récit*, 1972, *Nouveau discours du récit*, 1983; dt. 1994), indem er anstelle von Stanzels Grundkategorien andere Schwerpunkte setzt.

Genettes Ausgangsfragen

- **Fokalisierung:** Aus welchem Blickwinkel wird erzählt? Genette trennt hier Stanzels Kategorie der Person in Perspektive und Stimme, trennt also systematisch zwischen den Fragen »Wer nimmt wahr?« und »Wer spricht?« Je umfänglicher der Wissenshorizont des Erzählers ist, desto breiter ist sein Fokus: Genette unterscheidet die ›Null-Fokalisierung‹ – der Erzähler weiß und sagt mehr, als alle seine Figuren wissen können – von der ›internen Fokalisierung‹: Der Erzähler weiß so viel wie seine Figur; bei der ›externen Fokalisierung‹ sagt der Erzähler weniger, als die Figur weiß; er kann sie nur von außen beobachten (vgl. Martinez/Scheffel 2009, v. a. S. 63 ff.).
- **Narrative Ebene:** Wer erzählt auf welcher Ebene der Erzählung? Genette unterscheidet sehr genau zwischen unterschiedlichen Erzählprozessen innerhalb einer Erzählung, vor allem, wenn eine Verschachtelung mehrerer Erzählungen ineinander vorliegt. Er bezeichnet das primäre räumlich-zeitliche Universum, das eine Erzählung erschafft, als **Diegese;** wenn innerhalb einer (Rahmen-)Erzählung eine Figur eine zweite Erzählung liefert, liegt eine zweite Diegese vor, deren Erzähler Genette als intradiegetischen Erzähler auffasst.
- **Handlungsbeteiligung des Erzählers:** Ist der Erzähler in der erzählten Geschichte als Figur handlungsbeteiligt oder nicht? Unabhängig davon, ob er »ich« sagt, unterscheidet die Handlungsbeteiligung des Erzählers zwischen ›homodiegetischem‹ und ›heterodiegetischem‹ Erzähler. Die

Frage nach der Perspektive (Fokus) ist also grundsätzlich zu unterscheiden von der Frage danach, ob sich ein Erzähler in der 1. oder der 3. Person zu Wort meldet (vgl. Martinez/Scheffel 2009, v. a. S. 80 ff.).

Aufgrund der dreifachen Unterscheidung auf der Ebene der Fokalisierung und der doppelten auf den beiden anderen Ebenen ermöglicht Genettes Entwurf einerseits ein differenzierteres Abbilden tatsächlicher erzählerischer Realität, die Komplexität des Schemas und der Terminologie allerdings machen die Anwendung in der Erzählanalyse immer auch schwierig.

Jürgen H. Petersen liefert in seinem Band *Erzählsysteme. Eine Poetik epischer Texte* (1993) ein (aus scharfer Stanzel-Kritik schöpfendes) weitaus offeneres, programmatisch dynamischeres und der erzählerischen Praxis in der Tat angemesseneres erscheinendes Instrumentarium. Er differenziert nach

- ›Erzählform‹ (Ich- oder Er-Form),
- Außen- oder Innensicht auf die Figuren,
- Erzählverhalten: auktoriales, personales und neutrales Verhalten zum Erzählten,
- Erzählhaltung: »affirmativ oder ablehnend, kritisch, skeptisch, schwankend [...] plakativ oder differenziert, eindeutig oder modifiziert«, ironisch oder begeistert u. v. a. m. (Petersen 1993, S. 80),
- Arten der Darbietung, also Redeformen des Erzählens (s.u.),
- den Sprachstilen,
- Reliefbildung, worunter Petersen »die vom jeweiligen Text ausgelöste höchst unterschiedliche Aufnahme der Erzählung durch den Leser« versteht (ebd. S. 86).

Diese Ebenen oder Elemente des Erzählsystems sieht er auf unterschiedliche, aber notwendige Weise funktional miteinander verbunden und entwickelt daraus ebenfalls eine Typologie unterschiedlicher Erzähltexte (stabile vs. variable Systeme), die aber mindestens als Alternative zur traditionellen Typologie Stanzels Geltung beanspruchen darf.

Redeformen in der Erzählung

Es ist niemals der Autor selbst, sondern der von ihm erfundene Erzähler, der im Text spricht. Aber auch dieser Erzähler – gleichgültig, um welche spezifische Erscheinungsform des Erzählens es sich handelt – spricht nicht immer selbst. In fast allen Erzähltexten wechselt die Erzählerrede ab mit der Rede der Figuren, mit Monologen, Dialogen oder ganzen Gesprächsrunden, wie z. B. in den großen Konversationsromanen Fontanes. Der Erzähler gibt mündliche oder auch nur gedankliche Äußerungen seiner Figuren auf ganz unterschiedliche Weise wieder, und oft so, dass es schwierig ist, zwischen **Erzählerbericht** und **Figurenrede** zu unterscheiden. Wer also spricht im erzählenden literarischen Text? (vgl. Lahn/Meister 2009, S. 116 ff.).

Erzählende Prosa

1. Erzählerbericht: Zunächst ist es tatsächlich der Erzähler, der spricht. Seine Rede-Beiträge werden mit einem etwas ungenauen Begriff bezeichnet, dem Erzählerbericht. Dies ist der unpräzise Hilfsbegriff der Literaturwissenschaft für alle Elemente der Erzählung, die nicht als Äußerung einer fiktiven Figur, sondern als unverstellte Verlautbarung der Erzählfunktion dargeboten werden: Bericht, Beschreibung, szenische Darstellung, Erörterung, raffende und zusammenfassende Skizzierung größerer Geschehenszusammenhänge oder Ereignisabläufe o. Ä. Dem Erzählerbericht stehen alle Äußerungsformen der Figurenrede gegenüber: direkte und indirekte Rede, erlebte Rede, innerer Monolog und Bewusstseinsstrom.

2. Die Figurenrede kann in Form von direkter und indirekter Rede in Erscheinung treten:

Direkte Rede: Hier geht der Erzählerbericht, abgetrennt durch Anführungszeichen, zum Redebeitrag einer Figur über:

Goethe: *Wahlverwandtschaften,* HA 6, S. 242

[...] er legte die Gerätschaften in das Futteral zusammen und betrachtete seine Arbeit mit Vergnügen, als der Gärtner hinzutrat und sich an dem teilnehmenden Fleiße des Herrn ergetzte. ›Hast du meine Frau nicht gesehen?‹ fragte Eduard, in dem er sich weiterzugehen anschickte.

Der Erzähler kann die direkte Rede mit einem *verbum dicendi*, einem Verb mündlicher Äußerungsform an- oder, wie in diesem Fall, abmoderieren; er kann allerdings auch, meist mit dem Effekt einer unmittelbarer erscheinenden Gesprächswiedergabe (der Erzähler zieht sich sozusagen zeitweise zurück), auf diese sogenannten *inquit*-Formeln verzichten.

Indirekte Rede: Im Gegensatz zur unveränderten Wiedergabe der Figurenrede baut der Erzähler in der indirekten Rede die Aussage der Figur in seinen Erzählerbericht ein. Die oben zitierte Roman-Passage könnte auch folgendermaßen lauten:

Als Eduard die Gerätschaften in das Futteral zusammengelegt hatte [...], fragte er den Gärtner, ob er seine Frau gesehen habe.

Der Erzähler muss die Figurenrede verändern, zumindest grammatisch umformen, um sie in den Erzählerbericht einbauen zu können. Direkte und indirekte Rede sind Formen mündlicher, expliziter Figurenrede: Die Figuren der Erzählung sagen wirklich etwas, sprechen es laut aus und der Erzähler gibt es wieder (ausführlich zu Erzähler- und Figurenrede vgl. Lämmert 1968, S. 195–242; Vogt 1998, S. 143 ff.; ungleich komplizierter Genette 1994, S. 151–188; sehr hilfreich bei Martinez/Scheffel 2009, v. a. S. 51 ff.).

Erzählerbericht und auch direkte und indirekte Figurenrede werden als erzählerische **Außenweltdarstellung** bezeichnet; dieser stehen die verschiedenen **Formen der erzählerischen Innenweltdarstellung** gegenüber.

Erlebte Rede: Vor allem auktoriales und personales Erzählen haben die Möglichkeit, in die Figuren hineinzuschauen, und so sind Techniken erforderlich, deren Innenwelt darzustellen. Die erste dieser Techniken heißt erlebte Rede: Die Gedanken oder Bewusstseinsinhalte, Reflexionen, unausgesprochene Fragen und Empfindungen einer Figur werden statt in direkter oder indirekter Rede im Indikativ der dritten Person und im epischen Präteritum ausgedrückt, sie steht also zwischen direkt und indirekt wiedergegebener Figurenrede und Erzählerbericht. Die erlebte Rede ist vor allem in der neueren europäischen Literatur ausgeprägt worden. Als Beispiel mag ein ›Selbstgespräch‹ des Konsuls Thomas Buddenbrook gelten:

> **Und siehe da: plötzlich war es, als wenn die Finsternis vor seinen Augen zerrisse, wie wenn die samtne Wand der Nacht sich klaffend teilte und eine unermeßlich tiefe, eine ewige Fernsicht von Licht enthüllte […] Und er lag stille und wartete inbrünstig, fühlte sich versucht, zu beten, daß es noch einmal kommen und ihn erhellen möge. Und es kam. Mit gefalteten Händen, ohne eine Regung zu wagen, lag er und durfte schauen.**

Thomas Mann:
Die Buddenbrooks

Innerer Monolog: Mit der erlebten Rede verwandt, aber doch grundsätzlich unterschieden von ihr ist die Wiedergabe von Gedanken oder Bewusstseinsinhalten, Reflexionen, unausgesprochenen Fragen und Empfindungen einer Figur im inneren Monolog. Im Unterschied zur grammatischen Form der erlebten Rede (3. Person, episches Präteritum) verwendet der innere Monolog, als stummes Selbstgespräch, die Ich-Form und das Präsens. Die oben zitierte Passage aus den *Buddenbrooks* geht aus der erlebten Rede über in einen inneren Monolog:

> **In meinem Sohne habe ich fortzuleben gehofft? In einer noch ängstlicheren, schwächeren, schwankenderen Persönlichkeit? Kindische, irregeführte Torheit! Was soll mir ein Sohn? Ich brauche keinen Sohn.**

Thomas Mann:
Die Buddenbrooks

Bewusstseinsstrom: Die Extremform des inneren Monologs ist schließlich der Bewusstseinsstrom (*stream of consciousness*; zu allen drei Formen der Innenweltdarstellung vgl. Vogt 1998, S. 157–192). Er stellt eine komplexe, oft amorphe Folge von assoziativen Bewusstseinsinhalten einer Figur dar, in denen Empfindungen, Ressentiments, Erinnerungen, sich überlagernde Reflexionen, Wahrnehmungen und subjektive Reaktionen auf Umwelteindrücke vor ihrer gedanklichen Ordnung durcheinander gleiten. Als Beispiel folgende Passage aus Döblins *Berlin Alexanderplatz*: Franz Biberkopf besucht – erfolglos – eine Frau, dann heißt es:

> **Krach. Die Türe zu, zugeschlagen. Rrrrrr, der Riegel wird vorgeschoben. Donnerwetter. Die Tür ist zu. Son Biest. Da stehst du. Die ist wohl verrückt. Ob die mich erkannt hat …**

Alfred Döblin:
*Berlin Alexander-
platz*

Zeitbezug I: Episches und historisches Präteritum

Der Erzählvorgang mitsamt dem Erzähler erscheint in der literarischen Erzählkunst also als Fiktion. Ebenso aber ist auch das Erzählte, der Gegenstand, erfunden. Geht das ursprüngliche Erzählen zurück auf tatsächliche Erfahrung, auf Erlebtes, gibt hingegen die Erzählliteratur das Erzählte bloß als solches aus. Gegenstand ist nicht mehr, was geschehen ist, sondern was geschehen sein könnte, was möglich wäre. Natürlich verweben sich in die dichterische Erfindung unzählige Versatzstücke der ›tatsächlichen‹, historischen Wirklichkeit – allein schon, um ihr einen möglichst großen Wirklichkeitscharakter bzw. Authentizität zu verleihen. Diese historischen Anteile der erzählten Geschichte sind alles andere als belanglos für das Verständnis des Erzählten: Erzählt wird ein mögliches Geschehen um möglicherweise vollständig erfundene Figuren unter ganz bestimmten, historisch überprüfbaren Bedingungen. Erzählliteratur muss also auch historisch gelesen werden, ihr Gegenstand ist meist ein **mögliches Geschehen im Kontext realer Geschichte** – und in dem Spannungsfeld zwischen Fiktivem und geschichtlichen Bedingungen ist historische Erfahrung verborgen. Auf komplexere Weise fungiert künstlerisches Erzählen demnach immer noch wie das vorliterarische: als Überlieferung von Erfahrung.

Erzähltempus: Wie der historische Bericht oder die biographisch-authentische Schilderung erzählt auch der literarische Text in einer bestimmten grammatischen Zeitform: dem Präteritum. Hierbei zeigt sich aber der entscheidende Unterschied zwischen historischem Tatsachenbericht und literarischer Erzählung: Der Geschichtsschreiber berichtet etwas, was tatsächlich in der Vergangenheit stattgefunden hat – jede Leserin, jeder Leser weiß beim Lesen: Das Berichtete ist vergangen. Im Gegensatz dazu tut die literarische Erzählung nur so, als ob sie etwas Vergangenes erzählt und **schafft mit dem Erzählen die Illusion**, uns als Lesern sei das Erzählte gegenwärtig. Wenn wir einen Roman lesen, scheint es uns, als ob das Erzählte gerade in diesem Augenblick passiere, wir sind von dieser **Gegenwärtigkeitsillusion** gefangen genommen und sind sogar gespannt auf die ›Zukunft‹ im Roman, die sich auf den nächsten Seiten, in den nächsten Kapiteln entfaltet. Und diese Empfindung der Gegenwärtigkeit des Erzählten wie die Spannung auf dessen Zukunft stellt sich ein, obwohl die Erzählung praktisch immer im Präteritum steht.

Die Germanistin und Erzählforscherin Käte Hamburger hat in ihrem Werk *Die Logik der Dichtung* (1957) diese Vergegenwärtigungsfunktion des Erzählens mit einer fundamentalen begrifflichen Unterscheidung beschrieben: die **Differenz zwischen historischem und epischem Präteritum**. Das epische Präteritum ist, wie eben erläutert, die vorherrschende Tempusform der erzählenden Gattungen. Das epische Präteritum gibt keine Wirklichkeitsaussage, sondern eine fiktionale; daher hat es nicht die Funktion der Vergangenheitsbeziehung (die würde durch das – grammatisch identische – historische Präteritum ausgedrückt). Vielmehr drückt das epische Präteritum die fiktive Gegenwartssituation der Romanfigur aus, von der es berichtet. Seine Funktion ist die suggestive Illusion der Gegenwärtigkeit des erzählten Geschehens, die sich beim Lesen fiktionaler Erzähltexte aufdrängt. Bezeichnend dafür ist die Möglichkeit, das epische Präteritum (auf eigentlich ungrammatische Weise) mit einem Zukunftsadverb zu verbinden: »Morgen war Weihnachten« (dazu ausführlicher Vogt 1998, S. 29 ff.; Petersen 1993, S. 21 ff.).

Zeitbezug II: Erzählte Zeit und Erzählzeit

Das Erzählte aber ist grundsätzlich, ganz gleich ob Fiktion oder Tatsachenbericht, in der Vergangenheit angesiedelt. Diese schlichte Tatsache, die zu bemerken überflüssig scheint, betrifft jedoch eine wesentliche strukturelle Bestimmtheit erzählerischer Texte: Sie gestalten immer Zeit, erzählen Vorgänge als vergangene in einer gewissen Folge und in einem gewissen Tempo. Erzählende Texte sind selber Zeit, indem sie Beginn und Ende haben, sich über Minuten oder Stunden erstrecken.

- **Erzählte Zeit** heißt der imaginäre Zeitraum, den die Erzählung als Vergangenheit fingiert, etwa die anderthalb Jahre zwischen dem 4. Mai 1771 und dem 23. Dezember 1772 im Leben eines jungen Mannes namens Werther.

- **Erzählzeit** ist jedoch die Zeit, die der *Werther* braucht, um erzählt oder gelesen zu werden, also nur etwa vier Stunden, oder, anders ausgedrückt, 118 Textseiten. Die Erzählzeit ist also, wie fast immer in erzählender Prosa, sehr viel kürzer als die erzählte Zeit – notwendigerweise, um längerwierige Vorgänge aus der imaginären Vergangenheit überhaupt erzählbar zu machen.

Zeitebenen
des erzählenden
Textes

Das Erzähltempo eines Textes resultiert daraus, dass Erzählzeit und erzählte Zeit immer aufeinander bezogen sind. Dies kann im Einzelnen sehr unterschiedlich sein und innerhalb eines Textes wechseln.

- **Zeitdeckendes Erzählen** liegt vor, wenn Erzählzeit und erzählte Zeit gleich lang sind; es findet sich vor allem bei der wörtlichen Wiedergabe von Dialogen, von Figurenrede.

- **Zeitdehnendes Erzählen** liegt dann vor, wenn die Erzählzeit länger ist als die erzählte, so z. B. bei der Wiedergabe von Gedanken oder schnell ablaufenden Bewusstseinsprozessen.

- **Zeitraffung** – die erzählte Zeit ist länger als die Erzählzeit – lässt zahlreiche Variationen zu. Wenn ein Text etwa zwischen breiter erzählten Begebenheiten ereignis- oder belanglose Zeiträume auslässt, dann macht er einen **Zeitsprung**, eine **Aussparung**. Henry Fielding, einer der bedeutendsten englischen Erzähler der ersten Hälfte des 18. Jahrhunderts, erklärt etwa seinen Lesern:

Erscheinungsformen
des Erzähltempos

> Wenn sich uns eine außergewöhnliche Szene bietet, werden wir es nicht an Mühe und Papier fehlen lassen, sie unsern Lesern lang und breit zu eröffnen; doch wenn ganze Jahre vergehn, ohne daß sich etwas Erwähnenswertes tut, werden wir eine Lücke in unserer Geschichte nicht scheuen.

Henry Fielding:
Tom Jones

Die stark raffende Reihung von Ereignissen heißt **sukzessive Raffung** (vgl. Lämmert 1955/1968, S. 83). Zeit wird gerafft durch die Reduzierung eines langen Zeitraums auf wenige wesentliche Begebenheiten. Ein längerer Zeitraum wird nicht ausgespart, sondern in hohem Erzähltempo als verstreichende Zeit erzählt. Berühmtestes Beispiel hierfür ist wohl die extrem raffende Darstellung von ungefähr fünfzig Jahren verstreichender Weltgeschichte in Johann Peter Hebels Kalendergeschichte *Unverhofftes Wiedersehen*:

J. P. Hebel:
Unverhofftes
Wiedersehen

Unterdessen wurde die Stadt Lissabon in Portugal durch ein Erdbeben zerstört, und der Siebenjährige Krieg ging vorüber, und Kaiser Franz der Erste starb, und [...] die Engländer bombardierten Kopenhagen [...]

Werden allerdings in einem längeren Zeitraum andauernde oder sich immer wiederholende Vorgänge erzählt, spricht man von **iterativ-durativer Raffung** (vgl. ebd., S. 84). Hebels Erzählung geht unmittelbar nach der oben zitierten Passage so weiter:

J. P. Hebel:
Unverhofftes
Wiedersehen

[...] und die Ackerleute säeten und schnitten. Der Müller mahlte, und die Schmiede hämmerten, und die Bergleute gruben nach den Metalladern in ihrer unterirdischen Werkstatt.

Zeitbezug III: Rückwendung/Vorausdeutung und andere »Anachronien«

Zur Zeitgestaltung in der erzählenden Prosa gehören darüber hinaus auch Rückgriffe, Rückwendungen und Vorausdeutungen des Textes. Die Zeitstruktur des erzählenden Textes muss nicht einsinnig nach der Chronologie des Erzählten geordnet sein: Der Erzähler trägt manchmal Wissenswertes aus der Vorgeschichte des zu Erzählenden nach, deutet zuweilen noch Zukünftiges an. Ein solcher ›Verstoß‹ gegen die Ordnung des chronologischen Nacheinanders auf der Ebene der erzählten Welt heißt auch **Anachronie**, je nach der Richtung des Verstoßes unterscheidet man zwischen Rückwendung und Vorausdeutung.

Instrumentarium
zur Beschreibung
von Zeitstrukturen
nach Genette

- Unter **Rückwendung (Analepse)** versteht man die Unterbrechung der fiktiv-gegenwärtigen Handlungsfolge, um einen oder mehrere Einschübe zu Zeitspannen oder Ereignissen einzubauen, die von der fiktiven Gegenwart aus in einer Vergangenheit liegen – oftmals sogar jenseits der Haupthandlung der erzählten Zeit (›Vorzeithandlung‹). Wird in einer solchen Rückwendung die Vorzeithandlung zum besseren Verständnis der Gegenwarts-Handlung nachgetragen, spricht man von aufbauender Rückwendung; die oft rekonstruierende Wiederholung eines vergangenen Handlungsverlaufs heißt **auflösende Rückwendung** (etwa im Detektivroman). Der erzählerische Verweis auf ein einzelnes Faktum aus der Vorzeithandlung heißt **Rückgriff;** bezieht sich eine Figur reflexiv auf die eigene Vergangenheit, so heißt dies **Rückblick.**

- Unter der Vorausdeutung (Prolepse) versteht man den erzählerischen Verweis auf in der Erzählchronologie noch zukünftige Ereignisse. Auktorialer und Ich-Erzähler sind ja in der Lage, die Geschichte bis zu ihrem Ausgang zu überblicken, und können daher in oft spannungssteigernden **zukunftsgewissen Vorausdeutungen** die Aufmerksamkeit des Lesers auf ein noch eintreffendes Ereignis lenken. Das begrenzte Wissen der fiktiven Figuren erlaubt dies nicht: Die in Hoffnungen, Plänen, Wünschen und Befürchtungen vorweggenommenen (antizipierten) Ereignisse sind **zukunftsungewisse Vorausdeutungen** (zu den Anachronien insgesamt und zur Terminologie ganz ausführlich vgl. Lämmert 1968, S. 100–192; Genette 1994, S. 22–54; gut zusammengefasst bei Vogt 1998, S. 118–133).

3.4.3 | Gattungen erzählender Prosa

Kleinformen

Literarisches Erzählen bildete sehr schnell unterschiedliche Formen aus, von denen sich einige noch eng an Strukturen des vorliterarischen Erzählens anlehnten, andere jedoch relativ schnell eine eigene, eine ästhetische Logik ausprägten. Jede Beschreibung der Textsorten erzählender Prosa muss notwendigerweise typisierend reduzieren, die Vielfältigkeit des epischen Genres macht die Beschränkung auf einige wenige Untergattungen der Epik nötig.

Ein Teil der sogenannten Kleinformen der Prosaliteratur steht noch in engem Zusammenhang mit der Entstehung neuzeitlichen Erzählens aus der Vermittlung von Erfahrung, der mündlichen Traditionsbildung im städtischen Handwerk:

Der Schwank, der vor allem die Prosaliteratur des Spätmittelalters und der frühen Neuzeit ausmachte, steht auch sozialgeschichtlich ganz im Kontext der sich ausbildenden handwerklich-frühbürgerlichen Gesellschaft. Der Schwank ist grundsätzlich die derbere Darstellung einer ›komischen‹ Begebenheit, eines erheiternden Konflikts zwischen mehreren Ständen der sich auflösenden Feudalgesellschaft des ausgehenden Mittelalters. Die Konfrontation zwischen einem betrogenen gesellschaftlich Unterprivilegierten und dem Vertreter eines herrschenden Standes schlägt meist in einer überraschenden Pointe um in den Sieg des zunächst Unterlegenen (z. B. *Till Eulenspiegel*). In witziger Weise schlägt sich die Erfahrung der aufbrechenden Starrheit der Ständegesellschaft im Schwank nieder; er artikuliert damit beginnendes bürgerliches Selbstbewusstsein (zum Schwank vgl. Theiss 1985; Straßner 1978).

Die Fabel ist ein lehrhafter, sehr kurzer Erzähltext; sie ›weiß dem Hörer oder Leser stets einen Rat‹. Handelnde Figuren in der Fabel sind meist Tiere, auf die allerdings bestimmte menschliche Eigenschaften projiziert werden (etwa die Schläue auf den Fuchs), die damit in idealtypisch reiner

Form darstellbar sind. Die Tiererzählung führt beispielhaft gesellschaftliche Konflikte zwischen menschlichen Grundeigenschaften vor, zum Schluss wird eine Moral ausdrücklich formuliert: Die Fabel drängt als didaktischer Text auf Anwendung ihrer Moral im Lebens- und Erfahrungszusammenhang des Lesers. Die Fabel ist von der Antike bis zur Moderne literaturgeschichtlich präsent (Äsop, La Fontaine, Gellert, Lessing; zur Fabel vgl. Leibfried 1982; Hasubek 1982).

Die Kalendergeschichte ist eine kurze Erzählung über heitere oder merkwürdige Begebenheiten meist aus dem unmittelbaren Erfahrungszusammenhang des Volkes, die zunächst im Rahmen der Volkskalender des 18. und 19. Jahrhunderts publiziert wurde. Sie beabsichtigt zumeist Belehrung, Unterhaltung oder Besinnlichkeit, ihre Sprache lehnt sich stark an die mündliche Tradition an. Große Berühmtheit haben die *Kalendergeschichten* Johann Peter Hebels erreicht, an dessen Konzeption aus Lehrhaftigkeit und Unterhaltsamkeit Brecht mit seinen Kalendergeschichten anzuknüpfen sucht, natürlich mit einer neuen, eher antibürgerlichen ›Lehre‹.

Großformen

Blieben die bisher skizzierten Textsorten, die allesamt kürzere oder kürzeste Formen erzählender Prosa darstellen, eng dem traditionellen Erzählen verhaftet, sei es in ihrem Ratwissen, sei es in ihrer ›volkstümlichen‹ Sprache, sind die literarischen Großformen des Erzählens sehr viel stärker als künstlerische Texte strukturiert.

Die Novelle ist die traditionelle Ausprägung der kürzeren Großform literarischen Erzählens (ital. *novella*: Neuigkeit). Sie beinhaltet immer, nach Goethes ›klassischer‹ Definition, »eine sich ereignete unerhörte Begebenheit« (Gespr. m. Eckermann am 29.1.1827). Diese »Neuigkeit«, die bisher nicht bekannte Begebenheit, ist meist ein gesellschaftlicher Konflikt, der wie der Einbruch von etwas Schicksalhaftem zur Darstellung kommt. Die Erfahrung gesellschaftlicher Konfliktsituationen wird nicht auf der Grundlage ihrer realen sozialen Bedingungen verhandelt; vielmehr wird das Gesellschaftliche des Konfliktes innerhalb der Novelle oft verschwiegen, das Neue, Unerhörte wird scheinbar objektiv, neutral erzählt. Diese Neutralität wird strukturell gewährleistet durch die Rahmenkonstruktion, innerhalb derer die Novelle erzählt wird: Vor einem geselligen Publikum erzählt ein natürlich fiktiver Erzähler das ›Unerhörte‹. Der Erzählrahmen stellt damit die gesellschaftliche Dimension der Novelle dar.

Ein berühmter Novellenzyklus innerhalb einer Rahmenhandlung ist etwa Boccaccios *Decamerone* (1353); auch die Novellen, die in Goethes *Wanderjahre* (1829) integriert sind, werden innerhalb eines solchen Rahmens erzählt. Im Lauf des 19. Jahrhunderts aber trennte sich die Kunstform der Novelle von der Rahmenkonstruktion. Vor allem der deutsche bürgerliche Realismus machte die Novelle, nun als eigenständige Erzählung, zur bevorzugten Darstellungsform für die Konflikte zwischen dem bürgerlichen Individuum und der Gesellschaft (Storm, Meyer, Keller, Fontane; ausführlich zur Novelle vgl. Kunz 1973; Schlaffer 1993; Aust 1999).

Die Kurzgeschichte grenzt sich gegen die Abgeschlossenheit der erzählten Begebenheit in der Novelle durch ihre strukturelle Offenheit ab. Die Kurzgeschichte setzt sich in der deutschen Literatur vor allem nach 1945, unter dem Einfluss amerikanischer Vorbilder (vor allem Hemingways), als beliebteste Form kürzerer Erzählprosa durch. Die Kurzgeschichte erzählt eine einschneidende oder eine Umbruchsituation im Leben eines Individuums, setzt unvermittelt ein und endet ebenso offen, lässt die Auswirkungen des erzählten Geschehens auf das weitere Leben der Betroffenen nur erahnen (ausführlich zur Kurzgeschichte vgl. Marx 2005; Durzak 1994).

Der Roman

Die differenzierteste Formenvielfalt bildete die repräsentative Großform erzählender Prosa aus: der Roman. Er ist zugleich »die spezifische literarische Form des bürgerlichen Zeitalters« (Adorno 1981, S. 41). Schon am Beginn der Neuzeit wurde die alltägliche, im handwerklichen Erzählen praktizierte Weitergabe von Erfahrung immer problematischer: Die bürgerliche Gesellschaft entwickelte sich rasant zu einer großen Komplexität, so dass die Welt nicht mehr in ihrer Gesamtheit erfahrbar und damit als ungebrochener Sinnzusammenhang nicht mehr erzählbar war. In diesem Kontext wird der Roman – wichtigen Romantheoretikern zufolge (vgl. Lukács 1916/1981; Adorno 1981) – zu der literarischen Form, deren Ziel der in der Realität nicht mehr sichtbare Sinnzusammenhang von Geschichte, Gesellschaft und individueller Biographie ist. Der meist auktoriale Erzähler suggeriert, es gäbe noch die Möglichkeit, Welt sinn-voll zu erzählen; der Held des Romans wird auf einen Weg durch eine feindliche Welt geschickt, durch »versteinerte Verhältnisse« (Adorno 1981, S. 43), im besten Falle erreicht er, meist durch viele Kompromisse, eine Integration in die Gesellschaft (Goethe: *Wilhelm Meister*, 1795/96, 1827; Stifter: *Der Nachsommer*, 1857). Oft ist seine Suche nach Sinn vergeblich, die prosaische Realität entzieht ihm meist die Sinn-Illusion, desillusioniert ihn (Goethe: *Werther*, 1774; Keller: *Der grüne Heinrich*, 1854/55).

Frühneuzeitlicher Prosaroman: Mit der Entstehung der Kleinformen prosaischen Erzählens emanzipierte sich auch die Großform deutschsprachiger Prosa im 14. und 15. Jahrhundert langsam von der höfischen Versform des Epos und auch von lateinischer Gebrauchs-, Lehr- und Glaubensprosa: Prosa-Bearbeitungen großer mittelalterlicher Versepen machen den Anfang. Der Prosaroman der frühen Neuzeit entsteht im frühen 16. Jahrhundert aus Prosaübertragungen (Elisabeth von Nassau Saarbrücken (1390–1456): *Herpin*, *Huge Scheppel*) und aus Schwanksammlungen, die auf einen Helden zugeschnitten wurden: Der bekannteste Schwankroman ist wohl der *Dyl Ulenspiegel* (1515).

Daneben entstehen im 16. Jahrhundert echte Prosaromane: Der anonym erschienene Roman *Fortunatus* (1509) thematisiert Tugenden und Gefährdungen des neuen Kaufmannsstandes, die *Historia von D. Johann Fausten* (1587, ebenfalls anonym) bezieht am Beispiel des Antihelden Faust ganz unmittelbar Position in den Auseinandersetzungen des Reformationsjahrhunderts. Der wichtigste Romanautor des 16. Jahrhunderts ist Georg Wickram (ca. 1505–1555/60). Seine Romane, zwischen dem *Galmy* (1539) und dem *Goldtfaden* (1557), sind einerseits höfische Erzählungen – die zumindest inhaltlich die Tradition der spätmittelalterlichen Prosaübertragung von Versepen fortsetzen.

Andererseits schreibt er dezidiert **bürgerliche Romane**, die etwa Nachbarschaftskonflikte, soziale Tugenden, Erziehung, Freundschaft und Liebe zum Gegenstand haben. Für die Entstehung modernen Erzählens kann Wickrams Beitrag kaum überschätzt werden: Seine Texte weisen die wesentlichen Bestandteile literarischen Erzählens auf, die für die gesamte Neuzeit bestimmend blieben (Zeitgestaltung, Erzählerverhalten usf.). Johann Fischarts *Geschichtklitterung* (1575), eine Übersetzung und Bearbeitung von François Rabelais' *Gargantua und Pantagruel*, bildet den Höhepunkt der Prosaliteratur des Reformationszeitalters (zum Prosaroman insgesamt vgl. Müller 1985; zur erzählenden Literatur des 16. Jahrhunderts vgl. Rupprich 1972, S. 156–207).

Barockroman: Martin Opitz hatte 1624 mit seinem *Buch von der Deutschen Poeterey* die Abkehr von den Prosaformen und -stoffen des 16. Jahrhunderts eingeleitet; vorbildlich für den neuen Roman wird seine Übersetzung der 1621 in neulateinischer und 1623 französischer Sprache erschienenen *Argenis* John Barclays (1626). Damit beginnt die Geschichte des Barockromans, der insgesamt in drei große Untergruppen eingeteilt werden kann:

- **Der höfisch-historische Roman** ist grundsätzlich im adeligen Milieu angesiedelt, er handelt von oft verwirrenden Verwicklungen um königliche Liebespaare, von Abenteuern und Irrfahrten, Kriegszügen und Staatsgeschäften. Am Ende siegt immer die sittliche Weltordnung und die Liebenden werden zusammengeführt. Die Leserschaft dieser höchst umfangreichen Texte war die hoch gebildete Elite der Barockgesellschaft. Beispielhaft für das reichhaltige Genre seien nur zwei genannt: John Barclay: *Argenis* (nlat. 1621, frz. 1623, dt. 1626) und Philipp von Zesen: *Die adriatische Rosemund* (1645).
- **Schäferromane** unterlegten dem »herrschenden Bereich des Hofes und des Rittertums [...] durch die Schäferszenen [...] eine idyllische Folie« (Meid 1974, S. 72). Sie lagen in Deutschland allerdings nur in Übersetzungen vor, z. B. Montemayors *Diana* oder Sidneys *Arcadia* (1590). Opitz' Verserzählung *Schäfferey von der Nimfen Hercynie* (1630) stellt eine »episch-lyrische Sonderform« des Schäferromans dar (Singer 1966, S. 15), der insgesamt für die deutsche Barockliteratur nur geringere Bedeutung hatte.
- Im **Schelmen- oder Picaroroman** ist Gegenstand und Ich-Erzähler ein zumeist aus der gesellschaftlichen Unterschicht stammender Held,

eine »Mischung aus Vagabund, Diener und Spitzbube« (Salinas 1969, S. 206). Konstitutiv für das Genre ist die gesellschaftliche Mobilität des Helden: Er kommt mit Vertretern verschiedenster Stände, mit allen möglichen Situationen frühneuzeitlicher Arbeitswelt und gesellschaftlichen Alltags in Berührung. So präsentiert der Schelmenroman das gesamte Spektrum der gesellschaftlichen Möglichkeiten seiner Zeit in episodischer Reihung. Der deutsche Schelmenroman des 17. Jahrhunderts greift auf eine ältere spanische Tradition zurück: den 1554 in Spanien erschienenen *Lazarillo de Tormes*, 1617 erstmals übersetzt, sowie Cervantes' *Don Quijote* (1605/15; dt. 1648). Mateo Alemáns *Guzmán de Alfarache* (1599/1605) wurde unter dem Titel *Der Landstörtzer: Gusman von Alfarche oder Picaro genant* von Aegidius Albertinus bearbeitet und 1615 publiziert. In dieser Form übte der Text großen Einfluss auf die Entstehung von Grimmelshausens *Simplicissimus* aus (vgl. dazu Rötzer 1972, 128 ff.; zum Barockroman insgesamt vgl. Rötzer 1972; Meid 1974; Niefanger 2006, S. 185–230).

Abenteuerroman: Schelmenroman und auch höfisch-historischer Roman waren Ausgangspunkt für das, was etwas despektierlich im 18. Jahrhundert Abenteuerroman genannt wurde. Die spannend erzählten und oft haarsträubenden oder völlig unwahrscheinlichen Ereignisse lieferten allerdings der Abwertung der Romangattung in der Aufklärung wichtige Argumente. Christian Reuters *Schelmuffskys Warhafftige Curiöse und sehr gefährliche Reisebeschreibung zu Wasser und zu Lande* (1696) gehört ebenso dazu wie Johann Gottfried Schnabels *Wunderliche Fata einiger Seefahrer* [...], der unter dem Titel *Insel Felsenburg* berühmt wurde (1731–43), und Johann Carl Wezels *Belphegor* (1776). Eine Sondergattung des Abenteuerromans – die einerseits schon mit Grimmelshausens *Simplicissimus* begonnen hatte und andererseits für die Aufklärung wieder gut nutzbar wurde – war die Robinsonade: Daniel Defoes *Robinson Crusoe* (1719) lieferte das häufig kopierte Vorbild, bis hin zu J. H. Campes *Robinson der Jüngere* (1779) und J. C. Wezels pessimistischem Roman *Robinson Krusoe* (1779).

Aufklärungsroman: Idealtypisch für den Aufklärungsroman aber mag der Briefroman stehen, in dem Empfindsamkeit und Aufklärung zusammengeführt wurden. In den Romanen des Engländers Samuel Richardson (*Pamela*, 1741; *Clarissa*, 1748), in Christian Fürchtegott Gellerts *Schwedischer Gräfin von G**** (1747)/48), Jean-Jacques Rousseaus *Julie ou La Nouvelle Heloïse* (1761) und Sophie von La Roches *Geschichte des Fräuleins von Sternheim* (1771) wurde die leidenschaftliche Emotion immer durch den Brief gefiltert, Gegenstimmen relativierten die Urteile einzelner Figuren; die Gesamttendenz bestand insgesamt im Erreichen eines empfindsamen bürgerlichen Tugendideals. Goethes Briefroman *Die Leiden des jungen Werthers* (1774) lässt diese aufgeklärte Intention hinter sich: Nur einer spricht hier noch, der Briefroman tendiert zum monologischen Ausdruck

Goethe:
Die Leiden des jungen Werthers,
Titelblatt von 1774

eines leidenschaftlichen und leidenden Individuums. Mit dem *Werther* ist der Endpunkt des empfindsamen (Brief-)Romans erreicht (zu den verschiedenen Formen des Aufklärungsromans vgl. Alt 2007, S. 276–302; Kimpel 1967).

Bildungsroman: Romangeschichtlich ungeheure Wirkung hatte, zusammen mit Karl Philipp Moritz' *Anton Reiser* (1785–90), Goethes *Wilhelm Meisters Lehrjahre* (1796) als Muster des Entwicklungs- oder Bildungsromans. Hier wird biographisch erzählend der Bildungsgang eines Individuums innerhalb der bürgerlichen Gesellschaft dargestellt, bei Goethe in der Tendenz angelegt auf eine scheinbar glückhafte Integration. Leben wird hier zum sinnhaften Entwurf; der Entwicklungsroman kann oft zunächst sinnlos erscheinende Erlebnisse des Helden hin- oder umdeuten auf das Ziel gesellschaftlicher Integration. Gottfried Kellers *Grüner Heinrich* (1854) folgt diesem Vorbild, in Adalbert Stifters *Der Nachsommer* (1857) werden unter dem scheinbaren Glück erfolgreicher gesellschaftlicher Integration bereits die Strukturen von Gewalt sichtbar, die der Einzelne, unter dem Zwang kollektiver Imperative, sich zu ›seinem Glück‹ antun muss. Thomas Manns *Felix Krull* (1954) kann als später und ironisch die Form brechender Nachfolger des Bildungsromans gelten, ebenso wie Günter Grass' *Blechtrommel* (1959) (zum Bildungsroman vgl. Selbmann 1994).

Gesellschaftsroman: Im 19. Jahrhundert wird dem individualisierenden Bildungsroman schon mit Goethes *Wilhelm Meisters Wanderjahre* (1821/29) der Gesellschaftsroman entgegengestellt: Angeregt durch die historischen Romane Walter Scotts entwickelt sich dieses Genre programmatisch gegen die Dominanz der individualisierenden Bildungs- und Entwicklungserzählung (Karl Gutzkow, Gustav Freytag, Gottfried Keller). In den ›realistischen‹ Romanen Theodor Fontanes wird, weit über die individuellen Schicksale der Heldinnen und Helden hinaus, die psychosoziale Verfassung der preußisch-wilhelminischen Gesellschaft thematisiert (*Effi Briest*, 1895; *Der Stechlin*, 1898). Dass das auktorial-biographische Erzählen schließlich auch Mittel war zur Vortäuschung von Sinnhaftigkeit in einer sinnentleerten Welt, machte die traditionelle Romanform zunehmend problematisch. Schon bei Fontane erzählt eigentlich nicht mehr der Erzähler: Die erzählte Welt entsteht in den vielfältigen Perspektiven der Figuren, deren Monologe und Dialoge der Erzähler nur noch moderiert; bei Fontane darf man zu Recht vom Konversationsroman sprechen.

Roman der (klassischen) Moderne: Sozial-realistisches Erzählen dominiert die Gattungsentwicklung auch zu Beginn des 20. Jahrhunderts, etwa in Heinrich Manns kritisch-satirischen Romanen über das wilhelminische Kaiserreich (*Der Untertan*, 1914/1918). Die Anreicherung realistischer Darstellung durch (tiefen-)psychologische Momente und philosophische Reflexion kennzeichnet schon Thomas Manns ersten Roman, *Die Buddenbrooks* (1901). Realismus als Kennzeichen des Romans tritt aber in den ersten beiden Jahrzehnten des 20. Jahrhunderts zuneh-

Thomas Mann:
Die Buddenbrooks,
Umschlag

mend zurück zugunsten der Entwicklung und Nutzung neuer Darstellungsweisen (**Montage, innerer Monolog und Bewusstseinsstrom**) oder der Integration wissenschaftlicher Textsorten und Deutungsperspektiven (z. B. bei Robert Musil: *Der Mann ohne Eigenschaften*, 1930/33/43).

An diese erzähltechnischen Innovationen v. a. der Jahre vor 1933 schließen viele Romanciers der Nachkriegszeit an, beispielsweise Peter Weiss, Uwe Johnson, Wolfgang Koeppen und Peter Handke; gleichzeitig aber leben die traditionellen Erzählweisen – biographisches Erzählen, auktoriales Erzählen, die Präsentation einer narrativ geschlossenen Welt – in der Mehrheit der Romane der letzten fünf Jahrzehnte fort wie etwa bei Siegfried Lenz, Heinrich Böll, Martin Walser u. a. (zum Roman im 20. Jahrhundert insgesamt vgl. Schärf 2001).

Der Roman der Moderne schließlich zerschlägt tendenziell den kontinuierlichen Erzählvorgang, der sonst fingiert wurde. Nicht nur ist kontinuierliches Erzählen unmöglich geworden, vielmehr versagt sich der Roman der Moderne, die dargestellte Welt als sinnhafte zur Erscheinung kommen zu lassen. Er stellt den Versuch dar, das Disparate der hochindustriell-bürgerlichen Welt, ihre tiefen Risse und Widersprüche, eben nicht zu verschleiern durch den ästhetischen Schein der Sinnhaftigkeit, sondern gerade in einer fragmentarischen ästhetischen Struktur zum Ausdruck zu bringen.

Die **Montagetechnik** wurde in Verfahren der bildenden Kunst der 1920er Jahre entwickelt (John Heartfield), in der Literatur greift erstmals die dadaistische Lyrik auf das Verfahren zurück. Alfred Döblins Roman *Berlin Alexanderplatz* (1929) gilt, in der Tradition von John Dos Passos' *Manhattan Transfer* und James Joyce' *Ulysses*, als der erste deutsche Montageroman. Er springt ständig zwischen mehreren personalen Perspektiven, Zeit- und Handlungsebenen hin und her, streut montageartig Bruchstücke dritter Texte (Werbung, Radio, Zeitung u. a. m.) ein, wechselt oft und unvermittelt zwischen verschiedenen Texten heterogener Struktur und unterschiedlichster formaler Abkunft.

In der westdeutschen Nachkriegsliteratur knüpft etwa Wolfgang Koeppen an diese Verfahren an (*Tauben im Gras*, 1951; *Der Tod in Rom*, 1954); Uwe Johnsons vierbändige *Jahrestage. Aus dem Leben von Gesine Cresspahl* (1970–83) präsentieren eine aufwendige Montage aus personal erzählten Passagen, fingierten Tonbandaufzeichnungen, Zeitungsausschnitten (New York Times) u. v. m. Alexander Kluge (*Schlachtbeschreibung*, 1964) und Arno Schmidt greifen das Verfahren ebenso auf, Schmidt in radikalisierter Form: Sein *Kaff auch Mare Crisium* (1960) besteht nicht nur aus zwei durch den Druck voneinander unterschiedenen Handlungsebenen, einmontiert werden Bruchstücke fingierter Übersetzungen des *Nibelungenliedes* und von Herders Epos *Der Cid* ins Amerikanische bzw. Russische.

Während die Montage-Technik lediglich die Kontinuität des Erzählvorgangs aufbricht, stellt der in Frankreich in den 1950er Jahren entwickelte ***Nouveau roman*** einen vollständigen Bruch mit der traditionellen bürgerlichen Erzählweise dar (Alain Robbe-Grillet, Nathalie Sarraute u. a.).

Erzählende Prosa

Uwe Johnson:
*Mutmassungen
über Jakob*,
Umschlag

Erzählen verzichtet hier ganz auf zeitliche Linearität, die Kategorie des Helden rückt ganz in den Hintergrund – oder entfällt völlig, die Zusammenhänge zwischen Figuren und Welt werden zerschlagen, jede erzählerische Konstruktion von Sinn wird vermieden. Schon in den 1950er Jahren orientierten sich deutschsprachige Autoren am *Nouveau roman*: Heinrich Bölls *Billard um halbzehn* (1959) experimentiert mit der narrativen Präsentation disparaten Textmaterials, ebenso Uwe Johnsons *Mutmassungen über Jakob* (1959), in denen allerdings im Scherbenhaufen der zu erzählenden Geschichte gerade Figuren sichtbar werden, an denen Sinn sichtbar wird. Jürgen Beckers Trilogie *Felder* (1964), *Ränder* (1968) und *Umgebungen* (1974) umspielt in Erzählbruchstücken die Unerzählbarkeit der Welt, Peter Handkes *Hornissen* (1966) und *Die Angst des Tormanns beim Elfmeter* (1970) stehen ganz deutlich in der Tradition des ›neuen Romans‹.

Tendenzen des Gegenwartsromans sind schwer unter einen Begriff zu fassen. Der postmoderne Roman schließt einerseits durchaus an das Verfahren literarischer Montage an – allerdings ohne die Montage selbst offenzulegen. Gegen das modernistische Diktat zerschlagener Erzählzusammenhänge und gegen die Auflösung traditioneller Erzählstrukturen setzt der postmoderne Roman auktoriale Erzählmuster ebenso wie Techniken der literarischen Moderne; in diesem Gewand bietet er, in unendlicher Fülle von Zitaten, Anspielungen und intertextuellen Verweisungen, scheinbar eine geschlossene Welt, die sich allerdings, mit Blick auf ihren intertextuellen Ursprung, als Täuschung erweist. Kurz gesagt: Der postmoderne Roman spielt mit der genrespezifischen Attitüde des Sinnangebots im Bewusstsein dessen, dass Sinn immer nur konstruiert ist, intertextuell verfertigt.

Die Romane des italienischen Semiotikers und Romanciers Umberto Eco können als Muster des **postmodernen Romans** gelten, für die deutsche Literatur Patrick Süskinds *Das Parfum*. – Differenzierter lässt sich die jüngste Geschichte des deutschen Romans mit Blick auf vereinzelte, nicht grundsätzlich verallgemeinerbare Tendenzen oder Beschreibungskriterien darstellen. Christian Krachts Roman *Faserland* (1995) etwa greift Darstellungsmittel der amerikanischen **Pop-Literatur**, insbesondere von Bret Easton Ellis' *American Psycho* (1991) u. a., auf, indem Versatzstücke der allgegenwärtigen Populärkultur, Markennamen, In-Locations und Szene-Partys zur erzählten Welt gemacht werden (wie es 1998 auch Benjamin Stuckrad-Barres *Soloalbum* machte). In Krachts Roman *Ich werde hier sein im Sonnenschein und im Schatten* (2008) – der sich, wie auch *Faserland*, an das US-amerikanische Vorbild von Robert Harris (*Fatherland*, 1992) anlehnt – wird ein alternativer Verlauf der Geschichte des 20. Jahrhunderts präsentiert: Die Fortdauer der Nazi-Herrschaft in Europa. ›Alternate history‹, das romanhafte Gedankenexperiment einer Alternativgeschichte, entfaltet ebenfalls Christoph Ransmayrs *Morbus Kitahara* (1995): Der realisierte Morgenthau-Plan hat Nachkriegs-Deutschland und -Österreich auf ein (primitives) Agrarstaat-Niveau zurückgeworfen.

Neben popkulturellen Darstellungsmomenten und einem Pluralismus an alternativen Geschichtserzählungen können auch kulturelle Hybridisierungsphänomene (bei türkischstämmigen deutschsprachigen Autor/innen wie etwa Feridun Zaimoglu) oder interkulturelle oder postkoloniale Themen als Tendenzen des Gegenwartsromans ausgemacht werden – neben Romanen, die sich dem fiktionalisierten Weitertragen kultureller oder historischer Überlieferung verschrieben haben (z.B. W.G. Sebald: *Austerlitz*, 2001). – Wie sich der Roman, unter den Bedingungen veränderten Schreibens und Lesens im Web, als Gattung weiterentwickelt, kann nicht prognostiziert werden.

Bauer, Matthias: Romantheorie. Stuttgart/Weimar ²2005.

Brauneck, Manfred (Hg.): Der deutsche Roman im 20. Jahrhundert. Analysen und Materialien zur Theorie und Soziologie des Romans. Bamberg 1976.

–: (Hg.): Der deutsche Roman nach 1945. Bamberg 1993.

Cohn, Dorrit: Transparent Minds. Narrative Modes for Presenting Consciousness in Fiction. Princeton 1978.

Durzak, Manfred: Der deutsche Roman der Gegenwart. Entwicklungsvoraussetzungen und Tendenzen. Stuttgart ³1979.

– : Die Kunst der Kurzgeschichte. Zur Theorie und Geschichte der deutschen Kurzgeschichte. München ²1994.

Hillebrand, Bruno: Theorie des Romans. Erzählstrategien der Neuzeit. Stuttgart/Weimar ³1993.

Koopmann, Helmut (Hg.): Handbuch des deutschen Romans. Düsseldorf 1983.

Lämmert, Eberhard: Bauformen des Erzählens [1955]. Stuttgart ³1968.

Lahn, Silke/Meister, Jan Christoph: Einführung in die Erzähltextanalyse. Stuttgart/Weimar 2008.

Martinez, Matias (Hg.): Handbuch Erzählliteratur. Theorie, Analyse, Geschichte. Stuttgart/Weimar 2011.

Martinez, Matias/Scheffel, Michael: Einführung in die Erzähltheorie. München ⁸2009.

Marx, Leonie: Die deutsche Kurzgeschichte. Stuttgart/Weimar ³2005.

Petersen, Jürgen H.: Erzählsysteme. Eine Poetik epischer Texte. Stuttgart/Weimar 1993.

Schärf, Christian: Der Roman im 20. Jahrhundert. Stuttgart/Weimar 2001.

Stanzel, Franz K.: Theorie des Erzählens [1979]. Göttingen ⁶1995.

Vogt, Jochen: Aspekte erzählender Prosa. Eine Einführung in Erzähltechnik und Romantheorie. Opladen ⁸1998; Nachdr. 2002.

Adorno, Theodor W.: »Der Standort des Erzählers im zeitgenössischen Roman«. In: Ders.: Noten zur Literatur. Frankfurt a. M. 1981, S. 41–48.

Alt, Peter-André: Aufklärung. Lehrbuch Germanistik. Stuttgart/Weimar ³2007.

Aust, Hugo: Novelle. Stuttgart/Weimar ³1999.

Bachtin, Michail: Formen der Zeit im Roman. Untersuchungen zur historischen Poetik. Frankfurt a. M. 1989.

Benjamin, Walter: »Der Erzähler. Betrachtungen zum Werk Nikolai Lesskows« [1937]. In: Ders.: Gesammelte Schriften. Hg. von Rolf Tiedemann und Hermann Schweppenhäuser, Bd. II, 2, Frankfurt a. M. 1980, S. 438–465.

Genette, Gérard: Die Erzählung. Aus d. Franz. von Andreas Knop. Mit einem Vorwort hg. von Jochen Vogt. München 1994.

Hamburger, Käte: Die Logik der Dichtung [1957]. Stuttgart ³1987.

Hasubek, Peter: Die Fabel. Theorie, Geschichte und Rezeption einer Gattung. Berlin 1982.

Kimpel, Dieter: Der Roman der Aufklärung. Stuttgart 1967.

Grundlegende Literatur

Weitere zitierte Literatur

Kunz, Josef (Hg.): Novelle. Darmstadt ²1973.

Leibfried, Erwin: Fabel. Stuttgart ⁴1982.

Lukács, Georg: Die Theorie des Romans. Ein geschichtsphilosophischer Versuch über die Formen der großen Epik [1916]. Darmstadt/Neuwied ⁷1981.

Meid, Volker: Der deutsche Barockroman. Stuttgart 1974.

Müller, Günther: Morphologische Poetik. Gesammelte Aufsätze. Darmstadt 1968.

Müller, Jan-Dirk: »Volksbuch/Prosaroman im 15./16. Jahrhundert – Perspektiven der Forschung«. In: Internationales Archiv für Sozialgeschichte der Literatur (IASL), Sonderheft 1 (1985), S. 1–128.

Niefanger, Dirk: Barock. Lehrbuch Germanistik. Stuttgart/Weimar ²2006.

Rötzer, Hans Gerd: Der Roman des Barock, 1600–1700. Kommentar zu einer Epoche. München 1972.

Rupprich, Hans: Vom späten Mittelalter bis zum Barock, 2 Bde. München 1970/72 (de Boor, Helmut/Newald, Richard: Geschichte der deutschen Literatur von den Anfängen bis zur Gegenwart, Bd. 4.1/2).

Salinas, Pedro: »Der literarische ›Held‹ und der spanische Schelmenroman. Bedeutungswandel und Literaturgeschichte«. In: Helmut Heidenreich (Hg.): Pikarische Welt. Schriften zum europäischen Schelmenroman. Darmstadt 1969, S. 192–211.

Schlaffer, Hannelore: Poetik der Novelle. Stuttgart/Weimar 1993.

Selbmann, Rolf: Der deutsche Bildungsroman. Stuttgart/Weimar ²1994.

Singer, Herbert: Der galante Roman. Stuttgart ²1966.

Stanzel, Franz K: Typische Formen des Romans [1964]. Göttingen ¹²1993.

–: Die typischen Erzählsituationen im Roman. Wien/Stuttgart 1955.

Straßner, Erich: Schwank. Stuttgart ²1978.

Theiss, Winfried: Schwank. Bamberg 1985.

Arbeitsaufgaben

1. Erörtern Sie die anthropologisch konstante sinn- und identitätsstiftende Funktion des Erzählens!

2. Nennen Sie, jeweils mit knappen Definitionen, die wesentlichen Begriffe der Zeitgestaltung in erzählender Prosa!

3. Erläutern Sie, jeweils mit knappen Definitionen, die wesentlichen Erzählerrollen, die Autor/innen in erzählender Prosa annehmen können!

4. Analysieren Sie auf der Mikroebene des Erzählens die Zeitgestaltung der ersten zwei Absätze von Christoph Martin Wielands Roman *Geschichte des Agathon*! Benutzen Sie Genettes Kategorien, wie er sie in Genette 1994, S. 21 ff. vorführt.

Die Sonne neigte sich bereits zum Untergang, als Agathon, der sich in einem unwegsamen Walde verirret hatte, von der vergeblichen Bemühung einen Ausgang zu finden abgemattet, an dem Fuß eines Berges anlangte, welchen er noch zu ersteigen wünschte, in Hoffnung von dem Gipfel desselben irgend einen bewohnten Ort zu entdecken, wo er die Nacht zubringen könnte. Er schleppte sich also mit Mühe durch einen Fußweg hinauf, den er zwischen den Gesträuchen gewahr ward; allein da er ungefähr die Mitte des Berges erreicht hatte, fühlt er sich so entkräftet, daß er den Mut verlor den Gipfel erreichen zu können, der sich immer weiter von ihm zu entfernen schien, je mehr er ihm näher kam. Er warf sich also ganz Atemlos unter einen Baum hin, der eine kleine Terrasse umschattete, auf welcher er die einbrechende Nacht zuzubringen beschloß.

Wenn sich jemals ein Mensch in Umständen befunden hatte, die man unglücklich nennen kann, so war es dieser Jüngling in denjenigen, worin wir ihn das erstemal mit unsern Lesern bekannt machen. Vor wenigen Tagen noch ein Günstling des Glücks, und der Gegenstand des Neides seiner Mitbürger, befand er sich, durch einen plötzlichen Wechsel, seines Vermögens, seiner Freunde, seines Vaterlands beraubt, allen Zufällen des widrigen Glücks, und selbst der Ungewißheit ausgesetzt, wie er das nackte Leben, das ihm allein übrig gelassen war, erhalten möchte. Allein ungeachtet so vieler Widerwärtigkeiten, die sich vereinigten seinen Mut niederzuschlagen, versichert uns doch die Geschichte, daß derjenige, der ihn in diesem Augenblick gesehen hätte, weder in seiner Miene noch in seinen Gebärden einige Spur von Verzweiflung, Ungeduld oder nur von Mißvergnügen hätte bemerken können.

Wieland:
Geschichte des
Agathon

Lösungshinweise zu den Arbeitsaufgaben finden Sie auf www.metzlerverlag.de/webcode. Ihren persönlichen Webcode finden Sie am Anfang des Bandes.

3.5 | Literarische ›Gebrauchsformen‹

Im 20. Jahrhundert findet, unter dem Einfluss verschiedener literaturtheo-
retischer und ästhetisch-programmatischer Strömungen, eine **Ausweitung des Literaturbegriffs** statt. Über die ›klassische‹ Dreiheit von Lyrik,
Dramatik und erzählender Prosa hinaus werden verschiedene, z.T. schon
sehr lange existierende Textgattungen als literaturnah oder als literarisch
aufgefasst. Dies ist zunächst in den Texten oder Gattungen selbst begründet: Nicht innerhalb eines traditionell engen Literaturbegriffs stehende
Textsorten wie **Brief** und **Autobiographie, Tagebuch, Reisebericht** oder
Traktat verwenden z.T. sichtbar literarische Darstellungsmittel, sind in
ihrer ästhetischen Erscheinungsform also durchaus Literatur.

Darüber hinaus tritt mit der industriellen Massenfertigung von textlichen Erzeugnissen und der **Expansion von Presse und Medienwesen**
im 20. Jahrhundert eine große Menge neuerer Textsorten hinzu, die unter einem erweiterten Literaturbegriff ebenfalls zu subsumieren sind: **Essay, Feuilleton, Glosse, Leitartikel, Memoiren, Protestsong, Reportage,
Sachbuch, Nachricht, Chronik, Bericht, Wettervorhersage, Flugblatt,
Pamphlet, Propagandatext, Gebrauchsanweisung, Fahrplan, Erlass,
Gesetz, Annonce, Werbeanzeige** u.v.a.m. Bei einigen dieser Textsorten,
v.a. den letztgenannten, sind die Kriterien der Literarizität nur in äußert
beschränktem Maße erfüllt: Die Texte liegen gedruckt vor und weisen zumindest gelegentlich die Benutzung sprachlich-literarischer Stilmittel auf.

Zum Begriff

> → **Literarische Gebrauchsformen** lassen sich von der ›Literatur‹ im
> engeren Sinne durch ihre Beziehung zur (außertextlichen) ›Wirklich-
> keit‹ bestimmen. Es handelt sich um Texte, »die nicht, wie poetische
> Texte, ihren Gegenstand selbst konstituieren, sondern die primär
> durch außerhalb ihrer selbst liegende Zwecke bestimmt werden.
> Gebrauchstexte dienen der Sache, von der sie handeln; sie sind auf
> einen bestimmten Rezipientenkreis ausgerichtet und wollen infor-
> mieren, belehren, unterhalten, kritisieren, überzeugen, überreden
> oder agitieren« (Belke 1973, S. 320).

Im Folgenden sollen zunächst die **wichtigsten Gattungen literarischer
Gebrauchstexte** vorgestellt werden:

1. Der Brief als Medium der meist privaten, personalen Kommunikation
ist eine schriftliche Mitteilung an eine räumlich vom Schreiber getrennte
Person. Mit dieser räumlichen Trennung ist auch ein ›Zeitverzug‹ verbunden: Zwischen Schreiben und Lesen vergeht mehr oder weniger lange
Zeit. Gerade um Zeitverzug und räumliche Trennung aber zu kompensieren, imitiert der Brief – so das Ideal des Aufklärungsschriftstellers Gellert
– das Gespräch: Im Brief finden sich als Stilmittel direkte Leseranreden,
Frage- und Antwortspiele u.Ä.

Waren im Mittelalter und in der Frühen Neuzeit Briefe relativ stark von formellen Anforderungen geprägt, ausgerichtet an den Regeln der rhetorischen *ars dictaminis*, wie sie auch noch die **Briefsteller** bzw. Modellbriefbücher des 17. Jahrhunderts prägten, entwickelt sich im Verlauf des 18. Jahrhunderts ein individueller Briefstil: Der Brief wird zu der privaten Äußerungsform des Bürgertums schlechthin. Aufgrund dieser **Authentizität des Briefes** kommt ihm ein hoher Stellenwert als biographischem oder kulturgeschichtlichem Dokument zu; das 18. Jahrhundert kann ohne Übertreibung als Jahrhundert der Briefkultur bezeichnet werden. Gleichwohl muss das naive Kriterium der Authentizität hinterfragt werden – weisen doch auch ›echte‹ Briefe vielfach sprachliche Muster von Selbst- oder Identitätsinszenierungen auf, entwerfen in Phantasien o. Ä. fiktionale Welten und konstituieren erst die Welt, über die sie sprechen.

Dass authentische Briefe oder Briefwechsel **dokumentarische und literarische Qualität** haben können, zeigt sich etwa daran, dass Goethe selber seinen Briefwechsel mit Schiller zum Druck bearbeitete, und auch an den unzähligen Editionen der sogenannten epistolarischen Werke vieler Schriftsteller/innen, Philosophen usw. Die Literarizität oder die Literarisierbarkeit der Gebrauchsform des Briefes zeigt sich aber vor allem daran, dass schon aus der Antike literarische Werke überliefert sind, die aus (fiktiven) Briefen bestehen: etwa die *Heroiden* Ovids, die als *Heldenbriefe* im deutschen Barock wieder aufgegriffen werden (Hofmannswaldau). Vor allem die Literatur des 18. Jahrhunderts aber greift auf die wichtigste intime Kommunikationsform des Bürgertums häufig zurück: Richardson, Rousseau, Gellert, Sophie von La Roche und Goethe schreiben berühmte **Briefromane**, also epische Großtexte, in die fiktive Briefe ganz konstitutiv eingebaut sind oder die praktisch ausschließlich aus Briefwechseln oder den Briefen einer einzelnen Person bestehen *(Werther)*.

2. Das Tagebuch gilt wie der Brief als ein alltagsnahes, authentisches Dokument. In strenger Zuordnung zum jeweiligen Datum werden täglich oder zumindest regelmäßig Erlebnisse und Erfahrungen, Beobachtungen, Gedanken und Gefühle notiert. Da das Tagebuch sich normalerweise nicht an einen Leser richtet, ist hier, im Unterschied zum Brief, der Ausdruck noch näher am Subjekt, ohne Zwang zur Intersubjektivität, ganz monologisch. Die Tradition der Gattung geht bis auf die Antike zurück, das Interesse am einzelnen Subjekt im Renaissance-Humanismus verhalf der Gattung zu einer ersten Blüte, vollends führte in der zweiten Hälfte des 18. Jahrhunderts die pietistische Verpflichtung zur frommen Selbstbeobachtung zu einer wahren Tagebuch-Flut.

Innerhalb der Textsorte Tagebuch gibt es eine große Spannbreite zwischen bloßer sachlich-genauer Notiz, präzisester Beschreibung alltäglichen Lebens und emotionaler bzw. empfindsamer Ausführlichkeit. Wie schon der Brief – und verstärkt durch das Monologische der Gattung – erweist sich das Tagebuch häufig als literarisiert: Stilisierungen und Muster der Selbstinszenierung überschreiten den Bereich des Authentischen. Wie Briefe werden auch **fiktive Tagebücher** oder Tagebuch-Teile zu **Bestandteilen von Romanen**: Goethes *Wilhelm Meisters Wanderjahre* (1829) geht zu größeren Teilen auf Wilhelms Tagebuch (und auf diejenigen anderer Figuren) zurück, Uwe Johnsons großer vierbändiger Roman *Jahrestage. Aus dem Leben der Gesine Cresspahl* (1970–83) verarbeitet u. a. das angebliche Tagebuch der Hauptfigur; die diaristische Form des Tagebuchs, die Einträge Tagesdaten zuzuordnen, kann auch als Strukturelement erzählender Prosa genutzt werden.

3. **Die Autobiographie** als halb-authentische, halb-literarische Gattung hatte in den *Confessiones* des spätantiken Kirchenvaters Augustinus ihr Modell: Der Charakter der Konfessions-, der **Bekenntnisschrift** war bestimmend, eine Tendenz, die der Pietismus des 18. Jahrhunderts noch einmal verstärkte. Wie bei Augustinus sollte die Autobiographie eine religiöse Bekehrungsgeschichte sein, die die eigene Lebenszeit und -erfahrung in ein sinnhaftes Verhältnis zur göttlichen Heilsordnung zu setzen versuchte. Diese Bekenntnisliteratur spielte bei der Ausprägung empfindsam-psychologischer Selbstbeobachtung eine nicht zu unterschätzende Rolle, die sowohl in ihre literarische Aufarbeitung (etwa im *Werther*) mündete wie in ihre beginnende wissenschaftliche Analyse (psychologische Zeitschriften). Die **pietistische Autobiographie** wich stark von den radikal diesseitigen, anekdotenhafteren **Renaissance-Autobiographien** (Cardano, Cellini), historisch-chronikalischen Selbstlebensbeschreibungen aus dem 16. Jahrhundert (Götz von Berlichingen) sowie von den ebenfalls chronikartigen Berufs- und Gelehrtenautobiographien des 17. und 18. Jahrhunderts ab.

Die stark psychologisierende Tendenz der pietistischen Selbstbeobachtung hatte starke Wirkung auf **autobiographische Literatur:** Rousseaus *Confessions* (1764–70) versuchen jenseits einer chronologischen Fakten- und Ereignisanhäufung, die Geschichte des eigenen Ich erzählerisch als Kette von Empfindungszuständen zu konstruieren, ähnlich auch Jung-Stillings Lebensgeschichte. Goethes *Dichtung und Wahrheit* (1811–1833) inszeniert Entwicklung und Durchsetzung des Autors Goethe vor einem breiten gesellschafts- und literaturgeschichtlichen Hintergrund. Die erzählende Darstellung selbst erlebter Geschichte, die Rettung des Ich aus historischen Katastrophen oder desolaten Familienverhältnissen, die prägenden Muster literarischer Sozialisation u.v.m. sind im 20. Jahrhundert Gegenstände der literarischen Autobiographie (Walter Benjamin, Elias Canetti, Thomas Bernhard). Daneben gibt es natürlich die Fülle ›naiver‹ Autobiographien (von Hildegard Knef bis Dieter Bohlen).

Literarizität, ja Fiktionalität kennzeichnen prinzipiell jede Autobiographie, da die Erzählung des eigenen Lebens aus der rückblickenden Ich-Perspektive in dieser Differenz zwischen erzählendem und erzähltem Ich immer schon literarisierend wirkt – insofern sie niemals den Konstruktionscharakter der biographischen Erinnerung verleugnen kann. Die Geschichte des Ich ist – und damit die personale, im Erzählen erwirkte Identität – Ergebnis einer Konstruktion, einer Selektion, Gewichtung und spezifischen Kombination von Erlebnissen und Ereignissen. Das Ich ist gleichsam fiktiv, entsteht erst am Ende des Schreibens. Insofern ist im Verhältnis zu Brief und Tagebuch die Autobiographie von möglicherweise viel geringerer oder zumindest noch problematischerer Authentizität.

Das **Erzählmuster der Autobiographie** bietet das Modell für eine der zentralen Erscheinungsformen des **Romans**: Romane aus der Ich-Perspektive imitieren sehr häufig den autobiographischen Gestus, beginnen bei Voreltern, Eltern und Geburt und erzählen über Kindheit, Jugend und Abenteuer hinweg bis in die (fiktive) Erzählgegenwart hinein (Grimmelshausen: *Simplicissimus*; Th. Mann: *Felix Krull*; Grass: *Die Blechtrommel* u. v. a. m.) (zu Autobiographie insgesamt vgl. Wagner-Egelhaaf 2005).

4. Der Reisebericht ist eine Sonderform autobiographischen Erzählens, die erzählende Präsentation von Erfahrungen, Erlebnissen und Reiseeindrücken, denen reale Erfahrungen zugrunde liegen. Formal ist der Reisebericht ungebunden: Meist in Prosa erzählt, kann er tagebuch- oder chronikartige Anteile enthalten, er kann, wie Goethes Brieftagebuch für Charlotte von Stein aus Italien, Briefstruktur haben, er kann sogar, im Falle eines dichterischen Reiseberichts, Eindrücke in Gedichte umgewandelt aufführen. Die Geschichte der Gattung reicht bis in die Antike zurück: Eroberungen und Entdeckungsreisen, im Mittelalter die Kreuzzüge waren stets auch Anlass zum Reisebericht. Von besonderem Interesse sind die Berichte aus der neuen Welt im 16. Jahrhundert: Einerseits werden mit nahezu ethnologischer Präzision etwa brasilianische Völker geschildert (Hans Staden: *Warhaftig Historia vnd beschreibung eyner Landschafft der Wilden/Nacketen/Grimmigen Menschfresser Leuthen*, 1557), andererseits aber wird oft auch nur das Bekannte oder mythologisch Überlieferte berichtet (etwa die aus Homer und Herodot bekannten Amazonenvölker, die dann in den brasilianischen Urwald hineinphantasiert werden).

Die Reiseliteratur der Aufklärung vermittelt Kenntnisse der Welt (G. Forster über James Cooks Reise um die Welt, 1778–80), von deutschen Landschaften (Nicolai), v. a. auch von Italien. Während Goethes *Italienische Reise* (1816–17, 1829), autobiographisch konstruierend, die Wiedergeburt des Künstlers Goethe aus der Begegnung mit antiker Kunst, italienischer Natur und Sinnlichkeit thematisiert, beschreibt Johann Gottfried Seumes *Spaziergang nach Syracus im Jahre 1802* (1803) die Armut und Not, die realen Lebensbedingungen des Landes. A. von Humboldt entwickelt den Reisebericht zu einer wissenschaftlichen Gattung fort, während Heines *Reisebilder* (1826–31) gesellschaftskritische Satiren über die deutsche Misere sind. Mit zunehmender Politisierung der Gattung in der Zeit der Weimarer Republik – etwa bei Reiseberichten aus der jungen Sowjetunion – tendiert das Genre zu einer neuen Gebrauchsform der Literatur, die sich erst im Kontext

Georg Forster: *Reise um die Welt*, Titelblatt von 1778

der Massenmedien des 20. Jahrhunderts entfalten konnte, der Reportage (s.u.).

Vielfach zeigt der Reisebericht **Elemente literarischer Stilisierung oder Überformung**; Element literarischer Texte aber wird die Reisebeschreibung ebenso häufig: Schon einige der Urtexte europäischer Überlieferung, die *Odyssee* Homers und die *Aeneis* Vergils, sind u.a. Reisedarstellungen. Reise und Erfahrung der Welt sind vielfach Motiv oder zentrales Strukturmuster v.a. erzählender Texte der Neueren deutschen Literatur: Der *Fortunatus* (1509) bereist die halbe Welt, der **höfisch-historische Roman** des Barock ist ohne Reise und Irrfahrt nicht denkbar, Reuters *Schelmuffsky* (1696) prahlt mit einer abenteuerlichen Reise durch viele Länder, die **Robinsonade** verbindet Reise, Schiffbruch und Rettung mit der Selbsterziehung des Helden und auch der **Bildungsroman** kommt nicht ohne Reisen aus (Goethe: *Wilhelm Meister*; Stifter: *Der Nachsommer* u.v.a.).

5. Die Reportage ist eine moderne Spielart des Reiseberichts – eine kürzere Prosaform, die weitgehend nur im Zeitungs- und Medienwesen des 20. Jahrhunderts vorzufinden ist. Mit Anspruch auf **dokumentarische Authentizität** wird über soziale Konflikte, Katastrophen, gesellschaftliche Ereignisse, Gerichtsprozesse, Städte und Länder berichtet. Die Reportage thematisiert, über den neutralen Bericht hinaus, den Vorgang der Informationsermittlung (die Recherche) und die subjektiven Wahrnehmungen oder sogar Bewertungen. Damit zielt sie darauf ab, dem Lese- oder Zuhörer-Publikum Erfahrungen und Erkenntnisse zu vermitteln, die im normalen Alltag unzugänglich bleiben, tendenziell will die Reportage auch die Haltung des Publikums beeinflussen. Eine Blütezeit erlebte die Gattung als **literarische Reportage** in den 1920er Jahren: Egon Erwin Kisch prägte mit seinen Reportagen aus Mexiko oder aus dem Ruhrgebiet das Genre der literarischen Reportage entscheidend mit. Vor allem in den 1960er und 1970er Jahren kam es im Kontext der **Dokumentarliteratur** (s. Kap. 2.4.5) und der ›Entdeckung‹ der Alltagskultur und der Arbeiterliteratur zu einer hohen Wertschätzung der Reportage als literarischer Gattung (Erika Runge, Günter Wallraff). Die Recherche als fundamentale Handlung des Reporters, die dem Text voraus- und in ihn eingeht, ist in der Literatur des 20. Jahrhunderts häufiger auch zum Bestandteil der Erzählhaltung geworden: in Uwe Johnsons *Das dritte Buch über Achim* (1961) ebenso wie in Heinrich Bölls *Gruppenbild mit Dame* (1971) (ausführlich zur Reportage vgl. Siegel 1978).

Egon Erwin Kisch: »*Der rasende Reporter*«, Collage von John Heartfield

6. Der Essay ist eine Textsorte, die sachbezogenes und literarisches Schreiben miteinander verbindet: Er scheint auf die strenge Erarbeitung und systematische Darstellung eines Sachverhalts zu verzichten, erlaubt ein kreativeres, wilderes Denken. Die Struktur des Essays ist dadurch gekennzeichnet, dass die Autoren scheinbar unsystematisch und gleichzeitig in einer literarischen Sprache versuchen, sich einer Erkenntnis anzunähern. Der Essay ist **Grenzgänger zwischen Wissenschaft und Literatur**: Von der umfassendsten Kenntnis eines Gegenstandes oder Sachverhalts her, die ein Essay voraussetzt, gehört er zu den wissenschaftlichen Textsorten; von der Durchführung der Gedanken und von seinem Stil her ist er ein literarischer Text.

Der Essay ermöglicht in hohem Maße, über Gedankenexperimente, über spielerischen Umgang mit Hypothesen, mit intuitiven, stark subjektiv eingefärbten Bildern und Denkmöglichkeiten einen Gegenstand auszuleuchten, um nicht etwa am Ende eine ›Wahrheit‹ auf einen Begriff zu bringen, sondern im Prozess dieses unsystematischen, rhapsodischen Denkens, Sprechens und Spielens die Dimensionen dieses Gegenstandes aufzuzeigen.

Die Geschichte der Gattung beginnt im 16. Jahrhundert mit den »Versuchen« bzw. *Essais* des Michel de Montaigne (1580). Vor allem in den englischen Zeitschriften des 18. Jahrhunderts wird die kleine reflexive Prosagattung wieder gepflegt, woher sie die deutschen Moralischen Wochenschriften entleihen (s. Kap. 2.2.3). Der Essay ist eine bestimmende philosophische Gattung der Romantik (Gebrüder Schlegel), im 20. Jahrhundert kennzeichnet essayistisches Schreiben oder die Integration abgeschlossener Essays in literarische Texte selbst vielfach die Literatur: Berühmt ist Musils Reflexion über das essayistische Denken und die Integration von Essays in seinen Roman *Der Mann ohne Eigenschaften* (1930/33/43; etwa das 4. Kapitel über den »Möglichkeitssinn«), ein Verfahren, das auch Hermann Broch im dritten Teil seiner Roman-Trilogie *Die Schlafwandler* praktiziert (1931/32).

Gebrauchsformen der Literatur als Bestandteile ›literarischer‹ Texte: Die Erweiterung des Literaturbegriffs im 20. Jahrhundert, die die eben skizzierten Textsorten als mögliche Gegenstände der Literaturwissenschaft erscheinen ließ, hat auch den Blick dafür geschärft, dass v. a. in erzählender Literatur schon weit vor dem 20. Jahrhundert Versatzstücke anderer Texte in die literarischen Texte hineinmontiert wurden, verschiedene Gebrauchsformen der Literatur, die sozusagen in unmittelbareren Lebenszusammenhängen ihre primäre Funktion hatten. Diese **Montage** in den literarischen Text machte die Gebrauchstexte im poetischen Kontext einerseits literaturfähig, andererseits erhielten sie aber in ihrem textlichen Eigenwert, also losgelöst vom literarischen Text, einen neuen Stellenwert. Es wurde ihre **Interpretationsbedürftigkeit** erkannt: dass auch sie mit den Mitteln der Literaturwissenschaft durchaus beschrieben und analytisch betrachtet werden könnten.

Analytischer Zugang: Im literaturwissenschaftlichen Umgang mit den verschiedenen ›Gebrauchsformen‹ der Literatur sind verschiedene analytische Zugriffe im Blick auf den eigentlichen ›Gebrauchszusammenhang‹ der jeweiligen Textsorte denkbar:

- Erstens lassen sie sich befragen auf ihren **Gegenstand** hin, daraufhin, um welche Sache es ihnen geht. Nachricht und Reportage, Brief und autobiographischer Text etwa zeichnen sich durch einen je spezifischen Gegenstand aus.

- Zweitens sind sie beschreibbar von ihrem **Zweck** aus: ob überhaupt und welche Reaktion sie beim Rezipienten, was für eine Handlungsorientierung sie bewirken wollen (insbesondere z.B. politische Rede, Werbetext).
- drittens können sie nach dem **Adressaten** befragt werden: an welche spezifische oder unbestimmtere Gruppe von Hörern/Lesern/Sehern sie sich wenden. Briefe etwa sind in der Regel individuell adressiert, Werbeannoncen suchen präzise ein Zielpublikum zu erreichen, Leitartikel etwa modellieren, auch durch sprachlich-stilistischen Anspruch, ihren spezifischen Adressatenkreis.
- viertens sind sie differenzierbar hinsichtlich des **Mediums**, in dem sie an den Rezipienten herantreten: ob sie also mündlich, schriftlich, als Bilder oder als Film, ob sie über die Zeitung, das Radio, das Fernsehen oder das Kino vermittelt werden. Beispielsweise gehören dementsprechend Essay, Leitartikel, Nachricht, Leserbrief, Reportage, Wettervorhersage, Annonce und Werbeanzeige zu einer Gruppe Gebrauchstexte, da sie alle über das Medium der Zeitung ihre Rezipienten erreichen.

Dass Gebrauchstexte, vor allem seit den 1970er Jahren, **Gegenstand der Literaturwissenschaft** wurden, hat einerseits mit ihrem schon oben erwähnten Einbau in ›literarische‹ Texte zu tun – der sie sozusagen aufgewertet hat, indem er ihnen literarischen Rang verlieh. Andererseits aber ist nicht unerheblich, dass gerade an den Texten mit angeblich ›eindeutigem‹ Sinn, der sich von ihrer Funktion in einem bestimmten Praxiszusammenhang herleitete, eine mögliche Vieldeutigkeit sichtbar wurde. Zudem wurde offenbar, dass gerade viele Gebrauchstexte sich literarischer Mittel bedienen, die auch literaturwissenschaftliche Analyse erfordern. Die Interpretation der politischen Rede oder des Werbetextes etwa, die bis in den Deutschunterricht vordrangen, sind deutliche Anzeichen dafür.

Literatur   **Belke, Horst:** Literarische Gebrauchsformen. Düsseldorf 1973.
Fischer, Ludwig/Hickethier, Knut/Riha, Karl (Hg.): Gebrauchsliteratur. Methodische Überlegungen und Beispielanalysen. Stuttgart 1976.
Holdenried, Michaela: Autobiographie. Stuttgart 2000.
Knörrich, Otto (Hg.): Formen der Literatur in Einzeldarstellungen. Stuttgart ²1991.
Nickisch, Reinhard M.G.: Brief. Stuttgart 1991.
Siegel, Christian: Die Reportage. Stuttgart 1978.
Wagner-Egelhaaf, Martina: Autobiographie. Stuttgart/Weimar ²2005.
Weissenberger, Klaus (Hg.): Prosakunst ohne Erzählen. Die Gattungen der nicht-fiktionalen Kunstprosa. Tübingen 1985.

Arbeitsaufgaben

1. Diskutieren Sie Problematik und Konsequenzen eines engen bzw. eines weiten Literaturbegriffs!

2. Welche Effekte hat die Montage von Gebrauchsformen der Literatur auf im engeren Sinne literarische Texte?

3. Welche Verbindungen bestehen schon traditionell zwischen sogenannten Gebrauchsformen der Literatur und der Literatur im engeren Sinne?

4. Beschreiben Sie die Stillage und die Wirkung des ersten Briefes in Gellerts Roman *Das Leben der Schwedischen Gräfin von G****!

5. Analysieren Sie den ersten Absatz des ersten Kapitels von Robert Musils Roman *Mann ohne Eigenschaften* im Hinblick auf die Differenz zwischen Gebrauchstext und literarischem Text!

Lösungshinweise zu den Arbeitsaufgaben finden Sie auf www.metzlerverlag.de/webcode. Ihren persönlichen Webcode finden Sie am Anfang des Bandes.

4. Rhetorik, Stilistik und Poetik

4.1 | Terminologisches: Stilistische und poetologische Fachbegriffe

Stilistische und poetologische Fachbegriffe gehören neben Gattungsbegriffen, Epochenbezeichnungen und methodologischer Fachterminologie zum Instrumentarium der Neueren deutschen Literaturwissenschaft. Sie gehen zumeist auf die Tradition der antiken Rhetorik zurück. Das hat einerseits damit zu tun, dass literarische Rede bis weit ins 18. Jahrhundert hinein nur als Spezialfall der Redekunst überhaupt angesehen wurde. Poetik war also immer auch Rhetorik. Insofern ist es notwendig, die literarischen Texte auch unter rhetorischen Gesichtspunkten zu beschreiben und zu analysieren – sowohl was ihre Stilistik als auch was ihre Wirkungsabsichten angeht.

Andererseits hat die **Erweiterung des Literaturbegriffs**, die die Literaturwissenschaft in der zweiten Hälfte des 20. Jahrhunderts vollzogen hat, Textsorten zum Gegenstand literaturwissenschaftlicher Analyse werden lassen, die bis dahin nicht als Literatur galten: mündliche Textsorten wie die politische Rede, schriftliche wie den journalistischen Text oder die Werbeanzeige. Alle diese ›Gebrauchsformen‹ der Literatur sind in viel höherem Maße auf Wirkung hin entworfen und arbeiten mit rhetorischen Mitteln, um diese zu erzielen.

> → **Rhetorik** ist die Lehre vom öffentlichen Sprechen mit der Absicht, zu überzeugen oder zu überreden. Diese Rede muss richtig und klar formuliert und dem Hörer, dem Redegegenstand und der Kommunikationssituation angemessen sein. Die antike Rhetorik (Aristoteles, Cicero, Quintilian) entwickelte ein differenziertes System zur Produktion einer wirkungsvollen Rede, für die sie verschiedene Gattungen, innere Gliederungsmomente, vor allem aber eine Vielzahl von sprachlichen Figuren mit jeweils ganz bestimmter Funktion bereitstellte.
>
> Literarische → **Stilistik** nutzt vor allem diese rhetorische Figurenlehre, um Stilmerkmale eines Textes beschreiben zu können: etwa Ab-

Zum Begriff

Terminologisches

> weichungen von der Alltagssprache im Satzbau, vor allem aber im
> Bereich literarischer Bildlichkeit. Die dichterischen Mittel der Meta-
> pher, der Metonymie, der Allegorie (um nur die drei prominentesten
> zu nennen) sind ursprünglich rhetorische Gestaltungsmittel.

Stilistische und rhetorische Fachbegriffe entstammen praktisch ausschließlich dem Lateinischen oder Griechischen, es gibt kaum gleichbedeutenden deutschsprachigen Termini. Die lateinischen oder griechischen Bezeichnungen der stilistischen Mittel und literarischen Bilder sind
unverzichtbar für die literaturwissenschaftliche Arbeit (sie müssen also
›gelernt‹ werden!).

4.2 | Rhetorik und Poetik

Literarische Texte sind immer, selbst das hermetischste Gedicht, **adressatenbezogene Texte**, d. h. sie implizieren immer, dass sie veröffentlicht werden, dass jemand sie lesen könnte oder wird. Mehr noch:

- Literatur ist immer – mehr oder weniger – **wirkungsbezogene Rede**, d. h. literarische Texte zielen häufig darauf ab, auf eine bestimmte Weise verstanden zu werden, erbaulich, unterhaltend oder belehrend etwa.
- Literatur ist immer – mehr oder weniger – **geschmückte Rede**, d. h. literarische Texte sind auch deswegen gerade *literarische* Texte, weil sie etwas auf eine ganz bestimmte Weise sagen, anders, als man es im Alltagsgebrauch täte.
- Darüber hinaus ist Literatur, zumindest bis zum letzten Drittel des 18. Jahrhunderts, stark **geformte Rede:** Der Vers war für Drama, Epik und Gedicht verbindlich, Prosa war die alltägliche Rede, Literatur als Poesie war **gebundene Rede**.

Beziehung der
Literatur zur
Rhetorik

Die ersten beiden Kriterien, Wirkungsbezug und Redeschmuck, hat die Literatur mit allen Formen der öffentlichen Rede gemeinsam, erst der Vers zeichnet(e) Literatur als besondere Form dieser Rede aus. Poetik, als die Lehre vom öffentlichen Sprechen in gebundener (Vers-)Form, wäre in diesem Sinne also nur eine Teilmenge, eine Spezialisierung der Rhetorik – und diese Nähe und Verwandtschaft ist auch bis mindestens ins frühe 18. Jahrhundert immer wieder betont worden. Die Vorstellungen davon, was ein Dichter sei und was einen literarischen, dichterischen Text vor allen anderen auszeichne, hing bis weit ins 18. Jahrhundert grundsätzlich von der jeweils gültigen und gebräuchlichen Auffassung von Rhetorik ab. In diesem Sinne erscheint ein knapper Durchgang durch die Geschichte der Redekunst einerseits unverzichtbar, stellt aber andererseits auch schon immer eine ebenso knappe (Vor-)Geschichte der Poetik dar (ausführlicher vgl. Ueding/Steinbrink 2005, S. 13–135; Knape 2000).

Zur Geschichte der Rhetorik

Die Geschichte der Rhetorik beginnt im 5. Jahrhundert v. Chr. im westlichen Teil des antiken Großgriechenlands: in Sizilien. Ausgehend von dem sizilianischen Rhetor Gorgias von Leontini (etwa 485–380), von dem einige Musterreden überliefert sind, kam die Redekunst nach Athen, wo sie vor allem im Kontext juristischer Auseinandersetzung große Bedeutung gewann (vgl. Ueding/Steinbrink 2005, S. 13 ff.). Von hier aus lässt sich die Geschichte der Rhetorik in großen Schritten darstellen:

Aristoteles (384–322) bringt die Rhetorik erstmals in ein System. Er fasst sie als **handwerkliches Vermögen** auf und ordnet verschiedene Redeformen drei Anlässen *(genera causarum)* oder gesellschaftlichen Orten zu: Er unterscheidet zwischen Gerichtsrede, politischer Beratungsrede und Fest- oder Prunkrede *(genus iudiciale, genus deliberativum, genus demonstrativum)*. Der wichtigste Aspekt der aristotelischen Rhetorik ist die **Wirkungskonzeption**: Der Redner soll nicht nur in der Sache überzeugende Schlüsse liefern, sondern durch die Würde seiner Person *(ethos)* und die Erregung der Leidenschaften *(pathos)* das Publikum mitreißen, emotional erregen. Damit konzipiert er in der Rhetorik eine der Katharsis-Vorstellung der Poetik analoge Wirkungsästhetik.

Die römische Rhetorik schließt direkt an Aristoteles an. Die anonyme **Rhetorik *ad Herennium*** (86–82 v. Chr.) bietet eine ebenso praxisorientierte wie differenzierte Lehrsystematik der Redekunst. **Ciceros** (106–43 v. Chr.) *De oratore* stellt den Höhepunkt der systematischen Rhetorik im antiken Rom dar. Er verlangt vom Redner umfassendes Weltwissen; Kenntnisse der Gesetze und der Politik, der Tugend, der Geschichte und Geographie sollen zu den Fertigkeiten des Redners hinzutreten. Den Gegenständen der Rede ordnet Cicero, entsprechend ihrer Würde, auch je eine unterschiedliche Stilhöhe *(genera dicendi)* zu: Über das Erhabene soll erhaben, über das Mittlere maßvoll und über das Niedrige schlicht und einfach gesprochen werden *(stilus gravis, mediocris* und *humilis)*. Darüber hinaus erteilt Cicero dem Redner eine Lizenz zum Redeschmuck: Das in übertragenem Sinne gebrauchte Wort könne häufig besser ausdrücken, was der Redner meine, könne vor allem auch höhere Wirkung erzielen. Von Cicero ist die bis heute gültige Systematik der Schmuckformen der Rede überliefert, die weiter unten erläutert werden. – Die Summe der gesamten antiken Rhetorik präsentiert noch einmal **Quintilians** (um 35–100 n. Chr.) in zwölf Bücher eingeteiltes Erziehungsbuch *Institutio oratoria*.

Mittelalter: Die Gesamtheit des antiken Wissens wird, vermittelt von den Kirchenvätern **Hieronymus** und **Augustinus**, an das Mittelalter weitergegeben. Sie ist in den sieben Fakultäten der mittelalterlichen Universität abgebildet, den ›freien Künsten‹ Grammatik, Rhetorik, Dialektik (dem *Trivium*) und Geometrie, Arithmetik, Astronomie und Musik (dem *Quadrivium*). Rhetorik in der Tradition Quintilians spielt in der Predigtlehre, der Briefstellerkunde und auch in der mittelalterlichen Poetik eine Rolle.

Die Renaissance als ›Wiedergeburt‹ antiker Wissenschaften, Literatur und Philosophie ist eng an die Wiederentdeckung der systematischen Werke der Redekunst zumal Ciceros und Quintilians gebunden. Der Humanismus wiederholt und vertieft deren Ansprüche an den idealen Redner. Umfassendes Wissen und Tugendhaftigkeit bleiben bestimmend und »höchstes Ziel humanistischer Bildung ist die Eloquenz, ihr werden alle anderen Lehrgegenstände untergeordnet« (Ueding/Steinbrink 2005, S. 79). Martin Luther schließlich erkannte die Notwendigkeit rhetorischen Wissens für die reformierte Predigtpraxis.

Martin Opitz, der ganz in der humanistischen Tradition steht, macht in seinem *Buch von der Deutschen Poeterey* (1624) den besonderen Status der dichterischen Rede deutlich: Poetik kann hier als eine praktische Spezial-Rhetorik verstanden werden:

> [...] vnd soll man auch wissen/das die gantze Poeterey im nachäffen der Na-
> tur bestehe/vnd die dinge nicht so sehr beschreibe wie sie sein/als wie sie
> etwas sein köndten oder solten. [...] Dienet also dieses alles zue vberredung
> vnd vnterricht auch ergetzung der Leute; welches der Poeterey vornemster
> zweck ist.

*Opitz: Buch von
der Deutschen
Poeterey*

Die Wirkungsaspekte entlehnt die Poetik aus der Rhetorik: ›vber-
redung, vnterricht, ergetzung‹, ihr Gegenstandsbereich aber ist
speziell: Poetik erscheint hier als die Rhetorik des Fiktionalen.

Opitz geht aber noch weiter, sowohl in seiner Anlehnung als
auch in der spezifischen Modifikation der Rhetorik: Während
das fünfte Kapitel die beiden ersten Aufgaben des Redners auf
den Poeten überträgt, die Auffindung und die Gliederung der
Redegegenstände *(inventio, dispositio)*, entspricht das sechste,
»Von der zuebereitung vnd ziehr der worte«, scheinbar dem
dritten *officium oratoris*: der *elocutio*. Hier ergänzt Opitz allerdings die der Rhetorik geläufigen Schmuckformen durch **dich-
tungsspezifische *elocutio*-Elemente: Reimstrukturen, metrische und Versformen und Gattungen der Poesie,** und auf
dieser Ebene gelten für die Poetik besondere »Freiräume *(licen-
tia poetarum)* für Abweichungen von der erwarteten Form, z. B. für neue
Bilder, aber auch für veraltete Ausdrücke, bizarre Vergleiche, ›falsche‹
Wortstellung oder ungewöhnliche Rhythmen« (Ueding/Steinbrink 2005,
S. 92). Im Gegensatz zur Rhetorik, deren Aufgabe die Überzeugung und
Überredung durch nachvollziehbares, mehr oder minder eigentliches
Sprechen ist, kennzeichnet die Poetik vor allem auf der Ebene der *elocu-
tio* das uneigentliche Sprechen (vgl. ebd.).

*Martin Opitz:
Buch von der Deut-
schen Poeterey,
Titelblatt der Erst-
ausgabe, 1624*

Aufklärung: Der Weg von der barocken Wirkungsauffassung der
Rhetorik führt über Leibniz und Thomasius zur vernunftbetonenden
Rhetorik der Aufklärung bei **Gottsched.** Hier wird sie zum Instrument
»rationale[r] Überzeugungsherstellung« (Ueding/Steinbrink 2005, S. 105),
die Überzeugung oder Überredung des Zuhörers soll durch rationale Argumentation und Ableitung der Argumente und unter vorrangiger Adres-
sierung der *ratio* des Publikums bewerkstelligt werden. Die noch in der
Hochaufklärung ausgeschlossenen Gefühle und Leidenschaften aber
rücken in der zweiten Hälfte des 18. Jahrhunderts ins Zentrum der rhetorischen wie auch der poetologischen Diskussion. Vor allem die beiden
Schweizer Philosophen und Gottsched-Kritiker **Bodmer** und **Breitinger**,
in ihrem literarischen Gefolge dann zunächst **Klopstock**, mittelbar auch
Lessing, räumten dem Wunderbaren und Neuartigen in der Poesie sein
Recht ein und betonten gleichermaßen die ›hertzrührende‹ Wirkung gera-
de solcher Elemente und Aspekte literarischer Texte. Eine poetologische
Konsequenz dieser Umbewertung ist, rhetorisch gewendet, Lessings Mit-
leidsästhetik (s. Kap. 3.3). Wissenschaftsgeschichtlich bedeutet dies die
›Erfindung‹ der Disziplin der *Ästhetik* (1750/58) bei **Baumgarten**, also das
Konzept einer spezifischen Wahrnehmungsweise des Kunstwerks (vgl.
Ueding/Steinbrink 2005, S. 109).

Die Auflösung der Rhetorik ist Folge der sichtbaren Aufspaltung der im 17. Jahrhundert noch zusammengehörenden Elemente der Redekunst in rationale Rhetorik einerseits, Empfindsamkeit modellierende und voraussetzende Poetik und Ästhetik andererseits. Die vielfältigen seit Beginn des 19. Jahrhunderts sich etablierenden akademischen Einzeldisziplinen treten zwar mehr oder minder selektiv das Erbe der alten Redekunst an; Rhetorik versammelt nicht mehr die Wissenschaften und die Poetik unter einem Dach. Allerdings feiert sie als praktische Rednerkunst in vielen neu begründeten oder aufgewerteten Institutionen der bürgerlichen Gesellschaft des 19. Jahrhunderts eine Renaissance: in der politischen Parlaments- oder Volksrede, in der Gerichtsrede, der Predigtlehre und als Rhetorik-Unterricht v. a. im Gymnasium.

Die in der Gegenwart existierende Vielfalt an Ratgeberbüchern für Vorstellungsgespräche, Selbst-Präsentationen oder auch die Anleitungen zum Abfassen von Hausarbeiten und zur Vorbereitung von Referaten im Studium setzen als Alltagsrhetorik die Tradition der Redekunst fort; sie greifen häufig bis ins Detail auf Systematik und Verfahren der antiken Rhetorik zurück (zur Geschichte der Rhetorik seit der Antike vgl. ausführlich Ueding/Steinbrink 2005, S. 13–206; Knape 2000; in knapperer Darstellung bei Ottmers 2007).

Das System der Rhetorik

Die systematischen Gesichtspunkte der Redekunst waren und sind das Fundament für die gesamte rhetorische Tradition bis zu den Poetiken des 18. Jahrhunderts und auch den Alltagsrhetoriken der Gegenwart. Dieses System unterscheidet grundsätzlich folgende Aspekte der Redekunst:

- die verschiedenen **Arten oder Gattungen der Rede** *(genera orationis)*;
- die unterschiedlichen **Wirkungsabsichten** *(officia oratoris)*;
- die traditionell fünf **Produktionsstadien der Rede** *(partes artis)*;
- die taxonomischen Systematiken, die vor allem bei der **Auffindung des Redegegenstands** *(inventio)* genutzt werden: die *topoi* und die *loci a persona*.

Mit den drei verschiedenen Wirkzielen der Rede eng verknüpft sind die drei voneinander unterschiedenen Stilebenen, die *genera elocutionis*. Diese sind das Verbindungsglied zwischen der eher makrostrukturellen und der mikrostrukturellen Beschreibungsebene der Rede, auf der dann von den unterschiedlichen Figuren und Schmuckformen, den Elementen uneigentlichen Sprechens usf. die Rede sein wird (s. Kap. 4.3).

1. Die drei Gattungen der Rede *(genera orationis)*:
- **Die Beratungsrede** *(genus deliberativum)* hat ihren Ort in der Volksversammlung oder im Parlament, dessen Mitglieder die Adressaten der Rede stellen. Da die Funktion der Rede im Kontext von Beratungszu-

sammenhängen das Zu- oder Abraten bestimmter Entscheidungen ist, ist ihre vorrangige Zeitrichtung die Zukunft.

- **Die Gerichtsrede** *(genus iudiciale)* hat ihren Ort im Gericht, Adressaten sind Richter oder Schöffen. Da die wesentliche Funktion der Gerichtsrede Anklage oder Verteidigung ist und sie in diesem Zusammenhang immer auf der (beweisbaren) Rekonstruktion von Geschehensabläufen beruht, ist ihre vornehmliche Zeitrichtung die Vergangenheit.
- **Die Fest-, Prunk- oder Gelegenheitsrede** *(genus demonstrativum)* hat ihren Ort in jeder feierlichen Zeremonie, im Festsaal oder bei der Totenfeier; Fest- oder Trauergemeinde stellen die Adressaten dar. Ihre Funktion lässt sich als lobende bzw. tadelnde Ausführung über den Jubilar bzw. den Verblichenen beschreiben; ihr Gegenstand ist die gegenwärtige Stimmung der Freude oder Trauer, insofern ist ihre vornehmliche Zeitrichtung die Gegenwart.

2. **Die Aufgabenbereiche des Redners** *(officia oratoris)*:

- Der Redner kann erstens ein **intellektuelles Wirkziel** verfolgen, auf den Verstand, die Vernunft seines Publikums einwirken wollen. Er setzt die Vernunft als Überzeugungsmittel ein *(logos)*, um seine Zuhörerschaft zu unterrichten *(docere)* oder ihr etwas zu beweisen *(probare)*.
- Zweitens kann der Redner ein sogenanntes »**mildes**« **Affektziel** verfolgen; er möchte seine Adressaten erfreuen *(delectare)* oder auch für sich gewinnen *(conciliare)*. Zu diesem Zweck setzt er das Überzeugungsmittel der eigenen Haltung ein *(ethos)*; die moralische Position, die der Redner bezieht, und sein Verhalten sollen in der Rede sichtbar werden und das Publikum überzeugen.
- Drittens aber kann der Redner ein **leidenschaftliches Affektziel** verfolgen, er möchte sein Publikum bewegen *(movere)* oder gar zu Taten aufstacheln *(concitare)*. Dazu setzt er Leidenschaft *(pathos)* selbst als Überzeugungsmittel ein, »die wilden, mitreißenden, erschütternden und entsetzenden Gefühlsregungen« (Ueding/Steinbrink 2005, S. 276).

3. **Die Arbeitsschritte bei der Verfertigung der Rede** *(partes artis)*:

- *Inventio:* die **Auffindung der Gedanken**, des Redegegenstandes. Grundsätzlich geht es hierbei allerdings nicht um Er-findung eines Neuen, sondern tatsächlich um die Auf-findung des Redegegenstandes in Mythologie, Geschichte, gegenwärtiger gesellschaftlicher Umwelt oder Natur.
- *Dispositio:* die **Konzeption des Argumentationsgangs**. Steht der Redegegenstand fest, plant der Redner seinen Vortrag im Groben, er gliedert, was er sagen will.
- *Elocutio:* die **Ausformulierung der Gedanken**, die sprachliche Umsetzung der einzelnen Argumente, ihre Einkleidung in Worte und Sätze, in Wortspiele, sprachliche Bilder u.v.m. Erst hier kommt die Vielzahl der unterschiedlichen rhetorischen Mittel zum Einsatz, die Sprachfiguren, die Tropen u.a. (s.u.).

- *Memoria:* aus Ermangelung handhabbarer Schriftträger und um der gesteigerten Wirkung der Rede selbst willen muss der Redner die Rede **auswendig lernen** (mit einem Verfahren, das weiter unten knapp erläutert wird).
- *Pronuntiatio* oder *actio*: der **Vortrag der Rede**, ihre stimmliche, mimische, gestische Umsetzung.

Zur Besonderheit der *memoria*

Die antike Technik der *memoria* verdient kurz besondere Aufmerksamkeit. Sie war die Technik der Aufbewahrung der Rede im Gedächtnis, um sie in der *actio* in der geplanten Anordnung realisieren zu können. »Der Autor ad Herennium nennt sie Schatzkammer der aufgefundenen Gedanken und zugleich Hüter aller Zweige der Redekunst [...]; Quintilian spricht von einer Schatzkammer der Beredsamkeit« (Knape 1997, S. 7).

Technisch gesehen stellte der antike Redner beim Auswendiglernen seiner Rede sich diese verräumlicht vor, der Gang der Argumentation wird abgebildet auf den Grundriss eines großen Gebäudes. Für jedes Argument ist ein Raum vorgesehen, in den nur eine Tür hinein, aus dem nur eine Tür ins nächste ›Argument-Zimmerchen‹ herausführt. Für jeden gedanklichen Schritt seiner Rede denkt der Redner sich ein möglichst ausgefallenes Bild aus, das in dem entsprechenden Raum an die Wand gehängt wird – später muss er nur in der Erinnerung den vorgestellten Grundriss entlangwandern und in Ansehung der Bilder die entsprechenden Argumente memorieren.

Die Fertigkeit, die eigenen Argumente zu bebildern, die Bildfindungskraft, nennt der Lateiner *imaginatio*. Diese ist also noch lange nicht im Sinne der regen Phantasietätigkeit ein Begriff kreativen Erfindens von Neuem, sondern ein eher technisches Vermögen im Kontext der *memoria*. In dem Zeitraum aber, in dem durch die Verbilligung von Papier, die steigende Alphabetisierungsrate und den Buchdruck die Notwendigkeit immer geringer wurde, große Textmengen auswendig zu lernen – also in der frühen Neuzeit, zwischen dem 15. und dem 18. Jahrhundert – verlor die *memoria* als (nicht nur rhetorisches) Vermögen immer stärker an Bedeutung. Die Imagination als mentale Fertigkeit aber wurde umbewertet und, an neuer Stelle im System, wieder eingefügt: Unter dem Begriff der Einbildungskraft werden der *imaginatio* Implikationen der Phantasietätigkeit, der schöpferischen Erfindung zugemessen und sie wird, in der Poetik seit der Mitte des 18. Jahrhunderts, ein Vermögen der *inventio*, die jetzt tatsächlich Er-findung heißt, die Schöpfung eines Neuen. Der Künstler wird damit zum Genie (zur Technik der *memoria* vgl. Yates 1997; zur Veränderung der Gedächtniskunst in der Frühen Neuzeit vor allem Haverkamp/Lachmann 1993, S. 17–27 u. ö.).

4. **Die Topik** ist ein Fragenkatalog, der bei der Auffindung des Redegegenstandes zur genauen Schilderung eines Sachverhalts führen sollte:

- So wurde erstens stets nach der **Person** gefragt, die im zur Rede stehenden Zusammenhang handelte: *quis*.
- Zweitens musste überhaupt die Tat, die **Handlung** selbst erfragt werden: *quid*.
- Drittens folgte die Frage nach dem **Ort der Handlung:** *ubi*.
- Die Frage nach den **Mitakteuren**, den ›Helfern‹ oder Unterstützern der Handlung vergrößert viertens den Kreis der Handelnden: *quibus auxiliis*.
- Grundsätzlich sollten fünftens auch der **Grund der Handlung**, ihre Motivation oder ihre Ursprünge erarbeitet und genannt werden: *cur*.
- Sechstens sollte die qualitative Seite des Redegegenstands, die **Art und Weise**, auf welche das Geschehen ablief, erläutert werden können: *quomodo*.
- Schließlich musste natürlich auch der **Zeitpunkt** der zur Rede stehenden Handlung benannt werden: *quando*.
  Diese sieben Fragen bzw. Fragekategorien, die die Topik systematisch erfasst, gelten nicht nur für den Redner etwa der Antike: Jeder Praktikant oder Volontär bei einer Zeitung lernt, bevor seine erste Meldung, Konzertkritik o. Ä. gedruckt wird, die Topik der sieben W-Fragen kennen – die mit denen der antiken Redekunst exakt übereinstimmen. In diesem Sinne sind viele moderne Praxisfelder des professionellen Schreibens und Sprechens angewandte Rhetorik.

Die *loci a persona* schlüsseln die *quis*-Frage nach Personen, über die gesprochen werden soll, nochmals differenziert auf. Die genaueren Umstände der Person können erschlossen werden mit der Frage nach:
- **Abstammung**, den Vorfahren und Eltern *(genus)*;
- **Namen** *(nomen)*;
- **Geschlecht** *(sexus)*, kann sogar mit geschlechtsspezifischen Zuschreibungen näher charakterisiert werden;
- **Alter** *(aetas)*, dem altersspezifische Verhaltensweisen zugeordnet sein können;
- **Nationalität** *(natio)*: Die Frage bezog sich auf die Herkunft aus einem bestimmten Volk, einer Nation oder Region;
- **Vaterland** *(patria)*, ihrem Umfeld der besonderen Gesetze, Sitten, Gebräuche, Auffassungen und Lebensformen;
- **Erziehung und Ausbildung** der Person *(educatio et disciplina)*, nach dem Beruf *(studia)* und dem sozialen Stand *(conditio)*, denn diese bedingen bestimmte Verhaltensweisen und Einstellungen;
- **Neigungen**, die einer Person zugeordnet werden *(quid affectet quisque)*, die Handlungs- und Denkweisen verständlich machen;
- **körperlichen Eigenschaften** *(habitus corporis)* wie Aussehen, Stärke oder bestimmte Fertigkeiten;
- der **Vorgeschichte der Person** *(ante acta dicta)*, die Gründe und Motivationen für bestimmte Handlungen liefern kann;

- dem ›**Schicksal**‹ *(fortuna)*: Die Frage sollte klären, ob die zur Rede stehende Person etwa von Glück oder Unglück verfolgt sei.

Anwendbarkeit der *loci a persona* bei der Literaturanalyse: Diese Fragekategorien sind in ihrer Gültigkeit keinesfalls auf die (klassische) Rhetorik beschränkt: Zumindest solange die Poetik eine Teilmenge der Rhetorik darstellte, hat ein Schriftsteller bei der näheren Charakterisierung einer literarischen Figur, bei ihrer Exposition in Drama oder Roman, sehr eng und genau die verschiedenen *loci a persona* abgearbeitet: Nach dem ersten Aufzug von Goethes *Egmont* beispielsweise – in dem der Held gar nicht auftritt –, weiß der Leser oder Zuschauer sehr genau, wer Egmont ist, aus welchem Stand er kommt, welche spezifischen Verhaltensweisen er zeigt, wer seine Freunde sind, in welche Konflikte er eingebunden ist und vieles mehr. Die Fragekategorien nach der Person also lenken den Schriftsteller bei der literarischen Arbeit – und bieten für die Dramen- oder Romananalyse auch Hilfestellung, insofern sie den Blick sehr genau auf einzelne Aspekte der Figurenexposition oder -charakterisierung lenken (die Produktionsstadien der Rede sowie Topik und *loci a persona* sind beispielhaft erläutert bei Ueding/Steinbrink 2005, S. 211–258).

4.3 | Rhetorik und literarische Stilistik

Dreistillehre

Den drei unterschiedlichen weiter oben thematisierten Aufgaben des Redners – belehren, erfreuen, bewegen – werden auf der Ebene der Elocution,
der Ausformulierung der Gedanken, **drei Stilebenen** zugeordnet (*genera
elocutionis*, Dreistillehre):

- Schlichter, ›niederer‹ Stil ist der Absicht des Belehrens angemessen: *genus* oder *stilus humilis*.
- Mittlerer Stil ist für den Redner bzw. Dichter das Mittel, zu erfreuen
  oder milde Affektziele zu erreichen: *genus medium, stilus mediocris*.
- Hoher oder erhabener Stil dient der Erregung leidenschaftlicher Affekte: *genus sublime, stilus gravis*.

Drei Stilebenen

Alle drei Stilkategorien aber sind grundsätzlich gleichwertig, ›niederer‹
bzw. ›hoher‹ Stil sind keinesfalls wertende Begriffe – seine Wertigkeit erhält der gewählte Stil immer nur in Bezug auf die Erreichung der beabsichtigten Wirkung.

Dreistillehre und Gattungslehre: Diese Dreistillehre ist auch im Feld
literarischer Texte, der Poetik, einflussreich. Im Blick auf das Gesamtwerk
des römischen Dichters Vergil haben schon mittelalterliche Gelehrte festgestellt, dass sich den verschiedenen Abteilungen dieses Werkes sehr genau die drei Stilebenen zuordnen lassen. So entspricht die Idyllen- oder
Hirtendichtung Vergils, die sogenannten *Bucolica*, exakt dem *stilus humilis*, die Landlebendichtung, *Georgica*, dem *genus medium* und seine
Heldendichtung, das große Versepos *Aeneis*, dem *stilus gravis*. Innerhalb
dieser Texte oder Textgruppen sind die verschiedenen Bestandteile der erzählten oder erdichteten Welt – die Handlungszusammenhänge ebenso
wie der Stand der Protagonisten, vorkommende Tiere, Pflanzen, Werkzeuge, Handlungsort u.v.m. – präzis aufeinander und auf die jeweilige Stilhöhe abgestimmt. So kommen etwa in der Hirtendichtung nur ›schlichte‹
Konflikte zur Sprache (ein Lämmchen geht verloren, es wird wiedergefun-
den – am Ende wird geheiratet), handelnde Figuren sind die Hirten, die auf
der Weide unter Buchen ihre Schafe hüten und einen Hirtenstab tragen.
– Die innere Angemessenheit aller Bestandteile des Textes heißt, ebenso
wie die äußere Angemessenheit der Stilhöhe an die Wirkziele, *aptum*.

Dreistillehre

Angemessenheit, *aptum*: Für die Poetik ist diese Angemessenheitsregel
von höchster Bedeutung: Die **Ständeklausel**, die in Tragödie wie Komödie
Geltung hatte, ist angewandte *aptum*-Lehre (s. Kap. 3.3.2): Die Helden der
Tragödie mussten aus hohem Stand stammen, denen die Erhabenheit der
Konflikte und der Sprache, die Bienvenance der Figuren u.v.m. entsprechen mussten. Schon Lessings Konzeption des bürgerlichen Trauerspiels
modifiziert diese Regel. Die Aufnahme von Volkssprachlichem oder gar
Vulgärem ins Schauspiel des Sturm und Drang, die Ausweitung der möglichen Handlungsträger auf Figuren aus dem niederen Stand u. Ä. haben
als Verstoß gegen das *aptum* ungeheuer provokativ gewirkt.

aptum

Stilmittel

Grundsätzliche Stilanforderungen sind, gleichgültig, welcher Stilebene der Redner die geplante Rede zuordnen will, und über die innere und äußere Angemessenheit der *elocutio* hinaus, die sprachliche Korrektheit *(puritas)* und Klarheit *(perspicuitas)*. Der Redner aber ist auch aufgefordert, in der sprachlichen Ausformulierung der Gedanken **Schmuckformen der Rede** einzusetzen. Diese sollen gleichermaßen die Überzeugungsabsicht des Redners unterstützen, seine Argumentation verdeutlichen, helfen, Redegegenstände zu verkleinern oder zu vergrößern, zu erhöhen oder zu erniedrigen *(amplificatio)* und auch die Zuhörer/innen durch Abwechslung unterhalten. Dabei darf der Redeschmuck niemals in übertriebener Form, als Selbstzweck Verwendung finden, er muss immer dem *aptum*-Kriterium genügen.

Die antike Rhetorik unterscheidet zwischen Formen des **Redeschmucks in Wortverbindungen** *(ornatus in verbis coniunctis)* und des **Redeschmucks in Einzelwörtern** *(ornatus in verbis singulis)*.

1. Redeschmuck in Wortverbindungen umschließt verschiedene Formen meist auf der Satzebene sichtbarer ›Figuren‹ und die Wortfügung. Wortfiguren haben immer eine amplifizierende Funktion, d.h. sie heben ein Wort besonders hervor, zur Erhöhung oder Verminderung des Gemeinten.

- **Die Geminatio** ist die einfache oder mehrfache Wiederholung eines Wortes oder Satzteils (»Mein Vater, mein Vater, jetzt faßt er mich an«, Goethe: *Erlkönig*).
- **Die Anadiplose** wiederholt ein Wort oder einen Satzteil, um damit einen nächsten Satz zu beginnen (»reden [...] einander ins Wort, ins Wort auch sich selber«, Th. Mann: *Der Erwählte*). Ist bei einer solchen, auch drei- oder vierfachen Wiederholung eine Steigerung zu beobachten, spricht man von **Klimax** oder **Gradatio**.
- **Die Anapher** ist Wortwiederholung am Anfang mehrerer Sätze oder auch Verszeilen (»Dort meine Hütte,/Dort hin zu waten«, Goethe: *Wandrers Sturmlied*), am Ende mehrerer Sätze oder Verszeilen heißt sie **Epipher**. Wird während einer Wortwiederholung der Kasus verändert, spricht man vom **Polyptoton**, wenn der Redner der reinen Wiederholung durch die Setzung eines gleichbedeutenden Wortes ausweicht, von **Synonymie**, eine Figur, die für den Zuhörer Abwechslung bereithält.
- **Asyndeton** heißt die Häufung von ähnlich- oder gleichbedeutenden Wörtern, von Wörtern verschiedener Bedeutung oder auch innerhalb einer Klimax, die auf sämtliche Bindewörter (und, oder) verzichtet (»Innre Wärme,/Seelenwärme,/Mittelpunkt«, Goethe: *Wandrers Sturmlied*), bei der Verwendung von Bindewörtern **Polysyndeton** (»Die Welle sprüht und staunt zurück und weichet/Und schwillt bergan«, Goethe: *Mächtiges Überraschen*). Die oft überraschende, in Einzelfällen sogar grammatisch unrichtige Kopplung mehrerer gleichartiger oder

ungleichartiger Satzglieder an ein Verbum heißt **Zeugma** (»Er saß ganze Nächte und Sessel durch«, Jean Paul: *Siebenkäs*).

- **Die Auslassung** gehört neben der Wiederholung oder Häufung von Wörtern zu den figurenbildenden Verfahren des Redners. Schon das Asyndeton ist eine Figur der Auslassung (der Bindewörter). Die **Ellipse** ist die Auslassung eines Wortes oder Satzteils, das für das Verständnis des Satzes nicht unbedingt erforderlich ist, grammatisch aber notwendig wäre (»Ich dich ehren? Wofür?«, Goethe: *Prometheus*), eine Figur, die in der Rede durch Neuheit oder Überraschungseffekt dem Zuhörer Abwechslung bietet und eine Form des affektgeladenen verknappten Sprechens darstellt. In literarischer Sprache dient die Ellipse auch dazu, die Unsagbarkeit des Eigentlichen, nur Gefühlten, der Sprache sich Verweigernden auszudrücken. Auf der Ebene der Gedankenfiguren ist der Ellipse der Redeabbruch, die **Aposiopese** entgegenzusetzen, die tatsächlich im bewusst und strategisch eingesetzten Weglassen abschließender Satzteile besteht – etwa um den Eindruck einer starken affektiven Betroffenheit zu suggerieren (»was mich verdrießt, ist, daß Albert nicht so beglückt zu sein scheinet, als er – hoffte – als ich – zu sein glaubte – wenn –«, Goethe: *Werther*).
- **Figuren durch (Wort-)Umstellung** kennzeichnen vor allem poetische Rede. Die **Inversion** verkehrt, meist um zentrale Wörter im Vers in Eckstellung zu bringen oder den Vers einem Metrum anzupassen, die grammatische Satzfolge (»Wandeln wird er/Wie mit Blumenfüßen/Über Deukalions Flutschlamm/Python tötend, leicht, groß/Pythius Apollo«, Goethe: *Wandrers Sturmlied*). Werden Sachverhalte in einer ihrer ursprünglichen Chronologie widersprechenden Reihenfolge formuliert, liegt das **Hysteron Proteron** vor (»Ihr Mann ist tot und läßt Sie grüßen«, Goethe: *Faust*).
- **Beim Hyperbaton** werden syntaktisch einander zugeordnete und zusammenhängende Wörter durch Umstellung des Satzes oder durch einen Einschub voneinander getrennt (»Und übe, Knaben gleich,/Der Disteln köpft,/An Eichen dich und Bergeshöhn«, Goethe: *Prometheus*). Werden Sachverhalte in paralleler syntaktischer Fügung angeordnet, spricht man vom **Parallelismus**, der häufig eine Steigerung, eine Klimax darstellen oder auch stilistisch mit der Anapher verbunden sein kann (»Und meine Hütte,/Die du nicht gebaut,/Und meinen Herd,/Um dessen Glut/Du mich beneidest«, Goethe: *Prometheus*). Die pointierte Gegenüberstellung entgegengesetzter Sachverhalte heißt **Antithese**; wird dieser Gegensatz zudem in einer Überkreuzstellung der antithetischen Satzglieder formuliert, so liegt ein **Chiasmus** vor (»Eng ist die Welt und das Gehirn ist weit«, Schiller: *Wallenstein*) (zu weiteren Wortfiguren Ueding/Steinbrink 2005, S. 300–309).

2. Gedanken- oder Sinnfiguren bilden eine zweite Gruppe der Formen des Redeschmucks in Wortverbindungen:
- **Formen der Frage** *(interrogatio)* kann der Redner – wie auch der Dichter – einsetzen, um Sachverhalte hervorzuheben, um die Zuhörerschaft

oder die Leser/innen in Spannung oder gesteigerte Aufmerksamkeit zu versetzen. Dabei kann er Fragen verwenden, auf die keine tatsächliche Antwort erwartet wird (alltagssprachlich die sogenannten ›rhetorischen Fragen‹), die ihre Beantwortung schon suggerieren, oder aber auch Fragen, auf die der Text selbst die Antwort gibt, also ein textlich inszeniertes Frage-und-Antwort-Spiel *(subiectio)*: »Wer half mir wider/ Der Titanen Übermut?/Wer rettete vom Tode mich,/Von Sklaverei?/ Hast du's nicht alles selbst vollendet,/Heilig glühend Herz?/Und glühtest, jung und gut,/Betrogen, Rettungsdank/Dem Schlafenden dadroben?« (Goethe: *Prometheus*).

- Die *dubitatio* (Zweifel) soll besonderes Zutrauen in die Glaubwürdigkeit des Redners erwecken. Er gibt vor, am eigenen Wissen zu zweifeln. Durch den Einschub längerer etwa illustrativer oder historischer Passagen kann er seine Zuhörer hinhalten *(sustenatio)* und so ihre Aufmerksamkeit über längere Zeit fesseln. Durch Ausrufe werden zentrale Argumente oder Gedanken hervorgehoben oder leidenschaftlich unterstützt *(exclamatio)*. »Weh! Weh! Innre Wärme« (Goethe: *Wandrers Sturmlied*).

- Die Wortfigur der Antithese (s. o.) ist meist gleichzeitig auch eine Sinnfigur. Wird die antithetische Struktur radikal verdichtet im Zusammenschluss zweier einander widersprechender Begriffe, liegt ein **Oxymoron** vor: »Schwarze Milch der Frühe«, Celan: *Todesfuge*). Die nur scheinbar widersprüchliche Struktur des Paradoxons fordert Zuhörer oder Leser/innen auf, aus dem Widersprüchlichen eine abstraktere Schlussfolgerung, einen höheren Sinn zu erschließen: »Ein Christenmensch ist ein freier Herr über alle Dinge und niemand untertan. Ein Christenmensch ist ein dienstbarer Knecht aller Dinge und jedermann untertan« (Luther: *Von der Freiheit eines Christenmenschen*).

- Die Gedankenfigur der Ironie ist ein problematisches rednerisches Mittel, da sie, auf den ersten Blick, die Wahrheit verbirgt: Der Redner weiß mehr, als er seinem Publikum mitteilt; er kann so etwa Gegenargumente bewusst übertrieben darstellen, um sie zu entwerten und ihre Glaubwürdigkeit zu erschüttern. Allerdings muss er in seine Rede Signale einbauen dafür, dass er gerade ironisch spricht, so dass das Publikum die Spannung zwischen dem gerade Gehörten und dem im Hintergrund stehenden Wissen oder Meinen des Redners realisieren kann (zu weiteren Gedankenfiguren vgl. Ueding/Steinbrink 2011, S. 309–324).

3. Wortfügung bzw. sprachrhythmische Gestaltung haben großes Gewicht innerhalb der Produktionsphase der *elocutio* (vgl. dazu insgesamt Ueding/Steinbrink 2011, S. 324–328).

Quintilian unterscheidet zwar grundsätzlich zwischen der ›bloß‹ rhythmischen, ungebundenen Rede des Rhetors und der gebundenen, metrischen Rede des Dichters, formuliert aber einen Satz strenger Regeln, die schon für die rhythmische Gestaltung der ungebundenen Rede gelten und die in der Poetik lediglich in noch strengerer Vorschrift gelten.

Neben inhaltlichen Kriterien zur Anordnung der Wörter im Satz, Abschnitt oder in Aufzählungen sind es vor allem **klanglich-rhythmische Vorschriften**, die der Redner beachten muss. So soll etwa der Zusammenstoß von Vokalen am Ende eines und am Beginn des nächsten Wortes (*hiatus*) vermieden werden, zumal wenn es sich um zwei lange Vokale handelt. Im Einzelfall kann zum Mittel der Verschmelzung beider Vokale gegriffen werden. Die Vermeidung eines solchen Hiatus soll der störenden Unterbrechung des Redeflusses vorbeugen, ebenso wie die Vermeidung des Zusammenstoßes bestimmter Konsonanten, der zu einer Pause zwänge.

Die lateinische Sprache empfängt, anders als die deutsche, ihren Rhythmus nicht aus der Folge von Hebungen und Senkungen, sondern aus der von Längen und Kürzen. Quintilians Rhetorik enthält genaue Anweisungen über die unterschiedlichen Versfüße (Jambus, Daktylus; dazu ausführlicher s. Kap. 3.2.2), also rhythmische Kleinsteinheiten, in die der Redner seinen Text einteilen kann. Allerdings gibt es für die rhythmisierte Prosa-Rede natürlich keine Vorschrift, wie viele solcher Versfüße in einer Folge stehen dürfen. Quintilian stellt hier der Poetik das Handwerkszeug zur Verfügung, das diese nur noch auf den begrenzten Raum des Verses übertragen muss. Schon die Redekunst zielt auf eine geplant rhythmisierte Sprache ab, die Poetik fügt lediglich die Begrenzung des Verses hinzu. Darüber hinaus ist Rhythmus auch in der Prosa wirkungsvoll: Viele Passagen von Goethes *Werther* etwa erzielen den Eindruck beispielsweise eines geschlossenen Naturbildes auch aufgrund ihres harmonisierten Rhythmus (z. B. im Brief vom 10. Mai 1771 u. ö.).

4. Redeschmuck in Einzelwörtern bildete in der rhetorischen Tradition eine größere Zahl von Formen aus. Zu diesen zählen die für die Literatur zentralen sprachlichen Bilder, die sogenannten Tropen, sowie Archaismus und Neologismus (zu allen Figuren literarischer Rhetorik bzw. Stilistik vgl. auch Lausberg 1990; Asmuth/Berg-Ehlers 1978).

- Unter **Archaismus** wird ein altertümlicher oder altertümlich erscheinender Ausdruck verstanden, der häufig dem Redegegenstand zu einer größeren Würde verhelfen oder auch, in literarischen Texten, Stilformen oder Mentalitäten älterer Kulturzustände zitieren soll. So imitiert etwa Goethe in der ersten Fassung seines *Faust*, dem sogenannten *Urfaust*, die altertümliche Begrifflichkeit des 16. Jahrhunderts, in dem das Drama spielt: »Hab nun ach die Philosophey/Medizin und Juristerey,/Und leider auch die Theologie/Durchaus studirt mit heißer Müh«.
- Beim **Neologismus** liegt eine Wortneuschöpfung des Redners oder Dichters vor, die einerseits das Fehlen eines passenden Wortes kompensieren soll, andererseits aber auch den Zuhörer oder Leser überrascht und so Abwechslung bietet. Eine der literaturgeschichtlich berühmtesten Wortneuschöpfungen ist Goethes »Knabenmorgen-/Blütenträume« aus dem *Prometheus*.
- Besonders interessant sind durch Wortzusammenstellungen erzeugte Neologismen, die gleichzeitig archaisierende Funktion haben, wie sie

vor allem die klassizistische Sprache um 1800 auszeichnen. Wörter wie »vielwillkommner« oder »fernabdonnernd« (Goethe: *Iphigenie* V. 803/ V. 1361) versuchen, entsprechend der Homerübersetzung von Johann Heinrich Voß, ein homerisches Wortbildungsprinzip nachzuahmen und galten insbesondere im Kontext des Weimarer Klassizismus als Zeichen antikisierenden Stils.

Tropen

Innerhalb der rhetorischen Figuren umfasst die große und wichtigste Gruppe der Tropen alle in übertragenem Sinn gebrauchten Ausdrücke, die anstelle der ›eigentlichen‹ Sprechweise treten. Die Ersetzung des eigentlichen Ausdrucks durch einen uneigentlichen, bildhaften kann durch ganz unterschiedliche Übertragungsoperationen vollzogen werden – ein Kriterium, nach dem die einzelnen Tropen voneinander unterschieden werden können.

1. **Die Metapher** ist die Übertragung eines Wortes aus einem Bildspendebereich in einen Bildempfangsbereich, wobei zwischen beiden eine semantische Schnittmenge existieren muss, das sogenannte *tertium comparationis*, das ›Dritte des Vergleichs‹. Die Metapher ist ein abgekürzter Vergleich ohne Vergleichspartikel.

Die Formulierung »Achill kämpfte wie ein Löwe« ist ein Vergleich; um die Vergleichspartikel gekürzt, könnte der Satz heißen: »Achill war ein Löwe im Kampf«; dann liegt eine Metapher vor. Der Löwe spendet das Bild, Achill empfängt es, zwischen beiden existiert eine Schnittmenge semantischer Merkmale: »stark, mutig, königlich«. Zwischen Achill und dem Löwen liegt also als Drittes dieser Überschneidungsbereich. Quintilian unterscheidet Metaphern, bei denen folgende **Ersetzungen** vorliegen:

- Belebtes durch ein anderes Belebtes (»Achill war ein Löwe im Kampf«);
- Unbelebtes durch Unbelebtes (»Luftschiff«);
- Unbelebtes durch Belebtes (»der Frost beißt«);
- Belebtes durch Unbelebtes (»Wüstenschiff«);
- Etwas Abstraktes durch etwas Konkretes (»Stromquelle«).

Auch die Größe und schnelle Erschließbarkeit der Schnittmenge, wovon immerhin das klare Verständnis der Metapher abhängt, kann zur Unterscheidung zwischen Metapherntypen dienen. Ist bei der Metapher »Achill war ein Löwe im Kampf« das Verständnis sofort gegeben, die Schnittmenge klar, ist das bei folgendem Bild schon schwieriger: »Der Mond ist ein blutiges Eisen« (Büchner: *Woyzeck*); die Möglichkeit allerdings, dass der Mond wie eine (eiserne) Sichel aussehen und zuweilen eine rote Farbe annehmen kann, lässt ein *tertium comparationis* denkbar erscheinen. In diesem Fall spricht man von einer **kühnen Metapher**. Für den Fall jedoch, dass der Bildspendebereich sich verabsolutiert, der Empfangsbereich gar nicht mehr mitgeliefert wird, also nicht einmal das ›Zweite des Vergleichs‹

gegeben ist, liegt eine **absolute Metapher** vor – wie es häufig in symbolistischer oder auch hermetischer Lyrik geschieht: »In den Flüssen nördlich der Zukunft/werf ich das Netz aus, das du/zögernd beschwerst/Mit von Steinen geschriebenen Schatten« (Celan).

2. Bei der Metonymie besteht im Gegensatz zur Metapher keine semantische Schnittmenge. Die Metonymie ist die Ersetzung eines Wortes durch ein anderes, das in einer ›realen‹ Beziehung zum ersten steht. Solche Beziehungen können sein:

- Personen – Ort (»die Ostkurve brüllte auf«);
- Ort – Institution (»Berlin gibt bekannt«);
- Gefäß – Inhalt (»trinkst du noch ein Glas mit mir«);
- Erzeugnis – Erzeuger (»hast du noch ein Tempo«);
- Erfindung – Erfinder (»ich fahre einen Benz«);
- Werk – Autor (»Bach hören«);
- Abstraktes – Sinnbild (»sein Lorbeer verwelkte«);
- Ursache – Wirkung (»er fügt mir Schmerzen zu«).

3. Die Synekdoche ist eng mit der Metonymie verwandt. Dies meint die Ersetzung eines Wortes von weiterer durch eines mit engerer Bedeutung (oder umgekehrt). So zum Beispiel beim *pars pro toto* (»Er hat ein Dach überm Kopf«, statt: Haus) oder beim *totum pro parte* (»der Wald stirbt«). Auch die Ersetzung von Art durch Gattung (und umgekehrt) ist eine Synekdoche (»Unser täglich Brot« steht stellvertretend für alle Nahrungsmittel; »der Unsterbliche« bezeichnet einen Gott mit einem Gattungskriterium).

4. Die Allegorie gilt seit Quintilian als fortgesetzte, erweiterte Metapher: Das Bild steht nicht für einen einzelnen Begriff, für eine einzelne handelnde Figur. Vielmehr wird im Bild eine ganze Reihe von Gedanken, ein komplexerer Zusammenhang, ausgedrückt. Gryphius' Sonett *An die Welt* spricht im Bild des Schiffs im Sturm in allegorischer Weise über die Gefährdungen des menschlichen Lebens (und den Tod):

> **Mein offt bestuermbtes Schiff der grimmen Winde Spil**
> **Der frechen Wellen Baal/das schir die Flutt getrennet /**
> **das ueber Klipp auff Klip'/und Schaum/und Sandt gerennet.**
> **Komt vor der Zeit an Port/den meine Seele will.**

Andreas Gryphius:
An die Welt

Da hier ausschließlich auf der Bildebene gesprochen wird und da das, worauf das Bild verweist, nur deutend mitgedacht werden kann, liegt hier eine vollständige oder abgeschlossene Allegorie vor. Diese kann natürlich so dunkel und rätselhaft werden, dass sie vieldeutig wird oder nicht mehr verständlich ist.

Die gebrochene, gemischte Allegorie enthält neben der Bildebene auch Anteile des Gemeinten, auf das sie verweist. In Johann Sebastian Bachs *Kreuzstab-Kantate* (BWV 56) etwa taucht das Schiffs-Bild von Gryphius im ersten Rezitativ wieder auf:

J. S. Bach:
Kreuzstab-
Kantate

Mein Wandel auf der Welt,
Ist einer Schiffahrt gleich:
Betrübnis, Kreuz und Not
sind Wellen, welche mich bedecken
und auf den Tod mich täglich schrecken.

Die Veranschaulichung eines abstrakten Begriffskomplexes in einem figürlichen Bild wird ebenfalls als Allegorie bezeichnet: Eine Frauenfigur mit Augenbinde, Schwert und Waage, Justitia, steht für die Gerechtigkeit.

5. Die Hyperbel ist eine Figur der bewussten Übertreibung, die meist die Funktion der Erhöhung oder Verringerung eines Sachverhalts oder einer Person hat: »die liebe Liane, der verschämte, erschrockne blaßrote Engel« (Jean Paul: *Titan*).

6. Die Litotes (gr. Schlichtheit) ist die Umgehung einer Übertreibung oder lobenden Äußerung durch die Verneinung des Gegenteils: ›nicht schlecht‹ bedeutet meist ›ziemlich gut‹.

7. Das Symbol ist eigentlich keine der Tropen, die die antike Rhetorik aufzählt. Allerdings stammt der Begriff des Symbols ebenfalls aus der Antike: Die beiden Hälften eines irdenen Gefäßes oder einen Ringes, die zwei lange getrennte Freunde bei sich tragen und bei einer Begegnung als Erkennungszeichen zusammenlegen (gr. *symballein*: zusammenwerfen), stehen für die Freundschaft der beiden. Das Symbol ist in diesem Sinne ein Sinnbild für etwas Abstraktes, eine Idee.

Für das Selbstverständnis der Literatur wurde der Symbolbegriff um 1800 zu einem zentralen Terminus, vor allem bei Goethe. Seinem Verständnis nach ist das Symbol die ›Schau des Allgemeinen im Besonderen‹. Das Symbol erscheint ihm als »die Natur der Poesie; sie spricht ein Besonderes aus, ohne an's Allgemeine zu denken oder darauf hinzuweisen« (WA I.42.2, S. 146). Das Symbol »verwandelt die Erscheinung in Idee, die Idee in ein Bild, und so, daß die Idee im Bild immer unendlich wirksam und unerreichbar bleibt« (WA I.48, S. 205). Ausgangspunkt ist also nicht, wie bei der Allegorie, eine philosophische Abstraktion, sondern die konkrete und sinnliche Anschauung etwa eines Naturdings. In diesem ein Allgemeineres wahrzunehmen, zu ahnen, schafft für den Künstler die Voraussetzung, ein (literarisches) Bild zu schaffen, in dem das Besondere der Erscheinung mit dem Allgemeinen der Idee zusammenfallen.

Insbesondere an den stilistischen Anteilen der Rhetorik wird die enge Verflechtung von Rhetorik und Poetik sichtbar: Die antike Dreistillehre wirkt unmittelbar in literarische Konzepte wie die Ständeklausel hinein, die Wort-, Gedanken- und Sinnfiguren sowie die Tropen sind nicht nur Schmuckelemente der Gerichts- oder Versammlungsrede, sondern die wichtigsten stilistischen Gestaltungsmittel literarischer Texte überhaupt. Darüber hinaus aber lassen sich aus den grundlegenden systematischen

Entscheidungen der antiken Redekunst literaturwissenschaftliche Basis-
kategorien ableiten: etwa aus den Redegattungen und den Aufgaben des
Redners auch die verschiedenen literarischen Gattungen. Diese enge Verwandtschaft rhetorischer und poetologisch-stilistischer Verfahren und
Kategorien aber ist eine Konsequenz der Tatsache, dass die Poetik eigentlich bis zur Mitte des 18. Jahrhunderts angewandte Spezialrhetorik war
und sich erst in den letzten zweieinhalb Jahrhunderten von der Rhetorik emanzipieren konnte. Gleichwohl behält rhetorisches Wissen für den
beschreibenden, analytischen und deutenden Umgang mit literarischen
Texten seine elementare Bedeutung.

Literatur

Asmuth, Bernhard/Berg-Ehlers, Luise: Stilistik. Opladen [3]1978.
Fuhrmann, Manfred: Die antike Rhetorik. Eine Einführung. München/Zürich [3]1990.
Göttert, Karlheinz: Einführung in die Rhetorik. Grundbegriffe, Geschichte, Rezeption.
    München [3]1998.
Haverkamp, Anselm/Lachmann, Renate (Hg.): Memoria. Vergessen und Erinnern. Mün-
    chen 1993.
Knape, Joachim: »Memoria in der älteren rhetoriktheoretischen Tradition«. In: Zeit-
    schrift für Literaturwissenschaft und Linguistik 105 (1997), S. 7–21.
– : Allgemeine Rhetorik. Stationen der Theoriegeschichte. Stuttgart 2000.
Lausberg, Heinrich: Handbuch der literarischen Rhetorik. Eine Grundlegung der Litera-
    turwissenschaft, 2 Bde. Stuttgart [3]1990.
Ottmers, Clemens: Rhetorik. Stuttgart/Weimar [2]2007.
Sowinski, Bernhard: Stilistik. Stiltheorien und Stilanalysen. Stuttgart/Weimar [2]1999.
Ueding, Gert (Hg.): Historisches Wörterbuch der Rhetorik. Tübingen 1992ff.
– /Steinbrink, Bernd: Grundriß der Rhetorik. Geschichte, Technik, Methode. Stuttgart/
    Weimar [5]2011.
– : Klassische Rhetorik. München [2]1996.
– : Moderne Rhetorik. Von der Aufklärung bis zur Gegenwart. München 2000.
Yates, Francis A.: Gedächtnis und Erinnern. Mnemonik von Aristoteles bis Shakespeare
    [1966]. Berlin [4]1997.

Arbeitsaufgaben

1. Definieren Sie Metapher und Metonymie und grenzen sie beide voneinander ab!

2. Erörtern Sie die Zusammenhänge zwischen Rhetorik und Poetik im Blick auf die Geschichte beider Disziplinen, im Blick auf Gattungseinteilungen und in Hinsicht auf textanalytische Fragestellungen!

3. Erörtern Sie den Begriff innerer und äußerer Angemessenheit!

4. Diskutieren Sie die wesentlichen Zusammenhänge zwischen den drei *officia oratoris* und den Bestimmungen der Dreistillehre!

5. Beschaffen Sie sich Gryphius' *Thränen des Vaterlandes anno 1636* und beschreiben Sie die dort verwendeten literarischen Bilder und Stilfiguren!

6. Beschaffen Sie sich Goethes Gedicht *Es schlug mein Herz* (*Willkomm und Abschied*, 1. Fassung) und beschreiben Sie die dortigen literarischen Bilder und Stilfiguren!

7. Analysieren Sie mithilfe der *loci a persona* die Technik der Figurencharakterisierung am 1. Akt von Goethes *Egmont*!

Lösungshinweise zu den Arbeitsaufgaben finden Sie auf
www.metzlerverlag.de/webcode. Ihren persönlichen Webcode
finden Sie am Anfang des Bandes.

5. Literatur und andere Künste: Formen der Intermedialität

5.1 | Methodologie und Begriffe

Der Wettstreit der Künste um die Vorherrschaft ist so alt wie diese selbst und hat eine eigene Kunstgattung hervorgebracht, die seit der Renaissance als *paragone* bezeichnet wird. Doch gab es als Gegenreaktion zu dem ›entweder-oder‹ auch regelmäßig das Bemühen um die **Synthese**, um das ›und‹ der Künste: Sie scheinen besonders dann zusammenzustreben, wenn man sich gerade vorher bemüht hat, sie voneinander zu trennen. Hatte Lessing etwa mit seinem *Laokoon*-Traktat (1766) eine Abgrenzung zwischen Bildkünsten und Literatur erarbeitet, so überschritten kurze Zeit später die Romantiker die Grenzen und entwarfen Konzepte des Gesamtkunstwerks, die dann von Richard Wagner über die Avantgarden bis in die Gegenwart hinein umgesetzt worden sind.

Paragone

Malerei und Dichtkunst: Mit Lessing und überhaupt seit dem 18. Jahrhundert werden die unterschiedlichen Arbeitsweisen, aber auch die Darstellungsmedien der Künste besonders diskutiert. Die Bildzeichen, mit denen die darstellenden Künste arbeiten, funktionieren anders als die Schriftzeichen. Lessing hat darauf hingewiesen, dass sich die Malerei für das Nebeneinander der Körper im Raum bzw. die simultane Darstellung der Dinge eignet, während die Dichtung ihre Schilderungen nacheinander auf der Zeitachse ordnet – die Künste haben hinsichtlich ihrer Darstellungsmöglichkeiten also verschiedene Kompetenzen (vgl. Lessing 1766/1987, Kap. 16).

Semiotische Unterscheidungen: Mit seiner Reflexion auf das Verfahren der bildlichen und der sprachlichen Zeichen hat Lessing die Auseinandersetzungen bis heute beeinflusst. Wesentliche Diskussionsbeiträge zu diesem Thema hat die Semiotik geliefert. Mit Umberto Eco lässt sich der **Unterschied zwischen Wort und Bild** wie folgt festhalten:

- **Verbale Sprache** beruht auf definierten, standardisierten Einheiten und ist durch Phoneme und lexikalische Einheiten gebildet, die eine relativ starke, feste Codierung haben (das Extrem wäre das Morsealphabet).
- **Bildliche, ikonische Einheiten** kommunizieren vermittels schwacher Codes, die nicht präzise definiert, also untercodiert sind und sich anfäl-

Semiotische Kategorien

lig zeigen für Veränderungen (Eco 1972, S. 214). Sie müssen bei jedem Rezeptionsvorgang des Bildes mühsam neu bestimmt und vom Rezipienten aufgeschlüsselt werden. Gerade diese **Unschärfe des Bildes** aber ermöglicht dem Betrachter erzählende Kommentare, es erfordert diese sogar – ein Bild reizt dazu, ›verstanden‹ zu werden.

Bildlektüre: Auch beim Betrachten vormoderner Malerei, die noch auf Handlung oder kompositionelle Geschlossenheit abzielt, könnte man von einem ›Lesen der Bilder‹ sprechen. Denn anders als Lessing behauptet, tastet das Auge in ähnlich sukzessiver Bewegung wie bei einem Text seinen Gegenstand ab, greift aus, fährt zurück, nach links, rechts, oben und unten, um den nur vage definierten Bildzeichen ihre Bedeutung zuzuweisen. Weitergehend noch lässt sich behaupten, dass ein Bild überhaupt nur dann verstanden werden kann, wenn auch sein begrifflicher, philosophischer oder allgemein kultureller Hintergrund erfasst wird, der wiederum aus sprachlichen Formulierungen besteht. Malerei entfaltet also Bedeutung, auf welch verschlüsselte Weise auch immer, und ist insofern ein entzifferbares Zeichengebilde, das den mehrfachen Blick braucht. Aber noch auf einer weiteren Ebene sind Bilder lesbar.

Kulturelle Codierung der Bilder: Umberto Eco kann insofern die Behauptung aufstellen, dass Malerei bzw. Bildzeichen von kulturalisierten Konzepten und Inhalten begleitet, also konzeptuell vorgeprägt sind und damit ähnlich arbiträren Charakter wie die Wortzeichen haben. So folgen etwa gegenständliche Zeichnungen einer kulturellen Verabredung: Die Umrisslinie eines Gegenstandes existiert nämlich nicht in der Natur, sondern folgt einer Darstellungskonvention. Darin gehen ikonische Zeichen auch über die Wortgrenze hinaus: »Ein ikonisches Zeichen ist tatsächlich ein Text, denn sein verbales Äquivalent ist [...] kein Wort, sondern entweder ein Satz oder eine ganze Geschichte« (Eco 1987, S. 286). Jedes Bild – wenn man es als komplex vernetzte Aussage auffasst – erfordert so zu seinem vollen Verständnis einen Kommentar oder eine Erzählung.

Kulturelle Codierung des Films: Das semantische Prinzip lässt sich auch auf die bewegten Bilder übertragen. Hier sind hochverdichtete visuelle Informationen mit eigenen optischen Gesetzen in einem Ablauf gebündelt, dessen Linearität aber mit der Erzählgattung zusammenhängt bzw. von Erzählabläufen grundiert ist. Entsprechend sind Film und Literatur auch als parallele Erzählformen analysiert worden (vgl. Paech 1997). Die Differenz zwischen den Kunstdisziplinen bleibt freilich bestehen – Pinselstriche sind keine Wörter. Das genuin Optische übertrifft die Absichten des Malers an manchen Stellen, in jedem Bild finden sich semantische ›Inhalts-Nebelflecken‹, deren Unschärfe für den Betrachter reizvoll sein kann. Aber die dem Bild zugrunde liegenden **inhaltlichen und formalen Aspekte** haben Teil an kulturellen Codes, über die der Interpret kommunizieren und die er mit Texten in Verbindung bringen kann.

Zeichen in der Musik

Auch die **musikalischen** oder **auditiven Zeichen** unterliegen anderen
Verstehensbedingungen als das Wort.

Gemeinsamkeiten liegen zunächst darin, dass die Musik ähnlich wie
die Literatur dem Prinzip der Linearität folgt. Sie wird im Zeitfortlauf gespielt, kann aber simultan einen Mehrklang entfalten – ein Effekt, der in
der Literatur nur sehr selten zu beobachten ist (etwa im dadaistischen
Simultangedicht). Wie Sprache lässt sich der Ton graphisch festlegen, und
zwar als Notation in der Partitur (Signifikant).

Unterschiede zeigen sich darin, dass Töne keine fixierbare Bedeutung   **Bedeutung**
haben: Ein Ton oder ein Akkord, ob mit dem Einzelinstrument oder im   **musikalischer**
Orchester produziert, bleibt bloßer Klang und ist mit keiner festen lexi-   **Zeichen**
kalischen Bedeutung verbunden (vgl. Eco 1972, S. 106 f.) – auch wenn es
Tonfolgen gibt wie die Leitmotive Richard Wagners, denen individuell
ein Figuren- oder Handlungskomplex zugeschrieben wird. Dasselbe gilt
für Harmonien oder Motivfolgen: Auch wenn man meistens das Moll-
Tongeschlecht mit traurigen oder düsteren Stimmungen verbindet, kann
es in einem bestimmten Zusammenhang fröhlichen Charakter haben, so
wie das Dur, dem man Fröhlichkeit nachsagt, durchaus melancholisch
wirken kann – eine feste Zuordnung gibt es nicht, es handelt sich um
subjektiv unterschiedlich erfahrbare und auch **kulturell relative Stim-
mungswerte**.

Zwar gibt es auch bei der **Sprache** offene Bedeutungsränder, doch lässt
sich jedem Wort zumindest eine lexikalische Bedeutung zuordnen. Musik und Sprache bleiben in diesem Sinne auf Distanz. Das gesteht auch
Nietzsche ein, so sehr er für die Erneuerung des Dramas aus dem Geist
der Musik plädierte: Die Sprache kann »nie und nirgends das tiefste Innere
der Musik nach Außen kehren, sondern bleibt immer, sobald sie sich auf
Nachahmung der Musik einläßt, nur in einer äußerlichen Berührung mit
der Musik« (Nietzsche I, S. 51).

Intermedialität im Gesamtkunstwerk, Film und Radio

> → Intermedialität bezeichnet zunächst allgemein den Zusammen-   Zum Begriff
> hang der Künste; zu analysieren ist ihre jeweilige Beziehung auf
> inhaltlich-thematischer und formaler Ebene, und zu fragen ist, wie
> Literatur bei Musik (s. Kap. 5.3) oder Bildkünsten (s. Kap. 5.2) Anlei-
> hen macht, oder umgekehrt die Künste erzählerische Strategien
> aufgreifen können, und wie die Konzepte des Gesamtkunstwerks
> (s. Kap. 5.4) funktionieren (vgl. Eicher 1994; Rajewski 2002; Hölter
> 2011). Darüber hinaus kann die technische Seite der Medien invol-
> viert sein: Dies gilt etwa für die beweglichen Bilder des Films, der
> nicht ohne die Erzählkunst denkbar ist, und beides hat sich in

wechselseitiger Wirkung weiterentwickelt (s. Kap. 5.5). Ferner lässt sich das Zusammenwirken der Künste in den akustischen Formen untersuchen, die Literatur im Radio als Lesung oder Hörspiel angenommen hat (s. Kap. 5.6). Auch wenn der Begriff der Intermedialität kaum abschließend konzeptionell gefasst werden kann, erweist er sich doch als zunehmend anwendungsfreudig im kulturwissenschaftlichen wie auch im didaktischen Bereich (vgl. Marci-Boehncke/Rath 2006).

Interessen der Literaturwissenschaft können sich auf den literarischen Anteil oder den Text des Gesamtkunstwerks beziehen, um dann thematische Fragen, Motive oder Figurenprobleme zu erörtern (etwa die dramatische Dichtung, die Wagner für den *Ring des Nibelungen* verfasst hat). Weitergehend lassen sich die Programme der Gesamtkunstwerke studieren und historisch einordnen, was wiederum über bestimmte kulturelle Vorstellungen Aufschluss gibt, mit denen eine Gesellschaft sich ihre Formen und Regeln schafft. Wichtig wird dann, das **Verfahren** zu erkennen, wie Botschaften konstruiert werden (seien sie bildlicher, akustischer oder verbaler Art) und wie sie unsere kulturellen Leitbegriffe sowie Werthaltungen beeinflussen.

Künstepartnerschaft: Alle noch so sauberen Unterscheidungen haben aber weder Autoren noch Musiker oder Bildkünstler davon abgehalten, anderswo Anleihen zu machen und sich eine Partnerkunst zu suchen, die den Blick auf die eigene Kunst schärft. Dies ist das Hauptinteresse der Schreibenden, die sich mit Musik oder Bildkunst beschäftigt haben und dort die relativ freiere Bedeutungszuordnung oder Bilder als Anregung für ein neues Schreiben nutzen. Die Formel von der »wechselseitigen Erhellung der Künste«, die Walzel (1917) geprägt hat, ist auch für die neuere Kunstkomparatistik leitend geworden (vgl. Anz 2007, Bd. 2, S. 373 ff.).

Literatur   **Anz, Thomas** (Hg.): Handbuch Literaturwissenschaft. Bd. 2. Methoden und Theorien. Stuttgart/Weimar 2007.
Barthes, Roland: Image – Music – Text. New York 1977.
Eco, Umberto: Einführung in die Semiotik. München 1972 (ital. 1968).
– : Semiotik. Entwurf einer Theorie der Zeichen. München 1987 (engl. 1976).
Eicher, Thomas (Hg.): Intermedialität. Vom Bild zum Text. Bielefeld 1994.
Hölter, Achim (Hg.): Comparative Arts. Universelle Ästhetik im Fokus der Vergleichenden Literaturwissenschaft. Heidelberg 2011.
Lessing, Gotthold E.: Laokoon oder Über die Grenzen der Malerei und Poesie [1766]. Hg. von Ingrid Kreutzer. Stuttgart 1987.
Marci-Boehncke, Gudrun/Rath, Matthias (Hg.): BildTextZeichen lesen. Intermedialität im didaktischen Diskurs. München 2006.
Nietzsche, Friedrich: Werke in drei Bänden. Hg. von Karl Schlechta. München 1954.
Paech, Joachim: Literatur und Film. Stuttgart/Weimar ²1997.
Rajewski, Irina: Intermedialität. Tübingen 2002.

Walzel, Oskar: Wechselseitige Erhellung der Künste. Ein Beitrag zur Würdigung kunstge-
schichtlicher Begriffe. Berlin 1917.
Zima, Peter V. (Hg.): Literatur intermedial. Musik – Malerei – Photographie – Film. Darmstadt 1995.

Arbeitsaufgaben

1. Welche Bereiche oder Kunstdisziplinen kann der Begriff der Intermedialität umfassen?

2. Lessings Unterscheidung von Wort und Bild wird noch heute oft als
Lehrmeinung angeführt. Referieren Sie die Argumentation, die Lessing
in Kap. 16 und 17 der *Laokoon*-Schrift entfaltet, genauer.

Lösungshinweise zu den Arbeitsaufgaben finden Sie auf
www.metzlerverlag.de/webcode. Ihren persönlichen Webcode
finden Sie am Anfang des Bandes.

5.2 | Literatur und bildende Kunst

Die Geschichte des Bilderschauens durch Autoren ist von hoffnungsvollen
Erwartungen durchzogen – vor allem darauf, von der Bildkunst etwas für
die eigene Darstellungsweise zu lernen.

> → »Ut pictura poiesis«: Die kurze, von Horaz in seiner *Poetik* (V.
> 361) eher nebenbei eingestreute Wendung ist zum Ausgangspunkt
> vieler Diskussionen um das Verhältnis von Bildern und Dichtung
> geworden. Horaz meinte damit eigentlich, dass Texte und Bilder
> unter Berücksichtigung von Licht und Schatten, Nähe und Ferne
> über die Gattungsgrenzen hinweg vergleichbare Wirkungen haben.
> Im 18. Jahrhundert begannen die Theoretiker, sich mit dieser Formel
> systematisch auseinanderzusetzen.

Lessing über die *Laokoon*-Gruppe: Erst Lessing hat diese Vergleiche von
Literatur und Malerei theoretisch anspruchsvoll betrieben und dabei die
Unterschiede zwischen beiden betont bzw. die Literatur auf ihre eigenen
Möglichkeiten verpflichtet. Dies wird vor dem geschichtlichen Kontext ver-
ständlich: Besonders im 18. Jahrhundert, namentlich mit Breitingers *Cri-
tischer Dichtkunst* (1740) wurde aus der horazischen Beschreibung die Forderung abgeleitet, Literatur solle malerisch verfahren. Dagegen wie auch
gegen den vorherrschenden Gebrauch von Emblem und Allegorie wollte
Lessing die Literatur in Schutz nehmen. Als der Kunsthistoriker Johann
Joachim Winckelmann mit seiner emphatischen Schrift über die *Laokoon*-
Gruppe (1755) den Schrei Laokoons in ›edler Einfalt und stiller Größe‹ zur
klassischen Norm erhebt, hält Lessing die unterschiedlichen formalen Bedingungen der Künste dagegen. Seine Beobachtung geht dahin, dass die
Künste gemäß ihren Ausdrucksmitteln auch unterschiedliche Themen behandeln:

- **Malerei** hat eher unbewegliche Gegenstände zum Thema und muss
  eine Bewegung im simultan überschaubaren Raum festhalten.
- **Dichtung** dagegen verfährt sukzessive – ihre Angelegenheit sind eher
  Handlungen, Ideen oder Personencharakterisierungen.

Herders Antwort auf Lessing: Mit dem Hinweis darauf, dass die Gattungsgrenzen nicht objektiv festsetzbar seien, führt Herder ein weiteres Problem
ein. Seiner Meinung nach könnten die Gattungen unterschieden werden
mit Blick auf die Energie bzw. auf die beim Betrachter freigesetzte **Einbildungskraft**, auf das Nachempfinden und damit die ästhetische Erfahrung.
Damit werden die Formeigenschaften der Sukzessivität oder Simultanei-
tät nachrangig gegenüber den Wahrnehmungsleistungen des Rezipienten
(vgl. Herder 1769/1878, S. 90 ff.). Herder beeinflusste die Romantiker, die
immer wieder Kooperationen zwischen Literatur und bildenden Künsten
suchten und somit Lessings säuberliche Unterscheidungen ausschalteten.

Mischgattungen in der Romantik: Um 1800 wurden unterschiedliche Genrekombinationen ausprobiert. Wenn etwa die Bezugnahmen von Literatur sich auf das einfache Nennen eines Bildes oder Malers bzw. Stils beschränken, handelt es sich um ein **optisches Zitat**, das ein bestimmtes Thema untermalt, Neugier wecken soll oder einen Anspielungshorizont darstellen kann. Handelt es sich dabei um einen allgemeinen Bezug der Kunstformen aufeinander und ihre motivische Zitation, wird dies als **visueller Intertext** bezeichnet (Hoesterey 1988). Die Referenz kann aber auch wesentlich intensiver sein, wie an der Geschichte der Bildbeschreibung deutlich wird.

Techniken der Bildbeschreibung

→ Ekphrasis, die griechische Gattungsbezeichnung für die Bildbeschreibung, bezeichnet die traditionsreichste und sicherlich umfangreichste Reaktion von Literatur auf bildende Kunst. Die erste überlieferte Bildbeschreibung ist Homers Dichtung über den Schild des Achilles (18. Gesang der *Ilias*), wo bereits eine grundlegende Funktion deutlich wird: Die klassische Absicht der Ekphrasis ist es, das beschriebene Werk auf lebendige Weise vor Augen zu stellen, es zu vergegenwärtigen und einen authentischen Eindruck zu erzeugen. Dies steht im Zusammenhang mit dem rhetorischen Programm der *Energeia*, der größtmöglichen Wirkung auf die Vorstellungskraft des Zuhörers (dazu ausführlich Boehm 1995, S. 31 ff.).

Seit der Aufklärung haben sich verschiedene Funktionen der Bildbeschreibung ausdifferenziert:

Lehrhafte Absichten der Bildbeschreibung: Im 18. Jahrhundert gewinnen die Bildbeschreibungen zunehmend die Funktion, jene Bilder, die noch nicht technisch massenhaft reproduzierbar waren, über das geschriebene Wort dem öffentlichen Lesepublikum bekannt zu machen, um damit Bildungseffekte zu erzielen. Das Beispiel der *Salons* (1759–81) von Denis Diderot zeigt, dass die Aufklärer ihre Hoffnungen nicht nur auf das Wort, sondern auch auf belehrende Bilder setzten.

Bildbeschreibung als Erlebniskultur: Von Winckelmann gingen in Deutschland entscheidende Impulse aus. Psychologisierung, Verlebendigung und erzählerisch-poetische Qualitäten sind es, die seit seinen *Dresdner Gemäldebeschreibungen* (1752) die Ekphrasis bestimmen. Mit Sprache sollen Erlebnisqualitäten in ein stehendes Bild oder eine Skulptur eingeschrieben werden. In diesem Wandel der Beschreibungstechnik spiegelt sich nach 1750 das allgemeine Bemühen von Kunst, Autonomie zu erlangen, wodurch bis 1800 die Leitfunktion philosophischer, religiöser oder moralischer Intentionen abgelöst wird.

Kunsterzählung als Gattung: Danach haben Bildbeschreiber wie Heinse (*Düsseldorfer Gemäldebriefe*, 1776/77) oder Wilhelm H. Wackenroder (*Herzensergießungen eines kunstliebenden Klosterbruders*, 1796) die Kunsterzählung als eigenständige Disziplin begründet. Ihr Ziel war es, plastische Anschaulichkeit zu erzeugen und damit eine intensive Wirkung auf die Leser zu erzielen. Davon sind auch Wackenroders ästhetisierende Bildbeschreibungen und Bildgedichte in den *Phantasien über die Kunst* (1796, mit Ludwig Tieck) geleitet, die die zwei Sprachen der Natur und der Kunst in einer Kunstreligion vereinen wollen. Die Künste werden mit diesem **Verfahren der Ästhetisierung** nicht nur einander angenähert. Bildbeschreibungen beeinflussen vielmehr durch ihre knappe, pointierte Erzählweise auch die Entwicklung der Novellengattung.

Impulse der Bilder für die moderne Literatur: Goethe hatte in seinem *Laokoon*-Beitrag bereits darauf hingewiesen, dass das Kunstwerk zwar auf die Anschauung wirkt, aber »nicht eigentlich erkannt, viel weniger sein Verdienst mit Worten ausgesprochen werden« kann (1798/1950, S. 162). Diese **Differenz von Bild und Sprache** prägt besonders auch die Bildbeschreibungen des 20. Jahrhunderts, worin einige Autoren die Möglichkeit für Literatur erkennen, über den Umweg der Kunstbeschreibung **Perspektiven für das eigene literarische Schreiben** zu gewinnen – zumal in Zeiten der Sprachskepsis, also dem Zweifel am eigenen Ausdrucksmedium. Das meistdiskutierte Beispiel dafür sind die Arbeiten Rainer Maria Rilkes über die Skulpturen Auguste Rodins (1902/07) und die Malerei Paul Cézannes (1907): Dort wird die Polyperspektive angesprochen, die fragmentarische Erzählform erprobt und ein neuer Zeit- bzw. Raumbegriff in die Erzählgattung eingeführt. Als Folgen in der Lyrik erscheinen Neologismen, Metaphern, Personifikationen, und insgesamt lenkt Rilke den Blick nicht nur auf das Darstellungsmaterial der Farbe oder der Skulptur, sondern auch auf die Sprache selbst. Diese Reflexion ist für die anspruchsvolle Bildbeschreibung verbindlich geblieben bis zu Peter Handke (*Lehre der Sainte-Victoire*, 1979) oder Heiner Müller (*Bildbeschreibung*, 1985), der mit Einblendung von Text- und Bildzitaten aus Malerei und Film einen erweiterten Textbegriff gewinnt.

Das Bildgedicht

Auf Homer gründet sich auch diese Untergattung der Bildbeschreibung: Das → Bildgedicht umfasst all jene lyrischen Texte, die auf ein Bildwerk hin verfasst sind, dieses wiedergeben, sich von ihm anregen lassen oder seine Struktur aufgreifen (vgl. die umfangreiche Sammlung von Kranz 1987). Dabei hat sich in der langen Geschichte des Bildgedichts von der Antike bis zur Gegenwart das Augenmerk der Texte von den erfundenen Bildern stärker auf die gemalten gewendet.

In der **deutschen Romantik** wird das Bildgedicht mit Wilhelm H. Wackenroders *Herzensergießungen* (1796) wiederbelebt, der an der Malerei vor allem seine erfindungsreiche Metaphorik, seinen Assoziationsreichtum und seine Empfindungen profilieren wollte. Im 19. Jahrhundert wurden zeitgenössische mythologische Bilder oder Historiengemälde meist im Lobpreisstil angedichtet. Im 20. Jahrhundert nutzen z. B. Surrealisten wie Paul Eluard oder Louis Aragon Bilder zu Fantasieabschweifungen. Aber auch formale Anregungen sind es, die die Autoren für ihre Gedichte übernehmen können, indem sie sich von den Bildstrukturen inspirieren lassen (Jürgen Becker, Zbigniew Herbert).

Das Emblem

> Das → Emblem stellt eine weitere Untergattung der direkten Kopplungen von Bildkünsten und Dichtung dar. Seine Spannung bezieht es aus drei Teilen: Überschrift *(inscriptio)*, im Mittelteil ein Bild *(pictura)*, darunter eine Bildunterschrift *(subscriptio)*, die das Bild erklärt oder im Sinne der Bildbeschreibung kommentiert, je nach Bedarf knapp oder ausführlich mit pädagogischen Absichten, lakonisch erzählt oder gereimt.

Zum Begriff

Die erste Sammlung der auf Flugblättern verbreiteten Bilder mit Unterschriften veröffentlichte 1531 der Italiener Andrea Alciato im *Emblematum liber*. Dieses Werk war nur Gelehrten zugänglich oder Emblemschöpfern, die sich aus diesem Fundus bedienen wollten. Doch wurde wenig später durch das neue Medium des Kupferstichs eine allgemeine öffentliche Verbreitung erreicht, und das Emblem übernahm neben der **unterhaltenden** vor allem eine **moralisierende Funktion**. Praxis dieser Wortbildkunst war, dass die Künstler sich aus Alciatos Sammlung bedienten und Abwandlungen schufen.

Cesare Ripas *Iconologia* (1593) führt diese Variationen im lexikonartigen Stil auf und katalogisiert sie. So kam es auch, dass die **Wort-Bild-Bedeutungen** zwar gewissen Variationen unterlagen oder auch gelegentlich ins Gegenteil verkehrt wurden, insgesamt aber einen relativ stabilen Bezugsrahmen bildeten – anders bei den Allegorien etwa des barocken Trauerspiels, die aufgrund ihrer Sprachlichkeit die Bedeutungen rascher wechselten.

Die Zurückdrängung des Emblems findet bereits im 18. Jahrhundert statt. Beachtlich bleibt die Errichtung eines ziemlich stabilen Emblemfundus im Lauf der Renaissance und der Barockliteratur, aus dem sich wiederum die Einzelkünste Malerei und Literatur bedienen konnten, was die umfassende Emblemsammlung von Schöne/Henkel (1967) belegt. Bemerkenswert ist insgesamt der Einfluss der Embleme auf die **Bildung von Kollektivsymbolen** des öffentli-

DIVERSA AB ALIIS VIRTVTE VALEMVS.

Passer ut ova fovet flatu vegetante marinus:
Sic animat mentes gratia dia pias.

Emblem von 1596:
Straußenpaar mit
Eiern

chen Denkens: Insofern sie die geläufigen christlichen, mythologischen, literarischen, philosophischen, aber auch trivialkünstlerischen Bilder aufgriffen und sie sprachlich einbanden, beeinflussten sie durch ihre Verbreitung insgesamt den kulturellen Horizont bzw. Bilder- und Zeichenvorrat.

Bildergeschichten von der Antike bis zum Comic

Zum Begriff

> → Die Bildergeschichte ist die Wiedergabe einer Handlung mit
> oder ohne Begleittext in einer Folge von Bildern – eine Bildkompo-
> sition also mit narrativem Anspruch, die in sehr unterschiedlichen
> Formen ausgeprägt ist.

Die Anfänge lassen sich bis in Frühkulturen zurückverfolgen, etwa zu den altägyptischen Totenbüchern. Im Mittelalter gibt es Anregungen vor allem aus der Bildkunst, sei es in der Miniaturmalerei, besonders aber im Teppich von Bayeux, der auf über 20 Metern Länge mit eingewobenen lateinischen Texten die Schlacht bei Hastings 1066 bzw. die Eroberung Englands durch den Normannenkönig darstellt. In der Malerei der Gotik finden sich Heiligenbilder, auf denen Schriftbahnen oder auch Spruchblasen ergänzt sind. Wiederum erweist sich das 18. Jahrhundert als guter Nährboden für die ikonischen Impulse. Daraus leiten sich **unterschiedliche Intentionen** ab:

Intentionen der
Bildergeschichte

Lehrhafter Anspruch im 18. Jahrhundert: Dass Bildergeschichten einen didaktischen Zweck erfüllen können, weil sie über den intuitiv erfassbaren optischen Eindruck Buchstaben, Wörter oder (Lehr-)Sätze erklären können, machten sich die Aufklärer im späten 18. Jahrhundert zu Nutze. So schrieb K. Ph. Moritz ein *A.B.C.-Buch* (1790), das mit beigefügten Kupferstichen die Idee des illustrierten Schulbuches bis heute prägt.

Moralistik im 19. Jahrhundert: Diese Mischgattung entwickelt sich im 19. Jahrhundert in Richtung einer Kinderliteratur weiter, die moralisch-erzieherischen Anspruch hat: Heinrich Hoffmanns *Struwwelpeter* (1845) oder Franz von Poccis *Lustiges Bilderbuch* (1852) haben sich bis heute erhalten. Wilhelm Busch knüpft hier etwa mit *Max und Moritz* (1865) an und entfaltet in einprägsamen, instruktiven Reimformen auch seine Doppelbegabung als Dichter und Zeichner bzw. Maler.

Comic strips: Wilhelm Busch hat später auch anregend auf die Entstehung der US-amerikanischen *comic strips* um 1900 gewirkt, die zunächst als farbige Zeitungsbeilagen erschienen. Die Erzähltexte sind hier jedoch kaum eigenständig lesbar; abgesehen von sporadischen Bildunterschriften dominieren Sprechblasentexte, die gesprochene Sprache bieten und Interjektionen nachahmen. Als weitere Form haben sich, die Tradition der Wandmalerei fortführend, *Graffiti* etabliert, bei denen der Text- und Bildanteil stark variiert.

Wort- und Bildexperimente

Die Visualisierung von Dichtung kann sich auch auf das Sprachmaterial selbst beziehen wie z. B. bei der **optischen Poesie**. Auch diese lässt sich bis in die Antike zurückverfolgen.

- Im **Figurengedicht** der Barocklyrik (s. S. 146) hat sie einen Höhepunkt und taucht um 1900 wieder auf, wo in manchen Texten die Gedichtwörter nach optischen Effekten hin ausgerichtet wurden (Christian Morgensterns *Galgenlieder*, 1900, oder Arno Holz' Lyrik in Mittelachsensymmetrie bzw. im Umfeld des Symbolismus Stéphane Mallarmés *Un coup de dés*, 1897). Dadurch werden neue Leserichtungen und Sinnzusammenhänge eröffnet. Formen der
optischen Poesie

- **Konkrete Poesie:** Seit den 1950er Jahren wird in der Stuttgarter Schule um Max Bense und Eugen Gomringer wie auch in der Wiener experimentellen Schule (Ernst Jandl u. a.) aus Einzelwörtern oder Sätzen ein Bild geformt, das visuellen Eigenwert hat (s. Kap 2.4.5). Ein solches Bild kann die Textaussage unterstützen und verhält sich dann komplementär ergänzend, indem es sprachliche und visuelle Zeichen koppelt (wenn z. B. aus vielen ›Apfel‹-Wörtern ein Apfel als Druckbild geformt wird und drinnen ein ›Wurm‹ steckt). Mit der Bildqualität der Wörter kann auch grundsätzlich eine Reflexion über Sprache in Gang gesetzt werden.

Buchstabenbilder gehen den der optischen Poesie entgegengesetzten Weg. Die Malerei kann Buchstaben, Wörter oder Zahlen als eigenständige optische Werte bzw. Farbformen integrieren (vgl. Freeman 1990). Als Bildgegenstände werden sie verwendet wie in Paul Klees Aquarellen, Zeichnungen oder Radierungen, die auch von erfindungsreichen Bildunterschriften kommentiert werden, oder im Dadaismus, besonders bei Kurt Schwitters' Merz-Collagen (s. Kap. 2.4). Damit wird die künstlerische Verfahrensweise selbst zum Thema:

- **Schnitt und Montage** sind im Zusammenhang von Bild und Wörtern ein grundlegendes Konstruktionsprinzip – ein Synergieeffekt von Kunst und Literatur, der in den Ästhetiken des 20. Jahrhunderts immer wieder sichtbar wird. Kunstverfahren

- **Cut-up-Verfahren:** Variiert wird das Collageprinzip durch den Amerikaner William S. Burroughs in den 1950er Jahren, der Textblätter zerschnitt und sie anders zusammensetzte, dadurch Brüche erzeugte, neue Anschlüsse schaffte und andere Zusammenhänge herstellte. Dieses Prinzip hat nicht nur die Werbung erobert, sondern ist auch für Gegenwartsautoren interessant geworden, die der Fotografie, dem Bildausschnitt oder der Zeichnung einen eigenständigen Status in ihren Texten geben. Rolf Dieter Brinkmann etwa hat mit diesem Verfahren die Gattung des Tagebuchs bereichert (*Rom, Blicke*, 1976), und Rainald Goetz hat über das Jahr 1989 ein umfangreiches Medientagebuch aus Abschriften und Bildreportagen zusammengestellt, das dokumentarische Interessen mit ästhetischen Mitteln verfolgt (*1989*, 1993).

Literatur   **Boehm, Gottfried:** »Bildbeschreibung«. In: Ders./Helmut Pfotenhauer: Beschreibungs-kunst/Kunstbeschreibung. Ekphrasis von der Antike zur Gegenwart. München 1995, S. 23–40.

Dencker, Klaus Peter: Optische Poesie. Von den prähistorischen Schriftzeichen bis zu den digitalen Experimenten der Gegenwart. Berlin/New York 2011.

Eco, Umberto: Semiotik. Entwurf einer Theorie der Zeichen. München 1987 (engl. 1976).

Freeman, Judi: Das Wort-Bild in Dada und Surrealismus. München 1990.

Goethe, Johann Wolfgang: Sämtliche Werke. Hg. von E. Beutler. Zürich 1950. Bd. 13: Schriften zur Kunst.

Harms, Wolfgang (Hg.): Text und Bild, Bild und Text. Stuttgart 1990.

Herder, Johann Gottfried: »Kritische Wälder« [1769 ff.]. In: Sämmtliche Werke, Bd. 4. Hg. von B. Suphan. Berlin 1878.

Hoesterey, Ingeborg: Verschlungene Schriftzeichen. Intertextualität von Literatur und Kunst in der Moderne/Postmoderne. Frankfurt a. M. 1988.

Horaz: Ars Poetica/Die Dichtkunst. Zweisprachige Ausgabe. Stuttgart 1972.

Kranz, Gisbert (Hg.): Das Bildgedicht: Theorie, Lexikon, Bibliographie, 3 Bde. Köln/Wien 1987.

Lessing, Gotthold Ephraim: Laokoon oder Über die Grenzen der Malerei und Poesie [1766]. Hg. von Ingrid Kreutzer. Stuttgart 1987.

Mitchell, W. J. Thomas: »Was ist ein Bild?« In: Bildlichkeit. Internationale Beiträge zur Poetik. Hg. von Volker Bohn. Frankfurt a. M. 1990, S. 17–68.

Ritter-Santini, Lea (Hg.): Mit den Augen geschrieben. Von gedichteten und erzählten Bildern. München/Wien 1991.

Schöne, Albrecht/Henkel, Arthur: Emblemata: Handbuch zur Sinnbildkunst des XVI. und XVII. Jahrhunderts. Stuttgart 1967.

Wagner, Peter (Hg.): Icons – texts – iconotexts: essays on ekphrasis and intermediality. Berlin 1996.

Wandhoff, Haiko: Ekphrasis: Kunstbeschreibungen und virtuelle Räume in der Literatur des Mittelalters. Berlin 2003.

Weisstein, Ulrich (Hg.): Literatur und Bildende Kunst. Ein Handbuch zur Theorie und Pra-xis eines komparatistischen Grenzgebiets. Berlin 1992.

Arbeitsaufgaben

1. Definieren Sie den Ekphrasis-Begriff in vier Sätzen.

2. In einem Brief vom 23. Okt. 1907 beschreibt Rilke ein Selbstbildnis Cézannes. Inwiefern lässt sich sagen, dass er beim Sehen des Bildes auch eine neue Sprache sucht?

3. Vergleichen Sie Schwitters' Gedicht *Anna Blume* mit einer seiner *Merz*-Collagen. Gibt es verwandte Konstruktionsprinzipien?

Lösungshinweise zu den Arbeitsaufgaben finden Sie auf
www.metzlerverlag.de/webcode. Ihren persönlichen Webcode
finden Sie am Anfang des Bandes.

5.3 | Literatur und Musik

Die gemeinsame Genese von Sprache und Musik zeigt sich bei religiösen Ritualen von der Antike bis heute, aber auch an der Entwicklung des Dramas aus den kultischen Gesängen sowie an der späten Gattungsbezeichnung der **Lyrik**, die an das zur Leiermusik (*lyra*) gesungene Wort erinnert. Auf diese Anfänge spielt Nietzsche an, der sich 1872 in der *Geburt der Tragödie* das Theater vor Euripides zurückwünscht, das noch nicht an den Logos, also Wort und Verstand, gebunden ist. Musik, kultische Gesänge, Klangwerte und Rhythmen sind es, die nach Nietzsche die Kunst aus ihrer Bedeutungsschwere, ihrer Verstandesüberlast wieder ins Leben zurückführen sollen. Er benennt **Dionysos**, den Gott des Rausches, als Vorbild für Dichtung, die aus dem gesungenen und dem getanzten Wort (*Dithyrambos*) hervorgehe – womit schließlich die Tradition der Wortmusik begründet wird, die im 20. Jahrhundert im Dadaismus oder anderen experimentellen Schulen wieder Karriere macht. Nicht zufällig adressiert Nietzsche seine Schrift an Richard Wagner, der insbesondere Musik und Dichtkunst verknüpfte.

Musiktheater/Oper

Werkanteile von Oper und Libretto können unterschiedlich gewichtet und durchkomponiert sein. Ein enges Verhältnis wird an Richard Wagners *Ring des Nibelungen* (1876 zuerst komplett aufgeführt) deutlich, wenn er sich als sein eigener Librettist betätigt und dabei auf die nordischen *Edda*-Lieder und germanischen Mythen des Nibelungenliedes zurückgreift. Die Handlungsstränge und den Hang zu archetypischen Situationen sowie die Liebesthemen wurden in der Romantik, aber auch im Nationalsozialismus sehr unterschiedlich gedeutet. Wagner ging es jenseits der Stoffe aber auch um gestalterische Fragen.

Wagners Ring des Nibelungen

Wagners Technik, bestimmte Figuren, Dinge oder Inhalte musikalischen → Leitmotiven zuzuordnen, sie also mit einer charakteristischen Tonfolge anzukündigen, stattet das Orchester sogar mit narrativen Qualitäten aus. Die Musik führt mit den Motiven durch die Handlung, kündigt eine Figur oder ein Problem an. Insofern dient sie hier dazu, etwas zu bezeichnen: Die Melodien deuten auf ein Thema hin, kündigen den Auftritt eines Helden an oder seine psychologischen Befindlichkeiten. Dem Publikum wird so das schnelle Wiedererkennen oder Zuordnen erleichtert, wobei die starke Typologisierung die Individualität der Figuren untergräbt. Als gestalterisches Prinzip ist dies danach immer wieder aufgegriffen worden, bis hinein in die Musical- und sogar Seifenoperkultur heutiger Vorabend-Fernsehserien.

Zum Begriff

Funktion der Alliterationen: Den äußerst feinnervigen Experimenten mit der Orchestrierung stellt Wagner eine Sprache an die Seite, die ebenfalls neue Wege gehen und als Kunstmittel eigenständig sein will. So geben etwa die durchgängigen Alliterationen dem Text selbst eine musikalische Ausdrucksfunktion. Bei der bloßen Textlektüre wirken diese Lautqualitäten stark übertrieben: »Garstig glatter glittschriger Glimmer!« flucht Alberich, als er das Gold an sich bringen will (*Rheingold*, 1. Szene), und vielfach parodiert ist das »Heiajaheia!« oder das »Wallalallalala« der Rheintöchter (ebd.). Diese Stilmittel sind allerdings im Verbund mit der Musik zu sehen: Auch die Stimme wird zum Instrument, das sich gegen das Orchester profilieren muss, wozu Deutlichkeit in der Deklamation nötig ist. Der **Text aus dem Geist der Musik** (wie Nietzsche gesagt hätte) ergibt aber auch Wortstellungen, die sich der Rhythmik anpassen müssen und dadurch grammatisch zumindest ungewöhnlich sind. Im Bereich der Bildfügung findet sich mancher synkretistische Stilbombast, der die Intention übertreibt. Der Klangreichtum der Sprache verbindet sich mit der neuen Orchestrierung, die alle Instrumente berücksichtigt und charakteristisch herausarbeitet.

Textvertonungen

Ein weiteres Beispiel für die Zusammenarbeit zwischen Musik und Literatur liegt vor, wenn ein literarischer Text von einem Librettisten in einen Gesangspart umgeschrieben und von einem Komponisten vertont wird. Dabei haben sich mitunter feste Gespanne ergeben, beispielsweise Mozart mit Emanuel Schikaneder und Lorenzo da Ponte oder Richard Strauss mit Hugo von Hofmannsthal, der aus seinem Unbehagen an der literarischen Sprache in das musikalische Libretto flüchtete. Wiederum sind mehrere Kombinationen geläufig.

Oper nach Text: Zunächst ist jede Oper, insofern sie einem Libretto folgt, ein themenorientiertes und textgebundenes Werk, auch wenn es zumindest gleichrangig vom musikalischen Eigenwert lebt. Diesen Typus ›Oper nach Text‹ gibt es in allen europäischen Literaturen. Bekannte Beispiele sind:

Opern nach
Textvorlagen

- Mozarts *Don Giovanni* (1787) mit dem Libretto Lorenzo da Pontes beruht auf verschiedenen literarischen Vorlagen;
- Giuseppe Verdis *Luisa Miller* (1849), das den ersten Titel von Schillers *Kabale und Liebe* aufgreift und mit versöhnlichem Schlusstableau versieht;
- Charles Gounods *Faust*-Oper (1859);
- Jacques (Jakob) Offenbachs auf fünf Akte angelegte Oper *Hoffmanns Erzählungen* (*Les contes d'Hoffmann*, 1881, erst 1998 vervollständigt uraufgeführt), in der das Künstlerleben thematisiert und z.B. mit Abschnitten aus Hoffmanns *Sandmann* (1816) in Szene gesetzt ist;
- Alban Bergs *Wozzeck* (1925) ist ein berühmtes Beispiel des 20. Jahrhunderts für die Vertonung einer Textvorlage. Die Büchnersche Titelfi-

gur wird dort mit Mitteln der atonalen Orchestermusik in dramatischer Unterdrückung gezeigt, gegen die die Oper mit dem expressionistischen Ruf nach dem ›neuen Menschen‹ auch eine neuartige Komposition setzt. Diese ist zwar auch durch Leitmotivreihen gekennzeichnet, doch werden sie (anders als bei Wagner) nicht mehr verbunden, sondern durch **heterogene Formen** aufgesprengt: In den 15 Szenen kommen Volksliedformen, fragmentarisierte Fugentechnik sowie Choral und Choralparodie zum Einsatz – damit wird auch insgesamt die geschlossene Opernform parodiert.

Kunstlied: Bei dieser Gattung wird zu einem Text ein eigenständiges Musikwerk komponiert. Epochentypisch ist dies für die Romantik, insbesondere bei Franz Schubert, der in Anknüpfung an die Strophenform des Volksliedes im 18. Jahrhundert aus sehr unterschiedlichen literarischen Vorlagen die Liedgattung erneuert. **Beispiele dafür sind:**

- Liedfassungen von Goethes *Erlkönig* oder *Wandrers Nachtlied*, *Prometheus* oder *Ganymed*, von Gedichten Heinrich Heines und Matthias Claudius' oder der Liederzyklus *Winterreise* (1827) nach Gedichten von Wilhelm Müller. Der Klavierpart untermalt oder rhythmisiert hier nicht nur, sondern kann sich auch in Gegensatz zum Liedinhalt stellen und eigenständige musikalische Qualitäten entfalten.
- Dasselbe gilt für Gustav Mahlers Klavier- und Orchesterfassungen von *Des Knaben Wunderhorn* (1888–1901, nach Achim von Arnim/Clemens Brentano, 1806/18), wo er auch Textänderungen vornimmt und durch die musikalische Ebene einen ironischen Kontrast schafft.

Beispiele für
Kunstlieder

Programmmusik ist eine musikalische Gattung, die ein Stimmungsbild, ein Thema oder einen Gegenstand wiedergeben will. Hier gibt es ebenfalls eine literarisch orientierte Variante, z. B. die sinfonische Dichtung, wie sie Richard Strauss entwickelt hat. *Also sprach Zarathustra* nach Nietzsche, *Till Eulenspiegel* oder wiederum der *Don Juan* u. a. verzichten auf den Liedtext, der vom Orchester atmosphärisch angedeutet wird. Darin wird allerdings auch das Problem offenkundig, dass Musik kein Bedeutungsträger sein kann – denn es gibt **keine musikalischen Universalien**, die über die Kulturen hinweg Stimmungen nachahmen oder Themen exakt wiedergeben könnten.

Musikbeschreibungen/*verbal music*

Entsprechend zur literarischen Bildbeschreibung gibt es eine große Bandbreite von Texten, die sich mit wirklicher oder fiktiver Musik beschäftigen und musikalische Werke beschreiben, sie verbalisieren oder literarisch wiederzugeben versuchen, um ein Musikerlebnis

Zum Begriff

> vorzustellen. Für diese Möglichkeiten von → Musikbeschreibungen
> hat sich international der Begriff *verbal music* eingebürgert, der
> allgemein die Versprachlichung von Musik bezeichnet (Scher 1984,
> S. 9–25; dazu Vratz 2002, S. 69–80).

Intentionen der Musikbeschreibung: Besonders Autoren von Erzähltexten haben literarische Versuche unternommen, sich einer musikalischen Vorlage oder Idee anzunähern, Stimmungen oder Atmosphäre eines musikalischen Werkes nachzuahmen, den thematischen Gehalt zu berühren oder dies alles zum Ausgangspunkt für ästhetische Überlegungen zu machen. Meistens sind Musikbeschreibungen Einsprengsel in Erzählabläufen, seltener in Gedichten oder Dramentexten. Sie können nie ein ganzes musikalisches Werk darstellen, sondern müssen auswählen, Eindrücke herausstellen, verbinden – und dadurch bereits interpretieren sie. Da zumindest anspruchsvolle Musikbeschreibungen sich nicht damit begnügen, lakonisch die Werkstrukturen nachzuerzählen, entfalten sie auch **eigene ästhetische Qualitäten** bzw. entdecken sie mit der Musik auch neue Schreibweisen. Diese Annäherung der Literatur an die Musik ist vor allem durch die Frühromantik (und hier besonders durch Novalis und Fr. Schlegel) betrieben worden. Gegen jede trockene Bildungsbeflissenheit des Bürgertums soll damit enthusiastische **Kunstbegeisterung** entfaltet werden, die auch neue literarische Bilder oder gelockerte Erzählformen inspirieren kann (Clemens Brentano und Joseph Görres: *Bogs der Uhrmacher*, 1807).

Literarische Synästhesien sind der Versuch, mit Worten, Musik- oder Titelzitaten beim Leser mehrere Sinne anzusprechen.

Bezüge der Literatur auf Musik, die jenseits des Thematischen auf die Form zielen, gibt es von der Romantik bis in die Gegenwartsliteratur:

Formale
Bezugnahmen
von Literatur
auf Musik

- E.T.A. Hoffmann, der selbst als Opernkomponist aufgetreten ist (*Undine*, 1813), hat seinem Vorbild Mozart eine Novelle gewidmet: Im *Don Juan* (1813) sind Handlungsteile des *Don Giovanni* mit einer Kriminal- und Liebesstory verknüpft.
- Für das 20. Jahrhundert hat Thomas Mann mit *Doktor Faustus* (1947) beispielhaft eine literarische Figur mit musiktheoretischen Erörterungen verknüpft: Die Geschichte des Tonsetzers Adrian Leverkühn ist daher einerseits eine Weiterdichtung des *Faust*, für den das musikalische Forschen zum existenziellen Abenteuer wird. Sie besteht aber auch aus Essaypassagen zur atonalen Musik, die man beim Lesen nicht empfinden, sondern nur reflektieren kann, was Thomas Mann schließlich veranlasst hat, einen Roman als Kommentar zum Roman zu veröffentlichen (*Die Entstehung des Doktor Faustus*, 1949).
- Helmut Kraussers Roman *Melodien* (1994) zeigt, wie Nietzsches Musikbegriff für die Literatur fortwirkt: Die Erzählsprache soll wieder durch die musikalische Intensität der Erfahrung bereichert werden; das Hörerlebnis kann für die Romanfigur eine rauschhafte, dionysische Lebenser-

fahrung eröffnen, die auch die Zeitebenen des Romans zwischen Renaissance und unmittelbarer Gegenwart einebnet.

Das Musikzitat bildet neben den umfassenden Möglichkeiten, Texte nach musikalisch formalen oder thematischen Gesichtspunkten zu schreiben, eine verknappte Form der Musikbeschreibung. Der Titel eines Stückes kann dann dazu dienen, eine bestimmte Atmosphäre zu erzeugen oder etwas zu illustrieren. Über den Vergleich mit einem Stück oder mit der Nennung eines Komponistennamens kann ein literarisches Thema verstärkt werden. Das ist z. B. der Fall in Thomas Manns *Zauberberg*-Kapitel »Fülle des Wohllauts« (1924), wo sich Hans Castorp enthusiastisch als Plattenaufleger betätigt – so wird Verdis *Aida* nebst einigen knapp betitelten Stücken gespielt, aber auch Schuberts *Lindenbaum*-Lied, das Castorp mit seinem trügerischen Motiv des Ruhefindens bis in den Ersten Weltkrieg begleiten wird.

Der Einfluss von Musik auf die literarischen Formen

Der formale Einfluss der Musik kann mehr oder weniger weit reichen und die Literatur entsprechend beeinflussen. Differenziert werden können folgende **Typen:**

1. Wortmusik (Melopoetik): So wie Bildgedichte visuelle Gestalt haben (Optopoetik), kann Literatur musikalisiert sein. Denn durch Sprache lassen sich rhythmische Effekte erzielen: Konsonanten und Vokalhäufungen werden vor allem als Lautkörper bzw. Klangfarben behandelt und bilden ein Metrum. Sie schütteln dann alle Last der bedeutungstragenden Begriffe ab – was in der Lyrik genutzt werden kann, um Stimmungen und Assoziationen zu wecken.

- Populär geworden ist dieses Prinzip durch das dadaistische, sinnfreie Lautgedicht (Hugo Ball: *Karawane*, 1916, oder Kurt Schwitters: *Ursonate*, 1922–32), das gesungen, geflüstert und gegurrt wird und ähnlich wie eine Musikpartitur notiert ist.
- Ähnlich funktionieren auch Ernst Jandls Lautgedichte, die aber mit einem im Hintergrund erkennbaren Inhalt auch politisch Stellung nehmen wollen – so in *schtzngrmm* (1957), das mit der Brutalität der Laute die Kampfhandlungen im Schützengraben andeutet.

Hugo Ball in kubistischem Kostüm beim Vortrag von Lautgedichten im Cabaret Voltaire, 1916

2. Einfluss auf literarische Strukturen: Über die Lautgestalt hinausgehend ist auch eine Wirkung von Musik auf die Textstrukturen erkennbar.
- Die Bezeichnungen für Musikgattungen können in lockerer Anspielung als Überschriften für literarische Texte fungieren – »Divertimento«, »Kammermusik« oder »Sonatine« sind geläufige Titel; in der *Kreutzersonate* (1891) Leo Tolstois, die sich auf eine Violinsonate Beethovens bezieht, lässt sich die Sonatenform nur noch mühsam entdecken.

Literatur
und Musik

- Eine Nachahmung musikalischer Strukturen durch Literatur im engeren Sinne ist in **Paul Celans** *Todesfuge* (1945) zu erkennen, wenn dort ein Thema exponiert wird, dann über den themenleitenden Generalbass Wiederholungen und Variationen gegeben werden und Themen kontrapunktisch (also als selbständige Stimmen, die dem Motiv gegenüber gestellt werden) verflochten werden. Die Motive der Vernichtungskatastrophe werden also in Anlehnung an die musikalische Fugentechnik enggeführt. Vollständig übertragbar ist das Prinzip der Fuge allerdings nicht, es müssten sonst mehrere Stimmen simultan auftreten, was aufgrund der sukzessiven sprachlichen Darstellung nicht möglich ist.

3. Musikliteratur als Lebensform: Neue Formen von Literatur haben sich auch in der Nähe der Pop-Musik etabliert; insbesondere die »**DJ-Culture**« hat jüngere Autoren dazu angeregt, über das ›Mixen‹, ›Cutten‹ und ›Scratchen‹ Literatur aus dem Geist der Musik neu zu beleben (vgl. Poschardt 1995). Stilistisch nähert sich die Schreibweise von Rainald Goetz (*Rave*, 1997), Benjamin von Stuckrad-Barre (*Remix*, 1999) u. a. dem Alltagsgespräch der Partys an – eine Verbindung von Musik und Literatur, mit der auch eine Lebensform kultiviert werden soll. In der Form handelt es sich dabei um sprunghafte Impressionen, Gedankenfetzen, aber auch um kopierte Fertigteile aus Nachrichten oder Alltagswelt, die wie im digitalen *sampling* der Musikteile zerstückelt und wieder zusammengesetzt werden (Goetz in *Kronos* oder *1989*, beide 1993).

Gier, Albert: »Musik in der Literatur. Einflüsse und Analogien«. In: Zima 1995, S. 61–92.

Müller, Ulrich: »Literatur und Musik: Vertonungen von Literatur«. In: Zima 1995, S. 31–60.

Poschardt, Ulf: DJ-Culture. Hamburg 1995.

Scher, Steven Paul (Hg.): Literatur und Musik. Ein Handbuch zur Theorie und Praxis eines komparatistischen Grenzgebiets. Berlin 1984.

Valk, Thorsten: Literarische Musikästhetik. Eine Diskursgeschichte von 1800 bis 1950. Frankfurt a.M. 2008.

Vratz, Christoph: Die Partitur als Wortgefüge. Sprachliches Musizieren in literarischen Texten zwischen Romantik und Gegenwart. Würzburg 2002.

Zima, Peter V. (Hg.): Literatur intermedial. Musik – Malerei – Photographie – Film. Darmstadt 1995.

Arbeitsaufgaben

---

1. Inwieweit nimmt E.T.A. Hoffmanns Novelle *Don Juan* auf Mozarts *Don Giovanni* Bezug?

---

2. Versuchen Sie eine eigene Sprechversion von Schwitters' *Ursonate*! Sie können dies mit der Fassung auf der homepage vergleichen, die Schwitters' Sohn gesprochen hat (http://homepage.ruhr-uni-bochum.de/ralph.koehnen/Einfuehrung-NDL.html).

Lösungshinweise zu den Arbeitsaufgaben finden Sie auf www.metzlerverlag.de/webcode. Ihren persönlichen Webcode finden Sie am Anfang des Bandes.

5.4 | Gesamtkunstwerk

> Im → Gesamtkunstwerk sollen mit Zeichen aus unterschiedlichen Kunstgebieten möglichst viele Sinne angesprochen werden – das stehende oder bewegliche Bild, das sukzessiv formulierte Wort und die vieldeutige Musik kommen zum Einsatz. Dazu können körperliche Ausdrucksgesten von Tanz oder Pantomime treten und auch der Tast-, Geruchs- oder Geschmackssinn aktiviert werden. Wenn die Künste im Spiel vereint werden, wird dabei ihre Autonomie von allen anderen Zwecken vorausgesetzt. Das Bemühen der Einzelkünste um Integrität und um Abgrenzung von den anderen Künsten wird dabei unterlaufen. Ihre unterschiedlichen Zeichen werden meist zu Kontrastwirkungen vereint und in einer Gesamtaussage gebündelt.

In der Kunstpraxis hat das Gesamtkunstwerk eine lange Tradition, die sich von der attischen Tragödie über den mittelalterlichen Gottesdienst, Reliquienfeiern oder Mysterienspiele bis hin zu den opulenten höfischen Festen des Barock erstreckt.

Romantische Kunstträume über die Welt, die um 1800 verstärkt auftreten, reflektieren auch Programme und Konzeptionen des Gesamtkunstwerks selbst. Über die Zusammenarbeit einzelner Künste hinaus findet sich dort der hochgespannte Anspruch, dass mit Kunst die Wissenschaften beeinflusst werden könnten und über eine Universalsprache schließlich die ganze Welt zu poetisieren sei. Das Leben selbst sollte nun von den Künsten geprägt sein, die nach Fr. Schlegel eine romantische Lebenskunstlehre vorstellen (s. Kap. 2.3.1).

Die Konjunktur der Gesamtkunstwerksidee um 1800 hat mit einer veränderten Funktion des Künstlers zu tun, der endgültig aus dem Schatten des Handwerkertums und aus der höfischen, religiösen und moralischen Pflicht heraustritt: Er gewinnt einen autonomen Stellenwert, der es ihm erlaubt, seine Fähigkeiten ganz auf die Kunst zu konzentrieren. Damit liegt der Impuls nahe, die Künste zu verbinden und mit ihnen zu experimentieren – indem sich Kunst von ihren Zwecken entbindet, kann sie sich mit voller Emphase als eigenständige ästhetische Welt definieren.

Richard Wagner: Die Hoffnung, dass dann die Wirklichkeit selber zu Kunst werden möge, hat auch Wagners wirkungsreiches Konzept des Gesamtkunstwerks geprägt. Als politischer Revolutionär gescheitert, konzipierte Wagner in der Zürcher Emigration das Gesamtkunstwerk als Vehikel, um die geplatzten gesellschaftlichen Hoffnungen in der Kunst weiterleben zu lassen. In seiner einflussreichen Schrift *Das Kunstwerk der Zukunft* (1850) hat er die Absicht ausgeführt, daran möglichst viele Kunstdisziplinen zu beteiligen und deren Vereinzelung zu überwinden. Er spricht Dichtkunst, Tonkunst und Tanzkunst als den »drei urgeborenen Schwestern« (1911, S. 67) eine gemeinsame Wirkung zu, die, noch ergänzt durch die (Bühnen-)Bildkunst, das Gesamtkunstwerk volksnah entfalten soll. Dabei spielen auch physiologische Erkenntnisse eine Rolle: Wagner spricht den Menschen weniger als rationales, sondern als Nervenwesen an und setzt möglichst fortschrittliche technische Effekte ein (Bühnenmechanik, Beleuchtung, Feuer etc.), die letztlich auch das Hollywood-Kino inspiriert haben. Ehrgeiziges Ziel bleibt allerdings, ein **kulturkritisches Gesamtkunstwerk** gegen Modehaltungen, Tendenzen der sinnenfeindlichen Abstraktion, ja sogar gegen Staatsgesetze zu aktivieren (vgl. 1911, S. 60).

Illusionseffekte, die auch durch das Verbergen der Musiker im Orchestergraben gefördert wurden, zielen dann darauf, »dieses Kunstwerk dem Leben selbst als prophetischen Spiegel seiner Zukunft vorzuhalten« (ebd., S. 2). Problematisch bleibt, dass auch bei Wagner die musikalische und gedichtete Natur zum Fluchtort wird und er sie außerdem mit Gefühlskult und Heroismus an die deutschen Mythen bindet. Anlässlich der Wagner'schen Konzeption (und auch Bayreuther Aufführungspraxis) hat Nietzsche in seiner *Geburt der Tragödie* (1871) die Überzeugung formuliert, dass »nur als ästhetisches Phänomen das Dasein der Welt *gerechtfertigt* ist« (I, S. 14), womit er einen zentralen Gedanken seit der Romantik zusammenfasst und verschiedenen Künstlern des 20. Jahrhunderts, die aus der Welt ein Kunstwerk modellieren wollen, ein Programm liefert.

Ästhetik der Illusion

Das Bayreuther Festspielhaus vor 1882

Gesamtkunstwerke der Avantgarden

Damit sind mehrere Linien vorgegeben, die das Gesamtkunstwerk im 20. Jahrhundert immer beliebter werden lassen:

Ausrichtungen
des Gesamt-
kunstwerks im
20. Jahrhundert

1. Abgrenzung der Künste von der empirischen Realität: Wassily Kandinsky etwa grenzt die Kunstarten zwar voneinander ab, will sie aber im **synästhetischen Erlebnis** des Rezipienten insgesamt zum Klingen bringen: Die Seele wird als Saiteninstrument vorgestellt, das stets weitere Sinne in Gang setzt. Kunst stößt also die Phantasiekräfte des Empfängers nur an, der z.B. in dem Bühnenstück *Der gelbe Klang* (1912) zur Mitwirkung animiert werden soll. Verfeinerte, auf Nervenstimmungen zielende Kunst, esoterische Gedanken und abstrakte Farb-, Klang- und Worträume schaffen damit eine aufgeladene ästhetische Welt. Das ›und‹ der bindungsfreudigen Künste erklärt Kandinsky zum Losungswort des 20. Jahrhunderts, um alle denkbaren Kunstsynthesen gegen die einseitig rationale und wissenschaftliche Welt zu stellen; das Individuum soll vom rätselhaften Klang des Universums durchdrungen werden. Diesen Ansatz hat Kandinsky in seiner Bauhaus-Zeit gewandelt, indem er **technische Neuerungen** einbezieht und sich um ein »planmäßiges analytisches Denken« (1973, S. 91) in den angewandten Künsten bemüht. Fragen von Rhythmus, Kraft oder Geschwindigkeit, die in ein Produkt umzusetzen sind, bestimmen die Form des technisch avancierten Gesamtkunstwerks, wie es im Experimentaltheater am Bauhaus erarbeitet wird.

2. Avantgarde: Künste wollen die Wirklichkeit den Kunstregeln unterwerfen. Die synästhetischen Kunsterlebnisse haben im 20. Jahrhundert meistens darauf hingewirkt, mit dem Gesamtkunstwerk einen verschwindenden Weltzusammenhang aufzufangen. Die Avantgarden haben sich hingegen die andere, irrationale und bisweilen destruktive Seite des technisch inspirierten Gesamtkunstwerks zu eigen gemacht. Dies wird im **Futurismus** deutlich, der im Proteststurm gegen die Wirklichkeit anrennen wollte. Denn **Technik und Kunst verbinden sich** in dieser Richtung der Avantgarde zu einem militärischen Gemisch, das die Grenzen von Kunst und Wirklichkeit auflösen will und schließlich in den Alptraum des faschistischen Staates mündet, den man im negativen Sinne als Gesamtkunstwerk analysiert hat (vgl. Wyss 1996).

3. Beide Intentionen in der Gegenwart: Aus all diesen Möglichkeiten speisen sich auch zeitgenössische Gesamtkunstwerke mit unterschiedlichsten Intentionen.

- **Karlheinz Stockhausen** verknüpft in *Freitag aus Licht* (1997/2002) Experimentalmusik, Bilder und Sprache und bietet so Kunstmittel auf, um damit der Wirklichkeit eine fremde, meditative Welt gegenüberzustellen.
- **Postdramatisches Theater** verbindet technisch-experimentelle und künstlerische Mittel, um der Wirklichkeit eine verfremdete Welt gegenüberzustellen – ein Ziel, das auch die gemeinsamen Projekte

Heiner Müllers mit dem Regisseur Robert Wilson verfolgt haben (vgl. Kap. 3.3.4).

- Eine weitere Variante ist, den gesamten Alltag zum Kunstwerk zu erklären und ihn nach Kriterien eines **Ästhetikdesigns** zu gestalten; die Grenze zwischen Höhenkamm- und Alltagskultur, zwischen Ästhetik und Nichtästhetik ist im Zeitalter der Pop-Art immer durchlässiger geworden. Der Leitsatz Andy Warhols – »Everything is pretty« – ist oft angeführt worden, um Alltagsgegenstände als kunsttauglich zu etikettieren und im Lob ihrer warenhaften Oberfläche schließlich die Lebenswelt ästhetisch zu überformen (Welsch 1996).

- Dies gilt auch für einzelne **Lebensentwürfe**, die dem ästhetischen Imperativ folgen. Bereits Hugo Ball fasst den Dandyismus des 19. Jahrhunderts und die Künstlerkulte um 1900 zusammen in der Maxime, »auf Werke zu verzichten und das eigene Dasein zum Gegenstande energischer Wiederbelebungsversuche machen« (1946, S. 64). Dass die ganze Person und ihr Auftreten zum Kunstwerk stilisiert werden, passt gegenwärtig auf Kunstfiguren wie Madonna, Helge Schneider oder andere. Es ist ein genereller Trend der Alltagskultur geworden, das eigene Leben in Kunstformen zu hüllen und einer Öffentlichkeit zu präsentieren (vgl. Shusterman 1994; Goebel/Clermont 1997).

Elektronische Gesamtkunstwerke/*ars electronica*

> → *Ars electronica* bezeichnet das Zusammenführen der Künste in den neuen digitalen Medien. Das elektronische Netzwerk wird zur neuen Zentralmetapher, mit der etwa Roy Ascott den Wunsch verbindet, »außerhalb des Körpers zu sein, des Geistes, die Grenzen von Zeit und Raum zu überwinden«, um damit eine Art »biotechnologischer Utopie« zu stiften (1989, S. 100). Unsicherheit und Überraschungseffekte stellen den Reiz dar, der kreative Reaktionen der Teilnehmer fordert.

Zum Begriff

Die elektronischen Ströme des Netzes verbinden die Teilnehmer zu einer großen Arbeitsgemeinschaft in dynamischer Interaktion. Insofern ist nicht das vereinzelte Schöpfergenie, sondern das gemeinsame Projekt wichtig, dem der Einzelne sich bewusst unterordnet:

> Als Künstler werden wir zunehmend ungeduldiger mit den einzelnen Arbeitsmodi im Datenraum. Wir suchen nach Bildsynthese, Klangsynthese, Textsynthese. Wir möchten menschliche und künstliche Bewegung einbeziehen, Umweltdynamik, Transformation des Ambientes, all das in ein nahtloses Ganzes. Wir suchen, kurz gesagt, nach einem GESAMTDATENWERK. Ort der Arbeit an und der Handlung für ein solches Werk muß der Planet

Roy Ascott:
Gesamtdatenwerk
1989, S. 106

Gesamtkunstwerk

als Ganzes sein, sein Datenraum, seine elektronische Noosphäre.
Die Dauer des Werkes wird letztlich unendlich sein müssen.

Die Welt
im digitalen
Hypertext

Mit solchen weltumspannenden Phantasien wird das traditionsreiche Motiv der Welt als Text, wie es auch den Romantikern vorschwebte, elektronisch eingelöst. Der Computer eröffnet eine Reihe von Perspektiven und Verhaltensmustern, das **Interface** als Anschluss des Benutzers an das Netz stellt ein »synoptisches Intervall in der Symbiose Mensch-Computer« dar (ebd., S. 104).

In diesem Sinne scheint eine **Erweiterung des Text- wie auch des Lesebegriffes** sinnvoll, ohne diese vom Buchmedium ganz zu lösen. Wenn die geschlossene Werkeinheit aufgelöst und zum ›visuellen‹ oder gar ›audiovisuellen‹ Intertext erweitert wird, erscheint dies im **digitalen Hypertext** noch einmal potenziert. Umfassend werden die interaktiven Möglichkeiten zur Texterweiterung bei den anspruchsvolleren Projekten der Netzliteratur eingelöst, z. B. bei der von Roberto Simanowski initiierten *Literatur.digital* (2002; s. Kap. 6.10).

Literatur

Ascott, Roy: Gesamtdatenwerk. Konnektivität, Transformation und Transzendenz. Kunstforum Bd. 103, 1989, S. 100–109.

Ball, Hugo: Flucht aus der Zeit. Luzern 1946.

Finger, Anke: Das Gesamtkunstwerk der Moderne. Göttingen 2006.

Förg, Gabriele: Unsere Wagner: Joseph Beuys, Heiner Müller, Karlheinz Stockhausen, Hans-Jürgen Syberberg. Frankfurt a. M. 1984.

Goebel, Johannes/Clermont, Christoph: Die Tugend der Orientierungslosigkeit. Berlin 1997.

Günther, Hans (Hg.): Gesamtkunstwerk. Zwischen Synästhesie und Mythos. Bielefeld 1994.

Hiß, Guido: Synthetische Visionen: Theater als Gesamtkunstwerk von 1800 bis 2000. München 2005.

Kandinsky, Wassily: Essays über Kunst und Künstler. Bern 1973.

– /Marc, Franz (Hg.): Der blaue Reiter [1912]. München 1984.

Nietzsche, Friedrich: Werke in drei Bänden. Hg. von Karl Schlechta. München 1954.

Shusterman, Richard: Kunst Leben. Die Ästhetik des Pragmatismus. Frankfurt a. M. 1994.

Simanowski, Roberto (Hg.): Literatur.digital. Formen und Wege einer neuen Literatur. München 2002.

Szeemann, Harald (Hg.): Der Hang zum Gesamtkunstwerk. Aarau/Frankfurt a. M. 1983.

Wagner, Richard: Das Kunstwerk der Zukunft [1850]. In: Sämtliche Schriften und Dichtungen, 16 Bde. Leipzig 1911, Bd. 3/4.

Welsch, Wolfgang: Grenzgänge der Ästhetik. Stuttgart 1996.

Wyss, Beat: Der Wille zur Kunst. Zur ästhetischen Mentalität der Moderne. Köln 1996.

Arbeitsaufgaben

1. Welche Beziehungen zur (Kunst-)Umwelt können Gesamtkunstwerke entwickeln? Zeigen Sie dies etwa am Beispiel der Avantgarde!

2. Wie ändert sich das Verhältnis von Autor, Text und Leser im digitalen Hypertext? (Ausführlicheres dazu bei Simanowski 2002).

Lösungshinweise zu den Arbeitsaufgaben finden Sie auf www.metzlerverlag.de/webcode. Ihren persönlichen Webcode finden Sie am Anfang des Bandes.

5.5 | Literatur und Film

Von der Fixierung optischer Standbilder in der Fotografie (Louis Daguer-re, 1839) über die Serienfotografie von Bewegungsabläufen (Eadweard Muybridge, 1870er Jahre) bis zum Speichern von Bildsequenzen dauerte es gut 50 Jahre: Als die fotografische Glasplatte durch das durchlaufende Zelluloidband ersetzt wurde und entsprechende Transportmaschinen er-funden waren, konnten 1895 die Gebrüder Lumière in Paris die erste viel beachtete Kinovorführung präsentieren. Das neue Medium breitete sich rasch aus: Insbesondere in Berlin galt es über die sozialen Schichten hin-weg als allgemeines Vergnügen, ins Kino zu gehen.

Wahrnehmungsgeschichte, in diesem Fall die Frage nach den sozio-historischen Bedingungen des Sehens im 19. Jahrhundert (vgl. Segeberg 1996), spielt eine wichtige Rolle bei der Untersuchung der wechselseitigen Beeinflussung von Kino und Literatur. Als entscheidende Faktoren wirk-ten hierbei die Entwicklung der Verkehrstechnik von der Postkutsche zur Eisenbahn und zum Automobil, die dem Reisenden schnelle Bilder ohne eigene Körperbewegungen lieferten, ferner die Lebensbeschleunigung der Großstadt und ihre künstliche Wohnungs- und Straßenbeleuchtung sowie kunstgeschichtlich das Panorama (vgl. Paech 1997, S. 56 und 64 ff.).

Wechselwirkungen

Anders als bei der Fotografie ließen sich Autor/innen nach 1900 rasch von den filmischen Abläufen inspirieren, so z. B. Else Lasker-Schüler, Gott-fried Benn, Alfred Döblin oder Franz Kafka. Kafka dokumentiert die Be-deutung des Films für die Wahrnehmung, auch mit Implikationen für die Literatur:

> **Die Raschheit der Bewegungen und der schnelle Wechsel der Bilder zwingen den Menschen zu einem ständigen Überschauen. Der Blick bemächtigt sich nicht der Bilder, sondern diese bemächtigen sich des Blickes. Sie über-schwemmen das Bewußtsein. Das Kino bedeutet eine Uniformierung des Auges, das bis jetzt unbekleidet war (Kafka 1961, S. 105).**

Auch wenn Letzteres strittig ist – bereits das Fernrohr, das Mikroskop oder das Panorama sind Ausstaffierungen des Auges –, sind sich die Autoren einig: Der Film, der selbst eine lange Vorgeschichte in den er-zählerischen Blicklenkungen des 19. Jahrhunderts hat (vgl. Paech 1997, S. 45–63), kann nicht nur Sehgewohnheiten, sondern auch Schreibweisen ändern. Die Autoren nahmen **zwei gegensätzliche Positionen** ein, die bis heute diskutiert werden:

Grundsätzliche
Intentionen
- **Film als Rausch und Halluzination:** Gottfried Benn stellte in seinen *Gehirne*-Novellen (1915) das Kino als rauschähnliches Erlebnis dar mit Nähe zum Unbewussten und zu Traumvorgängen. Das Vorübergleiten der Bilder im Kino inspirierte die Autoren zu einem Fluss der erzählten

Bilder, der als Assoziationstechnik Schule machte und den schon vor 1900 gelegentlich angewandten Bewusstseinsstrom zum geläufigen Stilmittel werden ließ.

- **Film als kritisches Dokumentationsmedium:** Alfred Döblin war einer derjenigen, die ausdrücklich ein aufklärerisch-emanzipatorisches Interesse mit dem neuen Medium verfolgten. Anders als Benn leitet er aus dem Kino das Postulat der Sachlichkeit ab – ein »steinerner Stil« soll es sein, der das Schreiben als Collage von Stimmen, Perspektiven und Eindrücken prägt, wobei schleppende Handlungsverläufe ebenso wenig gefragt sind wie psychologische Innenschau. Döblins Werk ahmt, inspiriert vom Film, das Tempo des modernen Lebens nach, so z. B. in der *Ermordung einer Butterblume* (1912) bis hin zu *Berlin Alexanderplatz* (1929). Die Erzählhaltung wird polyperspektivisch aufgesplittet zwischen Franz Biberkopf, Stimmen aus seiner Umgebung und anderen anonymen, wie mit dem Kameraauge aufgenommenen Textpassagen. Dieses neutrale und personale Erzählen ist nach Döblin in der Lage, sozialkritisch die Krise des Individuums in der modernen Welt abzubilden.

Walter Benjamin hat im Film eine **politisch-demokratische Chance** gesehen, die er in seinem Essay *Das Kunstwerk im Zeitalter seiner technischen Reproduzierbarkeit* (1936) diskutiert. Das Kunsttempo könne so dem Lebenstempo angepasst werden; im forcierten Nervenreiz sei der Film Teil eines »Optisch-Unbewußten« (GS I, S. 500), das die neuen Medien gesellschaftsweit konstituieren und das bewusst gemacht werden solle. Diese neue Wahrnehmung mache die Fotografie, vor allem die Filmkamera sichtbar mit ihrem »Stürzen und Steigen, ihrem Unterbrechen und Isolieren, ihrem Dehnen und Raffen des Ablaufs, ihrem Vergrößern und Verkleinern« (ebd.). Der Film leistet nicht nur Schockabwehr der Großstadtreize, sondern kann auf der Kunstebene das Erleben intensivieren. Gerade das Kino entfesselt ein **neues Zeitgefühl** und eine Steigerung des Bewusstseins: »Da kam der Film und hat diese Kerkerwelt mit dem Dynamit der Zehntelsekunden gesprengt, so daß wir nun zwischen ihren weitverstreuten Trümmern gelassen abenteuerliche Reisen unternehmen« (GS I, S. 499 f.). Benjamin, der den Autoren generell den Film als »lebensspendende Nüance« empfahl (GS IV, S. 102), erkannte in der Verunsicherung des Auges vor allem eine Möglichkeit, die Wahrnehmung zu schulen, um sich gegenüber technischen Neuerungen überhaupt emanzipiert zu verhalten und diese auf kluge und humane Weise zu nutzen.

W. Ruttmann:
*Berlin – Sinfonie
einer Großstadt,*
Filmplakat von 1927

Film als Konstruktion von Wirklichkeit: Als sich die Interessen des Films vom Expressionistisch-Ausdruckshaften und dem Phantastisch-

Utopischen (Fritz Lang: *Metropolis*, 1927) zur sachlichen Reflexion der Wahrnehmungsstruktur in der Großstadt wandten, rückten die Verfahren stärker in den Vordergrund: Der **Konstruktionsprozess** wird wichtiger als der Handlungsgang. Nun entdeckt der Film die Technik der schnellen *cuts* und versucht, das Tempo der literarischen Perspektivwechsel zu übertreffen, z. B. in Walter Ruttmanns Film *Berlin – Sinfonie einer Großstadt* (1927).

Dort wird mit durchschnittlichen 3,7 Sekunden und minimalen 0,2 Sekunden Einstellungslänge ganz bewusst das Auge physiologisch überfordert. Spätestens hier wird auch deutlich, dass der Film nicht kontinuierliche Wiedergabe von Wirklichkeit ist, sondern dass er sie in 16 bzw. später 24 Bilder pro Sekunde zerteilt, sie dann neu zusammensetzt und so fiktive Wirklichkeiten konstruiert. Der Film nimmt also nicht eigentlich fortlaufende Ereignisse auf, sondern setzt die Präpariertechnik der Fotografie fort und konstruiert aus den vielen Einzelbildern heraus Abläufe. Darin liegen grundsätzlich seine **Gestaltungsmittel** der Wirklichkeit, die formal noch in der Splitterästhetik der Videoclips mit ihren fragmentierten Erzählabläufen zum Einsatz kommen. Diese Konstruktion kann ein Film bewusst machen und die Schnitte präsentieren – oder er kann ein **Illusionskino** anbieten, das gerade die Spuren der Konstruktion löscht und kontinuierliches Erzählen vorspiegelt.

Literaturverfilmung

Wege der Literaturverfilmung: In der frühen Filmgeschichte sind es bekannte Themen und Stoffe der Literatur, die verfilmt werden. Damit wollte man nebenbei auch das neue Kunstmedium etablieren. Die Ansprüche an die Literaturverfilmung wurden zunehmend größer: Sie entwickelte sich von der getreuen Umsetzung der Vorlage weg zu einer Gattung mit eigenständigem Wert und eigenen Regeln. Auf dieser Grundlage sind wiederum formale Reflexionen zwischen den Künsten entstanden.

Die anfänglichen Filmversuche bieten kleine **Dokumentarstückchen**, doch wenden sich die Filmautoren rasch **literarischen oder anderen fiktiven Stoffen** zu. Bereits 1896 verfilmte Louis Lumière eine kurze Szene aus Goethes *Faust*, und 1907 wurden fünf Szenen aus Schillers *Räubern* eingespielt. Wichtiger Ideengeber wurde Georges Méliès (*Voyage à travers l'impossible*, 1904) mit seinen experimentellen Kompositionen, die bald zur Kurzerzählung mit melodramatischem Muster tendierten (vgl. Paech 1997, S. 25). Obwohl Méliès eine Fülle eigener Inhalte entdeckte, griffen die Filmemacher immer wieder auf Formen und Themen der Literatur als etabliertem Medium zurück, womöglich auch, um dadurch institutionellen Rang zu gewinnen (vgl. ebd., S. 63). Auch von Seiten der Autoren gab es Bemühungen, Angebote an den Film zu machen und ihre Texte auf die neuen optischen Möglichkeiten hin zu verfassen: 1913 versammelte Kurt Pinthus Beiträge in seinem *Kinobuch*, die, auch wenn sie vom Kino nicht genutzt wurden, das Bemühen um Zusammenarbeit zeigen.

Expressionismus im Film: Mit Robert Wienes *Das Cabinet des Dr. Caligari* (1919/20) hatte der filmische Expressionismus wohl größere Folgen als der literarische. Insgesamt hat der Weimarer Film zum guten Teil literarische Vorbilder: Fritz Langs *Die Nibelungen* (1923/24) oder Friedrich Murnaus *Faust* (1926) sind dafür wichtige Zeugnisse, früh verfilmt wurde auch Thomas Manns *Buddenbrooks* (1923).

Etablierung der Literaturverfilmung als Gattung: Zwar gibt es seit den 1920er Jahren auch eine gegenläufige Position des ›reinen Films‹, den Avantgardisten wie Sergej Eisenstein oder später Jean-Luc Godard von literarischen Einflüssen freihalten wollten, um filmgenuine Ausdrucksmittel zu erarbeiten (vgl. Paech 1997, S. 151–179). Es ist aber vor allem die Gattung des literarischen Films bzw. der Literaturverfilmung, die sich bei einem breiten Publikum einbürgert. Das Hybridmedium des Tonfilms, der Ende der 1920er Jahre eine optische mit einer akustischen Wiedergabespur kombinierte, erweiterte die Darstellungsmöglichkeiten. Die literarische Sprache brauchte nicht mehr mit umständlich lesbaren Untertiteln gezeigt zu werden, sondern wurde unmittelbar in Dialogen oder Erzählerstimmen zu Gehör gebracht – aus dem Buchstabenraum der Texte macht der Tonfilm gesteigerte Realitätseffekte.

Dies hat sich die lange Tradition des literarischen Films mit unterschiedlichen Funktionen bis heute zu Nutze gemacht:

- Von 1945 bis 1965 etwa ist der Hang zum **Unterhaltungsfilm** deutlicher ausgeprägt mit Boulevardstücken, Komödien oder unterhaltsamer Prosa.

- Danach werden mehr **Klassiker** (auch moderne) der Weltliteratur ins Filmmedium übertragen (vgl. Albersmeier/Roloff 1989, S. 34). Mit dem Massenmedium Fernsehen verbinden Filmemacher den Anspruch gehobener Unterhaltung sowie einen **Bildungsgedanken,** der darin besteht, einen offenen oder versteckten Kanon zu transportieren und dabei eine Handlung oder ein psychologisches Profil zu visualisieren (Thomas Manns *Tod in Venedig* von L. Visconti 1971; der *Zauberberg* 1968 als Fernsehspiel, 1982 als Kinofassung von H. Geißendörfer).

- **Unternehmerische Interessen** bestimmen die Umsetzung literarischer Stoffe stark. Die Wiedergabe von Handlung, Figuren- und Problemcharakteristik einer literarischen Vorlage ist nach wie vor eine beliebte Kunstform, an die sich unternehmerische Interessen (Profilierung des Produzenten, des Regisseurs und der Schauspieler) knüpfen. Dazu passt der anhaltende Trend, zu marktgängigen Kinofilmen Bücher nachzuliefern oder weiterhin Bücher zu verfilmen (Thomas Brussigs *Sonnenallee* in der Fassung von Leander Haußmann, 1999; Benjamin von Stuckrad-Barres *Soloalbum*, 2003; Michel Houellebecqs *Elementarteilchen*, 2006, oder Daniel Kehlmanns *Die Vermessung der Welt*, 2012/13).

Funktionen des literarischen Films

Autorenfilm: Die Forderung nach Werktreue der filmischen Adaption gegenüber dem literarischen Text aus der Gründerzeit des Films ist spätestens in den 1960er Jahren der Einsicht gewichen, dass die Verfilmung

eigene ästhetische Qualitäten entwickeln soll. In diesem Verständnis läuft der Film nicht der Vorlage hinterher, sondern hat ein eigenes ästhetisches Recht mit einer ungebundenen Form. Diese Autonomie hat das »Oberhausener Manifest« eines ›neuen Films‹ (1962) betont, damit die Anbindung an das internationale Niveau gesucht und den Autorenfilm, d. h. die Verfilmung eines Stoffes durch den jeweiligen Autor, im neuen Sinne ermöglicht: Der Film soll, auch wenn er sich auf Literatur bezieht, seine eigenen Gesetze entdecken. Er muss nicht mehr unterhalten, sondern soll in gleichberechtigter Kooperation mit dem Text stehen. Dies ist etwa der Anspruch der Produktionen von Peter Handke und Wim Wenders (z. B. *Die Angst des Tormanns beim Elfmeter*, 1971; *Himmel über Berlin*, 1987) oder der Arbeiten Alexander Kluges, der seine Montageprosa über Einzelschicksale und ihre kollektiven Lebensprogramme teilweise auch zu Dokumentarfilmen umgearbeitet hat (*Die Patriotin*, 1979).

Auch Herbert Achternbusch gehört zu denen, die mit Selbstverfilmungen von Literatur hervorgetreten sind (*Der Atlantikschwimmer*, 1975; *Niemandsland*, 1990/91). Insgesamt begünstigt der Autorenfilm die kritischen Themen der Literatur, was Rainer W. Fassbinders *Berlin Alexanderplatz* (1980) als TV-Serie und Kinofilm ebenso zeigt wie die Schlöndorff-Verfilmungen von Heinrich Bölls *Die verlorene Ehre der Katharina Blum* (1975), Günter Grass' *Blechtrommel* (1979) oder Max Frischs *Homo faber* (1991). Die stärkste **formal-ästhetische Literaturadaption** ist wohl der Experimentalfilm *Uliisses* von Werner Nekes (1982), der nach dem Vorbild des *Ulysses* von James Joyce (1922) eine polyperspektivische Leinwandwelt aus vielen fließenden Bildassoziationen, aber auch Splittern von aufgelösten Alltagshandlungen montiert. Hier gerät das Sehen selbst ins Stocken, und der Film wird als Wirklichkeitskonstruktion thematisiert.

Konstruktionsparallelen zwischen filmischer und literarischer Erzählung

Formale Parallelen

Die formalen Konstruktionsaspekte werden neben den thematischen Problemen oder Figurenanalysen der Literaturverfilmungen (auch in Zusammenarbeit mit der Filmwissenschaft) für die Literaturwissenschaft in den kommenden Jahren ein wichtiges Thema bleiben (vgl. etwa Paech 1997; Hickethier 2012):

Konstruktionsaspekte

- **Zeitgestaltung:** Rückblende *(flash-back)*, Vorausschau, Parallel- und Überkreuzmontage von Sequenzen und Techniken der Zeitbehandlung wie Zeitlupe, Zeitraffer oder Stoptricks; Dehnung *(slow-motion)* und Raffung *(jump-cut)*;
- **Perspektive und Blickwinkel:** Einstellungen und Fokus (Totale, Halbtotale, Naheinstellung und Wechsel), Beschreibung der Handlung von außen und ohne Innenblick, Sachlichkeit des Kameraauges;
- **Schnitttechniken:** Auflösung der Kontinuität, Montage der Einzelteile zu einer Sequenz oder fließend-panoramatische Darstellung; Kame-

raausschnitt und Zoom, der die Aufmerksamkeit auf das gewünschte
Detail lenken kann;

- **Stimmungslenkung:** Spannungsmittel, Steigerung, Happy Ending;
- **weitere Gestaltungsmittel** wie Lichtgebung, langsame oder Reiß-
Schwenks.

Albersmeier, Franz-Josef/Roloff, Volker (Hg.): Literaturverfilmungen. Frankfurt a. M.   Literatur
1989.
Beilenhoff, Wolfgang (Hg.): Poetika Kino: Theorie und Praxis des Films im russischen
Formalismus. Frankfurt a. M. 2005.
Benjamin, Walter: »Das Kunstwerk im Zeitalter seiner technischen Reproduzierbarkeit«.
In: Gesammelte Schriften I, Frankfurt a. M. 1980, S. 471–508 (= GS).
Bleicher, Joan K.: Mediengeschichte des Fernsehens. In: Schanze 2001, S. 490–518.
Hickethier, Knut: Film- und Fernsehanalyse. Stuttgart/Weimar ⁵2012.
Jacobsen, Wolfgang/Kaes, Anton/Prinzler, Hans Helmut: Geschichte des deutschen
Films. Stuttgart/Weimar ²2003.
Kafka, Franz: Gespräche mit Franz Kafka. Aufzeichnungen und Erinnerungen von Gus-
tav Janouch. Frankfurt a. M./Hamburg 1961.
Kessler, Frank (Hg.): Theorien zum frühen Kino. Frankfurt a. M. 2003.
Mahne, Nicole: Transmediale Erzähltheorie. Eine Einführung. Göttingen 2007.
Lexikon Literaturverfilmungen. Zusammengest. von Klaus M. Schmidt und Ingrid
Schmidt. Stuttgart/Weimar ²2001.
Paech, Joachim (Hg.): Film, Fernsehen, Video und die Künste. Strategien der Intermedi-
alität. Stuttgart 1994.
–: Literatur und Film. Stuttgart/Weimar ²1997.
Paech, Anne/Paech, Joachim: Menschen im Kino. Film und Literatur erzählen. Stuttgart
2000.
Pinthus, Kurt (Hg.): Kinobuch [1913]. Nachdruck Frankfurt a. M. 1983.
Schanze, Helmut (Hg.): Handbuch der Mediengeschichte. Stuttgart 2001.
–(Hg.): Metzler Lexikon Medientheorie/Medienwissenschaft. Stuttgart/Weimar 2002.
Schneider, Irmela: Der verwandelte Text. Wege zu einer Theorie der Literaturverfil-
mung. Tübingen 1981.
Segeberg, Harro (Hg.): Die Mobilisierung des Sehens. Zur Vor- und Frühgeschichte des
Films in Literatur und Kunst. 1996.

Arbeitsaufgaben

1. Welche Lebensbedingungen des 19. Jahrhunderts haben die Entwicklung des Films begünstigt?

2. Welche inhaltlichen und formalen Parallelen von Lyrik und Kino lassen sich an den folgenden beiden Gedichten feststellen: Jakob van Hoddis: *Schluß: Kinematograph* (Gedicht-Zyklus *Varieté*) und Gottfried
Benn: *Nachtcafé*?

3. Vergleichen Sie die Erzählstrukturen von Peter Handkes *Die Angst des
Tormanns beim Elfmeter* mit der Filmversion von Wim Wenders und
machen Sie eine Gegenüberstellung in Stichworten!

Lösungshinweise zu den Arbeitsaufgaben finden Sie auf
www.metzlerverlag.de/webcode. Ihren persönlichen Webcode
finden Sie am Anfang des Bandes.

5.6 | Literatur und Radio

Die Erfindung des Radios stellt eine entscheidende Weiterentwicklung der telegraphischen Kommunikationsmedien dar: Durch drahtlose Übertragung wird es nun möglich, dieselbe Botschaft simultan nicht nur an einzelne Empfänger, sondern an ein großes Publikum zu versenden. Wie es McLuhan beobachtet hat: Das Radio reduziert »die Welt auf Dorfmaßstab und läßt unersättlich dörfliche Bedürfnisse nach Klatsch, Gerüchten und persönlichen Bosheiten aufkommen« (1964/1995, S. 463), es begründet das *global village*. Mit dem Radio richtet sich auch die Medienentwicklung zunehmend vom Speichern auf das Übertragen von Informationen aus (Kittler 1986, S. 251).

Zum Programm des deutschen Rundfunks, der 1923 in Betrieb ging, gehörten musikalische Unterhaltung sowie Textrezitationen, die neben Lyrik auch kleinere dramatische Szenen, Bearbeitungen aus der Dramentradition oder auch eigenständige neue ›Sendespiele‹ umfassten. Rasch gab es auch Auseinandersetzungen über die Funktionen des neuen Mediums. **Die Unterhaltung wurde in den Dienst der Politik genommen**, deren Richtungen sich polarisierten:

Politische
Oppositionen

- Konservative Autoren wie etwa Hermann Pongs (*Das Hörspiel*, 1930) sahen die Chance, in der Versammlung einer passiven Massenhörerschaft ein **Kollektivgefühl** zu erzeugen – was McLuhans späterer These entspricht, dass das Radio als »Stammestrommel« fungiere (1964/1995, S. 450), indem es seine Hörergemeinde wie einen archaischen Clan versammle. Im Extrem konnten die Nationalsozialisten dieses Bedürfnis mit Vorträgen zu Rassenfragen bedienen und das Radio zum Medium der Machtergreifung umfunktionieren.

- Linksgerichtete Autoren verfolgten dagegen den Ansatz, das Radio zur sozialen Emanzipation und politischen Aufklärung zu nutzen: Es gab eine **Arbeiter-Radio-Bewegung,** und bis heute sind die Vorstellungen Brechts maßgeblich, aus dem Radio als bloßem Nachrichtenverteiler ein **basisdemokratisches Diskussionsforum** zu machen, das interaktiv funktionieren, also Meinungen und Stimmen des Publikums sammeln sollte: »Der Rundfunk ist aus einem Distributionsapparat in einen Kommunikationsapparat zu verwandeln« (Brecht 1932, S. 553). Nicht einfach in der Verschönerung des Lebens, sondern in der Belehrung, im wechselseitigen Lernen auch mit künstlerisch interessanten Produkten liegen dann die Perspektiven des Radios (ebd., S. 555).

Jenseits der politischen Interessen bildete sich eine **autonome Hörästhetik** heraus: Neben der Übermittlung oder Diskussion von Nachrichten wurden rasch die ästhetischen Möglichkeiten des Radiomediums erkannt, die auf die Ausbildung des Hörsinns zielen bzw. die Hörer/innen akustisch sensibilisieren sollten. Über Botschaften, Handlung oder Stimmungserzeugung hinaus sollte es darum gehen, mit den Möglichkeiten der Hörspielerstimmen, mit Geräuscheffekten oder musikalischer Kulisse nach den eigenen Gesetzen des Radios »das Stück aus dem Mikrophon heraus zu komponieren« (Flesch 1931/2002, S. 473). In diesem Sinne sollten nicht einfach Vorgänge hinter dem Mikrofon visualisiert werden – ein Hörspiel muss man nicht ›sehen‹ können, sondern es **folgt akustischen Gesetzen**. Das Hörspiel ist nicht nur ein halbiertes Schauspiel, das man mühsam auf den akustischen Sinn hin komprimiert, sondern technische Konstruktion, was sich bereits 1924 in Fleschs Hörspiel *Zauberei auf dem Sender* am bewussten Einsatz von Störgeräuschen oder sonstigen radiogenen Effekten zeigte.

Schnitt und Montage gehören zu den avancierten Verfahren der 1920er Jahre, die aus dem Film stammen. Denn die Akustik des frühen Hörspiels steht noch deutlich in der Tradition des Films, dessen Techniken der springenden Bilder, des Wechsels von der Großaufnahme zum Detail oder der Auf- und Abblendungen es adaptierte. Bei allen Möglichkeiten des Orts- und Szenenwechsels sind zur Verdeutlichung eigene Markierungsweisen erforderlich: Darstellungen irrealer Bereiche, Traumsequenzen oder Phantasiepassagen können moderiert oder mit akustischen Effekten angezeigt werden, die sich nicht selten an die Leitmotivtechnik Wagners anlehnen.

Entwicklung des Hörspiels

Funktionen und Formen: Mit den neuen technischen Apparaturen kann gesprochene Sprache aufgezeichnet und bearbeitet, aber auch in Echtzeit wiedergegeben werden, womit sich die Autor/innen den Eindruck von Authentizität zu Nutze machen können. Doch müssen auch **unbeabsichtigte Effekte des Medienwechsels** einkalkuliert werden. Wenn ein Hörspielmanuskript lesbar bleibt und meistens entsprechend publiziert wird, übertrifft die akustisch-technische Fassung die Schriftversion, indem meistens Audio-Signale, musikalische Elemente oder Effekte hinzugefügt werden, die zunehmend den Erwartungshorizont der Hörer/innen bilden.

Die Geschichte des Hörspiels zeigt, dass Autor/innen das neue Medium nicht nur als eine Veröffentlichungsmöglichkeit für gattungsübergreifende Texte aller Art nutzten. Bereits ab 1923 bildete sich das **Hörspiel als radiogemäße Gattung** heraus, und es gibt auch Mischformen wie die Funknovelle (Erzähltexte mit eingeschobenen Dialogelementen), die literarische Reportage oder die Klanginszenierung von Sprache (vgl. Würffel 1978, S. 23 f.). In dieser frühen Phase sind einige der später weiterentwickelten **Formen und Themenschwerpunkte des Hörspiels** angelegt:

- das experimentelle Geräuschhörspiel (Rolf Gunold: *Bellinzona*, 1925),
- die dramatische Reportage bzw. das Zeithörspiel, die dialogisierte Novelle (Arnolt Bronnen: *Michael Kohlhaas*, 1927),
- oratorisch-balladeske Kompositionen (Brecht: *Der Flug der Lindberghs*, 1929),
- das Hörspiel mit inneren Monologen (Hermann Kesser: *Schwester Henriette*, 1929).

Formen/Themen
des Hörspiels

Geschichte des Hörspiels: Hatte sich unter dem Eindruck Brechts, Bronnens oder Alfred Döblins, der 1930 eine Rundfunkbearbeitung von *Berlin Alexanderplatz* (*Die Geschichte vom Franz Biberkopf*, 1930) vorlegte, das Hörspiel zunächst in eher sozialkritischer Absicht entwickelt, so wandelte es sich unter nationalsozialistischem Einfluss beispielsweise zum chorischen Weihespiel und wurde zum **Propagandastück** umfunktioniert.

Während **nach 1945** die Hörspielproduktion **in der DDR** eigene Wege ging und Probleme des sozialistischen Alltags behandelte, Sozialanalyse leistete oder die Arbeitswelt (auch durchaus kritisch) thematisierte (vgl. Würffel 1978, S. 172–207; Bolik 1994), wurden **in der BRD** zunächst existenziell-individualistische Themen bevorzugt. Maßgeblich für diese Zeit des vornehmlich literarischen Hörspiels war Wolfgang Borcherts Geschichtsbewältigung in *Draußen vor der Tür* (1947), aber auch die Innenschau in Traum- oder Phantasiebereiche, wie sie Günter Eich mit *Träume* (1951) gab. So wie hier in aufstörender Weise die Gefährdung des Einzelnen in der Wirtschaftswunderwelt gezeigt werden sollte, zeigte sich in der **Blütezeit des Hörspiels** in den 1950er Jahren (Würffel 1978, S. 69 ff.) grundlegend ein Appell zur inneren Umkehr, weniger zur äußeren Veränderung – die akustischen Traumlabors waren für die individuelle Imagination eingerichtet (Benno Meyer-Wehlack: *Die Versuchung*, 1957; Ingeborg Bachmann: *Der gute Gott von Manhattan*, 1958). Mit Heinrich Bölls *Bilanz* (1958), einer Kriegsbewältigung und Sozialkritik, Friedrich Dürrenmatts Justizgroteske *Die Panne* (1956) oder Richard Heys *Nachtprogramm* (1964) machten sich auch politische Unterströmungen geltend, die aber in den 1960er Jahren insgesamt spärlich blieben. Bemerkenswert ist auch Bölls *Doktor Murkes gesammeltes Schweigen* (1958) als Beispiel für ein selbstreflexives, medien- und ideologiekritisches Hörspiel, das ein existenzialistisches Thema mit formalen Neuerungen verband und wegweisend für diese Gattung wurde.

Das neue Hörspiel und experimentelle Verfahren

Eine Wende zum neuen Hörspiel vollzog sich 1968, als Ernst Jandl und Friederike Mayröcker mit *Fünf Mann Menschen* einen Experimentierraum eroberten: Sprache dient hier nicht mehr als Informationsträger zur Übermittlung von logischen Handlungsfolgen oder zur Innenschau, sondern wird selbst zum ästhetischen Gegenstand. Durchaus in Anlehnung an die frühen Versuche der 1920er Jahre werden **Wörter der Alltagssprache als Klangkörper** behandelt, vorgeführt, aufgelöst und neu montiert, mit akustischen Experimenten gekoppelt und mit Stereoeffekten abgemischt. Die **Verfremdungsmöglichkeiten**, die der Klangwert eines Wortes bietet, nutzten vor allem junge Autoren wie Peter Handke (*Hörspiel*, 1968), Ferdinand Kriwet (*Apollo Amerika*, 1969) oder Jürgen Becker (*Bilder. Häuser. Hausfreunde. Drei Hörspiele*, 1969).

Zwei leitende Aspekte halten das Interesse am Hörspiel lebendig:
Politischer Anspruch: Wolf Wondratschek, der in *Paul oder die Zerstörung eines Hörbeispiels* (1970) die Hauptfigur mit Lautfetzen und Assoziationen

charakterisiert und dabei das Montageprinzip deutlich herausstellt, setzte durch seine Verwendung von authentischem Tonmaterial aus TV oder Rundfunk das **O-Ton-Verfahren** in Gang. Diejenigen, die dem experimentellen Hörspiel das selbstgenügsam Spielerische vorwarfen und politische Interaktion forderten, nutzten das Verfahren, um eine politische Öffentlichkeit herzustellen – so etwa die Chronik von Günter Wallraff und Jens Hagen (*Was wollt ihr oder Ihr lebt ja noch*, 1973), die im dokumentarisch-realistischen Stil Stellungnahmen von Straßenpassanten sammelt und das Hörspiel als **interaktiven Prozess zwischen Autoren und Publikum** ganz im Brecht'schen Sinne begreift. Entsprechende Absichten verfolgt auch die kollektive Werkkreisarbeit *Berufsbild* (1971, von Frank Göhre mit Auszubildenden). Einen unterhaltenden und eher unterschwellig-kritischen Ton hat die Verklammerung von Radio und Literatur bei Ror Wolf, der in *Der Ball ist rund* (1979) Versatzstücke aus der Fußball-Übertragung zugrunde gelegt und überformt hat.

   Experimentaleffekte: Wie groß der Einfluss des Radios bzw. des Hörspiels sein konnte, wurde deutlich, als Orson Welles 1938 mit seinem Hörspiel *The War of the Worlds* über eine Invasion der Erde durch Marsbewohner unter den Einwohnern von New York massenhafte Panikreaktionen erzeugte. Solche spektakulären Effekte sind bei einem eingebürgerten Medium freilich kaum mehr zu erwarten. Das literarische Hörspiel hat heute seinen Platz in den Kultursendern der Landesrundfunkanstalten: sei es im Kriminalhörspiel mit psychologisch nuancierten Darstellungen, in der kritisch-satirischen Unterhaltung (Max Goldt: *Die Radiotrinkerin*, 1989) oder bei politischen Themen mit medialer Selbstthematisierung (F. C. Delius: *Die Flatterzunge*, 1999). **Klangcollagen oder Experimente** konnten sich in der Hörspielform nur für ein schmaleres Publikum etablieren (Einstürzende Neubauten: *Hamletmaschine*, 1988; Heiner Goebbels: *Surrogate Cities*, 1994), haben aber teilweise andere Kunstformen wie den Video-Clip beeinflusst. Insgesamt scheinen sich die akustischen Formen von Literatur aus dem Radio weg auf ein anderes Übertragungsmedium zu verlagern: Das CD-Hörbuch nimmt mit einem breiten Spektrum von literarischen Tonproduktionen einen wachsenden Marktanteil ein.

Literatur

Bolik, Sibylle: Das Hörspiel in der DDR: Themen und Tendenzen. Frankfurt a. M. u.a. 1994.
Brecht, Bertolt: Der Rundfunk als Kommunikationsapparat. Rede über die Funktion des Hörfunks [1932]. Große kommentierte Berliner und Frankfurter Ausgabe. Hg. von Werner Hecht u. a. Frankfurt a. M. 1992, Bd. 21, S. 552–557.
Flesch, Hans: Hörspiel, Film, Schallplatte [1931]. In: Kümmel/Löffler 2002, S. 473–477.
Hagen, Wolfgang: Das Radio. Zur Geschichte und Theorie des frühen Hörfunks – Deutschland, USA. München 2005.
Kittler, Friedrich A.: Grammophon Film Typewriter. München 1986.
Kümmel, Albert/Löffler, Petra (Hg.): Medientheorie 1888–1933. Texte und Kommentare. Frankfurt a. M. 2002.
Lersch, Edgar: »Mediengeschichte des Hörfunks«. In: Handbuch der Mediengeschichte. Hg. von Helmut Schanze. Stuttgart 2001, S. 455–489.

McLuhan, Marshall: »Radio«. In: Die magischen Kanäle [1964]. Dresden/Basel 1995, S. 450–465.

Pinto, Vito: Stimmen auf der Spur. Zur technischen Realisierung der Stimme in Theater, Hörspiel und Film. Bielefeld 2012.

Würffel, Stephan Bodo: Das deutsche Hörspiel. Stuttgart 1978.

Arbeitsaufgaben

1. Adornos *Noten zur Literatur* sind als Rundfunkbeiträge konzipiert. Lassen sich aus seinem Beitrag zu Schillers *Wallenstein* Rückschlüsse auf damalige und heutige Hörgewohnheiten ziehen?

2. Vergleichen Sie die Tonproduktion der Einstürzenden Neubauten zu Heiner Müllers *Hamletmaschine* mit dem Vorlagetext!

3. Welche gemeinsamen Strategien hat die Literatur aus Kino und Rundfunk übernehmen können?

Lösungshinweise zu den Arbeitsaufgaben finden Sie auf www.metzlerverlag.de/webcode. Ihren persönlichen Webcode finden Sie am Anfang des Bandes.

6. Literaturwissenschaftliche Methoden und Theorien

6.1 | Zur Fachgeschichte der Neueren deutschen Literaturwissenschaft

Die Vielfalt literaturwissenschaftlicher Fragestellungen, die sich in den letzten dreieinhalb Jahrzehnten ausgebildet hat, das Auf und Ab der Methoden und Moden, der scheinbar immer kürzere Abstand zwischen den Paradigmenwechseln der Literaturwissenschaft – all dies ist die jüngste Phase einer Fachgeschichte, die im engeren Sinne erst knapp 200 Jahre zurückreicht. Die ›**Erfindung**‹ **der Germanistik als Sprach- und Literaturwissenschaft** – erste Forschungsbemühungen, erste Einrichtung von Lehrstühlen an Universitäten – fand im ersten Drittel des 19. Jahrhunderts statt.

Vorgeschichte

Die Germanistik in weiterem Sinne hat eine längere Vorgeschichte: **Humanistische Gelehrte des 16. Jahrhunderts**, Conrad Celtis etwa oder Sebastian Franck, zeigten durchaus ein – patriotisch motiviertes – Interesse an den Quellen der deutschen (mittelalterlichen) Vergangenheit. Die **Poetik des Barock und der Aufklärung** beschäftigt sich mit deutscher Literatur auf unterschiedliche Weise:

- Opitzens *Buch von der Deutschen Poeterey* (1624) ist der Auftakt zu einer Poetik der deutschen Literatur;

- Andreas Tschernings *Kurtzer Entwurf und Abrieß einer deutschen Schatzkammer* [...] (1658) entwirft eine literarische Stilistik an Beispielen der deutschen Barockliteratur;
- Gottscheds *Versuch einer Critischen Dichtkunst* (1730) enthält, neben der Fülle der regelpoetischen Anweisungen, literaturgeschichtliche Anteile, die neben den antiken und Renaissanceliteraturen Europas auch deutsche Literatur thematisieren.

Im 18. Jahrhundert führte zwar die vermehrte Zuwendung zu literarischen Dokumenten des Mittelalters zur Wiederentdeckung und Neuherausgabe wichtiger mittelalterlicher Texte, die literaturgeschichtliche Kenntnis blieb aber bruchstückhaft und ohne historisches Ordnungsbewusstsein. Erst die Impulse der Geschichtsphilosophie Johann Gottfried Herders schärften das Bewusstsein, dass Literatur und die jeweilige Geschichte eines Volkes eng miteinander verknüpft seien. Im Bereich der Sprachgeschichte war es zunächst Johann Christoph Adelung, der zwischen 1774 und 1786 seinen *Versuch eines vollständigen grammatisch-kritischen Wörterbuches der Hochdeutschen Mundart* [...] vorlegte, grammatisch und etymologisch beispielhaft für seine Zeit. 1807–1812 folgt Joachim Heinrich Campes *Wörterbuch der deutschen Sprache* (in 5 Bänden).

Insgesamt gilt für das 16. bis 18. Jahrhundert: Germanistik als Wissenschaft deutscher Sprache und Literatur existiert nicht an den deutschen Universitäten, es waren immer fachfremde Wissenschaftler, Rhetoriker, Historiker, Juristen u. a., die zuweilen auf Beispiele deutscher Literatur zurückgriffen.

Gründungsphase der Germanistik

Impulse für die Begründung der Germanistik als Wissenschaft kamen in den ersten zwei Jahrzehnten des 19. Jahrhunderts aus zwei verschiedenen Richtungen: aus der literarischen Romantik sowie aus der stark nationalistisch-patriotisch gefärbten politischen Opposition gegen die napoleonische Besetzung nach 1806:

- Romantische Wissenschaftler wie **Wilhelm** und **Jacob Grimm** sowie die Schriftsteller **Brentano** und von **Arnim**, **Tieck** und **Görres** wandten sich in einem antiaufklärerischen Impuls der deutschen Frühzeit zu und entfalteten eine umfangreiche Such- und Sammeltätigkeit nach Dokumenten mittelalterlicher Volkskultur, nach Märchen ebenso wie nach Volksliedern. **August Wilhelm Schlegel** feierte in den ersten Jahren des 19. Jahrhunderts den *Parzival* wie auch das *Nibelungenlied* als spezifisch deutsche, »gelungene Synthese aus nordischen und christlichen Elementen [...], die als Vorbild einer neureligiösromantischen Gegenwartsliteratur dienen könne« (Hermand 1994, S. 29).
- Vor allem nach den Eroberungsfeldzügen Napoleons führte die patriotische bzw. die nationalistische Begeisterung zu einer vermehrten

Nachfrage nach universitären Veranstaltungen zur Poesie des deutschen Mittelalters. Bei der Gründung der Berliner Universität 1810 wurde so die **erste Professur für Deutsche Sprache und Literatur** eingerichtet, Lehrstühle in Königsberg, Greifswald, Gießen und Heidelberg folgten schnell, ebenso wie weitere Editionen altdeutscher Texte: etwa die des Hildebrandsliedes, des Armen Heinrich oder auch der Kinder- und Hausmärchen durch die Grimms.

Gebrüder Grimm:
*Deutsches
Wörterbuch,*
Titelblatt von 1854

Die Ausrichtung dieser frühesten Germanistik war eminent politisch – nationalistisch und republikanisch gleichermaßen. Alle Hoffnungen auf eine moderne staatliche Einheit der deutschen Teilstaaten des vormaligen Reiches wurden durch die restaurativen und repressiven »Karlsbader Beschlüsse« zunichte gemacht. Dies führte zu einer Entpolitisierung der Germanistik: **Karl Lachmanns** Bemühungen um einen streng faktenorientierten Umgang mit den Dokumenten deutscher Literatur führte zur Etablierung der Editionsphilologie als ›objektiver‹ wissenschaftlicher Disziplin; auch die sprachhistorischen Arbeiten Jacob Grimms und das mit seinem Bruder begonnene *Deutsche Wörterbuch* (1852 ff.) dokumentiert diese Philologisierung.

Liberale Germanisten, die sich weder der reinen Editionsphilologie noch einer deutschtümelnden Nationalwissenschaft ergeben wollten, wurden in den 1830er Jahren häufig mit Berufsverbot belegt: etwa der bedeutende Literaturhistoriker Georg Gottfried Gervinus, beide Grimms oder Heinrich August Hoffmann von Fallersleben. Auf die gewaltsame Auflösung des Paulskirchen-Parlaments 1848 folgte eine ähnliche Repression wie schon 1818 (ausführlich zur Vor- und Frühgeschichte der Germanistik vgl. Fohrmann/Voßkamp 1994).

Nationale Literaturgeschichtsschreibung: Gervinus hatte in seiner *Geschichte der poetischen Nationalliteratur der Deutschen* (1835–1842) die Literatur um 1800 als ›Deutsche Klassik‹ zum Höhepunkt der nationalkulturellen Entwicklung stilisiert, allen voran die Texte Goethes und Schillers. Als national-konservatives Gegenstück zu Gervinus' liberaler Literaturgeschichte publizierte August Fr. Chr. Vilmar 1845 die *Geschichte der deutschen Nationalliteratur,* die bis zum Ersten Weltkrieg in unzähligen Auflagen erschien. Die Geschichte der Literatur wird hier entpolitisiert, die sogenannte Weimarer Klassik zum Zeitlos-Gültigen verklärt.

Positivismus

Die Germanistik konnte sich in den Jahren zwischen Märzrevolution und Reichsgründung als akademische Disziplin etablieren – allerdings unter Verzicht auf politische Programmatik und unter strenger Konzentration auf die textphilologische Erarbeitung literarischer Altertümer. Genauigkeit und Vollständigkeit in der Erfassung und Erarbeitung der Dokumente bereiteten den literaturwissenschaftlichen Positivismus der letzten Jahrzehnte des 19. Jahrhunderts vor.

Nach der Bismarck'schen Reichsgründung 1871 wurde der **Positivismus** zum literaturwissenschaftlichen Leitbegriff:

- **Anspruch auf Gleichwertigkeit mit den Naturwissenschaften:** Mit einer der naturwissenschaftlichen ›Objektivität‹ der Befunde angeblich gleichwertigen Akribie und Genauigkeit wurden die Dokumente deutscher Literatur aufgesucht, gesammelt, archiviert und ediert. Die Öffnung der Goethe-Archive nach dem Tod seiner letzten Erben ist ein herausragendes **Beispiel für den Positivismus:** Alle literarischen Texte Goethes, Briefe, Tagebücher, Notizen, Schemata und Entwürfe, kleinste Zettelchen, die gesamte materiale Hinterlassenschaft seines Lebens werden in der 143-bändigen **Weimarer Ausgabe** seiner Werke zusammengestellt (1887–1919). So ertragreich und schätzenswert diese Akribie auch heute noch ist, so eingeschränkt blieb jedoch die Perspektive der Positivisten auf die Literatur: Sie blieb unkritisch bei der mechanischen Sammlung der Daten stehen und unternahm keine Interpretation bzw. geschichtsphilosophische oder gar politische Deutung.
- **Die Literaturgeschichtsschreibung der Zeit** zeigt sich ebenfalls positivistisch orientiert. Bei Wilhelm **Scherer**, dem einflussreichsten Germanisten der 1880er und 90er Jahre, ist Literaturgeschichte die aus den akribisch erarbeiteten Materialien abgeleitete Lebensgeschichte von Schriftstellern sowie die Entstehungsgeschichte der Werke; neben dieser Literaturgeschichte sind eine Fülle großer Ausgaben, voluminöser Dichter-Biographien und Nachschlagewerke die wichtigsten Ergebnisse positivistischer Forschung.

Positivismuskritik

Die **Gegenpositionen zum Positivismus** in den ersten Jahren des 20. Jahrhunderts lassen sich in drei Gruppierungen gliedern; um 1900 gibt es die erste Phase eines etwas offeneren Methodenspektrums:

- **Die geistesgeschichtliche Strömung** wendet sich pointiert gegen das scheinbar naturwissenschaftliche Selbstverständnis der positivistischen Literaturwissenschaft. **Wilhelm Dilthey** ordnet den Naturwissenschaften das Erkenntnisziel ›erklären‹ zu, den Geisteswissenschaften das Erkenntnisziel ›verstehen‹ (s. Kap. 6.2). In den ersten zwei Jahrzehnten des 20. Jahrhunderts folgten dieser geistesgeschichtlichen Orientierung etwa Rudolf Unger, Friedrich Gundolf oder Fritz Strich.
- **Formtypologische Untersuchungen** suchten die unterschiedslos aufgetürmten positivistischen Datenmengen zu sortieren, um zu genaueren Gattungs- oder Epochenbegriffen zu gelangen. Heinrich Wölfflin etwa erläutert in seinen *Kunstgeschichtlichen Grundbegriffen* (1915) den stil- und kunstgeschichtlichen Begriff des ›Barock‹, den Oskar Walzel und Fritz Strich dann auf die Literatur des 17. Jahrhunderts übertrugen.

- Eine neuromantisch-nationalistische Germanistik, die sich berufen
fühlte, die vom Positivismus hinterlassene kulturelle Leere im neuen
Kaiserreich zu füllen. Drei Strategien lassen sich hier beobachten:
  - die Hinwendung zu einem **diffusen Romantikbegriff**, häufig verbunden mit einer nationalistischen Wendung gegen alles Moderne,
Technisch-Zivilisierte, die Großstadt;
  - eine **heimatbetonte Germanistik**, die die altgermanischen Stämme
zum Ausgangspunkt der deutschen kulturellen Entwicklung stilisierte;
  - eine offen **rassistische Germanistik**, die Ariertum und germanische Rasse als Ausweis einer überlegenen Kultur deuteten.

Völkische, nationalistische Germanistik, innere Emigration: In der Vor-
kriegs- und Kriegszeit verstärkten sich in allen genannten Strömungen nationalistische Tendenzen und während des **Ersten Weltkrieges** forderte
eine Vielzahl von Germanisten, das Universitäts- und Schulfach zu einer
›Deutschwissenschaft‹ zu machen, die ein Gegengewicht zu allem Westlichen, Ausländischen, Überzivilisierten und, nicht zuletzt, Sozialdemo-
kratischen bilden sollte. Die Germanistik der Weimarer Republik setzte
die Strömungen der Vorkriegszeit fort (ausführlicher dazu vgl. Hermand
1994, S. 84 ff.).

Mit den Stichworten ›völkische Führungswissenschaft‹, ›rassen- und
stammeskundliche Literaturgeschichte‹ sind zentrale Aspekte der **NS-
Germanistik** bezeichnet. Die literarische Tradition wurde auf Leitbilder
des harten, völkischen Heldentyps hin untersucht, der Kanon entsprechend modifiziert. Literaturwissenschaft stellte sich schließlich willig (!)
in den Dienst der völkischen Identität bzw. im Krieg dann der Stärkung
des Kampfeswillens. Natürlich gab es auch in der Germanistik eine **innere Emigration:** Die Spezialisierung auf eine (ältere) Epoche oder auf
Gattungs- oder Stilfragen konnte eine Nische des Unpolitischen bilden.

Germanistik seit 1945

Auf die völlige Inanspruchnahme der Germanistik durch die NSDAP reagierte das Fach in der Nachkriegszeit durch eine radikale Entpolitisierung
– bei weitgehender Personenkontinuität: Nur wenige Professoren waren
kurzzeitig suspendiert, die anderen blieben im Amt. Die wissenschaftliche Hinwendung zu den ›großen Werken‹ der literarischen Überlieferung dokumentiert die Suche nach ›Lebenshilfe‹, nach Orientierung an
›Bleibendem‹, ›Vorbildlichem‹. Die Texte wurden fast ausschließlich aus
historischen, sozialen und psychologischen Kontexten herausgelöst und
textimmanent betrachtet. Die beiden methodengeschichtlich einflussreichsten Wissenschaftler der Nachkriegszeit, **Emil Staiger** und **Wolfgang Kayser**, setzen konsequent die geistesgeschichtlich-formanalytische
Strömung aus der ersten Hälfte des Jahrhunderts fort, gekürzt um alle
ideologisch-völkischen Anteile (vgl. Anz 2007, S. 147 ff.).

Zur Fachgeschichte
der Neueren deutschen
Literaturwissenschaft

Obwohl diese Werkimmanenz das Selbstverständnis des Faches in den 1950er Jahren dominierte, ist die Germanistik des Jahrzehnts, genauer betrachtet, nicht mehr so homogen: **Geistesgeschichte**, **Hermeneutik** (s. Kap. 6.2) und **formanalytische Schule** (s. Kap. 6.3) sind die drei wichtigsten Tendenzen bis in die 1960er Jahre, auf die schließlich die Vielfalt der literaturwissenschaftlichen Methoden in immer kürzeren Abständen folgte, die dem Fach heute einen **komplexen Methodenpluralismus** beschert hat (vgl. Köppe/Winko 2008):

Methoden-
ausrichtungen
seit 1965

- die **Rezeptionsgeschichte und -ästhetik** ab 1965 (Kap. 6.4) sowie
- die **Sozialgeschichte der Literatur** zum etwa gleichen Zeitpunkt (Kap. 6.7) und
- **strukturalistische Ansätze** (Kap. 6.6);
- die **psychoanalytische Literaturwissenschaft** in der zweiten Hälfte der 70er Jahre (Kap. 6.5);
- die **Diskursanalyse** vollzieht zu Beginn der 80er Jahre einen wesentlichen Paradigmenwechsel des Faches (Kap. 6.8) – ebenso wie
- die an Niklas Luhmann orientierte **Systemtheorie** zu Beginn der 90er Jahre (Kap. 6.9);
- als **neueste methodologische Konzepte** werden spätestens Ende der 90er Jahre die Cultural Studies/Kulturwissenschaften, die Feministische Literaturtheorie/Gender Studies und der New Historicism als leitende Paradigmata der Literaturwissenschaft entdeckt (Kap. 6.11).

Zur Vertiefung

Zum Umgang mit Methoden
Bevor in den folgenden Kapiteln die genannten Methoden und Fragestellungen im Einzelnen erläutert werden, zunächst einige Hinweise zum Umgang mit Methoden im Allgemeinen: **Methoden sollten nicht überschätzt werden!** Methode ist schlichtweg jeder ›Weg‹, den eine forschende Beschäftigung mit einem – literarischen, literaturgeschichtlichen oder literaturwissenschaftlichen – Gegenstand zu einem bestimmten Erkenntnis-, Verständnis- oder Erklärungsziel hin zurücklegt. Methoden sind also nie Selbstzweck, sondern sie sind immer orientiert auf die Sache hin und beschreiben die wissenschaftliche Selbstreflexion sowohl des je spezifischen Zugangs zum Forschungsgegenstand als auch des jeweiligen Erkenntnisinteresses.

   Methoden sollten allerdings auch nicht unterschätzt werden! Das Erkenntnisziel der forschenden Bemühung ebenso wie die (begrifflichen) Instrumente, die zur Beschreibung oder Analyse der Textbefunde benutzt werden, sind nämlich methodenspezifisch. Je nach Methode ändert sich auch das, was man am Text entdeckt. Jede Methode ist gekennzeichnet durch eine bestimmte Terminologie, d. h. durch Fachbegriffe, die sehr häufig aus einer Nachbarwissenschaft entliehen werden, an die die Methode sich anlehnt. Über ihre spezifischen Ziele, ihr terminologisches Instrumentarium und auch über die zentralen Referenzautoren, auf die sie sich bezieht, ist eine Methode identifizierbar und von anderen Methoden abzugrenzen.

Anz, Thomas (Hg.): Handbuch Literaturwissenschaft. Bd. 3. Institutionen und Praxisfelder. Stuttgart/Weimar 2007.

Barner, Wilfried/König, Christoph (Hg.): Zeitenwechsel. Germanistische Literaturwissenschaft vor und nach 1945. Frankfurt a. M. 1996.

Fohrmann, Jürgen/Voßkamp, Wilhelm (Hg.): Wissenschaft und Nation. Studien zur Entstehungsgeschichte der deutschen Literaturwissenschaft. München 1991.

– /**Voßkamp, Wilhelm** (Hg.): Wissenschaftsgeschichte der Germanistik im 19. Jahrhundert. Stuttgart 1994.

Hermand, Jost: Geschichte der Germanistik. Reinbek bei Hamburg 1994.

Köppe, Tilmann/Winko, Simone: Neuere Literaturtheorien. Eine Einführung. Stuttgart/Weimar 2008.

Mertens, Volker (Hg.): Die Grimms, die Germanistik und die Gegenwart. Wien 1988.

Nünning, Ansgar (Hg.): Metzler Lexikon Literatur- und Kulturtheorie. Ansätze – Personen – Grundbegriffe. Stuttgart/Weimar ⁴2008.

Weimar, Klaus: Geschichte der deutschen Literaturwissenschaft bis zum Ende des 19. Jahrhunderts. München 1989.

6.2 | Hermeneutik

6.2.1 | Verstehen als Problem

Seit es Texte gibt, ist beim Verstehen mit Problemen zu rechnen. Da sprachliche Äußerungen auf Papier (oder sonstigem Datenträger) fixiert sind, entfalten sie im Lauf der Zeit ein Eigenleben, das sich von den Intentionen des Autors ablöst. Ein erstes Problem des Verstehens liegt bereits im Sprachwandel – Wörter ändern ihre Bedeutung in der historischen Entwicklung. Dies gilt auch für literarische Texte, die im Lauf der Zeit mit unterschiedlichen Akzenten wahrgenommen werden und in unterschiedlichen Epochen und Jahrhunderten auch auf ganz unterschiedliche Leserperspektiven stoßen. Im kleinen Maßstab lässt sich dies für die eigene Erst- und Zweitlektüre eines Buches feststellen, die immer unterschiedliche Erkenntnisse bringen werden. Ähnliches zeigt die Alltagserfahrung, wenn sich etwa im spontan diskutierten Zeitungstext, einer Regierungserklärung oder einer Gebrauchsanleitung sowie im Gespräch verschiedene Interpretationen einer Äußerung ergeben, die Missverständnisse erzeugen, Nachfragen nötig machen oder Klärung brauchen.

Zum Begriff

> Als Lehre vom Verstehen beschäftigt sich die → Hermeneutik mit der Interpretation von literarischen Texten, aber auch mündlichen Äußerungen sowie anderen sinntragenden Konstruktionen, z. B. Bildern, Gesten, Handlungen oder Träumen, wofür ihre Vertreter seit dem 17. Jahrhundert ein zunehmend präziseres Instrumentarium entwickelt haben. Als Wissenschaftsdisziplin beginnt sich die Hermeneutik in der Folgezeit zu etablieren, aber ihre Tradition ist wesentlich älter. *Hermeneutike techné* ist im Griechischen die Kunst der Auslegung bzw. der Übersetzung (vgl. Gadamer 1974, S. 1062) – ein Begriff, der der lateinischen *interpretatio* nahesteht. Pate war vermutlich der Götterbote Hermes, jene mythische Figur, die den Menschen überirdische Weisheiten und Lebensregeln übermittelte und sich als mehr oder weniger guter Übersetzer des göttlichen Willens betätigte.

6.2.2 | Geschichte und Positionen der Hermeneutik

Vorgeschichte

Frühgeschichte der Hermeneutik

1. Antike Hermeneutik: Die Grundeinsicht, dass alles, was gesprochen oder geschrieben ist, der Interpretation und der Unterscheidung von richtigen und weniger richtigen Deutungen bedarf, prägte bereits die antike Hermeneutik, die von griechischer und jüdischer Tradition gleichermaßen beeinflusst ist. Bereits die klassischen Homer-Interpreten unterschieden die

Deutungstätigkeiten. Zum einen gab es eine Wort- und Bedeutungsforschung *(sensus litteralis)*, die durch sprachlogische Untersuchungen den Sinn der Autorintention rekonstruieren wollte, nämlich die **grammatisch-rhetorische Auslegung**. Ein anderes Interesse kennzeichnete die **allegorische Deutung**, die zwar auch den Wortlaut der überlieferten Schriften bewahrt, aber den ursprünglichen Wortsinn in Richtung eines eigenen, zeitgenössischen Kontextes überschreitet zum übertragenen, mehrfachen Schriftsinn *(sensus allegoricus)*.

2. Frühe Bibelhermeneutik: Die Hermeneutik der christlichen Antike, die Stellenvergleiche zwischen Altem und Neuem Testament vornahm, leistete diese Allegorese als Entschlüsselung eines hinter dem buchstäblichen Sinn versteckten eigentlichen, höheren Sinnes, der ausgehend von Augustinus im Mittelalter zur **Lehre vom vierfachen Schriftsinn** erweitert wurde. Gemeint war damit:

- ein wörtlicher Sinn, der das geschichtliche Ereignis wiedergibt,
- ein allegorischer Sinn, der auf das Versprechen der Heilsgeschichte im alttestamentarischen Bund und ihrer Einlösung im neutestamentarischen Bund abzielt,
- ein moralischer Sinn, der auf ethisch gutes Handeln zielt und
- ein anagogischer Sinn, der auf die religiöse Endzeit anspielte (vgl. Lubac 1959–64).

Solche Deutungen konnten weit über die Texte hinausgehen und selbst zum Dogma werden. Dagegen machte Luther auf die Gefahr des willkürlichen Hineinlesens aufmerksam, verwarf die Hintersinne der Allegorese und rückte die **Bibeltexte selbst ins Zentrum der Interpretation:** Zur Maxime wird die Behauptung, dass die Schrift aus sich selbst auszulegen ist. Nicht mehr kirchliche Lehrautorität sollte entscheidend sein, sondern die enge Textlektüre, die die einzelne Textstelle auf den Gesamtkontext beziehen und aus diesem wiederum die Einzelstelle erklären sollte. Vom Einzelbuchstaben zum Sinn der Schrift zu gelangen, war auch die Grundabsicht von **Luthers Bibelübersetzung**. In diesem Zusammenwirken von Textteil und Ganzem lässt sich eine Vorform des hermeneutischen Zirkels erkennen (s. S. 283), der hier allerdings auf den Text selbst begrenzt bleibt. Bei Luther ist nicht berücksichtigt, dass der Leserhorizont sich wandelt, was die Gegenreformation denn auch kritisiert hat.

3. Hermeneutik im 18. Jahrhundert: Nachdem Johann Christian Dannhauer 1629 den Begriff ›Hermeneutica‹ eingeführt und systematisiert, also einen Katalog von Deutungsregeln aufgestellt hatte, wurde die Hermeneutik vor allem im Lauf des 18. Jahrhunderts zur Wissenschaftsdisziplin ausgebaut (zur weiteren Geschichte vgl. Rusterholz 1996; Jung 2001). Die **Theologie unternimmt eine lebenspraktische Auslegung** der Schriften in drei unterschiedlichen Bereichen:

- die *subtilitas applicandi*, mit der die Regeln bzw. Handlungsvorschläge eines Textes auf eine konkrete Lebenssituation angewandt werden;

- die *subtilitas intelligendi* als das historische Verstehen eines eindeutigen Wortsinnes;
- die *subtilitas explicandi* als Erklärung, die den Horizont eines aktuellen Lesers berücksichtigt, durch den sich die Bedeutung des Textes wandelt (vgl. Rusterholz 1996, S. 111 f.).

Auch für die Jurisprudenz ist die Hermeneutik ein zentrales Werkzeug, z. B. zur Klärung der Frage, wie ein allgemeiner Rechtssatz auf einen bestimmten Einzelfall zu beziehen sei: Auslegungen, Kommentare oder Urteilsbegründungen sind Produkte der Deutung. Ende des 18. Jahrhunderts kommt in der Frühromantik eine **literarische Hermeneutik** auf, die sich um Regeln der Textauslegung kümmert (vgl. Szondi 1975).

Romantische Hermeneutik und ihre Folgen: Schlegel und Schleiermacher

Den zahlreichen Versuchen gerade der Aufklärungshermeneutik, Regeln für das Textverstehen zu erarbeiten, steht eine Wende in der Frühromantik gegenüber. Das richtige Verstehen wird dort nämlich als Ziel selbst problematisch, und die Plädoyers etwa von Novalis, besonders aber von **Friedrich Schlegel** mit seinem Essay *Über die Unverständlichkeit* (1800/1970) gehen nun dahin, das Missverstehen oder die **Unverständlichkeit zur Interpretationsmaxime** zu erklären. Texte sieht Schlegel vielmehr im permanenten Interpretationsprozess, in fortlaufenden Deutungsschritten, die zur **Kultur des unendlichen Gesprächs** gehören, an dem Autor und Leser gleichermaßen beteiligt sind. Missverstehen oder Nichtverstehen ist geradezu der Motor für die stete Debatte über die Vieldeutigkeit der Textsinne, die in **progressiver Universalpoesie** immer weiter entfaltet werden sollen: »Eine klassische Schrift muß nie ganz verstanden werden können. Aber die, welche gebildet sind und sich bilden, müssen immer mehr daraus lernen wollen« (Schlegel 1800/1970, S. 340).

Diese These der romantischen Hermeneutik hat auch der unorthodoxe Theologe **Friedrich Schleiermacher** vertreten und sogar von einer »Wut des Verstehens« gesprochen, die das vielfache Verstehen gerade verhindert und den Blick auf das Unendliche nur verstellt (1799/1974, S. 57).

Auslegung als konstruktiver Akt: Auch bei Schleiermacher ist Kunst Bestandteil eines unendlichen Gesprächs, insofern er das Auslegen selbst als Kunst beschreibt bzw. als Sinnproduktion: »Ich verstehe nichts was ich nicht als nothwendig einsehe und *konstruieren* kann. Das Verstehen nach der letzten Maxime ist eine unendliche Aufgabe« (1799/1974, S. 78; kursiv R.K.). Dies zeigt wiederum, wie stark Schleiermacher das Subjektive an der Deutungsarbeit hervorhebt, so wie er auch dem Autor eine subjektive, individuelle und kreative Sprachverwendung zugesteht. Dies formuliert Schleiermacher als **zweifache Interpretationsperspektive:**

- **Psychologische Interpretation:** Der Deuter muss sich in diesen Horizont kongenial einarbeiten und soll sich bei dieser psychologischen

Interpretation möglichst inspiriert in den Autor hineinversetzen bzw. ihn ›divinatorisch‹ verstehen: Das interpretierte Werk wird mit schöpferischer Phantasie vom Leser neu hervorgebracht. Kunstgerechte Interpretation bemüht sich nach Schleiermacher auch um kleinste Einzelheiten und um das scheinbar Selbstverständlichste von Rede und Schrift – Hermeneutik wird so schließlich zur Kunst, »die Rede zuerst ebenso gut und dann besser [zu] verstehen als ihr Urheber« (ebd., S. 86). Dazu aber benötigt Schleiermacher noch eine weitere Strategie.

- **Grammatische Interpretation:** Aus der theologischen Hermeneutik ist Schleiermacher mit Deutungstechniken vertraut, die sich auf den sprachlichen Aufbau eines Textes beziehen und von der individuellen Sprachverwendung bewusst absehen. Dieses technische Interpretationshandwerk, das bis in die heutige Schulinterpretation hinein gewirkt hat, erweitert Schleiermacher zu einem Katalog der grammatischen Auslegung, der die allgemein gültigen Sprachstrukturen berücksichtigt und sie auch im historischen Kontext sieht.

Dieses vergleichende, ›komparative Verstehen‹ bzw. die ›grammatisch-historische‹ Textkenntnis mit den festen Interpretationsregeln stellt Schleiermacher der anderen, der einfühlend-kreativen psychologischen Deutung ergänzend an die Seite. Genauso verhält es sich mit dem Sprachverständnis: Zwar handelt es sich um allgemeine Sprachstrukturen, die der einzelne Sprachnutzer vorfindet, doch wendet er sie auf individuelle Weise an. Von ihrer einzelnen Verwendung hängen dann auch die Sprachbedeutungen ab, in der die vorgefundenen Strukturen jeweils individuell zur Geltung gebracht werden.

Die Rolle des Lesers ist zwischen den genannten Polen zu situieren: der treffsicheren, anwendungsnahen Auslegung einerseits und der Unberechenbarkeit des Wortes andererseits, zwischen Vereindeutigung und Sinnverstreuung, **Wahrheit** und **Prozess, Allgemeinem** und **Individuellem**. In einem mutmaßenden, psychologischen Erraten wird das Ganze der Deutung konstruiert und dann in der sprachlichen Auslegung am Einzelteil rückversichert, worin sich eine **Kreisstruktur des Verstehens** erkennen lässt. Sprachliche Kommunikation ist dann nicht einfach Transport von feststehenden Bedeutungen und Informationen, sondern jeder individuelle Deuter kann durch sein Sprachvermögen die Botschaft auslegen und damit auch einen neuen Sprachgebrauch ermöglichen. Dieses Zusammenwirken von endlicher (grammatischer) und unendlicher (psychologischer) Deutung, von regelgeleiteter Interpretation und mutmaßendem, kreativem Deuten herausgearbeitet zu haben, ist Schleiermachers bleibendes Verdienst.

Wilhelm Dilthey: Verstehen als Miterleben

Auch Diltheys Verstehenslehre ist von einem Gegensatzpaar geprägt:

- **Erklären** zielt auf kausales Erschließen von Naturgesetzen ab, aus denen die Einzelphänomene vereindeutigend abgeleitet werden – es handelt sich um das empirisch-naturwissenschaftliche Verfahren.
- **Verstehen** weist Dilthey ausdrücklich den Geisteswissenschaften zu. Verstehen bedeutet nicht abstraktes, nur kognitives Kalkulieren, sondern bezieht ein **Miterleben** des Anderen ein, das erst die Lebenshorizonte von Leser und Autor zusammenbringt – so äußere sich »im Kunstwerk ein Zusammenhang von Erleben, Ausdruck und Verstehen« (1910, S. 99) des Künstlers. Der Interpret soll seinen **Erlebnishorizont** in den anderen hineinprojizieren, um zu einem probeweisen Verstehen zu gelangen; so »verstehen wir uns selber und andere nur, indem wir unser erlebtes Leben hineintragen in jede Art von Ausdruck eigenen und fremden Lebens« (ebd.).

Damit erweitert Dilthey den **hermeneutischen Zirkel**, indem er den individuellen Standpunkt mit dem allgemeinen, universalen Wissen in Beziehung setzt, wodurch die jeweilige zeitliche oder kulturelle Kluft überbrückt und Teilhabe an gesellschaftlichen Kräften insgesamt möglich werden soll. Dilthey geht dabei fest von einer gelingenden Kommunikation aus, nämlich »daß, was ich an einem anderen verstehe, ich in mir als Erlebnis auffinden, und was ich erlebe, ich an einem Fremden durch Verstehen wiederfinden kann« (VII, S. 213).

Problem des Konzeptes: So wünschenswert es aber ist, Erlebnisfähigkeit auf Seiten des Interpreten zu aktivieren – er soll immerhin in einen »Lustzustand« geraten (VI, S. 192) –, kann dies kaum ein Maßstab für die Richtigkeit seiner Interpretation sein. Fraglos pointiert Dilthey mit dieser Forderung einer »persönlichen Genialität« (V, S. 267) des Deuters eine Haltung, die unterschwellig das 19. Jahrhundert beherrscht hat, aber auch heute noch erkennbar ist: Der Interpret stellt sich durch Verstehen an die Seite des Dichters, und indem er ihn versteht, fühlt er sich mit ihm auf einer Stufe. Zu viel Erlebnis im Lebensstrom jedoch, so müsste der Einwand lauten, kann zur vorschnellen Glättung von Widersprüchen oder Harmonisierung fremder Horizonte führen. Die Möglichkeit, dass es grundlegende Differenzen zwischen fremden Traditionen und Kulturen geben könnte (wie sie etwa das romantische Plädoyer für das Missverstehen einkalkulierte), wird bei Dilthey kaum bedacht.

Martin Heidegger: Verstehen als Lebensbedingung

An diese Lebensphilosophie des Verstehens hat z. B. Martin Heidegger angeknüpft, der in *Sein und Zeit* (1927) ganz grundsätzlich das Verstehen als eine Lebensbedingung auffasst. Insofern wir immer schon in einer sprachlich verfassten und geschichtlichen Welt stehen, liege das Verstehen allem Erkennen und jedem Handeln, also der alltäglichen Lebenspraxis zugrunde. Anders (und in Heideggers Jargon) gesagt, ist **Verstehen eine Bedingung des In-der-Welt-Seins.** Verstehen ist eine Tätigkeit, die sich erst nachrangig auf Texte bezieht, primär aber in Lebenszusammenhängen steht, aus denen jede Deutung neue Seinsmöglichkeiten erarbeitet.

Einer jeden Sache gegenüber bringt der Verstehende seinen **Erkenntnishorizont** mit ein und wendet ihn nach der Perspektive seines Bedarfs an: Ein Waldstück etwa kann vom Jäger nach Wild abgesucht werden, der Förster behandelt es als botanisches Objekt, der Spaziergänger wünscht sich dort einen Ruheort, der Tourismusmanager denkt über seine Rendite nach, der Jogger nimmt das Gefälle als sportiven Reiz wahr, das Liebespaar betrachtet ihn auf seine Idyllentauglichkeit.

Dasselbe gilt für Texte: Wenn ein Leser etwas interpretiert, wie es ›da steht‹, so ist dies nach Heidegger zunächst nichts anderes als die »selbstverständliche, undiskutierte Vormeinung des Auslegers« (ebd.). Entsprechend gilt: »Auslegung ist nie ein voraussetzungsloses Erfassen eines Vorgegebenen« (ebd.). Zwischen dem Gegebenen und seinem eigenen Wesen entdeckt der Auslegende erst im »entwerfenden Erschließen« der Sprache die Möglichkeiten des Seins (ebd., S. 148).

Keine Wissenschaft ohne Verstehenszirkel: Ganz zutreffend (und im Unterschied zu Dilthey) schließt Heidegger in diesen Vorbehalt gegen die Erkenntnisobjektivität auch die Naturwissenschaften ein: Auch dort kann man das erkennende Subjekt und das erkannte Objekt nicht streng trennen. Es gibt keine ›Dinge an sich‹, die rein sachlich zu beobachten wären, sondern diese erweisen sich immer als Produkte eines Verstehensprozesses, eines ›Vorverständnisses‹ oder methodischen ›Vorgriffes‹, was die Resultate mitproduziert. Dieser Zirkel ist Grundbedingung des Verstehens; Ziel kann nicht sein, ihn zu vermeiden, sondern »in ihn nach der rechten Weise hineinzukommen« (ebd., S. 153) – und das heißt: sich des eigenen Horizontes bewusst zu werden, dafür die Verantwortung zu übernehmen und seine eigenen Verstehensklischees zu hinterfragen.

Hans-Georg Gadamer: Verstehen als produktives Verhalten

Mit Heideggers Grundthese, dass Verstehen ein Vermittlungsgeschehen zwischen Text und Leser sei, das beide Horizonte verändert, wird der **hermeneutische Zirkel** in einem **existenzialen Sinn** gefasst (Grondin 2001). Dieser Gedanke ist auch für seinen Schüler Hans-Georg Gadamer leitend: Die Leistung der Hermeneutik bestehe grundsätzlich darin, »einen Sinnzusammenhang aus einer anderen ›Welt‹ in die eigene zu übertragen« (1974, S. 1062). Auch Gadamer geht davon aus, dass Verstehen eine Seinsweise ist und dass es Interpretationen sind, die das kulturelle Leben überhaupt fundieren. Konkreter aber als Heidegger denkt er an ästhetische Werke, insofern sie Erfahrung, Leben und Sprache zusammenbringen, und führt dies mit **mehreren Leitbegriffen** aus (*Wahrheit und Methode*, 1960):

Hermeneutik

Ästhetische Erfahrung: Das Werk fasst Gadamer nicht als geschlossene Einheit auf, die gegen alle Umwelteinflüsse resistent wäre. Vielmehr sei es ein neues Angebot für die Wahrnehmung, das der Leser in der ästhetischen Erfahrung einlösen kann. An der sprachlichen Fremdheit des Werkes entdeckt er die Grenzen seines eigenen Horizonts. Der Leser erkennt sein eigenes Vor-Urteil, umgekehrt aber konstruiert er die Textwelt mit, deren neue Aspekte er nach eigener Maßgabe entfaltet. In der Vermittlung beider Vorgänge kann er schließlich den fremden Horizont des Textes rekonstruieren. Beide Seiten befinden sich im Frage-Antwort-Verhältnis:

Gadamer 1960,
S. 268

Das bedeutet aber, daß die eigenen Gedanken des Interpreten in die Wiedererweckung des Textsinnes immer schon mit eingegangen sind. Insofern ist der eigene Horizont des Interpreten bestimmend, aber auch er nicht wie ein eigener Standpunkt, den man festhält oder durchsetzt, sondern mehr wie eine Meinung oder Möglichkeit, die man ins Spiel bringt und aufs Spiel setzt und die mit dazu hilft, sich anzueignen, was in dem Text gesagt ist.

Die im Text gestellten Fragen werden also im Dialog mit dem Leser auf eine neue Stufe gehoben. Dies hat Konsequenzen, denn: »Nicht nur gelegentlich, sondern immer übertrifft der Sinn eines Textes seinen Autor. Daher ist Verstehen kein nur reproduktives, sondern auch ein produktives Verhalten« (ebd., S. 280). Damit zeigt Gadamer die Überlegenheit eines Textes gegenüber dem Selbstverständnis des Autors bzw. seiner Schreibintention. Insofern ist Deutung auch mehr als das Aufdecken des gemeinten Sinns, denn der schriftliche Text löst sich von den Absichten seines Autors und geht nicht (wie etwa mündliche Rede) in einer bestimmten Situation auf.

Den hermeneutischen Zirkel arbeitet Gadamer in unterschiedlichen Formen am Lesevorgang heraus, nämlich als Wechselspiel zwischen den beiden Horizonten des Textes und des Lesers, die sich gegenseitig verändern. Eine solche zirkelförmige Beziehung sieht er aber auch umfassend zwischen Teil und Ganzem – nämlich zwischen Kapitel und Buch, Buch und Gesamtwerk, Gesamtwerk und Leben des Autors und zwischen seinem Horizont und dem seiner zeitgenössischen Umgebung.

Horizontverschmelzung: Diese Annäherung von Interpret, Autor und Textteil bzw. -ganzem, von Vergangenheit und Gegenwart hat Gadamer als ein Zirkelprinzip beschrieben, das schließlich in eine »Horizontverschmelzung« (ebd., S. 289) münden könne, die allerdings stets nur annäherungsweise, in Konstruktionen auf Widerruf, realisiert werden kann.

Hermeneutik und Naturwissenschaften: Als Erkenntnismodell grenzt er den hermeneutischen Zirkel gegen die naturwissenschaftliche ›Methode‹ ab, bei der ein Erkenntnissubjekt seinen Gegenstandsbereich definieren und daraus objektive Schlüsse ziehen will. Dieser Vorgang ist für Gadamer allerdings (ähnlich wie für Heidegger) nur vorgeblich objektiv: Notwendig sei es nämlich auch für die Naturwissenschaften, ihre eigenen Voraussetzungen (bzw. ihren Fragehorizont) zu reflektieren, sonst bleibt es bei einem naiven Positivismus, der den vermeintlich reinen Fakten nachgeht, ohne die Relativität des eigenen Erkenntnisinteresses zu berücksichtigen.

Eine frühe Form des → hermeneutischen Zirkels ist von Luther geprägt worden, für den sich das Verstehen aus dem genauen Lesen der Bibel als Inbezugsetzen von Texteinzelnem und Ganzem ergibt. Von Dilthey ist der Begriff ausgeweitet worden auf das Zusammenspiel von individuellem Horizont und allgemeinem Horizont der geschichtlich überlieferten Welt in Form des Kunstwerks. Allgemeiner und heute gebräuchlicher kursiert der Begriff im Sinne Heideggers und Gadamers, die jede Deutung als Begegnung zwischen dem Verstehenden und dem Fremdhorizont, im besonderen Fall zwischen dem Erkenntnisrahmen des Lesers und den neuen Perspektiven des Gelesenen oder Erkannten bezeichnen. In diesem Sinne ist Verstehen, Lesen und Erkennen immer eine Deutungshandlung – denn niemals liegt der Sinn einer Botschaft vollständig vor oder ist er schon vollständig interpretiert, vielmehr konstruiert ihn jede neue Interpretation erst.

Problematische Aspekte: Die Hermeneutik Gadamers ist gleichermaßen aktuell wie auch kritikabel. Das Bild des Zirkels etwa zeigt hier seine Tücken. Denn denkt man den Ansatz Gadamers konsequent weiter, befinden sich beide Seiten – Geschichte und Verstehen – in wechselseitiger Abhängigkeit und kommt die Auslegung an keinen Endpunkt. Der Kreis ist nicht zu schließen: In der Traditionsaneignung durch die Gegenwart geschieht auch ihre permanente Aktualisierung. Damit wird eigentlich auch der historische Sinn relativiert und auf eine neue Stufe gehoben. Zutreffender wäre insofern der Begriff der **hermeneutischen Spirale**, bei der das Verstehen nicht wieder zu einem Ausgangspunkt zurückkehrt, sondern sich in einer weiteren Dimension entfaltet und tatsächlich beide Seiten in Bewegung bringt (vgl. Bolten 1985). Für Autor- und Leserhorizont bedeutete dies das stete Neuentdecken von möglichen Sinnpotenzialen und Impulsen aus der Textwelt, die aber vom jeweils neuen Horizont der Lektüre immer anders entdeckt, also uminterpretiert werden. Dies erweist auch jede alltägliche Leseerfahrung von Erst- und Zweitlektüren eines Buches, die niemals mit gleichen Erkenntnissen abgeschlossen werden.

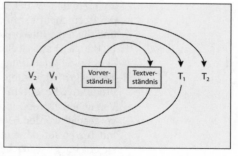

Hermeneutischer
Zirkel (bzw. Spirale)
des Verstehens

Vorrang der kulturellen Tradition: Als weiteres Problem erweist sich bei Gadamer, dass er zwar nicht die Autorenmeinung, aber die Werke selbst als Autorität der Tradition sieht, die der Verstehende schließlich rekonstruieren muss – dem historisch-dauerhaften, dem klassischen Text erweist Gadamer seine besondere Reverenz. Vor dem rein subjektiven Verstehen bzw. seinen Beliebigkeiten warnt Gadamer, ohne allerdings bestimmen zu können, wo die subjektiv-willkürliche Deutung beginnt und wo ihre objektiven Grenzen sein sollen. Darin liegen gewisse Widersprüche seines großen Projekts, das an der kulturellen Überlieferung arbeitet. Bereits Heidegger hatte den aktiv entwerfenden Verstehenden in *Sein und Zeit* später zum Empfänger einer Überlieferungsgeschichte gemacht, der »auf eine Botschaft zu hören vermag« (1959, S. 121). Ähnlich bleibt bei Gadamer der Verstehende letztendlich der Tradition untergeordnet. Dass diese auch einmal abgebrochen, außer Kraft gesetzt oder mit kritischen Fragen konfrontiert werden kann, ist in diesem Modell nicht bedacht.

Zur Vertiefung

Aktuelle Anwendungen der Hermeneutik: Beispiele
Freuds Psychoanalyse ist (neben ihren spektakulären pathologischen oder sexuellen Aspekten) in den 1970er Jahren als eine **Tiefenhermeneutik** wiederentdeckt worden, die lebensgeschichtliche Zusammenhänge verstehen will, die die symbolischen Wirklichkeiten des Patienten als Sprach- und Bilderspiel begreift und bei der sich die Dialogpartner in einem hermeneutischen Zirkel Bedeutungen zuweisen, um sie gegenseitig zu überprüfen (vgl. Lorenzer 1973, S. 88). Freud hat seine Deutungen als Konstruktionen ausgewiesen, die Überprüfung benötigen. In seinem Modell ist auch dieses Deuten unabschließbar, wogegen allerdings das therapeutische Interesse des Arztes steht, klare Diagnosen zu gewinnen und dann doch seine Interpretationen zu vereindeutigen (s. Kap. 6.5).

Literaturdidaktik ist vielleicht der wichtigste, populärste Praxisbereich des hermeneutischen Verstehensmodells (vgl. Köhnen 2011). In den 1970er Jahren machten die Didaktiker Anleihen bei der Hermeneutik, um das simple Lesen von vorbildhaften Texten und die reine Interpretation im Sinne der werkimmanenten Schule (s. Kap. 6.3) zu erweitern durch ein kritisches und aktives Lesen, bei dem die Schüler/innen als eigenständige Partner im Dialog mit dem Text begriffen werden. Diese Orientierung auf Handlung, auf eine produktive Rezeption von Texten, ist in etlichen schulpraktischen Versuchen erprobt und z. B. von Müller-Michaels (1991) als Konzept vorgestellt worden. Die **aktive Rezeption** bzw. das kreative Handeln mit Texten soll dann einen besseren Zugang zu ihnen ermöglichen, sie erschließbar machen und sie analytisch sowie als ästhetische Erfahrung zur Geltung bringen, was Müller-Michaels als **konstruktive Hermeneutik** bezeichnet hat und inzwischen auch neuropsychologisch verifiziert ist (Willenberg 1999).

Diskussion

Die folgenden **problematischen Punkte** sind in den letzten Jahrzehnten
vielfach diskutiert worden:

Ausrichtung als Ideengeschichte: Aus sozialgeschichtlicher Blickrich-
tung auf gesellschaftliche Tatbestände (vgl. Kap. 6.7) hat man die grundsätzliche Perspektive der Hermeneutik auf die Welt der Ideen, Gedanken,
Bilder, Motive oder Kunstformen kritisiert. Dabei schließen sich beide Aspekte nicht aus – denn eine hermeneutische Untersuchung symbolischer
Formen, die auch die gesellschaftlich-historischen Bedingungen im Auge
behält, ergibt vielversprechende, ganzheitliche Deutungsperspektiven.

Kritik der Vereindeutigung: Das Dilemma zwischen einem erstarkten
Leser einerseits und der mächtigen Tradition bzw. dem klassischen Bestand andererseits zieht sich durch die verschiedenen hermeneutischen
Strömungen hindurch. Wenn das Verstehenssubjekt Tradition lediglich
braucht, um sich weiter zu entfalten, lässt sich die Frage dagegensetzen,
wie denn beide Horizonte immer zu der Übereinstimmung gelangen können, die Gadamer vorschwebt. Liefe dann nicht jedes Interpretieren auf
ein Vereindeutigen hinaus, womit alle überraschenden neuen Deutungen
beschnitten werden können?

Dahin geht zumindest der Vorwurf all jener, die die Hermeneutik
und die Praxis des Interpretierens, die nach dem Muster des ***close reading*** den Schulalltag bis heute bestimmt, selbst für eine Willkürhandlung
halten: Interpretieren und Bewerten der Deutung haben auch etwas mit
institutioneller Macht zu tun. Die amerikanische Kulturkritikerin Susan
Sontag hat behauptet, dass Kunstinterpretationen gerade das ästhetische
Empfindungsvermögen abstumpfen – nötig sei also keine Hermeneutik,
sondern eine »Erotik der Interpretation« (1964/1991, S. 22). Ähnlich verweist Gumbrecht (2004) auf die Intensität und Präsenz des ästhetischen
Augenblicks, der sich der Interpretation entzieht. Aus Sicht des Poststrukturalismus hat insbesondere Jacques Derrida das Ziel der ›Wahrheit‹ bei
Gadamer sowie seine Sinndeutungen kritisiert und gegen den Konsens,
das Einvernehmen und die Horizontverschmelzung den Widerstreit und
die Anerkennung des Heterogenen gesetzt (vgl. Gondek 2000; s. Kap. 6.6).

Vorschläge Manfred Franks: Frank hat durch Einbeziehung poststruk-
turaler Perspektiven (vgl. Kap. 6.6.2) und linguistischer Fragen versucht,
die Hermeneutik kritisch weiterzudenken. Dabei kommt auch Schleiermachers Doppelorientierung wieder ins Spiel: Objektive Sprachstrukturen und subjektive Kreativität sind beteiligt am Zustandekommen von
Literatur sowie bei deren Deutung. Texte sind ein Subjektiv-Objektives:
An den **allgemeinen Sprachstrukturen**, die sich hinter dem Rücken des
Autors/Lesers ausbilden, arbeitet der Einzelne mit, das **Individuum** verändert die Sprache bzw. bringt Neues in ihr hervor. Was also die Sprache
angeht, akzeptiert Frank die Vieldeutigkeitshypothese der Poststruktura-
listen und verbindet sie mit seiner eigenen These, dass in jeder Zeichen-
kette »mehr Sinn, als sich zu einer Zeit und durch ein Subjekt entdecken
läßt«, stecke (Frank 1979, S. 69). Schrift, die aus dem Entstehungsanlass

entkoppelt ist, gelangt in stets neue geschichtliche Umgebungen und wird um Bedeutungen erweitert. Diese werden auch im aktuellen, individuellen Sprachgebrauch generiert, weswegen Frank hinsichtlich des Interpretierens behauptet: »Dieser Unbestimmtheits- oder Freiheitsfaktor eröffnet den Spielraum des Verstehens« (ebd., S. 63).

Grenzen einer ›objektiven Hermeneutik‹: In Bezug auf die Sprache gilt, dass jede kulturelle Äußerung, sei sie alltäglich, politisch, philosophisch oder künstlerisch-literarisch, interpretationsbedürftig ist. Dies ist jenen Tendenzen einer objektiven Hermeneutik entgegenzuhalten, die von einer eindeutig bestimmbaren Textbotschaft bzw. Autorintention ausgehen und das offene Deutungsspiel kritisieren – sei es in der Textlinguistik, wo z. B. Hirsch (1972) zwischen der wörtlichen Bedeutung eines Textes und seinem subjektiven Sinn für einen bestimmten Leser unterscheidet, sei es in den qualitativ forschenden Sozialwissenschaften, wo man gesellschaftlichen Dokumenten eindeutige Aussagen abgewinnen will (vgl. Oevermann 1986; Wagner 2001).

Der Widerstreit zwischen dem aufgewerteten Leser und dem Nachvollzug der Textbedeutung bzw. dem Bemühen um objektive Erkenntnis ist kaum zu entscheiden. Wichtige Erkenntnis bleibt aber, dass bei jedem Interpretieren auch die **Relativität des eigenen Ansatzes** gesehen werden muss. Das sollte nicht davon abhalten, Erkenntnisse über den fremden Autor- und Texthorizont zu gewinnen, doch zeigt eine konsequent begriffene Hermeneutik immer: Das Interpretament wird nur ein Vorläufiges sein, das durch weitere Lektüren ergänzt, revidiert oder kritisiert wird (vgl. Körtner 2001). Damit soll nicht der völligen Beliebigkeit, dem ›anything goes‹ aller Interpretationen das Wort geredet werden. Denn das Bemühen, die eigene Deutung durchsichtig zu halten (**Plausibilitätskriterium**), dient schließlich der Kommunikation, die nötig ist, sollen nicht die Einzeldeutungen nur als verlorene Stimme verhallen. Die jeweiligen Konstruktionen der Texte müssen in der Diskussion verglichen und ins Gespräch gebracht werden; es gibt keine Textwahrheit an sich, diese ist vielmehr ständig zu erarbeiten.

Grundlegende Literatur

Boehm, Gottfried/Gadamer, Hans-Georg (Hg.): Seminar: Philosophische Hermeneutik. Frankfurt a. M. 1976.
Bühler, Axel: Hermeneutik: Basistexte zur Einführung in die wissenschaftstheoretischen Grundlagen von Verstehen und Interpretation. Heidelberg 2003.
Dilthey, Wilhelm: Gesammelte Schriften. Göttingen 1957ff. (Einleitung in die Philosophie des Lebens, Bd. 5/6; Der Aufbau der geschichtlichen Welt in den Geisteswissenschaften [1910], Bd. 7; Einleitung in die Geisteswissenschaften [1883]).
Forget, Philippe (Hg.): Text und Interpretation. München 1984.
Frank, Manfred: Das individuelle Allgemeine. Textstrukturierung und -interpretation nach Schleiermacher. Frankfurt a. M. 1977.
– : »Was ist ein literarischer Text und was heißt es, ihn zu verstehen?« In: Texthermeneutik: Aktualität, Geschichte, Kritik. Hg. von Ulrich Nassen. Paderborn u. a. 1979, S. 58–77.

Gadamer, Hans-Georg: Wahrheit und Methode. Tübingen 1960.
– : »Hermeneutik«. In: Historisches Wörterbuch der Philosophie. Hg. von Joachim Ritter u. a., Bd. III. Basel/Stuttgart 1974, Sp. 1061–1073.
Gockel, Heinz: Literaturgeschichte als Geistesgeschichte: Vorträge und Aufsätze. Würzburg 2005.
Gondek, Hans-Dieter: Hermeneutik und Dekonstruktion. Hagen 2000.
Grondin, Jean: Von Heidegger zu Gadamer: unterwegs zur Hermeneutik. Darmstadt 2001.
Heidegger, Martin: Sein und Zeit [1927]. Tübingen ¹⁵1984.
Hirsch, Eric Donald: Prinzipien der Interpretation. München 1972 (engl. 1967).
Jung, Matthias: Hermeneutik. Zur Einführung. Hamburg 2001.
Körtner, Ulrich (Hg.): Hermeneutik und Ästhetik. Neukirchen-Vluyn 2001.
Lubac, Henri de: Les quatre sens de l'écriture. Paris 1959–64.
Müller, Peter/Dierk, Heidrun/Müller-Friese, Anita: Verstehen lernen: ein Arbeitsbuch zur Hermeneutik. Stuttgart 2005.
Nassen, Ulrich (Hg.): Klassiker der Texthermeneutik. Paderborn 1982.
Oevermann, Ulrich: »Kontroversen über sinnverstehende Soziologie. Einige wiederkehrende Probleme und Missverständnisse in der Rezeption der ›objektiven Hermeneutik‹«. In: Handlung und Sinnstruktur: Bedeutung und Anwendung der objektiven Hermeneutik. Hg. von Stefan Aufenanger u. Margrit Lenssen. München 1986, S. 19–83.
Rusterholz, Peter: »Grundfragen der Textanalyse. Hermeneutische Modelle«. In: Grundzüge der Literaturwissenschaft. Hg. von Heinz L. Arnold u. Heinrich Detering. München 1996, S. 101–136.
Schlegel, Friedrich: »Über die Unverständlichkeit« [1800]. In: Schriften zur Literatur. Hg. von Wolfdietrich Rasch. München 1970, S. 332–342.
Schleiermacher, Friedrich D. E.: Hermeneutik [1799]. Hg. u. eingeleitet von Heinz Kimmerle. Heidelberg 1974.
Szondi, Peter: Einführung in die literarische Hermeneutik. Frankfurt a. M. 1975.
Wagner, Hans Josef: Objektive Hermeneutik und Bildung des Subjekts. Weilerswist 2001.

Bolten, Jürgen: Die Hermeneutische Spirale. Überlegungen zu einer integrativen Literaturtheorie. In: Poetica 17 (1985), H. 3/4, S. 355–371.
Gadamer, Hans-Georg/Habermas, Jürgen: Theorie-Diskussion. Hermeneutik und Ideologiekritik. Frankfurt a. M. 1971.
Gumbrecht, Hans Ulrich: Diesseits der Hermeneutik. Über die Produktion von Präsenz. Frankfurt a. M. 2004.
Habermas, Jürgen: Erkenntnis und Interesse. Frankfurt a. M. 1968.
Heidegger, Martin: Unterwegs zur Sprache. Pfullingen 1959.
Jung, Matthias: Hermeneutik zur Einführung. Hamburg ⁴2012.
Köhnen, Ralph: Literaturdidaktik. In: Ders. (Hg.): Einführung in die Deutschdidaktik. Stuttgart/Weimar 2011, S. 135–204.
Lorenzer, Alfred: Sprachzerstörung und Rekonstruktion. Frankfurt a. M. 1973.
Mandl, Heinz/Friedrich, Helmut Felix/Hron, Aemilian: Psychologie des Wissenserwerbs. In: Dies.: Pädagogische Psychologie. Weinheim 1994, S. 143–218.
Müller-Michaels, Harro: Produktive Lektüre. Zum produktionsorientierten und schöpferischen Literaturunterricht. In: Deutschunterricht 44 (1991), S. 584–594.
Sontag, Susan: Gegen Interpretation. In: Dies.: Kunst und Antikunst. Frankfurt a. M. 1991 (amerik. 1964).
Willenberg, Heiner: Lesen und Lernen: eine Einführung in die Neuropsychologie des Textverstehens. Heidelberg 1999.
Wolf, Thomas R.: Hermeneutik und Technik. Martin Heideggers Auslegung des Lebens und der Wissenschaft als Antwort auf die Krise der Moderne. Würzburg 2005.

Zitierte/weiterführende Literatur

Arbeitsaufgaben

1. Auf welche Gegenstände kann sich Verstehen beziehen?

2. Welche Bereiche umfasst das Modell des hermeneutischen Zirkels – und warum könnte man besser von einer Spirale sprechen?

3. Warum ist Diltheys Gegenüberstellung von erklärenden Naturwissenschaften und verstehenden Geisteswissenschaften grundsätzlich heikel?

4. Kann es die Gadamer'sche ›Horizontverschmelzung‹ wirklich geben?

5. Entwerfen Sie im Sinne der ›konstruktiven Hermeneutik‹ bzw. der ›aktiven Rezeption‹ eine Unterrichtsdoppelstunde zu Rilkes Gedicht *Der Panther*!

Lösungshinweise zu den Arbeitsaufgaben finden Sie auf www.metzlerverlag.de/webcode. Ihren persönlichen Webcode finden Sie am Anfang des Bandes.

6.3 | Formanalytische Schule

Zum Begriff

Die → formanalytische Schule bildet etwa seit den 1920er Jahren eine literaturwissenschaftlich-konkrete Ausprägung der Hermeneutik, die ausschließlich auf werkimmanente Zusammenhänge, d. h. Strukturen und Motive innerhalb der Textwelt zielt und dabei Faktoren des Autorlebens oder des gesellschaftlichen Kontextes außer Acht lässt.

Emil Staiger: Einfühlung und Analyse

Ihre erste programmatische Formulierung hat die Formanalyse durch Emil Staiger erhalten (*Die Zeit als Einbildungskraft des Dichters*, 1939). Sein Versuch ging zunächst dahin, Literaturwissenschaft in **Gegenposition** zu anderen Ansätzen zu profilieren, die sich seit Ende des 19. Jahrhunderts herauskristallisiert hatten:

Literaturwissenschaftliche Positionen um 1900

- Gegen den **psychologischen Positivismus** Wilhelm Scherers (1883), der Texte als historische Bestandsaufnahmen oder Krankengeschichten las und eine kausale Herleitung der Werke von Erlebtem, Erlerntem und Ererbtem anstrebte, eine empirisch-praktische Herangehensweise also, aus der später immerhin Quellenforschung, Textkritik oder Biographieforschung hervorgingen.
- Gegen die **Geschichtsschreibung aus der Genieperspektive**, wie sie etwa Friedrich Gundolf (1920) vornahm, der Goethes Werke als Überwindung eines tragischen Lebenszusammenhanges interpretierte und damit der Geistesgeschichte eine spezifische Prägung gab.
- Gegen die **zeitgenössische nationalistische Geschichtsschreibung** etwa Josef Nadlers, der reichlich nebulös Geistesprodukte aus regionalen Denkweisen oder der Stammesgeschichte ableitete, was Staiger als unklare Reduktion des Dichterischen empfand (1939, S. 11).
- Auch die **Geistesgeschichte**, insofern sie literarische mit philosophischen Texten kurzschließt, akzeptierte Staiger dann nicht, wenn sie die Eigengesetzlichkeiten des literarischen Textes ignorierte (1939, S. 16).

Von der sozialhistorischen Betrachtungsweise (s. Kap. 6.7), wie sie mit Georg Lukács und Walter Benjamin in den 1920er Jahren angeregt und von der etablierten Universitätsgermanistik offen diskriminiert wurde, ahnt Staiger nur wenig und richtet seine Arbeit denn auch in eine ganz andere Richtung, nämlich die der werkimmanenten Betrachtung.

Zum Begriff

Der Blick des Interpreten soll bei der → **werkimmanenten Analyse** strikt auf Zusammenhänge innerhalb des Werkes, auf formale

> Eigenschaften in der Mikro- und Makrostruktur des Textes (z. B.
> Erzähleinheiten oder Lautgestalten), Gattungsmerkmale sowie
> Stoffe und Motive nebst Variationen gelenkt sein. Es geht nicht um
> kausale Deduktionen, die etwa die Textentstehung auf die Verfas-
> sung des Dichters zurückführen – »nichts, was irgendwo dahinter,
> darüber oder darunter liegt« (1939, S. 11) –, sondern die Dichtung
> selbst sei zu untersuchen, um »mit aller Behutsamkeit das einzelne
> Kunstwerk zu beschreiben« (ebd., S. 17).

Stilfragen und anthropologische Erweiterungen: Staiger knüpft an bereits
vorher entwickelte Perspektiven an, z. B. an Oskar Walzels Wendung gegen das Weltanschauliche der Literaturwissenschaft und dessen Interpretation von Dichtung vor allem als autonome Kunst (1923). Auch die Arbeiten des Romanisten Leo Spitzer (1930) sind als Stiltypologien gefasst,
die allerdings eher den persönlichen Stil eines Autors oder auch Epochen-
stile herausarbeiten wollen. Weitere Vorläufer der Werkinterpretation, die
sich mit gattungsgeschichtlichen Fragestellungen beschäftigt haben, sind
etwa Karl Viëtor (1925) oder Friedrich Beißner (1941). Allerdings erweitert Staiger seinen eigenen Anspruch: Von den Texten wird nämlich auf
Zeitempfinden und Zeitkonzepte, auf Denk- und Anschauungsformen der
Dichter hingedeutet, um daraus beispielhafte, grundlegende Auskünfte
über den Menschen zu gewinnen. Literaturwissenschaft habe auch Anthropologie zu sein und über die Möglichkeiten des Menschen und seinen
Horizont zu unterrichten (1939, S. 9).

Einwand: Die Annahme, man könne sich tatsächlich in den Horizont
des Schaffenden bruchlos hineinversetzen oder dem Text gegenüber eine
objektive Perspektive einnehmen, bleibt problematisch. Überdies setzt
Staiger (hier ganz in der hermeneutischen Tradition Diltheys) noch stark
auf die Intuition. Der »unmittelbare Eindruck« soll geprüft und erforscht
werden unter dem berühmt gewordenen Motto: »**daß wir begreifen, was
uns ergreift**, das ist das eigentliche Ziel aller Literaturwissenschaft«
(1939, S. 11). Zu analysieren sind dann Motive, Ideen oder Bilder, Reim-,
Vers- oder Syntaxstrukturen und andere Formmerkmale. Indessen gilt der
Einwand: Eine zeitlose Formenlehre bleibt einseitig, wenn sie die umgebenden historischen Bedingungen ganz ausblendet.

Wolfgang Kayser: Die werkimmanente Interpretation und ihre Folgen

Etwas anders orientiert sich Wolfgang Kayser, dessen Einführungsbuch
Das sprachliche Kunstwerk (1948) geradezu epochengültig war – vielleicht
gerade, weil darin auf die umfassenden Seins- oder anthropologischen
Fragestellungen verzichtet wird, die nicht selten Staigers subjektives Fra-

gen nach dem Text trüben. Dabei lässt sich **ein enger und ein weiter ge-
fasster Wirkungskreis** ausmachen:

- **Vorrang der Formanalyse:** Zwar fordert auch Kayser als Arbeitsvoraus-
  setzung die »Fähigkeit zum Erlebnis des spezifisch Dichterischen«
  (ebd., S. 11), doch muss diese im »möglichst sachgemäßen Erfassen
  dichterischer Texte« fundiert werden, also in der »Kunst, richtig zu lesen« (ebd., S. 12). Um diese zu vermitteln, arbeitet er ein umfassendes
  Analyseinstrumentarium aus und wendet seine Lehre von den ele-
  mentaren Begriffen und kleinen Baueinheiten von Dichtung sowie
  Ausführungen zu den Techniken der Gattung, Untergattungen und
  Bauformen auch an (was seine Einführung, wenngleich mit Vorbehalten, heute noch lesenswert macht). Im Rückblick auf Schleiermacher
  könnte man sagen, dass er die grammatische Interpretation bevorzugt,
  wogegen Staiger eher zur psychologischen Deutung tendiert.

- **Anthropologie der Moderne:** Anders als Staiger, der die stilistische Kohärenz der Kunstwerke gefordert und in diesem Sinne durchaus Klassi-
  kerverkultung betrieben hatte (1955, S. 14), betont Kayser den Wert der
  Spannungen und weist der gebrochenen, fragmentarischen Form der
  modernen Literatur einen eigenen Aussagewert über die Bedingungen
  des Menschseins zu.

Die methodischen Querverbindungen der Formanalyse und der Geistesgeschichte zum europäischen und anglo-amerikanischen Raum werden
schon in den 1920er Jahren deutlich. Erkennbar werden sie an der französischen Schule der *explication de texte*, die ebenfalls auf eine Analyse
der Sprachform und der dahinterliegenden Idee sowie auf Editionsfragen
und Werkkontexte des Autors abzielt (Lanson 1925; Spitzer 1969), sowie
bei der *close reading*-**Methode des** *New Criticism* (Spingarn 1924; Wel-
lek/Warren 1963), wo Struktur, Bildlichkeit, Mehrdeutigkeiten der Texte
unabhängig von der Autorintention und vom historischen Wandel untersucht und möglichst ohne Wertung dargestellt werden.

Parallel zur formanalytischen Schule stehen die reichhaltigen For-
schungen in Bezug auf die strikt inhaltliche Seite von Literatur, nämlich
Figuren-, Handlungs-, Stoff-, Themen- und Motivgeschichte (Frenzel
1962 bzw. 1976). Allerdings bleibt diese **Thematologie** (vgl. Beller 1992)
einseitig, wenn sie keine Aussagen über gesellschaftliche Kontexte und
Wandlungsprozesse macht, die nun einmal die Motivwahl beeinflussen.

Generelle Kritik

Die **Konjunktur der werkimmanenten Interpretation** nach 1945 war teilweise dadurch motiviert, die Texte den fatalen politisch-ideologischen
Vereinnahmungen zu entziehen. Sie konnten aber auch manchem Wissenschaftler dazu dienen, die eigenen Verstrickungen in der Zeit des
Nationalsozialismus zu überblenden im Bemühen um eine neue, **ideolo-
giefreie Perspektive auf den Text**. Germanisten vermieden es, die eigene

Formanalytische
Schule

Fachgeschichte zu hinterfragen, stattdessen konzentrierten sie sich auf literarische Felder wie Benno von Wieses *Die deutsche Tragödie von Lessing bis Hebbel* (1948) und auf die allgemeine existenzielle Situation des Menschen. Auch dies ist eine Flucht in die zeitlosen Formen und Themen, wo viele Germanisten bis in die 1960er Jahre hinein Schutz suchten.

Auch Kayser erweitert seine Deutungen einer allgemeinen modernen Befindlichkeit, wie sie sich in Formbrüchen oder Vieldeutigkeiten äußert, nicht mehr auf eine gesellschaftlich-historische Ebene. Darin liegt das Hauptmanko des werkimmanenten Verfahrens, dass **sozialgeschichtliche Prozesse u.a. Kontexte ausgeblendet** und auch zunächst keinerlei Anschlussfragen formuliert werden. Denn zweifellos wirkt sich jeder geschichtliche Wandel auf die vermeintlich stabilen Formen und Gattungen der Dichtung aus: Sie sind nicht überzeitlich festzuschreiben, ihre Funktionen ändern sich und sind z.B. von sozialhistorischer Warte aus neu bestimmt worden (s. Kap. 6.7).

Auch die verschiedenen Arbeiten werkimmanenter Herkunft seit Hugo Friedrichs *Struktur der modernen Lyrik* (1955) über die folgenden Studien zur Gattungstheorie (vgl. etwa Lämmert 1955; Klotz 1960; Müller 1968) haben solche Aspekte nur allgemein oder gar nicht berührt. Als Handwerkszeug sind diese Ansätze gleichwohl in der Schulpraxis wie auch im Grundstudium noch gebräuchlich, weil sie das gründliche Arbeiten an den Textstrukturen und den genauen Blick auf Textbausteine und Formen schulen.

Zur Vertiefung

Parallelen zum Strukturalismus

Zu diskutieren wäre auch, wie weit die formanalytische Schule Wolfgang Kaysers neben der Linguistik de Saussures den literaturwissenschaftlichen Strukturalismus beeinflusst hat. Auch dieser orientiert die Arbeit zunächst eng am Text und deckt dort Oppositionen und Strukturprinzipien auf, versucht jedoch zusätzlich, Verbindungen zu Sprache und Bildern des Alltags, der Politik usw. herzustellen (s. Kap. 6.6). Hieraus, aber auch aus der sozialgeschichtlichen Perspektive sowie aus der Theorie des emanzipierten Lesers erwuchs der werkimmanenten Methode um 1965 erhebliche Konkurrenz. Dem strikten literatursoziologischen Ansatz wurde umgekehrt von Seiten der Formanalytiker entgegengehalten, dass Kunst nicht in direkt homologen Entsprechungen zu gesellschaftlichen Prozessen aufgehe, sondern auch nach **literatureigenen Konstruktionen** verfahre, die eine gute Analyse würdigen müsse. Profitiert haben von diesen Auseinandersetzungen auf lange Sicht jene Hermeneutiker, die das Instrumentarium der genauen, intrinsischen Textanalyse mit dem sozialgeschichtlichen Kontext zu verbinden wussten (vgl. etwa Vietta/Kemper 1983).

Danneberg, Lutz: »Zur Theorie der werkimmanenten Interpretation«. In: Zeitenwechsel. Germanistische Literaturwissenschaft vor und nach 1945. Hg. von Wilfried Barner u. Christoph König. Frankfurt a. M. 1996, S. 313–342.

Kayser, Wolfgang: Das sprachliche Kunstwerk. Bern 1948.

Klotz, Volker: Geschlossene und offene Form im Drama. München 1960.

Lämmert, Eberhard: Bauformen des Erzählens [1955]. Stuttgart ^{8}1990.

Müller, Günther: Morphologische Poetik. Tübingen 1968.

Rickes, Joachim/Ladenthin, Volker/Baum, Michael (Hg.): 1955–2005: Emil Staiger und die »Kunst der Interpretation« heute. Frankfurt a. M. 2007.

Rusterholz, Peter: »Formen ›textimmanenter‹ Analyse«. In: Grundzüge der Literaturwissenschaft. Hg. von Heinz L. Arnold u. Heinrich Detering. München 1996, S. 365–385.

Spitzer, Leo: »Zur sprachlichen Interpretation von Wortkunstwerken«. In: Neue Jahrbücher für Wissenschaft und Jugendbildung 1930, S. 623–651.

– : Texterklärungen. Aufsätze zur europäischen Literatur. München 1969.

Staiger, Emil: Die Zeit als Einbildungskraft des Dichters. Zürich 1939.

– : »Die Kunst der Interpretation« [1951]. In: Die Kunst der Interpretation. Studien zur deutschen Literaturgeschichte. Zürich 1955, S. 9–33.

Viëtor, Karl: Geschichte der deutschen Literatur nach Gattungen. München 1925.

Walzel, Oskar: Gehalt und Gestalt im Kunstwerk des Dichters. Berlin 1923.

Wellek, René/Warren, Austin: Theorie der Literatur. Frankfurt a. M./Berlin 1963 (amerik. 1949).

Beißner, Friedrich: Geschichte der deutschen Elegie. Berlin 1941.

Beller, Manfred: Stoff, Motiv, Thema. In: Helmut Brackert/Jörn F. Stückrath (Hg.): Literaturwissenschaft. Ein Grundkurs. Reinbek bei Hamburg 1992, S. 30–37.

Frenzel, Elisabeth: Stoffe der Weltliteratur. Ein Lexikon dichtungsgeschichtlicher Längsschnitte. Stuttgart 1962.

– : Motive der Weltliteratur. Ein Lexikon dichtungsgeschichtlicher Längsschnitte. Stuttgart 1976.

Friedrich, Hugo: Struktur der modernen Lyrik. Hamburg 1955.

Gundolf, Friedrich: Goethe. Berlin 1920.

Lanson, Gustave: »Quelques mots sur l'explication de textes. Esprit – Objets – Méthode«. In: Ders.: Méthodes de l'histoire littéraire. Paris 1925, S. 38–57.

Scherer, Wilhelm: Geschichte der deutschen Literatur. Berlin 1883.

Spingarn, Joel Elias: »The New Criticism«. In: ders.: Criticism in America. New York 1924, S. 11–43.

Vietta, Silvio/Kemper, Hans-Georg: Expressionismus. München 1983.

Wiese, Benno von: Die deutsche Tragödie von Lessing bis Hebbel. Hamburg 1948.

Grundlegende Literatur

Zitierte/weiterführende Literatur

Arbeitsaufgaben

---

1. Was kennzeichnet Staigers geistesgeschichtliches Konzept, und gegen welche Fronten grenzt er sich ab?

---

2. Erörtern Sie Stärken und Grenzen der werkimmanenten Interpretation!

Lösungshinweise zu den Arbeitsaufgaben finden Sie auf www.metzlerverlag.de/webcode. Ihren persönlichen Webcode finden Sie am Anfang des Bandes.

6.4 | Rezeptionsästhetik

Die in den 1960er Jahren entstandene literaturwissenschaftliche Ausrichtung der → Rezeptionsästhetik knüpft an die grundsätzliche Einsicht der Hermeneutik an, dass die konstruktive Tätigkeit der Leser/innen bei der Interpretation entscheidend beteiligt ist. Insgesamt wird der Akzent vom Text auf den Leser verschoben, dessen Rolle aber nicht freischwebend diskutiert, sondern als von den Textstrukturen gelenkte analysiert wird (›impliziter Leser‹). Aus dem historischen Wandel der Leserrolle lässt sich dann eine ›Literaturgeschichte vom Leser‹ aus schreiben. Darüber hinaus ist auch der individuelle Lesevorgang als solcher zum lesepsychologischen Untersuchungsgegenstand geworden.

Hans R. Jauß: Grundlegung der ›Konstanzer Schule‹

Literaturwissenschaft vom Leser: Jauß hat für seinen Ansatz, der insbesondere die Mitarbeit des Lesers am Text untersucht, einen Paradigmenwechsel proklamiert. Denn es sei der Leser, der prinzipiell erst das Kunstwerk ›realisiert‹, d. h. es durch seine Arbeit in seinen mannigfachen Aspekten einlöst bzw. zur Geltung bringt. Insofern sei auch die Literaturgeschichtsschreibung so zu konzipieren, dass sie vor allem die Leserreaktionen auf Texte beschreibt. Diese sollen **im Spiegel ihrer Wirkungsgeschichte** dargestellt werden, die sie in unterschiedlichen historischen Epochen entfaltet haben. Erst im Lauf einer langen Rezeptionsgeschichte – so die Arbeitshypothese der von Jauß begründeten ›Konstanzer Schule‹ – entfaltet ein Text seine Potenziale, und deshalb sollte man ihn vor allem dadurch bestimmen, wie er gelesen worden ist. Dabei sollen nicht nur wissenschaftliche, sondern ebenso Laienlektüren zu Wort kommen – auch sie stehen zu den Texten in einem dialogischen Verhältnis. Jauß hat sich dabei um **zwei zentrale Begriffe** bemüht:

- **Erwartungshorizont:** Jauß kennzeichnet mit diesem Begriff, den er aus der Wissenssoziologie Karl Mannheims übernommen hat, den Umstand, dass ein Text einen Horizont vorgibt, auf den der Leser mit seinem lebensweltlichen Erwartungshorizont antwortet – Einstellungen, Grundhaltungen, aber auch sein literarisches Vorwissen (z. B. über Gattungen, Motive, Themen oder Probleme) spielen hier mit hinein. Die literaturwissenschaftliche Aufgabe ist entsprechend, aus dem Text diejenigen gesellschaftlichen Fragen zu rekonstruieren, auf die der Text eine Antwort war – Fragen, die also zum Erwartungshorizont des historischen Lesers gehörten. So soll gezeigt werden, wie der einstige Leser ein Werk verstanden haben könnte.
- **Ästhetische Wahrnehmung:** Indem Jauß das Werk und sein Publikum im dialogischen Verhältnis sieht, stattet er aber auch grundsätzlich die

Leser mit neuen Rechten aus. Anders als noch bei Gadamer ist nun davon die Rede, dass sie nicht nur Traditionen weitergeben, sondern »auch die aktive Rolle übernehmen können, auf eine Tradition zu antworten, indem sie selbst Werke hervorbringen« (1975a, S. 325). Umgekehrt eröffnet der Text im Lauf seiner Rezeptionsgeschichte neue Ansichten und macht Wahrnehmungsangebote, die dem Leser fremd sind und die seine gewohnten Wahrnehmungsweisen in Frage stellen – dies in der Absicht, »ästhetische Wahrnehmung gegen den Zwang habitualisierter Erfahrung in einer entfremdeten Lebenswelt aufzubieten« (Jauß 1972, S. 35). Gerade in diesen ungewohnten Möglichkeitshorizonten der Literatur sieht Jauß, den Grundgedanken Schillers der ästhetischen Bildung aufgreifend, zugleich eine **geschichtsbildende Energie des Lesens**.

Wolfgang Iser: Die Rolle des Lesers im Text

Insofern zielt Rezeptionsästhetik nicht nur auf den diachronen Vergleich von Rezeptionen, sondern bemüht sich auch auf synchroner Ebene, **ästhetische Angebote des Textes** und ihr Einlösen durch den Gegenwartsleser zu zeigen. Damit hat sich insbesondere Wolfgang Iser beschäftigt, der die Rolle des Lesers im konkreten Text untersucht hat, genauer: seine Möglichkeiten der Mitarbeit, die sich an den Textstrukturen entfalten können. **Zentrale Aspekte sind dabei:**

Der ›implizite Leser‹: Auch Iser zeigt den historischen Wandel der Leserrolle anhand von Texten (besonders dem englischen Roman), und insgesamt kann er seine Auffassung belegen, dass mit der beginnenden Moderne im 18. Jahrhundert zunehmend die **Aktivität der Leser/innen** gefragt ist. Sein Interesse richtet sich aber vor allem darauf, den Lesevorgang selbst zu untersuchen bzw. jene konstruktiven Leistungen, mit denen der Leser erst den Text ›generiert‹. Jeder Text fordert dabei einen bestimmten, impliziten Leser, entwirft also ein bestimmtes Lesermodell. Damit lehnt er sich zunächst an Roman Ingardens phänomenologische Literaturwissenschaft an. Wenn dieser etwa davon ausgeht, dass das »literarische Werk ›lebt‹, indem es in einer Mannigfaltigkeit von Konkretisationen zur Ausprägung gelangt« (1965, S. 49), so macht Iser geltend, dass sich »das Werk zu seinem eigentlichen Charakter als Prozeß nur im Lesevorgang zu entfalten vermag« (1976, S. 39).

Vom Text gesteuerte Leseprozesse: Dabei zeigt Iser, wie der Leser vom Lektürebeginn an Bilder entwirft, sie beim Weiterlesen bestätigt sehen kann oder revidieren muss, wie er seine Lektüre im »wandernden Blickpunkt« (ebd., S. 186) aus unterschiedlichen Perspektiven zusammensetzt, daraus Hypothesen bildet oder sie wieder verwirft. Eine vom Text angezeigte Perspektive wird durch die **Vorstellungsbilder des Lesers** realisiert, von einer anderen ergänzt und wiederum korrigiert. Dies ist der Prozess des Illusionsaufbaus, der dadurch in Gang gebracht wird, dass ein Text Horizonte eröffnet, Andeutungen macht oder Ansichten bietet, die vorausweisen (Protention), oder dass er bei fortschreitender Lektüre auf das Zurückliegende Bezug nimmt (Retention).

Leerstellen/Unbestimmtheitsstellen: Besonders aktiv werden kann die Leserimagination dort, wo die Ansichten der fiktiven Welt unbestimmt bleiben oder ihre Semantik widersprüchlich ist: An ›**Leerstellen**‹ bzw. ›**Unbestimmtheitsstellen**‹ (wiederum mit Ingarden 1965, S. 53), also bei Kapitelenden, Handlungs- und Szenenwechsel, offenem Ende, fragmentarischer Darstellung müssen Rezipienten Verknüpfungen herstellen, die schließlich die Interpretation ausmachen. Literaturwissenschaft hat dabei zu zeigen, wie die Unbestimmtheitsstellen des Textes funktionieren und wie sie Leser/innen ansprechen, also eine **Appellstruktur** vorgeben, auf die Lesende reagieren müssen. Die Füllung der Leerstellen ist also nicht völlig beliebig, sondern durch den Textrahmen angebahnt.

Rezeptionsästhetik und Strukturalismus

Indem der Leser in die Sprachspiele der fiktiven Textwelt einsteigt, sich mit ihnen auseinandersetzt und mit ihren Vorstellungen und Perspektiven handelt, bringt er den Text erst hervor. Im Sinne dieser von Iser vorgestellten Leseraktivitäten hat dann auch Karlheinz Stierle vom *Text als Handlung* (1975) gesprochen – einem nicht handgreiflichen, sondern einem symbolischen Handeln, was sich bereits an der Unterscheidung zwischen Gebrauchs- und fiktionalen Texten ablesen lässt.

Hans Ulrich Gumbrecht (1975) hat kulturelle, literarische sowie wissenschaftliche Texte darauf hin untersucht, wie sie die Erfahrungsmuster des Publikums formen: Der Wissenshorizont einer bestimmten Zeit wird durch die Teilhabe des Autors gefiltert und in Form einer literarischen Gattung an den Leser weitergegeben, dessen wandelbarer Wissensbestand vom Text neu ›informiert‹ werden kann. Zunächst soll eine Hypothese darüber gebildet werden, welche Funktion bzw. Wirkungsabsicht ein Text für den zeitgenössischen Leser hatte. In der folgenden **Strukturanalyse** will Gumbrecht diese Hypothese von den Textphänomenen her beurteilen, so dass die Textstrukturen mit historischen Bedingungen, Wissenszirkulationen, sprachlichen Verhaltensweisen und Normen in Bezug gesetzt werden. Die Annahmen über einen Text müssen also auf beiden Seiten, am Publikumshorizont und an den Textstrukturen gleichermaßen, gezeigt werden.

Dieses Verfahren entspricht dem Wunsch, die Sinnbildungen und Reaktionen des Lesers an den Textstrukturen zu zeigen und den manchmal spekulativ bleibenden Ansätzen der Rezeptionsästhetik ein Fundament zu geben. Einen ähnlichen Rezeptionsbegriff hatten aus **strukturalistisch-semiotischer Perspektive** bereits Umberto Eco und Roland Barthes entworfen.

Umberto Eco: In *Das offene Kunstwerk* (1973) beschreibt Umberto Eco an Texten der Avantgarde (Joyce: *Ulysses* u. a.), wie fragmentarische Strukturen, Leerstellen und Polyvalenzen die Mitarbeit des Lesers he-

rausfordern. Im modernen, offenen Kunstwerk wird der Leser zum Koproduzenten des Autors. Den Text begreift Eco als ein Verweissystem aus
semantischen Knotenpunkten bzw. aus Zeichen, die der Leser mit seinem
Horizont verknüpfen muss. Wenn nun der Text nach Oppositionsstrukturen oder Bedeutungseinheiten gegliedert wird, kann ein vorläufiges
Ergebnis der Deutung (der Schlussinterpretant) benannt werden. Doch
stellt dieser wiederum nur die Vorstufe neuer Interpretationen dar: Denn
jede Interpretation verfährt ihrerseits mit Zeichen, die wiederum vom
nächsten Interpreten entziffert werden usw. Dabei entstehen theoretisch
unendliche Zeichenketten von Deutungen oder Kommentaren (**unendliche Semiose**). Leser/innen verformen dabei die Textstruktur nach ihren
immanenten Regeln. Aus dem ›lector in fabula‹ soll ein ›lupus in fabula‹
werden, der Mut zum Widerstreit beweist (Eco 1987). Auch Eco favorisiert
aber insgesamt den Leser, der sich mit den Strukturen des Textes auf ein
kommunikatives Wechselspiel einlässt.

Roland Barthes: Radikaler noch wird bei Barthes der Leser in Szene
gesetzt. Sein Verfahren, den Text in binäre Codes zu zergliedern (vgl.
Barthes 1987), ist zunächst von der präzisen strukturalen Analyse geprägt.
Später wird daraus die Forderung, dass der Leser Texte zerschneiden oder
zerlegen soll *(décomposition)* und mit der Festlegung der Textbedeutung,
des Signifikaten, nicht vorschnell verfahren möge. Gegen die einfache All-
tagslektüre soll der wissenschaftliche Leser neue Zugänge, Eingänge und
Kontexte stiften, um im Text möglichst viele Markierungen und Spuren
zu hinterlassen – als aktiver Leser, der nicht mehr Konsument, sondern
Produzent ist (ebd., S. 8). Aufgabe der Lektüre ist dann, das Pluralische
des Textes zur Geltung zu bringen, nicht es zu reduzieren. Dabei ist die
Rede auch vom »Neuschreiben« des Textes; dieses könne nur in der **stern-
förmigen Fortschreibung des Sinnes** bestehen (ebd., S. 9).

Damit hätten die Befugnisse der Leser/innen ein Höchstmaß erreicht –
allerdings mit dem Effekt, dass Barthes auch sie schließlich in einem Netz
von Diskursen aufgehen lässt (s. Kap. 6.6). ***Lust am Text*** (1973) macht sich
darin geltend, dass die Leser/innen genussvoll in den umgebenden Texten der Literatur und des Alltags aufgehen, in einem Textgewebe, das ein
Eigenleben hat.

Kritik und Perspektiven

Von sozialgeschichtlicher bzw. materialistischer Seite aus ist an der Rezeptionsästhetik der Konstanzer Schule kritisiert worden, dass sie keinen
empirischen Leser berücksichtige, sondern in der Welt eines idealen Lesers verbleibe, wie er vom Text her vorgesehen sei, ohne den materialen
Unterbau, die ›Basis‹ gesellschaftlicher Verhältnisse mit einzubeziehen
(vgl. Weimann 1977, S. XXVI). Diesem Einwand ist allerdings bereits
Gumbrecht (1975) entgegengetreten, der an konkreten Analysen gezeigt
hat, wie sich die Rolle des Lesers historisch wandelt und wie dies im Zusammenspiel mit Text- und Gattungsstrukturen dargestellt werden kann.

Im Übrigen haben die berechtigten Vorbehalte nicht verhindert, dass Anregungen der Rezeptionsästhetik rasch aufgegriffen worden sind.

Weiterentwicklungen der Rezeptionsästhetik:
Die empirische Rezeptionsforschung untersucht, wie bestimmte Leseweisen zustande kommen, warum welches Publikum welche Texte bevorzugt und wie Textbedeutungen vom Leser konstruiert werden (Groeben 1977; Faulstich 1977). So lässt man etwa Leser/innen zu Texten freie Assoziationen produzieren, Inhaltsangaben machen, Paraphrasen liefern oder Wörter in Lücken einsetzen (vgl. Groeben 1977, S. 75 ff.). Daraus hat Groeben (angelehnt an Ingarden 1965) ›Konkretisationsamplituden‹ erstellt, die die Ausschläge des subjektiven Faktors beim Lesen veranschaulichen. Es zeigte sich, dass Vieldeutigkeit und Unbestimmtheit nicht nur auf einige moderne Texte beschränkt bleiben, sondern als »Spielraum-Faktor« prinzipiell »für alle literarischen Werke« gelte (1977, S. 35). Ferner ließen sich Anhaltspunkte dafür finden, dass die kognitive Textverarbeitung der emotionalen entspricht (Faulstich 1977, S. 138).
Empirisch-konstruktivistische Studien: Zwar trennt Groeben die individuelle Konkretisation, die die Deutung vorstrukturiert, von der wissenschaftlichen Interpretation, denn diese müsse die Diskussion verschiedener Deutungsperspektiven auf Plausibilität hin umfassen. Im Rahmen seiner späteren empirisch-konstruktivistischen Studien hat Groeben (1992) aber gezeigt, dass auch im Wissenschaftsbereich Bedeutungen nicht nur rezipiert, sondern auch in Sinnfiguren konstruiert werden, und zwar »bis der Text einen für den Leser kohärenten Sinn ergibt« (1992, S. 620). Demzufolge wäre das Kriterium für Deutungen **nicht ›Richtigkeit‹, sondern ›Viabilität‹**, d. h. die Frage, wie es sich mit einer Interpretation leben lässt bzw. wie weit man mit ihr kommt, welche Perspektiven sie verspricht, ob die abgeleiteten Folgerungen aufgehen etc. Damit hängen Fragen der Interessantheit und der Anschlusspotenziale für weitere Arbeiten zusammen, die durch eine Interpretation ermöglicht werden. Die Autorintention rückt ebenso in den Hintergrund wie die werkadäquate Deutung. Die **Interpretation** wird vielmehr **als Mitkonstruktion von Welten** denkbar, die von vielen Leser/innen im Gespräch diskutiert werden kann (Schmidt 1990, S. 11–88).

Barthes, Roland: Lust am Text. Frankfurt a.M. 1974 (frz. 1973).
– : S/Z. Frankfurt a.M. 1987 (frz. 1970).
Eco, Umberto: Das offene Kunstwerk. Frankfurt a.M. 1973 (ital. 1962).
– : Lector in fabula. Die Mitarbeit der Interpretation in erzählenden Texten. München 1987 (engl. 1979).
Gumbrecht, Hans Ulrich: »Konsequenzen der Rezeptionsästhetik oder Literaturwissenschaft als Kommunikationssoziologie«. In: Poetica 7 (1975), S. 388–413.
Ingarden, Roman: Das literarische Kunstwerk. Tübingen 1965.
Iser, Wolfgang: »Der Lesevorgang. Eine phänomenologische Perspektive«. In: Warning 1975, S. 253–276.
– : Der Akt des Lesens. München 1976.
Jauß, Hans Robert: Literaturgeschichte als Provokation. Frankfurt a.M. ²1970.
– : Kleine Apologie der ästhetischen Erfahrung. Konstanz 1972.
– : »Der Leser als Instanz einer neuen Geschichte der Literatur«. In: Poetica 7 (1975a), S. 325–343.
– : »Zur Fortsetzung des Dialogs zwischen ›bürgerlicher‹ und ›materialistischer‹ Rezeptionsästhetik«. In: Warning 1975, S. 401–434.
– : Ästhetische Erfahrung und literarische Hermeneutik. Frankfurt a.M. 1991.
Schmidt, Siegfried J. (Hg.): Der Diskurs des radikalen Konstruktivismus. Frankfurt a.M. ²1990.
Stierle, Karlheinz: Der Text als Handlung. München 1975.
Warning, Rainer (Hg.): Rezeptionsästhetik. Theorie und Praxis. München 1975.
Winko, Simone/Köppe, Tilmann: Rezeptionsästhetik. In: Dies.: Neuere Literaturtheorien. Eine Einführung. Stuttgart/Weimar 2008, S. 85–96.

Grundlegende Literatur

Aissen-Crewett, Meike: Rezeption als ästhetische Erfahrung. Potsdam 1999.
Faulstich, Werner: Domänen der Rezeptionsanalyse: Probleme, Lösungsstrategien, Ergebnisse. Kronberg/Ts. 1977.
Groeben, Norbert: Literaturpsychologie. Rezeptionsforschung als empirische Literaturwissenschaft. Paradigma – durch Methodendiskussion an Untersuchungsbeispielen. Kronberg/Ts. 1977.
– : »Empirisch-konstruktivistische Literaturwissenschaft«. In: Literaturwissenschaft. Ein Grundkurs. Hg. von Helmut Brackert und Jörn Stückrath. Reinbek bei Hamburg 1992, S. 619–629.
Weimann, Robert: Literaturgeschichte und Mythologie. Frankfurt a.M. 1977.

Zitierte/weiterführende Literatur

Arbeitsaufgaben

1. Wie lässt sich die Annahme eines aktiven Lesers hermeneutisch begründen?

2. Welche praktischen Anwendungsfelder hat die Rezeptionsästhetik gefunden?

3. Was sind Leerstellen und wie kann der Leser mit ihnen umgehen (Bsp.: der Erzählschluss von Georg Büchners *Lenz*)?

4. Was ist an der Rezeptionsästhetik kritisiert worden?

Lösungshinweise zu den Arbeitsaufgaben finden Sie auf www.metzlerverlag.de/webcode. Ihren persönlichen Webcode finden Sie am Anfang des Bandes.

6.5 | Psychoanalytische Literaturwissenschaft

Maßgeblich für das Entstehen der → **psychoanalytischen Literatur-theorie** waren die Versuche Sigmund Freuds ab 1900, ausgehend von der neurologischen Medizin eine Lektüre der Seele vorzunehmen, also die Persönlichkeit mit ihren Anteilen des Unbewussten systematisch zu interpretieren. Die Literaturwissenschaft hat diese Anregungen seit den 1960er Jahren auf drei Ebenen verfolgt, nämlich den künstlerischen Schaffensprozessen allgemein, der Figurenpsychologie innerhalb der Texte sowie der Rezeptionstheorie des Lesevorgangs.

6.5.1 | Freuds Grundlagenbegriffe

Freuds Studien haben bereits eine literarische Tradition: Die Bemühungen von Karl Philipp Moritz um 1780, kleine Fallstudien zu Merkwürdigkeiten, Träumen oder Phantasien von befragten Personen oder seiner selbst aufzuzeichnen und dies auch in Literatur zu übersetzen (*Anton Reiser*, 1785–90), können ebenso als Vorläufer gelten wie die **psychologischen Interessen romantischer Autoren**, die das Thema der Phantasie oder des Wahnsinns explizieren – etwa Jean Paul, Heinrich von Kleist oder E.T.A. Hoffmann.

Medizin und Geisteswissenschaften bilden die Spannungspole Freuds, der sich zwischen dem **naturwissenschaftlichen Erklären** und dem **geisteswissenschaftlichen Verstehen** bewegt. Das zeigt sich nicht nur an den umfangreichen Studien, die Freud zu literarischen Texten oder Werken der Bildkunst mit künstlerpsychologischen und formalen Aspekten vorgelegt hat (z. B. *Das Unheimliche* zu E.T.A. Hoffmanns *Der Sandmann*, IV, S. 241–274).

Beschreibung der Traumarbeit: In seiner zentralen Schrift, der *Traumdeutung* (1900), werden neben Erörterungen über psychische Energien und Kräfte auch minutiöse Interpretationen von Traumbildern und Traumtexten gegeben, die verdrängte Wünsche oder Problemkomplexe zeigen und so Auskunft über das Unbewusste geben können. Die Traumarbeit wandelt den zugrundeliegenden latenten Traumwunsch in einen konkreten, manifesten Trauminhalt um. Besonders hier zeigt Freud seine philologische Raffinesse, indem er Mechanismen der Bildverdichtung und Bildverschiebung, Darstellungsformen und Bildsymboliken des Traums als verkleidete Darstellung latenter Gedanken analysiert (II, S. 280–487). Diese philologische Auslegung von Dichtungsformen und traditionsreichen Stoffen bildet eine Arbeitsgrundlage Freuds (vgl. Ricœur 1969) von der Annahme eines Ödipus-Komplexes bis zu seinen späteren mythologischen Konzepten.

Tiefenhermeneutik: Dass Freud dabei nicht nur auf Vereindeutigung der Interpretation zielt (was ein therapeutisches Interesse sein könnte), sondern eingesteht, dass jede Deutung eines psychischen und auch kulturellen Phänomens unabschließbar ist und **Überdeutung** geradezu notwendig wird (s. Kap. 6.2.2), zeigt wiederum seine Nähe zur romantischen Hermeneutik. Immer handelt es sich um ein **Deutungsspiel** von Vermutung und Bestätigung oder Verwerfung, also um ein kommunikatives Zusammenspiel von Deuter und Text (oder Patient), was dem Modell des hermeneutischen Zirkels entspricht und von Ricœur (1969) als Tiefenhermeneutik bezeichnet wird. Der Psychoanalytiker Alfred Lorenzer kann deswegen mit Recht resümieren: »Die Hermeneutik, dieses feine Fräulein aus alter Familie, wird in der Psychoanalyse zu einem sinnlichen Verhältnis verführt« (1977, S. 115).

Kulturtheorie: In seiner vom Ersten Weltkrieg geprägten Schrift *Jenseits des Lustprinzips* (1920) sind es Eros und Thanatos, die als Lebens- und Todestrieb bzw. Lust- und Realitätsprinzip seine Kulturbeschreibungen prägen. Fasste Freud vorher den Begriff des Traumas schulmedizinisch als nicht bewältigten Reizanprall im Wahrnehmungsapparat eines Individuums, sieht er fortan den Menschen in seinen soziohistorischen Bedingungen, wozu Krieg, Gefahren und modernes Lebenstempo gehören. Nicht nur führt dann das Prinzip Eros zur Ausbildung entwickelter Lebensformen, sondern Freud benennt auch Thanatos als Gegenprinzip, das im traumatischen Wiederholungszwang auf den Niedergang orientiert ist (III, S. 213–272).

Ebenen der Deutung: Die Deutungsgegenstände Freuds reichen also von der individuellen Ebene bis zur gesellschaftlichen wie auch historischen Dimension. Das Deutungsmuster ist allgemein, eine psychische, kulturelle oder auch politische Äußerung als Text zu lesen, aus dem eine tiefere Bedeutung als Subtext zu entziffern ist.

6.5.2 | Anwendungen in Literatur- und Nachbar-
wissenschaften

Insbesondere in den 1960er und 1970er Jahren haben sich literaturwissenschaftliche Studien die unterschiedlichen Aspekte der Psychoanalyse angeeignet (eine generelle Übersicht bieten Schönau/Pfeiffer 2003). Freuds Praxis und die Dilthey'sche Absicht, das Kunstwerk im Lebenszusammenhang des Künstlers zu interpretieren (s. Kap. 6.2), standen Pate für eine in der Folge stark verkürzende **biographische Methode der Autorpsychologie:** Der Autor wurde auf der Couch platziert und nach seinen unbewussten Motiven oder Traumata abgesucht, sein Text also als Formulierung seiner seelischen Probleme gelesen – ein Forschungsinteresse, das nicht selten auch auf Sensationseffekte aus ist, so z. B. wenn Studien über Kafka immer wieder seinen Vaterkomplex herausarbeiten oder im Falle Thomas Manns aus den Texten Familienprobleme herausgelesen werden (vgl. Finck 1973). Problematisch ist die Fragestellung insofern, als meistens der Text auf die Psychologie des Autors verkürzt wird und die Deutung tendenziell mehr über den Deuter selbst als über den Autor verrät.

Anwendung in der Literaturwissenschaft

1. Künstlerische Schaffensprozesse: Aus der Autorpsychologie hat sich ein weiterer, ebenfalls in der Psychoanalyse verankerter Forschungszweig entwickelt, nämlich die Untersuchung des künstlerischen Prozesses selbst. Die romantische Annahme, dass Genie und Wahnsinn im engsten Zusammenhang stehen (vgl. auch Lombrosos Buchtitel von 1885), hat Freud in seinen Kunststudien dahingehend gewandelt, dass alle Phantasie auch in die **künstlerische Form** übersetzt werden müsse, um dort objektive Geltung zu bekommen. Vorbild für die Forschung sind Freuds Ausführungen über den *Dichter und das Phantasieren* geworden, die das Kunstwerk als Möglichkeitsraum von Affektgestaltung zeigen (X, S. 159–170). Der Literatur- und Kunstpsychologe Ernst Kris hat in diesem Sinne die Beteiligung des Bewusstseins beim künstlerischen Gestalten betont: »the regression in the case of the aesthetic creation [...] is purposive and controlled« (1952, S. 253). Die Inspiration als Grundlage müsse entwickelt und ausgearbeitet werden.

Im Zusammenspiel von Unbewusstem und bewusster Gestaltung von Phantasien, Bildern und Impulsen liegt bis heute das Interesse der psychoanalytischen Literaturwissenschaft (vgl. Curtius 1976). Sie erstreckt sich dabei auf verschiedene **Formen der Kreativität** und auf die Frage, inwieweit es sich dabei um Sublimierungen des Unbewussten handelt, bis hin zu praktischen Überlegungen zu den günstigsten Voraussetzungen von Kreativität, die in der Psychologie (Guilford 1968) oder in der neueren Kreativitätsforschung (Brodbeck 1995) angestellt werden.

2. Die Figurenpsychologie ist ein weiteres Forschungsfeld, das die Konstellationen der Figuren im Text zeigt, ohne dabei auf den Autor zu schließen. Fragestellungen sind z.B., warum eine Figur auf bestimmte Weise denkt, phantasiert oder agiert und wie ihre rätselhaften Verhaltensweisen zu erklären sind. Besonders die problematischen Gestalten haben die Literaturwissenschaft mit Analysen beschäftigt (Wünsch 1977, S. 50). Die Zuordnung zu einem Persönlichkeitstyp (etwa dem Melancholiker oder der Hysterikerin) ist dann aber oft bloßes Etikettieren (ebd., S. 49 f.). Solche Aspekte der Figurenpsychologie haben seit den 1970er Jahren in den literaturwissenschaftlichen Methodenkanon Eingang gefunden. So gibt es etwa Analysen über den autoritären Charakter Diederich Heßlings in Heinrich Manns *Der Untertan* oder über die Ich-Dissoziation im Umfeld des Expressionismus (Vietta/Kemper 1997, S. 30–185).

3. Rezeptionstheorie: Norman Holland hat zeitgleich zur Rezeptionsästhetik und ihrer Entwicklung zur empirischen Rezeptionsforschung eine psychoanalytische Rezeptionstheorie ausgebildet. Auch Holland untersucht die sehr unterschiedlichen Reaktionen empirischer Leser auf einen Text, wobei er ihre freien Assoziationen, die Freud bereits als eine Deutungsmethode einsetzte, ebenso wie ihre schriftlichen Aufzeichnungen berücksichtigt, um ferner durch psychoanalytische Interviews parallele

Tiefenstrukturen von Texten und Lesern aufzudecken. Deutlich wird für
Holland, dass Leser/innen grundsätzlich bemüht sind, eigene Lebensele-
mente und Phantasien auf den Text zu projizieren – eine Grundeinsicht
der Hermeneutik. Lektüre ermögliche es dem Leser dabei, die unbewusste
innere Zensur zu umgehen und ein angstfreies Verhältnis zu seinen Phantasien zu schaffen. Diese Phantasien ergeben sich aus einem kreativen Zusammenspiel von Leser und Text, das zu beschreiben ist als Übertragung
der Autorphantasien auf den Leser, der in Form einer Gegenübertragung
auf den Autor reagieren kann (Holland 1975, S. 113 ff.).

Mit diesen unterschiedlichen Aspekten arbeitet in der Bundesrepublik
seit den 1970er Jahren vor allem die **Freiburger literaturpsychologische
Schule**. Deren Vertreter haben anthropologische Komplexe thematisiert
wie das Trauma (Mauser 2000a) oder Literatur und Sexualität (Cremerius
1991) sowie auch Aspekte der Autorpsychologie (Pietzcker 1996; Mauser
2000b).

Seit den 1980er Jahren werden auch die Anregungen, die Jacques Lacan mit seiner **strukturalen Psychoanalyse** gegeben hat, in der Germanistik aufgegriffen. Lacan geht es nicht mehr wie Freud darum, das Ich
zu stärken, sondern die wechselseitige Bestimmtheit und Abhängigkeit
der Subjekte zu zeigen. Diese werden nicht autonom, sondern als grundlegend heteronom begriffen, also als fremdbestimmt dargestellt (*Das
Spiegelstadium als Bildner der Ich-Funktion*, I, S. 63–70). Dieses Subjekt
im Spiel seiner strukturellen Beziehung zu anderen gilt es zu analysieren, was Lacan auch in seinen gelegentlichen Analysen literarischer Texte
leistet (z. B. zu E. A. Poes *The Purloined Letter*, I, S. 7–60): Die einzelnen
Figuren stehen im beweglichen Bezug zu anderen, haben keine feste eigene Identität, sondern handeln aufgrund ihrer Annahmen über die jeweilige Fremdperspektive des Gegenübers. Weiterhin erscheinen sie nicht
mehr als Souverän ihrer Sprache bzw. Aussagen, sondern werden von der
Sprache anderer ›gesprochen‹ und von einem leeren Signifikanten (bei Poe
dem versteckten Brief) in ihrem Denken und Handeln geleitet. Ein Fra-
geansatz liegt also auch darin, wie Schrift und Literatur als Medium die
psychischen Inhalte strukturieren (vgl. Weber 1990).

Den Ansatz der Auflösung und Fremdbestimmtheit des Subjekts hat
insbesondere Friedrich Kittler (1977) aufgegriffen, um an seiner Deutung von Goethes *Wilhelm Meister* zu zeigen, wie die Hauptfigur durch
fremde Schriften bzw. ein Archiv strukturiert wird. In dieser Sicht wird
der Mensch zur Durchgangsstation bzw. zum Medium für die Wünsche
und die Sprache anderer. Dieser Ansatz ist in den 1980er Jahren in die
Beobachtung des Sprechens und Schreibens unter Medienbedingungen
gemündet (zur Medienpsychologie s. Kap. 6.10).

Psychoanalytische
Literaturwissenschaft

Grundlegende
Literatur

Berg, Henk de: Freuds Psychoanalyse in der Literatur- und Kulturwissenschaft: eine Einführung. Tübingen 2005.
Cremerius, Johannes (Hg.): Psychoanalytische Textinterpretation. Hamburg 1974.
Curtius, Mechthild: Seminar: Theorien der künstlerischen Produktivität. Frankfurt a. M. 1976.
Freud, Sigmund: Studienausgabe. Hg. von Alexander Mitscherlich u. a. Frankfurt a. M. 1969 ff. (bes. Die Traumdeutung, Bd. II; Jenseits des Lustprinzips, Bd. III, S. 213–272; Schriften zu Kunst und Literatur, Bd. X).
Holland, Norman: 5 Readers Reading. New Haven/London 1975.
Kaus, Rainer J.: Literaturpsychologie und literarische Hermeneutik: Sigmund Freud und Franz Kafka. Frankfurt a. M. 2004.
Kris, Ernst: Psychoanalytic Explorations in Art. New York 1952.
Lacan, Jacques: Schriften, Bd. I. Hg. von Norbert Haas. Olten/Freiburg i. Br. 1973.
Lohmann, Hans-Martin/Pfeiffer, Joachim (Hg.): Freud-Handbuch. Leben – Werk – Wirkung. Stuttgart/Weimar 2006.
Lombroso, Cesare: Genie und Wahnsinn. Leipzig 1885 (ital. 1863).
Lorenzer, Alfred: Sprachspiel und Interaktionsformen. Vorträge und Aufsätze zu Psychoanalyse, Sprache und Praxis. Frankfurt a. M. 1977.
Ricœur, Paul: Die Interpretation. Ein Versuch über Freud. Frankfurt a. M. 1969 (frz. 1965).
Schönau, Walter/Pfeiffer, Joachim: Einführung in die psychoanalytische Literaturwissenschaft. Stuttgart/Weimar ²2003.

Zitierte Literatur

Brodbeck, Karl-Heinz: Entscheidung zur Kreativität. Darmstadt 1995.
Cremerius, Johannes (Hg.): Literatur und Sexualität. Würzburg 1991.
Finck, Jean: Thomas Mann und die Psychoanalyse. Paris 1973.
Guilford, Joy P.: »Creativity«. In: Ders.: Intelligence, Creativity and their Educational Implications. San Diego 1968, S. 77–96.
Kittler, Friedrich A./Turk, Horst: Urszenen. Literaturwissenschaft als Diskursanalyse und Diskurskritik. Frankfurt a. M. 1977.
Mauser, Wolfram: Trauma. Würzburg 2000a.
–: Georg Christoph Lichtenberg. Vom Eros des Denkens. Würzburg 2000b.
Pietzcker, Carl: Johann Peter Hebel. Unvergängliches aus dem Wiesental. Freiburg i. Br. 1996.
Vietta, Silvio/Kemper, Hans-Georg: Expressionismus. München ⁶1997.
Weber, Samuel: Rückkehr zu Freud. Jacques Lacans Entstellung der Psychoanalyse. Wien 1990.
Wünsch, Marianne: »Zur Kritik der psychoanalytischen Textanalyse«. In: Methoden der Textanalyse. Hg. von Wolfgang Klein. Heidelberg 1977, S. 45–60.
Wyatt, Frederic: »Anwendung der Psychoanalyse auf die Literatur. Phantasie, Deutung, klinische Erfahrung«. In: Curtius 1976, S. 335–357.

Arbeitsaufgaben

1. Auf welchen Gebieten hat sich die Psychoanalyse auf die Literaturwissenschaft ausgewirkt?

2. Warum ist es problematisch, den Autor ›auf die Couch zu legen‹?

3. Warum kann man die Psychoanalyse auch als ›Tiefenhermeneutik‹ bezeichnen?

Lösungshinweise zu den Arbeitsaufgaben finden Sie auf www.metzlerverlag.de/webcode. Ihren persönlichen Webcode finden Sie am Anfang des Bandes.

6.6 | Strukturalismus, Poststrukturalismus, Dekonstruktion

6.6.1 | Strukturalismus

Der → literaturwissenschaftliche Strukturalismus kann grundsätzlich als eine Gegenbewegung zu jeder Form von Hermeneutik
(s. Kap. 6.2) verstanden werden. Während die hermeneutische Interpretation das, was hinter den sprachlichen Zeichen vermutet wird
(Bedeutung, Sinn bzw. die Welt der **Signifikate**) erarbeitet, so analysiert der Strukturalismus die Beziehung der Zeichen untereinander
auf der Ebene der **Signifikanten**. Auf dieser Ebene werden kulturelle
Phänomene im Hinblick auf ihre Struktur beschrieben: Dargestellt
werden die Relationen und Differenzen *zwischen* allen zeichenhaften Bestandteilen eines kulturellen Gegenstandes, nicht deren
Substanz selbst. Damit will der Strukturalismus auch dem Ideal
einer quasi-naturwissenschaftlich exakten Beschreibung folgen
und diese auf literarische Texte, aber auch umfassende kulturelle
Phänomene anwenden.

Zum Begriff

1. Ausgangspunkt in der Linguistik: Ferdinand de Saussure
hatte in seinem *Cours de linguistique générale* (posthum 1916)
Sprache als System von Differenzen beschrieben und nicht als
Universum von Bedeutung tragenden Wesenheiten. Demnach
besteht der Wert des einzelnen sprachlichen Zeichens nicht da-
rin, dass es sich bedeutend auf irgendetwas Außersprachliches,
Wirkliches bezieht. Entscheidend ist vielmehr die Position des
Zeichens (Signifikat/Signifikant) im Beziehungsgefüge des
Sprachsystems (zum sprachwissenschaftlichen Strukturalismus
vgl. Piaget 1973, S. 72 ff.; Albrecht 2006).

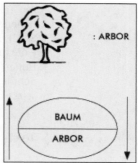

2. Der semiotische Kulturbegriff: Im Anschluss an de Saussure
ist die Zeichenanalyse auf potenziell alle kulturellen Phänomene ausgedehnt worden. Diese werden dann wie die Sprache analysiert, als Anordnung von Zeichen, deren Wert von den Beziehungen unter den Zeichen
selber abhängt. Äußere Bestimmungen und Determinanten wie der Bezug zur Wirklichkeit werden irrelevant. Für den Strukturalisten kann die
ganze Welt eine Sprache sein, ein Text, dessen Zeichen man entziffern
muss. **Claude Lévi-Strauss** übertrug das strukturalistische Denkmodell
auf die **Ethnologie**, die Erforschung archaischer und ursprünglicher Kulturen: Er untersuchte mythische Erzählungen und kultische Praktiken
einzelner polynesischer Völker auf deren zeichenhafte Strukturmodelle
hin, die er dann als repräsentativ für die jeweilige gesamte Kultur verstand (vgl. *Traurige Tropen*, 1955). Dabei stellte er Beobachtungen über

Saussures
Zeichenmodell:
Zusammenhang
von Signifikat und
Signifikant

die Raum- und Zeitbegriffe an (vgl. etwa Lévi-Strauss 1962) und analysierte rhetorische Figuren bzw. Tropen und Bilder in Denk- und Wahrnehmungsformen unterschiedlicher Kulturen.

3. Strukturale Psychoanalyse: In Auseinandersetzung mit der Psychoanalyse hat Jacques Lacan nicht versucht, wie noch Freud an einer Stärkung des autonomen Ich zu arbeiten, sondern vor allem die wechselseitige Bestimmtheit der Subjekte zu zeigen. Diese seien durch ihre jeweiligen Annahmen voneinander, also durch Perspektivübernahmen geprägt. Abhängig ist das Subjekt insofern von anderen Subjekten, aber auch von der Sprache. Nur vermeintlich setzt es die Sprache souverän als Mittel ein, vielmehr werde es von der Sprache anderer beherrscht. Diese strukturiere **das Unbewusste wie eine Sprache**, ähnlich wie rhetorische Figuren, etwa Metapher und Metonymie (s. Kap. 6.5).

4. Politische Wissenschaften: Louis Althusser hat die Trennung der Zeichenebenen in Signifikant und Signifikat genutzt, um zwischen den Ebenen der sichtbaren gesellschaftlichen Phänomene und ihren zugrundeliegenden Tendenzen zu unterscheiden. Damit wird die Frage nach den ideologischen Grundlagen einer Gesellschaft in den Blick gerückt, von denen literarische Texte abhängig sind. Diese Grundlagen sind als abwesende, aber wirksame alismus zu analysieren. Sie sind das »Verborgene in dem gelesenen Text«, das wiederum in Strukturzusammenhang mit anderen Texten zu setzen ist und insgesamt als Symptomatologie der bürgerlichen Welt aus marxistischer Sicht gelesen wird (Althusser/Balibar 1972, S. 32). Auch das Ich ist, ganz ähnlich wie bei Lacan, nur eine Funktion – die hier aber nicht in privaten, sondern in konkreten politischen Formationen angegeben wird. Dieser Ansatz hat grundlegend auf den Althusser-Schüler Michel Foucault und seine Ausprägung der Diskursanalyse gewirkt (s. Kap. 6.8).

Text- und Literaturwissenschaft

Lévi-Strauss, Lacan oder Althusser hatten großen Einfluss auf die Diskussionen der 1970er Jahre in Deutschland, aber es war vor allem die Schule des russischen Formalismus mit der Leitfigur **Roman Jakobson**, die die literaturwissenschaftlichen Debatten seit Ende der 1960er Jahren beeinflusste. Auch dort ist der Gedanke prominent, dass Literatur nur indirekt über gesellschaftliche Wirklichkeit, nicht über die Welt und schon gar nicht über den Autor spricht: Sie organisiert Zeichen auf ihre spezifische Weise. Generell geht Jakobsons Argumentation dahin, dass Literatur die Aufmerksamkeit besonders auf die eigene **Sprachform**, also die Signifikantenebene richtet und in dieser selbstbezüglichen Organisation von der Alltagssprache abweicht. Diese Differenzqualität hängt also vor allem an der **poetischen Sprachfunktion**, die die Dichtung als anspruchsvolles Spiel kennzeichnet. Dieses muss nicht auf ein außersprachliches Ding verweisen: »Indem sie das Augenmerk auf die Spürbarkeit der Zeichen richtet, vertieft diese Funktion die fundamentale Dichotomie der Zeichen und Objekte« (Jakobson 1993, S. 92 f.).

Wenn sich das Sprachzeichen (und mit ihm der Lautcharakter oder die Optik des Wortes) in den Vordergrund stellt, wird laut Jakobson der Durchblick auf die normalerweise hinter der Sprache befindlichen Bedeutungsräume verstellt. Dies ist verschiedentlich als Effekt des *foregrounding* bezeichnet worden (ebd., S. 79). Es handelt sich um eine Art Verfremdungseffekt, der darauf beruht, dass der Signifikant der Rede bzw. die sprachliche Oberfläche gegenüber der Bedeutungsebene wichtiger geworden ist.

Das konkrete Verfahren ähnelt in manchem der werkimmanenten Interpretation, es ist allerdings deutlich präziser. Jakobson untersucht z. B. die verschiedenen **strukturbildenden Prinzipien der lyrischen Rede:**

Untersuchungs-ebenen

- syntaktische Muster wie den Parallelismus,
- die Wortklassen, aus denen der Text gefertigt ist, und ihre statistische Häufung,
- das differenzenreiche Spiel mit den Personalpronomina etwa von Brechts Gedicht *Wir sind sie* (1930),
- die lautliche Seite des Wortmaterials,
- das Spiel mit Lauten, also Assonanzen und Alliterationen,
- binäre Kodierungen, die den Text strukturieren, wie ›einer – viele‹, ›Ganzes – Teil‹ u. Ä. (vgl. Jakobson 1976).

Jakobson geht es nicht darum, was etwa Brecht mit seinem Text ›sagen wollte‹. Die Rolle des Autors wird hier bewusst in den Hintergrund gestellt, auch zielt Jakobsons Analyse nicht auf eine Bedeutung hinter dem sprachlichen Material. Sein Interesse ist die analytisch differenzierte **Beschreibung der sprachlichen Struktur** des Gedichts selbst, das in seinen internen, textimmanenten Relationen dargestellt wird und insofern möglichst ideologiefrei gelesen werden soll.

Ging es Jakobson vor allem um Strukturen der lyrischen Rede, untersucht die **strukturale Textlinguistik** eingehend die narrativen Muster. **Algirdas J. Greimas** und später auch der bulgarische Literaturwissenschaftler **Tzvetan Todorov** übertrugen das Denkmodell auf die Analyse narrativer Texte: Ihre Analysen zielen auf eine erzählerische Tiefenstruktur ab, die hinter der Oberfläche des Textes als grundlegendes Muster sichtbar gemacht werden müsse. **Gérard Genette** hat neben der Untersuchung von temporalen Erzählstrukturen auch gezeigt, welche Gegenstandsebenen Erzähltexte haben können. Etwas anders als Jakobson nimmt er aber auf beide Sprachebenen Bezug: auf den Code bzw. die Zusammensetzung der Zeichen ebenso wie ihre Nachricht bzw. Bedeutung. In der Analyse von Metaphern- und Metonymiestrukturen in Erzählketten setzen sich die Ansätze Jakobsons fort (insbesondere bei Proust, vgl. Genette 1966).

Roland Barthes hat die textuellen Analysen zu Untersuchungen eines umfassenden kulturellen Zeichenfeldes erweitert, das auch die Alltagskultur umfasst. Er führt beispielsweise an einer Kosmetikwerbung vor, wie deren textliche Struktur die **Oppositionen** ›alt/jung‹ und ›trocken/ flüssig‹ organisiert und schließlich die positiven Werte mit neuen Bedeutungsmerkmalen auflädt: Was vorher nur ›flüssig‹ bedeutete, wird nun mit Jugend, Schönheit, Frische verbunden (vgl. Barthes 1957/1970, S. 47 ff.). Hinter der wörtlichen Oberfläche des Textes wird so eine Tiefenstruktur miteinander konnotierter Oppositionen sichtbar, auf deren Beschreibung die Analyse zielt. Die Zeichenwelten zwischen Texten, Bildern, Karten oder allen möglichen anderen Kulturphänomenen werden wiederum als »System differenzieller Verhältnisse, nach denen sich die symbolischen Elemente gegenseitig bestimmen«, analysiert (Deleuze 1975, S. 279). Ähnlich verfährt Barthes auch im Blick auf die *Sprache der Mode* (1967/1985), die er ebenfalls nach Oppositionen untersucht und in ihren semantischen Verschiebungen analysiert. **Zerlegung der Texte aller Art in Codes** und das neue Arrangement der Teile, Analyse und Synthese zusammengenommen machen die strukturalistische Tätigkeit aus (vgl. Barthes 1966).

Rezeptionstheorie: Roland Barthes leistet in seiner Studie *S/Z* eine Analyse, die den Text in Codes (und diese in Oppositionspaare) unterteilt – was seiner Forderung entspricht, dass der Leser Texte zerschneiden oder zerlegen soll *(décomposition)* und er mit der Bedeutungszuschreibung von Signifikaten nicht vorschnell verfahren möge.

Umberto Eco hat die Tätigkeit des Lesers in *Das offene Kunstwerk* (1973) ganz ähnlich als Mitarbeit in einer Struktur beschrieben, was besonders für Texte der Avantgarde gelte (Joyce: *Ulysses* u. a.). Fragmentarische Strukturen, Leerstellen und Polyvalenzen fordern die Mitarbeit des Lesers heraus; im modernen, offenen Kunstwerk wird der Leser zum Koproduzenten des Autors. Den Text begreift Eco als ein **Verweissystem aus semantischen Knotenpunkten** bzw. aus Zeichen, die ein Netzwerk bilden und die der Leser mit seiner semantischen Welt verknüpfen muss. Wenn nun der Text nach Oppositionsstrukturen oder Bedeutungseinheiten gegliedert wird, kann ein vorläufiger Schlussinterpretant (das Ergebnis der Deutung) benannt werden. Doch stellt er wiederum nur die Vorstufe neuer Interpretationen dar: Denn jede Interpretation verfährt ihrerseits mit Zeichen, die wiederum vom nächsten Interpreten als Zeichen entziffert werden usw. Dabei entstehen theoretisch unendliche Zeichenketten *(unendliche Semiose).* Die Textstruktur braucht die Mitarbeit des Lesers, der den Text nach seinen immanenten Regeln verformt.

Würdigung und Kritik

Folgende **Analyseperspektiven der Strukturalisten** sind bei aller individuellen Unterschiedlichkeit charakteristisch:

- **Prinzip der Differenz:** Sprachliche Bedeutungen sind nicht natürlich festgelegt oder als Substanzen greifbar, sondern sie sind durch Differenzen zu anderen Sprachelementen bestimmt, mit denen sie ein System bilden.

- Die **Arbitrarität des Sprachzeichens** bei de Saussure wird auf Texte ausgedehnt, die nicht mehr als feste Bedeutungseinheiten oder inhaltliche Substanzen gesehen werden.
- **Wechselseitige Bestimmung:** Kulturelle Erscheinungen treten in gegenseitiger Abhängigkeit bzw. in einem relationellen System differenter Verhältnisse auf.
- **Oppositionen:** Die Analyse erfolgt in Oppositionen bzw. binären Codes.
- **Unterschiedliche Zeichensysteme:** Mit Jakobson wird der Untersuchungsgegenstand ›Sprache‹ auf die literarischen Texte ausgedehnt, mit Eco und Barthes werden auch andere Zeichensysteme als ›Texte‹ lesbar gemacht (Bilder, die ›Sprache‹ der Mode usw.).
- **Synchronie:** Anders als beim historischen Tiefenblick des Geschichtsdenkens (etwa der Hermeneutik) wird auf der Zeitebene der Gegenwart gearbeitet.
- **Zweifel am Subjekt:** Das Subjekt wird nicht als selbständige Einheit, sondern in Abhängigkeit von Strukturen, Wissensordnungen oder Archiven gesehen, also als unpersönlicher Faktor, der seinen Aufenthaltsort zwischen den Systemplätzen wechselt.

Dem Vorwurf, der Strukturalismus beschränke sich auf die reine Synchronie, lassen sich die zunehmenden Bemühungen Foucaults, die Analysen in die historische Tiefe zu treiben, entgegenhalten (Kap. 6.8). Insbesondere wurde dem Strukturalismus gerne ein ›Antihumanismus‹ vorgeworfen, da er das Subjekt als sinngebende Einheit oder Instanz abschaffe. Die Frage, ob nicht Sinnstiftung, ästhetische Tätigkeit oder Erlebnisfähigkeit beim Subjekt auch analytisch zu berücksichtigen seien – was die Strukturalisten als unpräzise abtun würden –, ist im Blick zu behalten.

6.6.2 | Poststrukturalismus

Autoren wie Barthes oder Lacan haben ohne ausdrücklichen Programmwechsel bestimmte Ansätze des Strukturalismus zum → Poststrukturalismus erweitert und gegen Ende der 1960er Jahre damit begonnen, jenseits der geschlossenen Strukturen und binären Codes nun die **Eigendynamik der Signifikanten** und ihre (produktive) Unordnung zu untersuchen. Dabei werden Sprach-, Bild- oder andere Zeichen als offene Prozesse begriffen, deren Bewegungsrichtungen nachgezeichnet werden soll, was selbst als ästhetische Tätigkeit verstanden wird.

Zum Begriff

Überwindung des Strukturalismus: Arbeiteten die Strukturalisten als Systematiker und versuchten sie, Ordnungen zu analysieren, so führt nun die poststrukturale Praxis **Unordnungen** vor und erweist gerade die Unmöglichkeit systematischer Inventarien (vgl. Culler 1999, S. 21). Beobachtet wird insofern keine feste Architektur von Strukturen bzw. Codes, sondern die Verstreuung von Sinnstrukturen zu Partikeln. Fluchtlinien und Kraftfelder sind es, die in das kulturelle Zeichengebäude hineingelegt werden können.

- **Rhizom:** Deleuze und Guattari (1980/1997) haben die gesellschaftliche Zeichenarchitektur als ein Rhizom analysiert – als ein unendlich verzweigtes Wurzelgeflecht, in das man unter anderem über Texte hineinfinden kann. Den Aussageverkettungen des Textes folgend, könne man Beobachtungen darüber anstellen, wie Literatur Fluchtlinien aus gesellschaftlichen Zusammenhängen zeichnet, die aber zugleich noch dieser politisch-gesellschaftlichen Maschine zugehören. Zwischen Literatur und Philosophie soll sich die Schreibtätigkeit profilieren, wofür Deleuze die Maxime ausgibt: »das Schreiben als einen Strom behandeln, nicht als einen Code« (Deleuze 1993, S. 17).

- **Dissémination:** Der Gedanke des prozessualen Schreibens entspricht auch der Analysetätigkeit, die nicht neue, feste Einheiten schafft, sondern Sinn auflöst und zerstreut, was Jacques Derrida (1967/1972) als *dissémination* bezeichnet hat: Die Sinnverstreuung führt zu einem Kräftespiel von Signifikanten, die von jedem Sinnursprung wegstreben.

- **Prozesse ersetzen feste Einheiten:** Den sinnlichen Faktor in die Wissenschaften einzuführen, der kalten, rationalen Analyse eine »Lust am Text« entgegenzusetzen (Barthes 1973/1987), war zu Beginn der 1970er Jahre ein breiter Trend. Barthes, der in seinen Studien zur Alltagskultur noch strukturalistisch argumentierte, formuliert als einer der ersten die **Kritik am Strukturalismus**, der von einer sehr stabilen, festen Beziehung etwa zwischen Tiefen- und Oberflächenstruktur ausging. Diese Selbstkritik des Strukturalismus öffnet ihn zum Poststrukturalismus hin. Hier wird die Betonung der Signifikanten, d.h. der Zeichen radikalisiert: Bedeutung, Subjekt, Welt, Geschlechterrolle usw. sind keineswegs tatsächliche Einheiten, sie haben keine Essenz oder Wesenheit. Sie sind lediglich Produkte von Zeichenprozessen, erzeugt über eine Vielzahl gesellschaftlich umlaufender Diskurse (zur Diskursanalyse s. Kap. 6.8; zu Gender Studies Kap. 6.11.2).

- **Veränderung des Interpretationsverständnisses:** Wenn das Verhältnis von Signifikant und Signifikat gelockert ist, durchfließen oder durchkreuzen Lektüren bzw. Deutungsstränge den Text, ohne feste Bedeutung zu produzieren (vgl. Barthes 1987/1973, S. 9f.). Interpretation (wenn sie denn noch so heißen darf) verliert sich in den unendlichen Signifikationsprozessen, die der Text auslöst. Von einem gesicherten feststellbaren Sinn ist im Kontext des Poststrukturalismus nicht mehr die Rede.

- **Tod des Autors:** Erst recht suspendiert man den vom Autor beabsichtigten Sinn: »Der Autor ist tot« hatte Barthes schon 1968 verkündet (1968/2000, S. 12 ff.). Der Leser soll nun neue Zugänge, Eingänge und Kontexte stiften und im Text möglichst viele Markierungen und Spuren hinterlassen. Durch diese **Auflösung des Sinnes** soll eine Lektüre gegen den Strich ermöglicht werden, die vom pragmatischen, schnellen Alltagslesen abzugrenzen ist. Diese Strategie hat auch politische Gründe: Gegen die gesellschaftlich anbefohlene Trennung von Produktion und Rezeption sei es »das Vorhaben der literarischen Arbeit [...], aus dem Leser nicht mehr einen Konsumenten, sondern einen Produzenten zu machen« (Barthes 1987, S. 8).

- **Verschiedene Lesertypen:** Auch Eco hat sein strukturalistisches Lesermodell erweitert und den Leser als Agenten in einem Labyrinth dargestellt. Der konservative Leser befindet sich im klassischen Labyrinth, das immer in die Kernkammer der festen Textdeutung führt. Im barocken Irrgarten kann er sich in den zahlreichen Wegen verlaufen, hält aber an der Zielidee der richtigen Deutung fest. Im Rhizom, dem endlos verwickelten Pilzgeflecht, kann er hingegen an unendlich vielen Stellen einsteigen, sich einspinnen, neue Zugänge legen – ohne Anspruch auf eine abschließende Deutung, sondern immer nur Kommentartexte mit dem Wortgeflecht vernetzend (1987, S. 688 f.).

- **Personifizierte Schrift:** Bei Lacan, Derrida oder Barthes wird die Schrift als selbst handelnde Einheit aufgefasst. Die Signifikanten scheinen dann wie Lebewesen zu agieren und als Akteure den Autor (und oft auch den Leser) zu ersetzen. Anders gesagt: Hatte der Strukturalist Lacan die Psyche als Text analysiert, so spricht er nun den Buchstaben und Texten selbst eine Art Psyche zu. Dagegen erscheinen **Autor und Leser entpersonalisiert**: Sie gehen in einem Netz von Diskursen wie in einem Spinnengewebe auf. In dieser poststrukturalen Perspektive ist der Textkommentator »selber schon eine Pluralität anderer Texte«, die es als Systeme zu übertragen und neu zu schreiben gelte (Barthes 1987, S. 14 f.). In der viel zitierten *Lust am Text* gehen Autor und Leser vollständig ineinander über: »Auf der Bühne des Textes keine Rampe: hinter dem Text kein Aktivum (der Schriftsteller) und kein Passivum (der Leser), kein Subjekt und kein Objekt« (Barthes 1987, S. 25). In den ihn umgebenden Texten der Literatur und des Alltags geht der Leser genussreich auf, in einem Gewebe von tanzenden Zeichen, die ein Eigenleben haben.

- **Kontroverse mit der Hermeneutik:** Der französische Poststrukturalismus hat sich nicht nur in der Nachfolge des Strukturalismus, sondern auch in der Auseinandersetzung mit der deutschen Hermeneutik Heideggers und Gadamers herausgebildet (vgl. Forget 1984). In der Frage nach dem Subjekt, aber auch nach Geschichte, ›Wahrheit‹ und Bedeutung zeigen sich gravierende Unterschiede. Von Seiten der poststrukturalen Autoren wird moniert, dass auch der Text aus offenen Bedeutungsprozessen besteht und diese nicht mit festen Interpretationsmustern festzustellen sind, sondern sich im **Spiel der Signifikanten**, der Buchstaben und Wörter ereignen. Wenn Gadamer es versäumt, die Klassiker kritisch zu hinterfragen, er sie vielmehr zur Geltung bringen und den Verstehenshorizont kontinuierlich entfalten will, so arbeitet Derrida Differenzen und Brüche heraus und fragt provokant: »Kontinuierliche fortschreitende Ausweitung? Oder nicht eher diskontinuierliche Umstrukturierung?« (in Forget 1984, S. 57).

6.6.3 | Dekonstruktion

Zum Begriff

> Die kritische und sinnzerstreuende Orientierung des verwandten Poststrukturalismus hat sich literatur- und kulturwissenschaftlich in den Ansätzen der → **Dekonstruktion** weiter ausgeprägt. Kaum einer seiner Vertreter hat den Begriff abschließend definiert, doch wird insgesamt deren Absicht erkennbar, die Konstruktion der Texte in ihrer grundsätzlich widersprüchlichen Anlage zu zeigen und ihre rhetorische Verfassung zu analysieren, d.h. nicht ihre Wahrheiten, sondern ihre zeichenhafte Konstruktion herauszuarbeiten.

Jacques Derrida: Die Differenz

Mit folgenden linguistischen sowie kulturwissenschaftlichen Arbeitsweisen hat Derrida die Diskussionen bis heute beeinflusst:

Textwidersprüche aufdecken: Wie die künstliche Wortprägung zeigt, ist ›Dekonstruktion‹, von Jacques Derrida Ende der 1960er Jahre in die Diskussion gebracht, ein Neologismus mit doppelter Bedeutung. Es handelt sich um eine Lektürestrategie, mit der versucht wird, die linguistische Konstruktion eines Textes bloßzulegen und zugleich in Widersprüche zu verstricken, um sie dadurch **aufzulösen**. Widersprechende, einander störende Bedeutungslinien eines Textes sollen bis auf die Wort- und Buchstabenebene zerlegt werden, um grundsätzlich »die Geltungsansprüche einer auf die Ermittlung von Sinn ausgerichteten Interpretation zu unterlaufen« (Wegmann 1997, S. 334). Anders gesagt: Es geht darum, **Bedeutungsstrukturen freizulegen**, die sich sowohl der Absicht des Autors entziehen als auch untereinander konkurrieren, also **Gegen-Sinne** ergeben.

Zum Begriff

> Gegen die abendländische Tradition, die auf die Präsenz des Seins in der Stimme gebaut hatte, arbeitet Derrida (1967/1974) an der Schrift heraus, dass sie keine festen Bedeutungseinheiten repräsentiert, sondern sich in einem dauernden Spiel von Sinnabwesenheiten ereignet. → **Differenz** (in provokant falscher Orthographie *différance* geschrieben) bedeutet dann den Abstand des Zeichen(trägers) vom Sinn bzw. die Kluft zwischen Signifikant und Signifikat.

Kritik des Sinnzentrums: Ganz ähnlich wie der Poststrukturalismus richtet sich die Dekonstrukion gegen die eindeutige hermeneutische Entzifferung. Die Auseinandersetzungen Derridas mit der Hermeneutik namentlich Gadamers drehen sich auch darum, dass Derrida jede Horizontverschmelzung der Kommunikanden, den geforderten Konsens des Alltags und das Gelingen von Kommunikation überhaupt in Abrede stellt (vgl. die Diskussionsbeiträge in Forget 1984). Es geht nun nicht mehr wie bei Gadamer um Einverständnis mit und Akzeptieren von Überlieferung, sondern um den Bruch *(rupture)*, den Schnitt *(coupure)* und allgemein um **Diskontinuitäten** – auch hier zeigt sich also der Anspruch der Differenz. Das gilt ebenso für die gänzlich unhistorische Vorgehensweise der Dekonstruktivisten, die ihre Textgegenstände bewusst aus dem geschichtlichen Kontext lösen, um ihnen zu eigener Geltung zu verhelfen und aus ihnen neue, gegen den Strich gebürstete Sichtweisen zu gewinnen.

Im wechselweisen Beziehungsspiel von Signifikant und Signifikat neue Verbindungen zu sehen, ist gedanklich noch dem Strukturalismus nahe. Zielte dieser jedoch auf die Analyse des dabei entstandenen, greifbaren Bedeutungsgefüges, so betont Derrida das **Dezentrieren von Bedeutungen** und führt den Strukturalismus über seine Grenzen. Die Interpretationen und Sinnzuweisungen befinden sich nach Derrida immer im Aufschub, sie sind widerrufbar: In der dauernden Differenz verschieben die Analysen ›den‹ Sinn, der sich entzieht und nur als ein abwesender vorgestellt wird. Dass er mit jeder Lektüre neu produziert wird, will die Dekonstruktion bewusst machen. In einem vielschichtigen Textverfahren, bei dem Deutungsstränge und -ebenen gegeneinander gelesen werden können, soll das abgeschlossene strukturalistische Feld aufgesprengt werden. Das zeigt sich nicht zuletzt in einem Hang zu kreativen Wortspielen, z. B. wenn Derrida in einer Analyse *carte* (Postkarte), *écart* (Abstand, Differenz) und *trace* (Spur) als **Anagramme** ins Spiel bringt (vgl. Derrida 1987). Daran wird neben der linguistischen Herkunft Derridas auch seine Beziehung zur Tradition der Kabbala deutlich, jener Buchstaben-, Schrift- und Zahlenmagie, die im 13. Jahrhundert in Verbindung von jüdischer Tradition bzw. Schriftlehre und Gnosis entstand.

Verabschiedung des totalitären Ganzheitsdenkens: Interpretationen, die an kulturelle Ganzheitsvorstellungen geknüpft sind, werden unter Ideologieverdacht gestellt. Jedes Bemühen um Vereindeutigung, um Festschreiben von Sinn bilde eine Falle und berge die Gefahr, das Denken zu bestimmten politischen Haltungen zu verfestigen. Auch dagegen zielt der Gedanke von Differenz: Als stetes Gegenteil, dauernder Widerspruch soll sie die Möglichkeit zur Opposition bieten, gerade indem sie sich der Festlegung entzieht. Dekonstruktion zielt in diesem Sinne auch darauf, eine Perspektive auf den abwesenden Raum, das Verborgene und Nichtdarstellbare zu öffnen, was wiederum im Kontext der **Diskussionen um das Erhabene** zu sehen ist (vgl. etwa Lyotard 1989).

Die ›Yale School‹

Neben der französischen Spielart, wie sie vor allem Derrida und Barthes begründet haben, ist in Amerika besonders **Paul de Man** bekannt geworden, der (zusammen mit Harold Bloom, Geoffrey Hartmann und Hillis Miller) die ›Yale School‹ begründet hat.

Begriff der Rhetorik: De Man versucht, der literarischen wie auch der philosophischen Sprache eine rhetorische Grundverfassung nachzuweisen – sie vergegenwärtigt dann keine logisch-stimmige Erkenntnis oder gar etwas Empirisches, sondern verbleibt auf der Ebene der Sprachzeichen, um dort auf wieder andere Zeichen zu verweisen, ohne die Welt zu berühren. Daraus ergibt sich die Konsequenz, dass die vermeintlich wahrheitliche, diskursive Sprache der Philosophie auch nur ein Gebäude aus rhetorischen Figuren sei. Philosophie trifft dann keine Wahrheitsaussagen, sondern stellt Mutmaßungen über die Welt an, ähnlich wie die Literatur. De Man ebnet damit den Gattungsunterschied zwischen dem philosophischen und dem literarischen Diskurs ein.

Allegorie: Entscheidend wird dabei die Figur der Allegorie, denn diese verweist nach de Man auf keinen festen Signifikaten oder Bedeutungsgrund, sondern verschiebe sich in Bildprozeduren und werde in immer neuen Signifikanten lesbar. Diese Bildverschiebungen analysiert er in den Studien zu Rousseau, Nietzsche, Rilke usw. (vgl. de Man 1979/1988) – an Texten im Übrigen, die selbst ihre Konstruktion offenlegen und diese zum Thema machen. Dies können sie etwa, indem sie ihre Metaphorik aufbauen und variieren oder dementieren und mit ihren bildlichen Bedeutungsrändern spielen, was eine festlegende Deutung unplausibel macht.

Analyse mit ästhetischer Qualität: Die nach wie vor interessante Fragestellung der Dekonstruktion lautet, wie überhaupt Texte ihre Bedeutungen konstituieren und wie dies die Verstehensprozesse beeinflusst. Für die Sprache der Theorie ergibt sich die viel diskutierte Konsequenz, dass sie nicht mehr auf diskursive Weise nach einer vermeintlichen Wahrheit des Textes forsche, sondern selbst fiktionale oder literarische Qualitäten bekommt, also nicht Analyse leistet, sondern ein Fortschreiben des Textnetzwerks unternimmt. Diese Maxime haben Derrida und de Man mit unterschiedlichen ästhetischen Ansprüchen umgesetzt (vgl. Bowie 1987).

Position in der Theorielandschaft: Mit der Auflösung von ›Sinn‹ und ›Subjektivität‹ (des Autors und Lesers) sollen widerständige Leseweisen eröffnet werden. Hier weist die Dekonstruktion auch eine Nähe zur Systemtheorie auf, die in einem ähnlichen Vorgang Autor und Leser bzw. Aktion und Reaktion als Textgeflecht analysiert (vgl. de Berg/Prangel 1995). Auch von Seiten der Hermeneutik hat man versucht, die Dekonstruktion von Autor und Leser aufzunehmen und in eine Verstehenstheorie einzuarbeiten. Die Auflösung beider Kommunikationsinstanzen erschwerte jedoch die Vermittlungsversuche Manfred Franks (1980), der die prinzipielle Vieldeutigkeit literarischer Texte mit dem Horizont des Autors bzw. seiner Stilprägung verbinden wollte. Zu gravierend sind die Unterschiede auch beim Verstehensbegriff selbst: Der Dekonstruktivist begreift sein Verstehen nicht zielgerichtet, sondern als Tätigkeit der mitunter anarchischen Verstreuung von Zeichen.

Albrecht, Jörn: Europäischer Strukturalismus: ein forschungsgeschichtlicher Überblick. Tübingen 2006.

Angermüller, Johannes: Nach dem Strukturalismus. Theoriediskurs und intellektuelles Feld in Frankreich. Bielefeld 2007.

Babka, Anna/Posselt, Gerald: Dekonstruktion und Gender Studies. Wien u. a. 2006.

Barthes, Roland: Mythen des Alltags. Frankfurt a.M. 1970 (frz. 1957).

– : Die strukturalistische Tätigkeit. In: Kursbuch 5 (1966), S. 190–196.

– : Die Sprache der Mode. Frankfurt a.M. 1985 (frz. 1967).

– : »La mort de l'auteur«. In: Manteia, Heft 5 (1968), S. 12–17; dt. in: Texte zur Theorie der Autorschaft. Hg. von Fotis Jannidis/Gerhard Lauer/Matías Martínez/Simone Winko (Hg.): Stuttgart 2000, S. 185–193.

–: S/Z. Frankfurt a.M. 1976 (frz. 1970).

– : Lust am Text. Frankfurt a.M. 1987 (frz. 1973).

Bertram, Georg W.: Hermeneutik und Dekonstruktion. Konturen einer Auseinandersetzung der Gegenwartsphilosophie. München 2002.

Bogdal, Klaus M.: Historische Diskursanalyse der Literatur. Theorie, Arbeitsfelder, Analysen, Vermittlung. Opladen 1999.

Bossinade, Johanna: Poststrukturalistische Literaturtheorie. Stuttgart/Weimar 2000.

de Berg, Henk/Prangel, Matthias (Hg.): Differenzen. Systemtheorie zwischen Dekonstruktion und Konstruktivismus. Tübingen 1995.

Deleuze, Gilles: »Woran erkennt man den Strukturalismus?« In: François Chatelêt (Hg.): Geschichte der Philosophie, Bd. 7. Frankfurt a.M. u.a. 1975, S. 269–302.

– : Unterhandlungen: 1972–1990. Frankfurt a.M. 1993 (frz. 1990).

de Man, Paul: Allegorien des Lesens. Frankfurt a.M. 1988 (amerik. 1979).

Derrida, Jacques: Die Schrift und die Differenz. Frankfurt a.M. 1972 (frz. 1967).

– : Grammatologie. Frankfurt a.M. 1974 (frz. 1967).

– : Randgänge der Philosophie. Wien 1972 (frz. 1972).

– : Die Postkarte von Sokrates bis an Freud und Jenseits. 2. Lieferung. Berlin 1987.

Dosse, François: Geschichte des Strukturalismus, 2 Bde. Hamburg 1997/1998 (frz. 1991).

Fietz, Lothar: Strukturalismus. Eine Einführung. Tübingen ³1998.

Forget, Philippe (Hg.): Text und Interpretation. Deutschfranzösische Debatte. Frankfurt a.M. 1984.

Frank, Manfred: Das Sagbare und das Unsagbare. Studien zur neuesten französischen Hermeneutik und Texttheorie. Frankfurt a.M. 1980.

Geisenhanslüke, Achim: Einführung in die Literaturtheorie. Darmstadt 2003, S. 69–90 bzw. 90–120.

Jakobson, Roman: Hölderlin – Klee – Brecht. Zur Wortkunst dreier Gedichte. Eingeleitet und hg. von Elmar Holenstein. Frankfurt a.M. 1976.

– : Semiotik: Ausgewählte Texte 1921–1971. Hg. von Elmar Holenstein. Frankfurt a.M. 1988.

– : Poetik. Ausgewählte Aufsätze 1919–1982. Hg. von Elmar Holenstein und Tarcisius Schelbert. Frankfurt a.M. 1993.

König, Nicola: Dekonstruktive Hermeneutik moderner Prosa: ein literaturdidaktisches Konzept produktiven Textumgangs. Hohengehren 2003.

Lévi-Strauss, Claude: Das wilde Denken. Frankfurt a.M. 1973 (frz. 1962).

Lyotard, Jean-François: Das Inhumane. Plaudereien über die Zeit. Wien 1989.

Münker, Stefan/Roesler, Alexander: Poststrukturalismus. Stuttgart/Weimar ²2012.

Nünning, Ansgar (Hg.): Lexikon Literatur- und Kulturtheorie. Ansätze – Personen – Grundbegriffe. Stuttgart/Weimar ⁴2008.

Saussure, Ferdinand de: Cours de linguistique générale. Paris/Lausanne 1916.

Wahl, François (Hg.): Einführung in den Strukturalismus [1973]. Frankfurt a.M. 1981.

Grundlegende Literatur

Strukturalismus,
Poststrukturalismus,
Dekonstruktion

Zitierte Literatur

Wegmann, Nikolaus: »Dekonstruktion«. In: Reallexikon der Deutschen Literaturwissenschaft. Hg. von Klaus Weimar. Berlin/New York 1997, S. 334–337.

Althusser, Louis/Balibar, Etienne: Das Kapital lesen. 2 Bde. Reinbek bei Hamburg 1972 (frz. 1965).

Bohrer, Karl Heinz (Hg.): Ästhetik und Rhetorik. Lektüren zu Paul de Man. Frankfurt a. M. 1993.

Bowie, Malcolm: Freud, Proust and Lacan. Theory as Fiction. Cambridge 1987.

Culler, Jonathan: Dekonstruktion. Derrida und die poststrukturalistische Literaturtheorie. Reinbek bei Hamburg 1999.

Deleuze, Gilles: Unterhandlungen 1972–1990. Frankfurt a. M. 1993 (frz. 1990).

– /**Guattari, Félix:** Tausend Plateaus. Berlin 1997 (frz. 1980).

Eco, Umberto: Das offene Kunstwerk. Frankfurt a. M. 1973 (ital. 1962).

– : Der Name der Rose. Mit einem Nachwort. München 1987 (ital. 1980).

Frank, Manfred: Was ist Neostrukturalismus? Frankfurt a. M. 1983.

Genette, Gérard: Figures I. Paris 1966.

Holenstein, Elmar: Von der Hintergehbarkeit der Sprache. Kognitive Unterlagen der Sprache. Frankfurt a. M. 1980.

Lacan, Jacques: Schriften, Bd. I und II. Hg. von Norbert Haas. Olten/Freiburg i. Br. 1973/1975.

Piaget, Jean: Der Strukturalismus. Olten 1973.

Arbeitsaufgaben

1. Mit welchen Begriffen wird im Strukturalismus Sprache analysiert (vgl. etwa de Saussure)?

2. Wie überträgt Roman Jakobson dies auf poetische Sprache?

3. Analysieren Sie Schillers *Das Lied von der Glocke* nach Oppositionsstrukturen!

4. Inwiefern verabschiedet der Poststrukturalismus den Strukturalismus und welche neuen Aspekte gewinnt er dem Zeichen ab?

5. Dekonstruktivisten sprechen gerne von der rhetorischen Verfasstheit philosophischer und literarischer Rede und meinen damit, dass man nicht auf die Dinge direkt zugreifen kann. Können Sie dies am Rilke-Gedicht *Der Abschied* zeigen?

Lösungshinweise zu den Arbeitsaufgaben finden Sie auf www.metzlerverlag.de/webcode. Ihren persönlichen Webcode finden Sie am Anfang des Bandes.

6.7 | Sozialgeschichte der Literatur/Literatursoziologie

In scharfer Entgegensetzung zu einer Geistes- und Ideengeschichte der Literatur sowie zu den in den 1950er und frühen 1960er Jahren in der Literaturwissenschaft und im Literaturunterricht der Bundesrepublik dominanten formanalytischen und textimmanenten Deutungsansätzen etablierte sich mit Beginn der 1970er Jahre eine sozialgeschichtliche Betrachtungsweise der Literatur.

Zum Begriff

> → **Sozialgeschichte der Literatur** stellt die gesellschaftlichen Bedingungen und Bezüge literarischer Texte ins Zentrum ihrer Überlegungen. Sozialgeschichtliche Literaturwissenschaft untersucht generell das Zustandekommen, die Distribution und auch die Rezeption von Texten unter historisch sich wandelnden sozialen Bedingungen.

6.7.1 | Vorgeschichte

Die Vorstellung, dass Literatur mit Gesellschaft und Geschichte eng verknüpft sei, ist alt. Hier soll in großen Schritten lediglich die Entwicklung skizziert werden, die eine sozialgeschichtliche Betrachtungsweise vom **deutschen Idealismus** zu Beginn des 19. Jahrhunderts bis zur sogenannten **Kritischen Theorie** in der BRD genommen hat.

1. Georg Wilhelm Friedrich Hegel hatte in seinen *Vorlesungen über die Ästhetik*, die er erstmals im Semester 1817/18 hielt, die Antike gefeiert als eine Epoche, in der jeder Mensch ganz mit sich identisch, an einem sinnvollen Ort in Gesellschaft und Geschichte und als harmonischganzer Mensch habe leben können. Kunst habe hier diese individuell-gesellschaftlich-geschichtliche Ganzheit, diese Totalität darstellen können. Über seine gegenwärtige bürgerliche Gesellschaft führt Hegel aus, wie der Einzelne sich »äußeren Einwirkungen, Gesetzen, Staatseinrichtungen, bürgerlichen Verhältnissen, welche er vorfindet und sich ihnen, mag er sie als sein eigenes Inneres haben oder nicht, beugen muss« (Hegel: *Ästhetik*, S. 225f.), die moderne Gesellschaft zwinge also zur Entfremdung, reduzieren den (angeblich) in der Antike noch »ganzen« Menschen auf seine gesellschaftlichen Rollen. Interessanterweise resümiert Hegel: »Dies ist die Prosa der Welt« (ebd., S. 227).

Die moderne, bürgerliche Gesellschaft mit allen ihren »Gesetzen, Staatseinrichtungen, bürgerlichen Verhältnissen«, das ist für Hegel Prosa – und im Gegensatz dazu ist die Antike ›die Poesie selbst‹. Indem Hegel seine Erfahrung bürgerlicher Gesellschaft im Bild der ›Prosa‹ fasst, stiftet er eine Beziehung zwischen der spezifischen Verfasstheit der modernen Gesellschaft und einem Teilbereich der Literatur. Und mit Blick auf den Roman schließt er: »Der Roman im modernen Sinne setzt eine bereits zur Prosa geordnete Wirklichkeit voraus« (Hegel: *Ästhetik* III, S. 177).

2. **Georg Lukács** schließt in seiner *Theorie des Romans* von 1916 unmittelbar an Hegels Vorstellung einer in der bürgerlichen Gesellschaft nicht mehr erfahrbaren Totalität an:

Lukács: *Theorie des Romans*, 1916, S. 47

Der Roman ist die Epopöe eines Zeitalters, für das die extensive Totalität des Lebens nicht mehr sinnfällig gegeben ist, für das die Lebensimmanenz des Sinnes zum Problem geworden ist, und das dennoch die Gesinnung zur Totalität hat.

Totalität und ›Sinn‹ haben sich zurückgezogen hinter die Strukturen einer komplexen Gesellschaft. Der Roman, so folgert nun Lukács, sei die literarische Form, die sich auf die Suche nach der Totalität begebe, die versuche, den verlorenen Sinnzusammenhang zu rekonstruieren. Ausgangspunkt des Romans sei die **Entfremdung des Individuums** in der ›prosaischen‹ Moderne. Der Roman ist bei Lukács die literarische Form der »transzendentalen Obdachlosigkeit« (ebd., S. 32). Aus der Analyse der Mangelhaftigkeiten der modernen bürgerlichen Gesellschaft schließt Lukács auf eine angemessene literarische Form: den biographischen Roman. In diesem ist Sinn nun nicht mehr fraglos gegeben, der Romanheld wird auf die Sinnsuche in einer unendlich komplex und entfremdet gewordenen Gesellschaft geschickt. Zwischen einer gesellschaftlichen Organisationsform und deren literarischer Gattung vermittelt also der ›Sinn‹, der in jener fehlt und von dieser rekonstruiert wird.

Lukács: *Theorie des Romans*, 1916, S. 78

Der Roman ist die Form des Abenteuers des Eigenwertes der Innerlichkeit; sein Inhalt ist die Geschichte der Seele, die da auszieht, um sich kennenzulernen, die die Abenteuer aufsucht, um an ihnen geprüft zu werden, um an ihnen sich bewährend ihre eigene Wesenheit zu finden.

In den 1920er Jahren radikalisierte Lukács seine literatursoziologische Theorie: Vor allem Einflüsse des Marxismus werden mehr oder weniger doktrinär umgesetzt. Lukács fordert von der Literatur, sie müsse die Wirklichkeit widerspiegeln (**Widerspiegelungstheorie**) und, etwa durch eine präzise konzipierte Figurenkonstellation, gesellschaftliche Verhältnisse abbilden. Lukács verstand allerdings unter Widerspiegelung nicht das naive ›Abmalen‹ gesellschaftlicher Wirklichkeit etwa der Klassengesellschaft, der Sozialistische Realismus hat aber in der eher platten Auslegung des Widerspiegelungstheorems dieses Missverständnis umgesetzt.

3. **Kritische Theorie:** Bei Hegel und erst recht bei Lukács war die Beziehung zwischen Gesellschaft und Literatur gewissermaßen inhaltlich bestimmt: Der Roman bezieht sich in seinen Inhalten auf die entfremdete

Gesellschaft, in der der oder die Einzelne nach dem verloren gegangenen Sinn sucht. Zwei weitere Theoretiker haben die Versuche gemacht, die Beziehung zwischen Gesellschaft und Literatur nicht inhaltlich zu bestimmen, sondern haben gefordert, man müsse auf der Ebene der Form, der ›inneren Logik des Textes‹ nach Korrelationen zwischen Kunstwerk und Gesellschaft suchen: **Theodor W. Adorno** und **Walter Benjamin**. Benjamin gehörte ins weitere Umfeld, Adorno zum engsten Mitarbeiterkreis der sogenannten ›**Frankfurter Schule**‹, eine soziologisch, sozialpsychologisch, philosophisch und auch ästhetisch arbeitende Forschergruppe am Frankfurter Institut für Sozialforschung, das in den 1920er Jahren gegründet wurde, 1933 in die USA emigrierte und nach 1945 wieder an die Frankfurter Universität zurückkehrte. Vor allem Adorno steht für die Ausprägung einer Gesellschaftstheorie, Philosophie und Ästhetik, die unter dem Namen Kritische Theorie gefasst wird und deren Anregungen bis heute lange nicht ausgeschöpft sind.

Adorno zufolge soll die Vermittlung von Kunstwerk und Gesellschaft auf der Ebene der **Form**, der **inneren Logik der Werke** selbst beobachtet werden. Adorno fasst die literarische Form, die ›Technik‹ der Werke, zugleich als autonom und heteronom auf: Autonom ist sie, weil sie im Kunstwerk selbst bestimmt wird, nur hier in dieser Form existiert, von niemandem außerhalb des Textes diktiert wird. Und gleichzeitig ist die Form jedoch auch heteronom: Am Kunstwerk arbeitet etwas mit, das außerhalb seiner liegt, etwas Gesellschaftliches (heute würde man sagen: Diskurse), beginnend bei der Sprache, die ja ein allgemein verfügbares Medium ist, über Versformen, Gattungsstrukturen bis hin zu Erzähltechniken o. Ä. In die Form des Kunstwerks schreibt sich also Gesellschaft ein.

Adorno macht Vorschläge, wie die Form eines Textes als Abdruck gesellschaftlicher Strukturen verstanden werden kann, und realisiert als erster eine wichtige Forderung Walter Benjamins, die dieser in seinem Essay *Der Autor als Produzent* (1934) entwickelte. Sie stellt die wichtigste Fragestellung moderner Kunstsoziologie dar und geht weit über die oben diskutierten Modelle einer Vermittlung zwischen Werk und Gesellschaft hinaus. Benjamin setzt die **schriftstellerische Technik** eines literarischen Werks, das heißt die formale Organisation der erzählten Welt, in Beziehung zu den **Produktionsverhältnissen** seiner Epoche. Die Techniken der materiellen Produktion, die die organisatorische Struktur einer Gesellschaft mitbestimmen, spiegeln sich im Kunstwerk in der erzählerischen Technik der Werke, ihrer Komposition, ihrem Bauprinzip, ihrer Form. Adorno übernimmt Benjamins These über das generelle Verhältnis zwischen formaler Organisation von Gesellschaft und Werk. Die »ästhetische Form«, so Adorno, sei »sedimentierter Inhalt« (Adorno: *Ästhetische Theorie*, S. 15), in der Art und Weise ihrer Formgebung, in der ›erzählerischen Technik‹ der Werke schlügen sich Strukturen der realen Welt, der Gesellschaft nieder: »Die ungelösten Antagonismen der Realität kehren wieder in den Kunstwerken als die immanenten Probleme ihrer Form. Das, nicht der Einschuß gegenständlicher Momente, definiert das Verhältnis der Kunst zur Gesellschaft« (ebd., S. 16).

Das Kunstwerk zeichnet sich durch bestimmte stilistische Eigenarten und erzähltechnische **Kompositionsweisen** aus, ja es wird durch diese konstituiert, indem sie innerhalb des Werks eine ganz spezifische Logik ausbilden. Und diese beruht eben nicht allein auf der subjektiven Entscheidung eines Autors: Weit über die bewusste Darstellungsintention hinaus ist die Logik, der das Werk folgt, von derjenigen der außerkünstlerischen Realität bestimmt. Der Autor »gehorcht [...] einem gesellschaftlich Allgemeinen« (ebd., S. 343). Das Kunstwerk verhält sich, gleichsam bewusstlos, mimetisch zu seinem Äußeren, es ›gleicht sich an‹, zwischen seiner erzählerischen Technik oder seinem stilistischen Habitus und der subtilen Logik des gesellschaftlich Allgemeinen lassen sich genaue Korrelationen aufweisen.

Gleichzeitig aber geht Adorno zufolge das Kunstwerk nicht in dieser Mimesis auf. Vielmehr werde dem Entfremdeten, Verdinglichten, das bürgerliche Gesellschaft ausmacht und somit auch die ästhetische Struktur des Werks prägt, im Kunstwerk selbst ein Anderes entgegengehalten. Das Kunstwerk stellt »das fortgeschrittenste Bewußtsein der [gesellschaftlichen] Widersprüche im Horizont ihrer möglichen Versöhnung« dar (ebd., S. 285). Neben der ästhetisch realisierten Mimesis ans Gesellschaftliche ist im Kunstwerk, ebenfalls mit ästhetischen Mitteln, ein **utopisches Moment** aufgehoben – allein schon im Beharren des Werks auf seiner Individualität, seiner Geschlossenheit. Das Utopische, das unterschiedlichste ästhetische Gestalt annimmt, ist der Kunst wesentlich und macht erst den ›geschichtlichen Wahrheitsgehalt‹ der Werke aus (ebd.).

Damit bekommt das Kunstwerk ein wesentliches **Widerstandspotenzial**: Es weist über das gesellschaftlich Existente hinaus, zeigt Orte an, die es (noch) nicht gibt; Adorno geht sogar so weit zu sagen, dass das Kunstwerk allein schon darin, dass es in seiner Form den Anspruch erhebe, autonom zu sein, ein Vorschein und Versprechen dessen sei, was wir als Individuen sein könnten: Selbstbestimmt und autonom statt entfremdet und funktionalisiert in einer entfremdenden Gesellschaft.

6.7.2 | Analysegegenstände und zentrale Fragestellungen

Sozialgeschichtliche Ansätze der Literaturwissenschaft lassen sich grob einteilen in diejenigen, deren Untersuchungsgegenstände eher
- **textinterne Elemente** sind, die inhaltliche Versatzstücke und formale Eigenheiten eines Textes in Rücksicht auf gesellschaftliche Bezüge erarbeiten und so Textverständnis und -interpretation erweitern wollen,
- oder solche, die **textexterne gesellschaftliche Bestandteile** des literarischen Kommunikationssystems darstellen.

Textinterne Fragestellungen

Sozialgeschichtliche Deutungsansätze literarischer Texte versuchen, das am literarischen Text zu identifizieren, was auf konkrete gesellschaftliche, politische oder sozialgeschichtliche Fakten außerhalb des Textes Bezug nimmt.

Inhaltliche und stoffliche Momente: Stoffe, Motive, Figuren und Figurenkonstellationen, historische, soziale, politische ›Daten‹ im literarischen Text werden also in Bezug gesetzt zu sozialgeschichtlichen Daten außerhalb des Textes, der literarische Text dokumentiert selbst diese Sozialgeschichte, mehr noch: Er reflektiert sie im Medium der Literatur, nimmt gegebenenfalls Stellung zu ihr, affirmativ, kritisch oder revolutionär. Beispielsweise steht die Thematisierung der Standesdifferenz zwischen Adel und Bürgertum, zwischen adliger Dekadenz und bürgerlicher Tugend in Lessings *Emilia Galotti* zweifelsfrei in Abhängigkeit von den historischen Umgebungsbedingungen des Textes. Die Umstrukturierung der Familie in den *Buddenbrooks* vom »Ganzen Haus«, der Großfamilie, zur modernen Kleinfamilie referiert auf einen gesellschaftlichen Prozess im deutschen Bürgertum des späten 18. und 19. Jahrhunderts.

Formale Momente: Komplizierter erscheinen die textinternen Fragestellungen im Hinblick auf formale Elemente des Textes: Gibt es am literarischen Text jenseits der inhaltlichen Bezüge auf Gesellschaft und Geschichte etwas, das in Relation, Korrespondenz oder Abhängigkeit gegenüber Gesellschaftlichem steht oder es gar abbildet? Georg Lukács hatte die Gattung ›Roman‹, also eine gesamte Formtradition literarischen Sprechens, auf den Sinnverlust der Moderne zurückgeführt, auch die Überlegungen von Benjamin und Adorno zur Gesellschaftlichkeit der schriftstellerischen Technik, der formalen Organisation der Werke, gehören hierher. Darüber hinaus ließe sich beispielsweise die Frage stellen, ob nicht die metrisch stabile Hexameter-Form von Goethes Versepen der 1790er Jahre eine spezifische (Goethe'sche) Antwort auf die Orientierungskrisen nach der Französischen Revolution gewesen sei: In der gesellschaftlichen Verunsicherung bietet die feste literarische Form gleichsam Sicherheit.

Textexterne Fragestellungen

Die gesellschaftlichen Bedingungen literarischer Kommunikation sind Untersuchungsgegenstand der Soziologie der Literatur, Fragen also nach dem soziologischen Rahmen des literarischen Kommunikationssystems. Hier wird der Blick gelenkt auf die **gesellschaftlichen Orte**, an denen Literatur produziert und rezipiert wird:

- Klöster und Höfe etwa im Mittelalter mit einer kleinen, elitären Gruppe derjenigen, die überhaupt Zugang zu literarischer Kommunikation hatten;
- die Höfe des 18. Jahrhunderts, an denen meist bürgerliche Schriftsteller arbeiteten;

- die Differenz zwischen höfischem und städtisch-öffentlichem Theater: Letzteres bildete etwa die Voraussetzung eines bürgerlichen Trauerspiels bei Lessing;
- mithin der Gesamtkomplex der historisch-soziologischen Entwicklung aller Bestandteile des Kommunikationssystems Literatur.

Die Bedingungen der literarischen Produktion, also die **Autorseite**, stehen im Zentrum literatursoziologischer Untersuchung, also die juristische, ökonomische und soziologische Situierung und Absicherung des Autors bzw. der Autorin. Ist der Autor etwa abhängig von einem Gönner, einem Mäzen, der nicht nur dem Autor seinen Lebensunterhalt sichert, sondern der auch entscheidend eingreift in den Prozess literarischer Produktion? Auftragsdichtung, Fürstenlob, Geselligkeits- oder Gelegenheitsdichtung resultieren aus einem solchen Mäzenat. Oder ist literarische Autorschaft die Nebenbeschäftigung bürgerlicher Gelehrter oder Verwaltungsbeamter in einem absolutistisch-höfischen Umfeld? Auch die Entwicklung der Autorschaft zum Erwerbsberuf im Verlauf des späten 18. und 19. Jahrhunderts ist Gegenstand literatursoziologischer Fragestellungen – eng verknüpft mit der juristischen Absicherung durch Nachdruckverbot und Urheberrecht bis hin zur Schriftstellervereinigung und zur IG Medien (zum Autor insgesamt vgl. Bosse 1981; Kreuzer 1981; Kleinschmidt 1998).

Die gesellschaftliche Herkunft des Autors steht im Interesse einer sozialgeschichtlichen Literaturwissenschaft; der Stand, die Klasse, die Schicht oder das Milieu, aus dem er stammt, eventuell auch dasjenige, in das er auf- oder abgestiegen ist, und die Art und Weise, wie die Standes- oder Schichtenzugehörigkeit des Autors Einfluss nimmt auf die Texte, die er produziert, auf die Programmatik seines literarischen Schaffens und seine spezifischen Wirkungsabsichten. In diesem Zusammenhang muss auch die historisch und eventuell individuell unterschiedliche gesellschaftliche Bewertung eines Autors betrachtet werden: Hohe soziale Anerkennung oder eher abschätzige Beurteilung (›brotlose Kunst‹, ›Bohemien‹), auch die möglicherweise selbst gewählte Isolation, die völlige Abtrennung von gesellschaftlichen Gruppen oder Institutionen.

Instanzen und Institutionen der Vermittlung von Literatur im literarischen Kommunikationssystem werden untersucht: die mediale Seite der Literatur, die Handschriftkultur des Mittelalters, die Entwicklung des Buchdrucks oder etwa der Schnellpresse, die Entstehung und Entwicklung des Buchmarkts und des Verlags- und Messwesens, die Entstehung von Leihbibliotheken, Lesezirkeln, Arbeiterbildungsvereinen u. a., nicht zuletzt auch Literaturunterricht und -wissenschaft sowie das Rezensions-, Zeitungs- und Zeitschriftenwesen (zum Buchdruck vgl. Giesecke 1991; zum Buchmarkt Uhlig 2001, S. 356 ff.; zur Bibliotheksgeschichte vgl. Ruppelt 2001; Jochum 1993).

Die Sozialgeschichte des historisch spezifischen Publikums ist der Untersuchungsgegenstand der Literatursoziologie auf der Rezeptions-Seite des literarischen Kommunikationssystems. Hier wird die standes- oder klassenspezifische Exklusivität historisch besonderer Rezipientengruppen untersucht: das höfische Publikum des mittelalterlichen Versromans oder jenes des Theaters im Absolutismus, das bürgerliche Lesepublikum im 18. Jahrhundert oder auch Lessings Konzeption eines bürgerlichen Trauerspiels für ein städtisches, nicht-adliges Publikum. Die Leser- oder Rezipientensoziologie fragt grundsätzlich danach, welches Theater- oder Lesepublikum zu einer bestimmten Zeit existiert hat, welche gesellschaftlichen Gruppen welche Texte zu welcher Zeit auf welche Weise rezipieren, aus welchen möglichen Gründen und gegebenenfalls mit welcher institutionalisierten Unterstützung sie lesen oder ins Theater gehen (Schule, Universität, Arbeiterbildungsverein, Volkshochschule). Mit diesen Fragestellungen einer weiten Rezeptionssoziologie, einer Geschichte literarischer Kulturen, die die traditionelle Literaturgeschichte ergänzt, rücken neben den kulturellen Milieus (etwa bei Pierre Bourdieu) auch nicht-kanonische literarische Texte, Trivial- und Unterhaltungsliteratur usw. in den Blick literaturwissenschaftlicher Fragestellungen (vgl. Silbermann 1981; Franzmann 1999).

Fragestellungen der empirischen Rezeptionsforschung stehen auch damit in Verbindung. Wie etwa wirkt ein Text in die Gesellschaft hinein? Lässt sich tatsächlich die Wirkung eines literarischen Textes oder Konzeptes dokumentieren? Wie verhält sich die dokumentierbare Wirkung zu den programmatischen Wirkungsabsichten von Autoren oder Autorengruppen: Erbauung und Belehrung des Aufklärungsromans, Mitleidserregung und darüber moralische Erziehung bei Lessing, politisch-ideologiekritisches Nachdenken bei Brecht? Wie verhält sich ein Text, entweder der Schriftstellerabsicht entsprechend oder losgelöst davon gleichsam empirisch-objektiv, zu der ihn umgebenden gesellschaftlichen Ordnung? Betreibt er Affirmation oder Kritik, zielt er auf Provokation ab oder gar auf Revolte?

Die gesellschaftliche Rolle von Kunst und Literatur muss als weitestgehende Fragestellung der Kunst- oder Literatursoziologie erörtert werden – also die Frage danach, welche Rolle Kunst bzw. Literatur überhaupt innerhalb eines Ensembles von Subsystemen in der Gesellschaft spielen. Hier geht es um die eventuelle Anerkennung literarischer Kommunikation als eines der wichtigsten gesellschaftlichen Symbolsysteme oder als eines Korrektivs der gesellschaftlichen Wirklichkeit (»Heinrich Böll als das literarische Gewissen der Adenauer-Ära«) oder aber um die wachsende Randständigkeit der Literatur in der modernen Mediengesellschaft. Die Frage nach dem **Verhältnis des Systems Literatur zu anderen gesellschaftlichen Systemen** leitet über zu einer Systemtheorie der Literatur (s. Kap. 6.9).

Ein unüberschätzbarer Effekt der sozialgeschichtlichen Orientierung der Literaturwissenschaft in den 1970er Jahren sind zwei große literaturgeschichtliche Projekte: die **Sozialgeschichten der deutschen Literatur**, die komplementär zur traditionellen geistesgeschichtlichen Literaturgeschichtsschreibung stehen: die von Rolf Grimminger herausgegebene 12-bändige *Hansers Sozialgeschichte der deutschen Literatur* vom 16. Jahr-

Sozialgeschichte
der deutschen
Literatur

hundert bis zur Gegenwart (1980–2009) und, herausgegeben von Horst Albert Glaser, *Deutsche Literatur. Eine Sozialgeschichte* (10 Bände, Reinbek bei Hamburg 1980 ff.). Literarische Phänomene werden hier eben nicht auf einem philosophischen, ideen- oder religionsgeschichtlichen Hintergrund erläutert, Literatur wird vielmehr zurückgebunden an gesellschaftliche Ereignisse und Bewegungen, an Sozialstrukturen und Ideologien.

6.7.3 | Ende und/oder Nachgeschichte sozialgeschichtlicher Literaturwissenschaft

Trotz aller anerkennungswürdigen Verdienste der sozialgeschichtlichen Literaturwissenschaft blieb sie methodengeschichtlich weitgehend auf die 1970er Jahre begrenzt. Kritisch gegen sie zu wenden ist einerseits die Tatsache, dass sie literarische Texte häufig nur zum Beleg für allgemeinere gesellschaftliche, politische oder geschichtsphilosophische Konzepte nutzte und mit klarer politisch-ideologischer Tendenz um das eigentlich Literarische verkürzte. Die Grundlegung der marxistischen Geschichtsmechanik wurde zudem fraglich. Sozialgeschichtliche Literaturwissenschaft konnte andererseits die Frage nach der ›Brücke‹ zwischen sozialer und politischer ›Wirklichkeit‹ und literarischem Text nicht beantworten. Die scheinbare Ausschließlichkeit ›sozialer‹ Determination literarischer Texte war eine Sackgasse: Begriffs- und ideengeschichtliche Zusammenhänge, ästhetische Traditionen und Normen, intertextuelle Relationen, biographische Prägungen und tiefenpsychologische Voraussetzungen literarischer Produktion u. v. a. m. konnten unter rein sozialgeschichtlicher Perspektive nicht ausreichend berücksichtigt werden. Dennoch lassen sich gegenwärtige methodologische Ansätze durchaus als Fortsetzung sozialgeschichtlicher Literaturwissenschaft oder als deren kritische Aneignung verstehen. Deutliche Traditionslinien ziehen sich etwa in die Diskursanalyse, die Systemtheorie und den New Historicism (s. Kap. 6.11).

Literatur   **Adorno, Theodor W.:** Ästhetische Theorie [1969]. Ges. Werke, Bd. 7. Hg. von Rolf Tiedemann. Frankfurt a. M. 1970.
– : Einleitung in die Musiksoziologie. Zwölf theoretische Vorlesungen. Frankfurt a. M. 1975.
Benjamin, Walter: »Der Autor als Produzent«. In: Ders.: Gesammelte Schriften. Hg. von Rolf Tiedemann und Hermann Schweppenhäuser, Bd. II, 2, Frankfurt a.M. 1980, S. 683–701.
– : »Der Erzähler. Betrachtungen zum Werk Nikolai Lesskows«. In: Ders.: Gesammelte Schriften. Hg. von Rolf Tiedemann und Hermann Schweppenhäuser, Bd. II, 2, Frankfurt a. M. 1980, S. 438–465.
Bosse, Heinrich: Autorschaft ist Werkherrschaft: Über die Entstehung des Urheberrechts aus dem Geist der Goethezeit. Paderborn 1981.
Franzmann, Bodo u. a. (Hg.): Handbuch Lesen. Im Auftrag der Stiftung Lesen und der Deutschen Literaturkonferenz. München 1999; Taschenbuchausgabe Baltmannsweiler 2001.

Giesecke, Michael: Der Buchdruck in der frühen Neuzeit. Eine historische Fallstudie über die Durchsetzung neuer Informations- und Kommunikationstechnologien. Frankfurt a. M. 1991.

Glaser, Horst Albert (Hg.): Deutsche Literatur. Eine Sozialgeschichte. Von den Anfängen bis zur Gegenwart, 10 Bde. Reinbek bei Hamburg 1980 ff.

Grimminger, Rolf (Hg.): Hansers Sozialgeschichte der deutschen Literatur. 12 Bde. München 1980–2009.

Hegel, Georg Wilhelm Friedrich: Vorlesungen über die Ästhetik [1817]. Teil I–III. Stuttgart 1980.

Jochum, Uwe: Kleine Bibliotheksgeschichte. Stuttgart 1993.

Kleinschmidt, Erich: Autorschaft. Konzepte einer Theorie. Tübingen 1998.

Kreuzer, Helmut (Hg.): Der Autor. Göttingen 1981 (LiLi 42).

Lukács, Georg: Die Theorie des Romans. Ein geschichtsphilosophischer Versuch über die Formen der großen Epik [1916]. Darmstadt/Neuwied ⁶1981.

Ruppelt, Georg: »Bibliotheken«. In: Franzmann 2001, S. 394–431.

Silbermann, Alphons: Einführung in die Literatursoziologie. München 1981.

Uhlig, Christian: »Der Buchhandel«. In: Franzmann 2001, S. 356–393.

Voßkamp, Wilhelm/Lämmert, Eberhard (Hg.): Historische und aktuelle Konzepte der Literaturgeschichtsschreibung. Tübingen 1986.

Arbeitsaufgaben

1. Skizzieren Sie verschiedene Fragestellungen sozialgeschichtlicher Literaturwissenschaft!

2. Auf welchen Ebenen kann Gesellschaft in Literatur sichtbar werden?

3. Diskutieren sie, welche Rolle literarische Kommunikation innerhalb der bürgerlichen Gesellschaft einnehmen kann bzw. zu verschiedenen Zeiten eingenommen hat!

4. Erarbeiten Sie sich am Beispiel von Jakob Michael Reinhold Lenz' Tragikomödie *Der Hofmeister* zentrale Aspekte des Textes im Blick auf sein gesellschaftliches Umfeld!

5. Wie bringt Georg Büchner in seinem *Woyzeck* die Entfremdung bzw. moderne Verdinglichung des Individuums zum Ausdruck?

Lösungshinweise zu den Arbeitsaufgaben finden Sie auf www.metzlerverlag.de/webcode. Ihren persönlichen Webcode finden Sie am Anfang des Bandes.

6.8 | Diskursanalyse

6.8.1 | Begriffsentwicklung

Der Begriff des Diskurses hat in den letzten Jahren eine große Konjunktur erfahren und wird geradezu inflationär gebraucht. ›Diskurs‹ war im 18. Jahrhundert ein allgemeines Wort für **Gespräch, Konversation** oder Gedankenaustausch und wird heute noch ähnlich in der linguistischen Gesprächsanalyse gebraucht (vgl. Ehlich 1994). In Deutschland ist der Begriff insbesondere in der Soziologie von Jürgen Habermas verwendet worden: ›Diskurs‹ meint dort eine ›Diskussion‹, mit der sich Einzelne über die Gültigkeit von Normen verständigen und versuchen, zu einem erträglichen Konsens zu gelangen, unter Absehung von Hierarchien im ›herrschaftsfreien Diskurs‹ und nur dem ›zwanglosen Zwang‹ des besseren Arguments verpflichtet (vgl. Habermas 1971).

In der französischen Erzähltheorie bezeichnet *discours* den Fortlauf des Erzählens in der schriftlichen Narration, die sich formal analysieren lässt und von der erzählten Handlung *(histoire)* abgegrenzt wird (vgl. Genette 1994). Auch die Etymologie des Begriffs gibt zunächst nur wenig Auskunft: lat. *discursus* heißt soviel wie das Durcheinander-, Hin- und Herlaufende; dasjenige, was ›diskurriert‹, sind dann die **Sprach- und Denkmuster** einer Epoche, die die politischen Meinungen, konkreten Verhaltensweisen oder auch Literatur bestimmen.

6.8.2 | Michel Foucault: Grundlegungen des Diskursbegriffs

Michel Foucault (1926–1984) brachte den Begriff maßgeblich in Umlauf, ohne ihn jedoch systematisch zu fixieren.

Zum Begriff

> Foucault bezeichnet als → Diskurs eine »Menge von Aussagen, die einem gleichen Formationssystem angehören« (Foucault 1973, S. 156). Diskurse werden durch genaue Regeln und Leitkategorien bestimmt, die aus theoretisch unendlichen Aussagemöglichkeiten bestimmte Sätze definieren und dasjenige, was man wissen und sagen können muss, durch Ausschlussverfahren festlegen. Damit werden Kriterien aufgestellt, welche Aussagen überhaupt zu einem **Wissensgebiet, Formationssystem** oder Diskurs gehören und welche nicht zugelassen sind. Zum Diskurs gehört umgekehrt nicht das normale Alltagsgespräch, das Telefonbuch, eine Bastelanleitung oder was sonst sich an ›ungeregelter‹ Kommunikation ereignet.

Prozesse der Diskursbildung lassen sich an literarischen Texten zeigen. Dort wird der Titel des ›klassischen‹ oder ›kanonischen Werkes‹ nicht allen Texten verliehen, sondern nur wenigen, die jeweils mit bestimmten Überzeugungen und Strategien ausgewählt sind. Ernennungen zum ›Klassiker‹ werden knapp gehalten, um damit Hierarchien zu schaffen. Vergleichbare Entscheidungen auch in anderen Diskursen spielen innerhalb einer Gesellschaft eine wichtige Rolle, weil damit geregelt wird, was diejenigen, die am Diskurs teilnehmen wollen, äußern dürfen oder nicht (wenn sie als kompetent gelten wollen). Diskursbildung wirkt damit faktisch auch als **Ausschlussprozedur** von Dingen, Werken, Diskursen oder schließlich auch von Menschen, die damit wiederum Monopole und Machtinstanzen bilden können. Denn so wie nicht jeder zu jedem Zeitpunkt alles sagen kann, hat auch nicht jeder Sprechende oder Schreibende Zugang zu den Diskursen, dazu wird man vielmehr autorisiert (vgl. Foucault 1974a, S. 26). Nimmt man alle Diskurse einer Epoche zusammen, bilden sie einen Fundus bzw. ein **Archiv**; dieses enthält ein Regelwerk, das die diskursive Praxis ermöglicht (vgl. Foucault 1973, S. 156).

Die Rolle der Wissenschaften in diesen Prozessen hat Foucault ausführlich untersucht, um schließlich ihren **Erkenntnisgewinn als ein Produkt von Institutionen** zu kennzeichnen. So zitiert er einen Absatz aus einer alten chinesischen Enzyklopädie, der von Tiergattungen handelt:

> **a) Tiere, die dem Kaiser gehören, b) einbalsamierte Tiere, c) gezähmte, d) Milchschweine, e) Sirenen, f) Fabeltiere, g) herrenlose Hunde, h) in diese Gruppierung gehörige, i) die sich wie Tolle gebärden, j) unzählige, k) die mit einem ganz feinen Pinsel aus Kamelhaar gezeichnet sind, l) und so weiter, m) die den Wasserkrug zerbrochen haben, n) die von weitem wie Fliegen aussehen.**

Das Beispiel zeigt allgemein (übrigens auch für die heutigen Wissenschaften!), wie willkürlich und wandelbar diskursive Wissensordnungen sind: Sie sind nicht naturgegeben, sondern werden durch unterschiedliche Kulturen stets anders – und nicht unbedingt: richtiger – ausgearbeitet.

Wahrheit als rhetorisches Produkt: Dass Wahrheit nicht objektiv-sachlich zu gewinnen ist, sondern mit Worten und unter bestimmten Absichten hergestellt wird, neutral gesagt: auf Konventionen beruht, hat Foucault bei Nietzsche gelernt. Angehörige einer Sprachgemeinschaft verständigen sich auf sie und verfertigen sie durch Sprachbilder wie Metaphern oder Metonymien, also durch Kunstgebilde und täuschende Begriffsfügungen, die im längeren Gebrauch wie selbstverständlich unseren Denkhorizont bilden. Ein Beispiel dafür wäre ein Satz wie ›Die Wissenschaft hat festgestellt‹, der eine Personifikation darstellt und Geltung beansprucht, ihre Begründung aber oft schuldig bleibt. Dass mit diesen Denkgewohnheiten und Illusionen aber umso besser Macht ausgeübt werden kann, ist ein leitender Aspekt.

Wille zum Wissen: Diskursanalyse kann so zeigen, wie der Wille zur Wahrheit (vgl. Foucault 1974c, S. 12 ff.) auch als Wille zur Beherrschung derer funktioniert, die dieses Wissen nicht haben. Denn hinter jeder Behauptung, hinter jedem Wissen steckt ein Wille zur Macht – wiederum eine Denkfigur Nietzsches, die Foucault weiterführt mit der These des Willens zum Wissen (1974a, S. 11 ff.). Er bezeichnet damit weniger individuelle Verhaltensweisen, sondern Denkfiguren, die Weltbilder übermitteln, aber damit nicht Wahrheiten weitergeben, sondern Erfindungen oder Momentaufnahmen, die die Welt gar nicht oder unvollständig treffen. Trotzdem funktionieren sie: Sie können sich zu Diskursen formieren, die eine »Ausschlußmaschinerie« bilden (ebd., S. 15), mit der man Macht ausüben kann.

Die Sprache der Literatur in der *Ordnung der Dinge*: In dieser frühen, ausführlichen Studie (1966/1971) bringt Foucault am deutlichsten Wissenschaftssysteme und Literatur in Verbindung. Er zeigt dort, wie sich Literatur seit 1800 auf sich selbst bezieht und Selbstreflexion betreibt. Sie tut dies im Widerspiel zu den Wissenschaften, die seit dem 18. Jahrhundert die Literatur aus dem Bereich der Wissensordnungen verdrängt haben und sich ihren Gegenständen immer mehr in Formeln und Tafeln nähern. Literatursprache ist als Instrument, das Informationen weitergeben oder wirkliche Welten nachahmen müsste, nun nicht mehr gefragt. Gerade durch Besinnung auf ihre eigene **Sprachqualität** aber kann sie einen Gegendiskurs zu den herrschenden rationalen Wissensformen bilden und damit alternative Erkenntniswege anbieten: Sie habe ein eigenes, anarchisches, widerständiges ›Sein‹ und könne selbst eine eigene Ordnung der Dinge modellieren (vgl. Foucault 1971, S. 366).

6.8.3 | Foucaults Institutionenkritik und Machtanalytik

Die Hoffnung auf einen starken Gegendiskurs ›Literatur‹ nimmt Foucault allerdings zurück: In den 1970er Jahren entthront er die Literatur und räumt ihr nicht mehr die Priorität vor den umgebenden Diskursen ein, sondern sieht sie vielmehr als von ihnen abhängig. Es geht nun vor allem darum, historische Wissensformationen zu analysieren, jene Denksysteme also, die durch die Anordnung von Wissen auch dessen Inhalte mitgeprägt haben (Foucault 1973).

Diskursive und nichtdiskursive Praktiken: Als ein Diskursbereich unter vielen erscheint Literatur nun selbst von Machtstrukturen gekennzeichnet: Ihre **Institutionen**, so lässt sich folgern, sind die journalistische Kritik, die wissenschaftliche Wertung oder die schulische Umsetzung, die darüber befinden, ob es einen Kanon ›hoher‹ Literatur gibt, der ›niedere‹ Gebrauchsformen wie Zeitungs-, Gelegenheitstexte oder Popgesang ausschließt oder zulässt. Literatur ist also keine fest definierte Substanz, die sich selbst bestimmt, sondern sie wandelt historisch ihre Funktion, die in ihrer jeweiligen Position zwischen den anderen Diskursen beschreibbar ist. Dazu kann Literaturkritik einen Teil beitragen: Sie weist Teilnehmern des literarischen Diskurses ihre Plätze zu. Doch wirken extern auch konkrete Machtfaktoren mit, sei es in Form eines Kulturamtes oder einer Zensurbehörde, die vielleicht Literaturkritik als verlängerten Arm benutzen kann. An einer solchen Nahtstelle verbinden sich diskursive mit nichtdiskursiven Praktiken, also mit technischen, ökonomischen, sozialen Bedingungen oder politischen Machtinstanzen.

Dispositiv: Foucault verschiebt insgesamt seine Perspektive, wenn er stärker auf die Institutionen der Macht zu sprechen kommt, also auf ihre praktischen Rahmenbedingungen, innerhalb derer Diskurse in soziale Praxis umgesetzt werden. Spitäler, Irrenhäuser und Gefängnisse insbesondere sind es, die als Machtfaktoren analysiert werden – mit durchschlagenden Wirkungen auf alle Lebensbereiche, Moralbegriffe oder Denkweisen, wie sie in der Literatur herrschen (Foucault 1977). Instanzen bündeln ihre Kräfte zum Dispositiv, einem Netzwerk, das strategisch über die Teilnehmer herrscht (Foucault 1977–86, Bd. 1). Dasselbe gilt für wissenschaftliche Institutionen, die ebenfalls durch Strategien des Ausschlusses und Regelsetzens Wissenspolitik betreiben und so als Dispositive wirken.

Macht als Produktion: Daraus folgt eine Zentralthese Foucaults: Macht ist nicht bloß **repressiv**, sie unterdrückt nicht nur Äußerungen, sondern sie ist vor allem **produktiv**, insofern sie am Wissensfundus der Diskurse mitarbeitet und ganz allgemein durch Wahrheitsrituale neue Gegenstandsbereiche hervorbringt (vgl. Foucault 1977, S. 250). Der Mensch wird zum »Geständnistier«, das unter Beichtzwang steht (Foucault 1977–86, Bd. 1, S. 77). Daraus entstehen einige Textsorten: Verhörprotokolle, autobiographische Berichte, Briefe, und all dies kann von den im 18. Jahrhundert entstehenden Menschenwissenschaften Medizin, Psychiatrie, Pädagogik oder Kriminologie zu Dossiers zusammengestellt und in den Archiven abrufbar gespeichert werden. Solche Texte sind es dann auch, die Gesellschaften modellieren und ihnen ein politisches Gesicht geben (Foucault 1977, S. 250).

Überwachungstechniken: Foucault hat damit nicht im Sinn, die Machtinstanzen positiv zu bewerten – sein Ansatz bleibt der Kritik verpflichtet. In seiner **Machtanalytik** zeigt er, wie gerade die Institutionen der Aufklärung die Bereiche des Verbrechens und der Sexualität als bedrohlich wahrgenommen und mit Disziplinarstrategien überwacht haben (1977). Das Spähprinzip des **Panoptismus** dehnt sich von der religiösen Beichte auf alle gesellschaftlichen Bereiche aus, Verhöre decken das gesteigerte Informationsbedürfnis der entstehenden modernen Staaten um 1800, die alles beobachten wollen (1977, S. 251 ff.). Der Prototyp des modernen Gefängnisses, das von Jeremy Bentham 1787 entworfene Panoptikon, hat im Zentrum einen Wachturm, der Einblick in alle rundum liegenden Gefängniszellen ermöglicht, aber selbst nicht einsehbar ist – mit dem Zweck, dass die Beobachtungssituation von den Gefangenen internalisiert wird und zur Selbstkontrolle führt. Dieses Prinzip der Verinnerlichung von Macht ist ein Gegenstand der Foucault'schen Machtanalytik.

Grundriss eines
Panoptikons

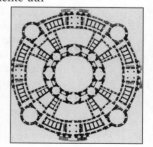

Tod des ›Subjekts‹: Der **Mensch**, denkt man ihn als lebendige, individuelle Einheit, wird von diesem Szenario geschluckt, oder, wie es Foucault mit einem durchaus lyrischen Bild formuliert hat, er »verschwindet wie am Meeresufer ein Gesicht im Sand« (1971, S. 462). Auch er ist eine Erfindung der Wissensordnungen, die sich womöglich ändern und damit einen anderen Menschen hervorbringen können. Damit wird das neuzeitliche Ich, das selbstgewisse, souveräne Subjekt zum Problem: In den modernen Wissensordnungen, die es geschaffen hat, ist es selbst gefährdet und nicht autonom, sondern im lateinisch-wörtlichen Sinne *sub-iectum*, Unterworfenes.

Tod des Autors: Auch der Autor, der schreibende Spezialfall des Subjekts, gehört zu den Institutionen, denen Foucault reine Konventionalität unterstellt. Auch er schreibe aus den Diskursen heraus, die seine Rede prägen und die ihn beherrschen, er tritt nur als eine historische Funktion auf (1974b, S. 7–31). Als juristische Figur, die über ihr Eigentum wacht, habe der moderne Autor oder Künstler ausgespielt – so die Kernaussage der seitdem oft wiederholten provokanten Formulierung vom Tod des Autors (der also nicht persönlich, sondern als Instanz gefasst wird). Diese These hat vor allem Roland Barthes geprägt (1968/1977), und seine Analyse von Werbung und anderen Alltagsphänomenen mag ihn zu dieser Ansicht bewogen haben: Die verschiedenen Stimmen, die den Autor durchziehen, lassen sich als Codes untersuchen (Barthes 1973, S. 11). Die Analyse Barthes' zielt dabei stärker auf den literarischen Text; Foucault fragt hingegen eher nach den historischen Mechanismen, unter denen sich überhaupt der Begriff des Autors gebildet hat (allgemein s. Kap. 1).

6.8.4 | Anwendungsmöglichkeiten in der Literaturwissenschaft

Die an Foucault geschulten Fragestellungen lassen sich im weitesten Sinne einer **historischen Diskursanalyse** zuordnen, die in einer Archäologie der Wissenssysteme und der gesellschaftlichen Instanzen zeigt, wie sich diese an literarischen Texten niederschlagen (Kammler 1986; Bogdal 1999). Folgenreich für die Literaturwissenschaft waren besonders Foucaults Desillusionierungen und Zerstörung von Gewissheiten. Denn auch wenn seine Analysen nur indirekt auf literarische Texte anzuwenden sind und darüber gestritten werden kann, ob Diskursanalyse überhaupt eine Methode ist, bieten sie doch effektive Werkzeuge, um einige Leitbegriffe der Literaturwissenschaft auf den Prüfstand zu stellen.

Es ergibt sich zunächst eine Reihe von Negationen:
- **Der Autor** folgt nicht einer genialen Eingebung, die er entwickelt, vielmehr wird er von den ihn umgebenden Diskursen vorgeprägt.
- **Der Leser** wird durch diese Erschütterung allerdings auch nicht stärker. War es für Roland Barthes (1987) ein demokratischer Akt, die Macht des sinngebenden Autors zu unterlaufen und dem Leser eine produk-

tive Rolle zuzusprechen, so ist nach Foucaults Subjektkritik auch der Leser kein souveräner Herrscher über die Texte mehr, sondern ebenso in Diskurse eingebunden.

- **Die Texte** interessieren Foucault nicht als geschlossene Einheit, sondern sie werden als offene Prozesse der Strukturierung gesehen, bei denen gesellschaftliche Diskurse beteiligt sind (vgl. Foucault 1974b).
- **Der Werkbegriff** wird ebenfalls problematisiert: Gänzlich obsolet ist die Zuschreibung eines Werks und seiner abgeschlossenen Aussage zu einer wie auch immer gearteten Autorintention.
- **Geschichte** bezweifelt Foucault ebenfalls, wenn sie traditionell als kontinuierlicher Gang einer »evolutiven, linearen Bewußtseinsgeschichte« gesehen wird (vgl. 1974c, S. 14). Mit ihr wird die Geschichtsschreibung in Frage gestellt, die nicht mehr als Ereignisgeschichte oder Datenkette zu verfassen sei, sondern die dahinterliegenden Diskurse berücksichtigen müsse.
- **Institutionenkritik** ist mit Foucault schließlich auf die Bildungseinrichtungen Schule und Hochschule selbst anwendbar. Das gilt auch für die Wissenschaftsdisziplin Literaturgeschichte, deren Entstehung einem bildungspolitischen Bedürfnis folgt. Die Frühromantiker waren es, die gegen die Desorientierung in der Bücherflut zur Strategie der Verknappung griffen: Man ging daran, einen Kanon zu schaffen, um zu Zwecken der Kommunikation und Bildung wichtige von nebensächlichen Büchern zu unterscheiden (s. Kap. 1). Diese Auswahltätigkeit begründete die entstehende Literaturgeschichte, die repräsentative Werke kennzeichnete und sie nach Ideen ordnete – woraus schließlich das Fach Germanistik entstand.
- **Interpretation** selbst stellt Foucault als Produkt von Institutionen bzw. als ein Machtspiel dar, was schließlich auch zentral die Germanistik betrifft:

> **Wenn Interpretieren hieße, eine im Ursprung versenkte Bedeutung langsam ans Licht zu bringen, so könnte allein die Metaphysik das Werden der Menschheit interpretieren. Wenn aber Interpretieren heißt, sich eines Systems von Regeln, das in sich keine wesenhafte Bedeutung besitzt, gewaltsam oder listig zu bemächtigen, und ihm eine Richtung aufzuzwingen, es einem neuen Willen gefügig zu machen, es in einem anderen Spiel auftreten zu lassen und es anderen Regeln zu unterwerfen, dann ist das Werden der Menschheit eine Reihe von Interpretationen.**

Foucault: *Von der Subversion des Wissens*, 1974c, S. 95

Weiterentwicklungen der Diskursanalyse

1. Interdiskursanalyse zählt zu den Forschungszweigen, die von Foucaults Arbeiten in Deutschland angeregt worden sind. Sie beschäftigt sich mit einem Netzwerk von gesellschaftlich formierten Bildern, Sinn- und Vorstellungskomplexen, die die politischen Einstellungen und Verhaltensweisen steuern. Diese Sprachbilder oder »Sinn-Bilder«, wie sie **Jürgen Link**

genannt hat (Link 1983, S. 286), in denen die Anschauungen zu einer ein-
gängigen Struktur kondensieren, werden **Kollektivsymbole** genannt (Link
1988). Sie sind maßgeblich beteiligt an gesellschaftlichen Sinnstiftungs-
prozessen. Merkmal des Interdiskurses Literatur ist dabei, dass er eigenen
sprachlichen Regeln folgt, zugleich aber in besonderer Weise geeignet ist,
verschiedene gesellschaftliche Themen und Fragestellungen bzw. Wissensbestände (also umliegende Spezialdiskurse) zu bündeln: Er nutzt diese nämlich als Rohstoffe, um sie in anschauliche Symbole zu übersetzen
und damit weiten Kreisen verständlich und zugänglich zu machen. Dabei ist der Interdiskurs verwoben mit allen möglichen Textsorten, seien
es Gebrauchstexte, Postkartentexte oder politische Dokumente. Historisch
haben Vertreter der Interdiskursanalyse dies an Beispielen des 18. Jahrhunderts bis zur Gegenwart gezeigt, indem sie verbreitete, populäre Bilder
in ihren literarischen und alltäglichen Varianten verglichen und in Oppo-
sitionsbündeln bzw. Gegensatzpaaren analysiert haben (vgl. Parr 2000).

Dieser Ansatz hat ein deutliches Vorbild auch in **Roland Barthes'** Studi-
en, in denen er ebenfalls unterschiedliche kulturelle Bereiche wie Körper-
vorschriften, Moden, Medien, oder Alltagsgespräche mit literarischen Texten vergleicht. Damit schlägt Barthes eine etwas andere Richtung ein als
Foucault, insofern er weniger Machtstrukturen reflektiert, sondern mehr
die rhetorischen Strukturen von Gesellschaftsformen untersucht. Hier
wird stärker die linguistische Bedeutung des Diskursbegriffes betont: Es
sind gesellschaftliche Kommunikationen und soziokulturelle Phänomene,
Weltbilder und Haltungen als ideologische Formulierungen, die Barthes
miteinander in Beziehung setzt. Mit diesem **semiotischen Ansatz** kann er
auch allgemein eine Analyse von Kulturen (seien es westeuropäische oder
fernöstliche) leisten. Darin liegt die Verwandtschaft zu Foucault: Auch bei
Barthes ist gesellschaftliche Praxis nicht als natürliche gezeigt, sondern als
eine aus Zeichen konstruierte – ein Ansatz, der die internationale Semiotik
mit geprägt hat (vgl. Nöth 2000). Entsprechend zerfällt auch Literatur in
Codes, sie ist mehrstimmige Rede, die sich auch aus nichtliterarischen Texten speist. An diesem Komplex zeigt Barthes (und ähnlich die Interdiskursanalyse), wie sich bestimmte Sprachbilder verfestigen können, und zwar
auf unheilvolle Weise: Sie erstarren dann zu politischen Klischees und zu
ideologischen Gebilden, die durch genaue Analyse zu ›verflüssigen‹ sind.

2. Materialgeschichte ist eine andere Ausrichtung der Diskursanalyse, die
mittlerweile stärker verbreitet ist als die Interdiskursanalyse. Der Materi-
albegriff umfasst **technische Medien**, aber auch die Vorstellungen bzw.
Konzeptbildungen, die ihnen zugrunde liegen. Weiterhin bezieht er sich
auf Archive aller Art, die Dokumente, Zeugnisse im weitesten Sinn oder
persönliche Daten enthalten. Die technischen und medialen Voraussetzungen diskursiver Praxis zu ermitteln, ist **Friedrich Kittlers** Projekt in
den *Aufschreibesystemen* (1985/2003). Medien als solche, die für Foucault
zur nichtdiskursiven Praxis zählen würden, stehen bei Kittler im Vordergrund, insofern sie die Botschaften inhaltlich formen und Denkweisen
sowie literarische Schreibweisen prägen, mehr noch: die gesellschaftliche

Wirklichkeit definieren (s. Kap. 6.10). Stefan Rieger (2000) hat diesen Ansatz stärker auf die zugrundeliegenden Diskurse bezogen, die technische Entwicklungen begleiten, insbesondere das psychologische Wissen, das im Zusammenhang mit Speicher- oder Übertragungsmedien entsteht. Hier ergeben sich auch Anknüpfungspunkte zur Mediologie, die Funktionszusammenhänge zwischen technischen, sozialen und kulturellen Diskursen untersucht, die dort freilich insgesamt als ›Medien‹ bezeichnet werden (s. Kap. 6.10).

3. Analyse von Politiken der Schrift: Aus dem Funktionieren von Speichern kann man auch Rückschlüsse auf das Programm ableiten, das ihnen zugrunde liegt – es gibt Diskursstrategien hinter dem sichtbaren technischen Medium. **Manfred Schneider** hat gezeigt, dass dies nicht nur für Zahlen- und Datenspeicher gilt, sondern auch für all jene Archive, die mit Aufzeichnungen von menschlichen Daten, also Unterlagen, Dossiers, Akten, Urkunden oder Notizen gefüllt sind – bis hin zu Verhörprotokollen, Geständnissen oder autobiographischen Notizen (vgl. Schneider 1986; Kittler/Schneider/Weber 1990). Zusammen bilden diese Texte eine kulturelle Matrix, die wiederum literarischen Texten zugrunde liegt, welche zumindest teilweise aus diesem Hintergrund erwachsen. Stärker als auf technische Aspekte zielen Schneiders Analysen auf machtpolitische Zusammenhänge, die Texte beeinflusst haben, einschließlich der Ritualbildungen, die sich in literarischen Texten niederschlagen: religiöse Bekenntnisimperative, Politiken des autobiographischen Geständnisses, Gewohnheiten der Liebe (Schneider 1992) oder andere Kulturereignisse, die auf dem Recycling von Erfahrungsmustern beruhen (Schneider 1997). Damit können Mechanismen erschlossen werden, die der Literatur zugrunde liegen, Strategien des Denkens also, die auf die literarischen Formen eingewirkt haben.

6.8.5 | Perspektiven und Kritik

Foucaults Œuvre bleibt bei der Vielzahl seiner Thesen ohne systematische Abrundung. Seine Absicht ging auch nicht dahin, ganzheitliche Theoriegebäude zu produzieren, die er selbst als Machtapparate kritisiert hätte, weil damit weitere Reflexion verhindert würde. Gewisse Widersprüche hat er in Kauf genommen: So etwa die Sprünge zwischen einem sehr weiten Diskursbegriff und andererseits konkret beschreibbaren Machtspielen in Diskursereignissen. Die wechselnde Verwendung des Diskursbegriffs hat die starke Rezeption von Foucaults Konzepten allerdings nicht behindert, eher noch (und sei es in Form produktiver Irrtümer) gefördert. Die durchgängigen Themen ›Macht‹, ›Gesellschaftsinstitutionen‹ und ›Wissensformationen‹ sowie die wechselhafte Rolle des Subjekts, das als Schriftraum von Diskursen begriffen wird, haben zahlreiche Spuren in verschiedenen Gebieten hinterlassen: in der Medientheorie, der politischen Machtanalytik, in der feministischen Theorie, in Studien zum Postkolonialismus und in der Sozialpsychologie (vgl. Kammler u. a. 2008).

Daraus hat sich eine Reihe von möglichen **Fragestellungen für die Germanistik** ergeben:

Fragestellungen
der Diskursanalyse

- Welche Wirkungen haben Machtinstanzen in wissenschaftlichen oder literarischen Diskursen?
- Wie hat der Beichtzwang auf die Literatur gewirkt?
- Welche Wirkung hatte die Erfindung des modernen Gefängnisses auf die Literatur?
- Gibt es Rituale der Liebe, die in der Literatur konstruiert werden?
- Wie zeigen sich in Texten Spuren der Medien?
- Welche Rolle spielt die Instanz des Autors zu einem bestimmten Zeitpunkt und wie zeigt sich dies in seinen Texten?
- In welcher Weise baut ein Text ›Wahrheiten‹ auf und nach welchen Strategien verfährt er dabei?
- Welche Sprachregelungen werden in der Politik getroffen und wie werden sie in öffentlichen Medien oder Literatur reflektiert?
- Gibt es literarische Texte, die selbst Herrschaft ausüben?
- Welche Entscheidungen hat Literaturwissenschaft in ihrer Geschichte getroffen, um damit bestimmte Wahrheiten zu produzieren?

Literarische Texte haben Foucault eher als historische Zeugnisse von Wissensordnungen, Machtstrukturen oder Lebensbedingungen interessiert; insofern gibt es hier Berührungspunkte mit dem sozialgeschichtlichen Ansatz (s. Kap. 6.7). Das spezifisch Literarische nimmt Foucault kaum in den Blick. Wie aber Jürgen Link oder Manfred Schneider gezeigt haben, kann Diskursanalyse durchaus auf literarische Strukturen bezogen werden und dann umso gewinnbringender eingesetzt werden. Texte und Gewissheiten »gegen den Strich zu lesen« (Barthes 1973, S. 41) ermöglicht eine neue Sicht auf Leitbegriffe wie den des Autors, auf ›höhere‹ und ›niedere‹ Texte, auf Leser, Kulturen oder Epochen, deren diskursive Grundlagen zu zeigen sind. Auch die Hermeneutiker könnten Strategien ihrer Arbeit hinterfragen: Ihr eigenes »Kommunikationsprogramm« wäre als »aktive **Sinnordnungspolitik**« zu beschreiben (Fohrmann/Müller 1988, S. 239) – eine Selbstuntersuchung, die durchaus zum hermeneutischen Zirkel gehört.

Grundlegende
Literatur

Angermüller, Johannes: Nach dem Strukturalismus. Theoriediskurs und intellektuelles Feld in Frankreich. Bielefeld 2007.
Barthes, Roland: »La mort de l'auteur«. In: Manteia, Heft 5 (1968), S. 12–17; dt. in: Fotis Jannidis/Gerhard Lauer/Matias Martinez/Simone Winko (Hg.): Texte zur Theorie der Autorschaft. Stuttgart 2000, S. 185–193.
– : S/Z. Frankfurt a. M. 1987 (frz. 1970).
– : Die Lust am Text. Frankfurt a. M. 1987 (frz. 1973) .
Fohrmann, Jürgen/Müller, Harro (Hg.): Diskurstheorien und Literaturwissenschaft. Frankfurt a. M. 1988.
Foucault, Michel: Die Ordnung der Dinge. Eine Archäologie der Humanwissenschaften. Frankfurt a. M. 1971 (frz. 1966).
– : Archäologie des Wissens. Frankfurt a. M. 1973 (frz. 1969).
– : Die Ordnung des Diskurses. Frankfurt a. M. 1974a (frz. 1971).
– : Schriften zur Literatur. München 1974b (frz. 1962–69).
– : Von der Subversion des Wissens. München 1974c (1963–73).

–: Überwachen und Strafen. Die Geburt des Gefängnisses. Frankfurt a. M. 1977 (frz. 1975).

–: Sexualität und Wahrheit, Bd. 1–3. Frankfurt a. M. 1977–86 (frz. 1976–84).

–: Hermeneutik des Subjekts. Vorlesung am Collège de France (1981/82). Frankfurt a. M. 2004

Jäger, Siegfried: Kritische Diskursanalyse: eine Einführung. München 2004.

Kammler, Clemens u. a. (Hg.): Foucault-Handbuch. Leben – Werk – Wirkung. Stuttgart/Weimar 2008.

Kittler, Friedrich A.: Aufschreibesysteme 1800/1900 [1985]. München ⁵2003.

–/Schneider, Manfred/Weber, Samuel (Hg.): Diskursanalysen 2. Institution Universität. Opladen 1990.

Link, Jürgen: »Literaturanalyse als Interdiskursanalyse. Am Beispiel des Ursprungs literarischer Symbolik in der Kollektivsymbolik«. In: Fohrmann/Müller 1988, S. 284–307.

Mills, Sara: Der Diskurs: Begriff, Theorie, Praxis. Tübingen/Basel 2002 (engl. 2002).

Schneider, Manfred: Die erkaltete Herzensschrift. Der autobiographische Text im 20. Jahrhundert. München 1986.

–: Liebe und Betrug. Die Sprachen des Verlangens. München 1992.

–: Der Barbar. Endzeitstimmung und Kulturrecycling. München 1997.

Bogdal, Klaus-Michael: Historische Diskursanalyse der Literatur: Theorie, Arbeitsfelder, Analysen, Vermittlung. Opladen 1999.

Ehlich, Konrad (Hg.): Diskursanalyse in Europa. Frankfurt a. M. 1994.

Genette, Gérard: Die Erzählung. München 1994 (frz. 1983).

Habermas, Jürgen: »Vorbereitende Bemerkungen zu einer Theorie der kommunikativen Kompetenz«. In: Ders./Niklas Luhmann (Hg.): Theorie der Gesellschaft oder Sozialtechnologie. Frankfurt a. M. 1971, S. 101–142.

Kammler, Clemens: Michel Foucault. Eine kritische Analyse seines Werks. Bonn 1986.

Keller, Reiner: Wissenssoziologische Diskursanalyse: Grundlegung eines Forschungsprogramms. Wiesbaden 2005.

Link, Jürgen: Elementare Literatur und generative Diskursanalyse. München 1983.

Nöth, Winfried: Handbuch der Semiotik. Stuttgart/Weimar ²2000.

Parr, Rolf: Interdiskursive As-Sociation: Studien zu literarisch-kulturellen Gruppierungen zwischen Vormärz und Weimarer Republik. Tübingen 2000.

Rieger, Stefan: Die Individualität der Medien. Eine Geschichte der Wissenschaften vom Menschen. Frankfurt a. M. 2000.

Zitierte/weiterführende Literatur

Arbeitsaufgaben

1. Der Diskursbegriff wird auf diversen Gebieten verwendet. Können Sie die unterschiedlichen Bedeutungen skizzieren?

2. Unter welchen Aspekten hat Foucault den Machtbegriff in die Diskursanalyse gebracht?

3. Warum sind Interpretationen auch Machtspiele (denken Sie an Schule und Universität)?

4. Wie hängen Diskursanalyse und Medientheorie zusammen?

Lösungshinweise zu den Arbeitsaufgaben finden Sie auf www.metzlerverlag.de/webcode. Ihren persönlichen Webcode finden Sie am Anfang des Bandes.

6.9 | Systemtheorie

6.9.1 | Begriffsentwicklung

Zum Begriff

→ **System** ist ein Passepartout-Begriff, der in politischen oder psychologischen Bereichen ebenso anzutreffen ist wie in ökonomischen, (neuro-)biologischen, juristischen und nicht zuletzt ästhetischen Theoriebildungen, er ist also in seiner Entwicklung in den verschiedenen Wissenschaften zu erfassen. Allgemein lässt sich zunächst sagen: Wenn das gr. *systema* ein Ganzes bezeichnet, das aus Einzelgliedern zusammengesetzt ist, so wird dieses in der Systemtheorie nicht als feste Einheit oder Substanz gefasst, sondern als ein dynamisches Geflecht von Kommunikationen (vgl. Baecker 2001) bzw. als ein Netzwerk, das sich durch Rückkopplungen selbst hervorbringt und erhält.

Mit den verschiedenen Branchen der Systemtheorie ist seit 1970 ein Netzwerk entstanden, das mittlerweile **unterschiedlichste Anwendungs- und Wissensbereiche** verbindet:

- Biologie und der Neurobiologie (dort seit den 1950er Jahren entwickelt (vgl. Maturana/Varela 1987)
- Soziologie (maßgeblich durch Niklas Luhmann 1984)
- Psychologie und Medizin (vgl. Kriz 1999)
- Wirtschafts- und Umweltwissenschaften (vgl. Gnauck 2002)
- Pädagogik
- Politik- oder Rechtswissenschaften (vgl. de Berg/Schmidt 2000)
- Geschichts- und Kulturwissenschaften (vgl. Becker/Reinhardt-Becker 2001)
- Kunstwissenschaften (vgl. de Berg/Schmidt 2000, S. 180–242)
- Literaturwissenschaften, die in den 1990er Jahren die starke Konjunktur des systemischen Ansatzes genutzt und einen umfangreichen Theorieimport getätigt haben.

Die Biologie betrachtet als **lebendes System** alles, was durch Rückkopplungsprozesse die Aufrechterhaltung des eigenen Systems regelt, nämlich das Erkennen chemischer Daten, die zugleich die Programme zu ihrer Verarbeitung enthalten und so die laufende Neuproduktion ermöglichen. Die **Neurobiologie** hat in diesem Sinne danach gefragt, was ein lebendes System ist, wie es in sich funktioniert und wie es Umweltreize nach den Regeln des eigenen Wahrnehmungsapparates verarbeitet. Demnach ist auch das Lernen kein Umbau, der bloß von außen geschieht, sondern der Systemaufbau einer Einheit, die mit internen Voraussetzungen auf Neues reagiert (vgl. Maturana/Varela 1987).

Autopoiesis ist einer der zentralen Begriffe, der sich in erster Näherung wie folgt fassen lässt: Ein lebendes System bildet alle Lebenserhaltungsfunktionen aus sich selbst heraus, indem es Umweltimpulse aufnimmt, aber nach eigenen Gesetzen verarbeitet (gr. *auto*: selbst; *poiein*: machen; vgl. Becker/Reinhardt-Becker 2001, S. 31–39). Diesen Ansatz hat der **Konstruktivismus** weitergeführt und untersucht, wie unser Nervensystem als in sich geregelte Einheit die Welt, die wir wahrnehmen, konstruiert, und inwiefern man davon sprechen kann, dass jeder einzelne Wahrnehmungsapparat als autopoietisches System funktioniert, das sich aus sich selbst heraus entwickelt (vgl. Schmidt 1990).

6.9.2 | Niklas Luhmann: Grundbegriffe

Der Soziologe Niklas Luhmann (1927–1998) hat neurobiologische und kybernetische Systemprozeduren auf gesellschaftliche Vorgänge übertragen, wobei er sich auf den Sozialwissenschaftler Talcott Parsons stützte und eine grundlegende Auffassung von ihm übernahm: Menschliches Handeln greift aus einer überkomplexen Welt bzw. aus deren unendlichem Horizont die jeweils relevanten Perspektiven heraus. Damit wird eine Auswahl getroffen, die Regeln, Sichtweisen oder Handlungsvorschläge für eine Gesellschaft konstruiert. **Folgende Leitbegriffe spielen dabei eine Rolle:**

- **Autopoiesis der Gesellschaft:** In Parallele zum Autopoiesis-Gedanken könnte man sagen: Gesellschaft entwirft sich durch ihre Symbole und Umgangsregeln, also ihre soziale Praxis insgesamt. **Komplexität** bedeutet dabei nur am Rande ›kompliziert‹, eigentlich ist damit die Zahl der möglichen Verknüpfungen gemeint, die ein System zwischen seinen Elementen herstellen kann. Ein System sucht sich dabei so viel Komplexität wie nötig, um seine Funktionen aufrechterhalten zu können, zugleich bedeutet jede Weiterentwicklung auch Komplexitätszuwachs. Bei zu vielen Verknüpfungsmöglichkeiten droht allerdings der Zusammenbruch – dann muss Komplexität reduziert werden, d. h. das System muss eine Auswahl treffen, um daraus Leitcodes zu gewinnen (Becker/Reinhardt-Becker 2001, S. 23–25).
- **Ausdifferenzierung nach Funktionen** ist das Prinzip, das die Entwicklung moderner Gesellschaften seit Ende des 18. Jahrhunderts kennzeichnet. In seinem viel beachteten Buch *Soziale Systeme* (1984) hat Luhmann ein Modell entworfen, das beschreibt, wie sich Gesellschaften in Teilbereichen zu höheren Komplexitätsgraden entwickeln: Politik, Recht, Wirtschaft, Moral, Erziehung, Philosophie, Kunst oder Religion sind solche Segmente, die zunehmend in sich selbst funktionieren, eigenständig und spezialisiert arbeiten und damit auch effizient sein können. Sie steuern sich selbst und bilden dann im Ensemble der Teilsysteme das gesellschaftliche Gesamt.
- **Kommunikation:** Der Zusammenhang der Kommunikationen in und zwischen Subsystemen, insofern sie aufeinander Bezug nehmen, ist konstitutiv für eine Gesellschaft. Menschen, Individuen und ihre In-

teraktionen sind dabei zweitrangig und werden nicht direkt der Gesellschaft zugerechnet, beobachtbar ist allein »Kommunikation und deren Zurechnung als Handlung« (Luhmann 1984, S. 240). Ob Lebewesen, Dinge, Gesellschaften u. a. – Systemtheoretiker beobachten nur die Kommunikate, die agierenden Sprecher werden als ›opak‹ behandelt.

- **Systemaufbau** geschieht »durch Selbstbeobachtung und Selbstbeschreibung sozialer Systeme« (Luhmann 1984, S. 241) und das entsprechende **Kommunizieren der Systeme** untereinander. Diese Kommunikation wird durch **Leitdifferenzen** gesteuert, die den Code des Systems bilden, und zwar als Gegensatzpaar bzw. als binärer Code. Jedes System folgt anderen Leitdifferenzen, z. B. ›Haben – Nicht-Haben‹, ›effizient – nicht effizient‹ (Wirtschaft); ›wahr – falsch‹ (Wissenschaft, Theologie), ›innovativ – reproduktiv‹ (Technologie); ›gut – böse‹ (Moralphilosophie); ›Macht – Opposition‹ (Politik); ›schön – hässlich‹, ›interessant – langweilig‹ (Kunst), ›in – out‹ (Unterhaltungsbranche) und andere mehr. Über diese Leitdifferenzen gewinnen Systeme aus den potenziell unendlichen Eigenschaften der Umwelt ein eigenes Profil. Die Selbstreflexion über ihre Leitdifferenzen brauchen sie, um ihre Evolution voranzutreiben. In diesem Sinne benötigen Systeme sogar Probleme zur Selbstorientierung, ohne die sie nicht überleben können.

- **Strukturelle Kopplung:** Systeme kommunizieren aber nicht nur mit sich selbst, sondern ebenso mit ihrer jeweiligen **Umwelt**, d. h. den von ihnen aus gesehen umliegenden Systemen, mit denen sie in Wechselwirkung treten. Diese strukturelle Kopplung entsteht über eine Schnittmenge, z. B. zwischen Rechtssystem und Intimbeziehung dann, wenn eine Ehe geschlossen oder nichteheliche Lebensgemeinschaft festgestellt wird, oder im Fall des Zusammentreffens von Literatur und Politik die Förderung durch Preise bzw. im negativen Fall Einengung durch Zensur (vgl. Becker/Reinhardt-Becker 2001, S. 65–67). **Teilsysteme**, die sich ausbilden und spezialisieren, nehmen dadurch neue Entwicklungen.

- **Emergenz:** Werden Teilsysteme in Beziehung gesetzt, entstehen durch die Synergieeffekte des Zusammentreffens neue Zustände, die allerdings nicht treffsicher vorausgesagt werden können (Emergenz). Ist nämlich schon das Eigenverhalten eines Systems nicht strikt vorhersagbar, da es grundsätzlich mehrere Reaktionsweisen zeigen kann, ist die Reaktion der Systeme aufeinander umso schwieriger vorherzusagen oder gar zu steuern.

- **Kontingenz:** Diese Unvorhersagbarkeit gilt auch für die Planbarkeit von Gesellschaften, deren Teilsysteme sich immer noch anders entwickeln können als angenommen. Dieser Bereich der zukünftigen, offenen Ereignisse wird als Kontingenz bezeichnet – was etwa Robert Musil im *Mann ohne Eigenschaften* (1930) literarisch als »Möglichkeitssinn« beschrieben hat.

- **Rolle der Kunst:** In dieser Unvorhersagbarkeit der Ereignisse hat Luhmann gerade der Kunst eine bedeutende Rolle zugesprochen, wenn sie neue, unvermutete Perspektiven anbietet und durch »Herstellung von Weltkontingenz« Fremderfahrung ermöglicht: »Die festsitzende Alltagsversion wird als auflösbar erwiesen; sie wird zu einer polykontexturalen, auch anders lesbaren Wirklichkeit – einerseits degradiert, aber gerade dadurch auch aufgewertet« (Luhmann 1986, S. 625). Festgefahrene Haltungen können durch Kunst mit einer Alternativversion der Dinge konfrontiert werden, woraus sich neue Handlungsformen gewinnen lassen: Der einäugigen Sicht der Alltagsgewissheiten kann sie durch Rätsel, Irritationen oder Eröffnung neuer Kontexte begegnen.

- **Polykontexturalität:** In der Literaturwissenschaft entspricht dem das polykontexturale Verfahren, Literatur aus der Sicht anderer Systeme, z. B. Recht, Medizin oder Politik, zu beobachten (vgl. Plumpe/Werber 1995) – das Literatursystem wird dann aus dem Zentrum gerückt und aus anderen Blickwinkeln beobachtet.

6.9.3 | Vorgänge des Beobachtens

Instanz des Beobachters: Ein wichtiger Bezug zur Literatur ergibt sich aus dem Begriff des Beobachters: Systemereignisse können durch einen Beobachter analysiert werden, der wiederum ein eigenes System darstellt. Die Systemtheorie beschreibt dabei nicht, wie reibungslose Kommunikation passiert, sondern sie zeigt ebenso Inkompatibilitäten zwischen Systemen und unvereinbare Leitdifferenzen, die die Kommunikation erschweren. Sie ist in diesem Sinne eine Beobachtungstheorie: Jeder Vorgang, jeder Zustand und jedes Ding ist abhängig von der Perspektive des Beobachters, von seinen Begriffen bzw. Beschreibungsweisen.

Relativität von Erkenntnis: Wenn der Beobachter sein eigenes Beobachten beobachten und dieses wiederum auf dritter Ebene beobachten kann usf., gelangt er dabei an kein Ende und kann seine Position nie endgültig fixieren. Jeder Erkennende hat insofern einen blinden Fleck der Selbsterkenntnis. Dies entspricht wiederum der Alltagserfahrung der Selbsttäuschung oder der Tatsache, dass man durch andere über die eigene Beobachterposition aufgeklärt werden kann.

Nähe zur Hermeneutik: Wenn der Leser sich als Beobachter verhält, der den Text als fremde Welt kennenlernt, ihn unter eigenen Systembedingungen nachschafft, sich mit der neuen Sichtweise auseinandersetzt und so etwas über seine eigene Weltsicht erfährt, zeigen sich darin gewisse Ähnlichkeiten zum hermeneutischen Gedanken der Horizontbeeinflussung (vgl. de Berg/Prangel 1997). Auf Textverhältnisse übertragen hieße das wiederum, dass Lektüre nicht einfach Transfer von Informationen ist, sondern dass jeder Leser unter seinen eigenen Systembedingungen Textbedeutungen generiert (vgl. Schmidt 1990, S. 63 ff.).

Doppelte Kontingenz: Wenn zwei Kommunikationsteilnehmer sich verständigen (wie z. B. Autor und Leser über den Text), müssen beide aus einem Fundus von Verstehensmöglichkeiten auswählen, weswegen dann von doppelter Kontingenz gesprochen wird, was auch doppelte Unschärfe beim Verstehen bedeutet (Becker/Reinhardt-Becker 2001). Und noch eine Lehre kann der Beobachter von Literatur ziehen: Er sollte die Entwicklung von Literatur nicht auf ein striktes Ziel hin lesen. Denn auch literarische Texte stellen einen zukunftsoffenen Horizont her, der auf bestimmte Weise aufgegriffen wird, aber auch stets anders realisiert werden kann. Epochenbeschreibungen sind insofern nichts anderes als Konstrukte, die ein Beobachter im Nachhinein erstellt – einleuchtende womöglich, die aber Brüche glätten und vielleicht Tendenzen übersehen, die zum Epochenschema nicht passen.

6.9.4 | Wechselwirkung zwischen Literatur und anderen Systemen

Anwendung der Systemtheorie in der Literaturwissenschaft: Kategorien der Systemtheorie sind in der **literaturwissenschaftlichen Analyse** insbesondere dann erprobt worden, wenn es darum ging, das Zusammenwirken von Literatur mit anderen Systemen (also ihren Umwelten) zu beobachten. Gerade hier zeigt sich, dass Systeme nicht nur in sich geschlossen arbeiten, sondern dass sie miteinander kommunizieren, und zwar über den Aufbau von Leitdifferenzen und deren Abgleichen mit den Leitdifferenzen anderer Systeme.

Leitdifferenzen: Kommunikation geschieht, wenn ein System die Leitdifferenzen anderer Systeme für sich selbst überprüft, reflektiert und ggf. für sich auswählt. Denn ein literarisches Werk kann sehr wohl aus der Umwelt bzw. aus anderen Systembereichen bewertet werden:

- ökonomisch als Ware, die marktgängig ist oder nicht,
- politisch als Kritik oder Affirmation,
- religiös als Bekenntnis oder Atheismus,
- juristisch als jugendgefährdende Schrift, die eventuell auf den Index zu setzen ist,
- als Moralinstanz, insofern sie Lebenshilfe geben oder lehrreich sein kann,
- didaktisch, weil Texte ein Bildungspotenzial haben können, das man im Unterricht berücksichtigen oder als untauglich ablehnen kann.

So wie Literatur auf Codes aus anderen Systemen bezogen werden kann, kann sie aus ihrer Sicht die Leitdifferenzen anderer Systeme für eigene Zwecke umwandeln oder sie als Zumutung zurückweisen. Denn Literatur fragt nicht vorrangig nach ökonomischen, politischen oder moralischen Leitdifferenzen, sondern in erster Linie nach den Regeln von Kunst, danach also, ob ein Text interessant oder langweilig, anspruchsvoll oder schlicht, anregend oder belanglos, stimmig oder brüchig ist. Gerade die **Leitdifferenz ›interessant/langweilig‹** ist seit Ende des

18. Jahrhunderts zum Entwicklungsmotor von Literatur geworden (vgl. Plumpe 1993).

Ausdifferenzierung des Literatursystems: Immer wieder ist von Systemtheoretikern die Phase um 1770 als Sattelzeit beschrieben worden, in der die moderne Gesellschaft beginnt, sich in kleinere Systeme auszudifferenzieren (Luhmann 1984; Schmidt 1989). Beim Aufbau eines eigenständigen Literatursystems ist zunächst die Entwicklung des **Geniekults** im Sturm und Drang wichtig: Dort werden Individuen ins Spiel gebracht, die mit wachsendem Selbstbewusstsein um Anerkennung und (juristische) Rechte kämpfen und dies über Dichtungsprogramme oder autobiographische Texte betreiben. Originalität wird dabei zum Markenzeichen des Dichters, der sich als bedeutendes Individuum begreift. Indem er dies tut und sich gleichzeitig von allen gesellschaftlichen Forderungen emanzipiert, wie sie vielleicht Fürsten, Theologen oder Moralphilosophen stellen mochten, arbeitet er an der **Autonomie des Literatursystems**, das sich als eigenständiges System in einer vielfältig gewordenen Umwelt bzw. Gesellschaft etabliert (vgl. Plumpe 1993). Weder der Dichter noch seine Kunst sollten Befehlsempfänger umliegender Bereiche sein; in eigener Regie wollen die Dichter sich selbst die Regeln geben und eine eigene Identität gewinnen (s. Kap. 1).

Intertextualität: Das Literatursystem um 1800 stärkt seine Position auch dadurch, dass die einzelnen Texte zunehmend untereinander vernetzt werden. Sie zitieren sich gegenseitig und stiften einen intertextuellen Zusammenhang. Bereits *Die Leiden des jungen Werthers* (1774/87) zeigen dies. Der Held erweist sich nämlich auch als emsiger Leser: Homer, Ossians Heldengesänge, Lessings *Emilia Galotti* und natürlich Klopstocks Werke gehören zu den Lesefrüchten. Ebenso wird der Text seinerseits von Nachfolgern aufgegriffen und in vielen ›Wertheriaden‹ sowie zahlreichen Briefromanen verarbeitet bis hin zu Ulrich Plenzdorfs *Die neuen Leiden des jungen W.* (1972). Dieses **Anschlusspotenzial** von Goethes *Werther* realisiert Plenzdorf in Zitaten, Variationen, Übernahmen und Anspielungen.

6.9.5 | Literarische Selbstreferenzialität als Systembildung

Die Entwicklung von Literatur funktioniert nicht nur im gesellschaftlichen Bezug oder dadurch, dass Einzeltexte sich in einen intertextuellen Zusammenhang stellen (s. Kap. 1.2). Hier wirken mehrere Strategien zusammen.

Autopoiesis durch Selbstreferenzialität: Textstrukturen können auf sich selbst verweisen und ihre Konstruktion offenlegen, wie z. B. an Christian Morgensterns Gedicht *Das ästhetische Wiesel* (1900) erkennbar ist:

**Das ästhetische Wiesel
saß auf einem Kiesel
inmitten Bachgeriesel.**

**Wißt ihr,
weshalb?**

**Das Mondkalb
verriet es mir
im stillen:**

**Das raffinier-
te Tier
tats um des Reimes willen.**

Das hier vorgestellte Wiesel ist kein tatsächliches, zoologisches, sondern eines, das nur in der lyrischen Form besteht. Wie diese funktioniert, wird im Gedicht selbst angesprochen: Der Reim übertrumpft den Gegenstand, der sich kunst- bzw. systemgerecht verhalten muss, sogar bis hin zum harten Schnitt durch das Adjektiv ›raffinier-te‹. Die strenge Achsensymmetrie der Anordnung ist ein **ästhetisches Arrangement**. Es handelt sich auch um ein Bildgedicht, das in sich selbst kreist, auf sich selbst anspielt und nur für sich selbst da ist.

Systemaufbau im Gedicht: Das Gedicht zeigt seine Systemeigenschaften darin, dass es Leitdifferenzen formuliert: Es fragt nicht nach Wahrheit, Ökonomie oder Moral, sondern nach Reim/Nichtreim, Kunst/Nichtkunst und Bildtauglichkeit/Untauglichkeit. Seine Selbstreferenzialität zeigt sich darin, dass es (nicht ohne Ironie) über Bedingungen von Gedichtsprache allgemein reflektiert, dass es vielleicht eine Gedichtmaschine ist, da darin ein Bauplan für weitere Gedichte zu erkennen ist.

Medium und Form: Im Gedicht werden allgemeine Möglichkeiten der Gedichtsprache reflektiert, um daraus eine konkrete Form zu gewinnen. Wenn man das Medium als eine allgemeine Struktur definiert, die Kommunikation ermöglicht (etwa Geld, um ein Geschäft abzuwickeln; Sand, der einen Fußabdruck zeigt, oder im Sportwettkampf das einzelne Spiel), so bedient sich die Literatur des allgemeinen Mediums ›Sprache‹, um daraus speziellere Formen zu gewinnen, hier die der lyrischen Kommunikation.

Selbstreflexive Hinweise kann Literatur in vielfacher Weise geben. Sie artikuliert damit auch ihre Produktionsregeln. Das folgende Beispiel etwa zeigt das Prinzip, wie ein Satz durch Rückkopplung neu produziert werden kann: »E ist dEr ErstE, sEchstE, achtE, zwölftE, viErzEhntE ...«: was ergänzt heißen muss: »...Buchstabe in diesem Satz« (Schwanitz 1990, S. 59). Denn die Position des jeweiligen ›E‹ gibt zugleich die Regel, nach der der Satz unendlich fortgeführt werden kann. Ähnlich verhält es sich, wenn im Roman der Erzähler seine Rolle reflektiert und der Leser sozusagen in die Werkstatt des Erzählens geführt wird oder im Theater Aussagen über das Drama gemacht werden, womit der Text Auskunft darüber gibt, wie er gemacht ist (und also auch, wie er weiter geschrieben werden könnte). Eine spezielle Variante dieser **Autoreferenzialität** ist die **Autologie**, die auf der Formebene die Produktionsregel noch einmal abspiegelt: wenn etwa über den Reim in Reimform gesprochen wird, wie eben in Morgensterns Gedicht.

6.9.6 | Perspektiven für die Literaturwissenschaft und Kritik

Auch wenn manche Ansätze in der werkimmanenten Analyse sowie in der sozialgeschichtlichen Herangehensweise bereits angeklungen sind, lassen sich mit der Begrifflichkeit der systemtheoretischen Konzepte **bestimmte Fragestellungen** präziser fassen:

- **Literatursoziologisch** kann man zeigen, in welcher Interaktion bzw. in welchen Zusammenhängen das Literatursystem mit anderen Systemen – Recht, Politik, Wirtschaft, Medizin, Religion etc. – steht und wie diese sich durch jeweils andere Leitcodes voneinander abgrenzen bzw. nach eigenen Gesetzen funktionieren.
- **Historisch** lässt sich beschreiben, wann Literatur stärker die Seite der Umwelt oder wann sie stärker das eigene System akzentuiert. So ist es typisch für den Ästhetizismus um 1900 (vgl. Morgenstern), dass dieses Zusammenwirken von Medium und Form ganz auf die Kunst selber zielt. Diese Entscheidung bahnte sich um 1770 an und wurde in der Frühromantik entschieden durchgeführt, wo es insbesondere um Selbstreflexionen von Kunst ging (s. Kap. 2.3.1). Die Avantgarden des 20. Jahrhunderts hingegen, die das Kunstsystem mit dem Alltag vermischen wollen, betreiben Entdifferenzierung, setzen die organisierenden Kunstregeln außer Kraft oder forcieren den Einsatz von Alltagsdingen und Technik, um die Gesellschaft zu revolutionieren (vgl. Plumpe 2001).
- **Selbstbeschreibungen**, die Literatur in ihren Programmen vorlegt, spielen dabei eine wichtige Rolle. Genauer lässt sich in der Einzeltextanalyse beobachten, in welcher Art ein Text auf sich selbst verweist, wie er seine Strategien oder Konstruktionen offenlegt und über sein Gemachtsein nachdenkt. Die Analyse läuft dann meist darauf hinaus, einen Text in Codewerte bzw. binäre Oppositionen zu unterteilen und über diese Schemata ein Funktionssystem zu beschreiben; die sonstigen analytischen Details überlässt man z.B. der werkimmanenten Interpretation.
- **Kritik der großen Begriffe**: ›Mensch‹, ›Moral‹ und überhaupt anthropologische Kategorien stellt die Systemtheorie grundsätzlich in Frage, und damit werden auch die traditionellen Instanzen der Literaturwissenschaft problematisch. Besonders der **Autor** und seine Inspiration sowie die Anteilnahme des **Lesers** werden in Systemfunktionen aufgelöst: Nicht als Individuen sind sie interessant, sondern als **Rollenträger**, die sich Eigenschaften zuschreiben und sie wieder ablegen

können. Der Systemtheorie deswegen den ›menschlichen‹ Standpunkt abzusprechen, wäre indessen kurzsichtig, denn gerade die unparteiliche, nicht einfühlsame Perspektive kann die Analyse z.B. gesellschaftlicher Probleme erst durch Unvoreingenommenheit und distanzierte Herangehensweise verschärfen.

- **Kritische Einwände:** Von **diskursanalytischer Seite** könnte man als Mangel benennen, dass Gesellschaft nicht nur als Funktionszusammenhang von Systemen, sondern über die Wirkung von Machtinstanzen zu beschreiben ist, die durchaus greifbar sind und einer kritischen Sichtung unterzogen werden müssen. Abgesehen aber davon, dass auch Luhmann (1997) zu kritischen Sichtweisen angeregt hat, würden Systemtheoretiker grundsätzlich dagegenhalten, dass es keine guten oder schlechten Systeme gibt – zumindest nicht für den Beobachter, dessen Standpunkt kein privilegierter sein kann, sondern der immer nach eigenem Unterscheidungsvermögen die Systemverhältnisse oder Vorgänge in sich selber beschreibt. Diese Beschreibungen können dann funktionieren und Anschlusskommunikation ermöglichen. Literaturwissenschaftler/innen haben damit aber auch die Aufgabe, ihre eigenen Beobachtungen zu beobachten, was mit der **hermeneutischen Profilierung** des eigenen Erkenntnishorizonts vergleichbar ist (vgl. de Berg/Prangel 1997; Pfeiffer 2001). Von manchen Widersprüchen abgesehen, könnten beide Seiten hierin und in der konkreten Textanalyse durchaus Gemeinsamkeiten entdecken und damit der Gefahr der dogmatischen Erstarrung entgehen.

Grundlegende Literatur

Baecker, Dirk: »Kommunikation«. In: Ästhetische Grundbegriffe. Historisches Wörterbuch in sieben Bänden. Hg. von Karlheinz Barck u. a. Stuttgart/Weimar 2001, S. 384–426.
–: (Hg.) : Schlüsselwerke der Systemtheorie. Wiesbaden 2005.
Barsch, Achim: »Kommunikation mit und über Literatur. Zu Strukturierungsfragen des Literatursystems«. In: Spiel 12,1 (1993), S. 34–61.
Becker, Frank/Reinhardt-Becker, Elke: Systemtheorie. Eine Einführung in die Geschichts- und Kulturwissenschaften. Frankfurt a.M./New York 2001.
Dieckmann, Johannes: Einführung in die Systemtheorie. München 2005.
Fohrmann, Jürgen/Müller, Harro (Hg.): Systemtheorie der Literatur. München 1996.
Jahraus, Oliver/Nassehi, Armin u.a. (Hg.): Luhmann-Handbuch. Leben – Werk – Wirkung. Stuttgart/Weimar 2012.
Luhmann, Niklas: Soziale Systeme. Frankfurt a.M. 1984.
–: »Das Kunstwerk und die Selbstreproduktion der Kunst«. In: Stil. Geschichten und Funktionen eines kulturwissenschaftlichen Diskurselements. Hg. von Hans Ulrich Gumbrecht/Karl Ludwig Pfeiffer. Frankfurt a.M. 1986, S. 620–672.
– : Die Gesellschaft der Gesellschaft. Frankfurt a.M. 1997.
– : Einführung in die Systemtheorie. Heidelberg 2004.
Plumpe, Gerhard: Ästhetische Kommunikation der Moderne, 2 Bde. Opladen 1993.
–/**Werber, Niels** (Hg.): Beobachtungen der Literatur. Aspekte einer polykontexturalen Literaturwissenschaft. Opladen 1995.
–/**Werber, Niels:** »Systemtheorie in der Literaturwissenschaft oder ›Herr Meier wird Schriftsteller‹«. In: Fohrmann/Müller 1996, S. 173–208.
–: »Avantgarde. Notizen zum historischen Ort ihrer Programme«. In: Aufbruch ins 20. Jahrhundert. Über Avantgarden. Hg. von Heinz L. Arnold. München 2001, S. 7–14.

Schmidt, Siegfried J. (Hg.): Die Selbstorganisation des Sozialsystems Literatur im
18. Jahrhunderts. Frankfurt a. M. 1989.
– : Der Diskurs des radikalen Konstruktivismus. Frankfurt a. M. ²1990.
Schwanitz, Dietrich: Systemtheorie in der Literatur. Ein neues Paradigma. Opladen 1990.

Bardmann, Theodor M./Lamprecht, Alexander: Systemtheorie verstehen. Eine multi-
mediale Einführung in systemisches Denken. Wiesbaden 1999.
de Berg, Henk/Prangel, Matthias (Hg.): Systemtheorie und Hermeneutik. Tübingen
1997.
–/Schmidt, Johannes (Hg.): Rezeption und Reflexion. Zur Resonanz der Systemtheorie
Niklas Luhmanns außerhalb der Soziologie. Frankfurt a. M. 2000.
Gnauck, Albrecht (Hg.): Systemtheorie und Modellierung von Ökosystemen. Heidelberg
2002.
Hohm, Hans-Jürgen: Soziale Systeme, Kommunikation, Mensch. Eine Einführung in
soziologische Systemtheorie. Weinheim 2000.
Jahraus, Oliver (Hg.): Interpretation – Beobachtung – Kommunikation. Avancierte Lite-
ratur und Kunst im Rahmen von Konstruktivismus, Dekonstruktivismus und System-
theorie. Tübingen 1999.
Jensen, Stefan: Erkenntnis – Konstruktivismus – Systemtheorie. Eine Einführung in die
Philosophie der konstruktivistischen Wissenschaft. Opladen 1999.
Koschorke, Albrecht (Hg.): Widerstände der Systemtheorie. Kulturtheoretische Analy-
sen zum Werk von Niklas Luhmann. Berlin 1999.
Kriz, Jürgen: Systemtheorie für Psychotherapeuten, Psychologen und Mediziner. Eine
Einführung. Wien 1999.
Maturana, Humberto/Varela, Francisco: Der Baum der Erkenntnis. Die biologischen
Wurzeln menschlichen Erkennens. Bern/München 1987.
Pfeffer, Thomas: Das zirkuläre Fragen als Forschungsmethode zur Luhmannschen Sys-
temtheorie. Heidelberg 2001.

Zitierte/weiter-
führende Literatur

Arbeitsaufgaben

1. Nennen Sie Teilbereiche, in die die moderne Gesellschaft sich ausdifferenziert hat!

2. Welches Jahrzehnt gilt als die Sattelzeit für die Entwicklung zur Moderne?

3. Wie könnte man den Begriff der Autopoiesis auf Literatur anwenden?

4. Welches sind Umwelten des Literatursystems?

5. Was tut ein Beobachter im Sinne der Systemtheorie?

Lösungshinweise zu den Arbeitsaufgaben finden Sie auf
www.metzlerverlag.de/webcode. Ihren persönlichen Webcode
finden Sie am Anfang des Bandes.

6.10 | Medienwissenschaften

> → Medienwissenschaften fragen danach, wie Kommunikations-
> prozesse von technischen Medien beeinflusst werden und welche
> soziologischen oder kulturellen Auswirkungen sich jeweils ergeben
> (vgl. insgesamt Hickethier 2003). Germanisten beobachten insbe-
> sondere, wie sich die **Entwicklung von Literatur unter den Bedin-**
> **gungen technischer Medien** vollzogen hat. Von den ersten Schrift-
> zeichen über optische und akustische bis zu den digitalen Medien
> ist zu erkennen, wie Medien in der Literatur thematisch verarbeitet
> werden, vor allem aber auch, wie sie in den Textstrukturen ihre
> Spuren hinterlassen oder neue Formen begünstigt haben. Auch die
> umgekehrte Frage ist zu stellen: wie nämlich Literatur den jeweils
> neuen Medien eine Formensprache gegeben hat. Wichtige Impulse
> für diese **Medienästhetik** setzen bereits Walter Benjamins Studien
> seit Ende der 1920er Jahre, in denen der Zusammenhang zwischen
> Gesellschaftsproblemen, Medien wie Fotografie und Film sowie den
> Künsten, insofern sie die Wahrnehmungsformen ändern können,
> untersucht wird. (Daten zur technik- bzw. medienhistorischen Ent-
> wicklung finden sich in den Epochenkapiteln auf S. 33 f., 70 f., 127 f.).

Die Medienanthropologie McLuhans und ihre Folgen

1. Marshall McLuhans Leitbegriffe gaben seit den 1960er Jahren einige
nachhaltige Impulse für Kultur-, Sozial und Literaturwissenschaft:

- **Das Medium formt den Inhalt** und transportiert ihn in einer Weise,
  die die Sinne jeweils spezifisch anspricht – so die viel zitierte These,
  das Medium sei die Botschaft bzw. präge sie (»the medium is the mes-
  sage«, 1995, S. 23 und passim).
- **Medien prägen Gesellschaften elementar:** McLuhan geht davon aus,
  dass »das Medium Ausmaß und Form des menschlichen Zusammen-
  lebens gestaltet und steuert« (ebd., S. 23), also eine tiefgreifende Wirkung auf das soziale Leben hat.
- **Ausweitung der menschlichen Wahrnehmung:** Mit den Medien schaf-
  fe der Mensch sich gleichsam eine gedehnte Haut, er lege sich künstliche Organe zu, die als **Extensionen** seines Nervensystems und seines
  Machtbereichs wirken: »Heute, nach mehr als einem Jahrhundert der
  Technik der Elektrizität, haben wir sogar das Zentralnervensystem zu
  einem weltumspannenden Netz ausgeweitet und damit, soweit es unseren Planeten betrifft, Raum und Zeit aufgehoben« (ebd., S. 15). Die
  beschleunigten und erweiterten Nachrichtenströme lassen die Welt auf
  die Größe eines Dorfes (*global village*) zusammenschrumpfen.
- **Zwei Medientypen** werden unterschieden: ›Heiße‹ Medien wie Buchdruck oder Radio wirken konzentriert auf einen Sinn, ›kalte‹ Medien

wie etwa der Tonfilm oder das Fernsehen sprechen diffus mehrere
Sinne zugleich an.

- **Rolle der Künste:** McLuhan folgt keiner bloß materialistischen Sicht,
  nach der die Medien allein die Umweltwahrnehmung prägen, auch
  sind Künste bzw. Literatur nicht nur Spiegel der Medienverhältnisse.
  Ihnen wird sogar eine Vermittlungsfunktion zugetraut: »Der Künstler
  kann das Verhältnis der Sinne zueinander berichtigen, noch ehe ein
  neuer Anschlag der Technik bewußte Vorgänge betäubt. Er kann es
  berichtigen, noch bevor die Betäubung und ein unterschwelliges He-
  rumtappen und die Reaktion einsetzen« (ebd., S. 109).

2. Mediologie ist eine Denkschule, die von Thesen McLuhans geprägt
worden ist und hauptsächlich in Frankreich entstand. Deren Ansätze
(etwa Debray 2003 oder Bougnoux 2001) haben gezeigt, dass der Funktionszusammenhang von Medien stets zu erschließen ist über Fragen nach
Denkweisen, symbolischen Wirklichkeiten und institutionellen Kontexten bzw. Praktiken: »Mediologie verbindet sich also mit einer Ökologie:
Sie studiert die zugleich technischen und sozialen Milieus, die unsere
symbolischen Repräsentationen formen und recyceln und uns damit ermöglichen zusammenzuleben« (Bougnoux 2001, S. 25). Sie umfasst dann
Subjekte bzw. Mediateure und Objekte (Techniken), weiterhin die dafür
nötige materielle Organisation (Körperschaften, Parteien, Kirche) und die
Medien im materialen Sinn (Geräte). Albrecht Koschorkes (2003) Variante der Mediologie konkretisiert die Rolle der technischen Medien nur im
weitesten Sinne. Er analysiert vor allem, wie sich unter dem Eindruck von
Naturwissenschaften (Physiologie), aber auch technischen Konzeptionen
die Kommunikationsverhältnisse und die Gedächtniskultur in der Literatur geändert haben.

3. Medienpsychologie: Die Frage nach dem **Zusammenhang von Medien,
Sinneswahrnehmung und Künsten** wurde von der sozialgeschichtlichen
Literaturwissenschaft seit den 1960er Jahren gelegentlich aufgegriffen,
sofern sie nicht die Welt der Technik als Kulturindustrie aus ihren Untersuchungen ausblendete. Einen eigenen Stellenwert bekamen diese Überlegungen in der Germanistik erst ab Mitte der 1980er Jahre. Friedrich A.
Kittler untersuchte systematisch die Einflüsse der Medien auf Literatur,
und zwar besonders in medienpsychologischer Sicht (vgl. Kittler 1986 und
2003), wobei er den Medien eine klare Vorrangstellung einräumt und der
Literatur jegliche eigene Gesetzlichkeit abspricht.

4. Diskursgeschichte der Medien: Kittlers Ansatz bietet eine Frontstel-
lung gegen die Geistesgeschichte, insofern er versucht, die Literaturwissenschaft in Medientechnik und Medienwissenschaften zu integrieren. Manfred Schneiders (1987) Diskursgeschichte scheint zumindest
aus Sicht der Literaturwissenschaft ausgewogener, insofern er gezeigt
hat, wie ästhetische bzw. Formtraditionen der Literatur im Zusammenhang mit Drucktechniken oder anderen medialen Bedingungen und

Machtstrategien entstanden sind. Deutlich wird hier, wie die diskursiven Grundlagen der Schrift auch direkt medientechnisch bedingt sein können, was Schneider in der Zusammenkunft von Buchdruck und Reformation als Zuspitzung des optischen Sinnes und als magische Aufladung des Signifikanten dargestellt hat. Ausgehend vor allem auch von McLuhan sind Schrift und Buchdruck allgemein seit Mitte der 80er Jahre zu Referenzthemen geworden, an denen insbesondere Giesecke (1991) in seiner umfassenden Studie das Netzwerk von Instanzen beschrieben hat, die die Wahrnehmung im Sinne der Visualität normieren, herstellen und verteilen.

Literatur unter Bedingungen der Druckmedien

Unter den praktischen Anwendungen medienwissenschaftlicher Ansätze ist die wichtigste bisher, Literatur in Abhängigkeit ihrer Druckmedien zu analysieren (allgemein Binczek/Pethes 2001). **Daraus hat die Literaturwissenschaft einige Fragestellungen entwickelt:**

Das Medium beeinflusst die Gedanken

1. Wirkung des Mediums auf Schreiben und Denken: Der Gedanke, dass die literarische Sprache und das Schreiben von den Medien beeinflusst sein könnten, ist u. a. von Friedrich Nietzsche geäußert worden: Die 1865 eigens für Blinde erfundene Schreibmaschine ermöglichte es dem an starker Sehschwäche leidenden Autor, durch Tastendruck den Einzelbuchstaben zu wählen und die Sätze simultan auf dem Schreibpapier entstehen zu sehen. Dies nahm Einfluss auf Nietzsches Schreiben, er ließ sich zu spielerischen Experimenten mit Buchstaben, Wörtern und Zeilen inspirieren und bevorzugte nun Kurztexte bzw. Aphorismen gegenüber den literarischen Großformen. Indem der Schreibende an der Maschine sein Produkt unmittelbar vor sich sieht, ändert sich auch der Inhalt der Texte, woraus Nietzsche den folgenreichen Schluss zog: »Das Schreibwerkzeug arbeitet mit an unseren Gedanken« (Nietzsche 1882/1981, S. 172). In dieser Sicht ist es also nicht gleichgültig, welche Produktionsbedingungen ein Text hat, sondern es sind die medialen Bedingungen von der mündlichen Weitergabe über Handschrift, Buchdruck bis zur Computerschrift, die mit Literatur in Verbindung zu sehen sind, weil sie auch einige Literaturgattungen erst hervorgebracht haben.

Schriftkultur

2. Entwicklung der Schriftkultur: Kann man bereits den Buchstaben als Medium bezeichnen, insofern er als Mittler zwischen zwei Kommunizierenden fungiert, so ist allgemein die Entwicklung der Schriftkultur Gegenstand zahlreicher Untersuchungen geworden, die die Auswirkungen dieser Kulturtechnik beschreiben (McLuhan 1964/1995; Flusser 1992). Aus ihrer Entstehung zu rein praktischen Zwecken (Handelsbriefe, kurze Nachrichten) kann Schrift nämlich auch zu Beherrschungs- oder Eroberungszwecken eingesetzt werden. Eine weitere Funktion ist, die kulturelle Überlieferung zu sichern. Ferner hat Flusser (1992) mit einer viel dis-

Medienwissen-
schaften

kutierten These demonstriert, wie mit der Schrift auch Denkrichtungen angebahnt werden: Die optische Gleichförmigkeit und Stetigkeit des Alphabets scheint kulturgeschichtlich mit dem Gedanken einherzugehen, dass Geschichtsprozesse auf einen zukünftigen Punkt hin verlaufen und das Denken eben solche politische Zielgerichtetheit auf bestimmte Zwecke hin annehmen müsse. In diesem Sinne wird behauptet: Alphabete haben eine Affinität zu Kriegshandlungen.

3. Buchdruck als Massenmedium: Thema zahlreicher Studien ist der Medienwechsel zu Beginn der Frühen Neuzeit. Die mittelalterliche Handschriftenkultur, die von der mündlichen, persönlich-unmittelbaren Weitergabe weniger Texte bzw. der Oralität und der Visualität geprägt war (vgl. Wenzel 1995), wird durch Johannes Gutenbergs Buchdruck mit beweglichen Lettern abgelöst (Binczek/Pethes 2001; Giesecke 1991). Die um 1454 entstandene erste Druckbibel setzte eine **Medienrevolution** in Gang, die das Buch als Massenmedium und seine wichtige Rolle im öffentlich-politischen und im kulturellen Leben fundieren sollte.

In diesem Kontext sind die wichtigen **literaturgeschichtlichen Folgen** dieser Kontinuität und Linearität der Schrift (McLuhan 1964/1995, S. 32) untersucht worden:

- Die Vereinheitlichung der Drucktypen zu einer normierten Informationsverarbeitung schafft das Bedürfnis nach vereinheitlichendem Denken in Wissenschaftssystemen der Neuzeit.
- Das regional übergreifende Kursieren von Schrift führt zur Entwicklung einer einheitlichen Hochsprache; daraus ergibt sich wiederum ein wachsendes Nationalbewusstsein.
- Flugschriftenliteratur mit religiösem, politischem und unterhaltendem Inhalt kursiert.
- Die Bibelübersetzung Luthers ist ohne den Buchdruck nicht denkbar, weil sie keine Verbreitung gefunden hätte.
- Das Gleiche gilt für die Reformation, die es ohne den Buchdruck in dieser Form nicht gegeben hätte.
- Mit der neuen Praxis der stillen Lektüre bildet sich ein subjektiver Hallraum von Stimmen und mithin ein Reflexionsraum, der wiederum als eine Bedingung neuzeitlicher Individualität gesehen werden kann (vgl. Schneider 1987).
- Literatur wird als bezahlbares Medium zu einer öffentlichen Instanz, ja sie stiftet Öffentlichkeit bzw. öffentliche Meinung erst.
- Die Gattung des Romans wird befördert.

Buchdruck

Erfindung des
Buchdrucks und
ihre Folgen

4. Verkehrstechnische Faktoren begleiten die Schriftverbreitung, seit dem Ende des 15. Jahrhunderts insbesondere die Entwicklung des **Postwesens** (vgl. Siegert 1993). Die Logistik der Postkutschendienste steht im engen Zusammenhang mit der Entwicklung einiger Literaturformen im 18. Jahrhundert. Das **Zeitungswesen** etablierte sich ausgehend von den Poststationen; weil sich diese an Knotenpunkten der Verkehrswege befinden, lassen sich die dort zusammenlaufenden Nachrichten am besten

Verkehrstechnik

bündeln, die freilich keinen politischen, sondern eher Unterhaltungswert hatten (vgl. Lotz 1989). Daraus entstanden einige **literarische Publikationsformen:**

- **Moralische Wochenschriften:** Sie bilden sich als ein unterhaltsames Publikationsorgan heraus, das ein relativ großes Publikum erreichte. Ihre Rolle als Verständigungsmedium der Aufklärung im 18. Jahrhundert ist unbestritten.
- **Feuilletons** (frz. *feuillet*: Blatt, Bogen), die sich mit den Wochenschriften entwickelt haben, hatten gleichermaßen ästhetische und politische Ansprüche.
- **Novellistik** ist von den kurzen Zeitungserzählungen geprägt worden (was an Schillers frühen Erzählungen oder bei Kleist besonders deutlich wird).
- **Briefe bzw. Briefromane** sind als Erzählgattung im 18. Jahrhundert ebenfalls entscheidend von der Post begünstigt worden; sie haben eine private Sprachkultur hervorgebracht (vgl. Nickisch 1991, S. 44–59 und 158–167; Siegert 1993, S. 35–101; s. Kap. 3.4).

Digitale
Textproduktion

5. Textproduktion am PC: Auch die Textproduktion im gegenwärtig einflussreichsten Massenmedium, dem Computer, ist mittlerweile zum Gegenstand der jüngeren Literaturwissenschaft geworden, die z. B. analysiert, wie die neuen Medien auf Lese- und Schreibvorgänge einwirken (vgl. Kammer 2001, S. 519–554). Abgesehen von der kaum mehr übersehbaren Fülle der Privattexte und Literaturprojekte, die den Computer als günstigen Verbreitungsweg nutzen, in ihren Formen aber traditionell bleiben (*Forum der Dreizehn* und the *Buch – leben am pool*, 1999), sind für die Literaturwissenschaft solche Unternehmungen interessant, bei denen nicht nur literarische Formen variiert, sondern auch Grundlagenbegriffe von Literatur umdefiniert werden.

Insofern ist der irritierend weite Begriff der **Netzliteratur** genauer zu fassen als ›digitale Literatur‹, bei der die neuen typografischen Arbeitsweisen und die Möglichkeiten des Navigierens im Hypertext miteinbezogen werden. Dabei werden als Gattung auch die sogenannten ›random-Texte‹ untersucht, bei denen mit der Maustaste Wörter oder Bilder angeklickt werden, um Bild- oder Klangcollagen in Bewegung zu setzen oder neue Wortkonstellationen zu öffnen. Solche Textqualitäten sowie neue Struktureigenschaften der Auflösung, Vernetzung und Interaktivität von Autor und Leser hat etwa Roberto Simanowski mit seinem Projekt *Literatur.digital* realisiert und in einem Kommentarbuch ausführlich analysiert (Simanowski 2002).

Akustische und optische Medien

Mit der Frage, wie sich Literatur in ihren Medien bzw. materialen Trägern verhält, hat sich die Literaturwissenschaft neue Themen und Formen, aber auch neue historische Zusammenhänge erschlossen.

1. Optische Medien: Ihr Zusammenhang mit Literatur seit dem 18. Jahrhundert ist vielfältig untersucht worden, wenn etwa danach gefragt wurde, wie technische Apparate des Sehens auf die Literatur gewirkt haben (Köhnen 2009). Untersucht wurde z. B. das Verhältnis von Mikroskop und Rahmenbild zu Kleinformen der Dichtung im 18. Jahrhundert (vgl. Langen 1934), der Zusammenhang des Panoramas mit den Erzählweisen des 19. Jahrhunderts (vgl. Segeberg 1996), das Problem der Fotografie für die Literatur (vgl. Plumpe 1990), der Einfluss der Serienfotografie auf die Entwicklung der Polyperspektive um 1900 (s. Kap. 2.3.5) sowie insbesondere die Wechselbeziehung von **Filmtechnik** und **literarischen Erzählweisen** seit 1895 (s. Kap. 5.5). In diesem Zusammenhang sind vielfältige parallele Kompositionsstrategien herausgearbeitet worden, wie etwa die Wahl von Blickwinkel und Perspektive, Schnitt- und Montagetechniken sowie Möglichkeiten der Zeitgestaltung in Film und Literatur (vgl. Hickethier 2012).

2. Akustische Medien: Der Einfluss der akustischen Medien auf die Literatur zeigt sich z. B. in den Experimenten mit dem Bewusstseinsstrom. Dieser ist keine rein literarische Angelegenheit, sondern ein Medieneffekt, entstanden aus der Aufzeichnungstechnik des 1877 erfundenen **Phonographen**, aus dem das **Grammophon** als Wiedergabegerät entwickelt wurde. Die Möglichkeit der unverfälschten Speicherung von Tönen legt nahe, in der Literatur auch die inneren Stimmen zu registrieren, was sich etwa in den Erzählungen Arthur Schnitzlers (*Leutnant Gustl*, 1900) im inneren Monolog wiederfindet (vgl. Kittler 1986, S. 243). Dass die Sprache als Übermittler von Botschaften zum technischen Problem wird, findet in der Literatur einen Niederschlag in der Sprachskepsis um 1900, aber auch darin, dass man nun auf die Lautgestalt oder die Buchstaben achtet und sie isoliert von ihren Bedeutungen behandelt. Dies zeigt sich im optischen Arrangement von Buchstaben oder Wörtern im Gedicht sowie in der **Lautpoesie**, die auf die Bedeutungsebene von Sprache verzichtet.

Münker/Roesler (2000) untersuchen, wie sich das **Telefon** in der Philosophie und in der Literatur ausgewirkt hat, sei es als anonymisiertes Kommunikationsmedium oder als Machtinstrument etwa in Kafkas *Das Schloß* (1922) oder allgemein in der Umformung von literarischer Kommunikation (vgl. Bräunlein 1997). Die engste Zusammenarbeit von Literatur und akustischen Medien ist allerdings seit 1923 beim **Rundfunk** zu beobachten; sie prägt bis heute die reichhaltigen Hörspielangebote der Rundfunkhäuser und des Hörbuchmarktes (s. Kap. 5.6).

Perspektiven der Medientheorie

Dass in Zeiten einer beschleunigten medialen Entwicklung der Blick auf die Medien zum Paradigma auch der Literaturwissenschaft avanciert ist, verwundert nicht. Ist deshalb Medientheorie nur eine Modeerscheinung, wie die **Kritik** Neil Postmans (1992) an den Medien nahelegen mag, der diesen gezielte Verwirrung durch Wissensüberhäufung (und gar ›cultural aids‹) sowie das Verdrängen aller persönlichen Erfahrung vorgeworfen hat?

Den Stellenwert der Medien zu klären ist vor allem in den Bildungsdebatten ein zentrales pädagogisches und didaktisches Bedürfnis geworden (vgl. Wermke in Schanze 2001). Darin spiegeln sich auch die Auseinandersetzungen zwischen Medientheorie und Literaturwissenschaft. Unberührt davon bleibt die Einsicht, dass Erkenntnis und Wissenserwerb keine reinen Geistestätigkeiten und -produkte sind, sondern sich immer in Medien vollziehen: »Was wir über unsere Gesellschaft, ja über die Welt, in der wir leben, wissen, wissen wir durch die Massenmedien« (Luhmann 1996, S. 9). Erkenntnis, Wahrnehmung und Künste unterliegen spätestens seit 1800 auch einem Industrialisierungsprozess, der sich in literarischen Formen niedergeschlagen hat. Texte in einem Kontinuum von Nachbarmedien zu zeigen, wird insofern ein weitreichendes Forschungsinteresse bleiben, ebenso wie die Rollen des Autors und des Lesers im Blick zu behalten sind, die sich unter medialen Bedingungen gewandelt haben (Rau 2000). Keine modische, sondern wohl eine grundlegende Einsicht ist es auch, dass Medien nicht einfach als Apparate, Maschinen oder technische Träger von Bedeutungen zu betrachten sind. Sie stellen immer auch die Bedingung, die Verfassung von Inhalten dar. Mehr noch sind sie mit sozialen Institutionen, symbolischen Ausdruckssystemen und einer Geschichte von Praktiken verknüpft. Mit dem Begriff der **Medialität** (Rauscher 2003) lässt sich dieser Funktionskomplex grundsätzlich benennen, er wird nicht zuletzt auch aufgrund der rasanten technischen Entwicklungen für Literatur- und Kulturwissenschaften längerfristig prägend bleiben.

Grundlegende Literatur

Benjamin, Walter: Medienästhetische Schriften. Hg. mit einem Nachwort von Detlef Schöttker. Frankfurt a. M. 2002.
Faulstich, Werner: Medienwissenschaft. Paderborn 2004.
Flusser, Vilém: Die Schrift. Frankfurt a. M. 1992.
Geisenhanslüke, Achim: Einführung in die Literaturtheorie: von der Hermeneutik zur Medienwissenschaft. Darmstadt 2004.
Giesecke, Michael: Der Buchdruck in der frühen Neuzeit: eine historische Fallstudie über die Durchsetzung neuer Informations- und Kommunikationstechnologien. Frankfurt a. M. 1991.
Hickethier, Knut: Film- und Fernsehanalyse. Stuttgart/Weimar 5 2012.
– : Einführung in die Medienwissenschaft. Stuttgart 2003.
Hiebel, Hans H. u. a.: Große Medienchronik. München 1999.
Kloock, Daniela/Spahr, Angela (Hg.): Medientheorien. Eine Einführung. München 1997.
McLuhan, Marshall: Die magischen Kanäle [1964]. Dresden/Basel 1995.
Schanze, Helmut (Hg.): Handbuch der Mediengeschichte. Stuttgart 2001.
– (Hg.): Metzler Lexikon Medientheorie/Medienwissenschaft. Stuttgart/Weimar 2002.
Schnell, Ralf: Medienästhetik. Zu Geschichte und Theorie audiovisueller Wahrnehmungsformen. Stuttgart/Weimar 2000.

Binczek, Natalie/Pethes, Nicolas: »Mediengeschichte der Literatur«. In: Schanze 2001, S. 248–315.

Bougnoux, Daniel: »Warum Mediologen…«. In: Mediale Historiografien. Hg. von Lorenz Engell u. Joseph Vogl. Weimar 2001, S. 23–31.

Bräunlein, Jürgen: Ästhetik des Telefonierens: Kommunikationstechnik als literarische Form. Berlin 1997.

Debray, Régis: Einführung in die Mediologie. Bern u. a. 2003.

Kammer, Manfred: »Geschichte der Digitalmedien«. In: Schanze 2001, S. 519–554.

Kittler, Friedrich A.: Aufschreibesysteme 1800/1900 [1985]. München ⁵2003.

–: Grammophon Film Typewriter. München 1986.

Köhnen, Ralph: Das optische Wissen. Mediologische Studien zu einer Geschichte des Sehens. München 2009.

Koschorke, Albrecht: Körperströme und Schriftverkehr. Mediologie des 18. Jahrhunderts. München ²2003.

Langen, August: Anschauungsformen in der deutschen Dichtung des 18. Jahrhunderts. Rahmenschau und Rationalismus (1934). Darmstadt (Neudruck 1965).

Lotz, Wolfgang (Hg.): Deutsche Postgeschichte. Essays und Bilder. Berlin 1989.

Luhmann, Niklas: Die Realität der Massenmedien. Opladen 1996.

Münker, Stefan/Roesler, Alexander (Hg.): Telefonbuch. Frankfurt a. M. 2000.

Nickisch, Reinhard M.G.: Brief. Stuttgart 1991.

Nietzsche, Friedrich: Briefwechsel. In: Kritische Gesamtausgabe. Hg. von Giorgio Colli und Mazzino Montinari. Berlin/New York 1981, III. Abt., Bd. 1.

Plumpe, Gerhard: Der tote Blick. Zum Diskurs der Photographie in der Zeit des Realismus. München 1990.

Postman, Neil: Das Technopol: die Macht der Technologien und die Entmündigung der Gesellschaft. Frankfurt a. M. 1992.

Rau, Anja: What you click is what you get? Die Stellung von Autoren und Lesern in interaktiver digitaler Literatur. Verlag im Internet: dissertation.de 2000.

Rauscher, Josef: »Medien und Medialität«. In: Christoph Ernst/Petra Gropp/Karl Anton Sprengard (Hg.): Perspektiven interdisziplinärer Medienphilosophie. Bielefeld 2003, S. 25–44.

Schneider, Manfred: »Luther mit McLuhan. Zur Medientheorie und Semiotik heiliger Zeichen«. In: Diskursanalysen I. Hg. von Manfred Schneider/Friedrich Kittler/Samuel Weber. Opladen 1987, S. 15–32.

Segeberg, Harro (Hg.): Die Mobilisierung des Sehens. Zur Vor- und Frühgeschichte des Films in Literatur und Kunst. Frankfurt a. M. 1996.

Siegert, Bernhard: Relais. Geschicke der Literatur als Epoche der Post. Berlin 1993.

Simanowski, Roberto (Hg.): Literatur.digital. München 2002.

Wenzel, Horst: Hören und Sehen. Schrift und Bild. Kultur und Gedächtnis im Mittelalter. München 1995.

Wermke, Jutta: »Medienpädagogik«. In: Schanze 2001, S. 140–164.

Zitierte Literatur

Arbeitsaufgaben

1. Inwiefern bezeichnet McLuhan Medien als ›Extensionen‹ des Menschen?

2. Welche kulturgeschichtlichen Folgen hatte der Buchdruck?

3. Wie hängen das Postwesen und die Novellenentwicklung zusammen?

4. Vergleichen Sie Ror Wolfs *Weiter mit Musik* als Tonproduktion und als Text. Welche Sinneseffekte der unterschiedlichen Medien erkennen Sie?

5. Wieso lässt sich Schnitzlers *Leutnant Gustl* im Zusammenhang mit dem Grammophon sehen?

Lösungshinweise zu den Arbeitsaufgaben finden Sie auf
www.metzlerverlag.de/webcode. Ihren persönlichen Webcode
finden Sie am Anfang des Bandes.

6.11 | Kulturwissenschaftliche Ansätze

Nachdem bis in die 1990er Jahre hinein die verschiedenen in den vorangegangenen Kapiteln thematisierten Methoden oder literaturwissenschaftlichen Zugänge einander fast wie ›Moden‹ ablösten, wird seit etwa 1990 zunehmend die **methodische Vielfalt** als **gleichzeitig zur Verfügung stehendes Gesamtinstrumentarium literaturwissenschaftlicher Argumentation und Analyse** betrachtet, aus dem der Einzelne sich bedienen darf, je nachdem, was der gerade untersuchte Gegenstand erfordert.

Gleichzeitig wird die Neuere deutsche Literaturwissenschaft verstärkt als **Teil der Kulturwissenschaften** diskutiert – ein großer Rahmen, der die meisten früheren methodischen Schulen und Fragestellungen umschließt. Diese neue Orientierung der germanistischen Literaturwissenschaft greift, wie im Folgenden gezeigt werden soll, auf ältere, bereits trans- oder interdisziplinär ausgerichtete methodologische Strömungen zurück, die als Ausgangspunkt eines kulturwissenschaftlichen Verständnisses des Faches verstanden werden können. Kulturwissenschaftlich ausgerichtete Literaturwissenschaft bedeutet gleichermaßen die Erweiterung des fachlichen Gegenstandbereichs und eine starke interdisziplinäre Ausrichtung. So lässt sich etwa mit der Hinwendung zu Bildern als Erkenntnisformen (*iconic turn*, vgl. Maar/Burda 2004) danach fragen, wie Bild- und Textgeflechte Kulturen organisieren, oder man kann im Sinne des *spatial turn* beobachten, wie Räume strukturiert sind, was Architekturen und Infrastrukturen signalisieren können und wie insgesamt damit Bedeutungsgebilde gestiftet werden (vgl. Döring u. a. 2008; Engelke 2009).

Das Fach Literaturwissenschaft ist gleichwohl nicht einfach durch ein Fach Kulturwissenschaften zu ersetzen. Vielmehr legitimieren sowohl die Komplexität des Gegenstandes Literatur und die Erfordernisse seiner Erforschung als auch die Wertigkeit der Literatur selbst (im Ensemble anderer künstlerischer oder kultureller Produktionen) eine Wissenschaft, die sich vorrangig der Erforschung der Literatur widmet – selbstverständlich auch unter Einbeziehung anderer kultureller Diskurse, denen die Literatur z.T. ihre Verfahren, ihre Ästhetik verdankt (zur Einführung vgl. Nünning 2008; Nünning/Nünning 2008).

6.11.1 | Cultural Studies

> → ›Kulturwissenschaften‹ ist zunächst ein Sammelbegriff für alle Wissenschaften, die sich der Beschreibung und Analyse kultureller Strukturen und Phänomene verschrieben haben. »So kann heute eigentlich jeder das Label ›Cultural Studies‹ für sich beanspruchen, der kulturelle Praxen in ihrer Verwobenheit mit gesellschaftlichen Machtverhältnissen untersucht – ob nun als Ethnograph, Philologe, Medienwissenschaftler, Soziologe, Kulturkritiker, selbsternannter Freistilforscher« (Engelmann 1999, S. 25).

Kulturwissen-
schaftliche
Ansätze

Wissenschaftsgeschichte: Die Konjunktur des Begriffs ›Kulturwissenschaften‹ kann auch verstanden werden als der Versuch einer methodisch abgesicherten Legitimation dessen, was einmal als ›Geisteswissenschaften‹ bezeichnet worden ist – ein Begriff, den es so nur im Deutschen gibt (s. Kap. 6.1). An die Stelle der im angloamerikanischen und französischen Sprachraum verwendeten Begriffe *humanities* oder *sciences humaines* soll die präzisere Bezeichnung ›Kultur‹ treten, die sowohl auf die materialen Erzeugnisse menschlicher Gesellschaften abzielt wie auf deren Institutionen, auf gemeinschaftlich verabredete Verfahren, Rituale usf.

Zum Begriff

> → **Cultural Studies:** Im Gegensatz zu dem eher unspezifisch klingenden Überbegriff ›Kulturwissenschaften‹ waren die Cultural Studies am Beginn ihrer Geschichte eine sehr präzise und politisch ausgerichtete Methode: Aus den Vorläufern literaturwissenschaftlicher Untersuchungen der 1950er Jahre zu populärer Literatur und Film, zu Werbung und Presse entwickelte sich in England angesichts der gravierenden gesellschaftlichen Veränderung nach dem Zweiten Weltkrieg ein politisches und pädagogisches Projekt. Richard Hoggarts eröffnete mit seinem Buch *The Uses of Literacy* (1957) den Blick auf komplexere kulturelle Erscheinungen und gründete in Birmingham ein Forschungsinstitut (Center für Contemporary Cultural Studies). Dessen Untersuchungsgegenstände entsprechen vielfach schon denen der gegenwärtigen Cultural Studies: Volkslied und Popmusik, Kunst im Alltag, Wohnkultur, Jugendkultur, Sport u. v. a. m. Neben Hoggart sind Raymond Williams (*Culture and Society*, 1958) und E.P. Thompson (*The Making of the English Working Class*, 1963) die Initiationsfiguren der Cultural Studies.

Methodengeschichte: Die Cultural Studies lassen einerseits in der Tradition marxistischer Philosophie des 20. Jahrhunderts (Althusser, Frankfurter Schule) und andererseits von Strukturalismus und Diskursanalyse verstehen. Wie die sprachlichen Zeichen im Strukturalismus werden alle gesellschaftlichen ›Realitäten‹ als nicht ›eigentlich‹ gegeben interpretiert, vielmehr werden sie über ein komplexes Verweisungssystem der Differenzen konstituiert, »ein [...] Geflecht von Elementen, Diskursen oder Praxen [entspringen], deren Beziehungsgefüge es zu analysieren« gilt (Engelmann 1999, S. 18). **Kultur** wird damit nicht mehr in orthodox marxistischer Trennung als Überbauphänomen oberhalb der Basis der Produktionsverhältnisse betrachtet, sondern als das **Ensemble aller Diskurse und gesellschaftlichen Handlungsformen**, die überhaupt die Erfahrung von Gesellschaft vermitteln.

Zivilisationsgeschichte als Kulturwissenschaft: In den Kontext einer kulturwissenschaftlich ausgerichteten Literaturwissenschaft gehören auch die zivilisationsgeschichtlichen Untersuchungen von Norbert Elias, dessen schon 1939 im Londoner Exil publizierte Schrift *Über den Prozeß* *der Zivilisation* erst in den 1970er Jahren, also im Zusammenhang mit dem starken Einfluss der Cultural Studies und der sozialgeschichtlichen Literaturwissenschaft, breit rezipiert wurde. In diesem Werk beschreibt Elias die Entwicklung der modernen europäischen Gesellschaften seit dem Mittelalter als eine über komplexe Modellierungs- und Ausdifferenzierungsprozesse laufende Sozialisation; die Ergebnisse seiner interdisziplinär angelegten Arbeiten bieten vielfältige Anschlüsse für eine moderne Literaturwissenschaft.

Kultursoziologie: Ebenfalls kultursoziologisch argumentiert der französische Forscher Pierre Bourdieu, dessen Studie *Die feinen Unterschiede* (1979) die Funktion eines spezifischen Kultur-Konsums (von Individuen oder auch Klassensubjekten) als gesellschaftliches Unterscheidungsmerkmal erarbeitet. Rezeption von bestimmter Literatur gehört hier zum Habitus, der das Individuum von anderen unterscheidet, zu einem sozialen Verhaltens- und Selbstgestaltungsmuster der Identitätsbildung. In seiner späten großen Arbeit *Die Regeln der Kunst* (1992/1999) erarbeitet Bourdieu am Beispiel Flauberts das im 19. Jahrhundert sich als autonom ausdifferenzierende ›literarische Feld‹ und liefert damit eine kulturgeschichtliche Alternative zum Systembegriff Niklas Luhmanns (s. Kap. 6.9).

Konsequenzen und Untersuchungsgegenstände: Die Cultural Studies arbeiten mit einem radikal demokratisierten Kulturverständnis: Kultur ist nicht mehr Höhenkamm- und Elitenkultur, sondern schließt verschiedene **Subkulturen**, Jugendkultur, Arbeiterkultur und Popkultur, ethnische Minderheitenkulturen und Erscheinungsformen der Multikulturalität ein. Zumal nach der zunehmenden Internationalisierung der Cultural Studies seit den 1980er Jahren ist eine große Breite der Untersuchungsgegenstände zu beobachten – Gegenstände, die einerseits die **Interdisziplinarität** der Cultural Studies betonen, andererseits aus den traditionellen Literaturwissenschaften herausgefallen waren:

- Wirkungsweisen etwa popkultureller Kunstwerke oder Events;
- mediale Inszenierungs-, Durchsetzungs- und Organisationsstrukturen;
- Analysen des Populären: Quiz-Shows, Fernsehen, die Zusammensetzung des Fernsehpublikums bestimmter Formate, Surfen, Musik, Shopping, Mode und Lebensstile, Konsumerscheinungen (vgl. Hügel 2003);
- Körperdiskurse und Selbstinszenierung, Identitätskonstruktionen, für die die Kulturen das Material liefern (ethnische, sexuelle, schichtenspezifische, individuelle oder kollektive Identität);
- Rassismus und Multikulturalität;
- E-Mail-Konversation und Cyberkultur;
- Kulturpolitik, Stadt, Kolonialismus, Globalisierung u. v. a. m.

Gegenstände der Cultural Studies

Die Leistung der Cultural Studies ist vor allem die Etablierung einer modernen und methodologisch reflektierten Soziologie oder Diskursanalyse der Kultur. Literaturwissenschaft, die sich auch als Kulturwissenschaft versteht, kann Phänomene der spezifisch literarischen Kultur in ihrer gesamtkulturellen Einbettung besser verorten, die Bestimmung des kulturellen Ortes von Trivial- und Unterhaltungsliteratur oder das Verständnis literarischer Kultur im Kontext von Medienkonkurrenz, Eventkultur und Cyberspace ist nur so denkbar. Gleichwohl ist damit keinesfalls die intensive philologische, analytische, vielleicht hermeneutische Bemühung um den einzelnen Text überflüssig geworden (einen Überblick über »Konzepte der Kulturwissenschaften« geben Nünning/Nünning 2008).

Literatur

Benthien, Claudia/Velten, Hans Rudolf (Hg.): Germanistik als Kulturwissenschaft. Eine Einführung in neue Theoriekonzepte. Reinbek bei Hamburg 2002.
Böhme, Hartmut/Mattusek, Peter/Müller, Lothar: Orientierung Kulturwissenschaft. Was sie kann, was sie will. Reinbek bei Hamburg 2000.
Bromley, Roger u. a. (Hg.): Cultural Studies. Grundlagentexte zur Einführung. Lüneburg 1999.
Döring, Jörg/Thielmann, Tristan u.a. (Hg.): Spatial Turn. Das Raumparadigma in den Kultur- und Sozialwissenschaften. Bielefeld 2008.
Engelke, Jan: Kulturpoetiken des Raumes. Die Verschränkung von Raum-, Text- und Kulturtheorie. Würzburg 2009.
Engelmann, Jan (Hg.): Die kleinen Unterschiede. Der Cultural-Studies-Reader. Frankfurt a. M. 1999.
Göttlich, Udo u. a. (Hg.): Die Werkzeugkiste der Cultural Studies. Bielefeld 2001.
Hohendahl, Peter Uwe (Hg.): Kulturwissenschaften. Beiträge zur Erprobung eines umstrittenen literaturwissenschaftlichen Paradigmas – Cultural studies. Berlin 2001.
Hörning, Karl H./Winter, Rainer (Hg.): Widerspenstige Kulturen. Cultural Studies als Herausforderung. Frankfurt a. M. 1999.
Hügel, Hans-Otto (Hg.): Handbuch Populäre Kultur. Begriffe, Theorien und Diskussionen. Stuttgart/Weimar 2003.
Jaeger, Friedrich/Liebsch, Burkhard/Rüsen, Jörn (Hg.): Handbuch der Kulturwissenschaften. 3 Bände. Stuttgart/Weimar 2011.
Lindner, Rolf: Die Stunde der Cultural Studies. Wien 2000.
Lutter, Christina/Reisenleitner, Markus: Cultural studies. Eine Einführung. Wien 2002.
Maar, Christa/Burda, Hubert (Hg.): Iconic turn. Die neue Macht der Bilder. Köln 2004.
Nünning, Ansgar (Hg.): Metzler Lexikon Literatur- und Kulturtheorie. Ansätze – Personen – Grundbegriffe. Stuttgart/Weimar ⁴2008.
–/Nünning, Vera (Hg.): Einführung in die Kulturwissenschaften. Theoretische Grundlagen – Ansätze – Perspektiven. Stuttgart/Weimar 2008.
Nünning, Vera/Nünning, Ansgar (Hg.): Methoden der literatur- und kulturwissenschaftlichen Textanalyse. Ansätze – Grundlagen – Modellanalysen. Stuttgart/Weimar 2010.

6.11.2 | Feministische Literaturtheorie/Gender Studies

Zum Begrff

> → **Feministische Literaturtheorie** umfasst literaturwissenschaftliche Arbeiten und Projekte, in »denen aus weiblicher Perspektive die Darstellung von Frauen in literarischen Texten sowie die Literaturproduktion und Literaturrezeption von Frauen erforscht wird« (Nünning 2008, S. 190; für ausführliche Grundlagenkenntnisse vgl. Lindhoff 2003; Kroll 2002). Damit ist keine methodologisch kohärente literaturtheoretische Gruppierung bezeichnet, sondern eine sowohl historisch als auch in einzelnen Methoden differierende Vielfalt von Ansätzen.

Methodengeschichte: Vor allem in den 1970er Jahren war es eine aus Nordamerika stammende wissenschaftliche Bewegung, die sich zunächst der Frauenbilder in von Männern verfasster Literatur annahm und die ›patriarchalische‹ Ausgestaltung der Figuren, des Weiblichen analytisch erarbeitete. Die Nordamerikanerin Kate Millett las Literatur vor allem aus dem 19. und 20 Jahrhundert programmatisch ›gegen den Strich‹, d. h. sie analysierte die männliche Perspektive der Schreibenden und las die Frauenbilder unter feministischer Perspektive daraufhin, wie stark sie aus einer männlichen Machtperspektive erzeugt seien.

Eine zweite Strömung oder gar Phase erreichte die feministische Literaturtheorie mit dem Versuch, gegen die Dominanz des traditionellen Kanons auf die Tradition weiblicher Literatur hinzuweisen. Das bedeutete einerseits die (Wieder-)Entdeckung vergessener Autorinnen, die Interpretation und Edition ihrer literarischen Werke, ebenso auch die Neuinterpretation bekannter Autorinnen unter neuen Gesichtspunkten.

Gegenstände der literaturwissenschaftlichen Frauenforschung waren das Selbstverständnis von Frauen als Autorinnen, Orte oder gesellschaftliche Nischen, die literarische Selbstentfaltung von Frauen historisch begünstigten oder überhaupt ermöglichten, mittelalterliche Klöster etwa oder Salons um 1800. Ebenso gehörten ›typische‹ Genres weiblichen Schreibens (vor allem Textsorten privater Kommunikation) dazu, aber auch ›große‹ traditionell literarische Genres (vgl. Gnüg/Möhrmann 1998). Diese Strömungen zielten insgesamt auf die **Erforschung eines spezifisch weiblichen Schreibens**, einer andersartigen weiblichen Ästhetik ab, die eine eigene literarische Tradition neben oder gegen den männlichen Kanon setzten (Elaine Showalter: A *Literature of Their Own*, 1977).

Reflexion und Selbstkritik: Das Prinzip dieser Gegen-Kanonisierung aber wurde selbst wiederum problematisch: Einerseits etablierte es diesen neuen Kanon zu eindeutig aus der Perspektive weißer, heterosexueller Mittelschichtsfrauen – Kategorien wie ›Ethnie‹, ›Rasse‹, ›Klasse‹ und ›sexuelle Orientierung‹ bleiben ausgeschlossen. Andererseits erschien das Klassifizieren und Ausschließen, Hierarchisieren und Kanonisieren als Machtpraxis eines männlich erzeugten und strukturierten Wissenschafts- und Literaturbetriebs. Nachdem die ersten Jahre feministischer Literaturwissenschaft von einem deutlichen Emanzipationsenthusiasmus getragen wurden – Befreiung von männlich-ideologischen Frauenbildern und gleichermaßen die Präsentation positiver weiblicher Vorbilder waren das Programm –, erreichte die Diskussion schon Ende der 1970er Jahre eine neue Ebene. Die patriarchale Unterdrückung reiche bis tief in die Sprache hinein, in die Begrifflichkeit und Methodik wissenschaftlicher Rede und Verfahren.

Dekonstruktivistischer Feminismus: Unter Zuhilfenahme sowohl psychoanalytischer als auch poststrukturalistisch-diskursanalytischer Erkenntnisse wurden die gesamten Verfahren traditioneller Wissensproduktion als männlich indiziert entlarvt – und zwangen demzufolge zu einem völlig neuen wissenschaftlichen Diskurs (zur Entwicklung feministischer Theoriebildung vgl. Frei Gerlach 1998, S. 19–151). »Das zentrale Anliegen der bisherigen feministischen Literaturkritik, die Konstitution

weiblicher Subjektivität und Identität, wurde zurückgewiesen: Die Frauen
sollten jetzt vielmehr dazu beitragen, die abendländischen Subjektivi-
täts- und Identitätskonzepte überhaupt zu überwinden« (Lindhoff 2003,
S. VIII). Das Subjekt – das weibliche sowohl als auch das männliche – wird
jetzt als Produkt sprachlicher Strukturen bzw. kollektiver Diskurse begriffen, das programmatische Ziel ist nicht mehr weibliche Subjekt- und
Identitätskonstruktion, sondern die Dekonstruktion der Geschlechterdifferenz als einer fundamentalen diskursiven Ordnung im Dienste traditioneller Subjektbildung.

**Die Kritik und Überprüfung literaturwissenschaftlicher Kategorien
und Gegenstände** im Zeichen dieses feministischen Dekonstruktivismus
reichen bis hin zu zentralen Kategorien wie ›Werk‹ und ›Autor‹. Silvia Bovenschen etwa weist darauf hin, dass Konzepte wie ›Genie‹ und ›schöpfe-
risches Handeln‹ traditionell primär männlich konnotiert sind, wobei die
Figuration der Kreativität, die Muse oder die Allegorie, den weiblichen Körper trägt – den allerdings der Mann imaginiert (Bovenschen 1979, S. 238).
Die Fülle von Bildern der Weiblichkeit bzw. der Frau, die die Literatur traditionell enthält, muss immer (auch wenn diese Bilder in von Frauen geschaffenen Texten zu finden sind) im Kontext einer männlich dominierten
Diskurspolitik verstanden werden. Die Geschlechterdifferenz als Diskurs-
merkmal produziert die Differenzen zwischen den Geschlechtern im Text.

Kulturwissenschaftliche Verallgemeinerung: Gender Studies

Feministische Literaturwissenschaft ging immer schon über die Literatur
als Untersuchungsgegenstand hinaus, insofern sie das ganze Ensemble
medialer und sozialer Konstruktionsprozesse in den Gegenstandsbereich
der eigenen Forschung miteinbezog – und so schon eine deutliche kulturwissenschaftliche Prägung zeigte. Insofern lassen sich die Gender Studies gewissermaßen als eine Spezifikation der Cultural Studies und als
Generalisierung einer feministischen Literaturwissenschaft lesen: Hier
geht es um die **Konstruktion von Geschlechterrollen** in kulturellen Formationen, Diskursen u.s.w.: »Gender-Studien fragen nach der Bedeutung
des Geschlechts für Kultur, Gesellschaft und Wissenschaften. Sie setzen
keinen festen Begriff von Geschlecht voraus, sondern untersuchen, wie
sich ein solcher Begriff in den verschiedenen Zusammenhängen jeweils
herstellt bzw. wie er hergestellt wird« (Braun/Stephan 2006, S. 3).

> → Gender (lat. *generare:* erzeugen, generieren) ist im Unterschied
> zum biologischen Geschlecht (*sexus*) die kulturell oder diskursiv
> erzeugte Auffassung oder Vorstellung davon, was die gesellschaft-
> lichen Rollen der Geschlechter seien. Annahme der Gender-For-
> schung ist dabei, dass »kulturelle Bedeutungsstiftung grundsätzlich
> über die Geschlechterdifferenz organisiert« werde (Kroll 2002,

> S. 143). **Gender-Forschung** geht über feministische Literaturtheorie
> hinaus, insofern sie Männlichkeitsbilder, -phantasien und -vorstel-
> lungen in den Untersuchungsgegenstand einschließt.

Die Beschäftigung mit Alltags- und Populärkultur schließen die Gender
Studies notwendig ein, um einerseits die Dimensionen gesellschaftlicher
Konstruktion von Geschlechterrollen überhaupt angemessen beschreiben
zu können, um andererseits auch die historischen und gegenwärtigen
Felder möglicher weiblicher literarischer Produktivität mit in den Blick
nehmen zu können. Im Kontext der Gender Studies sind sowohl die post-
kolonialen Perspektiven, die Spezifik der Gender-Problematik in der Über-
lagerung durch ethnische Differenzen (kulturelle Hybridität), als auch die
Queer Studies entstanden, die ›normabweichende‹ Sexualität in den Blick
nehmen, weil dort die diskursive Produktion der Normen selbst am deutlichsten wird. Darüber hinaus hat die Genderforschung »mit der Kritik
an natur- oder wesenhaft festgelegten (Geschlechts-)Identitäten auch die
Frage nach den kulturellen Praktiken und Bühnen ihrer Inszenierung aufgeworfen« (Bischoff 2002, S. 309).

Als literaturwissenschaftliche Fragestellung untersuchen Gender Studies, »wie kulturelle Entwürfe von Weiblichkeit und Männlichkeit in der
Literatur und ihrer Lektüre konstituiert, stabilisiert und revidiert werden«
(Kroll 2002, S. 144). Dabei verfolgen die Analysen natürlich einen **weiten interdisziplinären, originär kulturwissenschaftlichen Ansatz:** Diskurse aus
Religion und Recht, Politik, Medizin, Pädagogik und Philosophie müssen
mit- und gegen den literarischen Text gelesen werden. Neben den Entwürfen von Geschlechterbildern in den Texten untersucht die Gender-Forschung
auch Zusammenhänge zwischen Geschlecht und Gattungsentwürfen und -
konzepten (*gender* und *genre*) sowie geschlechtsrollenspezifische Modi der
Produktion und Rezeption von Literatur (Schweickart 1986).

Bischoff, Dörte: »Gender-Theorien: Neuere deutsche Literatur«. In: Claudia Benthien/   Literatur
Hans Rudolf Velten (Hg.): Germanistik als Kulturwissenschaft. Eine Einführung in
neue Theoriekonzepte. Reinbek bei Hamburg 2002, S. 298–322.
Bovenschen, Silvia: Die imaginierte Weiblichkeit. Exemplarische Untersuchungen zu
kulturgeschichtlichen und literarischen Präsentationsformen des Weiblichen. Frank-
furt a. M. 1979.
Braun, Christina von/Stephan, Inge (Hg.): Gender-Studien – eine Einführung. Stuttgart/
Weimar ²2006.
Dausien, Bettina u. a. (Hg.): Erkenntnisprojekt Geschlecht. Feministische Perspektiven
verwandeln Wissenschaft. Opladen 1999.
Frei Gerlach, Franziska: Schrift und Geschlecht. Feministische Entwürfe und Lektüren
von Marlen Haushofer, Ingeborg Bachmann und Anne Duden. Berlin 1998.
Gnüg, Hiltrud/Möhrmann, Renate (Hg.): Frauen Literatur Geschichte. Schreibende Frau-
en vom Mittelalter bis zur Gegenwart. Stuttgart/Weimar ²1998.
Harding, Sandra: Feministische Wissenschaftstheorie. Hamburg ³1999.
Kroll, Renate (Hg.): Metzler Lexikon Gender Studies – Geschlechterforschung. Ansätze
– Personen – Grundbegriffe. Stuttgart/Weimar 2002.

Lindhoff, Lena: Einführung in die feministische Literaturtheorie. Stuttgart/Weimar
²2003.

Nünning, Ansgar (Hg.): Metzler Lexikon Literatur- und Kulturtheorie. Ansätze – Personen – Grundbegriffe. Stuttgart/Weimar ⁴2008.

Schweickart, Patrocinio P.: »Reading Ourselves: Toward a Feminist Theory of Reading«.
In: Elizabeth A. Flynn/Patrocinio P. Schweickart (Hg.): Gender and Reading: Essays on
Readers, Texts, and Contexts. Baltimore 1986, S. 31–62.

Weigel, Sigrid: Topographie der Geschlechter – kulturgeschichtliche Studien zur Literatur. Reinbek bei Hamburg 1990.

6.11.3 | New Historicism

Zum Begriff

> → **New Historicism** bezeichnet einen zunächst geschichtswissen-
> schaftlichen Ansatz, der ausgehend von dem Amerikaner Stephen
> Greenblatt das genaueste Sachinteresse am historischen Gegen-
> stand ins Zentrum der Analyse stellt. »Der New Historicism hat sich
> [...] vorgenommen, sozusagen das Mikroskop auf das aus Diskurs-
> fäden gesponnene dichte Gewebe der Kultur bzw. Geschichte zu
> richten und einzelne Fäden daraus zu verfolgen, um jeweils ein
> Stück Komplexität, Unordnung, Polyphonie, Alogik und Vitalität
> der Geschichte zu rekonstruieren« (Baßler 2001, S. 15). Damit bleibt,
> bei gleichzeitiger diskursanalytischer Selbstrelativierung oder
> -reflexion, die historische Erforschung des einzelnen Gegenstandes
> möglich. New Historicism ist gleichsam eine Diskursanalyse der
> Geschichte.

Theoriegeschichte: Die theoretische Ausprägung und Konsolidierung des
Ansatzes im Verlauf der 1980er Jahre ist eng mit dem Namen des amerikanischen Literaturwissenschaftlers und Renaissance-Historikers **Stephen
Greenblatt** verbunden. Mit seinen Arbeiten v. a. zu Shakespeare legt er die
idealtypischen Modelle für ›neohistorische‹ Untersuchungen vor. In seinen theoretischen Grundannahmen grenzt sich Greenblatt vor allem von
einer teleologischen Geschichtsphilosophie etwa marxistischer Prägung
ab. Das Unbehagen gegenüber Geschichtsentwürfen, die die Gesamtge-
schichte der Menschheit möglichst einsinnig und sogar zielgerichtet erzählen, historische Metaerzählungen also, resultiert primär aus dem Einfluss postmoderner französischer Theorien.

Traditionen: Vor allem unter Bezug auf die diskursanalytischen Arbeiten Michel **Foucaults** (s. Kap. 6.8) kann Geschichtsschreibung nicht mehr
als objektive Wiedergabe historischer Fakten begriffen werden. Vielmehr
wird deutlich, in wie hohem Maße sie narrative, literarische Muster benutzt (White 1990, 1991, 1994). Diese Erzählmuster, die überlieferten Ord-
nungsprinzipien und Kategorien, die ›wichtige‹ von ›unwichtigen‹ Daten
unterscheiden, die überhaupt ermöglichen, Ordnung in die geschichtliche
Datenfülle zu bringen, sind obsolet geworden, stehen selbst auf dem Prüfstand oder werden dekonstruiert. **Historische Wahrheit gibt es nicht,**

sondern sie wird gemacht: Einerseits artikuliert sich in jeder historischen ›Erzählung‹ das spezifische Interesse bestimmter gesellschaftlicher Gruppen oder Mächte, andererseits schreibt eine Vielzahl oft unbewusst wirksamer Diskurse an der Geschichtsschreibung mit.

Konsequenzen: Der erste Effekt dieser diskursanalytischen Besinnung ist die **Selbstreflexivität historiographischen Erzählens**, die Selbstkritik und -relativierung: Der ›Neohistoriker‹ weiß, dass er es ist, der in seiner Geschichtsschreibung die Geschichte erst macht, die er, naiv betrachtet, darstellt; er erst produziert den Sinn der Geschichte. In eben dem Maße ist ja auch individuelle sowie geschlechtliche Identität immer Resultat eines kulturell bzw. diskursiv basierten Einschreibungsprozesses (s. Kap. 6.11.2). Eine solche Identität – gleich ob personale oder diejenige eines literarischen Textes – kann nur verstanden werden aus der diskursiven oder intertextuellen Vernetzung heraus, die die Identität erst konstituiert.

Analysepraxis: Die Praxis des interpretierenden Umgangs mit einem Text lässt sich am genauesten mit dem Begriff des ›close reading‹ beschreiben, ein textnahes Lesen, das in der angloamerikanischen Tradition zunächst als fast völlige Werkimmanenz betrieben wurde, dessen Blickpunkt jetzt aber auf den Text selbst und die ›Fäden‹ der verschiedensten Diskurse gerichtet wird, seine Textimmanenz also programmatisch aufgibt. Literaturwissenschaftlern des New Historicism geht es, orientiert an psychoanalytischen Deutungsmustern etwa Freuds oder Lacans, eher um die untergründig (wie ein gesellschaftliches Unbewusstes) am Text mitschreibenden Diskurse, also auch um etwas, was auf der Textoberfläche möglicherweise verdrängt oder ausgeschlossen ist.

Stephen Greenblatt verfolgt dazu »einzelne Diskursfäden aus dem Text hinaus und in andere kulturelle Zonen, in andere Medien hinein« (Baßler 2001, S. 16). Dabei werden etwa Shakespeares Texte lesbar als das **Ergebnis eines schier endlosen Einschreibungsprozesses anderer Diskurse**, als Knotenpunkt komplexer Austauschprozesse. Über eine solche Einzeluntersuchung hinaus verbindet Greenblatt damit einen methodologischen Anspruch: Das mikroskopisch Untersuchte soll stellvertretend stehen für auch andere kulturelle bzw. historische Phänomene; mit seinen Untersuchungen liefert der New Historicism pars pro toto sowohl die gesamte Kultur und Geschichte als auch seine eigene Methodik: »Jeder neohistoristische Text gibt in seiner rhetorisch strukturierten Verknüpfung diskursiver Zusammenhänge zugleich eine Grammatik mit, eine Grammatik für jenes Sprachspiel, das man auf dem schwankenden Boden poststrukturalistischer Theorie noch und jeweils als historisches, als ›Geschichte‹ bezeichnen kann« (ebd., S. 20).

Literatur spielt in dieser historisch ausgerichteten Forschung nur die Rolle eines der vielfältigen, am kulturellen Ensemble beteiligten Diskurse: Ökonomie und Rechtsgeschichte, Wirtschaftsgeschichte und Anthropologie, Geschichtswissenschaft, Religion und Literaturgeschichte sind nur einige (allerdings zentrale) Felder dieser elementar **interdisziplinären Ausrichtung**, die Literatur in einem Gesamt kulturwissenschaftlicher Untersuchungsfelder zu verorten sucht.

Kulturwissen-
schaftliche
Ansätze

Literatur

Baßler, Moritz: New Historicism. Tübingen/Basel 2001.
Kaes, Anton: »New Historicism: Literaturgeschichte im Zeichen der Postmoderne?«. In: Hartmut Eggert (Hg.): Geschichte als Literatur. Formen und Grenzen der Repräsentation von Vergangenheit. Festschrift für Eberhard Lämmert. Stuttgart 1990, S. 56–66.
White, Hayden V.: Die Bedeutung der Form. Erzählstrukturen in der Geschichtsschreibung. Frankfurt a. M. 1990.
– : Auch Klio dichtet oder Die Fiktion des Faktischen. Studien zur Tropologie des historischen Diskurses. Stuttgart 1991.
– : Metahistory. Die historische Einbildungskraft im 19. Jahrhundert in Europa. Frankfurt a. M. 1994.

6.11.4 | Anthropologie

Zum Begriff

> → **Anthropologie** ist eine fächerübergreifende Kulturwissenschaft, die sich aus Disziplinen wie Soziologie, Ethnologie, Philosophie, Kunst- und Literatur- sowie Medienwissenschaften speist. Ihre zentrale Fragestellung zielt auf das ›Wissen vom Menschen‹, also darauf, welche Denk- und Wahrnehmungsformen der Mensch im Lauf der Geschichte hervorgebracht hat und welche Selbstbilder ihn geprägt haben.

Die soziologische und die geistesgeschichtliche Richtung markieren dabei **zwei mögliche Orientierungen**.

1. Die soziologische Prägung hat in Deutschland zunächst durch Georg Simmel und Max Weber auf die Anthropologie gewirkt, die untersuchten, wie Denkformen und Mentalitäten bestimmten Gesellschaftsstrukturen entsprechen. Bei Simmel etwa wird das Problem der Geldzirkulation und ihrer Wirkung auf bestimmte Lebens- und Wahrnehmungsweisen dargestellt (*Philosophie des Geldes*, 1900), und zwar als eine Entwicklung hin zum Möglichkeitsgewinn mit Gefahren der Entfremdung. Ferner stellt er Wahrnehmungsformen der Großstadt in einen zeitgenössischen sozialpsychologischen Zusammenhang (1890 ff./1998). Weber fragt nach dem Zusammenhang des Protestantismus, der innerweltlichen Askese und der Entwicklung des Kapitalismus (*Die protestantische Ethik*, 1905).

Die Dominanz der soziologischen Tradition zeigt sich in Frankreich an der Karriere des ›**Mentalitäten**‹-Begriffs, der nicht die großen geistesgeschichtlichen Strömungen wie etwa den Protestantismus, sondern Zeugnisse der Alltagsgeschichte in privaten historischen Dokumenten untersucht. Diese können nämlich Aufschluss geben über Denkhaltungen, alltägliche Lebensformen, aber auch Gefühlskultur oder Einstellungen zu sozialen Fragen (Philippe Ariès: *Die Geschichte der Kindheit*, 1960/2003; Ariès/Duby: *Geschichte des privaten Lebens vom römischen Imperium bis zur Gegenwart*, 1989).

2. Als Geistes- bzw. Denkgeschichte hat maßgeblich Ernst Cassirers *Philosophie der symbolischen Formen* (1923–29/1994) gewirkt. Dort werden anthropologische Fragen weniger im gesellschaftlichen Zusammenhang, sondern mehr auf der Ebene der Wahrnehmungsformen untersucht und nicht mehr soziologisch, sondern als Denkformen, also als Geistesgeschichte analysiert. Ideen, Bilder, Mythen, Religionen, Philosophie, Sprachen und allgemein zeichenhaft vermittelte Erkenntnisinhalte der unterschiedlichen Kulturen sind es, die hier thematisiert werden. Diese Formen sind im **Begriff des Symbols** zusammengefasst; sie prägen den Wahrnehmungshorizont des Einzelnen und geben zugleich die Perspektive, die seine Wahrnehmung der Welt bedingt. Denn diese ist nicht einfach empirisch vorgegeben und drückt sich ebenso wenig mit ihren sinnlichen Reizen wie auf einer Wachsplatte der subjektiven Wahrnehmung ab, sondern wird vom erkennenden Subjekt mitgeformt: die »Symbolwelt wird zum Anlaß, die Erlebnisinhalte und die Anschauungsinhalte in neuer Weise zu gliedern, zu artikulieren und zu organisieren« (1942/1994, S. 15). Damit kann Cassirer zeigen, wie sich von den ersten überlieferten Zeugnissen des Denkens bis zur Gegenwartsphilosophie die **Weltbilder** und damit die Wahrnehmungen der Welt geändert haben (vgl. auch *Vorlesungen und Studien zur philosophischen Anthropologie*, 2005).

Solche Denkhorizonte machen Aussagen über den Menschen möglich, über seine Art und Weise, durch seine Wahrnehmung auch die Welt zu prägen. Sie erlauben aber auch Aussagen über kulturelle Zusammenhänge, wie Cassirers Überlegungen *Zur Logik der Kulturwissenschaften* zeigen (1942/1994). Insofern Sprache, Kunst, Musik und Philosophie Bedeutungswelten und Ausdrucksformen sind, gestalten sie auch das kulturelle Leben, über dessen soziologische Grundlagen Cassirer freilich keine Aussagen macht.

Anwendung auf die Literaturwissenschaft

In einem allgemeinen Sinn hat Wolfgang Iser (1991) anthropologische Denkfiguren auf Literatur angewandt. Literatur verbindet insofern **das Fiktive und das Imaginäre**, als sie Denkmodelle bereitstellt bzw. inszeniert, die auf Überschreitung des pragmatischen, bloß wirklichkeitsbezogenen Denkens angelegt sind. Grundsätzlich ist auch den alltäglichen Erzählungen oder Träumen das Fiktive eingeschrieben; davon aber unterscheidet sich Literatur darin, dass sie sich dessen bewusst ist, sie weist auf das ihr eigene Fiktive selbst hin. Historisch haben sich zwar die (literarischen) Formen des Fiktiven gewandelt, grundsätzlich aber ermöglicht Literatur nachzuvollziehen, welche Perspektiven Menschen an das Denken in Möglichkeitshorizonten geknüpft haben, welche Wünsche, Sehnsüchte, aber auch Ängste sich in die Texte eingeschrieben haben. Dieser Bereich des Vorstellbaren ist das Imaginäre, der unabgeschlossene Bereich des überhaupt Denkbaren.

Kulturwissen-
schaftliche
Ansätze

Konzepte des Menschen: Für literaturwissenschaftliche Fragestellungen ist besonders die Frage relevant, welches **Wissen über den Menschen** den Horizont eines Autors bei Abfassung eines Textes geprägt hat, d. h. von welchen Perspektiven aus er geschrieben hat. Literatur gibt dann, wie etwa Wolfgang Riedel in seiner Schiller-Studie (1985) zeigt, Auskünfte über andere Wissenschaften wie Medizin oder Naturwissenschaften, ist in ihren Formen und Inhalten aber selbst auch von ihnen geprägt: thematisch, da sie das zeitgenössische Wissen über den Menschen in Handlungs- und Geschehensabläufe umsetzt, und formal, insofern sie es nach eigenen Regeln darstellt, diese aber auch (z. B. in den Erzählweisen) wandelt. Diese Rekonstruktion der Wissensräume, die einen Autor oder Text geprägt haben, ist zwar insgesamt ideengeschichtlich orientiert, der Einbezug beispielsweise des medizinischen Diskurses aber geht darüber hinaus.

Ein ausführlich untersuchtes Themenfeld in der literarischen Anthropologie ist insgesamt die Herausbildung der **Anthropologie selbst als wissenschaftlicher Disziplin,** wie sie von sich aus auch die Literatur des 18. Jahrhunderts geprägt hat. Dies geschah dort mit der Intention, einen Menschen, der sich zwischen Körper und Seele, aber auch seinen verschiedenen sozialen Funktionen entfaltet, zum ›ganzen Menschen‹ zu vereinen (vgl. die Beiträge in Schings 1994).

Strittige Perspektiven: Die Erweiterung mancher anthropologischen Erkenntnis ins Kollektive und Allgemeine lässt sich allerdings dann kritisieren, wenn Fundamentalaussagen zum Menschen konstruiert werden, die nicht mehr geschichtlich festzumachen sind. Eine offene Frage bleibt, wie das Verhältnis zwischen kulturellen Denkformen und den gesellschaftlichen Strukturen zu behandeln ist. Foucault, der Cassirer durchaus schätzte, hat das Problem knapp formuliert: »Das Subjekt bildet sich nicht einfach im Spiel der Symbole. Es bildet sich in realen und historisch analysierbaren Praktiken« (Foucault 1987, S. 289). Gerade in der weitergehenden Einbeziehung diskursanalytischer Fragestellungen könnte eine wichtige Arbeitsperspektive für die literarische Anthropologie liegen. Ähnliches gilt für die **Rolle der Medien,** die ihrerseits die Wahrnehmungs- und Denkformen prägen können. Hier hat Karl-Ludwig Pfeiffer mit seiner auf Iser anspielenden Studie über *Das Mediale und das Imaginäre* (1999) gezeigt, wie bestimmte Medienkonstellationen das Denken und die Literatur geprägt haben, ferner hat Albrecht Koschorke (1999) mit seinem mediologischen Ansatz die Verbindung des Schriftmediums und des Denkens herausgearbeitet. Die Anbindung der Anthropologie an mediale Fragen ist derzeit eine wichtige Perspektive, wie auch die Arbeit von Aleida Assmann (2005) zeigt.

Literatur

Alt, Peter-André: Ästhetik des Bösen. München 2010.
Ariès, Philippe: Die Geschichte der Kindheit. München/Wien ¹⁵2003 (frz. 1960)
– /**Duby, Georges** (Hg.): Geschichte des privaten Lebens. 5 Bde. Frankfurt a. M. 1989 (frz. 1985–87).
Assmann, Aleida: Zwischen Literatur und Anthropologie: Diskurse, Medien, Performanzen. Tübingen 2005.
Cassirer, Ernst: Philosophie der symbolischen Formen [1923/25/29]. 3 Bde. Darmstadt ¹⁰1994.
– : Zur Logik der Kulturwissenschaften. Fünf Studien [1942]. Darmstadt ⁶1994.
– : Vorlesungen und Studien zur philosophischen Anthropologie (Nachgelassene Texte und Manuskripte). Hamburg 2005.
Elias, Norbert: Über den Prozeß der Zivilisation [1939 ff.]. Frankfurt a. M. 1991.
Fauser, Markus: »Literarische Anthropologie«. In: Ders.: Einführung in die Kulturwissenschaft. Darmstadt 2003, S. 41–65.
Foucault, Michel: »Interview«. In: H. L. Dreyfus/P. Rabinow: Michel Foucault. Jenseits von Strukturalismus und Hermeneutik. Frankfurt a. M. 1987, S. 265–292.
Gebauer, Gunter (Hg.): Anthropologie. Leipzig 1998.
Iser, Wolfgang: Das Fiktive und das Imaginäre: Perspektiven literarischer Anthropologie. Frankfurt a. M. 1991 (Nachdruck 2001).
Koschorke, Albrecht: Körperströme und Schriftverkehr. Mediologie des 18. Jahrhunderts. München 1999.
Pfeiffer, Karl-Ludwig: Das Mediale und das Imaginäre: Dimensionen kulturanthropologischer Medientheorie. Frankfurt a. M. 1999.
Riedel, Wolfgang: Die Anthropologie des jungen Schiller. Zur Ideengeschichte der medizinischen Schriften und der »Philosophischen Briefe«. Würzburg 1985.
Schings, Hans-Jürgen (Hg.): Der ganze Mensch. Anthropologie und Literatur im 18. Jahrhundert. Stuttgart/Weimar 1994.
Simmel, Georg: Soziologische Ästhetik [1890–1911]. Hg. u. eingel. von Klaus Lichtblau. Darmstadt 1998.
– : Philosophie des Geldes [1900]. Bd. 6 der Gesamtausgabe. Frankfurt a. M. 1989.
Weber, Max: Die protestantische Ethik und der Geist des Kapitalismus [1905]. Weinheim ³2000.
Wulf, Christoph (Hg.): Vom Menschen. Handbuch Historische Anthropologie. Weinheim/Basel 1997.

Arbeitsaufgaben

1. Diskutieren Sie das Verhältnis von Literaturwissenschaft und Kulturwissenschaft(en)!

2. In welche Kontexte stellt eine umfassende kulturwissenschaftliche Perspektive den Gegenstandsbereich ›Literatur‹ bzw. Literaturgeschichte?

3. Unterscheiden Sie systematisch zwischen feministischer Literaturbetrachtung und feministischem Dekonstruktivismus!

4. Beschaffen Sie sich Lessings *Emilia Galotti* und/oder *Minna von Barnhelm* und arbeiten Sie die spezifische Modellierung von Weiblichkeit heraus!

5. Welche beiden Hauptzugänge der Anthropologie lassen sich auseinan-
derhalten?

6. Sind Anthropologie und Medientheorie unvereinbar?

Lösungshinweise zu den Arbeitsaufgaben finden Sie auf
www.metzlerverlag.de/webcode. Ihren persönlichen Webcode
finden Sie am Anfang des Bandes.

7. Literaturwissenschaftliche Praxis

7.1 | Arbeitstechniken des literaturwissenschaftlichen Studiums

Das Studium der Neueren deutschen Literaturwissenschaft ist in vielfältiger Hinsicht die strukturierte **Einführung in einen intensiv lesenden, verstehenden und in wissenschaftliche Arbeit mündenden Umgang mit Texten**. Die wichtigste Voraussetzung für Spaß am und Erfolg im Studium ist die intensive Beschäftigung mit einem literarischen Text. Diese setzt die Lust am Text voraus. Die gründliche, analytische und deutende Lektüre und Wiederlektüre eines literarischen Textes ist eine spannende, individuell sinnstiftende und persönlich bereichernde, lebendige kulturelle Praxis. Spannender wird sie noch, wenn die eigene Lektüre mit dem Textverständnis anderer Leser/innen in einen produktiven Dialog tritt: im Seminar mit den Lektüren der Mitstudierenden, in der schriftlichen Arbeit mit den Deutungsperspektiven der Forschung.

Studienorganisation: Veranstaltungsvor- und -nachbereitung

Im Studium bieten die verschiedenen **Lehrveranstaltungstypen** unterschiedliche Möglichkeiten, literarische Texte und Traditionen sowie wissenschaftliche Verfahren kennen zu lernen:

- **Vorlesungen** als primär wissensvermittelnde Veranstaltungen verlangen andere Mitarbeit und Nachbereitung und üben insofern auch andere Formen wissenschaftlichen Umgangs mit den Gegenständen des Faches ein als Übungen und Seminare;
- **Übungen** vermitteln wissenschaftliche Fertigkeiten und analytische Verfahren;
- **Pro- oder Hauptseminare** vertiefen die Gegenstände wie die wissenschaftlichen Verfahren in Eigenarbeit und erproben ihre Umsetzung in Referat und Hausarbeit.

Beim Zusammenstellen des Semesterstundenplans sollten nur wenige Vorlesungen, Übungen und Seminare ausgewählt und bestenfalls sogar (inhaltlich) zueinander gruppiert werden. Die Veranstaltungen sollen schließlich intensiv begleitet werden; aus Seminaren gehen häufig Referate und schriftliche Hausarbeiten hervor, zu deren Anfertigung weiter unten einige Hinweise erfolgen.

1. Veranstaltungsvorbereitungen: Jede Dozentin bzw. jeder Dozent gibt im kommentierten Vorlesungsverzeichnis, über Aushänge am schwarzen Brett oder auf ihrer bzw. seiner Webseite an, welche Vorbereitung auf eine Lehrveranstaltung im jeweils kommenden Semester verpflichtend, wünschenswert oder sinnvoll ist. Dazu gehört in jedem Fall die mindestens einmalige Lektüre der Primärliteratur, d. h. der literarischen Texte, die im Zentrum der Lehrveranstaltung stehen.

Die **Lektüre der literarischen Texte** sollte niemals ohne Bleistift und Zettel vorgenommen werden. Auffälligkeiten beispielsweise stilistischer Art, zentrale inhaltliche Aspekte u. v. a. m. sollten mindestens im Text markiert werden. Komplexe Figurenanlagen oder auffällige Gestaltungsmittel des Textes können beim ersten Lesen auf einer Karteikarte notiert werden, am besten im Format DIN A6: Die Karte(n) kann/können ins Buch eingelegt werden und die primären Textbeobachtungen stehen dann im Seminar unmittelbar zur Verfügung. Mit einer solchen Vorbereitung ist schon zu Beginn des Seminars die Voraussetzung dafür geschaffen, sich in der Liste der Vorschläge für Referate oder Hausarbeiten kompetent orientieren zu können: Die Vorbereitung solcher Studienprojekte kann sehr früh im Semester beginnen!

2. Veranstaltungsbegleitende kleinere oder größere schriftliche oder mündliche Leistungen werden in allen Lehrveranstaltungen abverlangt: Protokolle oder Thesenpapiere, Referate oder schriftliche Hausarbeiten. In allen Fällen ist bei diesen Aufgaben der Kontakt zum Lehrenden erforderlich. Referate oder Hausarbeiten muss man in Sprechstunden besprechen: Vor allem sollten die Eingrenzung des Themas, die Auswahl der Sekundärliteratur, die Konzeption der Arbeit, stilistische oder formale Details mit den Dozent/innen geklärt werden. Solche Sprechstundenbesuche müssen vorbereitet werden; ein Zettel mit zu klärenden Fragen genügt.

3. Veranstaltungsnachbereitung: Vorlesung und Seminar verlangen ganz unterschiedliche Mitschreib-, Protokollierungs- und Nachbereitungsverfahren.

Eine **Vorlesungsmitschrift** ist die intensive Aufarbeitung der Protokollnotizen aus einer Vorlesung in Form eines geschlossenen, ausformulierten Textes; sie sollte, natürlich in Abhängigkeit vom Gegenstand der Vorlesung, so umfangreich wie möglich sein. Die positiven Effekte einer Vorlesungsmitschrift betreffen gleichermaßen sachliche, auf den literaturwissenschaftlichen Gegenstand bezogene, und methodische, wissenschaftliche Fertigkeiten. Erstens erarbeitet man sich einen großen und für das Fach zentralen Bereich strukturierten Wissens im Zuhören,

Mitschreiben und Nacharbeiten. Zweitens praktiziert man wissenschaftliches Schreiben: Wichtig ist der Nachvollzug der systematischen Anordnung der Argumente sowie deren explizite sprachliche Wiedergabe. Man muss die richtige sprachliche, syntaktische, stilistische Form finden, um die Argumentation der Vorlesung wieder abzubilden. Das ›Wie‹ wissenschaftlichen Schreibens ist also zentraler Übungsgegenstand der Vorlesungsmitschrift, deren Effekt die wachsende Souveränität im Umgang mit wissenschaftlicher Sprache und Terminologie und in sachlicher Darstellung ist.

Die Fertigkeiten, die bei der Vorlesungsmitschrift über die Wissensvermittlung hinaus eingeübt werden, haben schon einen berufspraktischen Bezug: Es ist kein Beruf im kulturellen oder journalistischen Bereich denkbar, in dem nicht das strukturierende wie selektive Zuhören sowie die knappe oder auch ausführliche und verständliche Umsetzung des Gehörten vorausgesetzt wird – in der Dramaturgie ebenso wie im Presse- oder Fachreferat großer Institutionen oder Unternehmen, im Verlag oder als schreibender Journalist.

Die Seminarmitschrift unterscheidet sich deutlich von der Vorlesungsmitschrift. In Seminaren wird nicht so sehr eine große Fülle an Wissen kompakt vermittelt, vielmehr soll im Blick auf ausgesuchte Texte, die allen Seminarteilnehmer/innen bekannt sein sollten, in Moderation durch die Dozentin oder den Dozenten und in Seminardiskussion und -gespräch ein intensives Verständnis dieser Texte erarbeitet werden. ›Wissen‹ ergibt sich hier vielfach erst im Gespräch über den Text, ›Grundwissen‹ (über Gattungen und Epochen) wird vorausgesetzt oder in knappen Dozenten- oder Studierendenreferaten vorgestellt; das Verständnis des literarischen Textes sowie analytische oder textbeschreibende Fertigkeiten werden vertieft. Im Protokoll einer Seminarsitzung sollte alles notiert werden, was wichtig erscheint, neu, interessant, wissenswert: neues Hintergrundwissen für das Verständnis einer Textpassage ebenso wie die verschiedenen Argumente, die in der Diskussion über Verständnismöglichkeiten des Textes geäußert werden, und Zusammenfassungen ganzer Diskussionsverläufe durch den Lehrenden.

Im Unterschied zur ausformulierten Vorlesungsmitschrift genügt bei der Seminarmitschrift für den Eigenbedarf das, was man in der Sitzung selbst notiert. Natürlich sollten diese Notizen so leserlich und übersichtlich sein, dass man im Nachhinein die Ergebnisse einer Seminarsitzung nachvollziehen kann. Wenn ein Protokoll als kleinere schriftliche Leistung abgegeben werden soll, muss es selbstverständlich am Computer ausformuliert werden zu einem Verlaufs- oder Ergebnisprotokoll (zu den Nachbereitungsformen von Lehrveranstaltungen vgl. Jeßing 2001, S. 11–30).

Schriftliche Hausarbeit

1. Die intensive Erarbeitung des Primärtextes ist die wichtigste Voraussetzung für eine gute, spannende und damit erfolgreiche Hausarbeit. Die mehr- oder vielfache Lektüre des Textes führt zu einem nach und nach immer intensiveren Verständnis des Textes, das in die Lage versetzt, ein zugleich beschreibendes und analytisches Bild des Textes zu erlangen. Das bedeutet konkret: Der literarische Text, der Gegenstand der Hausarbeit ist, muss wieder und wieder gelesen werden. Während des Lesens muss man eine Fülle von Beobachtungen notieren: zu Figurencharakteristik und -konstellation, zu einem bestimmten Motiv, zu Stilistik, Erzählhaltung, Landschaftsgestaltung u.v.m (je nach Themenstellung).

All diese Beobachtungen werden geordnet in einen ersten selbst geschriebenen Text überführt: die **Textbeschreibung**, also den Versuch der dichtesten, von der Chronologie des Textes schon abgelösten und kategoriengeleiteten Wiedergabe aller Textbeobachtungen in Form eines geschlossenen Textes. Diese Textbeschreibung weist textanalytische Anteile auf: alles, was mit Hilfe terminologischer Kategorien etwa der **Metrum-, Gattungs- oder Stilanalyse** wissenschaftlich fixiert werden kann. Das Ziel von Textbeschreibung und -analyse ist die **Verständnishypothese**: das thesenartige Resultat der vorhergehenden Arbeitsschritte, das begründete Ergebnis des eigenständigen, individuellen Zugangs zum Text, das später in den Dialog mit der Forschung eintritt.

2. Bibliographieren ist die **Ermittlung der Forschungsliteratur** zu einem Hausarbeitsthema. Dieses kann entweder vor oder nach der Primärtextarbeit stattfinden, lesen sollte man die Forschungsliteratur auf jeden Fall *nach* der Erarbeitung des Primärtextes. In zwei umfassenden Fachbibliographien wird die Forschung der gesamten Germanistik jahrgangsweise zusammengestellt: dem sogenannten ›Eppelsheimer-Köttelwesch‹ (*Bibliographie der deutschen Sprach- und Literaturwissenschaft*; erscheint jährlich, auch auf CD-ROM) und der Zeitschrift *Germanistik* (erscheint halbjährlich; weitere Bibliographien in der Schlussbibliographie, S. 395). Die Systematik der Darstellung in beiden Publikationen ist prinzipiell ähnlich: In beiden wird zunächst die germanistische Forschungsliteratur des Berichtszeitraums nach Sprach- und Literaturwissenschaft unterschieden; der literaturwissenschaftliche Teil ist historisch angeordnet, unterhalb der Epochenbegriffe finden sich, alphabetisch geordnet, die Namen von Autorinnen und Autoren, darunter wiederum einzelne Werke, zu denen dann zunächst neue Ausgaben, schließlich aber die jüngste Forschungsliteratur aufgelistet erscheint. Zudem bietet die MLA, die Bibliographie der *Modern Language Association of North America*, eine elektronisch abfragbare Fachbibliographie, die an den meisten Universitätsbibliotheken als CD-ROM-Datenbank zur Verfügung steht. Aus diesen Fachbibliographien schreibt man nun Titel sowie Erscheinungsorte und -jahre aller auffindbaren Forschungsliteratur heraus, die hilfreich für die Erarbeitung des Hausarbeitsthemas sein kann.

3. Die Erarbeitung der Forschungsliteratur geschieht grundsätzlich erst nach der genauen Erarbeitung der Primärliteratur: jetzt leiht man Bücher aus, kopiert Aufsätze. Forschungsliteratur liest man langsam, systematisch, intensiv und mit Bleistift: Schon bei der ersten Lektüre werden Grenzen zwischen Sinnabschnitten und Argumentationsschritten des Aufsatzes markiert. Dann wird, direkt in den Computer hinein, ein **Exzerpt** verfertigt: Sinnabschnitt für Sinnabschnitt muss man die zentrale ›These‹ entweder herausschreiben oder mit eigenen Worten formulieren. Bei jeder exzerpierten These müssen Autor, Jahr und Seitenzahl der Stelle angegeben sein. Von jedem Forschungsbeitrag, der Deutungsaspekte für das eigene Thema verspricht, wird ein Exzerpt erstellt. Sodann werden die Exzerptnotizen den Kategorien der eigenen Textbeschreibung zugeordnet, d.h. die eigene Lektüre und die Deutungen Dritter werden zusammengeführt.

4. Die Abfassung der Hausarbeit lässt sich in folgende Schritte gliedern:

- **Disposition des Materials:** Bevor die Arbeit geschrieben werden kann, muss das erarbeitete Material auf eine zukünftige Argumentation hin geordnet werden. Der erste Schritt zur Herstellung des eigentlichen Hauptteils der Arbeit ist also die Konzeption einer sinnvollen argumentativen Logik, nach der die Argumentation gegliedert werden soll. Der Blick auf das Inhaltsverzeichnis der fertigen Arbeit muss die gedankliche Leistung, die hinter der Disposition des Materials und der Konzeption der Arbeit steht, deutlich werden lassen.

- Bei der **Abfassung des Hauptteils** der Arbeit gilt: Der grundsätzliche Anspruch an jede schriftliche oder mündliche Auseinandersetzung mit einem literaturwissenschaftlichen Thema ist der ›Dialog‹ mit der Forschung. Die eigene Textlektüre soll in einen gegebenenfalls kontroversen, **produktiven Dialog** mit den Lektüren anderer treten. Hierbei kommt es darauf an, einerseits das eigene Verständnis, die eigene Sicht des literarischen Gegenstandes deutlich zu profilieren, diese andererseits aber in eine produktive Diskussion mit den verschiedenen Positionen der Forschungsliteratur zu bringen. Der Dialog mit der Forschungsliteratur besteht weitgehend im Abwägen der Plausibilität eigener und fremder Argumente, in der Gedankenbewegung zwischen eigenem und fremdem Verständnis, angereichert durch eine Fülle erst mit Hilfe der Forschungsliteratur erworbenen Wissens. Am Ende steht (in den meisten Fällen) eine über den Durchgang durch die Sekundärliteratur teils bestätigte, teils korrigierte oder modifizierte, teils auch widerlegte Ausgangshypothese; das eigene Textverständnis ist um die vertiefenden oder korrigierenden Argumente Dritter erweitert worden.

- **Einleitung und Schluss** einer schriftlichen Hausarbeit werden erst nach der Abfassung des Hauptteils geschrieben: Die Einleitung skizziert Gegenstand, Fragestellung und Argumentationsweg und benennt gegebenenfalls die Ausgangshypothese. Im Schluss kann man die wesentlichen Ergebnisse der Arbeit in einem Fazit zusammenfassen und darüber hinaus einen Ausblick liefern auf interessant erscheinende

Weiterungen des Themas, auf Anschlussmöglichkeiten – auch im Hinblick auf später zu schreibende Hauptseminars- oder Examensarbeiten.

- Das Literaturverzeichnis, eine gegliederte Aufstellung aller tatsächlich benutzten Literatur, schließt die Arbeit ab. Zunächst wird die **Primärliteratur** genannt, also die literarischen Texte, die zur Bearbeitung anstanden, dann die (alphabetisch geordnete) **Sekundärliteratur**, die Forschungsbeiträge, die hinzugezogen worden sind. Die äußeren, formalen Bestimmungen für eine Hausarbeit (Seitenränder, Schriftgröße, Titelblatt, Fußnotenform usw.) sind in einer Reihe einführender Bücher explizit angegeben (zur Abfassung schriftlicher Hausarbeiten vgl. v. a. Moennighoff/Meyer-Krentler 2001; Jeßing 2001).

Referat

Ein geschriebener Text eignet sich höchst selten auch für einen Vortrag. Und das bloße Vorlesen eines Textes ist noch lange kein Referat. Ein Referat ist ein mehr oder weniger frei vorgetragener, lebendiger und interessanter Vortrag, in dem man knapp den Gegenstand umreißt, um dann eigene Wahrnehmungen und wissenschaftliche Deutungsperspektiven aufzuzeigen und Diskussionen mit den anderen Seminarteilnehmern anzuregen. Ein Referat setzt prinzipiell die gleiche Arbeit voraus wie eine schriftliche Hausarbeit: Texterarbeitung, Bibliographieren, Exzerpt, Abfassung des Textes. Ein Referat verlangt darüber hinaus aber die **Vorbereitung einer mündlichen Präsentation**.

- **Gliederung des Referatstextes:** Der Text muss auf den Vortrag hin entworfen werden: Sein **Beginn** muss die Zuhörer/innen gefangen nehmen, fesseln oder wenigstens interessieren für das, was man zu sagen hat. Zu diesem Zweck sollte man am Anfang eines jeden Referats knapp den Gegenstand vorstellen. Danach kommen die Ergebnisse der eigenen Texterarbeitung ins Spiel. Das Referat muss eine **gute Mischung aus Anteilnahme oder Begeisterung für den Gegenstand und sachlicher, wissenschaftlicher Auseinandersetzung** mit ihm aufbieten. Die verschiedenen Forschungspositionen, die man sich in der Vorbereitung des Referats erarbeitet hat, können unmittelbar mit den eigenen Deutungsperspektiven in einen Dialog gebracht werden. Man kann sie aber auch in einem gesonderten Abschnitt referieren, um sie insgesamt der eigenen Deutung gegenüberzustellen, kritisch-abwägend, zustimmend oder auf einzelne Argumente zurückgreifend. Grundsätzlich sollte sich die Darstellung der Deutungsperspektiven anderer auf knappe, pointierte Thesen beschränken. Der **Schluss** eines Referates bündelt im besten Falle die vorgetragenen eigenen und fremden Argumente auf eine pointierte und gegebenenfalls provokative Weise, die im Seminar eine Anschlussdiskussion auslöst.
- **Umarbeitung zur mündlichen Rede:** Grundsätzlich muss ein Text, der bisher nur in Papierform vorliegt, umgearbeitet werden in einen

mündlichen und verstehbaren Vortrag. Dazu trägt man sich den Text selbst vor, ändert ihn, arbeitet um – und trägt ihn nochmals vor. Dabei prägt der Text sich ein. Ein Referatstext darf niemals abgelesen werden! Der mehrfach wiederholte Probevortrag zu Hause hat, ebenso wie die Überarbeitungen zu einem mündlichen Text, mit dem Referat so vertraut gemacht, dass das Manuskript praktisch überflüssig geworden ist.

- **Haltung,** *actio*: Für die Wirkung eines Referats ist entscheidend, wie man mit seinem ganzen Körper referierend handelt. Das heißt grundsätzlich: stehend referieren, vom Platz des Dozenten oder der Dozentin. Die ganze Person, der Körper muss mitreden, man ist nicht das anonyme Sprachrohr eines Textes, sondern präsentiert als Person ein Wissen, für das man sich interessiert. Man kann das gesamte Publikum im Blick halten; ein Publikum, das sich nicht im Blick der oder des Referierenden empfindet, verliert seine Aufmerksamkeit, beschäftigt sich anders. Das heißt aber auch, dass beim Vortrag nur kurze Blicke auf Skript, Thesenpapier oder Stichwortkatalog erlaubt sind.

- **Thesenpapier:** Um ein gutes Referat zu begleiten, erstellt man ein Thesenpapier zum eigenen Vortrag: Dieses strukturiert das nur Gehörte für das Publikum sinnvoll, hilft bei der Orientierung und kann durch handschriftliche Notizen ergänzt werden. Ein solches Thesenpapier sollte über die Vortragsthesen hinaus möglichst Angaben zu der erarbeiteten Forschungsliteratur enthalten – als Nachweise der eigenen Arbeit sowie als Tipps zum Weiterlesen.

Die vorgegebene Dauer eines Referats muss unbedingt eingehalten werden. Als Faustregel kann man bei der Planung des Referates pro DIN A4-Seite Text etwa fünf Minuten Vortragsdauer berechnen; freier Vortrag braucht immer länger als monotones Ablesen. Die gekonnte und absprachegemäße Zeitplanung des Referats ist ein Qualitätsmerkmal: Man soll im Studium lernen, über jeden beliebigen Gegenstand in einer festgesetzten Zeit das Wichtigste zu sagen. Entscheidend sind die Auswahl der entscheidenden Informationen, eine stringente Argumentfolge und eine interessante Präsentation. Öffentliches Sprechen und versiertes Präsentieren sind **Schlüsselkompetenzen**, berufsqualifizierende Fertigkeiten für eine große Zahl möglicher Berufe, in die Studierende der Neueren deutschen Literaturwissenschaft hineingelangen können oder wollen.

Arbeitstechniken
des literaturwissen-
schaftlichen Studiums

Literatur   **Bangen, Georg:** Die schriftliche Form germanistischer Arbeiten. Empfehlungen für die
Anlage und die äußere Gestaltung wissenschaftlicher Manuskripte unter besonderer Berücksichtigung der Titelangaben von Schrifttum. Stuttgart [9]1990.

Delabar, Walter: Literaturwissenschaftliche Arbeitstechniken. Darmstadt 2009.

Eco, Umberto: Wie man eine wissenschaftliche Abschlußarbeit schreibt. Doktor-, Di-
plom- und Magisterarbeit in den Geistes- und Sozialwissenschaften [1988]. Heidelberg [9]2002.

Esselborn-Krumbiegel: Richtig wissenschaftlich schreiben. Paderborn [2]2011.

Faulstich, Werner/Ludwig, Hans Werner: Arbeitstechniken für Studenten der Literaturwissenschaft. Tübingen [4]1993.

Frank, Andrea/Haacke, Stefanie/Lahm, Swantje: Schlüsselkompetenzen. Schreiben in
Studium und Beruf. Stuttgart/Weimar 2007.

Franke, Fabian/Klein, Annette/Schüller-Zwierlein, André: Schlüsselkompetenzen: Literatur recherchieren in Bibliotheken und Internet. Stuttgart/Weimar 2010.

Grund, Uwe/Heinen, Armin: Wie benutze ich eine Bibliothek? Basiswissen – Strategien
– Hilfsmittel. München [2]1996.

Händel, Daniel/Kresimon, Andrea/Schneider, Jost: Schlüsselkompetenzen: Reden – Argumentieren – Überzeugen. Stuttgart/Weimar 2007.

Hülshoff, Friedhelm/Kaldewey, Rüdiger: Mit Erfolg studieren: Studienorganisation und
Arbeitstechniken. München [3]1993.

Jeßing, Benedikt: Arbeitstechniken des literaturwissenschaftlichen Studiums. Stuttgart
[2]2005.

Kruse, Otto: Keine Angst vor dem leeren Blatt. Ohne Schreibblockaden durchs Studium.
Frankfurt a. M. [4]1995.

Moennighoff, Burkhard/Meyer-Krentler, Eckhardt: Arbeitstechniken Literaturwissenschaft. München [15]2011.

Nünning, Ansgar/Sommer, Roy (Hg.): Handbuch Promotion. Forschung – Förderung –
Finanzierung. Stuttgart/Weimar 2007.

Nünning, Vera (Hg.): Schlüsselqualifikationen. Qualifikationen für Studium und Beruf.
Stuttgart/Weimar 2008.

7.2 | Editionsphilologie

Editionsphilologie ist das grundlegende Geschäft des Literaturwissenschaftlers. Das wichtigste Arbeitsmaterial des Literaturwissenschaftlers ist der literarische Text. Zugänglich sind literarische Texte (neben den für das Studium irrelevanten Möglichkeiten des Hörbuchs und der Internet-Präsentation) nur als Bücher, genauer: als **Editionen** oder **Ausgaben**.

> → **Editionsphilologie** ist die literaturwissenschaftliche Teildisziplin, die die Grundsätze und Verfahrenstechniken umfasst, die bei der die Veröffentlichung eines zumeist älteren literarischen Werkes durch einen Herausgeber oder einen Verlag berücksichtigt werden müssen. Das Verfahren der Beurteilung unterschiedlicher Überlieferungsträger und der Herstellung des edierbaren Textes heißt **Textkritik**, deren Ergebnisse werden in einem **textkritischen Apparat** an den edierten Text angeschlossen.

Zum Begriff

Der Weg von dem Text, den ein Autor resp. eine Autorin geschrieben hat – was ja schon länger zurückliegen kann –, zu einem gedruckten Buch, einer zitierfähigen, wissenschaftlichen Ausgabe dieses Textes, ist weit. Der Herausgeber-Redaktion können sich unterschiedliche **Probleme bei der Überlieferungslage** eines Textes stellen:

- Es existieren **mehrere** (gegebenenfalls sogar voneinander abweichende) eigenhändige **Manuskripte** oder **Diktate** des Autors.
- Der Text ist sehr **unzuverlässig überliefert**, da der Buchdruck oft so fehlerhaft ist (Fehler des Setzers oder Druckers, Eingriffe durch Zensur oder Selbstzensur), dass man nicht mehr von einem ›originalen‹ Text sprechen kann.
- Der (Erst-)Druck eines literarischen Textes enthält sogenannte **Kartone**, d. h., dass nach Druck und Bindung nachträgliche Korrekturen, Streichungen, Änderungen notwendig erschienen und die entsprechenden Seiten aus allen oder einigen Exemplaren ausgeschnitten wurden bis auf einen kleinen Steg, auf den dann die einzeln gedruckten Ersatzseiten aufgeklebt wurden. Innerhalb einer Druckauflage kann es also unterschiedliche Textbestände geben. Interessant ist natürlich auch die Frage nach dem (schon autorisierten) Text vor der Korrektur (beispielsweise enthält der Erstdruck des *Werthers* mehrere Kartone, und es ist nicht rekonstruierbar, welche Passagen Goethe gestrichen oder geändert haben wollte).
- Der literarische Text liegt in **mehreren autorisierten Fassungen** vor, d. h. Autor oder Autorin haben in verschiedenen Phasen ihres Lebens unterschiedliche Fassungen des Textes zum Druck freigegeben (das gilt etwa für Kellers *Grünen Heinrich*). Die letztwillige Verfügung eines Autors für eine »Ausgabe letzter Hand« steht dabei oft in spannendem

Gegensatz zu einem gegebenenfalls vorliegenden Erstdruck, da hier Prozesse der Selbstzensur oder der Selbstreflexion angesichts des Textes nachvollzogen werden können.

- Der Text liegt **gar nicht in einer autorisierten Fassung** vor, sondern nur in vorläufigen Fassungen, die sich im Nachlass eines Autors finden (z. B. der 4. Teil von Goethes Autobiographie *Dichtung und Wahrheit*).

- Es existiert gar **keine kohärente Fassung** des Textes, sondern es gibt nur Bruchstücke, die zwar insgesamt ungefähr dem eventuell geplanten Textumfang, den Kapiteln oder Szenen, entsprechen, aber nie vom Autor in eine Reihenfolge gesetzt geschweige denn autorisiert worden sind (so zum Beispiel im Fall von Georg Büchners *Woyzeck*).

- Der Text liegt u. a. auch in sogenannten **Sekundärvarianten** vor: Raubdrucke oder ähnliche nicht autorisierte Drucke, die im Einzelfall Abweichungen vom Erstdruck oder vom ›Ur-Text‹ aufweisen können. Noch komplizierter wird das Ganze, wenn der Autor selber bei der Weiterbearbeitung seines Textes zu einer zweiten Fassung auf solche Sekundärvarianten zurückgreift (passive Autorisierung); beispielsweise arbeitet Goethe für die Zweitfassung des *Werthers* mit einem Raubdruck und übernimmt auch Druckfehler des Raubdrucks).

- Der Autor kann Dritte zur Bearbeitung, Korrektur und Redaktion seines Textes zu Eingriffen berechtigt haben, die weit über Schreibfehler und Interpunktionsfehler hinausgehen.

Darüber hinaus liegen einem Herausgeber-Kollegium mit dem literarischen Text häufig **unterschiedliche Dokumente (aus der Feder des Autors)** vor, die den Entstehungszusammenhang illustrieren:

- **Zeugnisse der Textentstehung:** Vorstudien, Quellenexzerpte, Schemata (Paralipomena), auch Brief- und Tagebuchnotizen u. v. a. m.

- **Fassungen:** Der ganze Text kann (oft mehrfach) in vorläufigen Fassungen vorliegen, die die Entstehung des letztlich autorisierten Textes dokumentieren.

- **Lesarten:** Passagen des Textes liegen in verschiedenen früheren Versionen vor und dokumentieren so ebenfalls die Textentstehung.

Arbeitsschritte auf dem Weg zur Edition

1. Heuristik, Transkription und Kollation: In einem ersten Schritt werden sämtliche Überlieferungsträger eines literarischen Textes zusammengetragen, Handschriften und Diktate, Drucke und ggf. andere Medienversionen des Textes. Daraufhin werden alle handschriftlichen Texte transkribiert und vergleichend nebeneinander gelegt. Dieser Vergleich stellt alle Varianten und Lesarten heraus, d. h. alle Abweichungen der Textfassungen voneinander werden aufgenommen und registriert.

2. Stemma: Der Editionsphilologe erarbeitet einen Stammbaum der Werkentstehung, ein sogenanntes Stemma. Hier werden, ausgehend von der frühesten Autorhandschrift, alle (relevanten) späteren handschriftlichen, autorisierten und nicht-autorisierten Druckfassungen sowohl in ihrer chronologischen Reihenfolge als auch in ihrer Abhängigkeit voneinander dargestellt. Die im ersten Arbeitsschritt zusammengetragenen Überlieferungsträger werden also einander zugeordnet. In einem Stemma werden die Autor-Handschriften (und -Diktate) mit einem H bezeichnet, eigenhändige Typoskripte mit einem T und autorisierte Drucke mit einem D, die Abfolge verschiedener Handschriftenfassungen wird durch Exponenten angezeigt (H^1–H^2 ...); Abschriften Dritter oder nicht-autorisierte Drucke werden in Minuskeln (Kleinbuchstaben) markiert (h, t, d).

3. *Recensio*: Voraussetzung der Stemmatisierung ist die *recensio*, die kritische Musterung aller erschlossenen Textträger. Hier muss zunächst überhaupt festgestellt werden, ob etwa der Raubdruck eines Textes überhaupt ins Stemma aufgenommen werden soll (im Falle einer passiven Autorisierung wie im oben berichteten *Werther*-Fall sollte das so sein), also welche Relevanz dieser Fremdvariante zukommt. Darüber hinaus dient die *recensio* der genauesten Beurteilung aller Varianten einerseits im Hinblick auf ihre möglichen Verwandtschafts- oder chronologischen Beziehungen, andererseits aber vor allem im Hinblick auf eine mögliche Identifizierung einer Leitvariante, also der Fassung, mit der verglichen wird und die vielleicht sogar die Textgestalt für die zu erarbeitende Ausgabe liefert.

4. Korrekturvorgänge: Das Ziel der *recensio* ist also die Auswahl einer Textgrundlage für die Edition; Ziel der editionsphilologischen Arbeit insgesamt ist immer die Herstellung eines herauszugebenden literarischen Textes. Wenn die Herausgeber sich für eine bestimmte Textgrundlage entschieden haben, müssen noch Eingriffe am Text vorgenommen werden. Die Korrektur offensichtlicher Schreib-, Druck- oder Setzfehler heißt Emendation (lat. *emendare*: verbessern); oftmals sind allerdings (vor allem handschriftliche) Überlieferungsträger in einem teilweise verderbten Zustand: Streichungen machen Worte oder Sätze unleserlich, die Handschrift selbst bereitet Probleme, Zerstörungen an der Handschrift- oder Druckfassung erlauben kein eindeutiges Lesen. Die Herausgeber ersetzen dann auf Vermutungsbasis die verderbten Stellen (die Korruptelen), etwa ein unleserliches Wort durch ein mögliches passendes. Dieser Vorgang heißt Konjektur (lat. *coniectura*: Vermutung). Eine Korruptel kann im Zweifelsfall auch als ›unheilbar‹ gelten und wird im edierten Text dann durch eine sogenannte Crux (†) markiert.

Die Editoren müssen über das **Maß der korrigierenden Eingriffe** in den Text entscheiden: Waren die Herausgeber älterer Ausgaben noch relativ großzügig mit Emendationen und auch Konjekturen (wobei durchaus häufig offensichtliche Mehrdeutigkeiten des Textes unzulässigerweise vereindeutigt wurden), hat sich in den letzten drei Jahrzehnten eine strengere Auffassung durchgesetzt: Nur absolut offensichtliche Schreib- oder Druckfehler sollen emendiert werden (vgl. dazu Scheibe 1982; Plachta 1997, S. 91 ff.).

Über Emendation und Konjektur als editorische Eingriffe im Zuge der Textkonstitution hinaus können die Herausgeber die **Orthographie und Interpunktion** des literarischen Textes grundsätzlich der modernen Schreibweise angleichen, zumal wenn sich die Ausgabe etwa an ein vorwiegend schulisches Publikum richtet. Diese Praxis wird allerdings mittlerweile sehr vorsichtig gehandhabt, da der originale Gestus eines Textes wesentlich auch von seiner Schreibung und oft auch von der absichtsvoll individuellen Interpunktion abhängt (gute Beispiele hierfür sind etwa Stifters Roman *Der Nachsommer*, 1857, oder Uwe Johnsons *Mutmassungen über Jakob*, 1959).

5. Textkonstitution: Die Herstellung des zu edierenden Textes, die Textkonstitution, kann, v. a. bei älteren Texten, ein kompliziertes Unterfangen sein. Häufig – praktisch immer bei mittelalterlichen Handschriften, doch durchaus auch noch in der Neuzeit: Hölderlin, Büchner, Kafka – liegt ein literarischer Text gar nicht in einer vom Autor zusammenhängend verfertigten Fassung vor, sondern nur in Bruchstücken. Die Herausgeber versuchen dann, die Fragmente so zu vereinigen, dass ein möglicherweise der Autorabsicht entsprechender Text entsteht, der natürlich immer nur eine Annäherungsform darstellen kann. Im Fall der meisten neuzeitlichen Texte liegen zwar Handschriften-, Typoskript- oder Druckfassungen vor, doch auch hier müssen editorische Entscheidungen der Textkonstitution vorangehen. So muss etwa entschieden werden, welche der vorliegenden autorisierten Fassungen die Herausgeber überhaupt in die Ausgabe übernehmen wollen:

- Der Text könnte, entgegen den späteren Änderungen des Autors, in der ersten Druckfassung oder gar in der Fassung der Handschrift abgedruckt werden.
- Der Text könnte, entgegen allen früheren Fassungen, dem zuletzt geäußerten Willen des Autors entsprechen (also entsprechend der ›Ausgabe letzter Hand‹).

6. Apparatgestaltung: Schließlich müssen die Herausgeber festlegen, in welcher Form sie in der zu veranstaltenden Ausgabe die Varianten und Lesarten, also diejenigen Stellen, an denen in der Entstehungs- und Überlieferungsgeschichte des Textes oder auch bei der Drucklegung Änderungen vorgenommen worden sind, dokumentieren. In der Praxis der Apparatgestaltung hat die Editionsphilologie vier verschiedene Darstellungsmöglichkeiten entwickelt: den Einzelstellenapparat, den Einblendungsapparat, den Treppenapparat und den synoptischen Apparat (zur Apparatgestaltung vgl. insgesamt die illustrative Darstellung bei Plachta 1997, S. 99 ff.). Diese vier Möglichkeiten der Apparatgestaltung betreffen den textkritischen Apparat im engen Sinne: die entstehungs- und überlieferungsgeschichtlichen Varianten werden dokumentiert.

Textkritischer Apparat

In einem sehr viel weiteren Sinne aber versteht man unter dem textkritischen Apparat einen meist **sehr umfänglichen Anhang zum edierten literarischen Text**. Im Idealfall dokumentiert die Ausgabe eines literarischen Textes die gesamte editionsphilologische Arbeit in ihrem textkritischen Apparat; die Ausgabe heißt dann historisch-kritische Ausgabe, sozusagen das editionsphilologische Adelsprädikat. **Der textkritische Apparat einer historisch-kritischen Ausgabe muss folgende Bestandteile aufweisen:**

1. Eine editorische Vorbemerkung: Die Herausgeber benennen die Textgrundlage ihrer Edition, also die Fassung des Textes, nach der sie sich richten, und begründen diese Auswahl; gleichzeitig benennen sie die Editionsprinzipien im Hinblick auf Emendation, Konjektur, Orthographie und Interpunktion.

2. Ein Variantenverzeichnis: Lesarten, Varianten und Fassungen werden angegeben und dokumentiert.

3. Zeugnisse der Textentstehung: Quellenexzerpte, Schemata und Notizen des Autors, sogenannte Paralipomena; Brief- und Tagebuchdokumente, in denen der Autor die Arbeit am Text dokumentiert.

4. Zeugnisse der Textwirkung: Dokumente der unmittelbaren Wirkung des Textes zu Lebzeiten des Autors: Briefe von Zeitgenossen an den Autor oder an Dritte, Zeitungsrezensionen u. v. a. m.

5. Den Stellenkommentar – eines der aufwändigsten Aufgabengebiete des Editionsphilologen. Dabei wird der gesamte Text, Zeile für Zeile und Wort für Wort, durchgegangen und jede mythologische Anspielung, jede stilistische oder sprachliche Besonderheit, jede etwa für den Autor bedeutsame Metapher o. Ä., jede Lesart einer Stelle aus vorigen Textfassungen, auch jeder Eingriff der Herausgeber kommentiert und dokumentiert. Zu den unterschiedlichen Einträgen in den Stellenkommentar seien einige **Beispiele aus einem Stellenkommentar** zu Goethes *Iphigenie* zitiert:
- Hinweise auf Varianten in anderen Fassungen:
  Vers 81 *gesellt und lieblich*: in allen Prosafassungen »in lieblicher Gesellschaft«.
- Erklärung älterer und heute ungebräuchlicher Wortformen:
  Vers 237 *gerochen*: im 18. Jahrhundert und bei Goethe regelmäßig noch gebräuchliches stark flektiertes Part. Perfekt zu ›rächen‹.
- Erläuterung mythologischer Bilder mit Verweis auf antike Quellen:
  Vers 584 *wie losgelaßne Hunde*: in antiker Vorstellungswelt werden die Rachegöttinnen oft mit Blut- oder Schweißhunden auf der Fährte des verwundeten Wildes verglichen; so mehrfach bei Aischylos: *Die*

Choephoren v. 1054: »Ich seh's: das sind der Mutter wütge Hunde dort«
(Übers. von Oskar Werner), vgl. auch v. 924;
- Hinweise zu Eigenarten des Stils, ggf. unter Hinweis auf entsprechende
Traditionen:
Vers 803 *Vielwillkommner*: Eine Wortneubildung Goethes, wie sie seit
der Voßischen Homerübersetzung als Zeichen antikisierenden Stils
gerne verwendet wurde; vgl. auch »oftgewaschnen« (v. 1028), »spätge-
fundnen« (v. 1325), »fernabdonnernd« (v. 1361);
- Erläuterungen zu Besonderheiten der Metrik, allgemeiner der Form:
Vers 538–560: Der Rhythmuswechsel zum Gebet der Iphigenie vom
(fünfhebigen) Blankvers zum freieren (meist vierhebigen) Hymnen-
vers greift in der Hinwendung zur Göttin auf die junge Tradition der
Sturm-und-Drang-Hymne zurück, ist aber vor allem auch der Orientierung an der antiken Tragödie geschuldet: Auch hier wurde der
Wechsel von der dramatischen Handlung zum Chorlied durch einen
metrischen Wechsel angezeigt (vgl. auch Anfang und Schluss des
IV. Aufzuges).

6. Einen einführenden und erläuternden Text des Herausgebers, in dem
dieser gegebenenfalls die literaturgeschichtlichen, sozialgeschichtlichen
und biographischen Hintergründe des Textes skizziert, einen Überblick
über Entstehungsgeschichte und Wirkungsgeschichte liefert, gegebenenfalls einige Erläuterungen zur Form des Textes macht und schließlich in
knapper Form Interpretationsansätze des Textes darstellt.

7. Eine Bibliographie: Zunächst werden alle Ausgaben des Textes zu Lebzeiten des Autors aufgeführt, danach wichtige (ggf. hist.-krit., wissenschaftliche) Ausgaben; Bibliographie und textkritischer Apparat werden
abgeschlossen durch eine Auswahl an Forschungsliteratur zum Text.

Ausgaben-Typen

Neben der historisch-kritischen Ausgabe, die einen wie oben erläuterten
erschöpfenden textkritischen Apparat aufweist und i.d.R. auf die Handschriften zurückgeht, gibt es weitere, im Hinblick auf Umfänglichkeit des
Apparats und wissenschaftliche Benutzbarkeit zu unterscheidende Editionen literarischer Texte (zu den verschiedenen Editionstypen vgl. Plachta
1997, S. 11–26):
- Die Studienausgabe enthält einen schmaleren Apparat; Stellenkommentar, Entstehungs- und Wirkungszeugnisse sind in einer Auswahl
präsentiert. Sie ist gleichwohl tauglich zum wissenschaftlichen Arbeiten.
- Die Textausgabe liefert nur den reinen Text, verzichtet ganz auf den
Apparat; häufig jedoch drucken solche Ausgaben den Text nach einer
historisch-kritischen Ausgabe, auf die man dann (in der Bibliothek) im
Falle einer wissenschaftlichen Arbeit zurückgreifen muss.

Zitierfähige Ausgaben im Studium

Die Wahl der ›richtigen‹ Edition eines literarischen Textes ist für das Studium der Neueren deutschen Literaturwissenschaft von großer Wichtigkeit. Historisch-kritische Ausgabe und Studienausgabe präsentieren den literarischen Text in einer zitierfähigen Fassung, da sie einerseits sehr genau angeben, welche vom Autor bzw. von der Autorin autorisierte, d. h. zur Veröffentlichung freigegebene Fassung sie zugrunde legen: die Handschrift, den Erstdruck, eine überarbeitete Zweit- oder Spätfassung oder die sogenannte ›Ausgabe letzter Hand‹. Andererseits geben beide Ausgabentypen Rechenschaft darüber, inwieweit und nach welchen Richtlinien die Editoren in die originale Orthographie und Interpunktion eingegriffen haben. Diese beiden Kriterien sind unabdingbare Voraussetzung für die **Zitierfähigkeit einer Ausgabe** in einer literaturwissenschaftlichen Arbeit: Fehlen diese Hinweise, darf die entsprechende Ausgabe nicht benutzt werden; dies ist bei den meisten Leseausgaben und immer bei günstigen Wühltisch-Ausgaben der Fall.

Literaturwissenschaftliche Arbeiten im Studium sollten grundsätzlich auf Texte nach einer Historisch-kritischen Ausgabe oder Studienausgabe zurückgreifen, da nur hier ein kritisch hergestellter Text geboten wird und nur hier wissenschaftlich notwendige Informationen und Materialien präsentiert werden. Natürlich übersteigt die Anschaffung solcher Ausgaben vielfach das studentische Bücherbudget. Einerseits aber gibt es durchaus eine Vielzahl historisch-kritischer Editionen von Einzelwerken in Reclams UB bzw. einigen Taschenbuchreihen, andererseits bieten auch einige Leseausgaben neben dem puren literarischen Text wenigstens den Hinweis, welcher historisch-kritischen bzw. Studienausgabe sie folgen. Die großen historisch-kritischen Ausgaben und Studienausgaben eines literarischen Werks finden sich auf jeden Fall in der Universitäts- oder Institutsbibliothek, die Apparate können hinzugezogen werden. Die Arbeit mit kritischer Edition und deren Apparat gehört zur Arbeit am Text.

Literatur

Kanzog, Klaus: Einführung in die Editionsphilologie der neueren deutschen Literatur. Berlin 1991.
Kraft, Herbert: Editionsphilologie. Frankfurt a. M. ²2001.
Plachta, Bodo: Editionswissenschaft. Eine Einführung in Methode und Praxis der Edition neuerer Texte. Stuttgart 1997.
Roloff, Hans G. (Hg.): Editionswissenschaft und akademischer Unterricht. Symposion. Berlin 1999.
Scheibe, Siegfried: »Zum editorischen Problem des Textes«. In: Zeitschrift für deutsche Philologie 101 (1982), S. 12–29 (Sonderheft: Probleme neugermanistischer Edition).
– u. a.: Vom Umgang mit Editionen. Eine Einführung in Verfahrensweisen und Methoden der Textologie. Berlin 1988.

7.3 | Berufsfelder für Germanist/innen

Das Studium der Neueren deutschen Literaturwissenschaft vermittelt, über die Sachkompetenz, das Wissen über die Gegenstände des Fachs hinaus, eine ganze Reihe fundamentaler Fertigkeiten, die für einige Berufsfelder als sogenannte **Schlüsselkompetenzen** gelten (generell dazu vgl. Blamberger/Glaser/Glaser 1993; Nünning 2008):

- **Organisatorische und planerische Fähigkeiten:** Die Planung des gesamten Studiums wie auch der Aufbau des jeweiligen Semesterstundenplans verlangt ein großes Maß an Organisation; auch bei der Verfertigung schriftlicher Arbeiten im Studium müssen die Studierenden einen größeren Zeitraum, vier Wochen, zwei Monate o. Ä., selbständig einteilen und zu verabredeter Zeit die Arbeit abliefern.
- **Gegenstandsaneignung:** die Fertigkeit, sich einen spezifischen Teilbereich der kulturellen Überlieferung sowie dessen wissenschaftliche Erforschung in einer selbständigen Weise anzueignen; das beginnt schon bei der Ausdauer und Konzentration verlangenden Lektüre älterer und oft sehr umfangreicher literarischer Werke und reicht über die wissenschaftlich-analytische Erarbeitung einer eigenen Deutungsperspektive bis zum Exzerpt von Sekundärliteratur und zum Forschungsbericht.
- ›**Ästhetische‹ Kompetenz:** d. h. das Vermögen, literarische (und andere) Kunstwerke sowohl in ihrer künstlerischen Eigenart zu erfassen als auch über diese eigenständig urteilen zu können.
- **Wissenschaftliches Schreiben:** die Fertigkeit, das Erarbeitete in einer vorgegebenen schriftlichen Form, auf begrenztem Raum und in vorab verabredeter zeitlicher Erstreckung, umzusetzen (von Lexikonartikel, Essay bis hin zur schriftlichen Hausarbeit).
- **Vortragskompetenz:** also die Fähigkeit, die Ergebnisse der eigenen wissenschaftlichen Arbeit in einem zeitlich begrenzten Rahmen sachlich angemessen und für die Zuhörer interessant vorzustellen (vom Kurzreferat bis zur anderthalbstündigen Sitzungsmoderation). Sowohl schriftliche Arbeiten als auch mündlicher Vortrag ermöglichen die Ausbildung individueller Stile und Verhaltensrepertoires – in der persönlichen, eigenständigen Aneignung von Literatur, der Entwicklung eines eigenen Schreib- und mündlichen Darstellungsstils.
- **Transfer:** die Fähigkeit, von den erarbeiteten Gegenständen des Faches zu abstrahieren und fundamentale Erkenntnisse oder wissenschaftliche Verfahren auf andere Gegenstände oder benachbarte Fächer zu übertragen.

Diese Schlüsselqualifikationen entsprechen den Anfordernissen ganz unterschiedlicher **Berufsfelder**. Im Unterschied etwa zur Medizin oder auch zu verschiedenen Ingenieurwissenschaften ist mit dem literaturwissenschaftlichen (bzw. germanistischen) Studium allerdings kein fest umrissenes Berufsbild verbunden. Im Folgenden sollen diejenigen Berufsfelder, die traditionell von Germanisten bzw. germanistischen Literaturwissenschaftlern gewählt werden oder die die im literaturwissenschaftlichen

Studium ausgebildeten Schlüsselkompetenzen abfordern, kurz vorgestellt
werden.

Lehrerin/Lehrer

Das traditionellste Berufsziel der Germanistik-Studierenden ist gewiss
der Schuldienst: Die **Anforderungen** an den Lehrerberuf sind neben der
ausgewiesenen fachlichen Kompetenz die Fertigkeit, komplexere Gegenstände des Faches schüler- und schulstufenbezogen angemessen zu
analysieren und zu strukturieren, die Fähigkeit, schulische Kommunika-
tionsprozesse über den Gegenstand zu initiieren, zu leiten und zu lenken,
Diskussionen ergebnisorientiert zusammenzufassen, schriftliche und
mündliche Kompetenzen auf Seiten der Lernenden zu fördern, schließlich organisatorische und planerische Fähigkeiten im Blick auf größere
Lerneinheiten und Curricula.

Der Lehrerberuf ist auf die Arbeitsbereiche der verschiedenen Schulstufen ausgerichtet: Der Deutschunterricht der Primarstufe ist stark
von Vermittlung und Erwerb der Lese- und Schreibkompetenz bestimmt. In
den Sekundarstufen ist zu unterscheiden zwischen Haupt-, Real-, Gesamt-
schule und Gymnasium; im gymnasialen Deutschunterricht sind Sprach-
und Literaturunterricht etwa in einem Verhältnis von 25 zu 75 Prozent
verteilt.

Ziel des Literaturunterrichts auf allen Schulstufen ist die stufenweise Förderung der Kompetenzen der Schüler/innen im lesenden, schreibenden, handelnden, interpretierenden Umgang mit Literatur. Dabei
sollte die Ermöglichung ästhetischer Erfahrung im Zentrum stehen. Daneben werden den Schüler/innen unterschiedliche Hilfsmittel des Textzu-
gangs, der Texterläuterung und -interpretation zu Verfügung gestellt, für
die Facharbeit in der gymnasialen Oberstufe auch eine erste Einführung
ins Bibliographieren und den Umgang mit Forschungsliteratur. Literaturunterricht spielt auch im Deutschunterricht der berufsbildenden Schulen
eine Rolle, vor allem aber sind verschiedene Bereiche der Erwachsenenbil-
dung ein wichtiges Arbeitsfeld für Absolvent/innen eines literaturwissenschaftlichen Studiums.

Das Studium des Faches Deutsch für das Lehramt an Grund- oder
weiterführenden Schulen ist, von Bundesland zu Bundesland, verschie-
den organisiert. Entweder wird in einem traditionellen Studium des
Lehramtsfaches Deutsch an der Universität das 1. Staatsexamen abge-
legt oder es wird, je nach Universität und Bundesland unterschiedlich,
auf die (stärker) fachwissenschaftliche Ausbildung im B. A. der ›Master
Lehramt‹ (zumeist Master of Education, M. Ed.) aufgesetzt. Das Studium
enthält grundsätzlich, über das Fachstudium Deutsch hinaus, ein Studium in einem zweiten Unterrichtsfach sowie Erziehungswissenschaften
oder allgemeine Didaktik, darüber hinaus in manchen Bundesländern
ein obligatorisches Schulpraktikum (dieses Schulpraktikum sollte man
auch deswegen sehr ernst nehmen, da sich hier, relativ früh im Studium,

schon herausstellen kann, dass die Schule nicht das richtige Arbeitsfeld für die eigene Zukunft ist!). An das 1. Staatsexamen bzw. den gleichwertigen M. Ed. schließt sich grundsätzlich die zweite Ausbildungsphase an, das sogenannte Referendariat. Mentoren begleiten die Vorbereitung und Durchführung des Unterrichts, der sowohl praktisch als auch theoretisch beurteilt wird; als Referendar/in arbeitet man allerdings wie ein ›richtiger‹ Lehrer. Nach dem 2. Staatsexamen ist der Übergang in ein reguläres Beschäftigungsverhältnis als Lehrer/in möglich.

Journalistin/Journalist

Beim beliebtesten Berufsziel der Studierenden der deutschen Literaturwissenschaft handelt es sich um kein juristisch anerkanntes Berufsbild – die Berufsbezeichnung ›Journalist‹ ist ungeschützt. Die **Tätigkeitsfelder** von Journalisten erstrecken sich von den Redaktionen der Tages- und Wochenzeitungen, der verschiedenen Nachrichten-Magazine, der Radio-, Fernseh- und Internet-Redaktionen, über Wissenschafts- und Kulturjournalismus bis hin zur Betreuung der Pressearbeit eines größeren Unternehmens, einer Verwaltungs- oder Kulturinstitution.

Aufgabe oder Funktion der Journalist/innen sind für die Gesellschaft von großer Wichtigkeit: Sie haben, so heißt es gemäß dem Selbstverständnis des Deutschen Journalisten-Verbandes, »Sachverhalte oder Vorgänge öffentlich zu machen, deren Kenntnis für die Gesellschaft von allgemeiner, politischer, wirtschaftlicher oder kultureller Bedeutung ist«. Damit stellen sie mithilfe der genannten Medien das Wissen öffentlich zur Verfügung, das die Gesellschaftsmitglieder für das Verständnis der gesellschaftlichen Ordnung und der politischen Vorgänge brauchen und das sie gleichzeitig zur Beteiligung an der politischen Willensbildung befähigt.

Die fundamentale Kompetenz für alle journalistischen Berufe ist das Schreiben, d. h., einen Sachverhalt in gebotener Kürze, adressiert an ein bestimmtes Lesepublikum und unter Auswahl der wichtigsten Information darstellen zu können (in Zeitungen sind die Vorgaben der Zeichen- oder Zeilenanzahl für Beiträge absolut verbindlich, weil der Seitenspiegel oft steht, bevor die Beiträge hineingeschrieben werden). Auch die Kompetenz des selektiven und strukturierten Zuhörens wird verlangt, wichtiger noch, die der Recherche, der Interviewführung etc. Je nach Redaktionsabteilung sind natürlich auch literatur- oder kulturwissenschaftliche Sachkompetenzen hilfreich: bei der Buch-, Theater- oder Happening-Rezension ebenso wie bei Ankündigungen literarischer Programme oder Kulturereignisse.

Die Ausbildung zum Journalisten kann auf zwei verschiedene Weisen geschehen: durch das Studium bzw. die praxisnahe Ausbildung an einer Journalistenschule bzw. in einem Journalismus-Studiengang oder – und das ist die Regel – durch ein Volontariat bei einer Zeitung oder einer Zeitschrift. Dieses Volontariat setzt ein abgeschlossenes Hochschulstudium voraus, gleichgültig in welchem Fach. Die Chancen auf einen Ausbildungsplatz sind allerdings sehr gering, wenn man nicht ausreichend Erfahrungen in Praktika oder als freie/r Mitarbeiter/in gesammelt hat. Das Volontariat besteht, zumindest bei großen Tageszeitungen, aus einem Einsatz in allen Redaktionsabteilungen – von der Lokal- und Sportredaktion bis hin zum Auslandseinsatz, inhaltlich vom Taubenzüchterverein bis zur diplomatischen Krise. Die Ausbildung darf als ›learning by doing‹ umschrieben werden, vielfach wird man ins kalte Wasser gestoßen: Die Regelung der Ausbildung in einem eigenen Tarifvertrag steht aus. (Ein abgeschlossenes Volontariat bietet noch lange keine Gewähr für die Übernahme in eine Redaktion!)

Pressereferentin/Pressereferent

Ein besonderes Berufsfeld, für das auch journalistisch Weitergebildete herangezogen werden, ist das des Pressereferenten oder der Pressereferentin. Bei politischen oder kirchlichen Institutionen, größeren Wirtschaftsunternehmen oder Kultureinrichtungen wie Theatern ist ein Pressereferat eingerichtet, das die **Darstellung** der Institution oder des Unternehmens **in der Öffentlichkeit** verantwortet und organisiert. Die Pressereferentin schreibt und redigiert Pressemitteilungen über die Aktivitäten innerhalb des Unternehmens, pflegt die Kontakte zu Presse, Radio und Fernsehen, organisiert Pressegespräche oder -konferenzen, Tage der offenen Tür o. Ä. und begleitet und betreut Vertreter der verschiedenen Medien – etwa ein Fernsehteam bei einem Dreh im Haus, Fotografen bei Fototerminen oder Kulturjournalisten bei Theaterpremieren. Zu den Aufgaben des Pressereferats gehört überdies, die Berichterstattung über das eigene Unternehmen in Pressespiegeln zu dokumentieren und diese den an verschiedenen Aktivitäten Beteiligten zugänglich zu machen.

Dramaturgin/Dramaturg

Ein wichtiges Berufsfeld für Absolventen literatur- oder kulturwissenschaftlicher Studiengänge ist die Dramaturgie an Schauspiel- oder Opernhäusern. Der Dramaturg im Pressereferat übernimmt einerseits das beschriebene Aufgabengebiet der Öffentlichkeitsarbeit, das hier durch **theaterspezifische Aufgabenfelder** ergänzt wird: die Redaktion und Herausgabe einer hauseigenen Theaterzeitung, die Vorbereitung und Erstellung von Jahres-Programmheften, Programmleporellos, Plakaten und anderen Drucksachen sowie die Präsentation des Hauses im Internet. Besucherführungen durch das Theater, Theaterfeste, Einführungsmatineen in neue Inszenierungen und die Pflege intensiver Kontakte zu Schulen und anderen Kinder- und Jugendeinrichtungen runden den Tätigkeitsbereich ab.

Der Produktionsdramaturg ist für die Er- und Bearbeitung von Schauspielen und Opern zuständig, in Zusammenarbeit mit dem jeweiligen

Regisseur und dem Generalmusikdirektor für die Planung eines gesamten Spielzeit-Programms. Aus dem einzelnen Schauspiel- oder Operntext entwickelt der Dramaturg durch Kürzungen, Ergänzungen oder – je nach Regiekonzept – Modernisierungen einen spielbaren Text. In Zusammenarbeit mit Musikern, Regisseur, Bühnenbildner und Kostümabteilung begleitet der Produktionsdramaturg durchgängig die gesamte Inszenierung und ermöglicht schließlich in einem Programmheft dem Publikum einen intensiven Einblick in die Entstehungs- und Gattungsgeschichte des gespielten Stückes sowie in das Regiekonzept.

Der Dramaturg kann auch das künstlerische Profil seines Hauses dadurch mitgestalten, dass er als ›Lektor‹ des Theaters oder Opernhauses die (musik-)dramatischen Neuerscheinungen sichtet und im Blick auf ihre Attraktivität im Spielplan beurteilt. Dabei muss er die Position des Stückes in der Tradition der Moderne beurteilen können und auch das Publikum im Blick haben, ohne sich dessen Geschmack anzubiedern. Im Bereich der neuesten Musik oder Dramatik kann der Dramaturg auch Kontakte zu gegenwärtigen Autoren und Komponisten pflegen, um gegebenenfalls eine Auftragskomposition oder -dichtung mitsamt einer Uraufführung ans eigene Haus zu holen.

Die Kompetenzen, die von Dramaturg/innen in einem Theater oder Opernhaus verlangt werden, sind vielfältig. Zunächst sollte man über ausführliche literatur-, theater- und musikgeschichtliche Kenntnisse verfügen; vor allem im Bereich der Produktionsdramaturgie werden auch differenzierte Kompetenzen im Bereich der Werkanalyse und der literatur- oder musikkritischen Einschätzung verlangt. Sowohl bei Pressemitteilungen als auch v. a. bei der Vorbereitung von Programmheften sind Fähigkeiten der präzisen schriftlichen Formulierung erfordert, darüber hinaus auch der souveräne Umgang mit einschlägiger Forschungs- und Sekundärliteratur.

Eine Ausbildung zum Dramaturgen oder zur Pressereferentin eines Theaters gibt es nicht, Voraussetzung ist allerdings grundsätzlich der Abschluss eines Studiums. Seit neuestem wird an der Bayerischen Theaterakademie München, der Hochschule für Musik und Theater Leipzig und der Hochschule Hamburg ein Studiengang Dramaturgie angeboten. Darüber hinaus sollte man natürlich ein ästhetisches Gespür oder Vergnügen für alle dramatischen Genres und organisatorisches Geschick mitbringen sowie die Bereitschaft, auch außerhalb normaler Arbeitszeiten im Theater zu arbeiten. Dringend erforderlich für die Laufbahn von Dramaturg/in oder Pressereferent/in ist die frühzeitige Praxiserfahrung: Schon während der ersten Semester eines Studiums sollte man bei den verschiedenen Abteilungen eines Theaters um ein Praktikum nachfragen oder um eine Assistenz in der Dramaturgie.

Lektorin/Lektor

Das Berufsbild des Lektors wird fälschlicherweise oft mit der bloßen orthographischen Durchsicht der einem Verlag eingereichten literarischen oder wissenschaftlichen Werke gleichgesetzt. Das Berufsfeld ist aber vielfältiger und weit anspruchsvoller. Die meisten der Institutionen und Unternehmen, die größere Mengen von Texten veröffentlichen, verfügen über Lektorate: Radio- und Fernsehanstalten, Buch- und Musik-Verlage und andere Wirtschaftsunternehmen: Werbeagenturen, Internetanbieter u. v. a. m.

Aufgaben: Über die Korrektur und Redaktion eingereichter Texte hinaus besteht das anspruchsvollste Aufgabengebiet des Lektors oder der Lektorin in der Neuentwicklung von Buchprojekten, von ganzen Buchreihen oder auch von Publikationsprogrammen. Lektor/innen in Fachverlagen entwerfen mit Blick auf eine bestimmte Wissenschaftssparte und auf den möglichen Abnehmerkreis ein Buchprojekt, etwa ein neuartiges Lexikon oder Handbuch, treten mit möglichen wissenschaftlichen Autor/innen oder Herausgeber/innen in Kontakt und betreuen das gesamte Projekt von der Erteilung der Schreibaufträge bis hin zu Druckbild, Seiten- und Umschlaggestaltung, Endkorrektur und -redaktion. Dazu gehört auch die verlagsinterne ›Durchsetzung‹ des Projekts: Gegenüber der Marketingabteilung muss die Lektorin die Verkaufbarkeit des Buches plausibel machen, sie muss die Nische, in die es hineinstößt, kenntlich machen und die Dauer, den Umfang und die Kosten des Publikationsprojektes kalkulieren.

Natürlich liest eine Lektorin oder ein Lektor vor allem: Das, was die zu einem Projekt hinzugezogenen Autoren geschrieben haben, vorher noch: viele wissenschaftliche Publikationen, die erst die Lücke und die Notwendigkeit für das geplante Buch sichtbar machen. Darüber hinaus lesen Lektor/innen natürlich auch die Bücher oder Manuskripte, die dem Verlag für bestimmte Reihen oder auf gut Glück zugesandt werden, sie beurteilen die Texte auf ihre wissenschaftliche und ästhetische Qualität hin und entscheiden darüber, ob das Buch im Verlag erscheinen kann. Lektor/innen pflegen auch die Kontakte zu Autoren, die schon im Verlag publiziert haben, und bieten ihnen Projekte an. Die **Lese- und Korrekturarbeit** der Lektor/innen betrifft die inhaltliche und stilistische Übereinstimmung der eingereichten Texte mit den Projektentwürfen, dem Konzept einer Buchreihe oder den Vorstellungen des Verlags; sie machen Vorschläge zu Kürzung oder inhaltlicher Ergänzung, Überarbeitung oder Verbesserung, überprüfen Stil, Grammatik und Orthographie und fügen Korrekturen ein. Sie machen schließlich Vorschläge für die Druckgestaltung des Buches, für evtl. einzufügende Abbildungen, Marginalien, Kolumnentitel, Umschlag und Klappentext. Alle diese Überarbeitungs- und Vorschlagsprozesse werden eng mit den Autor/innen des Bandes abgestimmt.

Die Arbeit als Lektorin oder Lektor setzt neben einer breiten Allgemeinbildung und, v.a. bei Literaturverlagen, ästhetischem Beurteilungsvermögen, eine intensive wissenschaftliche Ausbildung voraus: Je nach

Ausrichtung des Fachverlages oder der Lektoratsabteilung sind vertiefte fachwissenschaftliche Kenntnisse unverzichtbar – also ein Studium der Natur-, Sozial- oder Geisteswissenschaften – sowie ausgewiesene Kompetenzen im schreibenden und redigierenden Umgang mit Texten. Auch zum Lektor wird man nicht direkt ausgebildet: Voraussetzung ist ein abgeschlossenes Fachstudium, gegebenenfalls mit Promotion; erst dann ist die Bewerbung um ein Volontariat in einem Verlag möglich. Allerdings ist es dringend geboten, schon während des Studiums als Praktikant oder freier Mitarbeiter praktische Erfahrung in Verlagen zu sammeln. Auch außerhalb des Lektorats, in Werbung und Vertrieb der Verlagshäuser, arbeiten sehr häufig (zusätzlich qualifizierte oder umgeschulte) Geisteswissenschaftler.

Wissenschaftlerin/Wissenschaftler

Natürlich ist eines der möglichen Berufsfelder für Studierende der Neueren deutschen Literaturwissenschaft auch die Wissenschaft selbst, die Arbeit an einer Universität. Die wissenschaftliche Laufbahn ist vielleicht am wenigsten planbar: Voraussetzung ist in der Regel ein besonders hohes und ›auffälliges‹ Engagement in Lehrveranstaltungen und bei der Abfassung von schriftlichen Arbeiten. Das Angebot, als studentische Hilfskraft für eine Dozentin oder einen Dozenten zu arbeiten, ist häufig die Folge eines solchen Engagements, und gleichzeitig eine Chance, intensiveren Einblick in Arbeitstechniken der Forschung und der Lehrveranstaltungsvorbereitung (Bibliographieren, Vorbereitung von Präsentationen usw.) zu bekommen. Im Falle eines sichtbaren Engagements im Studium und einer fundierten Examensarbeit fragen Professor/innen ihre Kandidat/innen häufig, ob sie sich nicht vorstellen könnten, die Ergebnisse ihrer Arbeit in einer **Dissertation** zu vertiefen oder in einem Forschungsprojekt mitzuarbeiten und dort zu promovieren. Die **Finanzierung** eines meist auf zwei bis drei Jahre anzusetzenden Dissertationsprojektes kann einerseits dadurch erfolgen, dass man an der Universität als Wissenschaftliche Hilfskraft angestellt wird – der positive Nebeneffekt ist, dass man gleichzeitig neben der Forschungsarbeit auch schon eine (meist zwei Semesterwochenstunden umfassende) Lehrverpflichtung wahrnehmen muss: Wissenschaftler sind immer Forscher und Lehrer! Andererseits kann auch ein Stipendium zur Finanzierung herangezogen werden (eine gute Übersicht über mögliche Stipendiengeber liefern die mittlerweile an jeder Universität eingerichteten Forschungskontaktstellen bzw. Beratungsstellen zur Forschungsförderung). Darüber hinaus kann man die Promotion natürlich auch selbst finanzieren, was aber meist zu Beeinträchtigungen bei der Forschungsarbeit führt; außerdem ist die relativ enge Bindung an Institut und Lehrstuhl empfehlenswert.

Nach der Promotion bieten sich an der Universität (in beschränktem zahlenmäßigem Umfang) folgende **Arbeitsmöglichkeiten:**

- **Wissenschaftliche Mitarbeiter/innen** (mit meist zeitlich begrenztem Angestelltenvertrag) arbeiten an Forschungsprojekten mit und neh-

men eine in der Regel vier Semesterwochenstunden umfassende Lehr-
tätigkeit wahr.

- **Wissenschaftliche Assistent/innen** sind Beamte auf Zeit und müssen
  neben den vier Stunden Lehre innerhalb der sechs Jahre Vertragszeit
  die Habilitationsschrift anfertigen; als Mitarbeiter kann man dies,
  wenn die übergeordneten Forschungsprojekte des Lehrstuhls Zeit
  dazu lassen.

- **Akademische Räte/Studienräte im Hochschuldienst** (Beamte auf Lebenszeit) bieten vornehmlich die grundständige Lehre eines Faches
  an: Ihr Aufgabenbereich umfasst 12–16 Semesterwochenstunden Lehrverpflichtung sowie Aufgaben in der Selbstverwaltung des Instituts.

- **Lehrkräfte für besondere Aufgaben oder Lecturer** sind Angestellte auf
  Zeit mit einem meist hohen Lehrdeputat (bis zu 17 Stunden wöchent-
  lich), die zu einem kleinen Teil Verwaltungsaufgaben, in der Regel aber
  keine Forschungsaufgaben zugeordnet bekommen.

- **Professor/in** wird man nach erfolgreicher Habilitation (die man natürlich auch außerhalb der Hochschule anfertigen kann) auf die (oft lang-
  wierige) Bewerbung auf ausgeschriebene Stellen hin; als Professor/in
  hat man in der Regel eine Lehrverpflichtung von 9 SWS, muss das Fach
  in seiner ganzen Breite vertreten und Forschungsprojekte vorantreiben.

Die Voraussetzungen für den Einstieg in die (literatur-)wissenschaftliche
Laufbahn sind erstens ein hohes Begeisterungsvermögen für die Gegenstände des Faches; zweitens der eigenständige Umgang mit den Verfahren und Techniken literaturwissenschaftlicher Forschung in Analyse und
schriftlicher Darstellung und drittens eine ausgewiesene Vermittlungs-
kompetenz (ein Lehramtsstudium schadet keineswegs auf dem Weg zum
Wissenschaftler): In Vorlesungen und Seminaren sollen komplexere Gegenstände des Faches in einer spannenden und für die Studierenden er-
tragreichen Weise präsentiert werden, Wissenschaftler/innen sollen das
eigene Begeisterungsvermögen für die Literatur auf das Publikum übertragen können und die Techniken und Verfahren des wissenschaftlichen
Umgangs mit den Texten vermitteln. Viertens ist auch die kommunikative
Kompetenz erforderlich, in Diskussionen und auf Tagungen eigene Forschungspositionen zu präsentieren und mit denen anderer Wissenschaftler in einen Dialog zu bringen.

Neben den hier vorgestellten Berufsfeldern sind natürlich noch **weitere Berufsmöglichkeiten** denkbar, wie etwa Werbetexter, Sachbuch-
(oder auch Roman-)Autor, Kulturmanager u. a., die alle auf die genannten
Schlüsselqualifikationen zurückgreifen. Die Wahl eines Berufsfeldes findet meist nicht vor dem Studium statt. Die Praktika, die man während des
Studiums unbedingt absolvieren sollte in Schule, Theater, Zeitung o. Ä.,
dienen einerseits der Orientierung über mögliche Berufsziele, andererseits aber sammelt man dort die Erfahrungen, die man – neben einem
Quentchen Glück – für den Einstieg in jeden Berufszweig braucht.

Berufsfelder für
Germanist/innen

Literatur   **Albrecht, Wolfgang:** Literaturkritik. Stuttgart/Weimar 2001.

Blamberger, Günter/Glaser, Hermann/Glaser, Ulrich (Hg.): Berufsbezogen studieren. Neue Studiengänge in den Literatur-, Kultur- und Medienwissenschaften. München 1993.

Förster, Jürgen/Neuland, Eva/Rupp, Gerhard (Hg.): Wozu noch Germanistik? Wissenschaft – Beruf – Kulturelle Praxis. Stuttgart 1989.

Heinold, Wolfgang E.: Bücher und Büchermacher. Das Verlagswesen in der modernen Medienwirtschaft. Heidelberg ⁵2001.

Lorenz, Dagmar: Journalismus. Stuttgart/Weimar 2000.

Nünning, Ansgar/Sommer, Roy (Hg.): Handbuch Promotion. Forschung – Förderung – Finanzierung. Stuttgart/Weimar 2007.

Nünning, Vera (Hg.): Schlüsselkompetenzen. Qualifikationen für Studium und Beruf. Stuttgart/Weimar 2008.

Röhring, Hans H.: Wie ein Buch entsteht. Einführung in den modernen Buchverlag. Darmstadt 2003.

Schönstedt, Eduard/Breyer-Mayländer, Thomas: Der Buchverlag. Geschichte, Aufbau, Wirtschaftsprinzipien, Kalkulation und Marketing. Stuttgart/Weimar ³2010.

www.regie.de

www.buehnenverein.de

www.djv.de (Deutscher Journalisten-Verband)

8. Anhang

8.1 | Abkürzungen

Dr.	Drama
Erz.	Erzählung
gr.	griechisch
HA	Goethe: Werke. Hamburger Ausgabe. München 1982.
ital.	italienisch
Kom.	Komödie
L.	Lyrik
lat.	lateinisch
Nov.	Novelle
P.	Prosa
R.	Roman
Tb.	Tagebuch
Zs.	Zeitschrift

8.2 | Bibliographie

8.2.1 | Lexika und Handbücher

Arnold, Heinz Ludwig (Hg.): *Kritisches Lexikon zur deutschsprachigen Gegenwartsliteratur (KLG)*. München 1978 ff. (Loseblattausgabe). CD-ROM-Ausg. 1999 ff. Online: http://www.KLGonline.de/

Anz, Thomas (Hg.): *Handbuch Literaturwissenschaft.* 3 Bände. Stuttgart/Weimar 2007.

Barck, Karlheinz u. a. (Hg.): *Ästhetische Grundbegriffe. Historisches Wörterbuch in sieben Bänden.* Stuttgart/Weimar 2000–2005.

Borchmeyer, Dieter/Žmegač, Viktor (Hg.): *Moderne Literatur in Grundbegriffen.* Tübingen ²1994.

Böttcher, Kurt (Hg.): *Lexikon deutschsprachiger Schriftsteller. Von den Anfängen bis zur Gegenwart.* 2 Bände. Bd. 1 Leipzig 1987; Bd. 2 Hildesheim/Zürich/New York 1993.

Brauneck, Manfred (Hg.): *Autorenlexikon deutschsprachiger Literatur des 20. Jahrhunderts.* Reinbek bei Hamburg 1995.

Brinker-Gabler, Gisela/Ludwig, Karola/Wöffen, Angela: *Lexikon deutschsprachiger Schriftstellerinnen von 1800 bis 1945.* München 1986.

Brunner, Horst/Moritz, Rainer (Hg.): *Literaturwissenschaftliches Lexikon. Grundbegriffe der Germanistik.* Berlin ²2006.

Burdorf, Dieter/Fasbender, Christoph/Moennighoff, Burkhard (Hg.): *Metzler Lexikon Literatur. Begriffe und Definitionen.* Begründet von Günther und Irmgard Schweikle Stuttgart/Weimar ³2007.

Bibliographie

Chiellino, Carmine (Hg.): *Interkulturelle Literatur in Deutschland. Ein Handbuch.* Stuttgart/Weimar 2000.

Daemmrich, Horst S. und Ingrid G.: *Themen und Motive in der Literatur. Ein Handbuch.* Tübingen/Basel ²1995.

Deutsches Literatur-Lexikon. Biographisch-bibliographisches Handbuch. Hg. von Bruno Berger und Heinz Rupp; ab Bd. 6 hg. von Heinz Rupp und Carl Ludwig Lang. Bern/München/Stuttgart ³1968 ff. (zuletzt Bd. 21: Streit – Techim, 2002).

Füssel, Stephan (Hg.): *Deutsche Dichter der frühen Neuzeit (1450–1600). Ihr Leben und Werk.* Berlin 1993.

Gfrereis, Heike (Hg.): *Grundbegriffe der Literaturwissenschaft.* Stuttgart/Weimar 1999.

Hechtfischer, Ute u. a. (Hg.): *Metzler Autorinnen Lexikon.* Stuttgart/Weimar 1998.

Killy Literaturlexikon. Autoren und Werke des deutschsprachigen Kulturraums. Hg. von Wilhelm Kühlmann. 12 Bände. Berlin/Boston 2008-2011.

Kindlers Literatur Lexikon. 3., völlig neu bearbeitete Auflage. Hg. von Heinz Ludwig Arnold. 17 Bände und ein Registerband. Stuttgart/Weimar 2009. Online: http://www.kll-online.de

Lamping, Dieter (Hg.): *Handbuch der literarischen Gattungen.* Stuttgart 2009.

Lang, Carl Ludwig/Feilchenfeldt, Konrad (ab Bd. 2) (Hg.): *Deutsches Literatur-Lexikon. Das 20. Jahrhundert. Biographisch-bibliographisches Handbuch.* Geplant auf 16 Bände. Bern/München 2000 ff.

Lutz, Bernd/Jeßing, Benedikt (Hg.): *Metzler Autoren Lexikon. Deutschsprachige Schriftsteller vom Mittelalter bis zur Gegenwart.* Stuttgart/Weimar ⁴2010.

Meid, Volker (Hg.): *Sachlexikon der Literatur.* München 2000.

– : *Reclams Lexikon der deutschsprachigen Autoren.* Stuttgart 2001.

– : *Sachwörterbuch zur deutschen Literatur.* Stuttgart 1999 (Auch als CD-ROM).

Nünning, Ansgar (Hg.): *Metzler Lexikon Literatur- und Kulturtheorie. Ansätze – Personen – Grundbegriffe.* Stuttgart/Weimar ⁴2008.

Opitz, Michael/Hofmann, Michael (Hg.): *Metzler Lexikon DDR-Literatur.* Stuttgart/Weimar 2009.

Reallexikon der deutschen Literaturwissenschaft (RLW). Hg. von Klaus Weimar. 3 Bde. Berlin u. a. 1997–2003.

Ricklefs, Ulfert (Hg.): *Das Fischer Lexikon Literatur.* 3 Bände. Frankfurt a. M. 1996.

Steinecke, Hartmut (Hg.): *Deutsche Dichter des 20. Jahrhunderts.* Berlin 1994.

Wetzel, Christoph: *Lexikon der deutschen Literatur. Autoren und Werke.* Stuttgart 1987.

Wierlacher, Alois/Bogner, Andrea (Hg.): *Handbuch interkulturelle Germanistik.* Stuttgart/Weimar 2003.

Wilpert, Gero von: *Sachwörterbuch der Literatur.* Stuttgart ⁸2001.

– : *Lexikon der Weltliteratur. Deutsche Autoren. Biographisch-bibliographisches Handwörterbuch nach Autoren A – Z.* Stuttgart ⁴2004.

– : *Lexikon der Weltliteratur. Fremdsprachige Autoren. Biographisch-bibliographisches Handwörterbuch nach Autoren A – Z.* Stuttgart ⁴2004.

Zymner, Rüdiger (Hg.): *Handbuch Gattungstheorie.* Stuttgart/Weimar 2011.

8.2.2 | Literaturgeschichten

Baasner, Rainer/Reichard, Georg: *Epochen der deutschen Literatur. Ein Hypertext-Informationssystem.* Stuttgart 1998 ff. Bisher: *Aufklärung und Empfindsamkeit* (1998); *Sturm und Drang/Klassik* (1999); *Romantik* (2000). Als Datenbank vieler Universitätsbibliotheken zugänglich.

Bahr, Ehrhard (Hg.): *Geschichte der deutschen Literatur. Kontinuität und Veränderung. Vom Mittelalter bis zur Gegenwart.* 3 Bände. Tübingen 1987–88.

Beutin, Wolfgang u. a.: *Deutsche Literaturgeschichte. Von den Anfängen bis zur Gegenwart.* Stuttgart/Weimar ⁷2008.

Brenner, Peter J.: *Neue deutsche Literaturgeschichte. Vom ›Ackermann‹ zu Günter Grass.* Tübingen ²2004.

de Boor, Helmut/Newald, Richard (Hg.): *Geschichte der deutschen Literatur von den Anfängen bis zur Gegenwart*. 7 Bände in 11 Teilbänden. München 1949 ff.

Egyptien, Jürgen: *Einführung in die deutschsprachige Literatur seit 1945*. Darmstadt 2006.

Glaser, Horst Albert (Hg.): *Deutsche Literatur. Eine Sozialgeschichte*. 10 Bände. Reinbek bei Hamburg 1980 ff.

Gnüg, Hiltrud/Möhrmann, Renate (Hg.): *Frauen Literatur Geschichte. Schreibende Frauen vom Mittelalter bis zur Gegenwart*. Stuttgart/Weimar ²1998.

Grimminger, Rolf (Hg.): *Hansers Sozialgeschichte der deutschen Literatur vom 16. Jahrhundert bis zur Gegenwart*. 12 Bände. München 1980–2009.

Hauser, Arnold: *Sozialgeschichte der Kunst und Literatur* [1953]. München ²1983.

Jeßing, Benedikt: *Neuere deutsche Literaturgeschichte. Eine Einführung*. Tübingen 2008.

Meid, Volker: *Metzler Literatur-Chronik. Werke deutschsprachiger Autoren*. Stuttgart/Weimar ³2006.

Propyläen Geschichte der Literatur. Literatur und Gesellschaft der westlichen Welt. 6 Bände. Hg. von Erika Wischer. Berlin 1981 ff.

Rusterholz, Peter/Solbach, Andreas (Hg.): *Schweizer Literaturgeschichte*. Stuttgart/Weimar 2007.

Schlaffer, Heinz: *Die kurze Geschichte der deutschen Literatur*. München 2002.

Schnell, Ralf: *Geschichte der deutschsprachigen Literatur nach 1945*. Stuttgart/Weimar ²2003.

Schütz, Erhard/Vogt, Jochen u. a.: *Einführung in die deutsche Literatur des 20. Jahrhunderts*. Bd. 1: *Kaiserreich*. Opladen 1977; Bd. 2: *Weimarer Republik, Faschismus und Exil*. Opladen 1978; Bd. 3: *Bundesrepublik und DDR*. Opladen 1980.

See, Klaus von (Hg.): *Neues Handbuch der Literaturwissenschaft*. 25 Bände. Wiesbaden 1972 ff. Neuere deutsche Literaturgeschichte in folgenden Bänden:
  Bde. 9–10: *Renaissance und Barock I–II* (1972);
  Bde. 11–13: *Europäische Aufklärung I–III* (1974–1985);
  Bde. 14–16: *Europäische Romantik I–III* (1982–1985);
  Bd. 17: *Europäischer Realismus* (1980);
  Bde. 18–19: *Jahrhundertende – Jahrhundertwende* (1976);
  Bd. 20: *Zwischen den Weltkriegen* (1983);
  Bde. 21–22: *Literatur nach 1945 I–II* (1979).

Sørensen, Bengt Algot: *Geschichte der deutschen Literatur*. 2 Bände. Bd. I: *Vom Mittelalter bis zur Romantik*. München 1997; Bd. II: *Vom 19. Jahrhundert bis zur Gegenwart*. München ²2002.

Wellbery, David E. (Hg.): *Eine Neue Geschichte der deutschen Literatur*. Berlin 2007.

Žmegač, Viktor (Hg.): *Geschichte der deutschen Literatur vom 18. Jahrhundert bis zur Gegenwart*. 3 Bände in 4 Teilbänden. Königstein 1979–1985. Als Taschenbuch in 6 Bänden. Königstein 1984/85; als CD-ROM 1999.

– (Hg.): *Kleine Geschichte der deutschen Literatur*. Weinheim ³1993.

8.2.3 | Einführungen in die Neuere deutsche Literaturwissenschaft

Allkemper, Alo/Eke, Norbert O.: *Literaturwissenschaft*. Paderborn ³2010.

Arnold, Heinz Ludwig/Detering, Heinrich (Hg.): *Grundzüge der Literaturwissenschaft*. München ³1999.

Becker, Sabine/Hummel, Christine/Sander, Gabriele: *Grundkurs Literaturwissenschaft*. Stuttgart 2006.

Brackert, Helmut/Stückrath, Jörn (Hg.): *Literaturwissenschaft. Ein Grundkurs*. Reinbek bei Hamburg ⁷2001.

Drügh, Heinz u.a. (Hg.): *Germanistik. Sprachwissenschaft – Literaturwissenschaft – Schlüsselkompetenzen*. Stuttgart/Weimar 2012.

Klausnitzer, Ralf: *Literaturwissenschaft. Begriffe – Verfahren – Arbeitstechniken*. Berlin 2004.

Köhnen, Ralf (Hg.): *Einführung in die Deutschdidaktik.* Stuttgart/Weimar 2011.
Luserke-Jaqui, Matthias: *Einführung in die Neuere deutsche Literaturwissenschaft.* Göttingen ²2007.
Pechlivanos, Miltos/Rieger, Stefan/Struck, Wolfgang/Weitz, Michael (Hg.): *Einführung in die Literaturwissenschaft.* Stuttgart/Weimar 1995.
Petersen, Jürgen H./Wagner-Egelhaaf, Martina: *Einführung in die neuere deutsche Literaturwissenschaft. Ein Arbeitsbuch.* Berlin ⁸2009.
Renner, Ursula/Bosse, Heinrich (Hg.): *Literaturwissenschaft – Einführung in ein Sprachspiel.* Freiburg i.Br. ²2010.
Schneider, Jost: *Einführung in die moderne Literaturwissenschaft.* Bielefeld ³2001.
Schnell, Ralf: *Orientierung Germanistik. Was sie kann, was sie will.* Reinbek bei Hamburg 2000.
Vogt, Jochen: *Einladung zur Literaturwissenschaft.* München ⁶2008.
Zymner, Rüdiger (Hg.): *Allgemeine Literaturwissenschaft. Grundfragen einer besonderen Disziplin.* Berlin ²2001.

Einführungen in die Textanalyse und –interpretation

Asmuth, Bernhard: *Einführung in die Dramenanalyse.* Stuttgart/Weimar ⁷2009.
Andreotti, Mario: *Die Struktur der modernen Literatur. Neue Wege in der Textanalyse.* Bern ⁴2009.
Burdorf, Dieter: *Einführung in die Gedichtanalyse.* Stuttgart/Weimar ²1997.
Corbineau-Hoffmann, Angelika: *Die Analyse literarische Texte. Einführung und Anleitung.* Tübingen/Basel 2002.
Eicher, Thomas/Wiemann, Volker: *Arbeitsbuch: Literaturwissenschaft.* Paderborn ³2001.
Fricke, Harald/Zymner, Rüdiger: *Einübung in die Literaturwissenschaft. Parodieren geht über Studieren.* Paderborn ⁵2007.
Lahn, Silke/Meister, Jan Christoph: *Einführung in die Erzähltextanalyse.* Stuttgart/Weimar 2008.
Lamping, Dieter (Hg.): *Handbuch Lyrik. Theorie, Analyse, Geschichte.* Stuttgart/Weimar 2011.
Martinez, Matias (Hg.): *Handbuch Erzählliteratur. Theorie, Analyse, Geschichte.* Stuttgart/Weimar 2011.
–/Scheffel, Michael: *Einführung in die Erzähltheorie.* München ⁸2009.
Marx, Peter W. (Hg.): *Handbuch Drama. Theorie, Analyse, Geschichte.* Stuttgart/Weimar 2012.
Müller, Oliver: *Einführung in die Lyrik-Analyse.* Darmstadt 2010.
Nünning, Vera/Nünning, Ansgar (Hg.): *Methoden der literatur- und kulturwissenschaftlichen Textanalyse. Ansätze – Grundlagen – Modellanalysen.* Stuttgart/Weimar 2010.
Pfister, Manfred: *Das Drama. Theorie und Analyse.* München ¹¹2001.
Scherer, Stefan: *Einführung in die Dramenanalyse.* Darmstadt 2010.
Schneider, Jost: *Einführung in die Roman-Analyse.* Darmstadt ³2011.
– (Hg.): *Methodengeschichte der Germanistik.* Berlin/New York 2009.
Schößler, Franziska: *Einführung in die Dramenanalyse.* Stuttgart/Weimar 2012.
Schutte, Jürgen: *Einführung in die Literaturinterpretation.* Stuttgart/Weimar ⁵2005.
Strelka, Joseph P.: *Einführung in die literarische Textanalyse.* Tübingen ²1998.

Bücherkunden

Blinn, Hansjürgen: *Informationshandbuch deutsche Literaturwissenschaft.* Frankfurt a.M. ⁴2001.
Hansel, Johannes: *Bücherkunde für Germanisten.* Berlin ⁹1991.
Paschek, Carl: *Praxis der Literaturinformation Germanistik.* Berlin ²1999.
Raabe, Paul: *Einführung in die Bücherkunde zur deutschen Literaturwissenschaft.* Stuttgart/Weimar ¹¹1994.
Zelle, Carsten: *Kurze Bücherkunde für Literaturwissenschaftler.* Tübingen 1998.

8.2.4 | Bibliographien

Perodika/Digitales

»Eppelsheimer-Köttelwesch«: *Bibliographie der deutschen Literaturwissenschaft.* Bd. 1 (1945–1953) bis Bd. 8 (1968). Frankfurt a. M. 1957 ff. – Bibliographie der deutschen Sprach- und Literaturwissenschaft (1969 ff.). Begründet von Hanns Wilhelm Eppelsheimer, fortgef. von Clemens Köttelwelsch und Bernhard Koßmann. Hg. von Wilhelm R. Schmidt. Frankfurt a. M. 1971 ff. (Online 1985–2011).

Germanistik. Internationales Referatenorgan mit bibliographischen Hinweisen. Jg. 1 ff. Tübingen 1960 ff.

MLA (Modern Language Association). International Bibliography of Books and Articles on the Modern Languages an Literatures. Bd. 1 (1921). New York 1922 ff. (online).

Abgeschlossene Bibliographien (knappe Auswahl)

Bärwinkel, Roland/Lopatina, Natalija/Mühlpfordt, Günther: *Schiller-Bibliographie 1975–1985.* Berlin 1989.

Caputo-Mayr, Maria Luise/Herz, Julius M.: *Franz Kafka. Internationale Bibliographie der Primär- und Sekundärliteratur.* München ²2000.

Dünnhaupt, Gerhard: *Bibliographisches Handbuch der Barockliteratur. Hundert Personalbibliographien deutscher Autoren des siebzehnten Jahrhunderts.* 3 Bände. Stuttgart 1980/81; 2. Auflage in 6 Bänden unter dem Titel: *Personalbibliographien zu den Drucken des Barock.* Stuttgart ²1990–1993.

Handbuch der deutschen Literaturgeschichte. 2. Abteilung: Bibliographien. Hg. von Paul Stapf. München 1969 ff.

Henning, Hans/Hammer, Klaus (Hg.): *Internationale Bibliographie zur deutschen Klassik 1750–1850.* Folge 1–10 erschienen unselbständig in den *Weimarer Beiträgen* 6–10 (1960–1964); ab Folge 11/12 in Bearbeitung von Hans Henning und Siegfried Seifert in selbständiger Form: Weimar 1968 ff. (erscheint jährlich).

Hermann, Helmut G.: *Goethe-Bibliographie. Literatur zum dichterischen Werk.* Stuttgart 1991.

Jonas, Klaus Werner: *Die Thomas-Mann-Literatur. Bibliographie der Kritik.* 2 Bände. Berlin 1972–1979.

Kohler, Maria: *Internationale Hölderlin-Bibliographie (IHB). 1804–1983.* Hg. vom Hölderlin-Archiv der Württembergischen Landesbibliothek Stuttgart. Stuttgart 1985.

Kuhles, Doris: *Lessing-Bibliographie. 1971–1985.* Unter Mitarb. von Erdmann von Wilamowitz-Moellendorf. Berlin/Weimar 1988.

Matter, Harry: *Die Literatur über Thomas Mann: Eine Bibliographie 1898–1969.* 2 Bände. Berlin 1972.

Pyritz, Hans: *Goethe-Bibliographie.* Unter red. Mitarb. von Paul Raabe. Fortgef. von Heinz Nicolai und Gerhard Burkhardt. 2 Bände. Heidelberg 1965–1968.

Pyritz, Ilse (Hg.): *Bibliographie zur deutschen Literaturgeschichte des Barockzeitalters.* Begr. von Hans Pyritz. Teil 1: *Allgemeine Bibliographie. Kultur- und Geistesgeschichte, Poetik, Gattungen, Traditionen, Beziehungen, Stoffe.* Bern/München 1991; Teil 2: *Dichter und Schriftsteller, Anonymes, Textsammlungen.* Bern/München 1985; Teil 3: *Gesamtregister.* Bern/München 1994.

Schlick, Werner: *Das Georg Büchner-Schrifttum bis 1965.* Hildesheim 1965.

Seifert, Siegfried: *Lessing-Bibliographie.* Berlin/DDR 1973.

– : *Goethe-Bibliographie 1950–1990.* Hg. von der Stiftung Weimarer Klassik. 3 Bände. München 1999.

–/Volgina, Albina A.: *Heine-Bibliographie 1965–1982.* Berlin/Weimar 1986.

Vulpius, Wolfgang: *Schiller Bibliographie 1893–1958 nebst Ergänzungsband 1959–1963.* Weimar/Berlin 1959–1967.

Wersig, Peter: *Schiller-Bibliographie 1964–1974.* Berlin 1977.

Wilhelm, Gottfried: *Heine-Bibliographie.* Unter Mitarb. von Eberhard Galey. 2 Teile nebst einem Ergänzungsband von Siegfried Seifert. Weimar/Berlin 1960–1968.

8.2.5 | Periodika

Fachzeitschriften

Das achtzehnte Jahrhundert. Zeitschrift der Deutschen Gesellschaft für die Erforschung des Achtzehnten Jahrhunderts. Göttingen: Wallstein 1.1977 ff.
Amsterdamer Beiträge zur neueren Germanistik. Amsterdam: Rodopi 1.1972 ff.
Arbitrium. Zeitschrift für Rezensionen zur germanistischen Literaturwissenschaft. München: Beck, ab Jg. 7: Tübingen: Niemeyer 1.1983 ff.
Aufklärung: Interdisziplinäre Halbjahreszeitschrift zur Erforschung des 18. Jahrhunderts und seiner Wirkungsgeschichte. Hamburg: Meiner 1.1986 ff.
(Pauls und Braunes) Beiträge zur Geschichte der deutschen Sprache und Literatur (PBB). Halle: Niemeyer, 1.1874 ff. (nach dem Zweiten Weltkrieg in Tübingen, in Halle erschien zwischen 1955 und 1979 unter gleichem Titel eine parallele Zeitschrift).
Colloquia Germanica. Internationale Zeitschrift für germanische Sprach- und Literaturwissenschaft. Bern (später Tübingen): Francke 1.1967 ff.
Daphnis. Zeitschrift für mittlere deutsche Literatur. Amsterdam: Rodopi 1.1972 ff.
Deutsche Vierteljahrsschrift für Literaturwissenschaft und Geistesgeschichte (DVjs). Halle, ab Jg. 23/1949: Stuttgart: Metzler 1.1923 ff.
Der Deutschunterricht. Beiträge zu seiner Praxis und wissenschaftliche Grundlegung (DU). Stuttgart: Klett, später Seelze: Friedrich 1.1948/49 ff. Darin aufgegangen: *Diskussion Deutsch*
Diskussion Deutsch. Zeitschrift für Deutschlehrer aller Schulformen in Ausbildung und Praxis (DD). Frankfurt a. M./Berlin/München: Diesterweg 1.1970 – 26.1995 = H. 1–144.
Editio. Internationales Jahrbuch für Editionswissenschaft. Tübingen: Niemeyer 1.1987 ff.
Études Germaniques (EG). Paris: Didier 1.1946 ff.
Euphorion. Zeitschrift für Literaturgeschichte. Bamberg: Buchner, seit 1952: Heidelberg: Winter 1.1894 ff.
Fontane-Blätter. Halbjahreschrift im Auftr. d. Theodor-Fontane-Archivs u. d. Theodor-Fontane-Gesellschaft e. V. Potsdam: Archiv 1.1965 ff.
German life and letters. A quarterly Review (GLL). Oxford: Blackwell 1.1936/37 – 4.1939,1; N.F. 1.1947/48 ff.
The German Quarterly (GQ). Appleton, Wisc: American Association of Teachers of German 1.1928 ff.
The Germanic Review. Devoted to studies dealing with the Germanic languages and literatures. New York: Columbia UP 1.1926 ff.
Germanisch-romanische Monatsschrift (GRM). Heidelberg: Winter 1.1909 ff.
Internationales Archiv für Sozialgeschichte der deutschen Literatur (IASL). Tübingen: Niemeyer 1.1976 ff.
Literatur für Leser (LfL). München: Oldenbourg, jetzt Frankfurt a. M.: Lang 1.1978 ff. *Literatur in Wissenschaft und Unterricht* (LWU). Würzburg: Königshausen & Neumann 1.1968 ff.
Mitteilungen des deutschen Germanistenverbandes. Frankfurt a. M.: Diesterweg, seit 1997 Bielefeld: Aisthesis 1.1954 ff.
Modern Language Quarterly. A journal of literary history (MLQ). Durham, NC: Duke UP 1.1940 ff.
The Modern Language Review. A quarterly journal (MLR). Cambridge: UP 1.1905 ff.
Monatshefte für deutschsprachige Literatur und Kultur. Madison, Wisc.: UP 1.1899 ff.
Neophilologus. An international journal of modern and medieval language and literature. Groningen: Noordhoff 1.1915 ff.
Poetica. Zeitschrift für Sprache und Literaturwissenschaft. Amsterdam: Grüner, später München: Fink 1.1967 ff.
Publications of the Modern Language Association of America (PMLA). New York, NY: Assoc. 1.1884/85 ff.
Recherches germaniques. Revue annuelle. Strasbourg: Université Marc Bloch 1.1971 ff.
Simpliciana. Schriften der Grimmelshausen-Gesellschaft. Bern u.a.: Lang 1.1979 ff.
Text und Kritik. Zeitschrift für Literatur. München: edition text & kritik 1.1964 ff.

Weimarer Beiträge. Studien und Mitteilungen zur Theorie und Geschichte der deutschen Literatur (WB). Weimar: Arion, seit 1964: Berlin: Aufbau 1.1955; seit 1992 unter dem Titel: *Weimarer Beiträge. Zeitschrift für Literaturwissenschaft, Ästhetik und Kulturwissenschaften.* Wien: Passagen 1.1992ff.
Wirkendes Wort. Deutsche Sprache und Literatur in Forschung und Lehre (WW). Trier: WVT Wissenschaftlicher Verlag Trier 1.1950/51ff.
Zeitschrift für deutsche Philologie (ZfdPh). Berlin u.a.: Schmidt 1.1869ff.
Zeitschrift für Germanistik (ZfG). Leipzig: VEB Verlag Enzyklopädie 1.1980 – 10.1989; N.F. Berlin: Lang 1.1991ff.
Zeitschrift für Literaturwissenschaft und Linguistik (LiLi). Göttingen: Vandenhoeck, ab Heft 97 (1995) Stuttgart/Weimar: Metzler 1.1970/71ff.

Jahrbücher

Brecht-Jahrbuch. Frankfurt a.M.: Suhrkamp 1974–1980.
The Brecht Yearbook. Madison, Wisc.: UP 1.1971ff.
Georg Büchner Jahrbuch. Frankfurt a.M., ab Jg. 8 Tübingen: Niemeyer 1.1981ff.
Goethe-Jahrbuch. Frankfurt a.M.: Sauerländer 1.1880 – 34.1913; *Jahrbuch der Goethe-Gesellschaft.* Weimar: Verlag der Goethe-Ges. 1.1914 – 21.1935; Fortführung: *Goethe. Vierteljahresschrift der Goethe-Gesellschaft. Neue Folge des Jahrbuchs.* Weimar: Verlag der Goethe-Ges., später Böhlau 1.1936 – 33.1971; seit 1972 wieder unter dem Titel: *Goethe-Jahrbuch.* Weimar: Verlag Hermann Böhlaus Nachfolger Weimar 89.1972ff.
Goethe Yearbook. Columbia, SC: Camden House 1.1982ff.
Heine-Jahrbuch. Hamburg: Hoffmann & Campe, ab Jg. 34 Stuttgart/Weimar: Metzler 1.1961ff.
Herder-Jahrbuch/Herder-Yearbook. Stuttgart/Weimar: Metzler 1.1992 – 6.2002.
Iduna. Jahrbuch der Hölderlin-Gesellschaft. Tübingen: Mohr 1.1944. Forts. ab 2 (1947): *Hölderlin-Jahrbuch.* Ab 1990 in Stuttgart/Weimar: Metzler, seit 1998 in Eggingen: Ed. Isele 1.1944/2.1947ff.
Jahrbuch für Internationale Germanistik (JIH). Frankfurt a.M.: Athenäum, ab Jg. 5 Bern: Lang 1.1969ff.
Jahrbuch der Deutschen Schillergesellschaft. Stuttgart: Kröner 1.1957ff.
Jahrbuch des Freien Deutschen Hochstifts. Tübingen: Niemeyer 1902–1936/40 (1940); N.F. 1962ff.
Kleist-Jahrbuch. Stuttgart/Weimar: Metzler 1.1990ff.
Lessing-Yearbook. München: Hueber, später Göttingen: Wallstein 1.1969ff.
Thomas-Mann-Jahrbuch. Frankfurt a.M.: Klostermann 1.1988ff.

8.2.6 | Internetseiten/-Portale

Bibliographien zur Germanistik. Geordnet nach Fachgebieten:
 http://www.biblint.de/index.html
Die Düsseldorfer Virtuelle Bibliothek: Germanistik:
 http://www.uni-duesseldorf.de/WWW/ulb/ger.html
Erlanger Liste:
 http://www.erlangerliste.de/ressourc/liste.html
germanistik.net: Internet Resources for Germanists:
 http://www.germanistik.net
Germanistische Fachinformationen im WWW:
 http://www.ub.fu-berlin.de/internetquellen/fachinformation/germanistik/
H-Germanistik
 http://www.h-germanistik.de/
Internetquellen zur Germanistik:
 http://www.stub.uni-frankfurt.de/webmania/webgermanistik.htm

Bibliographie

Rezensionen literatur- und kulturwissenschaftlicher Neuerscheinungen (IASL online)
   http://www.iaslonline.de
Rezensionsforum der Universität Marburg
   http//www.literaturkritik.de
Studienbibliographie zur Germanistik. Von Armin Fingerhut:
   http://www.fingerhut.de/geisteswissenschaften/germanistik.htm
Virtuelle Fachbibliothek Germanistik – Germanistik im Netz (GIN)
   http://www.germanistik-im-netz.de/

8.3 | Personenregister

Oberlin, Johann Friedrich 59
Offenbach, Jacques 246
Opitz, Martin 13, 21–24, 27–30, 45,
135 f., 139, 147, 172 f., 196, 216, f.,
269
Ortheil, Hanns-Josef 123
Ovid 205

Papenfuß-Gorek, Bert 108, 111
Parsons, Talcott 337
Pastior, Oskar 124, 127
Pauli, Johannes 17
Petersen, Jan 98, 100
Petersen, Jürgen H. 186 f.
Petrarca, Francesco 14 f., 18, 146
Pfeiffer, Karl-Ludwig 366
Pfemfert, Franz 81, 83
Picasso, Pablo 89
Pindar 133, 143
Pinthus, Kurt 82, 86, 260
Pirckheimer, Willibald 19
Piscator, Erwin 93, 166
Platen, August von 53
Plautus 28
Plenzdorf, Ulrich 105, 107, 341
Pocci, Franz von 242
Poe, Edgar Allan 303
Pongs, Hermann 264
Ponte, Lorenzo da 246
Poschardt, Ulf 250
Postman, Neil 351
Proust, Marcel 78, 119

Quintilian 18, 213, 216, 220, 227,
229
Quistorp 31

Raabe, Wilhelm 63, 68 ff.
Rabelais, François 20, 196
Racine, Jean 41, 161, 172
Raimund, Ferdinand 53, 175
Ransmayr, Christoph 121 f., 200
Rebhun, Paul 17, 19
Reding, Josef 116
Reimann, Brigitte 105 f.
Remarque, Erich Maria 92, 97
Remington, E. 71
Rensin, Emmett 124, 126
Reuter, Christian 28, 30, 197, 208
Reventlow, Franziska zu 81
Richardson, Samuel 197, 205

Richter, Hans Werner 99, 102
Ricœur, Paul 301
Riedel, Wolfgang 366
Riefenstahl, Leni 100
Rieger, Stefan 333
Rilke, Rainer Maria 78–82, 92 f., 119,
145, 151, 240, 244, 288, 314, 316
Rinser, Luise 100
Ripa, Cesare 241
Robbe-Grillet, Alain 200
Rochlitz, Johann Friedrich IX
Rodin, Auguste 240
Roesler, Stefan 351
Roth, Dieter 112
Rothmann, Ralf 123, 126
Rotth, Albrecht Christian 23
Rousseau, Jean-Jacques 197, 205 f., 314
Rubel, Ira 71
Runge, Erika 116, 208
Ruttmann, Walter 92, 97 f., 260

Sacher-Masoch, Leopold 78
Sachs, Hans 17, 19, 100
Sachs, Nelly 99
Sappho aus Mytilene 142
Sarraute, Nathalie 200
Saussure, Ferdinand de 292, 305, 309,
316
Schädlich,Hans-Joachim 108
Schami, Rafik 124
Schawlow, Arthur 127
Schedlinski, Reiner 108, 111
Schelling, Friedrich Wilhelm Joseph
135
Scherer, Wilhelm 73, 272, 289
Schikaneder, Emanuel 46, 246
Schiller, Friedrich 12 f., 31, 36–39, 42,
47 f., 50, 104, 135, 138 f., 145, 159,
165, 173, 205, 225, 246, 260, 268,
295, 316, 350, 366
Schimmelpfennif, Roland 179
Schlaf, Johannes 72 ff.
Schlegel, August Wilhelm 31, 38, 42,
47, 50, 52, 209, 270
Schlegel, Friedrich 31, 38, 44, 47, 50 f.,
119, 209, 248, 252, 278
Schlegel, Johann Elias 31
Schleiermacher, Friedrich 278 f.
Schlingensief, Christoph 179
Schlink, Bernhard 124, 129
Schlöndorff, Volker 262

8.4 | Sachregister